Julius Morel
Radikale Kirchenreform

Julius Morel

Radikale Kirchenreform
Für eine mutige Erneuerung

Fakten und religionssoziologische Theorien
über die Krise der katholischen Kirche von
1950 bis in die Gegenwart
als Entscheidungsgrundlagen notwendiger
Reformen

Tyrolia-Verlag · Innsbruck-Wien

Mitglied der Verlagsgruppe „engagement"

Bibliografische Information Der Deutschen Bibliothek
Die Deutsche Bibliothek verzeichnet diese Publikation in der Deutschen Nationalbibliografie;
detaillierte bibliografische Daten sind im Internet über http://dnb.ddb.de abrufbar

© 2003 Verlagsanstalt Tyrolia, Innsbruck
Umschlaggestaltung: unisono Werbeagentur, Innsbruck
Layout: Thomas Krismer, Innsbruck
Druck und Bindung: Alcione, Trento
ISBN 3-7022-2537-4
E-Mail: buchverlag@tyrolia.at
Internet: www.tyrolia.at

Inhaltsverzeichnis

Bühlmann, Dom Helder Camara, Marie-Dominique Chenu,
Yves Congar, Eugen Drewermann, Jacques Gaillot, Romano
Guardini, Erich Kellner, Jan Kerkhofs, August Maria Knoll,
Kard. Franz König, Hans Küng, Giacomo Lercaro, Riccardo
Lombardi, Bernard Lonergan, Henri de Lubac, John Courtney
Murray, Oswald von Nell-Breuning, Huub Oosterhuis, Hugo
Rahner, Karl Rahner, Oscar Romero, Edward Schillebeeckx,
Reinhold Stecher, Leo Josef Suenens, Pierre Teilhard de
Chardin, Mutter Teresa

Einleitung

1. Was will dieses Handbuch und was nicht?

Pro-vozieren will das vorliegende Buch, für die Zeitdauer einer grundlegenden Reflexion und Entscheidungsfindung „heraus - fordern" aus der Welt der sonst tagtäglich erforderlichen Kompromisse, Anpassungen, Rücksichtnahmen. Es will versuchen, mit Hilfe von Fakten, Daten und Analysen für die Notwendigkeit radikaler Reformen in der Kirche zu argumentieren und so Chancen für das Finden der richtigen Entscheidungen und des richtigen Programms zu eröffnen. Letztlich steht es also unter dem Zeichen der Hoffnung, aber auch der Warnung: Die Zukunft wartet nicht.

Aus den einzelnen Kapiteln und aus dem Ganzen des vorliegenden Buches folgt meiner Überzeugung nach, dass radikale und globale Reformen, Veränderungen vor allem in der Struktur und in der Sprache der Kirche notwendig sind, um die krisenhaften Entwicklungen zu stoppen und teilweise umkehren zu können; kleine Schritte bringen nur kleine Erleichterungen. In der Kirche ist eine Art Paradigmenwechsel notwendig, eine Ablöse bisheriger Denk- und Verhaltensweisen durch ein neues System, dessen mögliche Varianten in späteren Kapiteln, vor allem im Kap. 8.1. erörtert werden.

Der Vorschlag der folgenden Studie lautet: Nehmen wir zuerst jene Tatsachen ernst, die beweisbar sind oder deren Wahrscheinlichkeitsgrad wenigstens mehr oder weniger angebbar ist. Es bleibt dann immer noch ein breiter Raum für persönliche Evaluationen, Abwägungen und für freie Entscheidungen, was die Schlussfolgerungen betrifft.

Der Zweck des vorliegenden Werkes ist ein zweifacher. Zunächst möchte es Informationen und Analysen als Entscheidungsgrundlagen all denen liefern, die grundsätzlich bereit sind, an einer würdigeren, menschenfreundlicheren und wirksameren Kirche zu arbeiten. Es wird hier versucht, dem Leser möglichst viele Elemente in einem Band anzubieten, um die Unsicherheiten, irreführende Informationen, Verniedlichungen der Schwierigkeiten zu überwinden und falsche Argumente zu entlarven. Das zweite Anliegen des Handbuches besteht darin, den bereits angelaufenen „Dialog für Österreich" und die entsprechenden anderen Initiativen im ganzen deutschsprachigen Raum einen Schritt weiterzuführen. Die diesbezügliche Diskussion in den neunziger Jahren scheint sich mir im Vorhof der eigentlichen Probleme zu bewegen. Die etwa in den weltweiten Aktionen des Kirchenvolks-Begehrens geforderten Reformen sollten möglichst schnell verwirklicht werden, um sich mit den wesentlichen Problemen befassen zu können: Neue demokratischere Strukturen, ein neuer weltnaher Kommunikationsstil und neue Spielregeln der Liturgie, der Priesterausbildung, der Vorbedingungen zur Priesterweihe, zur Mitarbeit von Laien usw. sollten erarbeitet und entwickelt werden.

Das Buch will aber nicht andere Meinungen bekämpfen oder gar gegen Personen polemisieren. Keineswegs will es diejenigen entmutigen, die an der vordersten Front der Kirche kämpfen, die täglich notwendigen Kompromisse, die in der konkreten Situation erforderlichen kleinen Reformen, die oft einzig möglichen und wünschenswerten kosmetischen Operationen zu vollziehen. Der Mensch ist offenkundig nicht nur für die langfristigen Zielsetzungen, sondern auch für die Anforderungen der gegebenen Gegenwart verantwortlich. Und noch etwas: In den folgenden Ausführungen kommen viele Argumente gegen Irrationalität und Dummheit gegenwärtiger Problemlösungen vor. Dies darf allerdings nicht als ein Plädoyer für Rationalismus gehalten werden. Ich bin davon überzeugt, dass die Erfassung der Wirklichkeit, das Aufleuchten der Wahrheit durch die Vermittlung künstlerischer Vollzüge, durch Empathie und durch Erlebnisse personaler Begegnung sehr wohl ermöglicht werden kann. Die Parabeln der Bibel oder das Märchen von Saint-Exupéry können für uns unmittelbarer Klarheit verschaffen als viele wissenschaftlich zuverlässige Studien. Trotzdem ist es für gebildete Menschen ein Bedürfnis, sich gegen Unsinn und Irrationalität aufzulehnen.

Ich möchte aber betonen: Ich beabsichtige mit diesem Buch keineswegs eine bittere Kritik von außerhalb der Kirche oder von oben herab, eine Kritik von einem, der es besser weiß, was geschehen sollte. Ich bin ein alter Mann, der jahrzehntelang religionssoziologische Erfahrungen gesammelt hat, und deshalb zur Überzeugung gelangt ist, dass Schweigen gotteslästerlich wäre.[1] Meine grundlegende Motivation zu dieser mühsamen Arbeit war die Liebe zu meiner Kirche und zu den Menschen, für die die Kirche eine entscheidende Botschaft bereit hat.

Radikale Veränderungen zu verlangen ist nicht jedermanns Sache. Es ist verständlich, wenn der eine oder andere sich weigert, die ungeschminkte, ernüchternde und enttäuschende Wirklichkeit mit offenen Augen zu betrachten. Es ist verständlich, wenn jemand nicht bereit ist, die fast unlösbaren Probleme in der Seelsorge, z. B. in den Großstädten und noch entmutigender in ihren bevölkerungsreichen Slums, analytisch zu betrachten. Es ist verständlich, wenn jemand dann lieber sagt: Wir sind nicht dazu da, die Welt zu erlösen, oder: Das Problem ist die Uninteressiertheit der Leute ... Ausflüchte, die allerdings teilweise richtig sind. Die übergroßen Probleme entbinden uns allerdings nicht von der Verpflichtung, die gerade noch möglichen Schritte zu tun, herauszufinden, wie man Interesse wecken kann usw.

2. Das Hauptanliegen

Wie bereits oben kurz angesprochen geht es im vorliegenden Werk vor allem um die Zusammenstellung einer Dokumentation als Beleg für die These: Die Kirche hat einen Zustand erreicht, wo relativ kleine kosmetische Operationen den Abwärtstrend nicht stoppen können, weshalb radikale Veränderungen erarbeitet und verwirklicht werden müssen. Mit einem speziellen Blick auf die Jugend heißt das: „Die Kirche *muss* keineswegs die Jugend verlieren – wenn sie sich ändert. Sie *wird* sie aber *zwangsläufig* verlieren, wenn sie bleibt, wie sie ist."[2]

Mit etwas Gespür für Galgenhumor kann das Beispiel von A. Langer hier angewendet werden: Wenn ein Moralist einen polygam lebenden Menschen vom Wert der Monogamie überzeugen und zur monogamen Ehe hinführen wolle, könne er nicht zufrieden sein, wenn der Polygame vorschlage, statt mit zehn Frauen zunächst nur mit neun, später einmal mit acht und dann vielleicht auch nur mit sieben zusammenzuleben, um sich so schon einmal der Monogamie anzunähern; vielmehr müsse der Moralist, wenn er seinen eigenen Standpunkt ernst nimmt, auf die sofortige und totale Beseitigung der Polygamie hinarbeiten. Auf die Kirche übertragen bedeutete das für Langer, dass bloße Anpassungsversuche innerhalb eines „aggiornamento" nicht weiterhelfen, dass Reformen in Teilbereichen – und seien es auch noch so viele – nicht ausreichen, dass vielmehr eine grundlegende Erneuerung der ganzen Kirche erforderlich sei.[3] Unwillkürlich muss man an die schrittweise Kürzung der Schleppen der Kardinäle und des Schleiers in einigen Frauenorden vor der Abschaffung derselben denken ...

Die kritische Analyse des heutigen Zustandes der Kirche, die hier versucht wird, soll bestimmte Eigenschaften aufweisen.

Sie soll kompromisslos hart, manchmal sogar zornig sein. Als Vorbild darin dient mir Jesus selbst, der nicht nur in heiligem Zorn die Krämer aus dem Tempel verjagte, sondern auch die Führer der Synagoge als „Heuchler, Blinde, übertünchte Gräber" anklagte. Es ist eine richtig verstandene Frage der Berufung: „... manchmal muss man um der Sache willen deutlich reden, um gehört zu werden – selbst wenn man dann im katholischen Milieu aus Angst, Feigheit und Konformismus wieder einmal statt der Sache ‚den Stil' diskutiert und auch vor den Vernunft-Verleumdungen des Christseins und Katholischseins nicht zurückschreckt."[4] Sie soll statt Resignation und Votum der Füße die Stimme für eine mutige Erneuerung der Kirche erheben.

Die Analyse soll die Kritik eines kirchlich gläubigen Christen aus Liebe zur eigenen seelischen Heimat, und nicht eines Außenstehenden aus Enttäuschung oder Hass sein.[5]

Sie soll die Merkmale einer „demütigen Tugend der Entrüstung"[6], der Hilfsbereitschaft und nicht der Angriffslust tragen.

Sie wird die Dringlichkeit und die Notwendigkeit der Radikalität der Reformen betonen. Dies sollte aber keineswegs im Gegensatz zu den Regeln der Klugheit verstanden werden. Selbstverständlich müssen nicht nur die möglichst schnell zu erarbeitenden und zu verwirklichenden Ziele, sondern auch der vernünftige Übergang zu ihnen überlegt werden, selbstverständlich darf man auch die ganz anderen Erwartungen nicht enttäuschen und vernachlässigen.

Sie betont bewusst selektiv jene Daten, die zu radikalen Überlegungen und Aktivitäten motivieren können. Ein für alle Mal sei hier aber all das Positive und Dankenswerte in aller Deutlichkeit anerkannt, was in der Kirche durch Christen ohne Amt, Christen in Ordensgemeinschaften, Christen im Priesteramt und sonstige Amtsträger verwirklicht wurde und wird.

Was den Stil der unvermeidbaren und sogar wünschenswerten Auseinandersetzung betrifft, darf man wohl glauben, „dass in einer demokratisch-pluralistischen Gesellschaft ein Weg aus der unbestritten tiefen Krise gegenwärtiger individueller wie gesellschaftlicher Religiosität nur über einen offenen und durchaus deutlichen, aber dennoch ... fairen Diskurs gehbar sein wird."[7]

In der Hoffnung, dass es nicht anmaßend empfunden wird, möchte ich hier trotz der Verschiedenheit der Vorhaben die Sätze des Holländischen Katechismus auf das folgende Buch anwenden: „Zum Schluss noch eine Bitte an Katholiken und Nichtkatholiken. Jedes Wort, das ein Mensch spricht, kann Anlass zum Missverständnis geben; ein Buch mit so vielen Worten kann Anlass zu vielen Missverständnissen sein. Man möge darum immer das Geschriebene aus dem Geist der ganzen Frohen Botschaft zu verstehen suchen. Wer die eine Seite liest, möge auch die Seiten beachten, die vorausgegangen sind und die noch folgen. Bisweilen wird dort ausgeführt und ausgesprochen, was man auf der einen Seite vermisste. Aus einem Buch, das keine haargenaue Darstellung, sondern eine Annäherung an das Unsagbare zu bieten sucht, darf man keinen einzelnen Satz herausreißen."[8]

3. Praktische und persönliche Bemerkungen

Wenn in diesem Buch von der „Kirche" die Rede ist, wird darunter die katholische Kirche auf der ganzen Welt verstanden. In manchen Fällen kann allerdings aus praktischen Gründen nur der deutsche Sprachraum berücksichtigt werden. (Z. B. würde die Zusammenstellung einer Liste auch der nicht deutschsprachigen kritischen Literatur den Rahmen des Vorhabens sprengen.)

Aus denselben Gründen der Machbarkeit und des optimalen Umfanges sind in manchen Bereichen keine taxativen Aufzählungen, sondern nur repräsentative Beispiele möglich.

Das Handbuch beschäftigt sich fast ausschließlich mit kircheninternen Themen. Selektive Entscheidungen sind bei jeder Veröffentlichung allemal notwendig, im vorliegenden Fall war aber auch meine Überzeugung ausschlaggebend, dass nämlich die richtigen Lösungen innerhalb der Kirche Voraussetzungen der Wirksamkeit ihrer Sendung nach außen sind.

Wo kritische Analysen sich häufen, hört man oft den Vorwurf: Es ist leicht zu kritisieren; was wir brauchen, das sind bessere Lösungen. Diese Aussage ist natürlich teilweise zutreffend. Hier möchte ich aber festhalten: Jene wirklich radikalen Änderungen, die meiner Meinung nach in der Kirche notwendig sind, setzen die intensive Zusammenarbeit vieler, wahrscheinlich durch mehrere Generationen hindurch, voraus. Ich kann nur einige sehr kleine Beispiele als Indikatoren für den Weg einer möglichen Zukunft andeuten und manche Voraussetzungen anführen. Es wäre unsinnig, von einem Religionssoziologen allein zu erwarten, was nur im Dialog zwischen engagierten Christen, Amtsträgern, Theologen und anderen Fachleuten mühsam erarbeitet werden kann. Der Religionssoziologe kann nur Argumente und Motive liefern, damit diese Arbeit unverzüglich beginnt.

Nicht als verpflichtender Ritus, sondern weil es für mich ein tiefes Bedürfnis ist, möchte ich schließlich noch danken:

Meiner Kusine, Dr. Maria Honffy für wertvolle Anregungen, unermüdliche Begleitung und fruchtbare Kritik. Ohne ihr Mitdenken und ihre vielfältige Hilfe wäre dieses Buch nicht entstanden; Frau Maria Jahn für die Übersetzung eines Teiles; Mag. Marianna Burcsik, die mir bei der Sammlung des Materials eine wertvolle Mitarbeiterin war; Mag. László Farkas, der mir bei der Endredaktion viel geholfen hat; allen, die mir zu meinem Vorhaben im Planungsstadium wertvolle Stellungnahmen zugesandt haben; der Zeitschrift Herder-Korrespondenz[9], die die wichtigste Quelle meiner Materialsammlung bildet; und last but not least Dr. Raimund Tischler, der als Lektor des Tyrolia-Verlags mein Manuskript mit viel Einfühlungsvermögen und großem Einsatz publikationsfähig gemacht hat.

Kapitel 1
Fakten und Daten 1950–2000

Bei Jean-Paul Sartre (1905–1980), einem eher pessimistischen Beobachter der Neuzeit, spricht das 20. Jahrhundert die nachfolgenden Jahrhunderte folgendermaßen an: „Schöne Enkel, ihr gingt aus uns hervor, unsere Schmerzen haben euch geschaffen. Dieses Jahrhundert ist eine Frau, es gebiert, würdet ihr eure Mutter verdammen?"[10] Eine solche grundlegend optimistische Interpretation des vergangenen Jahrhunderts wird sich ohne unser Zutun nicht bewahrheiten. Dabei sollten Glaube, Religion und Kirche[11] eine entscheidende Rolle spielen. Mindestens was die Kirche betrifft, zeigt sie in den letzten 50 Jahren eher winterliche, dem „Jahrhundert in Geburtswehen" ähnliche Züge.

1.1. Der soziokulturelle Hintergrund – Streiflichter

Das halbe Jahrhundert, in dem uns die Entwicklung der Kirche interessiert, ist auf allen Ebenen eine interessante Zeitperiode.

Die *Weltbevölkerung* hat nach Zählungen und Schätzungen viermal die Milliardengrenzen überschritten (1969: 3,552 – 1985: 4,832 – 1990: 5,290 – 2000: 6,261), Rekordhalter des Wachstums ist Australien/Ozeanien (4 Millionen im Jahre 1880, 17 Millionen im Jahre 1960), gefolgt von Amerika (100 Millionen im Jahre 1980, 400 Millionen im Jahre 1960).[12]

„Noch 1950 gab es erst eine Stadt, die über 10 Millionen Einwohner zählte, New York; 1994 gab es bereits 14 solcher Städte, von denen nur vier in den stärker entwickelten Regionen lagen. Bis zum Jahre 2015 werden bereits sieben Städte mehr als 20 Millionen Einwohner zählen (an der Spitze Tokio mit 28,7 Millionen); 11 der 15 größten Städte der Welt werden wiederum in unterentwickelten Regionen liegen."[13]

Die *Lebenserwartung* ist sprunghaft gestiegen: Die durchschnittliche Lebensdauer betrug etwa in Österreich bei der Geburt von Kindern männlichen Geschlechtes 1868/71 32,69 – 1951 62,38 – 1998 74,73 Jahre, weiblichen Geschlechtes 1868/71 36,20 – 1951 67,75 – 1998 80,93 Jahre. Die entsprechenden Zahlen für 60 Jahre alte Österreicher lauten:
11,87 – 14,89 – 19,36 sowie
12,08 – 17,25 – 23,60[14].

Dass diese Entwicklung auch in der Krise der Ehe und Familie eine Rolle spielt, ist einleuchtend.

Die *Einheit der Welt* wird stärker als je bewusst, auch in Zusammenhang mit den Problemen der gemeinsamen Umwelt. Im Jahre 1968 wurde der „Club of Rome" in der Accademia dei Lincei in Rom gegründet. Der erste Bericht dieser Arbeitsgruppe erschien im Jahre 1972 in vielen Sprachen („Die Grenzen des Wachstums").[15]

Die *technische Entwicklung* ist trotz der zwei Ölschocks (1973/74 und 1979) in beschleunigtem Tempo[16] erfolgt. Der erste Farbfernseher erschien 1954 in den USA. Die wichtigsten Daten der Raumfahrt: 4. 10. 1957: Sputnik, 12. 4. 1961: Gagarin, 21. 7. 1969: erster Mondspaziergang, 17. 8. 1970: Landung auf der Venus, 2. 12. 1971: Landung auf dem Mars. Das erste Kind „aus der Retorte" kam am 25. 7. 1978 (Oldham bei Manchester) zur Welt. Der Mobilfunk breitet sich in den neunziger Jahren in Windeseile aus (D-Netze in der Bundesrepublik Deutschland seit 1992). Der erste elektronische Rechner ist zwar bereits 1942 von einer Gruppe von Ingenieuren für die US-Army konstruiert worden, die Eroberung des politischen, wirtschaftlichen und wissenschaftlichen Lebens geschah in den letzten 50 Jahren. Barnard Christiaan Neethling, südafrikanischer Herzchirurg, führte 1967 die erste erfolgreiche Herztransplantation am Menschen durch. Im Jahre 1955 wurde die Antibabypille erfunden. Der erste Erfolg mit dem Klonen gelang mit „Dolly" im Jahre 1996.

Die *Frauenbewegung* begann bereits im 19. Jahrhundert, Ende der sechziger Jahre setzte aber eine neue emanzipatorische Welle ein, ausgehend vom amerikanischen Feminismus (Women's Liberation Movement).

Eines der stärksten Argumente für die Notwendigkeit, dass die Kirche ihre Sprache und Vorgangsweise radikal überdenken soll, ist der weitgehende Abbau des *Analphabetismus* in den christlich geprägten Ländern in Verbindung mit dem immer höher werdenden *Bildungsniveau*. Obwohl die Zahl derer, die das Lesen und das Schreiben nicht beherrschen, immer noch sehr hoch ist (z. B. in der Bundesrepublik Deutschland Anfang des 21. Jahrhunderts geschätzte vier Millionen), sind die kulturellen und bildungsmäßigen Entwicklungen in der Mehrheit sehr bedeutend. Einige vergleichende Zahlen dienen als Beweis für die Radikalität des Wandels in der geistigen Dimension der letzten Jahrzehnte.

Eine ganz andere Sprache spricht das *Lehramt der Kirche*: „Wir möchten auf zwei allgemeine Züge im geistigen Profil unserer Zeit hinweisen ...

Der erste dieser beiden Züge ist das wachsende Unverständnis für die Unbedingtheit, die Absolutheit der Wahrheit, wobei dieses Unverständnis gerade und vor allem, wenn nicht ausschließlich, der religiösen Wahrheit entgegengebracht wird. ... Der zweite allgemeine Zug im geistigen Profil unserer Zeit, auf den Wir hinweisen wollten, ist das Schwinden des Verständnisses für die übersinnliche Welt. Unsere Zeit ist vom naturwissenschaftlichen Denken, von der Technik und Wirtschaft so beherrscht, dass die Fähigkeit und Kraft, die jenseits der sichtbaren Welt liegenden Wirklichkeiten zu erfassen, zu bejahen und zu berücksichtigen, scheinbar versagen."[17] Versagen die Kräfte – oder versagt die Verkündigung der Botschaft in einer strukturell und geistig stark veränderten Welt?[18]

Den Rahmen der vorliegenden Studie würde der Versuch sprengen, eine künstlerische und eine wissenschaftliche Ortsbestimmung des letzten halben Jahrhunderts skizzieren zu wollen. Als Indikatoren sollen hier einige Namen von Personen aufgezählt werden, deren *Kunst und Denken unsere Zeit* stark geprägt haben: † 1951 Ludwig Wittgenstein (* 1889), † 1951 Arnold Schönberg (* 1874), † 1951 André Gide (* 1869), † 1955 Albert Einstein (* 1879), Martin Buber † 1965 (* 1878), Charles Édouard Jeanneret-Gris = Le Corbusier † 1965 (* 1887) Gabriel Marcel † 1973 (* 1889), Jacques Maritain 1973 (* 1882), Jean-Paul Sartre † 1980 (* 1905), Simone de Beauvoir † 1986 (* 1908), Alexandr Issajewitsch Solschenizyn (* 1918).[19]

1.2. Der religiöse Hintergrund – Streiflichter

Die katholische Kirche steht in der sich rasch wandelnden Welt nicht konkurrenzlos da. „Die Christenheit überschreitet" im Jahr 2000 „die Zwei-Milliarden-Marke. ... Bei der *konfessionellen Zusammensetzung* der Christenheit liegt die römisch-katholische Kirche mit etwas mehr als einer Milliarde Mitgliedern weit vorn. Es folgen laut Barrett und Johnson Protestanten (367 Millionen), Orthodoxe (225 Millionen) und Anglikaner (55 Millionen). ... Zweitgrößte Weltreligion nach dem Christentum ist der Islam mit gegenwärtig 1,2 Milliarden Anhängern (20 % der Weltbevölkerung). Die Zahl der Muslime hat sich seit der Jahrhundertwende (200 Millionen) fast versechsfacht. ... Die 770 Millionen Hindus nehmen die dritte Stelle in der Religionsstatistik ein und stellen 12,9 % der Weltbevölkerung. Ganz knapp dahinter liegen die Menschen ohne Religionszugehörigkeit. Ihre Zahl ist seit 1900 explosionsartig gestiegen: von 2,9 Millionen auf 765 Millionen."[20]

Eine besondere Herausforderung für die katholische Kirche bedeuten die *Sekten*, oder sektenähnliche Religionsgemeinschaften oder kleinere Kirchen, die ja u. a. gerade durch ihre unmittelbar erlebbare Gemeinschaft nicht wenige Mitglieder der in Form einer Großorganisation arbeitenden Kirche zum Übertritt motivieren. „Die christlichen Kirchen stehen nicht mehr im Zentrum des öffentlichen Interesses an ‚Religion‘, sondern ‚neue religiöse Kulturformen: Überbegriff für Esoterik, New Age, synkretistische Mythesuche, Psychoboom, Ökospiritualität, Magie- und Okkultpraktiken, Naturheil- und Lebenshilfegurus als ‚postmoderne Variante der Volksreligiosität‘."[21]

Eine bewusst negativ ausgewählte Liste tragischer Ereignisse in Zusammenhang mit einigen Sekten könnte den Christen das Bewusstsein der Verantwortung stärken, an der glaubwürdigen Vertretung und Verkündigung der frohen Botschaft des Evangeliums ohne Resignation zu arbeiten. – Gegen Ende des 20. Jahrhunderts wurden von einer Satanssekte mindestens 30 Menschenopfer ihrem Gott „El Amigo" gebracht, „um seinen Schutz beim Suchtgiftanbau zu erflehen".[22] Nach einem Bericht der Zeitung „Daily Nation" wurden drei Babys bei einem Ritualmord in Kenia enthauptet.[23] Von Massenselbstmord bzw. Mord berichten immer wieder die Medien: im November 1978 fast tausend Mitglieder der amerikanischen Volkstempelsekte in Jonestown, Guyana, im September 1985 68 Anhänger einer naturreligiösen Sekte auf den Philippinen, im Oktober 53 Mitglieder des Ordens der Sonnentempler in der Schweiz bzw. in Kanada, im März 1997 39 Mitglieder der Sekte Heaven's Gate bei San Diego, USA, im März 2000 mehrere Hundert Opfer der Bewegung für die Wiedereinsetzung der Zehn Gebote Gottes in Uganda.[24]

Die katholische Kirche wurde in der Mitte des 20. Jahrhunderts von Eugenio *Pacelli* als Papst *Pius XII.* (1876–1958) (Papst 1939–1958) regiert. – Unter dem Datum des 12. August 1950 hat er ein Rundschreiben (Enzyklika „Humani generis") an die „Patriarchen, Primaten, Erzbischöfe, Bischöfe und die anderen Oberhirten" der ganzen Welt gerichtet, das eines der wichtigsten Lehrstücke dieses Pontifikates war und verschiedene neue theologische Erklärungsversuche der „Nouvelle Théologie" verurteilte. (In seiner bremsenden Wirkung ist „Humani generis" ein wenig vergleichbar mit dem Syllabus des ursprünglich liberalen und reformfreudigen, durch die Revolution von 1848 aber dann anders denkenden Papstes Pius IX., in dem ein Katalog von 80 „Zeitirrtümern" proklamiert wurde.[25] Der „Syllabus" erschien am 8. 12. 1864.[26] Im Jahr 1950 verkündete Pius XII. das Dogma, dass Maria „mit Leib und Seele in die himmlische Herrlichkeit aufgenommen wurde"[27] (wobei die Verbindung der Begriffe „Leib" und „Himmel" einen zusätzlichen Erklärungsbedarf weckt). Im Laufe der letzten acht Jahre seines Pontifikates erschienen noch viele päpstliche Verlautbarungen, darunter auch über Frömmigkeitsformen, die für viele Christen des 20. Jahrhunderts eher schwer zugänglich sind (etwa „Ingruentium malorum" über das Rosenkranzgebet und „Haurietis aquas" über die Herz-Jesu-Verehrung).

Der Nachfolger von Pacelli war der frühere Patriarch von Venedig, Angelo Giuseppe Kardinal Roncalli als *Johannes XXIII.* (1881–1963) (Papst 1958–1963). Von seinen acht Enzykliken wird einigen besonders große Bedeutung beigemessen: „Mater et magistra" (16. 5. 1961) über die katholische Soziallehre und „Pacem in terris" (11. 4. 1963) über den Frieden in der Welt, das erste Mal „an alle Menschen guten Willens" adressiert. Als weniger zukunftsweisend wird seine Apostolische Konstitution „Veterum sapientia" über das Studium und den Gebrauch der lateinischen Sprache beurteilt. Sein historisches Verdienst war zweifellos die Einberufung des 2. Vatikanischen Konzils, das am 11. 10. 1962 eröffnet wurde.[28]

Nach dem „contadino" Roncalli folgte der „borghese" Giovanni *Montini*[29], Erzbischof von Mailand, als Papst *Paul VI.* (1897–1978) (Papst 1963–1978). Besonders hervorzuheben sind seine sozialen Enzykliken „Octogesima adveniens" (1967) aus Anlass der 80-Jahr-Feier von „Rerum novarum", außerdem „Populorum progressio" mit bemerkenswerten Lehren über die moderne Welt. Traurige Berühmtheit erlangte, auch auf Grund religionssoziologischer Erhebungen, seine Enzyklika „Humanae vitae" über die Geburtenregelung[30] (1968). Umstritten sind auch seine Verlautbarungen „Sacerdotalis coelibatus" (1967) über das verpflichtende Zölibat der Priester im römischen Ritus der katholischen Kirche[31] und „Indulgentiarum doctrina" (1968) über die Ablässe[32].

Albino *Luciani* hat als Papst *Johannes Paul I.* (1912–1978) (Papst 1978 August–September) ganze 33 Tage die Kirche geleitet. Ebenso überraschend, wie er am Nachmittag des 26. August nach nur eintägigem Konklave zum Nachfolger Pauls VI. gewählt worden war, starb er am späten Abend des 28. September, nachdem er grundlegende Reformen der römischen Kurie angekündigt hat.

Karol *Wojtyla*, Erzbischof von Krakau (geb. im Jahre 1920), regiert über die katholische Kirche als Papst *Johannes Paul II.* seit Oktober

1978. Eine Auswahl aus seinen zahlreichen Verlautbarungen – neben seinen noch zahlreicheren Reisen in allen Kontinenten der Welt –lässt Interessen, Fähigkeiten und Einsatz dieses einzigartigen Menschen, aber auch seine problematische Seite erahnen: „Redemptor hominis" (1979) über die Theologie der Erlösung, „Laborem exercens" (1981) zum 90. Jahrestag von „Rerum novarum", „Mulicris dignitatem" (1988) über die Würde der Frau, „Christi fideles laici" (1988) über die sog. Laien in der Kirche, „Centesimus annus" (1991) zum 100. Jahrestag der ersten fortschrittlichen Sozialenzyklika, „Veritatis splendor" über die Grundlagen der Moral, „Fides et ratio" (1998) über den Glauben und den Verstand, „Dominus Iesus" (2000) über die Einzigartigkeit der katholischen Kirche.

1.3. Die Säkularisation

Situation der Kirche

Die katholische Kirche hat immer noch immense Ressourcen. Welche Organisation kann sich rühmen, in fast allen Ländern der Erde rund 400. 000 hauptamtliche und größtenteils außerordentlich motivierte und engagierte Mitarbeiter zu haben, wie die Priester der katholischen Kirche, die in etwa 200.000 Pfarreien mit vielen der eine Milliarde zählenden Katholiken in Kommunikation stehen und in ca. 50.000 Kindergärten, 80.000 Volksschulen und 30.000 Mittelschulen mehr als 40 Millionen Kinder und Jugendliche Tag für Tag beeinflussen?[33]

Die Lage ist aber trotzdem sehr bedenklich. So urteilen sehr hochrangige, gewichtige, glaubwürdige und engagierte Mitglieder der christlichen Gemeinschaft: „Sicher ist die Situation der Kirche nicht einfach. Ich verstehe auch, dass es bei manchen Christen eine begreifliche Ungeduld gibt ... dass es auch viele Entfremdungen gibt und dass vor allem für junge Menschen der Glaube heute alles andere als selbstverständlich ist."[34] – „Die katholische Kirche ist in die Schlagzeilen geraten. An der Meinungsbörse schreibt sie zur Zeit dauernd Verlust. Und wer an dieser Börse in die Baisse gerät, hat es schwer, aus der Unglückssträhne herauszukommen. Dies liegt nicht nur an den Medien, die nach Sensationen fiebern. Nein, die Bilder und Nachrichten von der Kirche selber sind bedrückend: Die vermittelten Realitäten verwirren die Gemüter."[35] „Im Rückblick auf das 20. Jahrhundert können wir einen langfristigen Bedeutungsverlust der christlichen Konfessionen für die Lebensführung der europäischen Bevölkerungen erkennen. Insbesondere in den letzten Jahrzehnten steigt – zumal in Deutschland – der Anteil der Konfessionslosen an der Bevölkerung, und zwar vor allem unter den Männern, den Jüngeren, den Gebildeteren und den unter großstädtischen Verhältnissen Lebenden. Aber auch bei den Kirchenangehörigen nehmen die Kirchenbindung und die christliche Gläubigkeit dramatisch ab."[36] – „Es ist außer Zweifel: die Kirche befindet sich in einer Krise."[37] „Die Kirche ist krank, sie kämpft ums Überleben."[38] Ein starker Indikator: „Walter Dirks, Clemens Münster und ich hatten die Monatsschrift für Kultur und Politik ‚Frankfurter Hefte‘ gegründet, die außerordentlichen Einfluss gewann. Ein ‚Reformbrief über die Kirche‘, von Ida Görres geschrieben, wurde nachweislich von gut einer Million Katholiken gelesen." (Kogon, in: Sommer, S. 185) „... die Krise der Verkündigung, der Theologie, der Gemeinden und der kirchlichen Werke, ja sogar der Finanzen, ist manifest."[39] „Der gegenwärtige Zustand der Kirche ist nicht nur äußerst schwierig, sondern sogar bedrohlich und gefährlich."[40] „Wenn die Kirche heute ratlos erscheint, dann liegt das auch daran, dass die Gesellschaft ratlos ist."[41] „Die Kirche als solche ist in Europa ganz eindeutig in der Defensive."[42] „... ich würde ... fürchten, dass man ... Zeichen der Hoffnung überschätzt und sich dann kirchenamtlich zu bequem vertröstet über die Misere der Kirche in unserer Zeit und deshalb nicht den Mut zu wirklich neuen Wegen der Evangelisation findet."[43]

Begriff der Säkularisierung

Genau in diesem Sinne soll hier über die Säkularisierung ausführlich gesprochen werden. Eine redliche Entscheidung für die Radikalität in der Erneuerungsarbeit kann erst auf Grund der schonungslosen Analyse des Zustandes der Kirche entstehen.

Allerdings wird die Säkularisierungstheorie, einst beherrschendes Paradigma auf diesem Gebiet, neuerdings viel kritisiert und diskutiert „pro und contra".[44] Oft ist der Grund dafür vor allem, dass der *Begriff der Säkularisierung* unterschiedlich definiert wird. – „Der moderne Mensch ist Kosmopolit. Die Welt ist seine Stadt geworden, und seine Stadt hat sich zur Welt erweitert. Der Prozess, der dies in Szene gesetzt hat, wird von uns Säkularisierung genannt."[45] – „Bonhoeffer bezeichnet ein Jahr vor seinem Tod die Säkularisierung, diese Abkehr des Menschen von jenseitigen Welten und seine Hinwendung zum Diesseits, zustimmend als das ‚Mündigwerden des Menschen‘."[46] – „Diese Situation ist nach Lindbeck der Preis eines ‚unangenehmen Übergangsstadiums‘ des Christentums im westlichen Kulturkreis, nämlich ‚einst kulturell etabliert gewesen zu sein, gegenwärtig jedoch noch nicht eindeutig de-etabliert' zu sein."[47] Die Säkularisierung ist „eine Art Entkoppelung des spezifisch religiösen Bereichs von den übrigen gesellschaftlichen Bereichen".[48] Manchen religionssoziologischen Diagnosen ist gemeinsam, „dass sie das Ende der vernunftgemäßen Macht christlichen Glaubens und christlicher Weltdeutungen konstatieren"[49]. Manchmal wird die Ablösung der positiven religiösen Toleranz (jeder darf jede Form religiöser Betätigung ausüben) durch die negative religiöse Toleranz (niemand darf Formen religiöser Betätigung ausüben, wenn dies andere stört: z. B. mit Kirchenglocken läuten, den Schulunterricht mit Gebet beginnen, Kreuze in Schulen anbringen) auch als Säkularisierung bezeichnet.

Hier wird das Wort ausschließlich für jene negative Entwicklung verwendet, die in einem sinkenden Einfluss der amtlichen Lehre und der Kirche überhaupt auf die einzelnen Christen und auf die profane Gesellschaft besteht. Es geht also nicht unmittelbar um den Glauben der Personen, auch nicht unmittelbar um ihre Religion oder Religiosität und auch nicht um die Wissenschaft Theologie, obwohl alle vier Begriffe miteinander eng zusammenhängen.[50] – „Die Frage nach der sich offensichtlich verändernden Stellung des Christentums im Zuge der neuzeitlichen Entwicklung wurde im 19. Jahrhundert zunächst unter dem Begriff der ‚Verweltlichung' verhandelt, der um die Wende zum 20. Jahrhundert vor allem unter dem Einfluss von Ernst Troeltsch durch das Fremdwort ‚Säkularisierung' abgelöst worden ist. Der Begriff der Verweltlichung kann als Entsprechung zur aufklärerischen Hoffnung auf ein neues, nicht mehr durch ‚Religion' vermitteltes Verhältnis des Menschen zum Ganzen der Welt und ihrer Geschichte verstanden werden, wie dies der Religionskritik schon der französischen Aufklärung, dann aber in reflektierterer Weise bei David Hume, Ludwig Feuerbach und Karl Marx entsprach. Der Grundgedanke ist hier die Überwindung des Dualismus von ‚Gott' und ‚Welt' in der Selbstermächtigung des Menschen als Souverän der Weltgeschichte. Religion verschwindet als der den Geist des Menschen vernebelnde Schleier, indem ihre Genese psychologisch als Produkt menschlicher Wünsche, insbesondere als Kompensation von Mangelerfahrungen erklärt wird. Die Botschaft von der Inkarnation wurde z. B. bei Feuerbach als ‚Vermenschlichung Gottes' im Menschen zu Ende gedacht. An die Stelle der Gottebenbildlichkeit des Menschen trat hier die Menschenebenbildlichkeit Gottes, die es zu durchschauen galt, um die Entfremdung des Menschen von sich und seinesgleichen zu überwinden. Der Mensch versteht sich hier als geschichtliches Wesen, das die Vorgeschichte hinter sich und die Zukunft vor sich, aber keinen Gott mehr über und keinen Teufel mehr unter sich hat.

Die Kategorie der Säkularisierung dagegen entstand im Raum der evangelischen Theologie und fand von hier ihren Weg in die Religionsphilosophie und Religionssoziologie. Ihr ältester Sinn war ein kirchenrechtlicher, nämlich die Überleitung eines Mönches in den Stand der ‚Weltkleriker‘; einflussreicher für die Begriffsbildung dürfte jedoch die zuerst bei den zum Westfälischen Frieden (1648) führenden Verhandlungen gebrauchte Bedeutung von Säkularisierung als Überführung von Kirchengut in weltliches Eigentum gewesen sein. Wenn somit die Religionsgeschichte der Neuzeit als ‚Säkularisierung‘ interpretiert wurde, so sollte der religiöse Ursprung dieser Entwicklungen und damit die fortdauernde Relevanz der christlichen Religion betont werden.“[51]

Eine Art Zusammenfassung dieser Begriffsprobleme bietet F. X. Kaufmann im folgenden Text: „Betrachtet man die Begriffsgeschichte von Säkularisierung, so zeigt sich, dass dieser Begriff sehr unterschiedlich ausgelegt wurde. Gemeinsam ist allen Bedeutungen nur der explizite Bezug auf das Verhältnis von Religion und Neuzeit. Die wichtigsten Auslegungen lassen sich wie folgt typisierend zusammenfassen:

1. Säkularisierung als fortschreitender Relevanzverlust von Religion. Diese Auffassung ist mit derjenigen der ‚Verweltlichung‘ inhaltlich verwandt. Allerdings kann dieser Relevanzverlust sowohl emanzipatorisch als auch kulturkritisch gedeutet werden.

2. Säkularisierung als Verdrängung der kirchlichen Autorität aus den Bereichen weltlicher Herrschaft. Dies ist ein sehr offenkundiger Aspekt der neuzeitlichen Entwicklung, welcher sich bereits in der Unterscheidung von geistlicher und weltlicher Macht seitens des Wormser Konkordates andeutete ... Dabei hat sich der Bereich staatlicher Zuständigkeiten oder auch der staatlichen Gewährleistungen, z. B. der ‚Freiheit von Wissenschaft und Kunst‘ (Art. 5, Abs. 3 GG), fortschreitend erweitert. Wir können hier auch mit Hermann Lübbe von einem Kontrollverlust der Religion über die Gesellschaft sprechen.

3. Säkularisierung als gleichzeitige Enteignung und Bewahrung christlicher Errungenschaften im Rahmen des säkularen Gemeinwesens. Hier ist insbesondere an die Idee der Freiheit und Gleichheit aller Menschen im Rahmen der Menschenrechtskataloge neuzeitlicher Verfassungen sowie an die Übernahme des Schutzes und der Fürsorge für Schwache und Arme im Rahmen der Sozialstaatlichkeit zu denken. Aber natürlich finden sich auch in der zeitgenössischen Kultur nach wie vor erhebliche Spuren christlicher Tradition. Trutz Rendtorff spricht in diesem Zusammenhang von einem ‚Christentum außerhalb der Kirche‘.

4. Säkularisierung als Voraussetzung einer Entmythologisierung des Glaubens und einer ‚Vergeistlichung des Säkulums' (E. Troeltsch). Vor allem die dialektische Theologie hat diese Wiederherstellung der Spannung zwischen dem prophetischen Gehalt der jüdisch-christlichen Botschaft und den weltlichen Verhältnissen reflektiert und begrüßt.

5. Säkularisierung als Entchristlichung und Entkirchlichung der Bevölkerung. Während sich die vorangehenden Bestimmungen aus soziologischer Sicht im Wesentlichen auf die makrotheoretischen Zusammenhänge von Religion und Kultur bzw. Kirche und Gesellschaft bezogen, steht hier der mikrosoziologische Sachverhalt sinkender kirchlicher Beteiligung und des Schwindens christlicher Orientierungen im Wissens- und Verhaltensbereich der Bevölkerung im Vordergrund."[52]

Einige Beobachter der neuesten Entwicklungen gehen vielleicht noch weiter. „Der Mensch im Stamm und der säkulare Mensch haben jeweils einen eigentümlichen sozial und geschichtlich bedingten Weltaspekt. Der entscheidende Unterschied besteht darin, dass der moderne säkulare Mensch dies weiß, der Mensch im Stamm wusste es nicht. Die Wahrnehmung, dass der eigene Standpunkt relativ und bedingt ist, ist für den säkularen Menschen eine unausweichbare Komponente eben dieses eigenen Standpunkts geworden. Sein Bewusstsein ist relativiert. Ihm ist bewusst, dass nicht nur seine Sprache, seine Sitte, seine Kleidermode, sondern auch seine Wissenschaft, sein Wertsystem und seine ganz bestimmte Art, die Wirklichkeit zu begreifen, durch seine persönliche Biographie und durch die Geschichte seiner Gruppe bedingt sind. Die kopernikanische Revolution hat heute ein solches Ausmaß erreicht, dass alles von ihr ergriffen wird. Alle Dinge sind relativ, alles hängt davon ab, wie man es ansieht."[53] Nicht unähnlich ist die Feststellung Vaclav Havels, dass „die Tragödie des modernen Menschen" nicht darin besteht, „dass er eigentlich immer weniger über den Sinn des eigenen Lebens weiß, sondern dass ihn dies immer weniger stört ..."[54]

Die folgenden Daten dienen als Indikatoren des massiven *Säkularisierungsprozesses* im obigen Sinn und zeigen die Notwendigkeit an, einen Heilungsprozess unverzüglich und mit Bereitschaft zur Radikalität zu beginnen. Dabei wird selektiv und bewusst einseitig vorgegangen. Nicht immer und nicht überall sind die hier aufzuzählenden Daten repräsentativ. Das Ziel ist hier aber nicht, Dank und Glückwünsche zu verteilen wegen der guten oder ausgezeichneten Ergebnisse, sondern die Konsequenzen des falschen, anachronistischen und kontraproduktiven Verhaltens darzustellen. Je deutlicher die tatsächliche Katastrophe wahrgenommen wird, desto stärker wird die Motivation, selbst grundlegende Veränderungen zu akzeptieren. Die Kirche hat ohnehin bereits viel Zeit verloren. Bereits 1943 (!) haben Godin und Daniel ein alarmierendes Buch mit dem Titel: „Frankreich, ein Missionsland?" veröffentlicht. Aus praktischen Gründen erfolgt die Übersicht in der zugegebenermaßen konservativen hierarchischen Reihenfolge, beginnend mit den Priestern.

1.4. Christen im Priesteramt

Ihre Zahl in Europa ist zwischen 1973 und 1998 von 255.272 (183.704 Weltpriester und 71.568 Ordenspriester) auf 211.827 (147.517 Weltpriester und 64.310 Ordenspriester) gesunken – immerhin ein Unterschied von 43.445 Personen oder 17 %.[55] (Weniger dramatisch, aber auch eindeutig negativ ist die weltweite Entwicklung: Der Rückgang der Priesterzahlen beträgt im angegebenen Zeitraum 15.803, d. h. 3,76 %. Im Jahre 1998 lebten 404.626 Priester in der katholischen Kirche.)[56] Die jährlichen Summen ergeben sich aus drei Faktoren: Priesterweihen minus Amtsniederlegungen und Todesfälle. Aus den jährlich erscheinenden Bänden der kirchlichen Statistik kann man die entsprechenden Daten herauslesen und zwischen 1969 und 1985 einen jährlichen Verlust von ein- bis zweitausend Weltpriestern feststellen. Danach folgen Jahre mit positiven Ergebnissen (fast immer weniger als 1000) – allerdings nicht in Europa, wo bis heute die Zahl der Priester sich jährlich um rund 1000 verringert.[57]

Das Problem ist in einzelnen Bereichen noch viel größer als im Weltmaßstab. – Beispiel Italien: „Während sich ... seit der endgültigen Einigung Italiens im Jahre 1871 die italienische Bevölkerung fast verdoppelt hat, hat sich die Zahl der Priester auf ungefähr die Hälfte vermindert."[58] – Beispiel Spanien: Die Zahl der Priester (34.420 im Jahre 1920 und 18.932 im Jahre 1998) verringerte sich in den letzten 80 Jahren um 15.488, d. h. um 45 %.[59] – Beispiel Großbritannien: Die Zahl der Priester ist seit 1964 von 7714 auf 5712 im Jahre 1997 (ein Verlust von 26 %), von denen über 10 % im Ruhestandsalter sind, zurückgegangen, die der Priesterweihen von jährlich 230 (1964) auf 119 (1996) – ein Verlust von 48 %.[60] – Beispiel Frankreich: „Während zwischen 1950 und 1959 in den französischen Diözesen im Schnitt pro Jahr über 800 Priester geweiht wurden, waren es zwischen 1960 und 1969 nur noch 535. Die Durchschnittszahl ging dann massiv zurück: Zwischen 1970 und 1979 waren es ca. 170, in den achtziger Jahren nur noch knapp über hundert. 1993 waren in den französischen Bistümern 136 Weihen von Weltpriestern zu verzeichnen; 1995 sank dann die Zahl mit 96 Weihen erstmals unter 100 ab."[61] „Zwischen 1965 und 1975 sank die Anzahl der französischen Weltpriester von 40.994 auf 36.014, also um rund 5000. Durchschnittlich fielen also in dieser Periode 500 Priester pro Jahr aus, während der jährliche Verlust von 1948 bis 1960 nur etwa 70 betrug."[62]

Beispiel Deutschland: Es „stehen laut Angaben der Amtlichen Zentralstelle für kirchliche Statistik des katholischen Deutschland (Köln) in der Erzdiözese Bamberg 980 Pfarreien nur 668 Weltpriester gegenüber, in Freiburg lautet das Verhältnis 1035 zu 923, in Rottenburg 996 zu 820, in Trier 927 zu 697.[63] – Beispiel Ungarn: Die Zahl der Priester geht seit 1950 in rasantem Tempo zurück. Der Trend ist eindeutig: 1950: 3583 – 1960: 3720 – 1970: 3324 – 1980: 2789 – 1990: ca. 1700 Geistliche.[64] – Beispiel Schweiz: „Die Zahl der Pfarrgemeinden ohne einen ortsansässigen Pfarrer hat sich in der Schweiz von 1970 bis 1985 kontinuierlich erhöht: von 156 (1970) über 173 (1975) und 252 (1980) auf 338 im Jahre 1985. Damit war 1985 jede fünfte Pfarrei betroffen. Sollte sich die Entwicklung nicht verändern, so wird es in der Schweiz im Jahr 2010 nur mehr rund 550 Diözesanpriester geben – 1985 waren es noch 1385."[65] Beispiel Bistum Basel: „Während es in den 1960er Jahren noch 800 inkardinierte Priester im aktiven Dienst des Bistums gab, waren es 1990 nur noch 400; im Jahr 2000 werden es nur noch 200 sein."[66] – Beispiel Diözese Limburg: „Nach Angaben von Bischof Kasper wird die Zahl der aktiven Priester in der Diözese Rottenburg-Stuttgart von 991 im Jahr 1990 auf etwa 759 im Jahr 2001 sinken, das bedeutet einen Rückgang um 23 Prozent."[67]

Beispiel Indonesien: „Die indonesischen Bischöfe haben bei verschiedenen Ad-limina-Besuchen versucht, von Rom eine Dispens für die Weihe von ‚viri probati‘ zu erhalten – bisher ohne ein positives Ergebnis. Bei seinem Indonesienbesuch im Oktober 1989 hat Johannes Paul II. vor den indonesischen Bischöfen seine ablehnende Haltung noch einmal unterstrichen. Er sprach von der Versuchung, Zuflucht zu falschen Alternativen zu nehmen, wenn der einzigartige Dienst der Priester nicht allen zugänglich sei. Die Tatsache, dass in 91 % der Pfarreien Indonesiens die Eucharistie nicht jeden Sonntag gefeiert werden kann und 60 % der Gläubigen davon betroffen sind, wird nicht als Notstand begriffen, der eine Änderung notwendig machen könnte."[68]

Beispiel Europa: Die Zahl der Gemeinden, die einen Diözesanpriester als Pfarrer hatten, sank zwischen 1976 und 1992 von 88.840 auf 83.425, die einen Ordenspriester als Pfarrer hatten, stieg von 7682 auf 8979 (eine

Ersatzfunktion, die wegen der rapiden Schrumpfung der Ordensgemein-schaften nicht mehr lange geleistet werden kann), die von einem Pfarrer aus einer anderen Gemeinde betreut wurden, stieg von 39.242 auf 45.089.[69]

Überalterung

Die Zukunft braucht nicht erahnt, sie kann berechnet werden, wenn man die Überalterung des Klerus in vielen Ländern genauer ansieht. Der Pastoraltheologe Paul M. Zulehner hat am Beispiel der – durchschnittlichen und insofern repräsentativen – Diözesen Rottenburg und Tübingen gezeigt, dass der Anteil der über 65 Jahre alten Priester gegenwärtig dort bereits 25 % beträgt und in den nächsten Jahrzehnten auf 47 % (1985) bzw. 66 % (1995) steigen wird.[70]

Eine Statistik über die Bundesrepublik Deutschland zeigt beispielhaft die Schnelligkeit dieser Entwicklung:

Tabelle: Anzahl der in den Bistümern in der Bundesrepublik und in West-Berlin tätigen Welt- und Ordenspriester

	Gesamt	bis 40-Jährige	41–60-Jährige	61–75-Jährige	über 75-Jährige
1969					
Weltpriester	19.567	5.575	8.462	4.503	1.027
Ordenspriester	6.323	1.717	2.571	1.679	356
1970					
Weltpriester	19.500	5.430	8.389	4.692	989
Ordenspriester	6.362	1.721	2.547	1.747	347
1971					
Weltpriester	19.321	5.205	8.192	4.981	943
Ordenspriester	6.366	1.682	2.517	1.838	329
1972					
Weltpriester	19.125	5.001	7.884	5.178	1.062
Ordenspriester	6.318	1.640	2.456	1.911	311
1973					
Weltpriester	18.660	4.554	7.023	5.953	1.130
Ordenspriester	6.243	1.549	2.270	2.089	335

Was in obiger Tabelle zunächst auffällt, ist das schon in der Zeitspanne von fünf Jahren deutlich registrierbare Schwinden des Anteils der Gruppe der bis zu 40-Jährigen. Die Prozentanteile dieser Altersgruppe an der Gesamtzahl der Welt- und Ordenspriester entwickeln sich wie folgt:

Weltpriester	Ordenspriester
1969 28,5 %	27,2 %
1973 24,4 %	24,8 %

Ähnlich sinkt der Anteil der Altersgruppe der 41- bis 60-Jährigen ab:

Weltpriester	Ordenspriester
1969 43,2 %	40,6 %
1973 37,6 %	36,4 %

Im gleichen Zeitraum nimmt der Anteil der Altersgruppe der 61- bis 75-jährigen Priester an der Gesamtzahl merklich zu:

Weltpriester	Ordenspriester
1969 23,0 %	26,5 %
1973 31,9 %	33,5 %

Auch der Anteil der über 75-Jährigen in den Bistümern tätigen Weltpriester steigt an:

Weltpriester	Ordenspriester
1969 5,3 %	5,6 %
1973 6,1 %	5,4 %

Die Gesamtabnahme der Zahl der in den Bistümern tätigen Weltpriester in den Jahren 1969 bis 1973 (907) errechnet sich näherhin so, dass die Zahl der bis zu 60-jährigen Weltpriester um 2460 abnimmt, während sich die Zahl der über 60-jährigen in diesen fünf Jahren um 1553 erhöht. Die Gruppen der sich einarbeitenden und der in der vollen beruflichen Verantwortung und Belastbarkeit stehenden Priester sind also innerhalb von nur fünf Jahren um 17,5 % kleiner geworden. Katastrophale Folgen für die Disposition der priesterlichen Dienste in den Bistümern konnten nur dadurch vermieden werden, dass 1973 immerhin 1553 mehr über 60-jährige Weltpriester in den Bistümern tätig waren, als dies 1969 der Fall war.

Das erklärt sich zu einem geringen Teil aus der allgemein gestiegenen Lebenserwartung, zu einem beachtlicheren Teil aus der Bereitschaft der Priester, ihre volle Tätigkeit oder zumindest ihre weitgehende pastorale Beanspruchbarkeit erheblich über die in anderen Berufen übliche Ruhestandsgrenze hinaus fortzusetzen. Zu berücksichtigen ist außerdem, dass die Priester, die zwischen 1969 und 1973 das 60. Lebensjahr überschritten haben, in ihrer weit überwiegenden Mehrzahl zu den zahlenmäßig starken Priesterweihejahrgängen unmittelbar vor dem Zweiten Weltkrieg zählen. Diese Möglichkeiten eines Ausgleichs werden temporär schon in den nächsten Jahren spürbar schwinden, wenn die zahlenmäßig sehr schwachen Priesterweihejahrgänge aus der Zeit des Zweiten Weltkriegs das 60. Lebensjahr überschreiten. Sie verschlechtern sich vorläufig definitiv, sobald die Altersgruppe der über 60-jährigen Priester zahlenmäßig entscheidend durch den um die Jahre 1968 bis 1970 einsetzenden Rückgang in den Zahlen der Neupriester bestimmt wird.[71] – In Ungarn waren bereits im Jahre 1969 fast ein Viertel der Priester (23,8 %) über 60 Jahre alt.[72] Im Jahre 1980 ist dieser Prozentsatz auf 34,2 gestiegen.[73] (Eine nicht unwichtige Bemerkung am Rande: „Wo beim lateinisch-westlichen Klerus nur ein Achtel zu der Altersgruppe unter 40 gehört, ist dies für den katholisch-orientalischen für ein Drittel der Fall."[74]) Ganz ähnlich liegt der Fall in der altkatholischen Kirche: „Die Priester, die sich für eine Mitarbeit bei uns interessieren, können wir nicht alle unterbringen."[75] Sollte man nicht logisch weiterdenken, was Bischof Kamphaus folgendermaßen formuliert: „Der Glaube sagt mir, dass der Priester für die Eucharistie da ist. Deshalb darf die Feier der Eucharistie nicht der Entscheidung über die Zugangswege zum Priesteramt geopfert werden."[76]?

Kandidaten zum Priesteramt

Ein anderer Indikator zukünftiger Entwicklungen ist die Zahl der „Kandidaten zum Priestertum in Mittelschulen". Zwischen 1993 und 1998 verringerte sich ihre Zahl in Europa um 12.081 (41,7 %), weltweit um 14.451 (12 %).[77] – Noch näher zur Zukunft führt uns die Zahl der Seminaristen und der Theologen, die sich auf das *Priesteramt vorbereiten*.

„Der Vatikan hat Zahlen zur Entwicklung des Priesternachwuchses in den verschiedenen Regionen der Weltkirche veröffentlicht (vgl. Osservatore Romano, 22./23. 7. 1996). Demnach betrug 1994 die Gesamtzahl der Priesteramtskandidaten (immer Welt- und Ordensklerus zusammengenommen) 105.075. Den tiefsten Stand seit 1970 hatte es 1975 mit 60.142 Seminaristen gegeben; 1985 waren es dann 85.084. Stark verschoben haben sich die Anteile der einzelnen Weltregionen an der Gesamtzahl der Priesteramtskandidaten. Während Anfang der siebziger Jahre Europa noch 45,65 Prozent und Nordamerika 18,78 Prozent der Seminaristen stellten, waren es 20 Jahre später nur noch 28,85 bzw. 5,61 Prozent. Demgegenüber stieg der Anteil für Afrika im gleichen Zeitraum von 5,33 auf 15,84 Prozent, für Südamerika von 6,93 auf 17,01 Prozent. In absoluten

Zahlen gab es 1970 in Europa 33.971 Priesteramtskandidaten, während es 1994 29.511 waren. Der Tiefpunkt lag 1977 mit 22.716 Seminaristen. Afrika stellte 1994 schon 17.125 Seminaristen (1970 waren es 3470), Südamerika 17.808 (1970 waren es 5041) und Asien (ohne den Nahen Osten) 23.943 (gegenüber 10.074 im Jahr 1970). Die Zahl der Priesteramtskandidaten je 100.000 Katholiken ging zwischen 1970 und 1994 in Nordamerika am stärksten zurück, von 25,98 auf 8,25. Der Rückgang in Europa war weit weniger stark, von 13,10 auf 10,27. Demgegenüber hat sich die Zahl der Priesteramtskandidaten auf je 100.000 Katholiken in Afrika im Berichtszeitraum verdoppelt."[78]

Einige Details: Die in der *Bundesrepublik Deutschland* erreichte Zahl an Kandidaten „bedeutet gegenüber nicht einmal eineinhalb Jahrzehnten zuvor einen Rückgang um 35 % (von 777 im Jahr 1962 auf 492 im Jahr 1976)".[79] – „Die Nachwuchssituation bei den deutschen Diözesanpriestern hat sich in den letzten Jahren verschlechtert: Die Zahl der neuaufgenommenen Priesterkandidaten ging seit Mitte der achtziger Jahre kontinuierlich zurück (1983 waren es 829; 1993 nur noch 328). Im Erzbistum Freiburg mit seinen über zwei Millionen Katholiken gab es 1995 nur vierzehn Neuaufnahmen von Priesteramtskandidaten (und neun Neupriester). In anderen Diözesen sieht es ähnlich oder vergleichsweise noch schlechter aus."[80] Auch als Reaktion auf den seit Jahren schwierig gewordenen Arbeitsmarkt für angehende Religionslehrer und Pastoralreferenten ist die Zahl der Theologiestudierenden in den letzten Jahren rückläufig, am stärksten bei den Lehramtsstudiengängen, jedoch auch beim Diplomstudiengang, auch wenn sich im letzteren Fall die Entwicklung uneinheitlicher darstellt. Vom Wintersemester 1984/85 zum Wintersemester 1986/87 ging die Zahl der Studenten der katholischen Theologie um rund 500 zurück – von 12.389 auf 11.855 (vgl. Statistische Jahrbücher 1986 bzw. 1987, Stuttgart/Mainz 1986 bzw. 1987), die Zahl der Studienanfänger von 1502 auf 1249. In einzelnen Fakultäten hat dies zu beträchtlichen Einbrüchen geführt: So ist nach Angaben der Fakultätentage 1986 und 1987 z. B. die Zahl der Lehramtsstudenten in Bonn vom Wintersemester 1985/86 zum Wintersemester 1986/87 um jeweils rund 190 zurückgegangen, oder in München um rund 200 bzw. knapp 90. Gleichzeitig gab es aber im Wintersemester 1986/87 in Tübingen, München und Freiburg noch Zuwächse beim Diplomstudiengang. Der Bericht der Kommission IV der Deutschen Bischofskonferenz von 1985 zu den Berufsperspektiven von Diplomtheologen, der auch Gegenstand der Beratungen auf der Frühjahrsvollversammlung 1985 der Bischofskonferenz war (vgl. HK, April 1985, 157ff.), ging noch von rund 6000 bis 7000 Theologiestudenten im Diplomstudiengang aus (davon etwa 3000 Priesteramtskandidaten) und einer Quote von jährlich 500 bis 600 Diplomtheologen, die zum größten Teil eine Tätigkeit im kirchlichen Dienst anstreben. Diesem Angebot stand zu dem Zeitpunkt eine Nachfrage von rund 200 offenen Planstellen in der Seelsorge gegenüber. Schon damals war absehbar: „Würden wie in der letzten Zeit jährlich 90 bis 100 Bewerber eingestellt, wären in vier Jahren alle verfügbaren Stellen vergeben."

Inzwischen ist die Zahl der *im pastoralen Dienst befindlichen Pastoralassistenten/-referenten* zwar von 1130 auf rund 1300 gestiegen, die jährliche Einstellungsquote wurde aber verringert: Die meisten Bistümer entschieden sich für eine stetige, aber langsame Erhöhung der Zahl der Laientheologen im Seelsorgedienst. Der Zeitpunkt ist absehbar bzw. stellenweise erreicht, dass auf der Basis des bisher angenommenen Einstellungssolls keine offenen Stellen mehr zur Verfügung stehen. Einige Bewerberkreise zur Studienbegleitung wurden bereits (vorübergehend) geschlossen (Trier, Passau). In anderen Diözesen kennt man ein solches Soll nicht oder ist bereit, es zu überschreiten.[81]

„Ein rapider Rückgang des Priesternachwuchses in den *USA*[82] in den vergangenen sechs Jahren hat die Katholiken der Vereinigten Staaten und die Verantwortlichen der Hierarchie aufhorchen lassen. Entgegen teilweise bisher verbreiteter optimistischer Prognose konnte das ‚Center for Applied Research in the Apostolate' (CARA) Ende Januar genaue statistische Angaben vorlegen (NCNS, 25. 1. 1974), die das Gegenteil beweisen. Demnach nahm die Zahl der Theologiestudenten und Priesterkandidaten vom Schuljahr 1967/68 bis zum Schuljahr 1973/74 um 55 % – allein im vergangenen Jahr um 11 % – ab, d. h. anstatt der 38.327 Anwärter vor sechs Jahren gibt es jetzt nur noch 17.334."[83] – In *Spanien* sieht die kirchliche Wirklichkeit so aus: „95 % sind katholisch getauft, 89 % bezeichnen sich als katholisch, 84 % als gläubig (Studie der Stiftung FOESSA) ... In den Priesterseminaren bereiten sich gegenwärtig 1684 Studenten auf das Priesteramt vor (1960 waren es über 9000, 1978 knapp 1500), im vergangenen Jahr wurden 163 Priester geweiht, 135 gaben im gleichen Jahr ihr Amt auf."[84] – Ganz andere, positive und negative Erscheinungen sind in *Ungarn* zu beobachten. „Seit sieben Jahren (1978) gibt es einen an die Katholisch-Theologische Akademie in Budapest angeschlossenen theologischen Fernkurs. Bis es zu der Gründung kam, waren eine Menge kirchlicher und angesichts der genauen Staatskontrolle in allen kirchlichen Belangen auch eine Menge politischer Schwierigkeiten zu überwinden. Die Bedeutung des Unternehmens für Ungarn – u. a. auf dem Hintergrund der katastrophalen Entwicklung beim Priesternachwuchs – schildert sein Gründer und Leiter, Thomas Nyiri, Professor für Philosophie an der Theologischen Akademie. ... Die Zahl der Seelsorger vermindert sich dort zur Zeit jährlich um etwa 80 Personen, dieser Rückgang wird aber in einigen Jahren wegen des Ausfalles der zahlenmäßig allerstärksten Jahrgänge, der kontinuierlich steigenden Zahl der Amtsniederlegungen und der steilen Abnahme des Priesternachwuchses viel schneller vor sich gehen. Wenn die Entwicklung auf diesem Gebiete so weitergeht wie im letzten Jahrzehnt, wird die Zahl der aktiven katholischen Priester des lateinischen Ritus 1990 ungefähr 1500 bis 1600 betragen. Die größte Sorge bereitet die unaufhaltsam sinkende Zahl der Priesteramtskandidaten. Vor fünf Jahren studierten etwa 300 Alumnen in den sechs Seminaren des Landes, 1983/84 waren es insgesamt noch 190 Seminaristen, darunter 36 der griechisch-katholischen Diözese Hajdudorog. Die Situation wird noch durch die immer mehr um sich greifende negative Auslese der Seminaristen erschwert. Eine bedeutende Ausnahme bildet, auch bezüglich der Auslese, die griechisch-katholische Diözese Hajdudorog, die einzige unierte Diözese unter den insgesamt elf katholischen Diözesen Ungarns, in der seit Jahren die Zahl der Neupriester die Zahl der verstorbenen bei weitem übertrifft. Diese Diözese hat im Verhältnis zu ihren Gläubigen sieben- bis achtmal so viel Seminaristen (etwa 35 für 300.000 Gläubige) wie die lateinischen Diözesen (etwa 100 Seminaristen für 7 Millionen Gläubige). Die Zahl der aktiven griechisch-katholischen Priester wird sich 1990 von den jetzigen 180 auf 190 erhöhen. Infolgedessen werden die 149 griechisch-katholischen Pfarreien auch in Zukunft besetzt sein, während von den 2312 lateinischen Pfarreien eine gute Hälfte oder noch mehr vakant wird. Diese Vergleiche zeigen anschaulich, dass in Ungarn nicht die Berufung zum Priestertum in eine Krise geraten ist, wohl aber die Rolle des unverheirateten Diözesanpriesters. Das tridentinische Priesterbild, nach dem sie im Seminar erzogen worden sind, findet in der heutigen ungarischen Gesellschaft wenig Widerhall, selbst unter den gläubigen Katholiken."[85]

Amtsniederlegungen

Zum Bedenken in vielerlei Richtungen, die in diesem Buch noch behandelt werden, gibt die hohe Zahl der Amtsniederlegungen von Priestern Anlass. – Frankreich: „Zwischen 1965 und 1975 sank die Anzahl der französischen Weltpriester von 40.994 auf 36.014, also um rund 5000. Durchschnittlich fielen also in dieser Periode 500 Priester pro Jahr aus, während der jährliche Verlust von 1948 bis 1960 nur etwa 70 betrug. Diese Entwicklung wird noch deutlicher, wenn man die im Dienst stehenden Diözesanpriester berücksichtigt: zwischen 1965 und 1975 sind 5500 aus der seelsorgerlichen Praxis ausgeschieden. Da in diesen zehn Jahren die französische Bevölkerung zugenommen hat, fällt das Verhältnis der Priester zur Einwohnerzahl umso negativer aus. ... Es ist anzunehmen, dass in Frankreich in den vergangenen 30 Jahren (1945–1975) insgesamt 3.000 Priester ihr Amt niedergelegt haben. Seit 1960 verdoppelt sich die Zahl der Austritte alle fünf Jahre: 241 (1960–1964), 485 (1965–1969), 972 (1970–1974). Nachdem die Bischofssynode von 1971 den Priesterzölibat aufs Neue bekräftigt hatte, erreichte die Zahl der jährlichen Amtsniederlegungen 1972 ihren höchsten Stand: 225 ... Von den ausgeschiedenen Weltpriestern trafen 27 % diese Entscheidung zwischen 35 und 40 Jahren, 26 % zwischen 30 und 35 Jahren, 22 % zwischen 40 und 45 Jahren (also 3/4 zwischen 30 und 45 Jahren). Der höchste Prozentsatz von Austritten wird unter denjenigen Priestern registriert, die studierende Jugendliche betreuten oder selbst intellektuell tätig waren; die Land- und Stadtpfarrer verzeichnen den geringsten Anteil."[86] – Österreich: „Die Zahl der Priester, welche vom Amt suspendiert sind, d. h. ihr Priesteramt nicht ausüben dürfen, sowie die Zahl der laisierten (in den Laienstand zurückversetzten) Priester wird gesamtösterreichisch nicht erfasst. Die Angaben bewegen sich je nach Bezugsquelle zwischen 600 (Canisiuswerk Wien) und 700 bis 800 (Vereinigung ‚Priester ohne Amt‘). In der Erzdiözese Wien sind im Zeitraum von 1938 bis 1996 75 Priester aus ihrem Amt geschieden bzw. durften ihr Amt nicht mehr ausüben, zwei Drittel davon (50) ab dem Jahr 1967 (Quelle: Ordinariat der Erzdiözese Wien; Stand 31. 12. 1996). In den nationalen Organisationen der ‚Priester ohne Amt‘, so der geläufige Terminus in Österreich, spricht man von etwa hunderttausend Priestern, die seit dem Pontifikat Pauls VI. (1963) weltweit aus dem Amt geschieden sind. Es würde sich hierbei um rund ein Viertel des heutigen Welt-Klerusstandes von 404.750 handeln. Allein in Amerika würden 42 % der Priester innerhalb von 25 Jahren nach der Priesterweihe der Kirche den Rücken kehren. (Vgl. Rice David 1990: Kirche ohne Priester. Der Exodus der Geistlichen aus der katholischen Kirche. S. 17.) Nach einer ‚Austrittswelle‘ Anfang der siebziger Jahre sank die Austrittsrate (in Prozent pro 100 Diözesanpriester zu Beginn des Jahres) von 1978 bis 1984 um fast 60 %, um sich dann auf etwa einem Niveau von 0,24 einzupendeln (1995: 0,26)."[87] – Spanien: Im Jahre 1989 gaben 135 Priester ihr Amt auf.[88] – Bundesrepublik Deutschland: „Anzahl der Priester, die in den Bistümern in der BRD und in West-Berlin ihren Dienst mit dem Ziel der Laisierung aufgegeben haben:

1969   Weltpriester 100 – Ordenspriester 22
1970   Weltpriester 91 – Ordenspriester 35
1971   Weltpriester 84 – Ordenspriester 33
1972   Weltpriester 113 – Ordenspriester 43
1973   Weltpriester 88 – Ordenspriester 51"[89]

Weltkirche: Im Jahr 1985 schieden in der katholischen Kirche 1002 Priester aus dem Amt.[90] Zwischen 1964 und 1968 haben 195 Weltpriester (0,93%) und 85 Ordenspriester (1,3 %) ihr Amt aufgegeben – die Hälfte davon aufgrund eines Gesuches um Laisierung.[91] Über Amtsniederlegungen war verständlicherweise aus offiziellen Quellen lange wenig zu erfahren. Bis in die Mitte der sechziger Jahre konnte man zumindest in der deutschen Kirchenstatistik darüber nichts finden. Erst das „Kirchliche Handbuch", Bd. XXVI, 1962–1968 (Köln 1969, S. 516), gibt für die Jahre 1964–1968 einen Überblick, nach dem in dieser Zeit 195 Weltpriester ... und 85 Ordenspriester ... ihr Amt aufgegeben haben – die Hälfte davon aufgrund eines Gesuches um Laisierung. Das Bemühen, damit Gerüchten über sehr viel höhere Austrittszahlen entgegenzutreten, ist unverkennbar, andererseits glaubten damals (noch) manche Priester, einen derartigen Schritt nur durch eine Flucht in die Öffentlichkeit realisieren zu können, was vor allem in katholischen Gebieten zu einigen Komplikationen führte.[92] Danach veröffentlichte das „Statistische Zentralamt der Kirche" die folgenden Zahlen der Entwicklung der von den römischen Behörden registrierten Gesuche um Amtsniederlegungen 1963–1970: 1963: 167; 1964: 640; 1965: 1128; 1966:1418; 1967: 1769; 1968: 2263; 1989: 2963; 1970: 3800 (Summe: 14.148, Weltklerus-Stand 1970: ca. 425.000).[93]

„Nach Angaben des Schweizerischen Pastoralsoziologischen Institutes kann man mit weiteren 10.000 nicht registrierten Austritten rechnen, so dass die Gesamtzahl für die Jahre 1963–1970 etwa 22.000–25.000 betragen dürfte, was einem Anteil von etwa 5 % des Weltklerus entspricht. Nach Angaben römischer Kommentatoren (vgl. DAZ, 1. 4. 1972) verteilt sich die Zahl je zur Hälfte auf Welt- und Ordenspriester, etwa 40 % aller Austritte beziehen sich auf Priester in Europa. – Bundesrepublik

Deutschland: Eine 1970 in den deutschen Diözesen zu diesem Thema durchgeführte Umfrage wurde nur zögernd beantwortet. Auf der Basis eines Zwischenergebnisses aus 11 Diözesen (von 22) ließ sich 1970 bereits feststellen: 1. Der Schwerpunkt der Amtsniederlegungen liegt bei den jüngeren Weihejahrgängen. 2. Bei diesen liegt er in der BRD sicher über 5 %. (Von 737 zwischen 1960–1964 in 11 Diözesen geweihten Priestern hatten bis 1970 52 ihr Amt niedergelegt.)[94] „Entscheidend ist schließlich, dass sich das Verhältnis der Neupriester zu den ausgeschiedenen Priestern (verstorben, pensioniert, aus dem Amt geschieden, längerfristig beurlaubt) einschneidend verschlechtert hat. 1969 standen 325 Neupriester 1096 ausgeschiedenen Priestern gegenüber, 1973 traten 206 Neugeweihte an die Stelle von 867 Ausscheidenden" (vgl. HK, Mai 1975, 229).[95]

Als weitgehend repräsentative Zusammenfassung kann ein Teil der Ansprache von Daniel E. Pilarczyk, Erzbischof von Cincinnati, an den Papst dienen. In seinem Bericht verwendet er die Formulierung von Thomas von Aquin: „Es scheint so zu sein ..." und „Dagegen spricht aber". Trotz der so angestrebten Ausgeglichenheit müssen auch die Behauptungen über die schlimme Lage der Kirche in den USA zutreffend sein: „Tertio. Die Zahl der Priesteramtskandidaten und Novizen hat in einem Maße abgenommen, dass es klar ist, dass in den kommenden Jahren viel weniger Priester und Ordensleute den Dienst an den Gläubigen in unserem Land versehen werden. Quarto. Die Zunahme bei den Laiendiensten in der Kirche hat dazu geführt, dass manch einer ernste Bedenken über eine Klerikalisierung der Laien und eine Laisierung des Klerus äußert. Quinto. Weiterhin wird gefragt, ob die Kirche richtig beraten ist, am priesterlichen Zölibat und an der kirchlichen Lehre die Weihe von Frauen betreffend sowie an gewissen anderen kirchlichen Lehren festzuhalten."[96]

1.5. Christen in Ordensgemeinschaften

„Nach Angaben der römischen Religiosenkongregation gibt es gegenwärtig weltweit 1116.332 Ordensleute, 875.332 Frauen und 240.988 Männer in (vgl. Annuario Pontificio 1993) 1423 weiblichen und 250 männlichen Instituten. Hinter diesen Zahlen verbergen sich regional und bezogen auf die einzelnen Gemeinschaften sehr unterschiedliche Verhältnisse, rechtliche Strukturen und Tendenzen. Für das Gesamtphänomen Ordensgemeinschaften ist es nicht unwichtig, dass dieses – für manche möglicherweise immer noch überraschend – zu 82,2 Prozent eine Angelegenheit von Laien und zu 72,5 Prozent von Frauen und nur zu 27,5 Prozent von Männern bzw. 17,8 Prozent von Klerikern ist."[97]

Die sinkenden Zahlen in diesem Bereich sprechen eine eindeutige Sprache. Die katholische Kirche hatte 1980 74.411 Ordenspriester, 35.445 Ordensmänner, Nicht-Priester und 527.707 Ordensfrauen, im Jahre 1992 nur mehr 67,920 Ordenspriester, 26.949 Ordensmänner, Nicht-Priester und 431.929 Ordensfrauen.[98] – In den USA gab es 1962 173.000 Ordensfrauen und 12.000 Brüder. 1986 waren es 114.000 Schwestern und 7000 Brüder.[99]

Die Dramatik des Schwundes ist vielleicht am Beispiel der Entwicklung im *Jesuitenorden* besonders klar darstellbar.[100]

Jahr	Zahl der Mitglieder	Differenz
1950	30.578	
1955	32.899	+ 2.321
1960	34.687	+ 1.788
1965	36.038	+ 1.351
1970	32.898	– 3.140
1975	28.856	– 4.042
1980	27.053	– 1.803
1985	25.549	– 1.504
1990	24.421	– 1.128
1995	22.869	– 1.552
2000	21.354	– 1.515

Hier ist eine kurze Analyse grundlegender Art angebracht. – Erstens drängt sich die Feststellung auf, dass der Verlust von 40,7 % oft hoch qualifizierter Arbeitskräfte dieser Ordensgemeinschaft im Dienste der Kirche durch fromme Sprüche oder kosmetische Operationen nicht adäquat aufgefangen und beantwortet werden kann. Radikale Änderungen, auch der Verzicht heilig gewordener Traditionen sind notwendig, um die eindeutig negative Entwicklung zu stoppen. Dazu werden im 4. Kapitel dieses Buches Beispiele aufgezählt. – Zweitens wird die Tatsache, dass der oben zahlenmäßig dargestellte Niedergang des Ordens gerade in dem Jahr begann, als das 2. Vatikanische Konzil aufgehört hat, manchmal offenkundig, manchmal andeutungsweise als ein ursächlicher Zusammenhang betrachtet. Eine solche Deutung ist natürlich wissenschaftstheoretisch ein Unsinn – abgesehen davon, dass die negativen Jahresbilanzen bei den jungen Ordensmitgliedern („Scholastiker" in der Ausbildung) schon viel früher, nämlich im Jahre

1956 begonnen haben. (Spezifische Probleme religionssoziologischer Interpretation werden im 2. Kapitel dieses Buches behandelt.) – Auch andere Faktoren, die neben der Säkularisation eine zerstörende Rolle gespielt haben, dürfen nicht vergessen werden. Um nur ein Beispiel zu nennen, das allerdings weit über die Grenzen religiöser Orden hinaus gilt: Unter dem kommunistischen Regime wurden 64 (der heute nur mehr 133) Jesuiten in Ungarn zu insgesamt 1067 Jahren Strafe verurteilt und haben davon 224 Jahre tatsächlich in Gefängnissen oder Internierungslagern verbracht.[101] – Schließlich ist die Überalterung der Christen in Ordensgemeinschaften ein Alarmzeichen. Die am 1. 1. 2001 zum Orden gehörenden 21.063 Jesuiten weisen ein Durchschnittsalter von 57 Jahren auf.[102]

1.6. Religiöse Praxis der Christen ohne Amt

Das religiöse Leben der katholischen Christen hat viele Eckpunkte. Dazu gehört vor allem die Teilnahme an den Sakramenten und Sakramentalien. Sinn dieser religiösen Praxis der Kirchenmitglieder ist die Ausübung und Pflege der individuellen und der gemeinschaftlichen religiösen Erfahrung, die eine bedeutende Hilfe bietet in der Führung eines sinnvollen Lebens und in dem Bemühen, auch anderen zu einem sinnvollen Leben zu verhelfen. – Wenn schon die sinkende Zahl der Christen im Priesteramt und der Christen in Ordensgemeinschaften zu krisenhaften Erscheinungen führt, so ist es deutlich, dass die Verluste im Bereich der religiösen Praxis aller Christen das Wesen der Funktion der Kirche nach innen und nach außen tödlich treffen.

Zur Erarbeitung eines systematischen und umfassenden Bildes der Entwicklung religiöser Praxis zwischen 1950 und 2000 wäre eine intensive spezielle Forschungstätigkeit notwendig. Hier können wir nur ein paar Streiflichter mit Hilfe religionssoziologischer Untersuchungen, statistischer Zusammenstellungen und einzelner Berichte in katholischen Zeitschriften auf die Situation werfen. Dies könnte allerdings ausreichen, die These zu untermauern, dass im Leben der Kirche radikale Änderungen dringend notwendig sind.

Taufe

Die Taufe wird noch in vielen Ländern als ein wichtiges Sakrament geschätzt und praktiziert. Jährlich werden dadurch weltweit 15–16 Millionen Kinder und 1–2 Millionen Jugendliche bzw. Erwachsene Mitglieder der katholischen Kirche.[103] – *Italien*, 1960: 96 % der Kinder werden getauft.[104] – *Frankreich* 1972: „Die überwiegende Mehrheit der Franzosen befürwortet auch heute noch die Taufe ihrer Kinder. Aus der SOFRES-Pélerin-Umfrage von 1972 ergibt sich, dass 88 % der Franzosen folgende Frage bejahen: ‚Falls Sie demnächst ein Kind bekommen sollten, würden Sie es taufen lassen?' Nur 9 % verneinten sie, 3 % ließen sie unbeantwortet. Diese Zahlen mögen beeindrucken. Wir müssen sie allerdings durch eine Feststellung ausbalancieren, die aus derselben Umfrage stammt: Bei den 21- bis 24-Jährigen (also in der Kategorie der Jungverheirateten) wollen nur noch 74 % ihre Kinder taufen; 20 % verweigern die Taufe ihrer Kinder ausdrücklich. Nach den Berechnungen von Fernand Boulard im Jahre 1958 wurden 91,5 % der in Frankreich geborenen Kinder getauft. Der in 14 Jahren aufgetretene Rückgang ist also verhältnismäßig gering, er vergrößert sich aber bei den jüngeren Jahrgängen. Das Festhalten der Franzosen an der Taufe scheint tief eingewurzelt zu sein. Die Mehrheit betrachtet die Taufe als ein Anrecht, das ihnen die Priester nicht verweigern dürfen. Es sind gerade die Nichtpraktizierenden, die das Recht des Priesters, die Taufe zu verweigern, am wenigsten anerkennen. Die stufenweise Spendung der Taufe, die in manchen Gegenden nach einem Beschluss der Bischofskonferenz vom November 1971 erprobt wird, findet wenig Zustimmung: 80 % wollen, dass die Taufe des Kindes in den ersten Monaten nach der Geburt stattfindet; 1 % sind für die Taufe im Alter des Katechismusunterrichts, also im Alter von 7 bis 10 Jahren; 5 % sind für die Taufe in einem fortgeschrittenen Alter mit Zustimmung des Kindes. In der gegenwärtigen Taufpraxis wird das Hauptgewicht auf die Vorbereitung der Eltern gelegt. Etwa 41 % der Eltern erklärten sich bereit, an Vorbereitungsgruppen mit Priestern teilzunehmen."[105]

In der *Bundesrepublik Deutschland* gab es 1970 370.000 Taufen, im Jahre 1985 nur mehr 254.000[106], im Jahre 1996 259.000.[107] Der genaue Unterschied zwischen 1970 und 1996 beträgt 110.539. „Die Taufe wird noch von den 16- bis 29-Jährigen zu 76 % bejaht. Hier zeigt sich allerdings eine Entwicklung weg von der Säuglingstaufe hin zu einem späteren Tauftermin, einschlussweise dem Alter der eigenen Entscheidung. Das Sakrament der Ehe wird von derselben Altersgruppe beider Konfessionen weitaus geringer als die Taufe eingeschätzt."[108] – *Niederlande*: „Nach der kirchlichen Statistik waren am 1. 1. 1988 37,6 Prozent der Niederländer katholisch; bei der letzten staatlichen Volkszählung in den Niederlanden, die 1971 durchgeführt wurde, betrug der Anteil der Katholiken an der Bevölkerung 40,4 Prozent. Von den 186.667 Kindern, die 1987 in den Niederlanden geboren wurden, wurden 51.020 (27,3 Prozent) katholisch getauft."[109] – *Japan*: „Als besorgniserregend wird von der Kirche empfunden, dass die Zahl der Kindertaufen trotz des Zuwachses der katholischen Bevölkerung abnimmt. Sie sanken z. B. von 5806 im Jahre 1974 auf 5454" im Jahre 1975. „Seit mehr als zehn Jahren ist" allerdings „die Zahl der Erwachsenentaufen mit 4160 im Jahre 1975 gegenüber 4025 im Jahre 1974 erstmals wieder gestiegen."[110] – Großbritannien verzeichnete einen starken Rückgang der Taufen: von 137.673 (1964) auf 67.364 (1997).[111]

Firmung

Weniger günstig ist die Lage auf dem Gebiet der Firmungen. – Selbst in Italien wurden im Jahre 1960 nur 78 % der Kinder gefirmt[112], in Großbritannien ist die Zahl der Firmungen im Laufe von 30 Jahren (1964–1994) um 48 % (von 89.984 auf 37.750) gefallen.[113]

Erstkommunion

Ähnlich lauten die Zahlen der Erstkommunion: In Italien sind nur 77 % der Kinder dabei[114], in Großbritannien um 40 % weniger als vor 30 Jahren (1964: 90.776, 1994: 55.200).[115] – Die feierliche Erstkommunion ist „ein Element des traditionellen Brauchtums im französischen Katholizismus. Sie findet meist *erst* im Alter von 12 bis 13 Jahren statt. Geistliche weisen seit längerer Zeit darauf hin, dass sie vielfach den offiziellen Abschluss jeder religiösen Erziehung und das Ende jeglichen Kontaktes mit der Kirche bedeutet. Deswegen möchten sie manche Priester ganz abschaffen. Die Reaktionen des Durchschnittsfranzosen verraten einerseits eine feste Anhänglichkeit an die Form der Erstkommunion als kirchliches und als Familienfest. Jegliche Änderung wird abgelehnt. Eine Umfrage von 1973 ... zeigte, dass immerhin 46 % der Befragten die Erstkommunion als eine sakramentale Feier betrachten und sie auf die gleiche Stufe stellen wie Taufe und Eheschließung. 16 % sprachen sich für ihre Abschaffung aus; bei Letzteren handelt es sich sowohl um praktizierende Katholiken (aus pastoralen Gründen) wie um Nichtpraktizierende, die keine Beziehung zum Problem haben. Von den Befragten haben 89 % ihre feierliche Kommunion ‚gemacht'; doch ist ihr Anteil mit 84 % bei den 15- bis 20-Jährigen etwas schwächer geworden. Pastorale Erneuerungsversuche stoßen auf diesem Gebiet fast überall auf Widerstand oder auf Missverständnisse."[116]

Gottesdienstbesuch

Ganz massiv ist der Einbruch in Hinblick auf den Gottesdienstbesuch, der offenkundig die einzige reelle Gelegenheit bietet, gemäß dem Gebot der Kirche einen wöchentlichen Kontakt mit religiösen Erfahrungen im Rahmen der Kirchengemeinde durch die Eucharistiefeier zu sammeln und das Wort Gottes auch durch die Interpretation in der Homilie in Erinnerung zu rufen. – *Italien* 1960: 56 % besuchen niemals die Messe, 30 % hin und wieder, 14 % regelmäßig.[117] – *BRD*: Auffallend ist „der enorme Rückgang des Gottesdienstbesuches. Es gibt dafür eine Menge Erklärungen, darunter die Tatsache, dass Katholiken in der kirchlich freieren Atmosphäre nach dem Konzil in großer Breite schlicht ihr Verhalten geändert haben und den Besuch des Sonntagsgottesdienstes nicht mehr als Kirchenpflicht, sondern als persönliche Entscheidung ansehen. Auch darf nicht unterschlagen werden, und das hilft auch, die Kirchenaustrittswellen zeitgeschichtlich richtig einzuordnen, dass bereits in den fünfziger Jahren rund die Hälfte der gottesdienstpflichtigen Katholiken der sonntäglichen Eucharistiefeier fernblieben. Aber während der Sonntagsgottesdienstbesuch zur Konzilszeit noch um die 45 Prozent lag, ist er zwischen 1965 und 1985 nach der kirchenamtlichen Statistik von 45,9 auf 25,8 Prozent zurückgegangen und von 1985 und 1993, dem bislang letzten Erfassungsjahr, nochmals von 25,8 auf 19,6 Prozent gesunken."[118] – *England und Wales*: Die Zahl der sonntäglichen Kirchgänger sank von 2,114.219 (1964) auf 1,086.268 (1996).[119] – *Österreich* 1956: Auf die Frage: „Wann haben Sie das letzte Mal einen Gottesdienst besucht?" erklärten 37 % der Befragten: am letzten Sonntag, 18 %: vor einigen Wochen, 16 % vor einigen Monaten, 28 % vor einigen Jahren, 1 %: nie.[120] Österreich 1995: 18,55 % der Katholiken sind Messbesucher.[121] Große Unterschiede bestehen zwischen den einzelnen Bundesländern. Tirol 1999: Rund ein Viertel (97.500) der 412.000 Katholiken besuchte regelmäßig den sonntäglichen Gottesdienst. Im Vergleich dazu die Diözese Salzburg, der auch ein großer Teil Tirols zugeteilt ist: Von den rund 520.000 Katholiken erfüllte im Salzburgerland lediglich rund ein Siebtel (77.000) die kirchliche Sonntagspflicht.[122] – „Im Durchschnitt zweier Wochenenden im März 1988 besuchten 16,4 Prozent der *niederländischen* Katholiken im Alter von über sieben Jahren die Eucharistiefeier;

im März 1986 waren es 17,9 Prozent gewesen."[123] – *Spanien* 1981: Der Gottesdienstbesuch schwankt zwischen 50 % (in Altkastilien), 20 % (in Madrid), weniger als 15 % (in der Kirchenprovinz Sevilla) und 6 % (in Madrider Arbeitervierteln).[124] – *Frankreich*: „Die Analyse beschränkt sich ... auf die Franzosen, die sich selbst als Katholiken bezeichnen (84 % der Bevölkerung). Die Befragungen von 1946 bis einschließlich 1966 ergeben eine mittlere Zahl von fast 35 % Gottesdienstbesuchern. Die Befragungen von 1967 bis 1972 weisen eine Durchschnittszahl von 26 % auf. Dabei ist zu beachten, dass eine SOFRES- Befragung für ‚Le Pélerin' im Jahre 1967 noch 39 % ergeben hat; dagegen ‚praktizieren' nach der letzten Befragung von 1972 nur noch 21 %. Was immer im Einzelnen zu diesen Zahlen zu sagen wäre, sie machen deutlich, dass auch in Frankreich der Gottesdienstbesuch stark rückläufig ist. Während die Zugehörigkeit zur katholischen Kirche ein konstanter Faktor bleibt, wird die von der Kirche in Erinnerung gebrachte Verpflichtung zur Sonntagsmesse von den Gläubigen immer mehr missachtet. Konkret heißt das, dass nicht mehr als 21 % der Franzosen einen dauernden Kontakt mit der Kirche haben. Dieser Prozentsatz fällt ungefähr mit der Gruppe der ‚Integrierten' zusammen (vgl. die SOFRES-Umfrage von 1972). Allerdings dürfen nur 7 % als ‚aktiv' bezeichnet werden. Umgekehrt betreten 35 % der Franzosen nie eine Kirche, außer zu Feiern wie Taufe oder Beerdigung."[125] – „Zu den erstaunlichsten Erscheinungen der *US-Kirche* gehört bis heute die hohe Zahl von Gottesdienstbesuchern ... Hier werden Prozentsätze erreicht, die in Europa – sieht man vielleicht von Polen und Irland einmal ab – weit außer Reichweite zu sein scheinen. Trotz der auch in den Vereinigten Staaten bedeutenden Abnahme der Gottesdienstbesucherzahlen liegt dieser Indikator für religiöse Praxis immer noch vergleichsweise hoch: Von 74 Prozent der Katholiken im Jahre 1953 fiel die Zahl auf 65 Prozent im Jahre 1968 sowie noch einmal auf 52 Prozent 1978, bewegt sich aber seither mit unbedeutenden Schwankungen auf dieser Höhe (1985: 52 Prozent). Selbst wenn man in Rechnung stellt, dass Gallup im Vergleich mit anderen Instituten relativ hohe Kirchenbesucherzahlen ermittelt (Demoskopiekollege Louis Harris nennt Gallup in einer neueren Veröffentlichung den ‚inoffiziellen Rekordhalter in Sachen Kirchenbesuch' vgl. Louis Harris, Inside America, New York/Toronto 1987), ändert dies an der Grundtatsache nichts: Auch Harris kommt bei Katholiken immerhin auf 49 Prozent."[126]

Eine Differenzierung der Daten nach *Stadt bzw. Land* ist nach allgemeinen soziologischen und religionssoziologischen Erfahrungen auch auf dem Gebiet der religiösen Praxis angebracht. Ein gutes Beispiel dafür liefern die Gottesdienstbesuchszahlen in München: „Obwohl es sicher nicht unproblematisch ist, die Kirchlichkeit am sonntäglichen Kirchenbesuch zu messen (zumal in einer Großstadt, die von Ausflugsgebieten ‚eingerahmt' ist, in die sich die Städter sonntags in großer Zahl flüchten), ist die Zahl der Besucher des Sonntagsgottesdienstes nach wie vor ein wichtiger Index für den Stand des kirchlichen Lebens. Die Münchener Statistik weist aus, dass im Ganzen der Kirchenbesuch weiter zurückgegangen ist. In den meisten Pfarreien liegen die Prozentzahlen zwischen 10 und 15 %. Pfarreien wie die in sehr ‚bürgerlich' geprägten Stadtvierteln Nymphenburg und Neuhausen gelegenen Christkönig und Herz Jesu mit 24,45 bzw. 28,36 % sind eine ausgesprochene Seltenheit. Immerhin kommt aber auch noch Maria Heimsuchung, eine Pfarrei in der Schwanthalerhöhe, einem Stadtviertel mit einer der höchsten Einwohnerdichten Münchens und hohem Ausländeranteil, auf überdurchschnittliche 18,55 %. Dagegen bewegen sich die Zahlen in – zum Teil neu gebauten – Vorstädten häufig unter 10 % (bei 26 von 115 Pfarreien); der niedrigste Prozentsatz liegt bei 3,96 %. Gegenüber dem Jahr 1971 ist der Kirchenbesuch fast durchwegs zurückgegangen (in einer Pfarrei gar um 19,34 %!), Zunahmen sind außerordentlich selten (in 9 von 115 Pfarreien). – Aus dem Rahmen fallen die Dompfarrei und die ebenfalls in der Fußgängerzone des Zentrums gelegene älteste Münchener Pfarrgemeinde, St. Peter. Im Dom ist die Zahl der Besucher der Sonntagsgottesdienste fast dreimal so hoch wie die der Pfarrangehörigen (276,23 %), in St. Peter liegt sie immerhin bei 47,43 %. Gerade der Zuwachs von 40,13 % gegenüber 1971 im Dom lässt darauf schließen, dass zahlreiche Münchener den Gottesdienstbesuch mit einem Spaziergang in dem seit der Einrichtung der Fußgängerzone noch beliebter gewordenen Zentrum verbinden wollen und dass sie außerdem gerade die festlichen Gottesdienste in den Kirchen des Zentrums schätzen (die große, jeden Sonntag gefüllte Jesuitenkirche St. Michael ist, da keine Pfarrkirche, in der vorliegenden Statistik noch nicht einmal berücksichtigt). Entscheidenden Einfluss auf die Gesamtzahlen haben aber die Ergebnisse der Pfarreien der Innenstadt nicht. Nur 13,0 % der Münchener Katholiken kamen 1974 zum Sonntagsgottesdienst, 5,2 % weniger als noch 1968, immerhin nur 1,2 % weniger als 1971."[127] Eine weitere Differenzierung nach Alter ist für die Einschätzung zukünftiger Entwicklungen besonders hilfreich. Zwei Beispiele weisen auf negative Szenarien hin:

Sonntäglicher Kirchgang in Westeuropa 1990. Altersgruppe der 18- bis 24-Jährigen in Prozent[128]

Land	Sonntagspraxis mindestens 1x im Monat	weniger als 1x im Jahr und praktisch nie
Belgien	20	57
Niederlande	17	50
Irland	81	6
Nordirland	58	28
Großbritannien	14	67
Deutschland (West)	18	53
Frankreich	7	72
Portugal	37	48
Spanien	21	54
Italien	36	20

Das zweite Beispiel gibt über die „Abwendung von der Kirche" der Jugend in der BRD unter dem Titel „Ein Exodus setzt sich fort" Aufschluss: Junge Katholiken (16 bis 29 Jahre).[129] Es gingen zur Kirche (in Prozent)

	1952/53	1963	1967/69	1973	1980
regelmäßig	50	52	40	19	16
unregelmäßig	23		28		24
selten	19		22		37
nie	8		10		23

Bußsakrament

Interessanterweise findet man in der ausgezeichneten Dokumentation der Herder-Korrespondenz / Orbis Catholicus zwischen 1950 und 2000 praktisch keine Daten über die Zahl der Katholiken, die das Bußsakrament für sich in Anspruch nehmen, d. h. beichten gehen, außer vielleicht eine Angabe über Italien: Zur Beichte gehen 25,7 % niemals, 21,8 % alle paar Jahre, 21,4 % mehrere Male im Jahr.[130] Die unsystematische Beobachtung der religiösen Praxis mindestens in Europa zeigt allerdings einen sehr starken Rückgang in diesem Bereich. Unter dem eher unglücklichen Namen „Bußandacht" entwickeln sich neue Formen, die die eigentliche Funktion des Bußsakramentes (Anerkennung des Bösen als Böses, Läuterung durch Reue, Wiedergutmachung und Planung einer normgerechteren Zukunft) in einem Stil erfüllen können, die auch dem modernen Menschen akzeptierbar sein können.

Krankensalbung

Daten über den Gebrauch der Krankensalbung in Österreich finden wir in einer Untersuchung. Dort wurde die Frage gestellt, ob man beim Sterben einen Priester wünscht. Bereits im Jahre 1956 sind die Antworten enttäuschend. „Unbedingt wünschen dies 37 %, ‚wahrscheinlich‘ 17 %, keinen Wert darauf legen 15 %, und 31 % wissen dies heute noch nicht, sind also eher zur Gruppe zwei (‚wahrscheinlich‘) zu rechnen. ... Hohe Prozentzahlen haben wie erwartet die älteren Leute, die Bauern und ÖVP-Wähler, sehr niedrige Zahlen die Geschiedenen (3 % unbedingt und 5 % wahrscheinlich), die SPÖ-Wähler (15 % bzw. 15 %), die FPÖ-Wähler (6 % bzw. 24 %) und die KPÖ-Wähler (fast 0 % bzw. 19 %).[131]

Kirchliche Trauungen

„Doch wesentlich alarmierender als die Entwicklung beim Kirchenbesuch ist der Rückgang kirchlicher Trauungen. Die Zahl der rein katholischen Ehepaare, die auf die kirchliche Eheschließung verzichten, nähert sich (in der BRD) bereits der 50 %-Marke. 1974 ließen sich von den 3107 Münchener Paaren, bei denen beide Partner katholisch waren, nur noch 1616 katholisch trauen. Das sind 52,01 % (und auch darunter viele, auf die der Spruch von Zulehner passt: Heirat ist nicht mehr ‚Hochzeit‘, sondern ‚höchste Zeit‘). Von den 2264 gemischt konfessionellen Ehepaaren ließen sich nur 576 (25,44 %) katholisch trauen. Zahlen darüber, wie viele Mischehenpaare in der Kirche des nichtkatholischen Partners getraut wurden, liegen nicht vor. Doch erfahrungsgemäß ist der entsprechende Prozentsatz recht niedrig. Im Jahr 1970 folgte der standesamtlichen Trauung bei rein katholischen Paaren noch in 59 % der Fälle die kirchliche Eheschließung. Schon diese Zahl ist recht erstaunlich, wenn man bedenkt, mit welcher Selbstverständlichkeit bis vor kürzester Zeit behauptet wurde, anlässlich der Eheschließung würde auch der ‚säkularisierte‘ Zeitgenosse den Weg zur Kirche gehen – und sei es nur aus Gründen der ‚Aufmachung‘. Wenn sich 1974 die Zahl auf 52,01 % reduziert hat, bedeutet das eine bemerkenswerte Verschiebung des Verhältnisses zwischen katholisch getrauten und nicht katholisch getrauten Paaren. 1970 standen (bei Ehen mit zwei katholischen Partnern) 59,08 % katholisch getrauten Paaren 40,92 % nicht katholisch getraute Paare gegenüber, 1974 war das Verhältnis 52,01 zu 47,99 %. Anders ausgedrückt: Im Jahr 1970 ließen sich 41 von 100 katholischen Brautpaaren nicht mehr kirchlich trauen, vier Jahre später waren es bereits 48."[132] „Auf die Frage, ob es für sie wichtig sei, dass ihre Kinder sich kirchlich trauen ließen, antworteten (in der BRD) von den 16- bis 29-Jährigen 32 % mit Ja, es ist mir wichtig, 66 % mit Nein, es ist mir nicht wichtig."[133] „Die Zahl der kirchlichen Trauungen sank (in der BRD) zwischen 1970 und 1985 um 30,9 Prozent; 1985 wurde mit 113.006 kirchlichen Trauungen die niedrigste Zahl seit Kriegsende registriert."[134] Die negative Entwicklung ging allerdings weiter: Im Jahre 1996 gab es nur mehr 79.453 kirchliche Trauungen. Das bedeutet eine Verringerung von 51,4 % zwischen 1970 und 1995.[135] – Im Jahre 1987 „wurden in den Niederlanden insgesamt 87.402 standesamtliche Eheschließungen registriert. Von der Gesamtzahl der Ehepaare ließen sich 22,0 Prozent katholisch trauen; 1982 hatte dieser Prozentsatz noch 31,1 betragen. 83,4 Prozent der katholischen Trauungen wurden Paaren mit zwei katholischen Partnern gespendet, bei 16,6 Prozent handelte es sich um konfessionsverschiedene Ehen."[136]

Kirchliche Beerdigung

Selbst der Tod wird nicht mehr oft mit der Religion assoziiert. „Die kirchliche Beerdigung ist nicht mehr selbstverständlich."[137] Mit einer peinlich langen Verspätung hinter der modernen Entwicklung hat die Kirche das Verbot der Leichenverbrennung mit einer Instruktion des so genannten Heiligen Offiziums vom 5. 7. 1963 aufgehoben.[138] Im neuen Codex des kanonischen Rechtes heißt es: „Nachdrücklich empfiehlt die Kirche, dass die fromme Gewohnheit beibehalten wird, den Leichnam Verstorbener zu beerdigen, sie verbiete indessen die Feuerbestattung nicht, es sei denn, sie ist aus Gründen gewählt worden, die der christlichen Glaubenslehre widersprechen."[139] Teilweise als Folge der Vereinsamung von Menschen in der Großstadt, teilweise als Folge der Säkularisierung werden nicht selten Einäscherungen „ohne Trauerfeier" vorgenommen. Wegen des Priestermangels weigern sich manche Pfarrer, bei Bestattungen die Kirche zu vertreten, konservativ eingestellte Gläubige akzeptieren indessen den Pastoralassistenten oder die Pastoralassistentin in dieser Funktion nicht immer.

Einige eher mehr als weniger *allgemein gültige Feststellungen* über den Stand der so genannten religiösen Praxis könnten das Bild der *Säkularisationsfolgen* in diesem Bereich abrunden. – „In dem lebendig geführten Kirchenblatt von Porto, ‚A Voz do Pastor‘ ... veröffentlichte der Schriftleiter, P. Domingos de Oliveira Costa Maia, zum Christkönigsfest und Fest der Katholischen Aktion (Nr. 41 vom 29. 10. 1960) einen Leitartikel ‚Portugal: Allertreueste Nation [der alte Ruhmestitel ‚Nagäo Fidelissima‘] oder Missionsland?‘. Darin wird sehr kritisch die wirkliche religiöse Situation des Landes dargelegt; wir fassen die Kennzeichnung zusammen. 1. Der Anteil der praktizierenden Katholiken liegt ‚weit unter 50 %‘ (‚vielleicht 30 oder 35 %‘). ‚Portugal ist das Land mit dem größten Überfluss jener hybriden Gattung so genannter <nicht praktizierender Katholiken>.‘ 2. Auch von den praktizierenden Katholiken hat die große Mehrheit ein religiöses Wissen, das diesen Namen nicht verdient. ‚Trotz der tröstlichen Erneuerung in den letzten dreißig Jahren ist Portugal nach wie vor das Land, in dem das Gros der Bevölkerung auf dem niedrigsten Niveau religiöser Bildung steht.‘ 3. ‚Abergläubische Ideen und Praktiken vermischen sich in skandalöser Weise mit bestimmten religiösen Äußerungen.‘ 4. Weniger als die Hälfte aller schulpflichtigen Kinder und Jugendlichen – in einigen Altersgruppen nur 5 bis 10 % – erhalten Religionsunterricht. 5. Auf den Universitäten ist Christus ausgeschlossen. ‚Die gebildeten Kreise zeigen eine oft noch größere religiöse Unwissenheit als das Volk.‘ Religiöse Bücher werden kaum gelesen. 6. ‚Mit wenigen ehrenhaften Ausnahmen geben die führenden Schichten ein beklagenswertes Beispiel von religiöser Entfremdung oder Religionsfeindschaft. Es fehlen auch jene nicht, die eine gewisse religiöse Praxis mit dem Bruch der Sitten und schreienden sozialen Ungerechtigkeiten vereinen wollen.‘ – Bei der Beurteilung all dessen erinnert das Blatt an die schon mehr als ein Jahrhundert während systematische Entchristlichungskampagne und an die Tatsache, dass mit Ausnahme von Lateinamerika nirgends in der Welt der Priestermangel so groß ist wie in Portugal. Der Beitrag schließt mit einem ‚Appell an die schlafende Kirche‘ und macht Vorschläge, wie dieser Entchristlichung zu begegnen ist."[140] – „Nur selten hat ein Buch so viel Aufsehen unter den Katholiken der USA erregt wie die im vorigen Jahr erschienene Untersuchung von Andrew M. Greeley, William C. McCready und Kathleen McCourt über ‚Katholische Schulen in einer niedergehenden Kirche‘ (‚Catholic Schools in a Declining Church‘,

Sheed & Ward, Inc., Subsidiary of Universal Press Syndicate, Kansas City 1976). Sucht man nach einer Erklärung für das erstaunliche und zugleich zwiespältige Echo, so zeigt sich bald, dass verschiedene Gründe dafür verantwortlich sind. Sicherlich hat dazu erheblich beigetragen, dass von einzelnen Bischöfen und der Tagespresse mehr oder weniger gezielt eine der wichtigsten Schlussfolgerungen der soziologischen Erhebung, nämlich die vom unmittelbaren Zusammenhang zwischen der Enzyklika ‚Humanae vitae‘ und dem Rückgang kirchlicher Bindung, isoliert herausgegriffen und verfälschend interpretiert wurde. Ein weiterer Grund für die Erregung und das Interesse ist wohl darin zu sehen, dass mit dem Thema katholische Schule ein für die amerikanischen Katholiken insgesamt nach wie vor bedeutsames Thema angeschnitten wurde, während die US-Bischöfe Familienplanung und Geburtenregelung mehr denn je als Tabu betrachten."[141]

Einige statistische Hinweise aus der BRD: „Der unmittelbarste Indikator ist die wachsende Konfessionslosigkeit. Der sprunghafte Anstieg der Gemeinschaftslosen und derjenigen, welche eine Angabe zu ihrer Religionszugehörigkeit verweigert haben, vollzog sich zwischen 1970 und 1987 von 3,9 auf 10 %. Dabei konzentrieren sich die Gemeinschaftslosen auf die großen Städte, insbesondere Norddeutschlands: In Hamburg bezeichneten sich 1987 34 %, in West-Berlin 29 % der Bevölkerung als konfessionslos oder verweigerten die Angabe zur Religionszugehörigkeit. Der Großteil dieses Zuwachses resultierte aus Kirchenaustritten, insbesondere aus der evangelischen Kirche, und es waren vor allem Personen männlichen Geschlechts unter 50 Jahren, die aus ihrer Kirche ausgetreten sind. Auffällig ist auch, dass es sich überwiegend um Personen mit höherer Schulbildung handelt: So betrug 1987 der Anteil der Konfessionslosen an den männlichen Hochschulabsolventen zwischen 20 und 64 Jahren 21 %, an den Hauptschülern 11 %; bei den Frauen waren es 16 bzw. 7 %. Diese Zahlen zeigen auch, dass, wenn man die jugendlichen und die älteren Personen ausklammert, der Anteil der Konfessionslosen auch in der Bevölkerung der alten Bundesländer bereits 1987 sehr substantiell war. Zweifellos hat sich die Zunahme der Konfessionslosigkeit in den alten Bundesländern auch seither fortgesetzt: Insbesondere in den Jahren nach der Vereinigung gab es eine regelrechte Kirchenaustrittswelle in Ost und West, zu der dieses Mal auch die Katholiken erheblich beitrugen. Betrachten wir die neuen Bundesländer, so bilden dort die Konfessionslosen – oder wie sie sich vielleicht selbst bezeichnen würden: die Konfessionsfreien – heute rund 70 % der Bevölkerung. Das Christentum ist in den neuen Bundesländern somit zu einem – zudem stark überalterten – Minderheitenphänomen von knapp 25 % Protestanten und 5 % Katholiken geworden. Etwa die Hälfte der 70 % Konfessionslosen hat diese Zuordnung bereits von ihren Eltern übernommen, und so scheint die Konfessionslosigkeit zum Familienerbe zu werden, was sich auch darin äußert, dass hier Kircheneintritte von Konfessionslosen weit seltener als im Westen stattfinden."[142]

Und aus einer Studie von Paul M. Zulehner und Rainer Volz: „Während sich in den neuen Bundesländern im Osten nur 32 Prozent der Befragten als religiös bezeichnen, sind es in Westdeutschland immerhin 47 Prozent. Die Anzahl der erklärten Atheisten ist im Osten mit 18 Prozent mehr als doppelt so hoch wie im Westen (sieben Prozent). ... Insgesamt sind die jungen Deutschen unter 20 Jahren aber nur halb so religiös (33 Prozent) wie die Befragten über 70 Jahre (68 Prozent) ... Für die heutige Kindererziehung sehen nur elf Prozent der Männer und 14 Prozent der Frauen in einem festen Glauben ein wichtiges Erziehungsziel."[143] Aus Italien wird berichtet, „dass die lebendige Betätigung des Glaubens ... im letzten Dezennium erschreckend nachgelassen hat. So sind z. B. die Kommunionen in dem Zeitraum von 1938 bis 1948 durchweg um 30–50 % zurückgegangen. An den sonntäglichen Messbesuch halten sich nur noch 15–17 % der Getauften gebunden. Löst man diese Gesamtzahl in einzelne Kategorien auf, so wird das Bild noch trostloser: die Jugend erscheint nur zu 5–7 %, die Männer nur zu 2–3 % in der Sonntagsmesse."[144] – Die Lage in den Niederlanden: „Nach der kirchlichen Statistik sind (Stand 31. 12. 1996) 34 Prozent der Niederländer katholisch (1992 waren es 36,2 Prozent). Allerdings wird derzeit nur noch ein knappes Viertel der Kinder in der katholischen Kirche getauft, so dass der Anteil der Katholiken an der niederländischen Bevölkerung in absehbarer Zeit stärker zurückgehen wird. Das gilt aber auch für die Christen insgesamt: Nach Schätzungen des Büros für soziale und kulturelle Planung wird im Jahr 2020 noch ein Viertel der Niederländer einer christlichen Kirche angehören. Der Kirchenbesuch der niederländischen Katholiken hat sich in den letzten Jahren stabilisiert und liegt jetzt bei etwa 11 Prozent an den ‚Zählsonntagen‘ (1992 waren es 12,6 Prozent). Charakteristisch für den niederländischen Katholizismus ist nach wie vor der hohe Prozentsatz von Kirchenmitgliedern, die sich in irgendeiner Weise ehrenamtlich in den Gemeinden engagieren. Der Bericht der Bischofskonferenz spricht von etwa 340.000 Personen, die für Tätigkeiten in der Pfarrei im Schnitt 12,5 Stunden im Monat aufwenden. Allerdings komme hier eine Grenze in Sicht, nicht zuletzt wegen der zunehmenden Überalterung bei den Ehrenamtlichen."[145] – Auch in Frankreich gibt es keine Rückkehr des Religiösen: „Bisher galt es als ausgemacht, dass sich etwa vier von fünf Franzosen als ‚katholisch‘ bezeichneten, diesmal (1986) waren es hingegen nur 67 Prozent. ... Eine identitätsbezogene Bezeichnung als ‚Katholik‘ blieb im weithin monokonfessionell geprägten Frankreich zunächst auch dann noch relativ stabil, als es beim Bekenntnis zur eigenen ‚Zugehörigkeit‘ zur Kirche bereits kräftig abbröckelte: Seit Mitte der siebziger Jahre ging die Bereitschaft zurück, sich als Anhänger einer konkreten, institutionell fassbaren Religion zu bezeichnen (‚Gehören Sie einer Religion an?‘), während dies bei der Frage nach dem identitätsstiftenden Religionsbezug (‚Was ist Ihre Religion?‘) erst in den letzten Jahren eintrat. ... Alles in allem zeigt die Untersuchung eine fortgesetzte Erosion des Glaubens im Sinne eines persönlichen Bekenntnisses. Auf die Frage, welche Bedeutung der Glaube im Alltagsleben für die Befragten habe, gibt eine Mehrheit von 57 Prozent ‚wenig‘ bzw. ‚gar keine‘ an; vor acht Jahren waren dies noch 54 Prozent. Und auch unter den 42 Prozent der Befragten, die dem Glauben eine mehr oder minder große positive Bedeutung einräumen, bejahen lediglich 15 Prozent die vorgegebene Antwortmöglichkeit ‚eine sehr große Bedeutung‘."

Hier stellt sich die außerordentlich wichtige Frage: Was weist die heutige Gesellschaft eigentlich zurück, was lehnt die heutige Gesellschaft tatsächlich ab – die geoffenbarte Wahrheit oder deren Zerrbild?[146] Zumal die Untersuchungsergebnisse in Hinblick auf das Wesen der Religion viel besser ausfallen: „Den Satz ‚Mit dem Glauben habe ich abgeschlossen‘ bejahen nur 18 Prozent und verneinen 71 Prozent. Zu mehr als zwei Drittel, nämlich 72 Prozent, verneinen die Befragten den Satz, ‚eines Tages werden alle Religionen verschwinden‘ und in etwas geringerem Ausmaß 63 Prozent die Behauptung ‚in der heutigen Zeit ist es nicht mehr nötig zu glauben‘. 67 Prozent der Befragten gestehen der Religion zwar eine bestimmte lebenshilfliche Funktion zu (‚Der Glaube hilft, im Leben zu bestehen‘), aber 78 Prozent verneinen einen irgendwie gearteten exklusiven Wahrheitsanspruch (‚Es gibt nur eine einzige Religion, die wahr ist‘)."[147] – Brutal klingen Daten aus der ungarischen Kirche in einem Interview mit dem Bischof von Szeged-Csanád, Endre Gyulay: „Eine Erhebung im Jahre 1983 berichtet darüber, dass in unserer Heimat 1,354.646 junge Leute zwischen 15 und 24 Jahren leben. 18 % davon wohnen in Budapest. Erhebungen in 55 größeren Städten kommen zum Ergebnis, dass wir mit 6058 von den dort lebenden 694.205 jungen Leuten regelmäßigen Kontakt haben, d. h. mit 0,87 %, von den in Budapest lebenden 243.939

jungen Leuten mit 3097, d. h. mit 1,6 %. Auf dem Lande ist dieser Anteil noch geringer."[148]

Kirchenaustritte

Einer der entscheidendsten Indikatoren für die tiefe Krise der Kirche ist das „Votum der Füße" der Katholiken: die Kirchenaustritte – Tendenz: steigend.
Zahl der Austritte aus der katholischen Kirche in der *BRD*[149]: 1967: 22.499; 1968: 27.995; 1970: 69.454; 1980: 66.438; 1985: 74.172; 1987: 81.598; 1988: 79.562; 1989: 93.010; 1990: 143.530; 1991: 167.933; 1992: 192.766; 1993: 153.753; 1994: 155.797; 1995: 168.244; 1996: 133.275.
Dabei ist bereits in Einzelfällen eine ernst zu nehmende Grenze erreicht worden. In einer eigenen Studie wird festgestellt, dass die Zahl der Kirchenaustritte in München im Jahre 1974 „um fast 15 % von 5349 auf 6079" stieg. „Damit übertrifft die Zahl der Kirchenaustritte in München erstmals die Zahl der Taufen (4770). Allein im Monat Dezember sind mehr Münchener Katholiken aus der Kirche ausgetreten (977) als bis in die Mitte der sechziger Jahre jeweils in einem ganzen Jahr. Dagegen gab es 1974 nur die gleiche Zahl von Kircheneintritten (Konversionen, Rückkehr) wie im Jahr 1960, nämlich 108. Sicher mag zu der Tatsache, dass die Austrittszahlen von 1973 bis 1974 um runde 20 % gestiegen sind, die Steuerreform beigetragen haben, insofern von ihr Betroffene auf den Gedanken gekommen sind, die Verluste dadurch zu verringern, dass sie sich die Kirchensteuer sparen (auch bei Einführung des Konjunkturzuschlags 1970 gab es ja bekanntlich einen ‚Austrittsboom'). Aber dies dürfte wohl alles andere als ein Trost sein. Im Ganzen gab es seit 1960 in München 37.466 Austritte aus der katholischen Kirche, nur 7507 bis 1967, fast 30.000 danach."[150] – Aufschlussreich ist ein Vergleich der Austritte aus der katholischen Kirche und aus den Gliedkirchen der EKD: „Verlässliches Zahlenmaterial liegt zwar noch nicht vor, aber das Faktum als solches ist durch zahlreiche konvergierende Einzelbeobachtungen hinreichend belegt. In den letzten Monaten ist die Zahl der Austritte sowohl aus der katholischen Kirche wie aus den Gliedkirchen der EKD in den alten Bundesländern sprunghaft angestiegen, nicht nur in Großstädten, sondern auch in mittleren und kleineren Städten. Vielfach haben sich die Austrittszahlen seit Juli gegenüber dem entsprechenden Zeitraum des Vorjahrs mehr als verdoppelt. Als Begründung für ihren Schritt gaben die in den

letzten Monaten ausgetretenen Kirchenmitglieder häufig den seit Juli erhobenen Solidaritätszuschlag von 7,5 Prozent auf die Lohn- und Einkommensteuer an. In den letzten Jahren hatte sich die Zahl der Austritte bei den großen Kirchen in der Bundesrepublik nur wenig verändert. Die EKD-Gliedkirchen verzeichneten in der zweiten Hälfte der achtziger Jahre jeweils etwa 140.000 Austritte; 1989 waren es 147.753 Austritte, 1990 (hier liegen noch keine endgültigen Zahlen vor) offenbar nicht wesentlich mehr. Die katholischen Austrittszahlen stiegen von 74.172 im Jahr 1985 leicht auf 81.598 im Jahr 1987; 1988 traten 79.562 Personen aus der katholischen Kirche in der Bundesrepublik aus. Damit werden auf katholischer Seite jetzt wieder die Werte der großen Austrittswelle der frühen siebziger Jahre erreicht (1974 wurden 83.000 Austritte registriert, die bis dahin höchste Zahl seit Kriegsende). Die evangelischen Austrittszahlen der letzten Jahre liegen noch unter denen von damals (die bisherige Höchstzahl wurde 1974 mit 216.000 Austritten aus den EKD-Gliedkirchen erreicht). Es ist zum jetzigen Zeitpunkt noch nicht abzusehen, ob die Zunahme der Austrittszahlen in den letzten Monaten sich nur als zeitlich begrenzter Ausschlag nach oben erweist oder Vorbote einer längerfristigen neuen Austrittswelle ist. Aber die jüngsten Kirchenaustritte mitsamt ihrem unmittelbaren bzw. auslösenden Anlass Steuererhöhung sagen einiges aus über Zustand und Entwicklung der Kirchenbindung in der ‚alten' Bundesrepublik. Für viele Protestanten wie Katholiken, die selbstverständlich in ihrer Kirche verwurzelt sind und sich an deren Leben beteiligen, mag es schwer verständlich sein, dass jemand wegen eines Steuerzuschlags aus der Kirche austritt, um durch den Wegfall der Kirchensteuer den finanziellen Verlust wieder wettzumachen. Tatsache ist aber, dass ein nicht unerheblicher Teil der evangelischen und auch (wenn auch vermutlich in geringerem Umfang) der katholischen Kirchenmitglieder in den alten Bundesländern nur (noch) so lose mit ihrer Kirche verbunden ist, dass ein Anlass wie die Steuererhöhung ausreicht, um sich nach bürgerlichem Recht von der Kirche zu verabschieden."[151] Auf Grund einer von den deutschen Bischöfen in Auftrag gegebenen Untersuchung über Motive, Anlässe und Ursachen der Kirchenaustritte wird Folgendes berichtet: „Nach den eigenen Beweggründen zum Austritt gefragt gaben Personen, die erst relativ kurze Zeit vor der Befragung aus der katholischen Kirche ausgetreten waren, ... an erster Stelle ‚Steuern, finanzielle Gründe' an (44 Prozent), an zweiter Stelle ‚Kritik an der Kirche' (40 Prozent), an dritter Stelle ‚Kein Interesse, kann mit der Kirche nichts anfangen' (22 Prozent), weitere 20 Prozent ‚überholte starre Haltung der Kirche in bestimmten Bereichen (Schwangerschaftsverhütung, -abbruch usw.)'."[152]

Austritte aus der katholischen Kirche in *Österreich*: „Allein in den Jahren 1982 bis 1988 verließen 209.611 Katholiken die katholische Kirche. Im Jahr 1988 allein musste die katholische Kirche 35.224 Austritte zur Kenntnis nehmen, denen 3649 Eintritte gegenüberstehen. Diese ohnehin schon bedrückende Bilanz ist in den ersten Monaten des Jahres 1989 österreichweit noch viel schlimmer geworden. Von Jänner bis Mai 1989 stiegen die Kirchenaustritte in den Diözesen Wien und Graz um je 14 Prozent, in Salzburg um 20 Prozent, in Innsbruck um 22 Prozent, in Eisenstadt um 24 Prozent, in St. Pölten um 30 Prozent, in Linz um 71 Prozent und in Vorarlberg, wo die Proteste gegen die Art und Weise der Bischofsernennung besonders massiv waren, um 88 Prozent. Als einzige Diözese verzeichnet Gurk-Klagenfurt einen Rückgang von elf Prozent, der darauf zurückzuführen sein dürfte, dass in einer gezielten Aktion freigestellte Helfer jeden der Ausgetretenen persönlich aufsuchen und mit den Betroffenen die Motive ihres Kirchenaustrittes diskutieren. – Die durchschnittliche Zunahme der Kirchenaustritte in den ersten fünf Monaten 1989 betrug in Österreich somit 24 Prozent. Dies ist ein Alarmsignal für die gegenwärtige Situation, deren Ursachen natürlich nicht nur auf die Auseinandersetzungen der jüngsten Zeit reduziert werden können. Zweifellos hat aber die Zerstrittenheit, die vor allem in den letzten Monaten sichtbar wurde, viele Katholiken bewogen, sich von der Kirche abzuwenden. – Im Kirchenvolk träumen nun viele von der so genannten ‚guten alten Zeit' der König-Ära und vereinfachen damit das Problem in unzulässiger Weise. Wo Kardinal König, der Alterzbischof von Wien, jetzt auftaucht, wird er von nicht enden wollendem Beifall überschüttet. Der Kardinal hatte, wie Hubert Feichtlbauer meint, gewiss auch seine Schwächen als Erzbischof von Wien, und Kirchen-Insider kennen sie besser als viele Bewunderer von außen: ‚Aber er war natürlich ein Titan im Vergleich zu den Zwergen, die heute, (vielleicht) ohne es zu wollen, sein Werk äußerlich kaputt machen.'"[153]

Einige Austrittszahlen aus der katholischen Kirche in Österreich: 1994: 35.865[154]; 1995: 44.304[155]; 1997: 32.684[156]; 1999: 44.359.[157]

„Der Befund, dass die katholische Kirche Österreichs in einer Krise steckt, wird heute widerspruchslos akzeptiert. Tatsächlich bietet die Statistik dafür genügend Anzeichen. (Aber sind Anzeichen schon Beweise?)

Seit Mitte der achtziger Jahre sind die Zahlen der Kirchenaustritte mit durchwegs mehr als 30.000 pro Jahr unverändert hoch. Wenn es statistische ‚Ausreißer‘ gibt, dann in die falsche Richtung: 1995, im Jahre der ‚Affäre Groer‘, verließen 44.304 Beitragszahler die römisch-katholische Glaubensgemeinschaft. Die Jubelmeldungen in den Jahren danach waren reiner Selbstbetrug: Mit 37.061 Austritten im Jahr 1996 bzw. 32.195 im Folgejahr wurde lediglich wieder das Niveau von 1989/90 erreicht.“[158] – In einer österreichweiten Erhebung wurde die Frage gestellt, ob die Befragten schon mit dem Gedanken gespielt haben, auszutreten. Mit ja antworteten 34,9 % der 18- bis 25-Jährigen, 31,8 % der 26- bis 35-Jährigen. Am geringsten ausgeprägt ist der Gedanke an einen Austritt bei den 36- bis 50-Jährigen. Der Anteil derer, die mit „Ja“ geantwortet haben, betrug insgesamt 52,2 %.[159]

„Etwas in der Kirche Ungewöhnliches taten die österreichischen Bischöfe auf ihrer Novembervollversammlung (1983). Sie baten diejenigen um Vergebung, die aus der Kirche ausgetreten sind. Die Bischöfe wörtlich: ‚Sie sind aus der Kirche ausgetreten und haben so eine Gemeinschaft verlassen, die ihnen nicht mehr Heimat war. Es mag dafür verschiedene Gründe geben. Vielleicht waren daran auch Glieder unserer Kirche oder Verantwortliche in ihr schuld, durch die sie sich gekränkt oder verletzt gefühlt haben. Wir Bischöfe möchten sie dafür ganz offen um Vergebung bitten.‘ – Diese Vergebungsbitte hat einen doppelten Hintergrund. Der erste: Die Zahl der Kirchenaustritte ist in Österreich seit Jahren besorgniserregend. In den letzten 25 Jahren (1958–1982) sind 424.868 Österreicher aus der Kirche ausgetreten. Diesen stehen nur 84.763 Wieder- oder Neueintritte gegenüber. Insgesamt hat die katholische Kirche in dieser Zeit also ca. 5 Prozent ihrer 6,54 Millionen Mitglieder verloren. Die Kirchenaustritte sind in Österreich in den letzten Jahren auch nicht zurückgegangen, sondern im Gegenteil 1982 gegenüber 1981 um etwa 20 Prozent gestiegen. Ein Grund dafür dürfte das österreichische, von der Kirche selbst eingerichtete Kirchensteuereintreibungssystem sein. Da säumige Zahler von Kirchensteuerämtern gerichtlich belangt werden können (müssen), führt das nicht selten zu unliebsamen Prozessen.“[160]

Auch über die Motive gibt es einige Untersuchungen. Die absolute Mehrheit der österreichischen „Bevölkerung ist überzeugt, dass man auch ohne formelle Mitgliedschaft zur Kirche ein guter Christ sein kann. – Der Kirchenbeitrag wird als ein sehr massives Ärgernis empfunden und nimmt in der Rangreihe der Kritik den Spitzenplatz ein.“[161] – „Für die

Austritte gibt es zahlreiche Motive: Manche werfen der Kirche große Enge im Bereich der Sexualmoral vor, andere halten sie für heuchlerisch, weil sie sich selbst nicht an von ihr verkündete Grundsätze halte, manche wiederum meinen, die Kirche sei erstarrt und unmodern, so mancher hatte unangenehme Erfahrungen mit einzelnen Vertretern der Kirche; in letzter Zeit spielte die ungelöste ‚Causa Groer‘ eine große Rolle. Als letzter Anstoß zum Austritt wird aber zumeist der Kirchenbeitrag und die manchmal leider notwendige gerichtliche Klage durch die Kirche als Grund genannt, weil sich das am einfachsten begründen lässt. ‚Glauben kann ich auch ohne Kirche‘.“[162]

1.7. Einstellungen zur Lehre der Kirche

Die Säkularisation in dem oben definierten Sinn zeigt sich schließlich sehr deutlich auf der kognitiven Ebene und im Bereich der Einstellungen, wo meilenweite Entfernungen von der offiziellen Lehre des kirchlichen Lehramtes bzw. der zentralen Leitung der Kirche feststellbar sind. „Damit kommen wir zum Kernproblem, zur Gretchenfrage. Sie heißt nicht: ‚Was halten die Leute vom Menschensohn?‘, sondern: ‚Was halten die Leute von Rom?‘ Die Antwort wäre weitgehend: Jesus ja, Kirche nein! Ich würde richtiger setzen: Kirche als Volk Gottes ja, Rom als administrative Machtstruktur nein.“ (Bühlmann, in: Sommer, S. 70)

Die Interpretation der Untersuchungsergebnisse ist allerdings sehr schwierig, da man auch hier zuerst die Frage klären sollte, ob bei Ablehnungen von Lehrsätzen oder Moralvorschriften die Katholiken geoffenbarte Wahrheiten und davon richtig abgeleitete Normen oder aber Zerrbilder der Wahrheit und je nach zeitlich oder lateral verschiedene, anachronistische oder unangepasste Handlungsanweisungen verwerfen[163]. Die positive oder negative Beantwortung der Frage: „Glauben Sie an das Fegefeuer?“ hängt mindestens mit zwei Faktoren zusammen: mit dem subjektiven Vorstellungsinhalt des Begriffes „Fegefeuer“ und dem Grad der religiösen Bildung des Befragten. – Eines ist sicher: Die Art der Verkündigung der amtlichen Vertreter der Kirche spielt eine entscheidende Rolle in der Vermittlung richtig verstandener religiöser Begriffe und auch in der Bereitschaft der Kirchenmitglieder, sich religiös zu bilden und weiterzubilden. Deshalb sind die folgenden Daten ganz besonders relevant für die These von der Notwendigkeit radikaler Reformen in der Kirche.

Die kognitiven Vorbehalte gelten selbst in Bereichen dogmatischer Inhalte. – Im weitgehend katholischen Österreich identifizieren sich mit der Aussage: „Ich glaube, dass es einen Gott gibt, wie ihn meine Religionsgemeinschaft lehrt" 39 %, mit der Aussage: „Ich glaube, dass es ganz allgemein einen Gott gibt, aber unabhängig davon, wie ihn die einzelnen Religionsgemeinschaften beschreiben" 45 %, mit der Aussage: „Ich weiß nicht, ob es einen Gott gibt" 10 % und mit der Aussage: „Ich glaube nicht, dass es einen Gott gibt" 6 %. Weiters wurde die Frage gestellt: „Glauben Sie, dass Ihre Seele im Jenseits in irgendeiner Weise weiterleben wird?" Mit „Ja" geantwortet haben 38 %, 48 % wissen es nicht, 14 % glauben, dass es kein Fortleben gibt.[164] Und aus einer Erhebung im Jahre 1990: „Es gibt Engel": 46 %, „Es gibt den Teufel": 37 %, „Es gibt eine Hölle": 34%.[165] „An die Wunder, die in der Bibel beschrieben werden, glauben 32 %, 45 % wissen es nicht, 23 % glauben nicht daran; wieder ein Zeichen, wie groß die Abstriche vom christlichen Glauben sind."[166] – Entsprechende Daten aus dem noch katholischeren Italien: „Den Glauben an ein Leben nach dem Tod teilen nur 41,5 der Befragten; 3,7 Prozent geben an, an eine Reinkarnation zu glauben. Sehr viel stärker verbreitet als der Glaube an die Reinkarnation sind die Auffassungen, man könne nicht wissen, was nach dem Tod komme (22,3 Prozent) und man sei sich über das Schicksal des Menschen nach dem Tod unsicher bzw. wisse nichts darüber (21 Prozent)."[167] – Noch ein katholisches Land: Frankreich. „Bei dogmatischen Aussagen verhielten sich die Befragten auf bemerkenswerte Weise uneinheitlich. Die Existenz Gottes wurde von 61 Prozent der Befragten als ‚sicher‘ und ‚wahrscheinlich‘ eingestuft – gegenüber 66 Prozent vor acht Jahren. An die Auferstehung Jesu Christi glauben demnach etwas mehr als die Hälfte (51 Prozent) – die Zahl derjenigen, die nicht daran glauben, stieg im Zeitraum von 1986 bis 1994 von 37 auf 43 Prozent."[168] – Schließlich noch ein katholisches Land: Spanien. „Bei einer Umfrage aus dem Jahr 1990 gaben 51 Prozent der Befragten an, ‚fest‘ an Gott zu glauben; 28 Prozent ‚mehr oder weniger‘. Bei der Frage nach dem Gottesbild entschieden sich 28 Prozent für die Antwort: ‚Es gibt ein höheres Wesen, von dem die gesamte Welt abhängt‘; 25 Prozent entschieden sich für: ‚Gott ist ein Vater, der uns liebt und sich um uns kümmert‘, 23 Prozent für: ‚Gott ist ein höheres Wesen, das allmächtig ist, alles geschaffen hat und alles richtet‘. Von den Befragten, die sich selber als katholisch einstuften, gaben 43 Prozent an, an ein Leben nach dem Tod zu glauben; 63 Prozent bekannten sich zur Göttlichkeit Jesu."[169] – Manche katholische Frauen identifizieren sich nicht mit ihrer Kirche: „Eine wachsende Anzahl von Katholikinnen distanziert sich wohl von der Kirche, aber nicht vom christlichen Glauben. Die Aussage: ‚Ich fühle mich als Christin, aber die Kirche bedeutet mir nicht viel‘ nehmen 31 Prozent der befragten Katholikinnen für sich in Anspruch (36 Prozent bei den 16- bis 29-Jährigen), 1970 waren dies erst 21 Prozent. Mit der Einschätzung, ‚Ich habe meine eigenen Glaubensansichten, meine eigene Weltanschauung ganz unabhängig von der Kirche‘ (das sind die ‚catholiques à la carte‘, Lambert, S. 33) identifizieren sich 16 Prozent der Befragten (bei den 16- bis 29-Jährigen 26 Prozent); vor zehn Jahren waren dies nur 7 Prozent."[170] Viel Forschung wird noch geleistet werden müssen, um klären zu können, welche Faktoren zu solchen Diskrepanzen führen – zumal einige davon geradezu provozierend wirken: 96 % aller Deutschen wollen sich kirchlich beerdigen lassen – und dafür treten sie sehr vehement ein –, aber nur 50 % glauben an ein Leben nach dem Tode.[171]

Geburtenregelung

Derjenige, der sowohl seine Kirche als auch die Menschen liebt, muss bei der Lesung der Einstellungen der Katholiken zur offiziellen Lehre der Geburtenregelung erschaudern. Wenn irgendwo eine „kognitive Dissonanz" (Festinger) feststellbar ist, dann für Katholiken zwischen der offiziellen Lehre der Kirche und der sehr verbreiteten Praxis. – Der katholische Theologieprofessor Richard McBrien von der University of Notre Dame berichtet in einem Interview über die verheerenden Auswirkungen der so genannten Pillenenzyklika: „Nicht die Einstellung der US-Katholiken gegenüber dem Papst hat sich gewandelt, sondern vielmehr die Einstellung in der Frage, welche Rolle der Papst innerhalb der kirchlichen Gemeinschaft spielen sollte; z. B. dass der Papst ihnen nicht einfach sagen kann, was sie zu tun haben. Oder dass der Papst tatsächlich auch manchmal Unrecht haben kann. Nichts dürfte die Haltung der US-Katholiken dem Papst und Rom gegenüber mehr verändert haben als die Enzyklika ‚Humanae vitae‘ zur Frage der Geburtenkontrolle aus dem Jahre 1968. Viele Katholiken in diesem Land sagten: Der Papst hat Unrecht in dieser Frage – er kann also Unrecht haben in anderen Fragen."[172]

Im katholisch geprägten Tirol ist die Lage nicht anders. Dies zeigt „eine von einer Arbeitsgruppe am Innsbrucker Universitätsinstitut für medizinische Biologie und Genetik (Leitung Prof. Kurt Loewit) durchgeführte Datenerhebung zu Fragen der Familienplanung unter der wahlberechtigten Bevölkerung von Innsbruck-Stadt und -Land, in deren Rahmen auch der Einfluss religiös-ethischer Faktoren bzw. der kirchlichen Lehre über Empfängnisverhütung erfragt wurde. ... Als Ergebnis der Studie fällt dreierlei auf: Es gibt erstens durchaus einen Zusammenhang zwischen kirchlicher Bindung und Einstellung zur Empfängnisverhütung. Zweitens: Der Anteil derer, die die Morallehre der Kirche in diesem Punkt vorbehaltlos bejahen, ist trotzdem verschwindend gering und lässt die Diskrepanz zwischen amtlicher Lehre und persönlicher Einstellung und Praxis auch bei Menschen mit starker Kirchenbindung erkennen. Und drittens ergeben sich Fragen an die kirchliche Lehrverkündigung, was sie u. U. auch an Ungewolltem bewirkt, wenn sie an der bisher üblichen kirchenamtlichen Entschiedenheit am Verbot ,künstlicher' Empfängnisverhütungsmethoden festhält bzw. wieder deutlicher dazu zurückkehrt. ... Dieser Zusammenhang von kirchlicher Bindung und Einstellung zur kirchenamtlichen Lehre über Empfängnisverhütung ändert nichts daran, dass die ganz übergroße Mehrheit der Katholiken sich in einem offenen, völligen oder teilweisen Dissens zu katholischen Normvorgaben in diesem Punkt befindet. Nur 8,8 (Innsbruck Stadt) resp. 11,2 Prozent (Innsbruck-Land) von allen Befragten melden gänzliche Zustimmung; 31,4 resp. 34,9 Prozent stimmen nur ,teilweise' zu. Der große Rest lehnt ab (43,1 resp. 41,2 Prozent) oder verhält sich (16,9 resp. 12,6 Prozent) gleichgültig. Ca. 90 Prozent aller Befragten, die in den Interviews antworteten, hatten also Einwände oder interessierten sich nicht für den Standpunkt der Kirche. ... Bei den katholischen Männern der jüngsten Altersgruppe (der 18- bis 30-Jährigen) tendiert der Anteil der gänzlich Zustimmenden fast gegen null (1,8 resp. 1,6)."[173]

Abtreibung

Den kirchlichen Standpunkt zur Abtreibung teilen nach einer für die weibliche Bevölkerung der Niederlande repräsentativen Umfrage „29 Prozent der Frauen; 18 Prozent waren mit ihm generell nicht einverstanden, für etwa die Hälfte hängt das Urteil über eine Abtreibung von den Umständen ab. Mit der kirchlichen Haltung gegenüber der *Homosexualität* erklärten sich dagegen nur 11 Prozent einverstanden, während sich 64 Prozent dagegen aussprachen. 14 Prozent der Frauen bejahten die Frage, ob die *Ehe* in jedem Fall unauflöslich sei, für 56 Prozent hängt das Urteil darüber von der Situation ab."[174]

In derselben Untersuchung wurde auch nach positiven oder negativen Erfahrungen mit der Kirche gefragt. „Der allergrößte Teil der Frauen (72 Prozent) gab an, weder positive noch negative Erfahrungen mit der Kirche gemacht zu haben; 7 Prozent gaben positive, 8 Prozent negative und 13 Prozent sowohl positive wie negative Erfahrungen zu Protokoll. Auf die Frage, ob Frauen in der katholischen Kirche zurückgesetzt würden, antworteten 24 Prozent mit ‚Ja‘, 32 Prozent mit ‚Nein‘ und 44 Prozent mit ‚in mancher Hinsicht‘."[175]

Der Abstand zwischen *offizieller Lehre und tatsächlichem Verhalten* ist – vor allem in der jüngeren Generation – sehr groß. – Eine eindeutige Sprache spricht die Untersuchung bei den niederländischen Frauen: „Mehrere Fragen galten der Haltung der Frauen gegenüber der kirchlichen Sexualmoral. Auf die allgemeine Frage: ‚Finden Sie, dass man sich an kirchliche Vorschriften zur Sexualität halten muss?‘ antworteten insgesamt 6 Prozent der Frauen mit ja, 38 Prozent mit ‚hängt von der Situation ab‘ und 53 Prozent mit Nein (bei den unter 30-Jährigen lauten die Prozentzahlen 2, 19 und 79; bei den 40- bis 50-Jährigen 5, 44 und 49; bei den über 60-Jährigen 18, 50 und 23). Bei der Frage: ‚Nehmen Sie an, Sie haben zwei oder drei Kinder und finden das genug. Wie würden Sie dann verhindern, dass weitere Kinder kommen?‘, ergab sich folgendes Ergebnis: Insgesamt 28 Prozent nannten die Pille, zehn Prozent periodische Enthaltsamkeit, 35 Prozent die Sterilisierung von Mann oder Frau."[176]

Einige Zahlen über die Katholiken in den USA zeigen auch, wie gering die Akzeptanz offizieller kirchlicher Auffassungen ist: „68 % bejahen die Geburtenkontrolle, 52 % bejahen die Frauenordination, 63 % bejahen verheiratete Priester, 73 % bejahen Wiederverheiratung nach Ehescheidung, 15 % sind gegen legalisierte Abtreibung in allen Fällen, 55 % bejahen Abtreibung nach Vergewaltigung oder Inzest, 26 % bejahen die gegenwärtigen Abtreibungsgesetze.

Für die Katholiken unter 30 Jahren sieht es nach anderen Umfragen noch ‚schlimmer‘ aus: Kaum 5 Prozent bejahen die offizielle Lehre von der Geburtenregelung und kaum 10 Prozent die offizielle Lehre von der päpstlichen Unfehlbarkeit."[177]

Nicht einmal das katholische Irland bildet eine Ausnahme. „Nach den neuesten statistischen Untersuchungen von M. Fogarty u. a. (‚Irish Values and Attitudes‘, Dublin 1984) haben von den 65- bis 74-jährigen noch 79 Prozent (bei den über 75-Jährigen sogar 85 Prozent) ‚großes Vertrauen' zur Kirche, aber von den 18–24-Jährigen nur noch 27 Prozent. Eine Ehescheidung bei zusammengebrochener Liebe der Partner halten gerechtfertigt nur 7 Prozent der 65–74-Jährigen, aber 42 Prozent der 18- bis 24-Jährigen; ähnlich eine Abtreibung bei Gefährdung der Mutter nur 12 Prozent der 65- bis 74-Jährigen, aber 58 Prozent der 18- bis 24-Jährigen. Der Bewusstseinswandel ist somit in vollem Gang. Modernisierung, Säkularisierung, Entkonfessionalisierung schreiten auch in diesem EG-Land – trotz der Dominanz des Klerus im Erziehungswesen – unaufhaltsam voran und verändern das Leben nicht nur in einer Großstadt wie Dublin, sondern langsam auch in den irischen Dörfern."[178]

Eine so genannte postalische, also nicht unbedingt repräsentative Befragung bei immerhin über 8000 Katholiken im deutschsprachigen Raum ergab bemerkenswerte Zusammenhänge zwischen dem Alter der Befragten und ihren Einstellungen[179]:

„Wenn Sie in wichtigen Fragen anderer Meinung sind als der Papst – was dann?" (in %)

Alter	unter 20 J.	20–29 J.	30–39 J.	40–49 J.	50–59 J.	60–69 J.	über 70 J.
Antwort 1	7,8	9,9	10,9	16,7	26,4	41,8	58,6
Antwort 2	73,0	67,7	67,5	58,6	47,5	35,5	22,6
Antwort 3	19,8	22,4	21,6	24,7	26,1	22,7	18,8

Antwort 1: Ich würde so entscheiden, wie es der Papst für richtig hält.
Antwort 2: Ich würde so entscheiden, wie ich es für richtig halte.
Antwort 3: Ich würde mit einem Priester darüber reden.

„Sollten Priester heiraten dürfen?" Mit „Ja" antworteten: (in %)

Alter	unter 20 J.	20–29 J.	30–39 J.	40–49 J.	50–59 J.	60–69 J.	über 70 J.
	74,1	70,5	67,5	61,6	49,9	39,3	29,3

Eine repräsentative Umfrage katholischer Frauen in der BRD kommt zu folgenden Schlussfolgerungen: „Die Erosion der kirchlichen Bindungen von Katholikinnen hat sich in den letzten Jahren außerordentlich beschleunigt: Die Veränderungen zwischen der Mitte der siebziger und der ersten Hälfte der sechziger Jahre seien im Verhältnis zu den erdrutschartigen Veränderungen der letzten Jahre marginal gewesen, so der alarmierende Befund der Studie. – Gerade noch 25 Prozent der Katholikinnen bezeichnen ihre Bindung an Mutter Kirche als ‚sehr eng‘. Im Jahr 1982 hatten dies noch 40 Prozent für sich in Anspruch genommen. Dagegen erhöhte sich der Anteil derer ohne oder mit nur schwachen Bindungen im selben Zeitraum von 19 auf 31 Prozent."[180]

Die Einstellung vieler Katholiken, vor allem jüngeren Alters, ist der Kirche gegenüber recht kritisch. „Kritik an der Kirche wird häufig aus unmittelbarer Betroffenheit heraus vorgebracht, ist nicht abgesichert oder vorsichtig formuliert. Die dahinter verborgenen Fragen an unsere Kirche, an ihr Erscheinungsbild, an ihre Wahrhaftigkeit, an ihre prophetische Aufgabe, sollten aber nicht als Angriff abgewehrt, sondern als Anfrage ernst genommen werden. Kritisiert wird zum Beispiel:

– Die Kirche ist zu reich und dadurch zu sehr in der Nähe der Reichen und Mächtigen. Politische Rücksichtnahmen überlagern die Botschaft Jesu.

– Die ‚Amtskirche‘, der ‚kirchliche Apparat‘, die ‚etablierte Kirche‘ übt, wie andere gesellschaftliche Gruppen, Macht und Herrschaft aus, ihr Handeln und Reden ist zu wenig durchsichtig auf ihren Auftrag hin, sie ist zu wenig bereit oder fähig zum Dialog.

– Die Denk- und Ausdrucksweise der älteren Generation bestimmt so sehr Antennen und Sender der Kirche, dass die Wellenlängen junger Leute weder aufgenommen noch erreicht werden (wobei häufig, im Gegensatz zu der ‚alten‘ Kirche, Jesus Christus als jung empfunden wird).

– Die Kirche bevormundet zu sehr im persönlichen Bereich, nimmt aber im sozialen Bereich, in Politik und Wirtschaft eine zu wenig kritische Haltung ein.

– In der Kirche werden zu wenig Perspektiven eröffnet und Ziele gezeigt, die die heutige Lebenssituation treffen. In den Gemeinden ist nur selten etwas von Gemeinsamkeit, gegenseitigem Vertrauen und Hoffnung spürbar.

– Die Gottesdienste haben keinen Bezug zum übrigen Leben der Menschen, sie sind langweilig und steril. Die in ihnen verwendete Sprache ist unverständlich.

– In der Kirche wird die Weise Jugendlicher zu denken, zu erfahren und zu artikulieren, ausschließlich als Angriff, nie aber als Bereicherung empfunden. Weithin werden Jugendliche als Sozialisationsobjekte betrachtet, die das von anderen für sie Entwickelte in eigene Verantwortung übernehmen sollen, nicht aber als Menschen, die eigenständig Lebensentwürfe entwickeln dürfen."[181]

Jene Katholiken, für die die Fehler der Kirche nicht einerlei sind, die also aus Liebe und nicht aus Hass kritisieren (ich bekenne mich auch zu dieser Gruppe), leiden unter dieser Erfahrung. Ihre (bzw. unsere) Zahl ist nicht gering. Einen Indikator dafür liefert uns Heinrich Fries: „In der Wochenzeitschrift ‚Christ in der Gegenwart‘ habe ich in Heft 7, 1989 einen kleinen Beitrag geschrieben: Leiden an der Kirche. Die Zeitschrift machte das Angebot eines ‚Artikeldienstes‘. Interessierte Leser konnten den Beitrag als Sonderdruck in der gewünschten Anzahl bestellen. Dieses Angebot wurde bisher 150.000-mal in Anspruch genommen – ein ganz ungewöhnlicher Vorgang. Offenbar war mit diesem kleinen Beitrag eine Situation getroffen, der viele zustimmen konnten."[182]

Eines der schlimmsten Probleme (vielleicht überhaupt das schlimmste), mit denen die Kirche heute zu kämpfen hat, ist das der *Glaubwürdigkeit*. In einer österreichischen Untersuchung im März 1999[183] lauten die Antworten auf die Frage: „Wie glaubwürdig sind für Sie die katholischen Bischöfe?" folgendermaßen: Sehr glaubwürdig: 1 %; noch glaubwürdig: 22 %; weniger glaubwürdig: 41 %; gar nicht glaubwürdig: 31 %.
So nimmt es nicht wunder, wenn eine österreichische Erhebung über den neuen Kirchenkurs in Österreich zu folgenden Urteilen kommt: 8,10 % Zustimmung, 38,77 % Ablehnung, 53,13 % gleichgültig. „Kirche wird von einer wachsenden Zahl der Österreicher ‚nicht einmal mehr ignoriert‘ (Helmut Qualtinger)."[184]

Wissen über religiöse Themen

Das Wissen über religiöse Themen lässt immer mehr zu wünschen übrig. Ein Beispiel aus einer Untersuchung von Gallup in den USA (1984): „Ernüchternd wirken die Ergebnisse bei der Überprüfung religiösen Wissens von Jugendlichen. 79 Prozent glauben, dass die Zehn Gebote als Regeln für das tägliche Leben weiterhin Geltung besitzen, jedoch nur 35 Prozent können fünf oder mehr dieser Gebote aufzählen, nur jeder Dritte kennt alle zehn. Nur drei von zehn Jugendlichen sind in der Lage, drei Fragen zum Neuen Testament zu beantworten; unter Jugendlichen, die von sich sagen, dass sie regelmäßig zur Kirche gehen, sind dies gleichfalls nur 43 Prozent. 19 Prozent konnten keine von den drei – wie es in der Studie heißt – ‚einfachen und grundlegenden‘ Fragen beantworten. Angaben zur Bedeutung von Ostern konnten 71 Prozent machen. Immerhin noch 20 Prozent der regelmäßigen Kirchgänger waren dazu ebenso wenig in der Lage. Signifikante konfessionelle Unterschiede beim religiösen Wissen wurden nicht ermittelt."[185]

Als eine Art Abrundung und Zwischenbilanz der bisher dargestellten Daten könnte ein treffendes Beispiel des Theologen Paul M. Zulehner dienen: „Ich bin Wiener. Musik zu lieben, habe ich im Blut. Von Kindesbeinen an habe ich jede Woche bis in den Schlaf hinein jener Kammermusik gelauscht, die mein Vater mit seinen Freunden Woche um Woche gespielt hat, Bartók, Schostakowitsch, weniger Bach, dafür aber Mozart. So wurde Mozart auch zu einem meiner Lieblingskomponisten. Wenn ich heute Mozart pur hören will, geh ich in ein Konzert der Wiener Philharmoniker. Sie spielen ihn so gut, dass alles außer Mozart zurücktritt. Es ist Musik, die meine Seele berührt und bewegt.

Nun weiß mein Kopf, dass die Philharmoniker bislang in ihr Ensemble keine Frauen als Vollmitglieder aufnehmen. Ich höre von Querelen im Ensemble. Mir gefällt das alles nicht. Aber es hindert mich auch nicht, hinzugehen und die Konzerte der Philharmoniker zu hören.

Wer ahnt nicht die heilige List dieser Geschichte? Auch die Kirche ist ein Ensemble, in dem vieles nicht stimmt. Es ist nicht angemessen, welche Stellung Frauen zukommt. Auch passen mir nicht die oft undurchsichtigen Entscheidungsprozeduren. Des Weiteren stört mich auch die moralische Qualität mancher Kirchenführer – übrigens weniger in Sachen Zölibat, sondern weit mehr im Umgang mit Macht und Geld. Das Ensemble ist in hohem Maße reformbedürftig. Und die Zeit drängt.

Freilich, bei aller notwendigen Ensemblereform mag ich nicht vergessen, dass ich dennoch in der Kirche den ‚Mozart‘ suche. Was ich, und wie ich mit Sicherheit weiß, was viele in der Kirche hören wollen, ist, wie ein alter Kirchenvater, Clemens aus der Hafenstadt Alexandria, schreibt, das ‚Lied des Lachens, der Hoffnung und der Auferstehung‘. Der liebende Spielmann Christus-Orpheus lässt es auf seiner Lyra – sie, die Kirche, ist sein Instrument! – für seine geliebte Eurydike-Menschheit erklingen. ‚Mozart‘ in der Kirche lässt mich begehren, Gotteserfahrung aus erster Hand zu machen. Allein sie wird mich befreien von jenen Ängsten, die mich daran hindern, frei und solidarisch zu leben.

Und sosehr ich die Ensemblereform auch in der Kirche wünsche und fordere: Ich wäre bitter enttäuscht und ginge auf die Kirchenbarrikaden, wenn ‚Mozart‘ nicht mehr erklänge.“[186]

Eine solche Einstellung scheint mir und allen, die die Kirche nicht verlassen wollen, sondern innerhalb der Kirche nach Reformen streben, die grundsätzlich christliche und katholische. – Allerdings zeigen die obigen Daten mit ziemlicher Deutlichkeit, dass viele Menschen, die im Leben des „Orchesters“ auf zu viel Ärgerliches, Unbarmherziges, Anachronistisches und mit der Botschaft und mit dem Leben Jesu Unvereinbares stoßen, dann doch lieber auf die optimale Interpretation von „Mozart" verzichten. – Dieses Dilemma wird im vorliegenden Buch noch mehrmals zur Sprache kommen. Gegen Tatsachen, so hat schon die scholastische Philosophie festgestellt, gelten keine Argumente („contra facta non valent argumenta").

1.8. Der Fall Niederlande

In mancherlei Hinsicht ist für das Phänomen der Säkularisation die katholische Kirche der Niederlande eine Art Paradebeispiel.

Die Blütezeit vor 1962

Am Anfang der Periode, die im vorliegenden Buch berücksichtigt wird (1950–1962), zeigte die Kirche bemerkenswert positive Züge. Im Jahre 1958 wurden 4,465.600 Katholiken in 1589 Pfarreien von 4118 Diözesanpriestern und manchen der 4818 Ordenspriestern betreut, mit Hilfe von 32.168 Ordensfrauen und 764 Seminaristen. – In den Missionen arbeiteten 8149 Personen, davon 3985 Christen im Priesteramt, 1185 Ordensbrüder, 2078 Ordensfrauen und 189 Christen.[187] – Im Schuljahr 1957/58 wies die kirchliche Erziehungs- und Bildungsarbeit folgende Daten auf[188]:

	Institutionen	*Personal*	*Studenten*
Vorschule	1.484	4.652	167.431
Volksschule	3.484	22.161	747.241
Mittelsschule	154	3.387	35.778
Technische	905	5.444	91.311
Landwirtschaftliche	792	-	21.531
École normale	120	1.198	10.374
École superieure	3	-	3.114

„Seit der Reformation bildeten die niederländischen Katholiken im soziologischen Sinn des Wortes eine ‚Minderheit'. Eine ‚Status'-Minderheit, die durch den dominierenden Protestantismus zurückgesetzt wurde. Das führte zu einer starken Gruppenbildung mit intensiver religiöser Praxis, enger Verbundenheit mit der Kirchenleitung im eigenen Land und in Rom, zu zahlreichen eigenen, konfessionellen Organisationen für Schulen, karitative und selbst politische Ziele, zu katholischen Tageszeitungen und einer eigenen konfessionellen Radio- und später auch Fernnsehorganisation, die in der Welt einzigartig ist, und schließlich zu einer verschlossenen, introvertierten Mentalität."[189] „Die Katholiken in den Niederlanden hatten, relativ gesehen, die höchste Geburtenrate der Katholiken in Europa. Die kirchliche Praxis der Katholiken betrug selbst in Industriestädten, etwa in Tilburg, über 70 Prozent. Es gab so viele Priester, dass die Hälfte der Ordenspriester ins Ausland ging. Nicht allein in die Missionsgebiete, sondern auch nach Frankreich, Deutschland und Österreich. Nach der neuesten Statistik arbeiten jetzt (Mitte der achtziger Jahre) noch 289 holländische Priester in deutschen Bistümern. Mit 1 Prozent der Katholiken in aller Welt stellte das kleine Holland 10 Prozent der Missionare!"[190] „Das holländische katholische Vereinswesen ist nahezu unüberschaubar: Es reicht von der Legio Mariae über zahlreiche Sportvereinigungen bis zum katholischen Kabarett: ‚Die lachende Kirche'."[191] „Wenn ein halbes Dutzend Katholiken zusammenkamen, und sei es um Bingo zu spielen, bekamen sie vom Bischof einen Priester als geistigen Berater zugewiesen."[192] – In der Konzilsvorbereitung gipfelten die kirchlichen Kraftanstrengungen und das Engagement der Katholiken: „Nach dem Aufruf von Papst Johannes XXIII. zum Konzil haben sich in allen sieben Diözesen der Niederlande eine Reihe von intensiven Vorbereitungsgruppen auf dieses Konzil gebildet, bestehend aus Laien, Priestern und Theologen. In diesen Vorbereitungsgruppen wurde auf der Basis der ... Erneuerung der Theologie in Frankreich und Deutschland versucht, diese Erneuerung in weitesten Kreisen fruchtbar zu machen. Von dorther ergab sich dann eine hochgespannte Erwartung. Das Konzil hat gleich anfangs diese Erwartung – ich möchte sagen: selbst die Erwartungen der Theologen – übertroffen."[193] – Die Kirche erlebte eine Art Sommerzeit. Es herrschte vor allem der Ton der Redlichkeit an Stelle von feudalen höfischen Bräuchen. Charakteristisches Beispiel für die offene Sprache und den Humor selbst in der Hierarchie ist der nach seiner Weihe aufgezeichnete Satz von Bischof de Vet: „Wissen Sie, ... ich habe keine Ausbildung zum Bischof; ich bin Soziologe und war Betriebsseelsorger."[194]

Freilich war auch die niederländische Kirche der fünfziger Jahre nicht ohne Sorgen und Probleme. „Die Ergebnisse einer umfangreichen Untersuchung über die Entwicklung des Priesternachwuchses in den Niederlanden hat unlängst der Dozent am Priesterseminar der Diözese Breda, J. J. Dellepoort, im Rahmen seiner Dissertation veröffentlicht. Dellepoort hat festgestellt, dass die Zahl der Neupriester seit dem Zweiten Weltkrieg um 25 v. H. gefallen ist. Das ist jedoch eine reine Verhältniszahl. Die absolute Zahl der Priesterberufe, so wird in der Untersuchung festgestellt, gehe nicht zurück, sie halte nur nicht mit der wachsenden katholischen Bevölkerung Schritt. Um dem Bevölkerungszuwachs zu genügen, müssten jährlich 30 Priester mehr geweiht werden. Für die nächsten 25 Jahre benötigen die niederländischen Diözesen im Durchschnitt jährlich 145 Neupriester, wenn das Verhältnis von einem Weltpriester auf 987 Gläubige ... gewahrt bleiben soll. Die Zahl der Ordenspriester ist hingegen außerordentlich hoch. Im Gegensatz zu allen anderen Ländern der Welt übertreffen in den Niederlanden die Ordenspriester die Weltpriester um ein Dreifaches. Dadurch sind die katholischen Niederlande in hervorragender Weise befähigt, am Werk der Weltmissionen mitzuarbeiten. Zwischen 1920 und 1940 wuchs die Zahl der Neupriester ständig, allein die der Ordenspriester um 240 %. ... Der Staat zahle der katholischen Geistlichkeit so gut wie nichts. Falls keine Einkünfte aus gewissen Pfründen und aus anderen Ämtern vorliegen, hängen die Weltgeistlichen fast völlig von den Erträgen der Kirchenkollekten und von den Almosen der Gläubigen ab. Diese Zuwendungen werden hauptsächlich von dem begüterten katholischen Mittelstand bestritten; das hat zur Folge, dass die Pfarrgeistlichkeit sich auch in ihrer seelsorgerischen Praxis oft mehr auf diese Schicht ihrer Pfarrkinder stützt und mit ihnen persönliche Beziehungen unterhält, während der persönliche Kontakt mit den höheren Ständen und mit der arbeitenden Klasse in der Pfarrei viel geringer zu sein pflegt.[195] –

Gewisse Spannungen sind bereits Anfang der fünfziger Jahre entstanden. Es entstand eine kritische Bewegung, „die darauf abzielte, das System der ‚Versäulung‘ im Politischen wie im Kulturell-Geistigen zu durchbrechen. Träger dieser Kritik waren vornehmlich drei Publikationsorgane, die als Verfechter radikaler kirchlicher Reformbestrebungen in letzter Zeit auch im Ausland häufiger von sich reden machten: das von den Dominikanern geleitete Wochenblatt ‚De Bazuin‘, die Monatszeitschrift mit dem herausfordernden Titel ‚Te Elfder Ure‘ (Zur elften Stunde), die unter der Leitung von Laien steht, und das etwas merkwürdige Wochenblatt ‚G-3‘, eine Zeitung für katholische Soldaten, die von einem Militärgeistlichen herausgegeben, aber von Laien redigiert wird. Kennzeichnend für diese Blätter war die persönliche Nähe ihrer wichtigsten Repräsentanten zur ‚Partei der Arbeit‘, der Sozialdemokratischen Partei der Niederlande, die als Erbin der früheren ‚Sociaal Democratische Arbeiderpartij' immer versucht hat, die konfessionellen Grenzen aufzusprengen und unter der katholischen Wählerschaft zu werben. Wurde dieser Durchbruch zunächst als politisches Schlagwort verstanden, so barg sich dahinter doch eine Wirklichkeit, die sich auf das gesamte politische, sozio-kulturelle und religiöse Leben bezog. Diese Zeitschriften wurden und werden auch heute von der Studentenschaft, in den kirchlichen Seminaren und Studienhäusern und von den katholischen Intellektuellen viel gelesen und erhielten deshalb auf die engagierte Führungsschicht entscheidenden Einfluss.

Diese Kritik löste zunächst eine scharfe Gegenreaktion der Hierarchie aus, mit der sich jedoch ein Teil der niederländischen Katholiken niemals abgefunden hat und die deshalb die ‚Durchbruchstendenz' eher verstärkt haben mag. Im Jahre 1954 veröffentlichte der niederländische Episkopat das sog. ‚Mandement' über ‚Der Katholik im öffentlichen Leben'. Durch diesen Hirtenbrief wurde das alte Verbot der Zugehörigkeit von Katholiken zu den sozialistischen Gewerkschaften unter Strafe der Verweigerung der Sakramente neu eingeschärft. Dieselben kirchlichen Zensuren wurden denjenigen angedroht, die regelmäßig die Programme des sozialistischen Rundfunkvereins hörten (sozialistische Parallelorganisation zur KRO). Die Mitgliedschaft bei der ‚Partei der Arbeit' wurde den Katholiken ebenfalls verboten, allerdings ohne Androhung besonderer kirchlicher Strafen: Ebenso streng verboten wurde damals die Zusammenarbeit mit der ‚Nederlandse Vereniging vor Sexuele Hervorming' ... Das Dokument war Ausdruck eines Generationenkonfliktes. Es stieß manche Katholiken und vor allem die Nichtkatholiken vor den Kopf und forderte deren massiven Protest heraus."[196] Der Vatikan war bereits vor 1962 einigermaßen alarmiert. „Im Jahre 1955 war der bekannte Jesuit S. Tromp vom Heiligen Offizium auf Inspektionsreise in den Niederlanden; danach wurden einige Professoren und eine bekannte Psychiaterin, Dr. A. Terruwe, verurteilt. Letztere wurde später rehabilitiert und erlangte einigen Einfluss durch ihre Beziehungen zu Papst Paul VI."[197] – Die lange Serie der eigentlichen Konflikte begann Anfang der sechziger Jahre.

Chronologie der Krise[198]

Man kann den Anfang an einem Vortrag eines Studentenseelsorgers festmachen. „Kurz bevor die Bischöfe nach Rom fuhren (9. Okt. 1962), hielt der Studentenpfarrer der Amsterdamer Universität, der Jesuit *J. van Kilsdonk*, am 30. September eine kritische Vorlesung über die römische Kurie, die für den Glaubensabfall junger katholischer Intellektueller verantwortlich gemacht und des ‚geistlichen Terrors‘ beschuldigt wurde."[199] Er sagte, die Kurie „beschränke die Freiheit des Heiligen Vaters, beherrsche die Bischöfe und behindere dadurch den fruchtbaren Kontakt zwischen dem Papst und dem Episkopat. Das Heilige Offizium habe sich den Ruf eines Bollwerks erworben, das keinerlei Kritik von außen an sich herankommen lasse. ... P. van Kilsdonk hatte am Schluss seiner Rede eine ‚loyale Opposition‘ gegen diese Art des Vorgehens der Kurie gefordert."[200] „Rom forderte die Entlassung von Pater van Kilsdonk, aber die Bischöfe gaben nicht nach. Kardinal Alfrink, seit 1955 Erzbischof von Utrecht, wurde Mitglied des Vorbereitungskomitees des Konzils und des Präsidiums. Er verkündigte, besonders aus biblischen Gründen, den Gedanken, dass die Kirche nicht durch ‚Petrus und die Apostel‘, sondern durch ‚Petrus und die anderen Apostel‘ geleitet wird. Alfrink wurde einer der Anreger der Bischofssynode, die als Repräsentanz des Weltepiskopats der Kirchenleitung in Rom beistehen soll. Er wurde mehr und mehr zur Zielscheibe der italienischen Presse und sehr bald als einer der herausragenden Rebellen gegen den Zentralismus der römischen Kurie gebrandmarkt."[201]

Ein zweites Moment war eine Institution. „Organisatorisch gesehen gelang es den Niederlanden als erstem Land in der Welt, ein neues kirchenpolitisches Instrumentarium auf Ideen des Zweiten Vatikanischen Konzils zu gründen. Die Bischöfe wollten in Zukunft ihre nationale pastorale Amtsführung mit Hilfe der Mitsprache von Priestern, Ordensleuten und Vertretern der Gläubigen gestalten: Beratung, Mitsprache und Dialog wurden im *Pastoralkonzil* institutionalisiert.[202] – „Im November 1963 wurde das ‚Pastoraal Instituut van de Nederlandse Kerkprovincie‘ errichtet, und zwei Jahre später wurde es mit der Vorbereitung und Organisation des holländischen Pastoralkonzils beauftragt."[203] „Am 27. November 1966, dem ersten Adventssonntag, eröffnete der Erzbischof von Utrecht, Bernard Kardinal Alfrink, das pastorale Konzil der niederländischen Kirchenprovinz. Die Eröffnungsfeier in der Katarina-Kathedrale in Utrecht, an der der päpstliche Nuntius und Delegierte nichtkatholischer Kirchen und Kirchengemeinschaften teilnahmen, wurde von Rundfunk und Fernsehen übertragen. Zur gleichen Zeit wurden in den Kathedralen der anderen sechs niederländischen Diözesen Eröffnungsgottesdienste abgehalten. – ... Bei der Eröffnungsfeier benutzte der Kardinal den Kelch und die Patene, die der Papst ihm für diese Gelegenheit zusammen mit einer Botschaft für die Katholiken in Holland übersandt hatte. In seiner Grußbotschaft wies der Papst darauf hin, dass die Niederlande das erste Land der Welt seien, das nach dem Ende des Zweiten Vatikanischen Konzils eine Synode abhalte. Er bezeichnete die Synode als ‚einzigartig‘ und daher auch als vielleicht etwas ‚schwierig‘. Der Papst gab seiner Hoffnung Ausdruck, dass das Holländische Konzil ‚eine klare und unerschütterliche Bestätigung unseres Glaubens bringen und dass eine gewisse Unreife und falsche Ansichten, die in jüngster Zeit die Reinheit unseres Glaubens in einigen Punkten verdunkelten, in Schranken gehalten werden‘.“[204]

„Das vor Jahren viel beachtete Pastoralkonzil der niederländischen Kirchenprovinz hat im ‚Landelijk Pastoraal Overleg‘ (abgekürzt: LPO, zu übersetzen etwa: ‚Nationale Pastorale Beratung‘) seine Fortsetzung gefunden. Auf einer vorbereitenden Zusammenkunft am 20. und 21. Januar in Noordwijkerhout war die Thematik für die erste Sitzung des LPO III festgelegt worden, zu der sich mit den Bischöfen rund 140 Delegierte vom 5. bis 7. Mai in Veldhoven bei Eindhoven versammelten: ‚Die Kirche: Gemeinschaft und gemeinschaftsbildend – Aufbau der Kirche als Aufbau von Glaubensgemeinschaft‘, in vorausgehenden Publikationen griffiger formuliert: ‚Zusammen glauben, zusammen Kirche sein‘. Es sollte der Versuch unternommen werden, zu ‚inventarisieren‘: die überaus zahlreichen Gruppierungen und Aktivitäten der ‚Basis‘ kennen zu lernen, wenigstens einige von ihnen mit den Delegierten des LPO ... ins Gespräch zu bringen und zu prüfen, inwieweit sie sich kirchlich und nicht bloß sozialgesellschaftlich engagieren, also einen Beitrag zum ‚Aufbau der Kirche‘ leisten. Ausdrücklich sollte eine Besinnung darauf, was ‚Kirche‘ grundsätzlich ist und bedeutet, nicht ausgeschlossen sein. Anwesend waren mit Ausnahme des erkrankten Kardinals Willebrands alle Bischöfe, als Gast auch der Apostolische Nuntius. Bischof Bluyeen von ’s-Hertogenbosch als stellvertretender Vorsitzender der Bischofskonferenz eröffnete und schloss die Zusammenkunft; dabei berücksichtigte er die von Delegierten wiederholt recht selbstbewusst vorgebrachte Frage und Forderung nach der ‚unveräußerlichen Verantwortlichkeit‘ der Laien. Bischof Zwartkruis von Haarlem wünschte sich eine ‚herzliche Kirche‘, ‚wo man sich zu Hause fühlt, wo Pluriformität innerhalb der Einheit möglich ist‘. Auf einige theologische Aspekte, die bei der Besinnung auf das Kirche-Sein auf keinen Fall vergessen werden dürften, verwies der in den Niederlanden wegen seiner betont romorientierten Haltung und verschiedener eigener Initiativen immer noch umstrittene Bischof Gijsen von Roermond: Die Kirche sei zugleich heilig und zugleich sündig; ihre Glieder seien aufgerufen zur Nachfolge Christi; die Amtsträger seien Menschen, die hören, aber auch sprechen müssen in Gottes Namen.

Im Herbst wird das LPO ... fortgesetzt. Dann werden auch die Bischöfe Stellung nehmen, inwieweit sie die Pluriformität des kirchlichen Lebens legitimieren können und wie die Polarisierung abgebaut werden kann, die mehr und mehr Katholiken in den Niederlanden als schmerzliches Problem empfinden. Mehrfach wurden die Bischöfe bereits jetzt nach ihrem – manche Delegierte unterstellten: nicht einheitlichen – Kirchenbild gefragt.“[205] – „Es wurden – für die Presse öffentlich zugänglich – zwischen 1968 und 1970 sechs Vollversammlungen auf der Grundlage von Entwürfen durchgeführt, die nicht allein durch Theologen oder Priester, sondern durch alle möglichen Fachleute, Psychologen, Soziologen, Organisationsexperten zusammengestellt und in Resolutionen für die Durchführung praktisch übersetzt worden waren. Faktisch behielten die Bischöfe die Leitung gemäß dem traditionellen hierarchischen System, aber sie bekamen öffentlich Ratschläge, die sie nicht ohne Gegenargumente zur Seite schieben konnten. Gelegentlich erhielten sie auch Ratschläge, die in Rom große Entrüstung hervorriefen. So wurde in der Januarversammlung 1970 Rom aufgefordert, zum Heil für die Kirche auch Verheiratete zum Priesteramt zuzulassen. Wenn die Weltpresse dabei nicht anwesend gewesen wäre, hätte diese nationale Beratung einer kleinen Kirchenprovinz in Rom keine Panik und Irritation hervorgerufen. Aber die Weltpresse und das Fernsehen waren da. Die niederländische Kirche kam mit ihren kühnen Vorschlägen auf die Titelseiten der ‚New York Times‘ und von ‚Le Monde‘. Auf der Vollversammlung von 1970, die den Bericht über das Amt behandelte, waren ungefähr 150 Vertreter der Massenmedien anwesend.

Kardinal Alfrink hatte es auf sich genommen, mit Rom über die Annahme einer Reihe der Resolutionen des Pastoralkonzils zu sprechen. Er fühlte sich stark, denn in den Niederlanden war das Bewusstsein für diese Probleme gewachsen, und er hatte alle Spielregeln beachtet. Nach einer Umfrage Mitte 1969 hatten 88 Prozent der Katholiken Vertrauen in ihre Bischöfe. Alfrink machte gewagte Äußerungen: ‚Man kann sich fragen, ob in der heutigen Situation der Schwerpunkt der Machtausübung nicht mehr als bisher zu den Ortskirchen verschoben werden muss, ohne übrigens die Aufgabe des päpstlichen Amtes, nämlich das Bewahren von Einheit in Vielfalt, auszuhöhlen‘ (München, März 1969). Kardinal Suenens von Belgien schloss sich unumwunden den Niederländern an. Er sagte über die römische Kurie: ‚Wir sollten den Papst vom System befreien, denn nicht die Gewalt des Papstes steht zur Diskussion, sondern das System, das den Papst gefangen hält‘ (Mai 1969). Andere Bischöfe, wie etwa die deutschen und die französischen, ließen die Niederlande trotz aller Beteuerungen im Stich.

In Rom war man inzwischen in Panik geraten. Gegen jede diplomatische Gewohnheit nahm der Papst persönlich gegen die Geschehnisse in den Niederlanden Stellung. In seiner sonntäglichen Ansprache verteidigte Paul VI. den priesterlichen Zölibat, der nicht zur Diskussion gestellt werden dürfe. Im Vatikan gab es offensichtlich interne Schwierigkeiten, denn Kardinalstaatssekretär J. Villot empfing einen Brief des Papstes vom 2. Februar, in dem unter Bezug auf die Niederlande der Papst die Möglichkeit offen ließ, in Situationen großen Priestermangels verheiratete Männer zum Priestertum zuzulassen. Es kam zu einem geheimen Gespräch zwischen Kardinal Villot und Kardinal Alfrink in Paris (März 1970). Rom selbst ließ Alfrink bis zum 8. Juli warten. Das einzige Ergebnis war die Aussicht auf die Bischofssynode von 1971, auf der die Frage des Priestertums behandelt werden sollte. Inzwischen hatte der Vatikan die Gelegenheit erhalten, das einzige Machtmittel, das er tatsächlich besitzt, einzusetzen, um die Einheit des niederländischen Episkopats zu brechen: einen neuen Typ von Bischofsernennungen.“[206]

Mit dieser Bemerkung sind wir bei dem wohl entscheidendsten Faktor der Krise der niederländischen Kirche angelangt. In der zeitlichen Folge gab es aber noch vor der ersten umstrittenen Bischofsernennung andere Konflikte.

Holländischer Katechismus

Sehr charakteristisch für die neue Denkweise der niederländischen Katholiken war die Veröffentlichung des Holländischen Katechismus (De nieuwe katechismus, 1966 – deutsch: Glaubensverkündigung für Erwachsene, 1968) – ein neuerliches Alarmsignal im Vatikan. Spannend und entmutigend ist die Geschichte dieses Werkes, das nicht nur der Versuch war, frischen Wind in die moderige Atmosphäre der Glaubensverkündigung zu bringen, sondern auch „der Versuch der niederländischen Bischöfe 1962/1963, innerhalb der Spannungen, die sich bei der Vorbereitung des Konzils und bei der Verarbeitung der ersten Dokumente entwickelt hatten, mit Hilfe des Erwachsenenkatechismus einen gewissen Ausgleich und eine gewisse Harmonisierung zu erreichen, ist fehlgeschlagen. Und zwar deshalb, weil eine kleine Opposition in den Niederlanden, die mit Sprache und Formulierung dieses neuen Katechismus nicht einverstanden war, sich darüber in Rom beklagt hat. Das hatte zur

Folge, dass der Versuch der Bischöfe in römischen Augen – und auch durch römische Bemerkungen – die eigentliche Kraft zur Harmonisierung verloren hat. Momentan gibt es interessanterweise nur noch die deutsche Ausgabe dieses Katechismus für Erwachsene zu kaufen, die 1962/1963 in den Niederlanden von den Bischöfen publiziert worden war; sie ist erschienen als Herder-Taschenbuch."[207]

Die Initiative zum viel umstrittenen Katechismus „ging von den niederländischen Bischöfen aus, die im Jahre 1956 das ‚Hoger Catechetisch Instituut' in Nijmegen beauftragten, eine neue Fassung des Katechismus von 1949 vorzubereiten. Dieses Werk, das ‚am Anfang der Aussage der erneuerten Kirche' steht als ‚Interpretation und Verdeutlichung der ewigen Heilsbotschaft des Evangeliums für die Menschen dieser Zeit', wurde von den Bischöfen mit der Feststellung eingeführt: ‚Wenn wir von einem neuen Katechismus sprechen, dann meinen wir damit nicht, dass die Botschaft Christi verändert werden sollte, sondern dass damit eine Antwort auf andere Nöte, andere Fragen und andere Erfordernisse als früher gegeben werden sollte. Dieses Buch hofft, möglichst alles widerzuspiegeln und aufzugreifen, was in den letzten zehn Jahren an Erkenntnissen, Überlegungen und Einsichten innerhalb der Kirche und insbesondere auf dem Konzil gewachsen ist' (Hirtenschreiben der Bischöfe Hollands über den Neuen Katechismus ...). An der Ausarbeitung dieses Erwachsenenkatechismus waren nicht nur Exegeten und Dogmatiker beteiligt, sondern auch die Erfahrungen ‚gewöhnlicher' Familienväter und -mütter, von Laien und Fachleuten aus allen Berufen und Bereichen, wurden hier hineinverarbeitet. So heißt es denn auch im Antwortschreiben des niederländischen Episkopats auf die zehn Fragen Kardinal Ottavianis zu gegenwärtigen Gefahren von Glaubensirrtümern (‚Katholiek Archief' 1968, S. 131): ‚Die Theologie ist hier nicht mehr der ausschließliche Bereich der Fachtheologen. Um den Glauben der Kirche zu erneuern, ist es notwendig, dass sich die heutigen Theologen mit der Welt engagieren.'"[208]

Es kam Kritik am Holländischen Katechismus auf, „der für Erwachsene geschrieben worden war und von den Bischöfen als ein ‚sicherer Führer' bezeichnet wurde. In den Niederlanden selbst wurde Kritik von sehr konservativer Seite geübt, die von der römischen Kurie sogleich übernommen wurde, um den holländischen Katholiken Schwierigkeiten zu machen zum großen Ärger Roms."[209]

Die Reaktion der römischen Stellen kam prompt. „Wie in der Tagespresse bereits mehrfach berichtet, haben die ‚Acta Apostolicae Sedis' nach einer langen Zeit der Gerüchte und Ankündigungen in ihrer Ausgabe von 30. November eine umfangreiche römische Stellungnahme zum Holländischen Erwachsenenkatechismus veröffentlicht. Das in Rom auch in den wichtigsten Weltsprachen an die Presse verteilte Dokument trägt den Titel ‚Erklärung der Kardinalskommission über den ‚Neuen Katechismus‘.“[210]

Schließlich musste in das Buch ein Einlegeblatt mit den von Rom verlangten Präzisierungen eingefügt werden. „Der Katechismus wurde in 34 Sprachen übersetzt, wodurch er – von der niederländischen Kirche nicht beabsichtigt – zu einem Weltkatechismus wurde.“[211]

Zölibatsdiskussion

Nicht unwesentlich hat die Zölibatsdiskussion die Entwicklungen in der katholischen Kirche der Niederlande und die immer krisenhafteren Beziehungen zu Rom beeinflusst. Ein sehr informativer Bericht darüber in der Herder-Korrespondenz (1969) zeigt die Dimensionen dieses Problems. „Die Zölibatsdiskussion in den Niederlanden hat einen neuen Höhepunkt erreicht. Es geht nun nicht mehr lediglich darum, die Aufhebung der Zölibatsverpflichtung im Einzelfall durch eine freiere Dispenspraxis zu erreichen, sondern um die institutionelle Trennung von Priesteramt und Zölibat. Diese Entwicklung fand schon in zwei Entschließungen ihren deutlichen Ausdruck, die auf der 1. und der 3. Vollversammlung des niederländischen Pastoralkonzils ... gefasst wurden. Darin wurden die holländischen Bischöfe gebeten, in absehbarer Zeit Möglichkeiten zu schaffen, verheirateten Priestern seelsorgliche Tätigkeiten zuzuweisen. Statistischen Umfragen zufolge scheinen auch 57 % der Katholiken es nicht für richtig zu halten, dass katholische Priester nicht heiraten dürfen (‚God in Nederland‘, S. 144). ... Diese Problematik hat nun zum ersten Mal zum offenen Konflikt geführt. Im Namen seiner drei Mitbrüder (P. J. van Kilsdonk, P. T. von der Stap und P. J. Vrijburg) hat P. H. Oosterhuis in einer vom niederländischen Fernsehen übertragenen Ansprache vor der Amsterdamer katholischen Studentengemeinde am 26. Januar 1969 folgende Erklärung abgegeben: ‚Mit Ausnahme von Pater Dresen [dem fünften Amsterdamer Studentenseelsorger, der einer eigenen, ebenfalls in dieser Ansprache von P. Oosterhuis verlesenen Erklärung gemäß zwar ebenso für die Trennung von Priestertum und Zölibatsverpflichtung eintritt, aber im Vertrauen auf die Hierarchie den ‚langen Weg‘ einer evolutiven Lösung des Problems gewählt hat] werden wir ab 1. März die Ausübung unserer Funktion in dieser Kapelle aussetzen, also nicht mehr vor

Ihnen predigen und mit Ihnen die Eucharistie feiern, wenn aus dieser Sackgasse kein Ausweg sichtbar werden sollte. Nach all den Überlegungen, die wir angestellt haben, sind wir der Meinung, dass es hier keinen Ausweg gibt' (vgl. ‚de nieuwe Linie', 1. 2. 1969). P. Oosterhuis rief jedoch jene auf, ‚die etwas unternehmen wollen und können', Aktionsgruppen zu bilden, Delegationen aufzustellen, Briefe zu verfassen, neue Argumente zu finden, sich nach Haarlem (dem Sitz des für Amsterdam zuständigen Bischofs) oder Utrecht (an Kardinal Alfrink), ja sogar nach Rom zu wenden und dort anzufragen, ob die Bischöfe nicht ihre Ansicht ändern könnten. ‚Und ihr dürft auch versuchen, uns von unserem Unrecht zu überzeugen; das meine ich ehrlich.'

Oosterhuis wandte sich aber nur an jene, ‚die sich mit uns einig wissen in dem Entschluss, uns im Augenblick von der offiziellen Kirche zu distanzieren, wie sie sich in dieser konkreten Situation darstellt ...' und an jene, die ‚mit uns derartige Gottesdienste weiter feiern wollen ... , aber dann als eine noch freiere Gruppe als bisher, d. h. außerhalb der Verantwortung des Bischofs von Haarlem'. Oosterhuis versicherte aber noch seine Bereitschaft zum Kontakt und zum offenen Gespräch mit dem Bischof. Doch die Bildung einer solchen Gruppe werde ‚dann wohl außerhalb der bestehenden Formen liegen und wird außerhalb der heutigen Kirchenstruktur zu verantworten sein'. Mit dieser in der deutschen Presse vielfach entstellt wiedergegebenen Erklärung wurde deutlich gemacht, dass man zwar im Raum der Kirche verbleiben wolle, sich aber außerhalb ihres Rechtsgefüges stellen möchte: das hieß Ausübung der seelsorglichen Funktionen nicht nur außerhalb des Zölibatsgesetzes, sondern im Rahmen freier, aber sich immer noch als katholisch verstehender Gruppierungen. ...

Wie war es dazu gekommen? Im Herbst vorigen Jahres [1969] hatte einer der fünf Amsterdamer Studentenseelsorger, P. J. Vrijburg, erklärt, er werde heiraten, doch er wolle seine priesterlichen Funktionen auch danach weiter ausüben. Bei einer Umfrage innerhalb der katholischen Studentengemeinde von Amsterdam sprachen sich im November vergangenen Jahres 97 % dafür aus, dass P. Vrijburg auch als verheirateter Priester in seinem geistlichen Amt verbleiben sollte (vgl. ‚de nieuwe Linie', 1. 2. 1969). – Am Sonntag vor der Verlautbarung der vier Amsterdamer Studentenseelsorger hatte Kardinal Alfrink vor der Studentengemeinde in Utrecht (nach der Formulierung des Chefredakteurs der katholischen Wochenzeitung ‚de nieuwe Linie', 25. 1. 1969, G. v. d. Boomen) ‚einen Schlusspunkt hinter die Erwartungen gesetzt, dass in Holland das Experiment des Priesters, der heiratet und doch Priester bleibt, zumindest toleriert werden würde'. Am gleichen Tag der Ansprache Kardinal Alfrinks erklärte Bischof Zwartkruis von Haarlem den Studentenseelsorgern schriftlich, die Trennung zwischen der Feier der Eucharistie und der Verkündigung des Wortes – wie sie als Kompromiss im Falle Vrijburg von den Studentenpfarrern vorgeschlagen wurde und wonach man für ihn nach seiner Verheiratung lediglich um die Predigterlaubnis nachsuchen wollte, stifte ‚Verwirrung' und sei ‚geeignet, das Priesteramt zu untergraben'. Die Erteilung der Predigterlaubnis widerspreche der kollegialen Verantwortung aller Bischöfe und des Papstes im Hinblick auf diese Frage. Tatsächlich steht der niederländische Episkopat vor einem unlösbaren Konflikt. Hier muss Rom entscheiden – zumindest darüber, ob die Ortsbischöfe selber entscheiden dürfen oder nicht. W. Godijn, der Generalsekretär des holländischen Pastoralkonzils, hatte schon in einem in ‚De Bazuin' am 5. Januar veröffentlichten Brief darauf hingewiesen, dass der für Oktober 1969 geplanten außerordentlichen römischen Bischofssynode wohl entscheidende Bedeutung im Hinblick auf diese Frage zukommen könnte. Kardinal Alfrink kündigte an, er werde diese Angelegenheit auf der westeuropäischen Bischofskonferenz in Chur (im Juni 1969) als Beratungspunkt fordern (vgl. W. Boelens in ‚Publik', 14. 2. 1969). Im Übrigen hat sich der Kardinal aber nicht darauf beschränkt, das Zölibatsproblem in Chur zu Sprache zu bringen, sondern hat entsprechend der eingangs erwähnten Entschließung des Pastoralkonzils im Namen der Bischofskonferenz eine Eingabe nach Rom gemacht, in der gebeten wird, das Problem des Zölibats universalkirchlich zu behandeln und nach möglichen Lösungen zu suchen. Auch die Utrechter Studentengemeinde schien sich von diesen Bischofsversammlungen einiges zu versprechen, als sie empfahl, das Amsterdamer ‚Ultimatum' zumindest bis zum Spätherbst 1969 auszusetzen.

Dass sich die niederländischen Bischöfe an den kirchenrechtlichen Rahmen halten und den Weg der bisher möglichen Instanzen (Bischofssynode, Papst) gehen wollen, ist eher selbstverständlich. ... – Bereits am 16. Januar sollen sie bei einer gemeinsamen Besprechung beschlossen haben, verheirateten Priestern keine Predigterlaubnis zu erteilen. Diese Entscheidung wurde auf der letzten Bischofskonferenz am 11. Februar in Breda in einem Kommuniqué folgendermaßen formuliert: ‚Obwohl sich die Bischöfe auch weiterhin bemühen werden, möglichst weitgehende seelsorgliche Tätigkeiten für Priester zu finden, die heiraten wollen oder bereits verheiratet sind, und auf das Verständnis der Gläubigen hinsichtlich dieser Frage vertrauen, bleiben sie doch davon überzeugt, dass sie ihnen das Predigen, das mit der Feier der heiligen Messe verbunden ist, nicht gestatten können' (vgl. ‚Le Monde‘, 13. 2. 1969). In seiner sehr fairen und verständnisvollen Erwiderung auf die Erklärung der vier Studentenseelsorger sagte Bischof Zwartkruis am Abend des 26. Januar vor dem niederländischen Fernsehen: ‚Wer sich von dieser Kirche trennt, wer sich außerhalb der Kirche stellt, trennt sich von etwas Unersetzlichem, nämlich von der Communio, von der Gemeinschaft mit den anderen Ortskirchen‘ (‚de nieuwe Linie‘, 1. 2. 1969). In ähnlichen Worten hatte sich auch Kardinal Alfrink ebenfalls vor dem Fernsehen (am 28. Januar) geäußert.

Inzwischen hat sich auch der Generalobere der Gesellschaft Jesu, P. Arrupe von Rom aus in die Diskussion um den Amsterdamer Vorgang eingeschaltet. Hatte der Jesuitenprovinzial in Holland noch zuvor (ebenso wie siebzehn holländische Studentenpfarrer) in einem Schreiben an die niederländischen Bischöfe für die Erteilung der Predigterlaubnis für P. Vrijburg plädiert, so forderte der Generalobere später eine öffentliche Richtigstellung durch die vier Jesuitenpatres, andernfalls sei mit ernsten Maßnahmen von Seiten des Generalats zu rechnen.

Bischof Zwartkruis bemerkte in der oben zitierten Erklärung, in dem Vorgang um die Amsterdamer Studentenpfarrer gehe es nicht mehr bloß um einen Zölibatskonflikt, sondern um ein mit katholischem Kirchenverständnis nicht mehr zu vereinbarendes kirchliches Verhalten. Auch wenn man berücksichtigt, dass die Zölibatsdiskussion in Holland besonders fortgeschritten ist, so handelt es sich dabei auch um ein universalkirchliches Problem, dessen amtskirchliche Prüfung zwar noch hinausgeschoben, dem aber bei den Episkopaten anderer Länder und in Rom selbst nicht mehr ausgewichen werden kann. Tatsächlich gewinnt die Überzeugung immer mehr an Boden, dass man langfristig einen doppelten Status des Klerus als Lösung ins Auge fassen müsse. Der Weg zum verheirateten Priester führe voraussichtlich über eine weiter gehende Differenzierung des geistlichen Dienstes, die es nach und nach als geboten erscheinen lasse, auch bereits verheiratete Männer zu ordinieren. Damit würde dann wohl auch das Zölibatsproblem entschärft, ohne dass es zu einer folgenschweren Zäsur in der Kirche kommt. Diese Gesichtspunkte werden auch in Deutschland vor allem in Priesterräten verschiedener Diözesen eingehend diskutiert und scheinen auch von einzelnen Ordinariaten ins Gespräch einbezogen zu werden. Umso fragwürdiger erscheinen gegenwärtig Versuche, die Ad-hoc-Lösungen erzwingen wollen. Sie verfälschen nicht nur den tatsächlichen Konflikt, sondern behindern entschieden eine universalkirchliche Lösung, sie bringen nicht zuletzt jene Episkopate in nicht geringe Verlegenheit, die sich am entschiedensten für eine gesamtkirchliche Entflechtung des Problems einsetzen."[212]

Die ungewöhnlichen Schritte, ihre Begründung prinzipieller Art und die Reaktion des kirchlichen Amtes überstürzten sich geradezu. „In der Erzdiözese Utrecht (Holland) wurden fünf Diakone von Kardinal B. Alfrink zu ‚Pastoren' ernannt. Ein Laie, der seine theologischen Studien beendet hatte, erhielt dieselbe Ernennung. Schon vor etlichen Monaten hatten sieben von elf Priesteramtskandidaten der Erzdiözese Utrecht erklärt, sie würden sich nur zu Priestern weihen lassen, wenn die Zölibatsverpflichtung für sie keine Geltung hätte. Eine erzbischöfliche Kommission hat im Mai 1969 bestimmt, dass künftig der Priesterweihe nach Abschluss des Theologiestudiums generell ein einjähriges Seelsorgepraktikum vorauszugehen habe. Sollte sich der Praktikant nach Ablauf dieses Jahres gegen die Priesterweihe (weil gegen die Zölibatsverpflichtung) entscheiden, so kann er weiterhin in der Seelsorgearbeit verbleiben. Einer eventuellen Verheiratung hat (aus finanziellen Gründen) allerdings eine Neubewerbung um die Seelsorgsstelle vorauszugehen. Diese ‚Pastöre' mit Diakonatsaufgaben werden predigen und Kommunion austeilen und auch seelsorgliche Funktionen (Religionsunterricht, Hausbesuche, Jugend- und Verbandsarbeit usw.) übernehmen dürfen.

Demnach wurden jetzt erstmals die praktischen Konsequenzen aus dem Kommissionsentscheid gezogen und auch solchen Kandidaten die Anstellung erteilt, die sich (wie die fünf Diakone) von vornherein gegen die Übernahme der Zölibatsverpflichtung entschieden haben. Man wird das Ergebnis des offiziell zugestandenen einjährigen Praktikums abwarten müssen, um zu erfahren, ob die Diakone (als solche) im kirchlichen Dienst verbleiben werden, obwohl man ihnen unter den genannten Umständen die Priesterweihe nicht erteilen wird. – Sicher ist die Ernennung der Kandidaten zu ‚Mitseelsorgern' kein bloßer Notbehelf. Denn in den Niederlanden herrscht noch wenig Priestermangel, obwohl die Zahl der Neupriester von Jahr zu Jahr sinkt ... Schon längst neigte man in den Niederlanden dazu, das Amt des Diakons grundsätzlich ‚aufzuwerten', um die Pfarrer weitgehend zu entlasten."[213]

Die oben aufgezählten Ereignisse zogen schwerwiegende Konsequenzen nach sich. Der Bischof von Haarlem, zuständig für die Studentenpfarre in Amsterdam, und Kardinal Alfrink, ranghöchster Bischof der niederländischen Kirche, gerieten unter starken Druck sowohl von Seiten der Gläubigen als auch von Seiten Roms. Der Generalobere des Jesuitenordens, Pedro Arrupe, hat H. Oosterhuis und T. van der Stap aus dem Orden entlassen, obwohl zwei wichtige Amsträger, der Schweizer M. Schoenenberger, Assistent jener Ordenseinheit, zu der vor allem die deutschsprachigen, aber auch die niederländischen Jesuiten gehörten, und J. Hermans, Provinzialoberer der niederländischen Jesuiten, sich für die zwei Ordensmitglieder und gegen ihre Entlassung eingesetzt haben.[214]

Wie bereits erwähnt, war die Antwort der römischen Zentrale auf die konfliktträchtigen Entwicklungen die *Ernennung konservativer Bischöfe*[215]. Es entstand eine latente Kirchenspaltung, und viele Kenner der Lage behaupten, dass damit erst recht eine noch tiefere Krise begann. – Vor allem zwei Fälle haben eine traurige Berühmtheit erlangt: die Ernennung der Bischöfe Simonis und Gijsen.

„Seit dem 31. Dezember 1969, der Ernennung von Msgr. *A. Simonis* in Rotterdam, werden die niederländischen Bischofsstühle nicht so sehr unter ‚pastoralen‘ Gesichtspunkten wiederbesetzt, vielmehr werden die Ernennungen unter kirchenpolitischen, d. h. die Richtung korrigierenden Erwägungen vorgenommen. Durch die extrem konservative Minderheit werden Kandidaten gefördert, die hinter dem Rücken ihrer eigenen Bischöfe mit bestimmten Gruppen in der römischen Kurie Kontakt halten und die seit dem Jahre 1970 auch immer mehr Einfluss in Rom erlangten sowie die liberalen Vorstellungen von Papst Paul VI. bekämpften. Der damalige Pronuntius in Den Haag, Msgr. A. Felici, nunmehr Nuntius in Paris, und sein Mitarbeiter, Msgr. J. Dyba, jetzt Bischof von Fulda, spielten dabei eine einflussreiche Rolle. Sie fühlten sich durch Kardinal Alfrink ausgeschaltet. Msgr. A. Simonis war der Wortführer des konservativen Flügels auf dem Pastoralkonzil gewesen und hatte nicht auf der Kandidatenliste des Domkapitels gestanden, das nach niederländischem Brauch drei Personen mit dem Ziel einer Empfehlung in einer Reihenfolge nennen darf, die zum Ausdruck bringt, wem es selbst den Vorzug gibt. Dieser Kaplan aus Den Haag wurde der erste in einer Reihe von Ernennungen, die Proteste und Polarisierung im katholischen Holland provozierten. Bestimmt wurden dadurch viele Katholiken ihrer Kirche entfremdet. Sie verließen die Kirche nach links, weil sie fanden, dass es mit den Erneuerungen zu langsam ginge, und eine kleine Gruppe von Katholiken wurde bestärkt, die drohten, die Kirche nach rechts zu verlassen, weil sie fanden, es ginge mit den Erneuerungen zu schnell. So entstand in dem traditionell so papsttreuen Holland zum ersten Mal Polarisierung unter den Katholiken, und es begann das Dilemma, für oder gegen Rom zu sein. Alfrink protestierte energisch; selbst während der Bischofsweihe von Dr. A. Simonis sagte er in seiner Predigt, einer Wiederholung müsse ‚um jeden Preis' vorgebeugt werden."[216]

Einige Angaben über die Person: „Simonis arbeitete nach seiner Priesterweihe 1957 zunächst als Kaplan in zwei Pfarreien, wurde dann zu einem siebenjährigen Studium an das Bibelinstitut in Rom geschickt, wo er mit der Arbeit über die Hirtenrede im Johannesevangelium promovierte. Seit 1966 ist er wieder in der Seelsorge tätig, und zwar als Kaplan in der Kirche vom hl. Sakrament in der Sportlaan 125 in Den Haag, wo er sich besonders der Krankenseelsorge widmete. Simonis galt schon während seines Studiums in Rom als einer, der über die modernen Strömungen in der Kirche beunruhigt war. So war es für die, die ihn kannten, nicht verwunderlich, dass er sich entschieden zu ‚Humanae vitae' bekannte, für die Beibehaltung in der Zölibatsfrage auf Seiten Roms stand und während des Pastoralkonzils in Noordwijkerhout zum Wortführer ‚konservativer' Gruppen wurde. Seinem Unmut über die so genannte Führungslosigkeit der holländischen Bischöfe gab er offen Ausdruck, ebenso seiner Kritik am holländischen Katechismus."[217]

„Am Tag nach der Bekanntgabe der Ernennung von Msgr. A. Simonis verlautbarte der Vatikan, dass dem Antrag auf Amtsniederlegung des Bischofs von Roermond, Msgr. P. Moors, aus Gesundheitsgründen stattgegeben worden sei. Jedermann dachte, dass Rom nicht ein zweites Mal zu dem Machtmittel einer kirchenpolitischen Ernennung greifen würde. Aber es geschah doch: Dr. *J. Gijsen*, von Msgr. P. Moors wegen Nichteignung für die Seelsorge auf ein Nebengleis gesetzt, ein Geistesverwandter von Simonis, wurde zum Bischof ernannt, und er sagte unmissverständlich, dass er ernannt worden sei, um der bisherigen Politik der Bischöfe eine andere Richtung zu geben. Msgr. J. Gijsen trug viel mehr als sein Kollege Simonis zur Polarisierung bei ..."[218]

Charakteristisch für die Auffassung des Bischofs sind Aussagen von ihm, wie etwa die folgenden, in der Öffentlichkeit besonders umstrittenen Punkte: „Solange Homosexuelle ihr sündhaftes Tun nicht aufgeben, muss ihnen die Kirche die Sakramente verweigern. In der Frage der Abtreibung darf es für Katholiken, auch für katholische Politiker, keinerlei Kompromisse geben. Sollten die ethischen Normen der Kirche politisch nicht durchsetzbar sein, empfiehlt Gijsen der Christdemokratischen Regierungspartei (CDA: Zusammenschluss dreier konfessioneller Parteien, darunter auch die Katholische Volkspartei), eine Regierungskrise in Kauf zu nehmen. Auch der Gebrauch von Verhütungsmitteln fällt unter ein unumstößliches Verdikt.

Ökumene bedeutet für den Roermonder Bischof schließlich eine volle Annahme des katholischen Glaubensgutes durch die anderen Kirchen ...“[219]

Nicht weniger kennzeichnend sind die Taten dieses Mannes: „Gijsen hat sich in den vergangenen Jahren mehrmals von Institutionen oder Aktionen distanziert, die unter der Gesamtverantwortung der niederländischen Bischöfe stehen. Er war z. B. aus dem Niederländischen Rat der Kirchen, dem auch zwei andere katholische Bischöfe angehören, ausgeschieden, hatte sich von der gemeinsamen Fastenaktion der Kirchenprovinz distanziert und dem ‚Hoger Catechetisch Instituut‘ in Nijmegen die weitere Unterstützung verweigert.“[220]

Das Kapitel „Bischof Gijsen“ endete durch den „zu diesem Zeitpunkt überraschenden, mit gesundheitlichen Problemen begründeten Amtsverzicht des 60-Jährigen Roermonder Bischofs Joannes Matthijs Gijsen kurz nach dem Ad-limina-Besuch, den er noch zusammen mit seinen Amtsbrüdern absolviert hatte. Die Ernennung von Gijsen hatte 1972 eine Flut von Protesten im Bistum und im ganzen Land ausgelöst. Gijsen sah sich als Hüter und Verteidiger des katholischen Erbes gegenüber nachkonziliaren Auflösungserscheinungen; er betrieb im eigenen Bistum eine rücksichtslose Personalpolitik und förderte durch sein Verhalten die Polarisierung im niederländischen Katholizismus wie in der Bischofskonferenz. Auch nach der Sondersynode der niederländischen Bischöfe von 1980 ..., deren Schlussdokument den Roermonder Bischof zur Wiederaufnahme der Zusammenarbeit mit den anderen Bischöfen verpflichtete, hielt Gijsen an seinem Kurs fest. Probleme im Priesterseminar Rolduc, das er kurz nach seinem Amtsantritt gegründet hatte und aus dem jahrelang ein erheblicher Teil der Neupriester in der niederländischen Kirchenprovinz hervorging, veranlassten Bischof Gijsen dazu, Anfang 1991 seine bischöflichen Vollmachten weitgehend zwei Bischofsvikaren zu übertragen ... Damit war der vollständige Amtsverzicht in gewisser Weise vorprogrammiert. Auch in Rom sah man Gijsen offenbar seit einiger Zeit mehr als Belastung denn als unverzichtbaren Vorkämpfer für die eigene Sache: Nicht zufällig rief Johannes Paul II. in seiner Ansprache beim Ad-limina-Besuch im Januar die niederländischen Bischöfe zur einmütigen Zusammenarbeit auf und erinnerte dabei an die Aussagen der Sondersynode von 1980 über die notwendige Communio.“[221]

Das Echo auf diese Ereignisse war beträchtlich. „Schlagzeilen auch in der deutschen Presse wie ‚Protest gegen neuen Bischof‘ und ‚Papstdiktat‘ (beide in Frankfurter Rundschau, 4. 1. 1971), ‚Diözesanrat Rotterdam tritt zurück‘ (Frankfurter Allgemeine Zeitung, 4. 1. 1971), ‚Krach im Bistum

Rotterdam um den neuen Oberhirten Simonis' (Welt, 5. 1. 1971), ‚Kontroverse um den neuen Bischof von Rotterdam' (Neue Zürcher Zeitung vom 6. 1. 1971) spiegeln das Ausmaß der Entrüstung wider, die diese Ernennung in Holland und darüber hinaus gefunden hat. ... Die Wochenzeitungen konnten, zum Teil auf Grund eigener Recherchen, umfassendere Berichte veröffentlichen: so die ‚Zeit' unter dem Titel ‚Ein Kampf mit Rom' (vom 15. 1. 1971). ‚Christ und Welt' (vom 15. 1.) sprach vom ‚Affront gegen Kardinal Alfrink', der ‚Rheinische Merkur' und ‚Publik' wählten den etwas neutralen Titel ‚Der Fall Simonis' (15. 1. 1971). Doch während die ‚Zeit' und ‚Christ und Welt' einseitig gegen Simonis und der ‚Rheinische Merkur' umgekehrt für Simonis Stellung einnahmen, gab ‚Publik' eine umfassende Darstellung der Wahlprozedur ...‟[222]

„Die umfassende theologische Antwort auf Bischof Gijsen gab Edward Schillebeeckx in einem Interview, das in ‚Elseviers Magazine' vom 27. Januar erschien. – In ‚ungewöhnlich scharfer Form rechnet der bekannteste katholische Theologe der Niederlande darin mit den Auffassungen von Gijsen über Glaube und Kirche ab. Gleich zu Anfang wird der zentrale Ansatzpunkt der Kritik deutlich: ‚Im Namen Gottes und Christi wird etwas zur Annahme oder Ablehnung vorgelegt, was in Wirklichkeit ein Gemisch von authentischem Christentum und menschlichen Interpretationen und Meinungen ist. Alles, Evangelium und Dogma, die faktische Kirchenordnung – der in diesem Interview die zentrale Bedeutung zukommt – wie auch die Ethik für den einzelnen verheirateten oder unverheirateten Laien, alles wird auf einen Haufen zusammengeworfen. Vor allem Ethik und Kirchenordnung scheinen für Bischof Gijsen direkte Willensäußerungen Gottes zu sein, während doch gerade auf diesem Gebiet wechselnde Erfahrungen in der Kirche eine große Rolle gespielt haben.‛‛ Die Schlussfolgerung des Theologen lautet: „Bischof, bekehren Sie sich! Sie bringen mit der Berufung auf Gott und alles, was heilig ist, Menschen zu Unrecht in Angst und Gewissensnot!‟[223]

Die verheerenden Konsequenzen dieser Personalpolitik sind in der niederländischen Kirche überall spürbar, wie es die noch aufzuzählenden Daten zeigen. Eindeutig hat sich die Einstellung der Gläubigen der Hierarchie gegenüber gewandelt: „1969 erklärten 84 Prozent der Katholiken, großes Vertrauen in die Führungsqualitäten der Bischöfe zu haben. 1980 hat sich die Lage grundsätzlich geändert. 52 Prozent geben an, sich mit keinem der Bischöfe verbunden zu fühlen.‟[224]

Die Katastrophe ist so deutlich geworden, dass der Papst „während seines Besuches der Niederlande sich bereits am ersten Tag dazu gezwun-

gen fühlte, diese Bischofsernennung in einer langen Reihe ‚kirchenpoliti-
scher‘ Ernennungen zu verteidigen (11. Mai): ‚Ich möchte euch in aller
Aufrichtigkeit sagen, dass der Papst vor jeder Besetzung eines Bischofs-
stuhles versucht, das Leben der Ortskirche zu verstehen.‘ Er sagte ferner,
der neue Bischof müsse akzeptiert werden, um seine Aufgabe erfüllen zu
können: Für viele Ausländer ist es schwierig, den niederländischen Katholizismus zu verstehen. Das trifft auch auf den Papst zu. Für Rom war
Holland stets ein Vorbild an Papsttreue gewesen. Das katholische Holland stand in einer Reihe mit Polen und Irland, wo ein Widerstandskatho-
lizismus gewachsen war: in Holland gegen Protestanten und Sozialisten,
in Polen gegen den Kommunismus und in Irland gegen den angelsächsischen Protestantismus. Die Niederlande mussten wieder zurück unter das
Joch.“[225]

Die Serie der *Konflikte* zwischen der Zentrale der Kirche und den fortschrittlichen Kräften der niederländischen Katholiken ist seitdem lang.
„Nachdem erst Mitte Juli ein offenbar von Kardinal Alfrink unterstütztes
Beschwerdeschreiben des Domkapitels von Roermond gegen den dortigen
Diözesanbischof J. M. Gijsen mit dem Bescheid beantwortet wurde, für eine Abberufung des von Rom eingesetzten, von den Diözesangremien aber
abgelehnten Bischofs bestehe keinerlei Grund, der Bischof möge auf dem
eingeschlagenen Weg weitergehen, erhielt die holländische Bischofskonferenz am 21. Juli ein von den Präfekten dreier römischer Kongregationen
(Kardinal F. Seper, Glaubenskongregation; C. Confalonieri, Bischofskongregation; J. Wright, Kleruskongregation) unterzeichnetes Schreiben, in
dem Einspruch erhoben wurde gegen die Konstituierung des im August vorigen Jahres beschlossenen *Nationalen Pastoralrates* (Landelijke Pastorale
Raad), der in den ersten Oktobertagen zu seiner ersten Sitzung zusammen-
treten sollte ... Die Präfekten der drei genannten Kongregationen lehnten
das Statut des nationalen Pastoralrates unter anderem mit dem Hinweis ab,
die Zeit für einen solchen Rat sei noch nicht reif. In einem gemeinsamen
Kommunique, das am 14. August in Utrecht veröffentlicht wurde, gaben
die holländischen Bischöfe ihren Gläubigen von dem Einspruch Roms
Kenntnis und versicherten zugleich, es müsse auf jeden Fall ein Weg gefunden werden, das Gespräch zwischen den verschiedenen Gruppen in der
Kirche auf nationaler Ebene fortzuführen. Am 15. August gab der Vorsitzende der Bischofskonferenz, Kardinal B. Alfrink, im holländischen Fernsehen ein Interview, in dem er zu den Begründungen Roms und zu der in
Holland entstandenen Situation Stellung bezog. Die jetzige Maßnahme

Roms betrifft nicht nur die Kirche in den Niederlanden, sondern dürfte auch andere Formen nationaler bzw. synodaler Räte auf Landesebene, wie sie da und dort vor allem als Fortsetzung von Landessynoden und Pastoralkonzilien ins Gespräch gekommen sind, präjudizieren."[226]

Gegen Ende der sechziger Jahre ist in den Niederlanden ein Unterrichtsexperiment unter dem Namen *„OMO-Kursus"* (Ons Middelbaar Onderwijs) gestartet worden. Das Ringbuch, das nur im Verlag erhältlich war, umfasste vier Teile: Die Religionen der Menschheit; Die Behandlung alttestamentlicher Schriften; Die Behandlung neutestamentlicher Schriften; Glaube und Weltanschauung. Ohne hier auf die inhaltliche Auseinandersetzung eingehen zu können, soll nur die Art des Konfliktes angedeutet werden. „Das Vorwort dazu unterzeichnete Bischof J. Bluyssen von 's-Hertogenbosch. Seine Unterschrift steht aber auch für die seines bischöflichen Mitbruders J. Ernst von Breda. Beide Bischöfe gehen in allen Fragen um diesen umstrittenen Kursus völlig konform. ... Im Februar 1971 erschien die erste ablehnende Besprechung in ‚Waarheid en Leven'. Im März 1971 folgten vier belastende Artikel gegen den Kursus in der Zeitschrift ‚Confrontatie'. ... Am 30. September 1971 schrieben die beiden Kardinäle F. Seper (Präfekt der Glaubenskongregation) und J. Wright (Präfekt der Kleruskongregation) an die Bischöfe von Breda und 's-Hertogenbosch. In diesem Schreiben wurde der Kurs als ‚unverbesserlich' bezeichnet und sein Gebrauch verboten."[227]

Es fehlte nicht an Versuchen, der Krise Herr zu werden, allerdings ohne Erfolg. „Auf Anraten von Kardinal Willebrands beschloss der Papst, dass unter seiner Leitung eine ‚*Besondere Synode*' in Rom (19.–22. 1. 1980) stattfinden sollte. Besprochen werden sollte ‚die Ausübung der Seelsorge in der Kirche der Niederlande unter den heutigen Umständen, damit die Kirche mehr als ‚communio' in Erscheinung tritt'. In 30 Sitzungen hinter verschlossenen Türen wurde über eine Reihe von Detailfragen gesprochen, die durch praktische Beschlüsse konkretisiert wurden: 46 Schlussfolgerungen mit theologischen und juristischen Lösungen. In den Niederlanden wurde diese Synode als eine Demontage der Kirche und als ein Entzug der Legitimation der Erneuerungsbewegung nach dem Zweiten Vatikanischen Konzil empfunden. Einige Bischöfe gerieten in Gewissensnot und standen ebenso wie die Kirche in den Niederlanden vor einem Dilemma: die Dokumente zu unterzeichnen oder die Unterschrift zu verweigern. Ich habe vor dem Entschluss jener Bischöfe Respekt, die nur darum unterzeichneten, um nicht als Bischof zurücktreten zu müssen. Ihr

Rücktritt hätte bestimmt zu einem Bruch in der niederländischen Kirche geführt.

Unter der Mehrheit der Katholiken herrschte große Enttäuschung. Bei den Meinungsumfragen sank das Ansehen der Bischöfe in beunruhigender Weise. Im Jahre 1981 musste Kardinal Willebrands in einem Brief mit dem Titel ‚Ein Jahr später‘ eingestehen, dass die Beschlüsse der Synode in den Gemeinden überhaupt nicht verwirklicht worden waren: Sie machten großenteils in eigener Verantwortung weiter. Das Misstrauen gegenüber Rom hatte einen Höhepunkt erreicht."[228] Dieser Brief entspricht einer Bankrotterklärung: "‚Von Anfang an ist diese Synode von der Mehrheit der Priester, von den Pastoralreferenten und von vielen Laien, die aktiv in der Pastoral tätig sind, negativ aufgenommen worden.‘ Willebrands stellte fest, dass in den vergangenen Monaten die Erwartungen hinsichtlich einer größeren Einigkeit der Bischöfe enttäuscht worden seien; vielmehr seien die bestehenden Konflikte wieder deutlich in den Vordergrund getreten: ‚Enttäuschung, Verbitterung, offener Widerstand gegen die Bischöfe, und, was vielleicht am schlimmsten ist, wachsende Gleichgültigkeit der Kirche gegenüber sind die Folgen.‘"[229] Auch die Konferenz der Ordensleute „wies Ende 1981 auf das Misstrauen hin, das immer wieder durch konservative Gruppen genährt würde, die Rom über das Scheitern der Synode-Beschlüsse informierten ..."[230]

Charakteristisch für die totale Zerrissenheit der Kirche sind einige Ereignisse vor der „Besonderen Synode": „Anfang November richteten hundertfünfzig niederländische Katholiken, unter ihnen Wissenschaftler, Unternehmer und Politiker, einen Brief an Papst Johannes Paul II. und an die Bischöfe des Landes. Die Unterzeichner beklagen darin den ‚schnellen und umfassenden Verfall des Glaubens in den Niederlanden, wie er sich unter dem Etikett Erneuerung vollzogen hat‘ (zit. nach De Volkskrant, 7. 11. 1979). Der Pluralismus in der niederländischen Kirche sei über die Ufer der katholischen Lehre getreten. Als konkrete Anklagepunkte werden Missstände in der Liturgie, der Katechese und der Priesterausbildung genannt. Der Brief bringt die Hoffnung auf eine ‚Rückkehr‘ zur Kirche Christi als Norm des Glaubens und damit eine Wiederherstellung der Einheit‘ zum Ausdruck. Kurze Zeit zuvor hatten bei einer Zusammenkunft in Den Haag 47 niederländische Jesuiten einen offenen Brief an die Bischöfe und an den Apostolischen Pronuntius in den Niederlanden unterzeichnet. Darin stellen sie fest, dass es zwar an der Basis der Kirche hoffnungsvolle Zeichen gebe, dass aber positive Entwicklungen durch Maßnahmen von oben erstickt würden. Die Stimme der Kirche werde gerade bei den Fragen als wenig befreiend erfahren, die die Menschen wirklich beschäftigten, sie werde vielmehr unglaubwürdig, wenn innerkirchliches Unrecht geduldet und positive Entwicklungen beispielsweise auf ökumenischem Gebiet gebremst würden.

Angesichts solcher Stimmen im Vorfeld der am 14. Januar unter dem Vorsitz des Papstes in Rom beginnenden Sondersynode der niederländischen Bischöfe nimmt es nicht wunder, wenn die Tageszeitung ‚Trouw‘ am 8. 11. 1979 meinte: ‚Die Gegensätze in der katholischen Kirche in den Niederlanden scheinen sich zuzuspitzen ... ‚Die näherrückende Sondersynode und der Fall Schillebeeckx haben die Schärfe zurückgebracht, die seit den Ernennungen von Simonis und Gijsen vor ungefähr zehn Jahren nicht mehr sichtbar war.‘“[231]

Auch der *Besuch des Papstes* vom 11. bis 15. Mai 1985 diente vor allem der Verdeutlichung gegensätzlicher Auffassungen. „In zahlreichen Äußerungen im Vorfeld des Papstbesuchs, der das ‚Vaterunser‘ zum Thema hat, kamen nochmals die Beschwerden zur Sprache, die nicht zuletzt seit der Sondersynode der niederländischen Bischöfe Anfang 1980 ... immer wieder in Richtung Vatikan angeführt werden. So beklagte ein Brief der Bewegung ‚Open Kerk‘ zum Jahreswechsel 1984/85 die Art und Weise der Bischofsernennungen in den vergangenen Jahren, die Behinderung der Entwicklung neuer Formen des Amtes und einer den heutigen Lebensverhältnissen angemessenen Weitergabe des Glaubens. Durch all das seien viele enttäuscht, frustriert und irritiert. Die prinzipiell positive Einstellung gegenüber der zentralen Kirchenleitung komme dadurch unter schweren Druck. In ähnlicher Richtung äußerten sich auch Mitglieder von mehreren diözesanen Pastoralräten in einem Brief an den Papst. Als Folge der jüngsten Bischofsernennungen seien die Zweifel gegenüber der Kirchenleitung gewachsen. Die Unterzeichner machten geltend, in den Niederlanden lege man sehr viel Wert darauf, dass in der Kirche zugehört werde und dass sich dieses Zuhören in kirchlichen Stellungnahmen auch bemerkbar mache. Man habe Verständnis für die Sorge des Papstes um die Einheit der Weltkirche, ‚aber‘, so heißt es weiter, ‚schenken Sie uns auch das nötige Vertrauen, damit wir hier in den Niederlanden unseren Weg weitergehen können‘ (Archief van de Kerken, Januar 1985, S. 27).

In einem Brief, den 28 katholische Hochschullehrer verschiedener Universitäten und Fakultäten Ende letzten Jahres [1984] an Johannes Paul II richteten, hieß es unter anderem, in der Kirche drohten die Möglichkeiten für den Dialog zwischen Hierarchie und den Gläubigen auf ein vorkonziliares Niveau zurückgedrängt zu werden. Man müsse in aller Ehrlichkeit feststellen, dass es der Papst bei seinen bisherigen Reisen am wirklichen Dialog mit den Menschen, auch mit ‚lästigen Opponenten‘, habe fehlen lassen. Es stelle sich die Frage, ob die Äußerungen des Papstes nicht zu allgemein und ohne Nuancen formuliert seien, zu weit von den wirklichen Lebensumständen der Menschen entfernt. Die Kirche könne ihre missionarische Aufgabe erst dann wieder erfüllen, wenn sie den modernen Menschen in seinem Erwachsensein und seinem Wunsch nach Mitverantwortung ernst nehme."[232]

„Eigentlich war die 8. *Mai-Bewegung*[233] die einzige Frucht des Papstbesuches in den Niederlanden 1985. Der Heilige Vater wollte treue Katholiken sehen, keine Reformer. Um, wie sie sagten, das andere Gesicht der Kirche zu zeigen, organisierten die ungeladenen Gruppen am 8. Mai ... ihre eigene Veranstaltung, die mit 10.000 Besuchern beachtlich mehr Leute anzog als die Auftritte des Papstes."[234] „Kurz vor dem Papstbesuch fand am 8. Mai eine Großveranstaltung unter dem Titel ‚Das andere Gesicht der Kirche‘ statt, die der Bewegung den Namen gab. Seither haben jedes Jahr entsprechende Veranstaltungen stattgefunden ... Zur ‚8.-Mai-Bewegung‘ gehören über hundert Gruppen, Bewegungen und Institutionen sehr unterschiedlicher Art und Größenordnung (von der ‚Marienburg-Vereinigung‘ mit 6000 Mitgliedern, die sich um theologisch-kirchliche Bildungsarbeit in der Perspektive einer offenen, den Zeitproblemen zugewandten Kirche bemüht, über die Berufsvereinigungen der pastoralen Mitarbeiter bis zu Hausgemeinden); zu den Jahrestreffen kommen jeweils zwischen 11.000 und 13.000 Besucher. ... In den vergangenen Jahren fanden mehrere Gespräche zwischen den Verantwortlichen der ‚8.-Mai-Bewegung‘ und der Bischofskonferenz bzw. einzelnen Bischöfen statt, die eine gewisse Klimaverbesserung, aber keine Annäherung in der Sache brachten. Als Reaktion auf die Einladung zum Treffen im Mai 1992 veröffentlichte die Bischofskonferenz eine Erklärung, in der es hieß, die ‚8.-Mai-Bewegung‘ sei zwar ein pluriformes und komplexes Gebilde, aber in Äußerungen der Bewegung gebe es Tendenzen, ‚die nicht mit dem christlichen Glauben, so wie er durch die katholische Kirche bekannt wird, übereinstimmen‘. Anders als die ‚8.-Mai-Bewegung‘ genießt ‚Contact Rooms-Katholieken‘ bischöfliche Wertschätzung: Diese Bewegung, die sich als Sammelbecken glaubens- und kirchentreuer Katholiken versteht, entstand 1986 als Reaktion auf die ‚8.-Mai-Bewegung‘ und veranstaltet ebenfalls Jahrestreffen. Auf dem letzten Treffen am 27. Juni 1992 referierte der Erzbischof von Mecheln-Brüssel, Kardinal Danneels, und Kardinal Simonis stand der Eucharistiefeier vor."[235]

Versuche, die tief liegende Krise zu lösen, wurden auch seitdem immer wieder unternommen – mit wenig Erfolg. „Ende Oktober 1994 wurde in den Niederlanden der umfangreiche Abschlussbericht einer ‚Kommission Dialog' veröffentlicht, die Anfang 1994 vom Ständigen Rat der Bischofskonferenz eingesetzt worden war. Die fünfköpfige Kommission sollte Vorarbeiten auf der Suche nach Möglichkeiten zur Förderung eines möglichst breit angelegten Dialogs in der katholischen Kirche der Niederlande leisten. Die Einsetzung der Dialog-Kommission und ihr Bericht haben einen doppelten Hintergrund: zum einen die massiven innerkirchlichen Spannungen, die der katholischen Kirche in den Niederlanden seit der unmittelbaren Nachkonzilszeit zu schaffen machten und sich im Umfeld des Papstbesuchs von 1985 ... nochmals verstärkten, zum anderen gewisse Tendenzen zu einem Spannungsabbau, wie sie sich seit einigen Jahren bemerkbar machen. In den siebziger Jahren gab es in den Niederlanden eine ebenfalls von den Bischöfen berufene ‚Kommission Pluriformität', die aber letztlich nur den bestehenden Dissens zwischen ‚Progressiven' und ‚Konservativen' über wichtige Fragen des kirchlichen Lebens feststellen konnte und mit ihrem Auftrag nicht zu Rande kam."[236]

Gerade diese, für alle treuen Gläubigen schmerzlichen Fakten aus der niederländischen Kirche, die nur die schärfsten Konturen ganz allgemeiner Entwicklungen in Europa aufweisen, zeigen mit einer hohen Wahrscheinlichkeit, dass die Probleme der Weltkirche nicht mit „kosmetischen Operationen", sondern nur durch radikale Reformen gelöst werden können.

Der Untergang in Zahlen

„Nach den jetzt vorliegenden neuesten statistischen Angaben der katholischen Kirche der Niederlande gehörte im Jahr 1998 ein Drittel der Bevölkerung der katholischen Kirche an. 22 Prozent aller im Jahr 1998 in den Niederlanden geborenen Kinder wurden in der katholischen Kirche getauft; zwei Jahre zuvor waren es 24 Prozent"[237], 1980 noch 30,8 Prozent.[238] „An den beiden ‚Zählsonntagen' im Jahr 1998 nahmen 497.000 niederländische Katholiken an den Gottesdiensten teil, das entspricht 10,2 Prozent der über siebenjährigen Kirchenmitglieder. Der Rückgang der Gottesdienstbesucher an den Zählsonntagen hat sich in den letzten Jahren verlangsamt"[239]: 1970 besuchten noch 47,2 Prozent der Katholiken den Gottesdienst am Sonntag bzw. Samstagabend[240], „1980 waren es 23,7 Prozent, 1985 17,5 Prozent, fünf Jahre später 14 Prozent und im Jahr

1995 11,3 Prozent. – Von den Brautpaaren in den Niederlanden ließen sich im Berichtsjahr 14 Prozent katholisch trauen. ... In den niederländischen Bistümern wurden im Berichtsjahr 1998 insgesamt 27 Priester geweiht; die Zahl der Diözesanpriester in den sieben Bistümern betrug 1394. Die 11.020 weiblichen Ordensangehörigen in den Niederlanden hatten 1998 ein Durchschnittsalter von 78 Jahren, bei den männlichen Ordensangehörigen (insgesamt 4647) betrug das Durchschnittsalter 72. Etwa 1300 Männer und Frauen studieren in den Niederlanden derzeit katholische Theologie, ein Viertel weniger als vor zehn Jahren."[241]

Über die enormen Verluste geben folgende Aufstellungen im zeitlichen Ablauf Aufschluss:
Anzahl der Regularkleriker, die in den niederländischen Diözesen tätig sind[242]:
1960: 3695; 1965: 3857; 1970: 3433; 1974/75: 3173; 1980: 2288; 1985: 1814; 1990: 1477 (= 40 % von 1960).

Zahl der Ordensleute in den Niederlanden[243]:

	Ordensschwestern	Fratres	Priester
1974	23.334	3.306	4.042
1980	20.147	3.159	3.699
1985	17.774	3.159	3.458
1990	15.197	2.156	3.047

Priesterweihen und Amtsniederlegungen in den Niederlanden 1960–1990[244]:

	Priesterweihen		Amtsniederlegungen	
	Weltpriester	Ordenspriester	Weltpriester	Ordenspriester
1961–65	411	981	29	79
1966–70	213	507	306	612
1971–74/75	49	120	227	542
1976–80	41	120	72	111
1981–85	68	37	23	56
1986–90	96	34	17	17

Angesichts solcher Verlustzahlen bis zu 80 und 90 % scheint eine Tendenz zu radikalen Veränderungen voll gerechtfertigt zu sein. Unsere Kirche hat auch dem aufgeklärten, mündigen Menschen von heute viel Wichtiges zu sagen. Warum dies immer weniger gelingt, wird im vorliegenden Buch noch unter mehreren Aspekten analysiert werden.

Die neueste Geschichte der niederländischen Kirche ist nur ein erschütterndes Paradebeispiel. In der tatsächlichen Entwicklung haben viele Faktoren eine Rolle gespielt. Aber ein gerütteltes Maß an der Katastrophe spielte die Tatsache, dass es der obersten Leitung der Kirche nicht gelungen ist, Einheit in der Vielfalt zu schaffen, vielmehr demonstrierte sie Einfalt in der Vielheit.

Kapitel 2
Situationsanalyse: Hintergründe der Krise

Reformbestrebungen setzen gründliche Analyse der Fakten voraus. Prädestiniert für diese Aufgabe sind die Sozialwissenschaften, vornehmlich die Soziologie. Letztere erarbeitet ihre Theorien auf empirischer Grundlage. Trotzdem ist in der Analyse und mit den Schlussfolgerungen ein vorsichtiger Umgang geboten nach dem alten scholastischen Grundsatz: Die Konklusion darf nur so weit gehen wie das schwächste Glied der Beweiskette („peiorem sequitur semper conclusio partem"). Einige dieser Probleme, die in der Religionssoziologie verstärkt aufscheinen, wird das Kapitel 2.1. behandeln.

2.1. Die soziologische Perspektive

In der wissenschaftlichen Welt finden wir sowohl leichte als auch bedeutende Unterschiede in Hinblick auf die *Definition der Soziologie*. Hier wird folgende Auffassung vertreten und verwendet[245]:

a) Den Ausgangspunkt soziologischer Reflexion, Analyse und Untersuchung bilden Typen menschlichen Verhaltens, d. h. vor allem des Denkens und des Handelns. Diese Verhaltenstypen zeigen intern eine relative Gleichförmigkeit und unterscheiden sich von anderen Typen charakteristisch, sind deshalb als solche identifizierbar (z. B. allgemein gültige, weit verbreitete religiöse Bräuche, Sitten und Riten in einer bestimmten Gesellschaft, säkularisierte, profane und die religiösen Prinzipien ignorierende Verhaltensweisen in einer anderen bestimmten Gesellschaft). Sie existieren gleichzeitig nebeneinander und/oder lösen sich im Laufe der Zeit ab (z. B. durch Normierung typischen Verhaltens österreichischer Frauen vs. iranischer Frauen, österreichischer Frauen der oberen Schicht vs. der unteren Schicht, österreichischer Frauen heute vs. vor 100 Jahren usw.).

b) Die typischen Verhaltensweisen können verschiedene Gründe haben und unter verschiedenen Aspekten wissenschaftlich untersucht werden: klimatische Verhältnisse, biologische Daten, psychologische Gegebenheiten usw. müssen zur Erklärung des Phänomens herangezogen werden.

c) Die Erklärung bliebe allerdings ohne die soziologische Perspektive unvollständig. In dieser liefern die Erklärungen typischen Verhaltens die *zwischenmenschlichen Verhaltensregelungen oder normativen Ordnungen*, die in einer gegebenen Gesellschaft oder in einem ihrer Teilbereiche als Verhaltensmuster, als Rollen und als Institutionen in Geltung sind. Der spezifische Beitrag der so definierten Soziologie zur Erfassung der sozialen Wirklichkeit und der Wirklichkeit überhaupt ist in dieser Perspektive zu finden.

An einem einfachen Beispiel können diese Thesen illustriert werden. Den Ausgangspunkt bildet, wie gesagt, ein typisches Verhalten. Wir können eine relative Gleichförmigkeit im Verhalten junger Mädchen beobachten, die zur oberen sozialen Schicht der österreichischen Gesellschaft um die Jahrhundertwende gehört haben, dass sie nämlich erröteten, wenn in ihrer Gegenwart ein unanständiger Witz erzählt wurde. – Nun kann diese typische Reaktion unter verschiedenen Aspekten, die zur Erklärung des Phänomens notwendig sind, betrachtet werden. Das Erröten ist ein biologisches Phänomen und kann nützlich mit den *medizinisch-biologisch* festgestellten Gesetzmäßigkeiten der Blutzirkulation erklärt werden. Genauso eindeutig ist es aber, dass gerade diese Art der Blutzirkulation nur unter *psychologisch* zu erklärenden Umständen auftritt, wie Verletzung des Schamgefühls – vergleichbar mit ähnlichen psychischen Phänomenen, wie das Erleben von Wut, Liebe, Gelobtsein –, und erklärbar durch psychologische Gesetzmäßigkeiten, die in allen aufgezählten Fällen zutreffen.

Das Erröten im geschilderten Fall wäre aber nicht vollständig erklärbar, ohne den *soziologischen* Beitrag heranzuziehen. Dieser besteht hier in der Untersuchung der Frage, was, wo, weshalb und wie lange als „unanständiger Witz" gilt, also normierte Denkweisen (die im Laufe der spezifischen Sozialisation internalisiert wurden) peinlich berührt und so relativ regelmäßig zum Erröten führt. Es ist ja bekannt, dass dieselben Buchstabenkombinationen und/oder dieselben Vorstellungsinhalte mit verschiedenen Buchstabenkombinationen verbunden in bestimmten Kreisen als völlig harmlose Wörter bzw. Begriffe gelten, in anderen Kreisen als unanständig, inakzeptabel, schockierend. Und an dem bewusst ausgewählten, teilweise veralteten konkreten Beispiel ist auch abzulesen, dass die normierten Denkweisen und Handlungsweisen auch in den gleichen Kreisen Wandlungen unterworfen sind. – Was heißt hier überhaupt „veraltet"? Alles ist identisch geblieben, nur die *Normen* für das Denken und Handeln haben sich geändert. Anders ausgedrückt: Alle unabhängigen

Variablen sind identisch geblieben (der Witz, der Organismus, die Schamgefühle), nur die letztlich entscheidende intervenierende Variable (die Norm, was als „unanständig" gilt) hat sich geändert, und in der Folge verschwindet die abhängige Variable (das Erröten).[246] (Die Bedeutsamkeit der Berücksichtigung intervenierender Variablen vor allem in der religionssoziologischen Forschung wird weiter unten erörtert werden.)

Zwischenmenschliche Regelungen

Zur Präzisierung dieser Soziologieauffassung muss noch darauf hingewiesen werden, dass viele Wissenschaften sich mit zwischenmenschlichen Regelungen befassen, nicht aber mit *Regelungen als solchen.* Die Ethik untersucht die Normen und normativen Ordnungen nicht als solche, sondern unter dem Aspekt ihrer Güte, und es ist bekannt, wie stark solche ethischen Systeme von der dahinter liegenden spezifischen sozialen Ordnung der gegebenen Gesellschaft abhängig sind. Die Rechtswissenschaft beschäftigt sich nur mit einem kleinen Teil normativer Ordnungen, nämlich vor allem mit dem gesatzten Recht, und kann die Unmenge sonstiger normativer Erwartungen (Bräuche, Geschmacksrichtungen, Mode, Strömungen, Trends usw.) nicht berücksichtigen, und auch hinter den Rechtssystemen und Rechtsauffassungen liegen als entscheidende Hintergründe soziale Ordnungen, mit denen als solchen sich die Rechtswissenschaft mit ihren Mitteln nicht beschäftigen kann. Demgegenüber untersucht die Soziologie Heiratsbräuche *als* für eine soziale Einheit charakteristische Verhaltensmuster, das Geschlecht und den Beruf *als* soziale Rollen, die Wirtschaft und die Ehe *als* Institutionen, einzelne umfassende Wert- und Normsysteme *als* Kulturen, d. h. zwischenmenschliche Regelungen *als solche*, als in den sozialen Einheiten herrschende typisch verschiedene soziale Ordnungen des Denkens und des Handelns.

Die Summe der zwischenmenschlichen Regelungen, die eine konkrete Gesellschaft prägen, ergeben ihren Typus[247] und führen zu ihren charakteristischen Identitätsmerkmalen. Das Verstehen der Soziologie als eine Wissenschaft mit einer ganz spezifischen Perspektive scheint entscheidend wichtig zu sein in der Analyse der krisenhaften Erscheinungen der Kirche, am deutlichsten in den modernen industrialisierten Gesellschaften. Wie entstanden in früher von Religion geprägten Gesellschaften die heutigen säkularisierten, postchristlichen Gesellschaften? – Deshalb sollen hier weitere Beispiele den Gedanken beleuchten.

Der Münchner Soziologe Karl Martin Bolte hat das Thema in den sechziger Jahren in einer Vorlesung mit folgender Anekdote illustriert: Eine Dame wird ärztlich untersucht. Nach der Untersuchung sagt ihr der Arzt: „Frau X, ich habe eine gute Nachricht für Sie!" Die Dame: „Bitte – ich bin *Fräulein X!*" Darauf der Arzt: „Fräulein X, ich habe eine schlechte Nachricht für Sie!"

Das Frappierende an dieser einfachen Anekdote ist zunächst, dass die beiden Aussagen des Arztes sich auf dieselbe biologische Tatsache beziehen, und ausschließlich wegen der Unterschiede in den gesellschaftlichen Erwartungen gegenüber einer verheirateten und einer ledigen Frau die Bewertung diametral entgegengesetzt ist. Soziologisch recht charakteristisch ist es dabei, dass der Witz in Gesellschaften nicht erzählbar ist, in denen kein Unterschied in der sozialen Bezeichnung verheirateter und lediger Frauen gemacht wird („Frau" bzw. „Fräulein"), und die Anekdote verliert gänzlich ihre Pointe in Gesellschaften, in denen die Ehe als Institution nicht existiert oder die „ledigen Mütter" und die „außerehelichen Kinder" nicht anders beurteilt und behandelt werden als die „verheirateten Mütter" und die „ehelichen Kinder". (In diesem Fall verlieren allerdings diese Ausdrücke bald ihren Sinn.)

Wo allerdings die institutionellen Regeln formal oder informell Gültigkeit haben, aber durch abweichende Verhaltensweisen verletzt werden, entstehen menschliche Katastrophen, wie dies Friedrich Dürrenmatt in seiner tragischen Komödie: „Der Besuch der alten Dame" eindrucksvoll schildert: „Es war Winter, einst, als ich dieses Städtchen verließ, im Matrosenanzug mit roten Zöpfen, hochschwanger, Einwohner grinsten mir nach. Frierend saß ich im D-Zug nach Hamburg, doch wie hinter den Eisblumen Umrisse der Peter'schen Scheune versanken, beschloss ich zurückzukommen, einmal. Nun bin ich da. Nun stelle ich die Bedingung, diktiere das Geschäft ... Die Welt machte mich zu einer Hure, nun mache ich sie zu einem Bordell."[248]

Wenn die Soziologie, wie hier verstanden, eine Wissenschaft des typisch Geregelten, des normierten Verhaltens, des identifizierbar Gleichförmigen ist, dann ist sie eine Wissenschaft der Unfreiheit. Und diese Aussage kann voll bejaht werden, wenn man im gleichen Atemzug auch die andere Seite der Medaille ernst nimmt, dass die Soziologie auch die Wissenschaft der Freiheit, und zwar par excellence ist. Hier können die Gründe dafür nur andeutungsweise aufgezählt werden.[249] Die Soziologie sagt uns in aller Deutlichkeit, dass

a) die Zahl der geltenden Regelungen nicht unendlich ist – außerhalb der Regelungen herrscht Freiheit,

b) die Verbindlichkeit der Regelungen verschieden ist: je geringer die Verbindlichkeit, desto größer die Freiheit,

c) in Fällen der einsichtigen Akzeptierung der Norm ihr Zwangscharakter verschwindet,

d) die Normsysteme brüchig, inhomogen und widersprüchlich sind, und deshalb Spielräume der Freiheit anbieten,

e) der Mensch weitgehend frei ist, die Grundlagen einer bestimmten Normierung zu wechseln (z. B. durch Emigration, Berufswechsel, Aufstieg oder Ausstieg usw.),

f) der Mensch beträchtliche Möglichkeiten hat, an der Änderung der gegebenen normativen Erwartungen zu arbeiten (z. B. Evolution durch Reformen, Revolution usw.)

g) bestimmte Regelungssysteme geradezu Freiheit erzeugen (z. B. Verbot der Behinderung der Meinungsfreiheit),

h) es institutionelle Regelungen sind, die dem Menschen erst ermöglichen, längerfristig planen und kompliziertere Verhaltensweisen (z. B. „Investitionen") sinnvoll zu tätigen,

i) durch die Internalisierung geltender Normsysteme der Mensch jene „Heimatrechte" erhält, die die relativ freie Bewegung innerhalb der systemtragenden Gesellschaft sichert.

An dieser Stelle drängt sich eine nicht unwichtige Feststellung auf. Der Reiz, sich mit Soziologie zu beschäftigen, aber auch die Verantwortung, ein religionssoziologisches Handbuch zu schreiben, liegt in einem scheinbaren Widerspruch. Gegenstand der Soziologie sind Regelungssysteme, die, wenn auch auf außerordentlich komplizierte Art und Weise, Menschen für Menschen geschaffen haben. Dies gilt auch für die Religionssoziologie. Nun aber sind solche Systeme, im Gegensatz zu den Gegenständen der Naturwissenschaften, (fast) vollständig elastisch, veränderbar – und gleichzeitig oft sehr träge, beharrlich und starr. Dies gilt auch für jene Phänomene der Religion und der Kirche, die offenkundig von der konkreten Geschichte und von den verschiedenen gleichzeitig nebeneinander lebenden Kulturen und Gesellschaften geprägt sind. – Daraus folgt die doppelte Herausforderung: „Alles ist machbar", und „alles ist nur sehr schwer zu ändern".

Über diese Relativität des Gegenstandes der Soziologie und auch der Religionssoziologie spricht sogar Papst Johannes Paul II. in seiner Verlautbarung „Fides et ratio" im Jahre 1998: „Was das Verständnis der Offenbarung betrifft, so musste die Theologie in den unterschiedlichen Geschichtsepochen stets die Ansprüche der verschiedenen Kulturen aufnehmen, um dann in ihnen mit einer in sich stimmigen Begrifflichkeit den Glaubensinhalt zu vermitteln. Auch heute hat sie eine doppelte Aufgabe. Denn sie muss einerseits der Verpflichtung nachkommen, die ihr das II. Vatikanische Konzil seinerzeit übertragen hat ... Es ist notwendig, dass die Einzelnen besser gebildet und geformt werden; es ist notwendig, dass diese sichere und unveränderliche Lehre, die getreu eingehalten werden soll, in einer Weise vertieft und dargelegt wird, die den Erfordernissen unserer Zeit entspricht."[250]

Sozialisation

Die hier angesprochene geschichtliche (temporale) und in den gleichzeitig nebeneinander existierenden Gesellschaften zu entdeckende (laterale) Relativität hat ihren wesentlichsten Grund, dass menschliche Systeme in Verteidigung ihrer spezifischen Identität ihre neuen Mitglieder mit Hilfe des Prozesses der Sozialisation durch ihr spezifisches Regelungssystem prägen. Was ist nun Sozialisation? Sie ist ein Prozess, im Laufe dessen die personale Identität durch eine soziale Identität geprägt und mit einer sozialen Identität bereichert wird. Es ist Schicksal (und gar kein unerfreuliches Schicksal) des Menschen, dass er ohne Zusammenleben mit anderen Menschen nicht existieren, geschweige denn eine voll entfaltete Menschlichkeit erreichen kann, und dass Voraussetzung dieses Zusammenlebens das Kennenlernen und das Sich-Aneignen gemeinsamer Werte und Normen ist. Die Internalisierung der Sprache, der Bräuche, der Denkweise, der Kultur einer bestimmten Gesellschaft, also die Sozialisation, ist für jedes neugeborene oder immigrierte Mitglied unausweichlich und bedeutet einerseits die Einschränkung seines in alle Richtungen offenen Menschseins auf einen Typus, andererseits die Möglichkeit seiner vollen menschlichen Entfaltung in einem zur Heimat gewordenen Typus. Es ist wichtig, diese beiden Seiten des Phänomens in aller Schärfe zu betonen. Sozialisation ist tatsächlich „stets ein Prozess der Entpersönlichung, in dem die absolute Individualität und Freiheit des Einzelnen in der Kontrolle der Allgemeinheit" geltender sozialer Spielregeln aufgehoben wird.[251] Aber genauso muss Sozialisation als Individuierung betrachtet werden, als die zweite, soziale Geburt des Menschen, die ihn „zur sozialen Welt bringt", die ihn zu den unendlichen Möglichkeiten sozialer Beziehungen befreit.[252]

Aus der Theorie der Sozialisation folgt eine Verpflichtung. Jeder von uns, Amtsträger, Theologe, Prediger und Religionslehrer, müsste nachdenken, woher seine Überzeugungen vom richtigen Menschenbild, vom wünschenswerten Verhalten, von erstrebenswerten Zielen verschiedensten Ranges und von den Konkretisierungen der letzten Sinngebung stammen. Inwiefern sind diese seine Überzeugungen, die als Kriterien seiner Erziehungstätigkeit dienen, Ergebnisse jener Sozialisationsprozesse, denen er selbst im Laufe seines Lebens unterworfen war? Sind diese Überzeugungen von jener Kultur bedingt, die während seiner eigenen Kindheit gegolten haben, oder von jener, mit der er sich im Laufe der Zeit Schritt für Schritt identifiziert hat? Entsprechen solche Elemente seiner Grundeinstellungen der neuen, postmodernen Welt? Ist er in der Lage, mündige Menschen für eine Kirche in einer modernen Demokratie zu erziehen? Chancen der Suche nach dem Besseren sind immer vorhanden. – Spürt man die Neigung, sich mit einer gewissen Unfehlbarkeit zu äußern, so soll man bedenken, dass dies sehr oft im Brustton angelernter Überzeugung geschieht.

Die Sozialisation bedeutet zwar, dass die eine Generation recht erfolgreich versucht, die nächste Generation nach den gerade geltenden Regelungssystemen zu formen, bekanntlich kann aber dies den ständigen *sozialen Wandel* nicht verhindern. – „Unabänderlich ist ... die historische Tatsache, dass sich die Verhältnisse verändert haben und laufend verändern; dass sie sich ... verändern *müssen*. Im Willen der Beteiligten (oder Betroffenen) liegt es allerdings, ob sie sich mit oder ohne unsere Zustimmung, mit oder ohne unsere Mitwirkung verändern. Stimmen wir der Veränderung zu und wirken wir auf sie ein, dann kann sie zum Gewinn werden; lehnen wir sie ab, kommt es zur Verschlechterung unserer Lage: und sei es nur aufgrund der Tatsache, dass die übrigen Betroffenen (oder Mitwirkenden) nicht daran denken, unser Nichtstun zu honorieren. Die Zukunft wird dann ohne uns gemacht; und wir werden – bestenfalls – Museumswärter. Die Geschichte (Gott sei's geklagt, auch die Kirchengeschichte) kennt dafür genug Beispiele."[253]
Soziologisch gesehen handelt es sich dabei immer um eine neue Zukunft, die in der jeweils gegebenen Zeit als „modern" gilt. „Betrachtet man die Leitsemantiken der mit der Aufklärung beginnenden Epoche – man denke an Begriffe wie ‚Freiheit', ‚Fortschritt', ‚Innovation', ‚Revolution', ‚Evolution' ‚Lernen' oder ‚Anpassung'–, so beziehen sie sich alle auf eine *offene Zukunft,* die im Fortschrittsglauben der Aufklärung mit

positiven Erwartungen besetzt wurde."[254] In dieser Hinsicht zeigt die Geschichte der Kirche teilweise enttäuschenden oder empörenden Widerstand gegen den Wandel (der Religionssoziologe F. X. Kaufmann spricht von „modernitätsresistentem Christentum", Kaufmann 2002, S. 9), teilweise aber eine große Anpassungsfähigkeit. „Das Christentum verdankt seinen geschichtlichen Erfolg der Fähigkeit, seine Botschaft stets erneut im Lichte unterschiedlicher Kulturen auszulegen. Trotz seiner Traditionsgebundenheit hat es dabei eine erstaunliche historische Komplexität erreicht, d. h., es bewahrt in seinen Traditionen eine Vielfalt der Auslegungen auf, die uns heute, in einer angesichts der ungewissen Zukunft besonders geschichtssensiblen Zeit, *als eine* Ressource erscheinen mögen. In einer Epoche fortgesetzten Wandels wird auch das Christentum zu neuen Auslegungen seiner Botschaft und zur Entwicklung zeitgemäßer Formen der Vergemeinschaftung herausgefordert."[255]

In den in den letzten Jahren entstandenen Theorien der *Postmoderne*[256] steht als zentrales Interesse das Phänomen ständigen Wandels. Keine Gesellschaftsformation kann von sich annehmen, dass sie die letzte und endgültige ist. Im Gegenteil: Es gibt immer ein „ante" und ein „post". Und dieser ständige Wandel ist soziologisch ausschließlich auf die Tätigkeit sozialisierter, also von der eigenen Gesellschaft und Kultur geprägter Personen zurückzuführen, die an der Veränderung einer bestehenden sozialen Identität schöpferisch mitwirken.

Dem Zweiten Vatikanischen Konzil erschien das Phänomen des sozialen Wandels eine grundlegende Tatsache unserer Zeit zu sein. Im Konzilsdokument „Gaudium et spes" finden wir die folgenden Aussagen: „In ihren Fortschritten geben Biologie, Psychologie und Sozialwissenschaften dem Menschen nicht nur ein besseres Wissen um sich selbst; sie helfen ihm auch, in methodisch gesteuerter Weise das gesellschaftliche Leben unmittelbar zu beeinflussen ... Der Gang der Geschichte selbst erfährt eine so rasche Beschleunigung, dass der Einzelne ihm schon kaum mehr zu folgen vermag. ... So vollzieht die Menschheit einen Übergang von einem mehr statischen Verständnis der Ordnung der Gesamtwirklichkeit zu einem mehr dynamischen und evolutiven Verständnis. Die Folge davon ist eine neue, denkbar große Komplexheit der Probleme, die wiederum nach neuen Analysen und Synthesen ruft. ... Es bereitet sich allmählich der Typ der Industriegesellschaft aus: einige Nationen gelangen durch ihn zu wirtschaftlichem Wohlstand: zugleich gestaltet er in Jahrhunderten gewordene Denk- und Lebensformen der Gesellschaft völlig um. ... die neueren Forschungen der Psychologie bieten eine tiefere Erklärung des menschlichen Tuns; die historischen Fächer tragen sehr dazu bei, die Dinge unter dem Gesichtspunkt ihrer Wandelbarkeit und Entwicklung zu sehen."[257]

Wie bereits erwähnt, gelten die Gesetzmäßigkeiten der sozialen Wirklichkeit auch innerhalb des Bereiches der Religion, deshalb entstand (praktisch gleichzeitig mit der Entstehung der Soziologie) die auf die Phänomene der Religion angewandte Soziologie: die *Religionssoziologie*. Da die Religion eines der für die Gesellschaften bedeutendsten Regelungssysteme war bzw. ist, haben sich fast alle bekannten Soziologen auch mit diesem Wissenschaftszweig beschäftigt.

Theologische und soziologische Dimensionen

In diesem Schnittpunkt theologischer und soziologischer Dimensionen sollen vier miteinander zusammenhängende, aber grundverschiedene Begriffe auseinandergehalten werden. – Der erste Begriff ist der Glaube, der nach der christlichen Lehre für das Heil des Menschen notwendig ist. Darunter verstehen wir einen Akt der Gnade und der Person, der an sich für empirische Wissenschaften unzugänglich ist. Die Religionssoziologie kann sich nur mit den Voraussetzungen des Glaubens (z. B. mit der Rolle der Sozialisation in der Internalisierung des Glaubens) und mit seinen Folgeerscheinungen (etwa mit dem typischen Verhalten glaubender Menschen) befassen.

Der zweite Begriff ist die Religion, d. h. jene Bedürfnisse, Erlebnisse, Gedankensysteme und Verhaltensweisen, die sich auf den Glauben beziehen und Ausdrucksformen des Glaubens sind. Trotz des offenkundigen Zusammenhanges der Begriffe „Glaube" und „Religion" haben die beiden keineswegs eine identische Bedeutung. Der bekannte Theologe Romano Guardini hat in mehreren seiner Werke betont, dass z. B. Jesus gar keine besonders religiöse Person war. Der Glaube hat ein unbedingtes Bedürfnis nach religiösen Ausdrücken, die Letzteren sind aber Produkte persönlicher und sozialer Faktoren, wo die Kompetenz der Religionssoziologie evident ist. Auch in der Erfüllung der Funktion der Kirche spielt diese Unterscheidung eine wichtige Rolle. Wenn Glaube und Religion als identische Begriffe verstanden werden, dann kann mit der kulturbedingten Änderung religiöser Ausdrucksformen auch der (vermeintliche?) Verlust des Glaubens einhergehen.[258]

Der dritte Begriff heißt „Kirche". Für den glaubenden Menschen und für die Theologie handelt es sich dabei um ein Phänomen mit doppelter

Natur.[259] Als „corpus Christi mysticum" oder als „Ursakrament" ist sie für die empirische Forschung unfassbar, als Gemeinschaft von Menschen, als Verkünder der Wahrheit in der Sprache verschiedener Epochen und Kulturen, als hierarchische Organisation, als Autor eines sich ständig wandelnden Kirchenrechtes und einer immer wieder erneuerten Liturgie und – last but not least – als Mitwirkende an fast allen Unmenschlichkeiten, die unsere zivilisiert genannte Menschheit begangen hat, ist sie voll und ganz Gegenstand der Religionssoziologie.

Der vierte Begriff ist relativ leicht zu erklären. Die Theologie ist eine Wissenschaft, die versucht – den anderen Wissenschaften entsprechend – alles zu entdecken und zu erklären[260], was im Zusammenhang mit den ersten drei Begriffen steht. Sie ist – den anderen Wissenschaften entsprechend – von der Person des Theologen, von seiner temporal und lateral bedingten Kultur abhängig und so Gegenstand der Wissens-, der Wissenschafts- und der Religionssoziologie.

Besondere Aufmerksamkeit verdient die Unterscheidung zwischen dem Glauben und der Religion, und noch deutlicher zwischen dem Glauben und der Religion in ihrer kirchlich geprägten und/oder vorgeschriebenen Form. Folgt man dem Theologen Paul Tillich, der unter „Glaube" das versteht, was „uns unbedingt angeht"[261], findet man in demoskopischen Untersuchungen bedeutende Differenzierungen in den Einstellungen der Befragten. Oft kommt es vor, dass Personen, die sich „ohne kirchliche Bindung" oder „atheistisch" bezeichnen, ihrer unbedingten Überzeugung Ausdruck geben, dass es Wahrheiten, Werte und Normen gibt, die absolut, unbedingt, endgültig, unbegrenzt, vollkommen und sicher gelten, die also die Rahmen des Raumes und der Zeit transzendieren, von gesellschaftlichen Denkweisen und Strukturen unabhängig sind. Sie glauben – nicht im theologisch definierten, aber nicht weniger reellen und wirksamen Sinn – z. B. daran, dass die Liebe wertvoller ist als der Hass, dass Gerechtigkeit vor Ungerechtigkeit steht, dass es gut ist, sinnvolle Ziele zu setzen und an ihrer Verwirklichung zu arbeiten, und können sich nicht vorstellen, dass sie ihre Überzeugung ändern könnten, selbst dann nicht, wenn alle Mitglieder einer bestimmten Gesellschaft das Gegenteil behaupten würde.

In der letzten Zeit ist ein neues Paradigma dieses Wissenschaftszweiges, die „Soziologie des Christentums" entstanden. „Fassen wir zusammen: Gegenüber der wissenssoziologisch orientierten Religionssoziologie hält die ‚Soziologie des Christentums' an einem historisch bestimmten Religionsbegriff fest, ohne sich an die kirchliche Axiomatik ihres Gegenstandes zu binden. Gegenüber der Religionstheorie Luhmanns wendet sie sich aber auch gegen eine systemtheoretische Axiomatik ihres Gegenstandes, indem sie auf theoretische Vorentscheidungen über die Sozialformen des Christentums und ihre gesellschaftliche Bedeutung verzichtet und die Folgeprobleme eines gesellschaftlich-historischen Prozesses der Verkirchlichung und Organisierung des Christentums hervorhebt. Mit Weber teilt sie das Interesse an der theoretischen Rekonstruktion historisch gebundener Lebenswelten, ... während sie seine partielle Bindung an ein Säkularisierungskonzept im Zusammenhang eines allgemeinen Religionsbegriffs ablehnt."[262]

Indikatoren und Probleme der Gültigkeit

Gerade in einem Buch wie diesem darf ein wissenschaftstheoretisch kompliziertes Thema nicht unerwähnt bleiben: das Problem der *Indikatoren* und das damit zusammenhängende *Problem der Gültigkeit*.

Viele Gegenstände empirischer Sozialforschung können nicht unmittelbar wahrgenommen und gezählt, sondern nur mit Hilfe von Indikatoren erfasst werden. Diese sind unmittelbar messbare Größen, die in ihrer Summe auf eine unmittelbar nicht messbare Größe verweisen. Die Qualität einer Universität kann z. B. nicht unmittelbar gemessen werden, wohl aber die Zahl ihrer Nobelpreisträger, die Zahl der Publikationen ihrer Professoren, die Größe ihrer Bibliothek, die Zahl ihrer Laborplätze, die Zahl der verwendeten didaktischen Instrumente usw. Gelingt es uns, eine entsprechende Anzahl von Indikatoren zu finden, die in ihrer Summe tatsächlich das messen, was wir messen wollten, dann ist unsere empirische Forschung gültig.[263]

Nun sind die zentralsten religiösen Phänomene nicht unmittelbar wahrnehmbar. Wie schwierig die Beurteilung der Gültigkeit verwendeter Indikatoren ist, kann man an einem plastischen Beispiel ablesen. – Pitirim Sorokin, bekannter Soziologe, hat eine repräsentative Auswahl der malerischen und plastischen Kunstwerke der letzten Jahrhunderte (insgesamt mehr als 100.000 Stück) daraufhin untersucht, ob sie religiösen oder profanen Inhaltes sind.[264] Die Zählung ergab folgendes Ergebnis (in %):

Jahrhunderte	religiöse Werke	profane Werke	Insgesamt
vor dem 10.	81,9	18,1	100
10.–11.	94,7	5,3	100
12.–13.	97,0	3,0	100
14.–15.	85,0	15,0	100
16.	64,7	35,3	100
17.	50,2	49,8	100
18.	24,1	75,9	100
19.	10,0	90,0	100
20.	3,9	96,1	100

Frappierend dabei ist, dass bei den Werten des 12.–13. Jahrhunderts und des 20. Jahrhunderts eine offenkundige „Wachablöse" sich abgespielt hat: War damals 3,0 der Anteil der profanen Werke, so ist jetzt der Anteil der religiösen Werke 3,9. Kein Zweifel, dass hier zuverlässig, d. h. genau gemessen wurde. Nur kann man nicht so leicht entscheiden, *was* hier so genau gemessen worden ist. Das Schwinden der Religiosität? Das Schwinden des Bedürfnisses, Religion in Form von Kunstwerken darzustellen? Die Überzeugung, dass man z. B. die Hölle nicht so darstellen soll, wie dies Michelangelo in der Sixtinischen Kapelle fertig gebracht hat? Der Wandel künstlerischer Themen, ähnlich wie z. B. die Ablöse der vielen Porträts von Königen und Fürstinnen durch abstrakte Kompositionen?

Ist man über die krisenhafte Situation der Kirche besorgt, dann ist es eminent wichtig zu wissen, was die steil nach unten zeigenden Kurven, was die eindeutig festgestellten „Wachablösen" eigentlich bedeuten – die richtige Antwort auf das bestehende Problem hängt davon ab.

Weiter oben wurde der Zusammenhang zwischen unabhängigen, abhängigen und intervenierenden Variablen kurz erörtert. Dieses Thema scheint mir gerade in der Religionssoziologie besonders wichtig, aber selten beachtet zu sein. – Zahlreiche Erhebungen kommen z. B. zu den Schlussfolgerungen, dass die religiösen Auffassungen und Verhaltensmuster bei Frauen und bei Männern, bei hoch Gebildeten und bei wenig Gebildeten, bei jungen und bei alten Personen verschieden sind. Die Feststellungen sind sicher nützlich und im Dienste erwünschter Aktionen brauchbar. Ein weiterer Schritt wäre allerdings möglich und notwendig, nämlich die Berücksichtigung der vorhandenen intervenierenden Variablen[265], nämlich die der Sozialisation, die daraus entstandene spezifische Kultur der verschiedenen sozialen Schichten und Kategorien, die in diesen sozialen Einheiten geltenden spezifischen sozialen Rollen usw.

Mit einigen einfachen Beispielen illustriert: In *unseren Gesellschaften* rauchen viel mehr Männer Pfeife als Frauen. Der Grund dafür liegt aber nicht im unterschiedlichen Geschlecht, sondern darin, dass *in unseren Gesellschaften* „dies Brauch, Gewohnheit, üblich" ist, dass dies „bei uns" von den Männern bzw. von den Frauen so erwartet wird. (Vielleicht ist das bei den Indianern anders, vielleicht wird es nach einer vollkommenen sozialen Emanzipation der Frau auch bei uns anders werden.)

In *bestimmten Gesellschaften und sozialen Kategorien* werden die älteren Arbeitnehmer nicht deshalb höher bewertet als die jüngeren, weil diese Bewertung unmittelbar aus dem Alter folgt, sondern weil unter *bestimmten sozialen Gegebenheiten* die Erfahrung und die Routine für wichtiger erachtet wird als die Elastizität und die Anpassungs- und Lernfähigkeit, Eigenschaften, die eher bei jüngeren Personen zu finden sind.

Auch religiöse Praxis, kirchliche Bindung und theologisches Wissen hängen nicht unmittelbar von Alter, Geschlecht oder Wohnort ab, sondern von den in diesen Kategorien geltenden normativen Erwartungen. Ein französischer Religionssoziologe hat die Ergebnisse seiner Beobachtung in der bildhaften Formulierung ausgedrückt, dass die Arbeiter, die in der Bretagne wohnen und in Paris arbeiten, ihre Religion für die Arbeitszeit in der Gepäckaufbewahrung der Gare Montparnasse deponieren und für das Wochenende wieder nach Hause mitnehmen: sie passen sich den verschiedenen normativen Erwartungen an.

Religionssoziologische Forschungen beinhalten eine stetig steigende Zahl von Ablehnungen, negative Einstellungen, Abwesenheiten und Verneinungen. Die ganz allgemeine und grundsätzliche Frage ist aber: Woran glauben die Befragten und was lehnen sie ab, was halten sie für unannehmbar, mit ihrem sonstigen kognitiven System unvereinbar? Geht es im letzteren Fall um die geoffenbarte Wahrheit oder um ihr Zerrbild, produziert durch einen anachronistischen Religionsunterricht, durch die Verkündigung in der Kirche und durch eine theologische Ausbildung, nicht selten durch tragische historische Entwicklungen bedingt und den jeweiligen „noch Hörern des Wortes" als geistige Nahrung angeboten? Mit feinem Humor formuliert von Medard Kehl: „In Tübingen hörte ich in einer Predigt einmal eine humorvolle Abwandlung des bekannten Jesus-Wortes aus der Bergpredigt (Mt 6,33): ‚Suchet zuerst das Reich Gottes und seine Gerechtigkeit, alles andere wird euch dazugegeben' – auch die Kirche." (M. Kehl, S. 118)

Das kirchliche Lehramt und die Theologie sind sich der Notwendigkeit einer solchen Unterscheidung bewusst: „Die Geschichtlichkeit der Offenbarung hat zur Folge, dass auch die Aneignung der Wahrheit nur in einem geschichtlichen Prozess geschehen kann. Jeder Einzelne muss schrittweise in die volle Wahrheit hineinwachsen, und selbst die ganze Kirche einer bestimmten Epoche ist beim Erfassen der Wahrheit immer teilweise von zeitbedingten Vorstellungen abhängig. Die Erklärung ‚Mysterium Ecclesiae‘ beschreibt den geschichtlichen Charakter der Offenbarung und die sich daraus ergebenden Probleme ... auf folgende Weise: ‚Was diese Geschichtlichkeit angeht, muss zunächst bedacht werden, dass der Sinn, den die Glaubensaussagen haben, teilweise von der Aussagekraft der zu einer bestimmten Zeit und unter bestimmten Umständen angewandten Sprache abhängt. Außerdem kommt es bisweilen vor, dass eine dogmatische Wahrheit zunächst in unvollständiger, aber deshalb nicht falscher Weise ausgedrückt wird und später im größeren Zusammenhang des Glaubens und der menschlichen Erkenntnisse betrachtet und dadurch vollständiger und vollkommener dargestellt wird. Ferner will die Kirche in ihren neuen Aussagen das, was in der Heiligen Schrift und in den Aussagen der früheren Überlieferungen schon einigermaßen enthalten ist, bestätigen oder erhellen, sie pflegt dabei aber zugleich an die Lösung bestimmter Fragen und die Beseitigung von Irrtümern zu denken. All dem muss man Rechnung tragen, um jene Aussagen richtig zu deuten. Schließlich unterscheiden sich zwar die Wahrheiten, die die Kirche in ihren dogmatischen Formeln wirklich lehren will, von dem wandelbaren Denken einer Zeit und können auch ohne es zum Ausdruck gebracht werden; trotzdem kann es aber bisweilen geschehen, dass jene Wahrheiten auch vom Lehramt in Worten vorgetragen werden, die Spuren solchen Denkens an sich tragen.‘ (Nr. 5)

In dieser wichtigen Aussage der Glaubenskongregation wird festgehalten, dass Glaubensaussagen teilweise von der Aussagekraft einer bestimmten geschichtlichen Sprache abhängen und dass die angezielte Wahrheit nicht nur wegen ihrer grundsätzlichen Geheimnishaftigkeit, sondern auch wegen der spezifischen Bedingungen einer geschichtlichen Epoche bisweilen nur unvollkommen ausgedrückt wird. Die Bekämpfung von konkreten Irrtümern kann ferner bewirken, dass die gewählte Sprache – in ihrer Gegenposition – selber einseitig wird. Deshalb ist immer wieder zwischen der Wahrheit, die die Kirche lehren will, und dem wandelbaren Denken einer Zeit, das auch in den Wortlaut der lehramtlichen Äußerungen eingehen kann, zu unterscheiden.“[266]

Unsere Zeit des Umbruchs wirft auf diesem Gebiet ein spezifisches Problem auf. Der Prediger, der Religionslehrer, aber auch der Interviewer im Rahmen eines religionssoziologischen Projektes hat in einer fast unentwirrbaren Mischung mit Menschen des 19., des 20. und des 21. Jahrhunderts zu tun. Wäre es nicht notwendig, vor jeder Aktion die Frage zu stellen: „Was verstehen Sie unter Himmel, Hölle, Engel, Teufel, Unfehlbarkeit?" usw. und erst dann mit dem Befragten bzw. mit dem Gesprächspartner in Dialog zu treten?

Damit hängt auch das Problem des wesentlichen Inhaltes und der weniger wichtigen Form zusammen, ein Thema, das uns auch noch im Kapitel 6.4. dieses Buches beschäftigen wird. Die Frage ist berechtigt und nicht immer leicht zu beantworten: Worum geht es eigentlich? Um den Wesenskern der Tatsache der Schöpfung – oder um die kleinliche Interpretation der biblischen Schöpfungsgeschichte? Um den Bischof von Rom, Nachfolger des Apostels Petrus – oder um den Heiligen Stuhl vereint mit dem Amt eines Staatsoberhauptes? Um die „metanoia", um die Neubewertung durch die Reue, durch die Vergebung und durch die Wiedergutmachung – oder um die so genannte Ohrenbeichte in einem wenig attraktiven Beichtstuhl?

Eine radikale „Neubewertung" ist nicht nur im Leben der Einzelnen, sondern auch in der Praxis der Kirche unumgänglich notwendig.

2.2. Der soziokulturelle Umbruch ab dem 18. Jahrhundert bis heute

Aufgrund allgemeiner menschlicher Überlegungen und auch unter dem Gesichtspunkt der Soziologie betrachtet scheint es wichtig zu sein, dass der Mensch für sich selbst und – so weit möglich – auch für seine Mitmenschen Verständnis haben sollte. Die beinahe unverzichtbare Voraussetzung dafür ist die zumindest annähernde Kenntnis der Hintergründe unserer Auffassungen und Einstellungen. Es reicht nicht, sich darüber zu beklagen, dass sich überall Krisenphänomene zeigen, dass sehr viele Menschen kein allgemein akzeptables Wertesystem kennen und dass wir im gesellschaftlichen und politischen Leben oft in alle Windrichtungen gehende Meinungen antreffen, eine Änderung in eine bessere Richtung können wir uns nur dann vorstellen, wenn wir – zumindest was das Wesentliche betrifft – einverstanden damit sind, was eigentlich mit einem großen Teil der Bevölkerung der Erde, mit den sog. entwickelten Industriegesellschaften (deren Weg in nicht geringem Ausmaß den Weg der ganzen Menschheit beeinflusst) passiert. Wie kamen wir in die heutige, unübersichtliche, chaotische Situation, in der wir mehr Fragezeichen als Antworten begegnen?

Qualitativer Sprung

Auf diese Frage gibt es natürlich keine in mathematischem Sinne präzise Antwort, da wir den Kern des Ursprungs eines ungeheuer vielschichtigen Phänomens suchen. Ich biete hier jene Antwort an, die mir nach meinen jetzigen Kenntnissen als die wahrscheinlichste erscheint. Kurz gefasst: Es ist uns bis heute nicht so richtig bewusst geworden, dass in der Geschichte der Menschheit vor 200 Jahren ein *qualitativer Sprung* eingesetzt hat, der unser Menschsein und die Voraussetzungen unseres menschlichen gemeinschaftlichen Seins *grundlegend* verändert hat. – Wer ist mit „uns" gemeint? Nicht nur allgemein die Mitglieder entwickelter Industriegesellschaften, sondern besonders die intellektuelle Schicht dieser Gesellschaften, ja vor allem die Soziologen, die berufen wären, solche Fragen fachmännisch zu analysieren und zu beantworten. – Die radikale Veränderung ist uns noch nicht bewusst geworden, deshalb konnten wir uns noch nicht der neuen Situation anpassen und den neuen Anforderungen entsprechende neue Formen, Institutionen, Spielregeln und Vorschläge ausarbeiten und ausprobieren, d. h., wir taten in der Wirklichkeit noch nicht einmal die ersten Schritte in die Richtung der Lösung der Krisenphänomene.

Vor allem drei Hauptgründe können wir dem qualitativen Sprung zuordnen. An erster Stelle erwähne ich das Phänomen der sog. *Aufklärung*. Insbesondere englische, französische und deutsche Denker läuteten im 17. und 18. Jahrhundert die Relativierung der Tradition und der Autorität ein, und damit entwickelte sich in großem Ausmaß zum ersten Mal in der (uns bekannten) Geschichte der Menschheit die Möglichkeit eines neuen, persönlich begründeten freien Denkens mit all seinen wirklich nicht absehbaren Folgen[267]. Damit fast gleichzeitig setzt die sog. *industrielle Revolution* ein: 1769 beginnt die erste Spinnmaschine zu arbeiten und löst die Entwicklung der nach spezifischen Gesetzmäßigkeiten funktionierenden modernen Industriegesellschaften aus. Ein großer Teil der Dorfbewohner zieht in immer schnellerer Folge in die Städte, wo die gesellschaftliche Kontrolle über die menschlichen Verhaltensweisen wesentlich kraftloser ist als im Dorf. Der in breiten Schichten vorherrschende Analphabetismus wird vom Schreiben- und Lesen-Können des Großteils der Bevölkerung abgelöst, die Massenkommunikationsmittel überschwemmen die aufgeklärten Bürger mit Informationen, die Technik entwickelt sich sprunghaft, die Erfahrung ihrer „grenzenlosen" Möglichkeiten erzeugt – mit Max Webers Worten – eine „entzauberte Welt"[268]. Last, but not least brachte 1789 die *Französische Revolution* eine radikale Änderung in unser Denken, in unser gesellschaftliches und politisches Leben. Das, was z. B. in der griechischen Demokratie sein Kommen nur angekündigt hatte, schien sich jetzt zu verwirklichen: Zum ersten Mal wurde das Bewusstsein vorherrschend, dass jeder Mensch gleichberechtigt sei und aufgrund seiner über die menschliche Würde gebildeten eigenen Überzeugung über sein Schicksal entscheiden könne.

Es würde zu ganz falschen Folgerungen führen, wenn wir die eben aufgezeichneten Gründe isoliert voneinander betrachten würden. Man kann zwischen ihnen offensichtlich enge Zusammenhänge finden – in ihrer Entstehung wie in ihren Auswirkungen – und sie führten über viele wirre Verkettungen zu dem heutigen Zustand unserer Gesellschaften.[269] Deshalb, aber auch wegen anderer grundsätzlicher Erwägungen wiederhole ich meine Meinung, dass wir die Folgen dieser gewaltigen Revolution noch heute nicht so klar sehen, dass wir etwas Wesentliches im Sinne der kompletten Aufarbeitung der daraus zu ziehenden Lehren tun könnten. Dass wir den explosionsartigen Änderungen auch heute noch verhältnismäßig hilflos gegenüberstehen, dabei spielt außer der Bedeutung des dreifachen Umbruchs die *außerordentliche Beschleunigung* der Ereignisse eine Rolle.[270] Vergessen wir nicht: Jahrtausendelang kam es vor, dass neben einem im Schlamm stecken gebliebenen Fuhrwerk ein leichter Wagen oder ein Reiter vorbeizog. Aber neben und über einem heute im Schlamm stecken gebliebenen Fuhrwerk ziehen nicht nur leichte Wagen und Reiter vorbei, sondern auch Autos, Züge, Flugzeuge und Raumschiffe! Die Menschheit taumelt in eine noch unklare und noch unbeherrschbare Situation hinein. Vergessen wir nicht, dass vor langer Zeit neben vielen Analphabeten auch der gebildete Mensch nur ein paar Pergamente las. Heute jedoch filtert der Fachmann neben einer noch immer großen Zahl von Analphabeten mit Hilfe von Computern die gesuchte Information aus den Datenbanken der Welt.

Das Gesicht der Erde, die „conditio humana", der Zustand des „homo sapiens" hat sich in kurzer Zeit radikal verändert. Die Radikalität der soziokulturellen Veränderungen kann nicht genug betont werden, gerade auch weil der Wandel in beschleunigtem Tempo vor sich geht. Darauf verwies J. Schasching schon vor 40 Jahren, als er darauf aufmerksam machte, „dass das technische Wissen und Können der abendländischen Völker fast 3000 Jahre im Wesentlichen gleich geblieben ist. Der Pflug und der Wagen, der Feuerstein und die Öllampe, das Ruderboot und das Segel waren im 18. Jahrhundert im Prinzip noch dieselben wie zur Zeit der alten Pharaonen. Dann aber bricht plötzlich eine Welle von Erfindungen und Entdeckungen ein. In einer Zeitspanne von 100 bis 150 Jahren jagt eine Erfindung die andere."[271] Und als diese neue Epoche anbricht, geht alles sehr schnell. Es klingt für uns wie ein Witz, wenn wir in Zusammenhang mit den Urtypen des Automobils in den Akten des Britischen Unterhauses aus dem Jahre 1865 (in Kraft bis 1878) lesen: „Vor jedem selbst angetriebenen Fahrzeug hat ein Mann mit einer roten Fahne mindestens 15 Meter vorherzugehen, um vor dessen Nahen zu warnen."[272]

Welche charakteristischen Merkmale trägt *unsere Zeit*? Die explosionsartige Entwicklung der Wissenschaften und der Technik, die relativ erfolgreiche Bekämpfung des Analphabetismus, der Anteil der Erwerbstätigen in den verschiedenen volkswirtschaftlichen Sektoren, der relative Wohlstand breiter Bevölkerungsschichten. – Ein Beispiel für die extrem unterschiedlichen Folgen etwa der wirtschaftlichen Erwartungen und Bedürfnisse wohlhabender Menschen hat der Primas von Ungarn, Kardinal Lékai, Ende der siebziger Jahre mit sehr trockenen Worten zum Ausdruck gebracht, als er auf die Frage, ob er in seiner Diözese noch immer so viele Priesterberufungen habe, antwortete: „Nein, wir haben auch schon viele Autos"[273].

In Verbindung mit diesen (und anderen) Faktoren entstanden weitere Charakteristiken der industriellen Gesellschaften: das Bewusstsein der Würde der Person, das Bewusstsein der geschichtlichen, soziologischen und psychologischen Relativität aller Wahrnehmungen und Kognitionen, das Bewusstsein der durch die Aufklärung erkämpften Freiheit des Denkens ohne Vorbedingungen und Einschränkungen, das Bewusstsein des Zerfalles einheitlicher und gemeinsam gültiger Wertsysteme. – Wichtiges ist oft unwichtig geworden, und umgekehrt: „In Paris stellte der Abgeordnete Jean Fontaine in der Nationalversammlung einen Zusammenhang zwischen dem neuen Familienrecht und dem Ausbau der Sozialgesetzgebung her, als er erklärte: ‚Heutzutage ist es bereits leichter, sich von seiner Frau zu trennen als von einer Angestellten.'"[274] Unter diesen chaotischen Verhältnissen ohne als sicher erscheinende Orientierungspunkte leben immer mehr Menschen, auch immer mehr Mitglieder und Amtsträger der Kirche. Will man eine objektive Diagnose von der Kirche in der säkularisierten Welt erstellen, müssen alle diese Gegebenheiten berücksichtigt werden.

Schlafende Kirche

Umgeben von einem so weitgehenden Umbruch der soziokulturellen Verhältnisse bleibt die Kirche eine schlafende Kirche, eine Kirche, die eher versucht, sich gegen die Erneuerungen abzuschotten. Wie es der Theologe Zulehner formuliert: „Unsere katholische Kirche hatte sich ja nach der Französischen Revolution wirklich entschieden, nicht zur Welt zu kommen ... und die Kirche blieb in einer Dauerschwangerschaft."[275]

Der Kirche kann man wahrlich nicht vorwerfen, dass sie unüberlegt, zu schnell reagiert – obwohl durch das Hinauszögern von Retraktationen, Fehlerbekenntnissen, „Bekehrungen" und Wiedergutmachungen Tag für Tag Schaden entsteht. Die Belege für diese Behauptung sind zahlreich, hier können nur einige besonders plastische Beispiele genannt werden.

Ordensleute in den USA wurden von der römischen Zentrale unter Druck gesetzt, ihre Sklaven endlich in die Freiheit zu entlassen. Als der Druck zu stark geworden ist, *verkauften* sie ihre Sklaven.[276] – „Noch bis ungefähr 1920 sangen in der Sixtinischen Kapelle die letzten Kastraten" mit der vom hl. Alphons von Liguori zitierten Begründung: „Die Kastraten nützten dem Gemeinwohl, da sie göttliche Loblieder in den Kirchen süßer sängen."[277] – Galileo Galilei musste auch vier Jahrhunderte warten, bis die Kirche sich bei ihm entschuldigte.[278] – Die Kirche unserer Tage ist nicht schneller geworden: „Die neue Gehaltsordnung ... für die etwa 3000 Angestellten und Arbeiter des Vatikanstaates ..." trat am 1. Juni 1959 in Kraft. „Dadurch ist nun der von Leo XIII. in der berühmten Sozialenzyklika Rerum novarum 1891 geforderte ‚familiengerechte Lohn' ... verwirklicht."[279] – „Erst im Jahr 1971 erschien ... die vom Konzilsdekret ‚Inter mirifica' versprochene Pastoralinstruktion ... ‚Communio et Progressio'. (Sie) markierte den Ausbruch der Kirche aus dem Mediengetto, in das sie sich selbst so lange eingesperrt hatte."[280] – Manche Probleme, wie z. B. die mangelnde Kommunikation zwischen Priestern und Laien und die Art und Weise der Bischofsernennungen, die der norditalienische Graf und Priester Antonio Rosmini in seinem Werk ‚Von den fünf Wunden der Kirche', das auf den Index gesetzt wurde, im Jahre 1848 geißelte, blieben bis heute virulent.[281] – Außerdem werden die Änderungen oft so halbherzig durchgeführt, dass etwas auch aus dem Früheren übrig bleibt, wie etwa in Hinblick auf die Freimaurer und die Leichenverbrennung.

In einem Brief von Kardinal Franjo Seper, dem Präfekten der Glaubenskongregation, ... wird die Abschaffung des Verbotes, in den Verein der Freimaurer einzutreten, noch nach Kategorien differenziert. „Demnach können Laien all solchen Freimaurerlogen beitreten, die sich nicht gegen die Kirche ‚verschwören‘, während Priestern, Ordensleuten und Mitgliedern von Säkularinstituten wie bisher in jedem Fall eine Mitgliedschaft verboten ist. Unter die Rubrik derjenigen Logen mit eindeutig antikatholischer Einstellung sollen nach Hinweisen aus Rom mehrere Logen besonders im Süden der USA fallen. Kardinal Seper erläutert in dem Schreiben, grundsätzlich sei Canon 2335 des CIC noch in Kraft, der unter Androhung von Exkommunikation die Mitgliedschaft in Freimaurerlogen untersagt. Doch komme es auf die genaue Interpretation dieser Bestimmung an.“[282]

Für viele kam die Nachricht überraschend, dass die Kirche den Gläubigen die *Leichenverbrennung* gestattet habe. „Dieser Meldung liegt eine vom 5. Juli 1963 datierte römische Instruktion mit folgendem Inhalt zugrunde: Die Kirche hat sich immer bemüht, die fromme und beständige Gewohnheit der Christen, die Leiber der Gläubigen zu beerdigen, durch ihre Förderung zu unterstützen, indem sie diese Gewohnheit durch geeignete Riten ausbreitete, welche die religiöse symbolische Bedeutung der Beerdigung zu besserem Verständnis brachten, und indem sie denen Strafen androhte, die eine so heilsame Praxis angriffen. Die Kirche bediente sich besonders dann dieses Mittels, wenn sie sich einem feindseligen Angriff auf christliche Sitten und kirchliche Überlieferungen gegenübersah, der von Sektierern kam, die zum Zeichen feindseliger Leugnung der christlichen Dogmen, vor allem der Auferstehung der Verstorbenen und der Unsterblichkeit der menschlichen Seele, die Beerdigung durch die Verbrennung zu ersetzen versuchten. ... Die Sinnesbesserung und die Umstände, die einer Beerdigung im Wege stehen, sind in der letzten Zeit häufiger und sichtbarer geworden. Daher werden dem Heiligen Stuhl häufig Bitten um eine Milderung der kirchlichen Disziplin bezüglich der Leichenverbrennung vorgetragen. Die letztere wird mit Gewissheit heute in vielen Fällen keineswegs aus Hass gegen die Kirche oder die christliche Sitte, sondern nur aus hygienischen, wirtschaftlichen oder aus anderen derartigen Gründen öffentlicher oder privater Natur bevorzugt. Diese Bitten glaubt die Heilige Mutter Kirche, die unmittelbar um das geistliche Wohl der Gläubigen besorgt ist, aber die anderen Notwendigkeiten nicht aus dem Auge lässt, mit Wohlwollen aufnehmen zu sollen und bestimmt daher Folgendes: 1. Es muss unter allen Umständen dafür gesorgt werden, dass die Gewohnheit, die Leichen der verstorbenen Gläubigen zu beerdigen, in Ehrfurcht bewahrt wird. Daher haben die Ordinarien durch geeignete Instruktionen und Mahnungen dafür Sorge zu tragen, dass das christliche Volk von der Verbrennung der Leichen Abstand nimmt und nur aus zwingenden Gründen von dem Brauch der Beerdigung ablässt, den die Kirche immer bewahrt und durch feierliche Riten geheiligt hat ...“[283]

In der modernen Welt entsteht ein Stau von *Konflikten* zwischen den Auffassungen des kirchlichen *Lehramtes* und des *Volkes Gottes*: „Ob es sich z. B. um die Art und Weise verschiedener Bischofsernennungen handelt, bei der die ortskirchlichen Instanzen übergangen oder ignoriert werden; oder ob es die mit höchster (‚unfehlbarer‘) lehramtlicher Autorität verordnete, ‚definitiv‘ anzuerkennende Unmöglichkeit der Zulassung von Frauen zur Priesterweihe betrifft; oder wenn im Unterschied zu dem differenzierenden Hirtenwort der drei südwestdeutschen Bischöfe die Glaubenskongregation am 15. 10. 1994 das ausnahmslose Verbot der Kirche hinsichtlich des Kommunionempfangs von wiederverheirateten Geschiedenen einschärft; oder wenn in der großen Moralenzyklika ‚Veritatis splendor‘ Johannes Pauls II. vom 5. 10. 1993 das Gewicht eindeutig auf die gehorsame Befolgung der objektiven, im Naturrecht begründeten und vom kirchlichen Lehramt verkündeten sittlichen Normen gelegt wird (und das persönliche Gewissen als Letztinstanz der sittlichen Entscheidung eher in den Hintergrund tritt); oder wenn etwa in der Instruktion der Glaubenskongregation ‚Über die kirchliche Berufung des Theologen‘ vom 24. 5. 1990 das Lehramt wieder verstärkt auf den formalen Autoritätsgehorsam setzt, der unter Umständen auch die inhaltliche Wahrheitseinsicht ersetzen soll; oder wenn die drängenden Fragen der ‚viri probati‘ (d. h. der Priesterweihe von verheirateten Männern, die sich in Ehe, Beruf und Gemeinde bewährt haben) oder des Diakonats der Frau dauernd vertagt oder als quasi doch schon endgültig beantwortet hingestellt werden usw. Angesichts der Häufung solcher Vorgänge muss sich auch der loyalste Christ fragen: Was spielt sich eigentlich in unserer Kirche ab?“[284]

Es geht um eine Entscheidung, die (vor allem wenn man die Generation der Jüngeren betrachtet) die Zukunft der Kirche betrifft, wie die zweifellos richtige Behauptung im Buch „Muss die Kirche die Jugend verlieren?" formuliert: „Die im Titel dieses Büchleins gestellte Frage ist nicht rhetorisch gemeint; beide Antwortmöglichkeiten sind offen. Die Kirche *muss* keineswegs die Jugend verlieren – wenn sie sich ändert. Sie *wird* sie aber *zwangsläufig* verlieren, wenn sie bleibt, wie sie ist."[285]

Jede Neuerung birgt natürlich auch *Gefahren* in sich, da das Neue per definitionem dem Gewohnten, Gegebenen und Geltenden gegenübersteht.[286] – Und für das Individuum ist es auch psychisch schwierig, sich vom Durchschnittlichen zu trennen, sich gegen das Gegebene aufzulehnen. Es bietet allerdings eine Lösung an, „die in der modernen Gesellschaft von einer Mehrzahl der Normalmenschen gesucht und gefunden wurde: Das Individuum gibt es auf, es selber zu sein, und übernimmt zur Gänze die Sorte Persönlichkeit, die sich ihm in Form einer Zivilisations-Schablone darbietet, und auf Grund derer es genau so wird, wie man es von ihm erwartet, genauso, wie alle anderen sind. Der Zwiespalt zwischen dem Ich und der Welt verschwindet und mit ihm zugleich die bewusste Furcht vor Alleinsein und Machtlosigkeit. Wir können diesen Mechanismus mit der Mimikry einiger Tiergattungen vergleichen. Dank ihrer Schutzfärbung gleichen sie ihrer Umgebung so, dass sie sich kaum mehr von ihr unterscheiden. Jeder, der seine Individualität aufgibt, ein Automat wird gleich Millionen anderer Automaten ringsum, muss nicht mehr Alleinsein und Bangen empfinden. Aber der Preis, den er dafür entrichtet, ist hoch; es ist der Verlust seines Selbst."[287]

Die Folgen der Verschiedenheit der Reaktionen sind vielfältig. Von der Institution her entsteht die Verpflichtung, Kompromisse zu schließen (wobei die Art und Weise solcher Lösungen mehr oder weniger angebracht und mehr oder weniger gelungen sein kann), die einzelnen Personen entwickeln eine Einstellung der partiellen Identifikation: Sie akzeptieren jenen Teil des zweischneidigen Endergebnisses, der ihrer Auffassung entspricht, und lehnen den anderen Teil ab.

Aggiornamento

Und doch wurde ein neuer Schwung, ein Ausbruch aus dem 400-jährigen Schlaf durch das Zweite Vatikanische Konzil[288] unter dem Motto „aggiornamento" versucht. Dieser Ausdruck wurde vom Papst Paul VI. folgendermaßen verstanden: „Wendet man es im kirchlichen Bereich an, so deutet es auf die Beziehung zwischen der unveränderlichen Gültigkeit der christlichen Wahrheiten und ihrer praktischen Einwurzelung in unsere dynamische und außerordentlich wandelbare Gegenwart hin, in das Leben des Menschen, das sich in unserer unruhigen, aufgeregten und doch fruchtbaren Zeit ständig und in vielerlei Weise ändert. Dieses Wort weist auf den wandelbaren und erfahrbaren Aspekt des Mysteriums der Erlösung hin, eines Mysteriums, das nach nichts anderem drängt, als wirksam zu werden. Dieser Aspekt weist darauf hin, wie sehr die Wirksamkeit des Mysteriums bedingt wird durch die kulturelle, sittliche und soziale Verfassung des Menschen, auf den es gerichtet ist, und wie wichtig es ist für ein rechtes Verständnis des Lebens, aber auch und vor allem für ein echtes Wachstum des Apostolates, die Erfahrung der anderen zu kennen und, was gut daran ist, sich anzueignen. ‚Prüfet alles! Das Gute behaltet!‘ (1 Thess 5, 21). Dieses Wort bedeutet die Furcht vor überlebten Gewohnheiten, vor lähmender Rückständigkeit, vor unverständlichen Formen, vor unpersönlicher Distanz und vor der unbewussten und uneingestandenen Unkenntnis neuartiger menschlicher Phänomene. Es bedeutet aber auch die Furcht vor zu schwachem Vertrauen in die ewige Aktualität und Fruchtbarkeit des Evangeliums. Dieses Wort kann ausgelegt werden als unterwürfige Konzession an den schnelllebigen Zeitgeist, an einen die objektiven und transzendenten Werte leugnenden und rein dem Augenblicklichen und Subjektiven verhafteten Existenzialismus. In Wirklichkeit misst dieses Wort den rasch und unerbittlich sich wandelnden Erscheinungsformen unseres Lebens die ihnen zukommende Bedeutung bei und bringt die Mahnung des Apostels in Erinnerung: ‚Nützt die Zeit aus, denn die Tage sind böse‘ (Eph 5,16)."[289]

Im Buch fehlen nicht die Hinweise darauf, dass die Verwirklichung dieses Programms sehr schwierig ist. Einer der Gründe ist die Überalterung der Christen im Priesteramt: „Von einer Priesterschaft, die das durchschnittliche Alter von 70 Jahren besitzt, kann wohl schwerlich ‚aggiornamento‘ und ‚Inkulturation‘ erwartet werden."[290]

Dies ist umso bedauerlicher, als die Aufgabe noch vor uns steht: „Wer darum meint oder gar dekretiert, die unruhige ‚Experimentierphase‘ nach dem Konzil sei zu Ende, gibt sich wohl einer großen Illusion hin, mir scheint vielmehr, dass uns die ‚heiße Phase‘ einer wirklich schöpferischen Auseinandersetzung zwischen christlichem Glauben und moderner Kultur erst noch bevorsteht – falls wir nicht von vornherein unsere Gegenwartskultur theologisch und pastoral abschreiben wollen."[291]

2.3. „Progressiv" vs. „konservativ"

Als Folge dieser Schwierigkeiten, der Säkularisation und der nachkonziliaren Entwicklungen entstanden zwei Lager unter den Katholiken: die
so genannten *Konservativen* und die so genannten *Progressiven*. Dieses
Begriffspaar beherrschte eine Zeit lang die Sprache der engagierten Gläubigen, wurde dann später als zu wenig differenziert fast geächtet. Eine
Untersuchung in den Niederlanden der sechziger Jahre weist allerdings
auf das Problem hin: „Fordert man die Leute auf, sich selbst als ‚progressiv' oder ‚konservativ' einzustufen, so ist die Zahl der Fortschrittlichen
nicht allzu groß. 41 Prozent der befragten Katholiken bezeichnen sich
selbst als gemäßigt progressiv, 13 Prozent als extrem progressiv. Im Gegensatz dazu fühlen sich 31 Prozent gemäßigt konservativ und 10 Prozent
extrem konservativ; 5 Prozent bleiben die Antwort schuldig. Dieses Verhältnis 54 : 41 ändert sich jedoch noch mehr zugunsten der Progressiven,
wenn die Leute zu verschiedenen ‚heißen Eisen' ihre Meinung bekunden
sollen. Den Gebrauch der Pille halten etwa 76 Prozent der Befragten für
moralisch verantwortbar. 72 Prozent meinen, dass der Priester frei darüber entscheiden können sollte, ob er heiraten wolle oder nicht."[292]

Die Kontroverse findet nicht nur zwischen „Amtsträgern auf höheren
hierarchischen Stufen" einerseits und „Christen in der Basis" andererseits
statt. Beispiele dafür liefern etwa alle Bischöfe, die mit der Zentrale der
Kirche in Konflikt geraten sind, wie z. B. Bischof Gaillot in Frankreich
oder Bischof Stecher in Österreich.[293]

Bemerkenswert ist die Härte, mit der der Alt-Erzabt von Pannonhalma, András Szennay, an der Kirchenführung Ungarns Kritik übte. Klerikalismus und Dialogunfähigkeit hat er der Kirche Ungarns in einem Interview mit der österreichischen katholischen Nachrichtenagentur Kathpress (8. 1. 1992) vorgeworfen. „Der frühere Benediktiner-Erzabt von
Pannonhalma, in diesem Amt selbst 18 Jahre lang Mitglied der ungarischen Bischofskonferenz, beklagte die mangelnde Aktivität der Kirche
auf nationaler Ebene. Fast notwendig werde sich so eine Parallelstruktur
innerhalb der Kirche herausbilden, da die ‚Basis viel mehr Vitalität als
die Führung' zeige. Kritisch konfrontierte Szennay, der als einer der führenden Theologen des Landes gilt, in seiner Analyse die bestehende Situation mit den Erwartungen, die der Papst während seines Pastoralbesu-
ches im Sommer des vergangenen Jahres an Ungarns Kirche gerichtet
hatte. Dazu nannte Szennay beispielsweise den dringlichen Appell Johannes Pauls II., einen umfassenden Pastoralplan für das ganze Land zu erar-

beiten und die Laien daran bestmöglich zu beteiligen. Ebenso habe Johannes Paul II. Diözesansynoden angemahnt, die dafür sorgen sollten, das Zweite Vatikanische Konzil auch in der Kirche Ungarns lebendig werden zu lassen. Die angstbedingte Unfähigkeit der ungarischen Kirchenführung, solche Diözesansynoden einzuberufen, sei Indikator für den fehlenden inneren Dialog in der Kirche. Auf die Rolle der Laien in Ungarns Kirche befragt, bemerkte Szennay: ‚Wir waren eine klerikale Kirche, und im Wesentlichen sind wir es auch heute.' Jedoch würden immer mehr Laien die Bedeutung und Notwendigkeit ihrer Mitarbeit entdecken, trotz der entgegengesetzten Überzeugung vieler ungarischer Priester, die die wachsende Aktivität der Laien noch zu unterbinden suchten. Für die notwendige Suche nach dem Standort der Kirche innerhalb des Staates sei die viel gehörte Rede vom ‚liberalen Antiklerikalismus' unbrauchbar und wecke nur unnötige Antipathien. Die eigene Erfolglosigkeit und mangelnde kirchliche Präsenz in der Gesellschaft ließen sich so nicht entschuldigen. Menschen, die über Jahrzehnte indoktriniert worden sind, seien nur durch Aufrichtigkeit und Dialogbereitschaft zu überzeugen. Szennay kritisierte zudem, ‚dass unsere Bischofskonferenz noch immer keine Erklärung des Bedauerns abgegeben hat'. Zu einer solchen Selbstkritik sei sie verpflichtet und könne so sehr viel ‚Unbehagen' ausräumen."[294]

Zur Beurteilung der beiden „Fronten" im Sinne der *Spiritualität des Evangeliums* gibt die folgende Geschichte meditative Gedanken: "Der Wiederauftritt des Pharisäers und des Zöllners", die junge niederländische Jesuiten in den fünfziger Jahren verfasst haben:

„Zwei Jesuiten zogen sich in ihre Zimmer zurück, um zu beten. Der eine war der Sohn der Regel, der andere der Sohn des Geistes.

Der Sohn der Regel kniete steif und ohne sich zu stützen auf seinem Betschemel und betete: ‚Mein Gott, ich sage dir Dank, dass ich nicht so bin wie die anderen Ordensleute, vor allem wie dieser Sohn des Geistes, ohne Selbstverleugnung und ständig kritisierend. Ich stehe jeden Tag um vier Uhr auf, vollziehe Bußübungen und verbreite einen guten Geist in den Konversationen. Bevor ich beginne zu plaudern, vergesse ich nie, den Ratschläge-Katalog von P. Nadal über die Regeln des frommen Gespräches zu studieren. Ich meide jede Familiarität, jedes Zeichen einer partikularen Freundschaft. Ich liebe niemanden, mein Gott, damit ich dich allein lieben kann. Ich beherrsche mich wie der Herrscher des Alls, und es gibt in mir keine solche widerspenstige Macht, die nicht eingeordnet wäre in den Rahmen eines strengen Gesetzes und einer fehlerlosen Regelmäßigkeit.'

In der gleichen Zeit betete der Sohn des Geistes, nachdem er es sich in seinem Sessel bequem gemacht hatte, folgendermaßen: ‚Mein Gott, sei mir gnädig, der ich ein Habenichts bin. Ich stehe in der Früh auf, wenn ich den Mut dazu habe, und ich kenne nicht einmal die Definition der echten Reue. Ich äußere heftig, was ich denke, und zwar oft auch zum Schaden der Liebe. Ich bin Herr über mich selbst wie über das All, das heißt mindestmöglich, und ich spüre gefährlich den Sog der Abgründe, wenn deine Hand nicht gegenwärtig ist. Oh einzig guter Vater, bleibe bei mir und halte mich von den furchterregenden schiefen Ebenen, die die Erbsünde so glitschig gemacht hat. Bleibe bei mir, mein Herr, denn es wird in mir Abend werden ...'

Als die beiden ihr Gebet beendeten, welcher stand gerechtfertig auf?

Zwei Jesuiten zogen sich in ihre Zimmer zurück, um zu beten. Der eine war der Sohn der Regel, der andere der Sohn des Geistes.

Der Sohn der Regel kniete steif und ohne sich zu stützen auf seinem Betschemel und betete: ‚Mein Gott, sei mir gegenüber barmherzig, der ich ein armer, kleiner Mensch aus der Reihe der gemeinen Pharisäer bin, der ich mir selber gegenüber zu wenig Vertrauen habe, um dein Gesetz nicht als eine große Wohltat zu würdigen, das mir plumpem Menschen deinen heiligen Willen anzeigt. Ich bin in äußeren Sklavereien zu sehr versteinert, als dass ich mit sicherem, vertikalem Schwung in deine Richtung fliegen könnte. Der Widerstand meines sündigen Leibes macht mich viel zu schwer, als dass ich es wagen könnte, jene perfekte Leichtigkeit, jene diskrete Eleganz des Sohnes des Geistes anzustreben, Eigenschaften, von denen behauptet wird, dass sie die letzte Entfaltung der Tugend sind. Leider weiß ich nicht einmal, mein Herr, was jene Religion des Geistes ist, von der deine intelligentesten Diener reden. Erlaube mir, dass ich dir wenigstens das armselige Geschenk meines Stillschweigens, meines buchstabengetreuen Handelns und meiner ungeschickten Selbsthingabe anbiete.'

In der gleichen Zeit betete der Sohn des Geistes, nachdem er es sich in seinem Sessel bequem gemacht hatte (und daran dachte, dass der hl. Ignatius wenigstens einen Geist mit breitem Horizont besaß und die Dinge verstanden hat), folgendermaßen: ‚Mein Herr, ich sage dir Dank, dass ich nicht zu den dummen und hochmütigen Pharisäern gehöre, zu den Söhnen der Regel, die servile Anbeter der Buchstaben sind. Ich bete dich an in Geist und Wahrheit, wie du es willst. Ich danke dir, dass du es nicht zugelassen hast, dass ich durch sterile asketische Übungen und negative Gewissenserforschungen meine Zeit vergeude und meine Natur verstümmele, sondern mich zu deiner göttlichen Vollkommenheit angezogen hast. Mein Herr, gib, dass endlich auch meine armen Mitbrüder deine Herrlichkeit verstehen: Die Herrlichkeit Gottes ist der lebende Mensch. Oh ja, gib, dass sie deine Religion verstehen, wie ich selber sie verstehe, in ihrer Vollständigkeit ...'

Was meinst du: Als die beiden ihr Gebet beendeten, welcher stand gerechtfertigt auf?"

Es gab berühmte „Bekehrungen" von einem Lager in das andere, wie etwa die Sinnesänderung von Kardinal Frings, der vor dem Konzil ein prominenter Vertreter der konservativen Gruppe gewesen ist, während des Konzils aber zum progressiven Flügel der Bischöfe wechselte. Ein klassischer Fall des „Frontwechsels" in die andere Richtung kann im Lebenslauf des Kardinals Ratzinger studiert werden. Helmut Krätzl, Weihbischof in Wien, berichtet darüber: „Wie befriedigt Ratzinger jedenfalls über den für viele unerwarteten Fortgang des Konzils zunächst war, zeigen seine Kommentare zu den einzelnen Konzilssessionen, die er jeweils nach Beendigung einer Periode in Vorträgen abgab und die ... in vier schmalen Bändchen publiziert worden sind. Es lohnt sich, diese Publikationen kennen zu lernen, weil sie trotz ihrer Kürze zu den pointiertesten ‚Erstkommentaren' des konziliaren Geschehens zählen und den kirchlichen Fortschritt von damals ganz klar machen."[295]

Und Bischof Krätzl erinnert sich weiter: „Uns, die wir in Rom studierten, wurde klar, dass hier eine kleine, aber sehr einflussreiche Gruppe das Konzil, bevor es noch begonnen hatte, in eine ganz bestimmte Richtung bringen wollte. Diese Gruppe wollte eine Festschreibung des Bisherigen, eine lehrmäßige Verurteilung von Aussagen moderner Theologen, ähnlich dem Syllabus des vergangenen Jahrhunderts, andererseits aber drängte man auf neue Dogmatisierungen, etwa die Gnadenmittlerschaft Mariens oder die ‚absolute Irrtumslosigkeit der Heiligen Schrift', oder die Herkunft aller kirchlicher Jurisdiktion vom Papst. Diese Vorstöße kamen aus der Kurie selbst oder wurden zumindest von dort unterstützt. In den inzwischen eingegangenen Voten aus der Weltkirche wünschten Ähnliches einige italienische Bischöfe, ferner spanische und lateinamerikanische sowie Teile des nordamerikanischen Episkopates und eine kleine, aber sehr kämpferische Gruppe französischer Bischöfe. Wünsche nach einer tief greifenden Reform hingegen kamen vor allem von deutschsprachigen und teilweise auch von französischen Bischöfen. Es waren die beiden Länder, aus denen die damals wegweisenden Theologen kamen. Besondere Beachtung fand auch das Buch von Hans Küng, ‚Konzil und Wiedervereinigung‘, das 1960 mit einem Vorwort von Kardinal König erschienen war und sehr konkrete ökumenische und reformerische Vorschläge für das Konzil machte. Uns fiel auf, dass damals Ratzinger und Küng in einer neuen Sicht der Kirche im Wesentlichen übereinstimmten. Übrigens hat Küng, der in Tübingen lehrte, nach dem Konzil Ratzinger als ‚Kollegen‘ dorthin auf den gerade neu errichteten zweiten Lehrstuhl für Dogmatik geholt.“[296]

Nach den großen Konzilien, wie etwa Nicäa oder Chalcedon, hat es 50 bis 100 Jahre gedauert, bis die Kirche die Änderungen aufgearbeitet hat. Auch nach dem Zweiten Vatikanum sind bereits fast 40 Jahre vergangen, und eine gewisse Unruhe dauert immer noch an. Geduld gehört sicherlich zu den heute notwendigen Tugenden.[297] Allerdings lässt ein verantwortliches Verhalten nicht zu, dass diese verlustreiche Periode selbst nur einen Tag länger dauert, als unvermeidbar notwendig.

Was den Dialog zwischen den zwei Grundpositionen betrifft, darf man einige psychologische Aspekte nicht außer Acht lassen. Wenn man sich alle internalisierten kognitiven und emotionalen Elemente, die ein Mensch sich im Laufe seines Lebens gesammelt hat, als eine „Ziegelwand“ vorstellt, deren einzelne „Ziegel“ diese Elemente sind, dann erkennt man sofort, dass die oberen Elemente auf den unteren ruhen. Ziehe ich jetzt ein weiter unten liegendes Element weg, fallen die darüber liegenden Elemente auch aus der Wand heraus.[298] Damit wird die Schwierigkeit, mehr oder weniger radikale Reformen, Änderungen und tiefer liegende neue Auffassungen zu akzeptieren, deutlich. Zwischen Traditionalisten und Reformfreudigen ist deshalb ein erfolgreicher Dialog schwierig. Man kann sich natürlich Schritt für Schritt vorwärts arbeiten. Falls ich jedoch „mit der Tür ins Haus“ falle, muss ich mit der Abwehrreaktion des Partners rechnen.[299]

Dies bedeutet keineswegs die Aufgabe der ursprünglichen Zielsetzung, nämlich radikale Änderungen erreichen zu wollen, ist aber eine Mahnung in Hinblick auf die Vorgangsweise. Dabei darf auch nicht außer Acht gelassen werden, dass in vielen Fällen radikale Verhaltensweisen mit kurzfristig negativen Folgen der einzige Weg sind, um längerfristig erwünschte Ziele erreichen zu können.

2.4. Theorien, Situationsanalysen

Ziemlich eindeutig richtig, aber für den Zweck, die Aufgabenerfüllung der Kirche durch Reformen zu verbessern, wenig brauchbar sind Erklärungen, die das Problem in der *Beziehung Mensch – Gott* sehen: „Welche sind denn die Dimensionen der Krise, die das europäische Christentum befallen hat? Handelt es sich wirklich nur um eine ‚Kirchenkrise‘, die sich kirchenreformerisch relativ einfach beheben lässt? Wieso aber ist dann die evangelische Kirche, die solche Reformprobleme nicht hat, die weitaus modernitätsverträglicher wirkt als die katholische, von der schwelenden Krise ebenso betroffen? Die Krise sitzt offensichtlich tiefer. Ich nenne sie ‚Gotteskrise‘, und als solche hört sie auf, provinziell oder konfessionell zu sein; sie geht nicht nur die Kirchen und nicht nur die Christen an; sie wird gewissermaßen zur geistigen Signatur unserer Zeit.“[300] Wir werden im Kapitel 6 dieses Buches viele Probleme behandeln, die etwa die evangelische Kirche genauso oder sehr ähnlich wie die katholische Kirche in sich trägt.

Religion und säkulare Kultur

Das soeben Gesagte trifft auch auf die folgende Hypothese zu: „Eine mögliche Interpretation geht dahin, gerade das *Auseinandertreten von verkirchlichter Religion und säkularer*, jedoch von christlichen Werten mitbestimmter *Kultur* für die wachsende Entkirchlichung verantwortlich zu machen.“[301] – Die praktisch-konkrete Frage lautet ja: Wie kann die Sprache und die Handlungsweise der Kirche reformiert werden, damit die Menschen ihr Angebot für anziehend genug halten, um Religion in ihrem Leben zu verwirklichen?

Selbst die Antworten der „Betroffenen“ bleiben gleichsam auf dem *halben Weg* der Begründung stecken. Die Gründe für den Rückgang des Nachwuchses im Priester- und Ordensstand in Frankreich um 1950 sucht F. Boulard „hauptsächlich in dem Mangel an christlicher Erziehung, in dem abschätzigen Reden der Laien über den Priesterberuf, in einer gewissen Weltfremdheit vieler Priester und im Zustand des Familienlebens. – In Holland wurde unter den Oberinnen von 56 weiblichen Missionsgenossenschaften eine Umfrage durchgeführt. 33 meldeten einen starken Rückgang der Berufungen, 16 zeigten sich mit Einschränkungen befriedigt, 7 gaben keine Antwort. Insgesamt ist die Zahl der Ordenskandidatinnen im Vergleich zur Zeit nach dem Ersten Weltkrieg auf gut 50 % zurückgegangen. Nach den Gründen für diesen Rückgang befragt, waren die Oberinnen der Meinung, dass die Kluft zwischen Kloster und Welt sich vertieft hat. Der materialistische Lebensstil habe die Opferbereitschaft gemindert. Die heutige Jugend habe auch eine Scheu davor, ihr Leben im Gehorsam einer Autorität zu unterwerfen, worin sie durch die Methoden der modernen Erziehung bestärkt werde. Auch die Überschätzung der physischen Mutterschaft im Verein mit geringschätzigen Urteilen über das Ordensideal sowie die geringe Kenntnis des Klosterlebens trage zum Nachlassen des Interesses bei. ...

In einer nicht genannten, aber für die Gesamtverhältnisse der Vereinigten Staaten typischen großen Diözese des mittleren Westens wurde vor einem Jahr eine Rundfrage unter der Jugend veranstaltet, um die Gründe für den *Rückgang der geistlichen Berufungen* zu ermitteln, wie sie sich der Jugend darstellen. Die Rundfrage erfasste 1200 Jugendliche in der höheren Schule und in den Pfarrjugend-Gemeinschaften für Berufstätige. John J. Campbell SJ gab in ‚America‘ (19. 1. 1952) einen Bericht über die Ergebnisse, dem wir Folgendes entnehmen: Es handelte sich um eine religiös lebendige Diözese. Die Jugendlichen waren damit vertraut, dass die Kirche einen großen Bedarf an Nachwuchs hat. 900 der befragten Jugendlichen gaben Antwort auf die Frage, ob sie den geistlichen Stand erwogen hätten und warum sie sich nicht dazu entschließen wollten. ... Auf die Frage, welche Hindernisse denn bei ihnen selbst dem Gedanken ans Priestertum entgegenstünden, antworteten die meisten sehr freimütig. Viele sagten, sie seien verliebt und wollten lieber heiraten. Viele verwiesen auf den Widerstand von Eltern und Familie. Andere sagten, sie seien zu jung, um für die Dauer ihres Lebens Entscheidungen zu treffen. Häufig wurde die Furcht vor der Einsamkeit eines geistlichen Lebens geäußert. Oft wurde auch die Gegenfrage gestellt: Kann man nicht als guter Laie mit seinem Kontakt zu vielen Leuten ebensoviel Gutes tun wie ein Priester und denselben ewigen Lohn ernten? Im Ganzen zeigten, nach Campbell, die Antworten zu diesem Teil der Rundfrage, dass die Abneigung der Jugend gegen den geistlichen Stand vor allem in ihren weltlichen Interessen und Hoffnungen, dann aber auch in einem viel zu geringen detaillierten Wissen vom Wesen und den konkreten Tätigkeiten und Lebensformen des geistlichen Standes begründet ist.“[302]

Reformbedürftige und reformierbare Faktoren

Im folgenden Text formuliert der Sozialethiker Rudolf Weiler sowohl ähnliche Feststellungen als auch eine Reihe von reformbedürftigen und reformierbaren Faktoren im Leben der Kirche als Ursachen der Kirchenfremdheit (über die ja schon viel geforscht worden ist) folgendermaßen: „... die geschlossene innerweltliche Kausalität, in der es keine ursprünglichen Transzendenzerlebnisse mehr gibt; die Dichte der Konsumerlebnisse, die das Denken von allen Fragen nach dem Urgrund der Dinge abschirmen; die Aufgliederung unserer Gesellschaft in Interessen-Großgruppen, deren einziger Maßstab der materielle Erfolg ist, und damit verbunden die weltanschauliche Verdünnung und Verdrängung der ethischen und religiösen Werte; das Verschwinden religiöser Symbole und Handlungen im öffentlichen Bereich, so dass der Durchschnittsmensch den Eindruck erhält, das Religiöse sei bedeutungslos geworden; die Mobilität des Einzelnen in unserer Industriegesellschaft und die Raschlebigkeit im Konsumverhalten, in der Freizeit und im Wechsel des Arbeitsplatzes, während religiöses Leben in der Gemeinschaft festen Rhythmus und Beständigkeit braucht; mangelndes sittliches Verantwortungsbewusstsein als Folge der unüberschaubar und unpersönlich gewordenen sozialen Apparate. Darüber hinaus dürfe aber nicht übersehen werden, dass auch Bewährung und Versagen der Kirche an der Gesellschaft wesentlich zur kirchlichen Praxis der Gläubigen beitragen. Die Kirche ist im Laufe vieler Jahrhunderte eine enge Verbindung mit den Strukturen des Feudalwesens und der bäuerlich-handwerklichen Welt eingegangen und konnte sich lange daraus nicht lösen. So verlor sie mit der Industrialisierung immer mehr an Boden im öffentlichen Leben und im täglichen Leben der Menschen. Sie begnügte sich lange Zeit mit dem äußeren Schein des Staatskirchentums, als ob alles in Ordnung wäre, während sich im Volk der sozial-revolutionäre Umschwung vorbereitete, der nach dem Ersten Weltkrieg zum Ausbruch kam. In manchem ist sogar heute noch der bäuerlich-kleinbürgerliche und feudale Charakter erhalten: in den Formen der Gebete und gottesdienstlichen Handlungen, im Aussehen der Kirchen, in den barocken Titulaturen, in den Farben der kirchlichen Würden, im kurialen Ton. Dazu die unverständliche lateinische Kultsprache und eine kirchliche Volkssprache, die vielfach schwulstig und lebensfremd wirkt. Daher bleibt das Volk weithin teilnahmslos. Die Kirche ist im Vergleich zur Beweglichkeit und zur demokratischen Grundhaltung unserer Zeit immer noch viel zu konservativ. Hier seien große Hindernisse wegzuräumen.“[303]

„Ein gutes Beispiel ist für diese Art von Erklärung die Analyse des schwindenden Gebrauches der *Beichte*. Fragt man nach dem Grund für den rapiden Rückgang der Beichte, so lässt sich dieser wohl kaum auf einen einzigen Faktor zurückführen. Darum geht die Erklärung, wie sie gern von mehr konservativen kirchlichen Kreisen vorgebracht wird: die Krise des Bußsakraments verdanke sich allein dem schwindenden Sündenbewusstsein des modernen Menschen und sei darum ein Phänomen des Unglaubens, in ihrer Einseitigkeit gewiss fehl. Es ist wohl sachgemäßer, eine Vielzahl von Gründen namhaft zu machen, die gerade in ihrer Konvergenz zu jener tief greifenden Umorientierung der bisherigen Bußpraxis geführt haben. Einen ersten wichtigen Grund für das Nachlassen der Beichte sieht man gegenwärtig vielfach in der wachsenden Sensibilität des heutigen Menschen für die unangemessene Ritualisierung und Formalisierung des Bußvorgangs, wie ihn die traditionelle Beichte praktizierte. Die Beobachtung, die der Freckenhorster Kreis in seiner Stellungnahme zum Thema Buße vom Mai 1970 traf, dürfte in ihren Konturen richtig sein: ‚Vom unmittelbaren Empfinden her ist die Beichte in ihrer üblichen Form – Schlange vor dem Beichtstuhl, Knien im engen ‚Kasten', Aufzählen der Sünden nach Beichtspiegelschema, Zuspruch in ein paar Sätzen, Auferlegen einer routinemäßigen Buße, Absolution – kein Geschehen, in dem die existentielle Begegnung eines Menschen mit dem vergebenden Gott deutlich erfahren wird. Hinzu kommt die häufige Klage über die Wirkungslosigkeit der wiederholten Beichte; man weiß nicht recht, welchen praktischen Wert es hat, längst Vergangenes unter ein ‚Nein' zu stellen. Es geschieht in vielen Fällen keine Erneuerung im Sinn der biblischen Umkehr. Im Gegenteil, für viele Christen ist die Beichte ein Institut zur Umgehung der wirklichen Umkehr. Denn indem die Versöhnung mit Gott in einem formalisierten sakramentalen Ritus gesucht wird, tritt die reale Versöhnung mit dem Mitmenschen und die reale Aufarbeitung zwischenmenschlicher und gesellschaftlicher Konflikte in den Hintergrund.'[304]

Mangel an Anpassung

So lautet die nächste Erklärung für die heutige religiöse Krise. Als Gründe dafür bezeichnet etwa A. Desqueyrat „die allgemeine Entwurzelung, die Wachstumskrisen vor allem bei der Arbeiterschaft, die positivistische und hyperkritische Geisteshaltung und die moderne Zivilisation. Zur Behebung dieser Schäden muss sich die Kirche in Glaubensverkündigung, Moral und Liturgie der Mentalität des modernen Menschen anpassen."[305]
    Ein sehr verbreitetes Erklärungsmodell sieht den Grund der krisenhaften Entwicklung in einem *„Syndrom", im Zusammenwirken vieler*

verschiedener Faktoren, die vor allem in den letzten Jahrzehnten entstanden sind: „Kirchenstimmungen und -verstimmungen können natürlich viele Ursachen und Quellen haben. Vielleicht sucht man in einer hochkomplizierten Welt nach Sicherheit, nach Stützen für das gefährdete subjektive Gleichgewicht, nach Heimat in einer zusehends als kälter empfundenen Gesellschaft, nach Vater- und Mutterinstanzen ... Aber es gibt auch unübersehbar hausgemachte Beweggründe, die zu einer Kirchenverdrossenheit und sogar zu einer entmutigenden Kirchenerschöpfung geführt haben.

Viele Personalentscheidungen und pastorale Beschlüsse des Vatikans haben polarisiert: Es sei erinnert an die Maßnahmen gegenüber den Orden in Südamerika und gegenüber Befreiungstheologen, an den Treueeid und die undurchsichtigen Verweigerungen der Zustimmung (Nihil obstat) für Theologen und Theologinnen, an die autoritäre Disziplinierung (Lehr- und Schreibverbote, Buß-Schweigen ...), an die Behandlung der Frage der wiederverheirateten Geschiedenen und der Geburtenregelung, an das Nein zur Diskussion der Priesterweihe von Frauen oder an die jüngsten Bestimmungen für das vatikanische Personal. Die schockierenden Bischofsernennungen und -absetzungen der jüngsten Zeit mögen Beispiele dafür sein, insbesondere auch die Skandalfälle (z. B. in Österreich) um höchste kirchliche Repräsentanten und deren Verhaltensweise. Der klar vollzogene Rücktritt von Hansjörg Vogel als Bischof von Basel hat ohne Zweifel auch deshalb eine solche Sympathiewelle ausgelöst, weil er im Kontrast stand zu den üblichen Nachrichten über die sog. offizielle Kirche. Beinahe hat man darob die jahrelangen Auseinandersetzungen um Eugen Drewermann vergessen. Diese wenigen Blitzlichter zeigen, dass die Fakten eine Brisanz bergen, die zuerst unterschwellig eher verdrossen und gereizt werden ließ, dann aber das Fass zum Überlaufen brachte."[306]

Zu einem ähnlichen Ergebnis, dass nämlich die Ursache der Krise nicht in einzelnen Faktoren, sondern in *gleichzeitigem Vorhandensein mehrerer*, in unserer Zeit ziemlich allgemein erfahrener *Faktoren* liegt, kommt Josef Anton Aigner in seiner Dissertation. Er untersuchte drei Gruppen von Jugendlichen über ihre Berufserwartungen. Eine aus dem Jugendzentrum Innsbruck (intensiver Kontakt mit Priestern unter sehr günstigen Umständen), eine aus dem Jesuitengymnasium Linz (intensiver Kontakt mit Priestern unter weniger günstigen Umständen) und eine in einem Grazer Gymnasium (kein intensiver Kontakt mit Priestern). Im Hinblick auf verschiedene Berufe konnten einige Unterschiede in der Einstellung der drei Gruppen herausgearbeitet werden. „Bei der Frage nach dem Prie- sterbild ist das aber fast unmöglich. Die Kurven verlaufen in einem ‚Zickzack‘ ... und trotzdem gleichen sich die Kurven manchmal bis aufs Haar – was bedeutet, dass sich die“ drei Gruppen „ziemlich einig sind in ihrem positiven oder negativen Urteil über den Priesterberuf.“[307]

Prof. Maltarello, Präsident der Katholischen Aktion in Italien, sieht das Problem in der *Umbruchsituation*, die die Kirche von heute kenn- zeichnet: „Wir befinden uns auf dem Übergang von einem weitverbreite- ten Traditionschristentum zu einem Christentum der Überzeugung. Die- ses ist, rein quantitativ betrachtet, jedenfalls sehr viel weniger weit ver- breitet.“[308]

Unterschiedliche Auffassungen in der Kirche führen zu Spannungen und diese zu krisenhaften Konflikten: „Hinter den Spannungen, Fraktionen und Konfrontationen verbergen sich nicht nur verschiedene Personen (der Papst, die Deutschen Ratzinger und Höffner oder die Brasilianer Arns oder Lorscheider), auch nicht nur verschiedene Länder (in Brasilien gibt es so gut wie in den USA neu ernannte reaktionäre Bischöfe und Kardinäle), schließlich auch nicht nur verschiedene Theologien (kuriale Neuscholastik oder Befreiungstheologie). Dahinter verbergen sich zwei verschiedene ‚Welt-Zeit‘-Sichten, verschiedene ‚Gesamtkonstellatio- nen‘, zwei *verschiedene Paradigmen* von Kirche und Gesellschaft. Dar- um also geht der Streit nach wie vor, wie im Ratzinger-Report deutlich sichtbar wurde: entweder zurück in die römisch-mittelalterliche, gegenre- formatorisch-antimodernistische Konstellation oder aber vorwärts in ein modern-nachmodernes Paradigma!“[309]

Nachkonziliare Entwicklung

„Eine Tatsache kann nicht geleugnet werden: Die sichtbaren und latenten Formen des Unbehagens innerhalb der Kirche sind durch die nachkonzi- liare Entwicklung kaum vermindert worden. Eine Vielzahl kirchlicher Vorgänge, auf die hier nicht einzugehen ist, beweist es. Es ist aber nicht leicht auszumachen, wo die Gründe solchen Unbehagens liegen und wel- ches seine hauptsächlichen und konstanten Ausdrucksformen sind. Vor- weg kann festgestellt werden: Die Gründe sind gewiss nicht nur dieser oder jener Seite anzurechnen. Sie können nicht einseitig verteilt werden. Sie liegen nicht nur bei der Hierarchie, nicht nur beim Klerus, auch nicht nur bei den Laien, sondern bei der ganzen kirchlichen Gemeinschaft. Nur auf einige, die die gegenwärtige Diskussion kennzeichnen, sei hingewiesen. Ein erster, aus der gegenwärtigen Entwicklung selbst ableitbarer, liegt auf der Hand: Das Konzil bedeutete als Ereignis der Kirche tatsächlich nicht nur eine Markierung auf dem Wege der pilgernden Kirche, sondern einen echten und tief greifenden Umbruch, der für viele so plötzlich kam, dass sich seine Wirkungen nicht immer ohne spürbaren Bruch mit der Vergangenheit integrieren lassen. Zögern auf der einen und Ungeduld auf der anderen Seite sind die vorläufigen Folgen."[310]

Von Religionssoziologen können Ursachen der Krise genannt werden, die auch schon in früheren Zeiten gewirkt haben, aber auch heute noch wirken: „Befragt man die vorliegende Literatur, so werden *vielfältige Gründe* für den Plausibilitätsverlust des Christentums genannt: die wissenschaftliche Unbeweisbarkeit Gottes; die Widersprüche zwischen biblischer und zeitgenössischer Wirklichkeitsauffassung, beispielsweise hinsichtlich der Entstehung der Welt; der Vorrang des individuellen Gewissens vor den Ansprüchen biblischer oder kirchlicher Art; die unhintergehbare Pluralität der Wirklichkeiten im Gegensatz zum monotheistischen Charakter religiöser Ansprüche usf. Sieht man von dem letzten, typisch ‚postmodernen' Argument ab, so werden die Argumente schon seit über hundert Jahren vorgetragen und haben durchaus ernsthafte Antworten von Seiten der christlichen Theologie gefunden."[311]

Eine Analyse von Karl Rahner, die unmittelbar die Kirche in der Bundesrepublik Deutschland betrifft, aber weitgehend auch für die Weltkirche Gültigkeit hat, sieht das Problem im *Wandel der soziokulturellen Verhältnisse* und in der Nichtanpassung der Kirche: „Wir leben in einer Zeit der Massengesellschaft, deren Autoritäten nur funktional verstanden werden, in der in einer merkwürdigen Gleichzeitigkeit Freiheit und Sozialität Schlüsselbegriffe geworden sind und sich gegenseitig zugleich bedrohen und begründen. Wir leben in einer Welt, in der der Mensch in den verschiedensten Dimensionen das Objekt seiner eigenen Machbarkeit und Veränderung geworden ist, so dass er sich kaum noch als ein fertiges Ebenbild Gottes verstehen mag, sondern eher als *den* Punkt des Kosmos, an dem dessen Fahrt in utopischen Entwürfen ins gänzlich Unbestimmte zu gehen anfängt. Wir leben in einer Welt, in der die Tiefenpsychologie Abgründe im Menschen entdeckt, die sie einerseits nicht durch einen Appell an eine rationale Freiheit des Subjekts, sondern durch eine naturwissenschaftlich konzipierte Psychotechnik zu beherrschen sucht und die doch anderseits den Menschen in die anonymen Mächte seiner biologischen und gesellschaftlichen Herkunft aufzulösen unternimmt. Wir leben in einer Welt, die *eine* Gesellschaft der steuernden Massenmedien ist, von denen niemand mehr genau wissen kann, wer sie selber steuert. Wir leben in einer Welt, in der die Vorstellungsmodelle, unter denen der Mensch sein eigenes Wesen versteht, mobil und plural geworden sind, so dass in keinem einzelnen Kulturraum mehr ein von allen und öffentlich angenommenes Idealbild gegeben ist, auf das hin der einzelne Mensch bei gutem Willen sich wie selbstverständlich entwickeln kann. Wir leben schließlich in einer Welt, deren Gesellschaft pluralistisch ist, d. h., in der auch in den einzelnen geschichtlichen Räumen keine Gesellschaft mehr existiert, die gemeinsame und konkrete Leitbilder für alle Gruppen der Gesellschaft bereithält ... die homogene Christlichkeit der früheren Kultur und Gesellschaft war einfach ein Stück der Homogenität der Kultur und Gesellschaft profaner Art ...

Die Situation der Christen von heute und somit der Kirche ist darum die Situation eines Übergangs von einer der früheren homogenen profanen Gesellschaft und Kultur korrespondierenden Volkskirche zu einer Kirche als derjenigen Gemeinschaft der Glaubenden, die sich in einem je persönlichen, freien Glaubensentschluss auch kritisch absetzen von dem durchschnittlichen Meinen und Empfinden ihrer gesellschaftlichen Umwelt und die auch den eigentlich theologischen Glauben vielleicht gerade in und durch ein kritisches Verhältnis zu ihrer Gesellschaft und zu deren beherrschenden Mächten finden und eigentümlich prägen. Dagegen hilft kein ängstliches Festhalten an den genannten Restbeständen einer homogenen profanen und christlichen Gesellschaft von früher, hilft kein Rückgang des missionarischen Tuns der Kirche auf die so genannte „kleine Herde", die von diesen Restbeständen her noch gegeben ist und somit immer noch für die Kirche eine, wenn auch immer weiter schrumpfende, Möglichkeit bietet, im alten Stil weiterzumachen, bis auch die letzten kleinbürgerlichen und bäuerlichen Oasen aus diesen Restbeständen einer zu Ende gehenden geschichtlichen Epoche mehr oder weniger ganz verschwunden sein werden ... Der oft beklagte Schwund an Christlichkeit und Glaube ist keine Tat und Wirkung von finsteren Mächten, sondern zunächst einmal gar nicht ein Schwund an wirklich absolut notwendigem und heilschaffendem Glauben (ob und wieweit ein solcher gegeben ist, können wir gar nicht wissen), sondern ein Schwund der Voraussetzungen jener ganz bestimmten, mit dem Wesen des Glaubens und Christentums gar nicht identischen Art von Glaube und Christentum, die mit jenen gesellschaftlichen Verhältnissen gegeben war, die heute nun einmal am Untergehen sind und vom christlichen Glauben gar nicht als bleibend postuliert werden können, weil sie gar nicht die notwendige Voraussetzung eines wahren und kirchlichen Christentums sind ... Es wäre diese Situation dahin zu kennzeichnen, dass personale und gegenständliche Autoritäten (Amt, Amtsträger, Schrift, christlich kirchliche Begehungen besonderer Lebensereignisse durch Kindertaufe, Erstkommunion, christliches Begräbnis usw.) nur dann sich noch Geltung verschaffen können, wenn sie einerseits von der letzten Lebens- und Gotteserfahrung her immer neu begründet werden und sie sich gleichzeitig für den Alltagsmenschen in einer empirisch greifbaren und wirklich verständlichen Weise segensreich auswirken."[312]

Und in einem Interview sagt der Konzilstheologe: „Wenn die Kirche heute ratlos scheint, dann liegt das auch daran, dass die Gesellschaft ratlos ist. Beides gehört zusammen, und ich frage mich manchmal, ob das denn, vom Glauben her gesehen, so furchtbar schlimm ist. Warum sollten gerade wir Christen und die Kirche in einer Zeit der Ratlosigkeit überall Bescheid wissen, statt mit unseren Zeitgenossen diese Ratlosigkeit auszuhalten? Und ich glaube, wir müssen uns vielleicht darauf einstellen, dass die weitere Geschichte grauer und verschwommener aussehen und weniger Raum haben wird für große und klare geistige Profile."[313]

In einer Interpretation des „Vermächtnisses" Karl Rahners kommen weitere Gründe der krisenhaften Entwicklungen in der Kirche zur Sprache: „Zwei Grunderkenntnisse hat Karl Rahner meines Erachtens ins Spiel gebracht, die entscheidend dafür werden könnten, den toten Punkt zu überwinden.

Die *erste* besagt, dass die fortlaufende Spezialisierung in allen Wissenschaften Verständigungsschwierigkeiten über die Grenzen jedes einzelnen Fachgebietes hinaus mit sich gebracht hat und dass von dieser Situation die theologischen Disziplinen ganz und gar nicht ausgenommen sind. Eine lehrmäßige Übereinkunft sei deshalb ferner denn je gerückt, weil auch die Theologen immer mehr wissen und sich dabei immer weniger verstehen können, selbst solche ein und derselben Konfession. Man sollte also keine größere lehrmäßige Glaubensübereinstimmung der Kirche fordern, als sie unter den Theologen der je eigenen Kirche besteht.

Die *zweite* Grunderkenntnis hat Rahner in einem Aufsatz entwickelt, der sich mit Glaubensschwierigkeiten des Christen befasst, der eine Differenzierung zwischen seiner eigenen Wahrheit und der kirchenamtlichen Lehre erkennt, diese Differenz aber ertragen kann, indem er beide als unabgeschlossen versteht und ihre Differenz als Moment des heutigen, nicht mehr voll synthetisierbaren Pluralismus auffasst. Der einzelne Christ ist heute in seinem Bewusstsein nicht mehr Spiegelbild, Echo, Reproduktion der Kirchenlehre. Dafür ist er viel zu sehr geschichtlich bedingt, viel zu sehr konkretes Individuum. Er darf und muss wissen: Seine eigene Wahrheit und die Geschichte seiner eigenen Selbstidentifikation sind noch nicht abgeschlossen. Es gibt eine durchaus erlaubte existentielle Gleichgültigkeit gegenüber dieser oder jener Kirchenlehre; man darf also unverstandene Dogmen, ohne sie explizit zu leugnen, auf sich beruhen lassen. Hilfreich ist da die Aussage des II. Vatikanums von einer Hierarchie der Wahrheiten, wobei natürlich klar ist, dass der eigentliche Kern dieses strukturierten Wahrheitsganzen entscheidender ist als die Randbezirke des Wahrheitsganzen, Randbezirke, die durchaus nicht gewusst werden können, ohne dass dagegen etwas einzuwenden wäre. Für den einzelnen Menschen ist dabei noch Glaubensakt (‚fides qua‘) und Glaubensinhalt (‚fides quae‘) identisch."[314]

Die Interpretation der gegenwärtigen Verhältnisse des Theologen M. Kehl geht in die gleiche Richtung. „In seiner grundlegenden These sieht Kehl die eigentlichen Wurzeln der gegenwärtigen Problematik von Christentum und Kirche in Europa in der geschichtlich gewachsenen und momentan in eine neue Phase tretenden Verflechtung bzw. Abgrenzung von Kirche und abendländisch-neuzeitlicher Kultur. Die große Herausforderung, aber auch Chance der gegenwärtigen europäischen Kirche ist für ihn die Suche nach neuen Sozialformen, in denen der christliche Glaube auch in einer stark modernisierten, von traditionellen Elementen sich weithin lösenden Kultur angemessen leben und weitervermittelt werden kann."[315]

Eine der theoretischen Erklärungen liegt in der Natur der Sache. *Der technische Fortschritt* hat den Menschen in die Lage gebracht, manche seiner Probleme auch ohne Zuhilfenahme der Religion lösen zu können. „Als man einmal wusste, dass der Blitz nichts anderes ist als eine gigantische elektrische Entladung, und man im Blitzableiter und im Käfig von Faraday Mittel gefunden hatte, um sich vor solchen Entladungen zu schützen, hatten Bußpsalmen, Weihwasser und Palmzweige als Abwehrmittel gegen Blitzeinschlag bald ausgedient."[316]

Man darf nicht außer Acht lassen – trotz darauf folgender wesentlicher Differenzierungen und Einschränkungen –, was Max Weber für den modernen Menschen festgestellt hat: „Die zunehmende Intellektualisierung und Rationalisierung bedeutet also nicht eine zunehmende allgemeine

Kenntnis der Lebensbedingungen, unter denen man steht. Sondern sie bedeutet etwas anderes: das Wissen davon oder den Glauben daran: dass man, wenn man nur wollte, es jederzeit erfahren könnte, dass es also prinzipiell keine geheimnisvollen unberechenbaren Mächte gebe, die da hineinspielen, dass man vielmehr alle Dinge – im Prinzip – durch Berechnen beherrschen könne. Das aber bedeutet: die Entzauberung der Welt."[317]

Strukturen der Gesellschaft

Nicht so sehr die Strukturen der Kirche als die der Gesellschaft sind im Hintergrund der Krise zu finden: „Was auch noch zu ‚Rom verstehen' gehört, heißt, dass die Entwicklung zentraler religiöser Indikatoren dann in dieser Zeit eine sehr negative Entwicklung gehabt hat. Also nehmen Sie den Kirchgang, nehmen Sie die Zahl der Priester, die Zahl der Ordensleute. Das war natürlich Wasser auf den Mühlen der Dunkelberichterstatter, die gesagt haben, da seht ihr ja, was daraus wird. Ich halte es natürlich pastoraltheologisch für fahrlässig, so zu argumentieren. Wir wissen heute, dass solche Entwicklungen kaum durch Strukturen der Kirche verursacht sind. Die soziokulturellen und strukturellen Bedingungen der Gesellschaft und deren Dynamik geben uns weit mehr Erklärungskraft für die Entwicklung der Lage der Religion und des christlichen Glaubens in einer Gesellschaft als gelungene oder misslungene Kirchenreformen. Noch einmal ein Hinweis auf die evangelische Kirche, die ja an sich keine Strukturprobleme dieser Art hat und sich trotzdem in dieser modernen oder schon postmodernen Kultur außerordentlich schwer tut."[318]

Karl Rahner hat in einem Vortrag in Tirol das pastorale Problem des Predigers darin gesehen, dass er Menschen des 19., 20. und 21. Jahrhundert „in den gleichen Lederhosen", also ohne sie als solche erkennen zu können, vor sich stehen sieht. – Etwas feierlicher schrieb Rahner ähnliche Gedanken über die Kirche seiner Heimat, Gedanken, die allerdings auch anderswo weitgehend Gültigkeit besitzen: „Wir sind in der deutschen Kirche ... eine Kirche der unvermeidlich Ungleichzeitigen, die sich hoffend und liebend annehmen und ertragen müssen. ... Die profane Gesellschaft besteht einerseits aus geschichtlich, kulturell und gesellschaftlich verschiedenen Gruppen, die in derselben uhrzeitlichen Gegenwart eine geschichtliche und gesellschaftliche Ungleichzeitigkeit haben, und diesen Gruppen ist dementsprechend ein verschiedener Stil des Christentums notwendig zugeordnet. Diese geschichtliche und kulturelle Ungleichzeitigkeit der verschiedenen gesellschaftlichen Gruppen in der Kirche fiel früher nicht so deutlich ins Bewusstsein, weil der Großteil der früher praktisch kirchlichen Christen ein und demselben bäuerlichen und klein- und mittelbürgerlichen Milieu angehörte und auch seine Repräsentanten in der profanen und kirchlichen Öffentlichkeit eine sehr lebendige Rückbezogenheit auf dasselbe Milieu behielten, dem auch sie meist entstammten. Nun aber ist dieses frühere Milieu als das „Rekrutierungsgebiet" der durchschnittlichen Christen nicht nur selber viel pluralistischer und differenzierter geworden, die spezifisch moderne Mentalität mit ihrem Rationalismus und der Mobilität der Gesellschaft hat nicht nur viel mehr als früher auch diese traditionellen Rekrutierungsbezirke des kirchlichen Christentums durchdrungen und mitgeprägt, sondern dieses Gebiet reicht auf keinen Fall mehr aus, wenn die Kirche nicht in einer *falschen* Weise immer mehr die kleine Herde, d. h. eine geschichtlich und gesellschaftlich bedeutungslose Sekte werden soll, an der das große Leben achtlos vorbeigeht. So ist schon die heutige Kirche und wird die Kirche der Zukunft noch mehr konstituiert sein durch geschichtlich, kulturell und gesellschaftlich ungleichzeitige Gruppen."[319]

Bewusstsein der Verluste

Man kann einen Mechanismus der Säkularisation auch darin sehen, dass das Bewusstsein der Verluste, die ständige Erfahrung negativer Entwicklungen weitere Verluste nach sich zieht. „Die katholische Kirche ist in die Schlagzeilen geraten. An der Meinungsbörse schreibt sie zur Zeit dauernd Verlust. Und wer an dieser Börse in die Baisse gerät, hat es schwer, aus der Unglückssträhne herauszukommen. Dies liegt nicht nur an den Medien, die nach Sensationen fiebern. Nein, die Bilder und Nachrichten von der Kirche selber sind bedrückend: Die vermittelten Realitäten verwirren die Gemüter."[320]

Der weltweit anerkannte Religionssoziologe *Peter Berger* zieht aus seinen Forschungen die Schlussfolgerung, dass die Säkularisation kein weltweites Problem der Bildung und des technischen und materiellen Fortschrittes ist, sondern teils nur ein europäisches, teils nur ein Problem bestimmter Kirchen (z. B. nicht der evangelikalischen).

Diese Behauptung wird wohl stimmen. Damit ist allerdings jene Hypothese keineswegs widerlegt, wonach der Hauptgrund der krisenhaften Entwicklung im Auseinanderwachsen des soziokulturellen Milieus und der (im breitesten Sinne verstandenen) Sprache der Kirchen zu finden sei.

Die positiven oder negativen Entwicklungen der einzelnen Religionsgemeinschaften können sich ohne weiteres ändern, wenn die soeben genannten Faktoren aufeinander abgestimmt, oder wenn sie miteinander unvereinbar werden. Gewisse Meldungen über positive Trends in Afrika oder Asien sind mit Vorsicht zu betrachten: Vielleicht werden die Gesellschaften der Dritten Welt den Gesellschaften der Ersten Welt in Hinblick auf die soziokulturellen Faktoren und dann auch in der Säkularisation nachfolgen.

Viele Ursachen der Kirchenverdrossenheit und der fortschreitenden Säkularisation sind *hausgemacht* (oder mit dem Ausdruck von N. Greinacher „vatikanogen"[321]): „Die Journalistin *Sally Cunneen,* deren Buch ‚Sex: Female; Religion: Catholic' (Geschlecht: Weiblich; Religion: Katholisch) einiges Aufsehen erregt hat, antwortet auf die Frage, ob die in der Kirche seit 1965 eingetretenen Veränderungen voraussehbar waren und warum es dazu gekommen sei: ‚Fünfzehn Jahre nach dem Vatikanum II ist die Kirche in den Vereinigten Staaten eine gespaltene und größtenteils aus Angehörigen der mittleren Altersgruppen zusammengesetzte Gemeinschaft, in der die Gruppen voneinander getrennt arbeiten und oft sogar gegeneinander in ihren unterschiedlichen Diensten und Zielvorstellungen.' Das Konzil habe als eines seiner besten Ergebnisse die besondere Rolle und Spiritualität der Laien herausgestellt, aber die Kirche in den Vereinigten Staaten sei entweder nicht fähig oder nicht willens gewesen, diese Herausforderung aufzunehmen. Die alte Furcht vor den ‚Liberalen' habe die Bischofskonferenzen veranlasst, in den entscheidenden Fragen der Geburtenkontrolle und der Sexualmoral nicht auf die Laien im eigenen Land zu hören, sondern Rom auch weiterhin gehorsam zu bleiben. ‚Eine solche Verantwortung trat nicht hervor. Die Einbuße an Vertrauen war groß, aber ebenso auch die Heuchelei, die alles zuzudecken suchte. Viele Laien unter den Katholiken finden es heute schwierig, dem Rat einer Kirche, die auf die Erfahrungen ihrer eigenen Gläubigen in moralischen und spirituellen Fragen der persönlichen Intimität verzichtete, auch weiterhin Folge zu leisten.' Der drastische Abfall der jungen Generation in der Kirche sei auch von daher erklärlich, meint diese Beobachterin (Catholic Mind, November 1980, S. 46).
Andrew Greeley sieht in dem noch immer anhaltenden Streit um Geburtenkontrolle, Sexualmoral und Abtreibung eine Art Wasserscheide und große Teilung im nachkonziliaren Katholizismus der Vereinigten Staaten. Abtreibung ist dabei noch ein Thema, in dem sich ähnlich wie in

der Bundesrepublik viele Katholiken mit den Angehörigen anderer Religionsgemeinschaften einig wissen, was für die Ehe- und Sexualmoral nicht zutrifft. Dort geht der Streit umso mehr mitten durch die Gemeinden. ... Die lehramtliche Autorität in der Kontroverse um die Geburtenkontrolle wird heute von der großen Mehrzahl amerikanischer Katholiken nicht anerkannt; Andrew M. Greeley (selbst) war einer der Ersten, der sehr entschieden darauf aufmerksam machte und sich damit den Unmut vieler Bischöfe zuzog."[322]

Die Erfahrungen der letzten Jahrzehnte zeigen, dass die zentralistische Leitung der Kirche[323] Probleme erzeugt. Die Krise „hat nämlich (auch) mit der Unfähigkeit der kirchlichen Obrigkeit zu tun, mit selbstbestimmten Menschen umzugehen. Aus dem undifferenziert behaupteten Universalanspruch des (katholischen) Christentums, in den sich keine Verunsicherung durch ökumenische und interreligiöse Dialoge mischt, wird der Totalanspruch hoher (katholisch-)kirchlicher Autoritäten, die sich alle Getauften zu unterwerfen suchen. So kommt dann die Verkündigung des Evangeliums in der Sprache der Vorschrift daher, bisweilen sogar in der Sprachlosigkeit kirchlicher Repressalien. Das wird von der Mehrheit heute nicht mehr akzeptiert. Und in Zukunft immer weniger."[324]

Vielsagend sind die Ergebnisse einer Untersuchung des Institutes für kirchliche Sozialforschung Wien, September 1975, über die *Berufswahlmotive der Laientheologen* an den österreichischen Universitäten. Es handelt sich dabei nur um einen Teilbereich des kirchlichen Lebens, allerdings nicht ohne Signifikanz für das allgemeine Unbehagen. Die Gründe, warum Theologiestudenten nicht Priester werden wollen, sind die folgenden: „Zölibatsverpflichtung; das Gefühl, die Berufung nicht durchhalten zu können; Festhalten der Kirche an überholten Strukturen; Anforderungen an das Priesteramt, denen man sich nicht gewachsen fühlt; der Gehorsamsanspruch der Kirche; das Unbehagen über eine so grundlegende Entscheidung; fehlende Mitsprachemöglichkeiten; die Machtlosigkeit gegenüber einer vorwiegend materiell orientierten Gesellschaft der Gegenwart; das Gefühl, als ein für die Gesellschaft nicht notwendiges Mitglied betrachtet zu werden; die Belastung mit Verwaltungskram; der schlechte Ruf in der Öffentlichkeit; die unattraktive Bezahlung; die Unfähigkeit, aktuelle menschliche Probleme zufrieden stellend lösen zu können; wenig Freiheit; geringe Aufstiegschancen."[325]

Eine bruchstückhafte, aber interessante Liste der Ursachen der Säkularisierung bei einer Reihe von Religionssoziologen findet man in der

Dissertation von E. Wiesnet[326]:
1. Sozialer und weltanschaulicher Pluralismus
2. Zunehmende Rationalisierung des menschlichen Denkens
3. Ausbildung einer sog. technischen Mentalität
4. Abnahme der sozialen Kontrolle
5. Urbanisierung
6. Konsumdenken
7. Mobilität
8. cultural lag (hier: „eine Verschiebung der religiösen Entwicklung in Bezug auf andere Elemente des sozialen Lebens"[327])

Die Häufigkeit der Nennung obiger Faktoren bei einzelnen Autoren ergibt folgendes Bild:

	1	2	3	4	5	6	7	8
Acquaviva			x		x			
Berger / Luckmann	x							
Bolte	x		x					x
Cox		x			x		x	
Desqueyrat	x	x						
Freyer	x		x					
Greinacher	x	x	x	x	x	x	x	
Gehlen			x					
Höffner	x	x		x		x		
Lenski							x	
Loen		x						
Luckmann	x	x						
v. Oppen				x				
Schasching	x		x	x		x	x	x
Tenbruck	x			x				
Toynbee			x					
Weber		x						

Kapitel 3
Bisherige Reformen

Unsere Kirche hat viele Entwicklungen der Neuzeit – trotz der sehr ernst zu nehmenden Mahnung des Wiener Kabarettisten Karl Farkas: „Man muss ,*mit der Zeit*' gehen, sonst muss man mit der Zeit ,*gehen*'" – verschlafen, aber glücklicherweise nicht alle. Die hier folgende Übersicht der Erneuerungen im Laufe der letzten 50 Jahre gibt Hoffnung, dass auch die notwendigen radikalen Veränderungen möglich sind.

3.1. Organisation und Verhaltensweisen

Bischofssynode

Eine keineswegs als radikal zu bezeichnende Erneuerung ist die Einrichtung eines neuen Gremiums für die Gesamtkirche. „Die *Bischofssynode* als Einrichtung der katholischen Kirchenverfassung geht auf Beratungen im Vatikanum II zurück, die der Sorge um die Wirksamkeit der bischöflichen Kollegialität für die Gesamtkirche über die Konzilsversammlung hinaus galten. Noch bevor das Dekret *Christus Dominus* endgültig verabschiedet war, in dessen Nr. 5 die Einrichtung vorgesehen ist, hat Papst Paul VI. sie durch Motu proprio *Apostolica sollicitudo* vom 15. 9. 1965 ins Leben gerufen und ihr die gesetzliche Grundlage gegeben ... Vor Beginn der 1. Synodalversammlung am 29. 9. 1967 ist hierzu durch den Kardinal-Staatssekretär (8. 12. 1966) eine Geschäftsordnung erlassen worden ..." Die Bischofssynode „ist nicht ein Organ der römischen Kurie, sondern ist dem Papst unmittelbar zugeordnet ...Unter den synodalen Einrichtungen nimmt die Bischofssynode in mehrfacher Hinsicht eine Sonderstellung ein ... Bei der *Aufgabenstellung* muss zwischen ordentlicher und außerordentlicher Kompetenz unterschieden werden. In *ordentlicher* Weise ist die Bischofssynode Beratungsorgan des Papstes. Ihre Aufgabe ist es näherhin, die Verbindung des Weltepiskopates mit dem Papst durch geeignete Beratung der Verhandlungsthemen im Hinblick auf Glaube, Sitte und Disziplin zu fördern und diesbezüglich Wünsche vorzubringen. In *außerordentlicher* Weise kann der Papst der B. für bestimmte Fälle Entscheidungsgewalt übertragen; ihm ist es vorbehalten, solche Entscheidungen in Kraft zu setzen ..."[328] – Die lakonische Beurteilung des Theologen Vorgrimler: „Ansätze zu einer effektiven Wiederbelebung der synodalen Praxis in der katholischen Kirche (Trient, II. Vatikanum) scheiterten am römischen Zentralismus."[329]

Ständiger Diakonat

„Der Ständige Diakonat als ‚eigene und beständige hierarchische Stufe' (Lumen gentium 29) gehört mittlerweile zum kirchlichen Alltag. Nach langjährigen, bis in die Zwischenkriegszeit zurückreichenden Bemühungen, den Diakonat nicht mehr nur als eine Durchgangsstufe zum Priesterberuf zu betrachten, sondern ihn als eine selbständige Größe innerhalb des kirchlichen Amtes wieder aufleben zu lassen, gelang auf dem Konzil der Durchbruch."[330] Das vom 18. Juni 1967 datierte Motuproprio *Sacrum diaconatus ordinem* wurde bereits seit zwei Jahren vorbereitet, in einer dritten Fassung des Entwurfes von einem internationalen zwanzigköpfigen Bischofskomitee geprüft und nach dessen Voten überarbeitet. Das Dokument enthält die kanonischen Richtlinien, nach denen die Einführung des Diakonats nach Beschluss der Bischofskonferenzen oder nach Antrag der Generalkongregationen der Ordensgemeinschaften mit Billigung des Papstes erfolgen soll."[331]

Die Entwicklung dieser Einrichtung zeigt weltweit folgendes Bild[332]:

Jahr	Afrika	Asien	Australien und Ozeanien	Nord-amerika	Latein-amerika	Europa	Insgesamt
1970	16	12	4	13	98	166	309
1975	55	57	38	1.344	463	729	2.686
1980	131	70	50	5.023	880	1.500	7.654
1985	229	64	59	7.960	1.298	2.558	12.168
1990	235	67	100	10.460	1.905	4.115	16.882
1995	307	105	126	11.937	2.589	5.884	20.948
1997	331	142	160	12.626	3.806	7.408	24.473

Die Entwicklung in fünf europäischen Ländern zeigt die folgende Tabelle[333]:

135

Jahr	BRD	I	B	F	A
1970	72	?	5	?	14
1975	256	14	93	25	51
1980	730	200	200	120	106
1985	1111	420	306	260	160
1990	1537	801	412	650	220
1995	1943	1.539	482	1.018	320
1997	2100	1.900	507	1.250	371

Kurienreform

Bereits die Tatsache, dass über die Kurienreform seit vielen Jahren diskutiert wird, zeigt, dass in diesem Bereich ein großer Nachholbedarf vorhanden ist. „Als Papst Johannes Paul II. im November 1979 alle Kardinäle zu einem dreitägigen Seminar zusammenrief mit dem Hauptthema:
‚Erneuerung der römischen Kurie‘, witterte man Frühlingsluft. Seither
sind zweieinhalb Jahre verstrichen. Man wartet und hofft, hofft gegen alle Hoffnung, oder hofft nicht mehr. Wenn aber die römische Kurie sich
nicht radikal reformiert, wird sie mehr und mehr isoliert. Sie ist dann wie
ein Rad, das sich noch dreht, aber nichts mehr bewegt. – Die Sonne aber
bewegt sich doch und mit ihr die Kirche als Volk Gottes, die Kirche als
Pfarrei, als Basisgruppe, als Familie, als religiöses Institut, in allen Kontinenten, Kirche als all jene jungen Menschen, die anders leben als ihre
Eltern, aber trotzdem sinnvoll leben und gut zueinander sein möchten, die
glauben an die Güte Gottes über alle Menschen, an das Reich Gottes, das
im Kommen ist, nicht als Frucht unseres Schaffens.“ (Bühlmann, in:
Sommer S. 71) – „Es mag dann sein und wird hoffentlich so sein, dass die
römische Kurie mit Verzug, einfach unter dem Druck der Dinge, doch
noch reformiert wird, sich vom Verwaltungszentrum zum Petrusdienst
durchmausert, der als Zeichen der Einheit, als dynamische Steuerung der
vielen Kirchen so nötig wäre. Wie immer, ich bin zuversichtlich, trotz allem, und lächle, lächle selbst über uns alte zornige Männer in den Kirchen.“ (Bühlmann, in: Sommer, S. 72)

„Am 21. September 1963, wenige Tage vor der Eröffnung der Zweiten
Sitzungsperiode des Konzils, empfing der Papst die Mitglieder der römischen Kurie, die Präfekten, Sekretäre, Assessoren und Offiziale der römischen Kongregationen und Tribunale gemeinsam mit den in Rom anwe-

senden Kardinälen und Bischöfen und den geistlichen und weltlichen Verwaltungsbeamten der Vatikanstadt in Sonderaudienz. Es war die erste Audienz dieser Art im neuen Pontifikat."[334] Und diese Gelegenheit wird unter anderem auch dazu benützt, den fragwürdigen Begriff eines „absoluten Gehorsams" zu propagieren: Ein im Gehorsam vollzogenes „Einverständnis hat für immer seine Geltung und für jede päpstliche Entscheidung, denn so geziemt es sich für ein Organ, das ihm unmittelbar untersteht und ihm absoluten Gehorsam schuldet, für ein Organ, dessen der Papst sich bedient, um seine allgemeine Sendung auszudrücken. Diese wesentliche Beziehung der römischen Kurie zur Ausübung der Apostolischen Tätigkeit des Papstes bildet den Berechtigungsgrund, ja die Ehre der Kurie, da sich aus dieser Beziehung ihre Notwendigkeit, ihre Nützlichkeit, ihre Würde und ihre Autorität ergibt. Die römische Kurie ist in der Tat das Instrument, dessen der Papst bedarf und dessen er sich bedient, um seinen göttlichen Auftrag zu erfüllen."[335] –

Die konkrete Verwirklichung der Aufgabe musste viele Schwierigkeiten überwinden und dauerte lange. „Am 15. August 1967 erließ Papst Paul VI. das lange erwartete Dekret zur Reform der römischen Kurie, die Apostolische Konstitution *Regimini Ecclesiae universae*. Am 18. August wurde das Dokument auf einer Pressekonferenz in Rom durch Msgr. Pinna erläutert. Es geschieht nicht zum ersten Mal, dass ein Papst eine Neuordnung der römischen Kurie vornimmt. Die letzte große Reform ihrer Strukturen, die im Wesentlichen auf Papst Sixtus V. und seine Apostolische Konstitution *Immensa Aeterni Dei* vom 22. Januar 1588 zurückgehen, nahm Pius X. durch die Konstitution *Sapienti consilio* am 29. Juni 1908 vor. Nur unwesentlich modifiziert ging diese Reform in den Codex Iuris Canonici ein. Die nachfolgenden Päpste begnügten sich mit kleineren Veränderungen. So erweiterte Pius XII. die Zuständigkeiten der Kongregation für die Ostkirchen und der Konsistorialkongregation, und es wurden verschiedene neue Ämter geschaffen."[336] Einige Monate später, am 1. März 1968, erschienen leicht veränderte Bestimmungen *(regolamento generale)* über die Kurienreform: „Neu sind gegenüber früher die Bestimmung über die Arbeitszeit (33-Stunden-Woche), gleiche Urlaubsdauer ohne Unterschied von Dienstalter und Rang (30 Tage), keine Möglichkeit mehr, ohne vorherige Zustimmung des Papstes neue Planstellen an den Dikasterien einzurichten (wodurch einer Aufblähung des ‚Apparates' entgegengewirkt werden soll), gleichzeitige seelsorgliche Tätigkeit der Kurienbeamten, kein Recht auf Beförderung (allein die Befähigung soll entscheiden), neue Altersgrenzen für alle, ausgenommen die Kardinalpräfekten. Für alle ‚prelati superiori' (Sekretäre, Untersekretäre, Abteilungsleiter) ist das vollendete 74. Lebensjahr als Altersgrenze vorgesehen. Ihre Amtszeit (wie die der Kardinalpräfekten) ist auf fünf Jahre begrenzt, kann aber verlängert werden. Die mittleren und niederen Beamten scheiden bereits mit vollendetem 70. Lebensjahr automatisch und endgültig aus, das Hilfspersonal mit 65 Jahren. ... Nach der administrativen Neugliederung der Kurie umfasst diese nun *neun Kongregationen,* ... *drei Sekretariate,* ... *drei Gerichtshöfe* ... und *sechs Ämter* (die Apostolische Kanzlei, die Wirtschaftspräfektur, die Apostolische Kammer, die Güterverwaltung des Heiligen Stuhles, die Präfektur des Apostolischen Palastes, das Statistische Amt). ...

Das Statistische Amt hat drei Funktionen, die nicht alle rein statistischer Natur sind: Sammeln und Ordnen von Nachrichten aus der Weltkirche, die zum besseren Verständnis der kirchlichen Situation in den einzelnen Ländern notwendig oder nützlich sind; Ausarbeitung von Normen für religionssoziologische und pastoralsoziologische Erhebungen, die von den einzelnen Pfarreien, Diözesen, Gebieten, Ordensinstituten und auch römischen Dikasterien durchgeführt und an die Zentrale weitergeleitet werden; Auswertung der Ergebnisse dieser Erhebungen für alle davon Betroffenen. ... Im Verhältnis Papst – Kurie nimmt das *Staatssekretariat* eine ebenso vermittelnde wie zentrale Stellung ein; vermittelnd insofern, als der gewöhnliche Verkehr zwischen Papst und Kurie über das Staatssekretariat läuft; zentral insofern, als es dem Staatssekretär zukommt, die Kardinalpräfekten zu bestimmten Zeiten zusammenzurufen, um Arbeiten zu koordinieren, Mitteilungen bekannt zu geben und Beschlüsse zu fassen. ... Bei aller begrüßenswerten Vereinfachung und rationaleren Kompetenzengliederung scheint doch die jetzt abgeschlossene Reform zunächst und vorerst eine Neuordnung ‚innerhalb' der Kurie und damit primär *administrativ zu* sein. ... Der Verkehr mit der Kurie ist auch nicht mehr an die lateinische Sprache gebunden ... Dennoch scheint, gerade im Hinblick auf die Gesamtkirche, ein gewisser Zentralismus noch nicht überwunden, die Beteiligung der Gesamtkirche an den Entscheidungen der zentralen Kirchenleitung noch nicht genügend akzentuiert. Er lässt sich am Beispiel der Kongregation für Evangelisation aufweisen, die in ihrer Neuordnung in entscheidenden Fragen hinter den Forderungen des Konzils zurückbleibt. Dies wird deutlich, wenn man das Missionsdekret (Abschnitt 29) mit dem Motuproprio *Ecclesiae sanctae* vom 6. August 1966 sowie mit der vorliegenden Konstitution vergleicht.

Im Missionsdekret heißt es: ‚An der *Leitung* dieser Kongregation sollen *ausgewählte* Vertreter all derer *wirksamen* Anteil mit *beschließender* Stimme haben, die am Missionswerk mitarbeiten: Bischöfe aus der ganzen Welt, *nach Anhören* der Bischofskonferenzen ...' (Abschnitt 29). In der Konstitution dagegen heißt es: ‚an den Vollversammlungen' nehmen teil (Nr. 83, § 2). Schon im Durchführungsdekret *Ecclesiae sanctae* (a. a. O.) wird die Formulierung ‚mit beschließender Stimme' durch den Zusatz eingeschränkt: ‚wenn nicht der Heilige Vater in einzelnen Fällen etwas anderes verfügt' (Nr. 15), in der Konstitution: ‚auch mit beschließender Stimme, wenn es der Heilige Vater wünscht' (Abschnitt 83). Im Missionsdekret heißt es weiter: ‚*ausgewählte* Vertreter', in der Konstitution: ‚vom Papst *ernannte* Missionsbischöfe'. Während noch das Durchführungsdekret davon sprach, dass die ‚Bischofskonferenzen, Missionsinstitute und die Päpstlichen Missionswerke dem Heiligen Vater Namen zur Auswahl vorschlagen sollten', ist in der Konstitution von diesem Vorschlagsrecht keine Rede mehr. Somit scheint auch der jüngst ernannte ‚Rat der Vierundzwanzig' der Evangelisierungskongregation ... nur eine beratende Funktion zu haben, entgegen den Absichten des Konzils. Heißt es doch im Missionsdekret: ‚sie alle (die in Abschnitt 29 Genannten) sind *in bestimmten Zeitabständen* zusammenzurufen, um unter der Autorität des Papstes die *oberste Leitung* des *gesamten* Missionswerkes auszuüben', während die Konstitution lediglich sagt: ‚zweimal im Jahr' und ‚zur Behandlung bedeutenderer Angelegenheiten von prinzipiellem Charakter' nehmen sie (wie die Residentialbischöfe in den übrigen Dikasterien) an den Vollversammlungen teil (Abschnitt 83, S 2).“[337]

„Die seit langem angekündigte, zeitweise von Erwartungen und Befürchtungen begleitete neuerliche *Reform der päpstlichen Kurie* ... ist nun durch die Apostolische Konstitution ‚Pastor bonus' vom 29. Juni verwirklicht worden (vgl. lateinischen und italienischen Text in: ‚Osservatore Romano', Sonderausgabe vom 29. 6. 1988). Die neuen Bestimmungen lösen die der Apostolischen Konstitution ‚Regimini Ecclesiae universae' ab, veröffentlicht von Paul VI. am 15. August 1967, ... ohne die unmittelbar an das Zweite Vatikanum anschließende Neuordnung Pauls VI. grundlegend zu verändern.“[338] – Stand der Kurienreform am Ende des 20. Jahrhunderts: „Die römische Kurie besteht aus den Behörden (Dikasterien) des Staatssekretariats, der Kongregationen, der Gerichte, der Räte und Ämter. Die Behörden sind unter sich rechtlich gleichrangig; jede von ihnen soll ihre eigene Ordnung erhalten. Das *Staatssekretariat* ist das zentrale Dikasterium der römischen Kurie. Die erste Abteilung erledigt alle Angelegenheiten, welche den täglichen Dienst des Papstes betreffen und die außerhalb der ordentlichen Zuständigkeit der römischen Kurie sowie der sonstigen Einrichtungen des Apostolischen Stuhls liegen; sie hat die Beziehungen mit den übrigen Behörden der römischen Kurie zu pflegen. Der zweiten Abteilung obliegt die Pflege der Beziehungen der Kirche zu den Staaten, der Abschluss von Konkordaten und anderen Verträgen sowie die Besetzung von Bischofsstühlen in besonderen Umständen. Die *neun Kongregationen* sind für die Glaubenslehre, die Ostkirchen, den Gottesdienst und die Sakramente, die Heiligsprechung, die Bischöfe, die Glaubensverbreitung, die Kleriker, die Einrichtungen des geweihten Lebens und die Gesellschaften des apostolischen Lebens, die Seminarien und Studieneinrichtungen zuständig; sie sind kollegial verfasste Behörden. Die *zwölf Räte* befassen sich u. a. mit den Laien, der Förderung der Einheit der Christen, der Familie, Gerechtigkeit und Frieden, der Interpretation von Gesetzestexten und dem Dialog zwischen den Religionen; sie dienen in erster Linie der Information, dem Gedankenaustausch, der Kontaktpflege und der Raterteilung, dürfen aber auch im Rahmen ihrer Kompetenz Verwaltungsakte setzen. Der Rat für die Interpretation von Gesetzestexten interpretiert authentisch alle Gesetze, die in höchster kirchlicher Autorität ergangen sind, überprüft Ausführungs- und Verwaltungsverordnungen der übrigen Behörden auf ihre Gesetzesübereinstimmung und ebenso die überprüfungsbedürftigen Beschlüsse der Bischofskonferenzen. Ein (von der römischen Kurie unabhängiger) Rat von 15 Kardinälen berät den Papst in den wirtschaftlichen Angelegenheiten des Hl. Stuhls. Zu den *Gerichten* zählen herkömmlich die Apostolische Pönitentiarie, die jedoch eigentlich eine monokratisch verfasste Behörde mit gnadenerweisender Tätigkeit ist, die Apostolische Signatur, die höchstes Gericht der Kirche und zugleich oberste Gerichtsverwaltungsbehörde ist, und die Römische Rota, das ordentliche Gericht des Papstes für die Annahme von Berufungen. (Monokratisch verfasste) *Ämter* sind die Apostolische Kammer, die Vermögensverwaltung des Hl. Stuhls und die Präfektur für die Wirtschaftsangelegenheiten des Hl. Stuhls. *Sonstige Einrichtungen* der römischen Kurie, d. h. Ämter, die nicht Dikasterien sind, sind die Präfektur des Päpstlichen Hauses und das Amt für die liturgischen Feiern des Papstes, ferner das Zentralarbeitsamt und das Statist. Amt. Dem Hl. Stuhl lediglich *verbundene Einrichtungen* sind u. a. das Geheimarchiv (Archivwesen, kirchliches – II. Vatikanisches Archiv), die Vatikanische Bibliothek und die Akademien."[339]

Eine der bekanntesten und berüchtigtsten Institutionen der römischen Kurie ist die Kongregation für die Glaubenslehre, die Nachfolgerin der Inquisition. Hier könnte ein kurzer geschichtlicher Überblick angebracht sein: „Die seit dem 12. Jahrhundert bestehende Übung, alle wichtigeren Angelegenheiten im Konsistorium zu beraten und zu entscheiden, stieß mit der Mehrung der Aufgaben auf praktische Schwierigkeiten, die zu einer ressortmäßigen Arbeitsteilung drängten. Man behalf sich zunächst damit, schwierigere Arbeiten durch ad hoc eingesetzte Kardinals-Kommissionen für das Konsistorium vorbereiten zu lassen. Seit Beginn des 16. Jahrhunderts wurden ihnen auch bestimmte gleichförmige Verwaltungs- und Gerichtssachen zu eigener Entscheidung zugewiesen. Diese nun regelmäßig tagenden Kommissionen nannte man bereits Kongregationen; sie hatten eigene Beamte, waren aber noch keine auf Dauer geschaffene Einrichtungen. Den entscheidenden Schritt hierzu machte Paul III. mit der Errichtung der *Congregatio Romanae et universalis Inquisitionis* im Jahre 1542, später *Sanctum Officium* genannt (nach dem Vatikanum II von Paul VI. in *Congregatio pro doctrina fidei* umbenannt). Diese ,Kongregation für die Glaubenslehre' ist höchste Behörde in Glaubenssachen und als solche zugleich Gericht und Verwaltungsbehörde bis heute geblieben."[340] Auch diese Institution ist in der zweiten Hälfte des 20. Jahrhunderts reformiert worden. Trotzdem gilt heute noch die Feststellung von Paul Zulehner in seinem Buch „Kirchen-Ent-Täuschungen": „Die kontrollierende vatikanische Feuerwehr wendet nicht Feuerschaden ab, sondern verursacht Wasserschaden."

Mit dem Datum 7. 12. 1965 veröffentlichte der „Osservatore Romano" „das Motuproprio *Integrae servandae* ... mit dem neuen Statut des *Heiligen Offiziums* ... Das Dokument enthält einen ersten Teil, in dem die Begründungen für die Reform gegeben und die damit verbundenen Zielsetzungen genannt werden, und einen zweiten Teil mit den konkreten Bestimmungen. – Es beginnt mit einigen allgemeinen Hinweisen auf die bevorstehende Kurienreform ... Auf Grund ihrer Funktion verstehe es sich von selbst, dass an diesen Einrichtungen, der Zeit entsprechend, einiges geändert werden müsse. Nach einem Hinweis auf die beiden bisherigen wichtigsten Etappen in der Geschichte dieser Kongregation, die Errichtung der Kongregation für die Inquisition durch Paul III. und die Umwandlung dieser Kongregation in die ,Suprema Congregatio Sancti Officii' durch Pius X., gibt Paul VI. eine Beschreibung der der Kongregation heute zugedachten Aufgaben: Diese bestünden weiterhin im Schutz des Glaubens, aber diesem könne heute besser durch die positive Förderung der christlichen Lehre als durch die ausschließliche Verfolgung von Irrtümern gedient werden. Dies begründete der Papst auf 1 Joh 4, 18: ‚Die vollendete Liebe treibt die Furcht aus ...‘ – Es komme hinzu, dass der Fortschritt der Kultur, dessen Einfluss auf das religiöse Leben nicht gering geachtet werden dürfe, dazu führe, dass die Gläubigen ‚voller und mit mehr Liebe der Führung der Kirche folgen, wenn sie ein klares Verständnis der Definitionen und Gesetze haben ...‘“

Einige der zwölf Punkte aus den konkreten Reformbestimmungen: „... 4. Die Kongregation prüft die neuen Lehren und Meinungen, gleichgültig, in welcher Weise sie verbreitet werden, fördert Forschungen in dieser Richtung und wissenschaftliche Kongresse. Sie verurteilt die Lehren, die den Grundsätzen des Glaubens entgegengesetzt sind, hört aber vorher die Bischöfe der Gegend, von der solche Lehren ausgehen. 5. Sie prüft sorgfältig die ihr angezeigten Bücher und verurteilt sie nötigenfalls. Sie muss aber vorher den Autor anhören, dem auch die Möglichkeit gegeben werden muss, sich zu verteidigen, wenn nötig, auch schriftlich, und den zuständigen Bischof unterrichten, wie es schon durch die Konstitution *Sollicita ac provida* Benedikts XIV. vorgesehen gewesen sei. 6. Die Kongregation ist von Rechts wegen und de facto zuständig für alle die Ehe zwischen Getauften und Nichtgetauften betreffenden Fragen und für die Nichtigkeitserklärung solcher Ehen (das sog. privilegium fidei). 7. Es steht ihr zu, über Vergehen gegen den Glauben zu urteilen, jedoch nach den Normen des ordentlichen Prozessverfahrens. ...“[341] – Im Kapitel 5.3. dieses Buches werden wir Beispiele zitieren müssen, wo diese Reformbestimmungen nicht berücksichtigt worden sind.

„Die gegenwärtige Organisation der Kongregationen beruht auf der Kurienreform Johannes Pauls II. mit der Apostolischen Konstitution *Pastor bonus* vom 28. 6. 1988, den Ausführungsbestimmungen *Regolamento Generale della Curia Romana* vom 4. 2. 1992 und für einige Kongregationen auf besonderen Organisationsakten.“ Der Kongregation für die Glaubenslehre „obliegt es, die Wahrheit der Lehren von Glaube und Sitten zu fördern und zu schützen; sie ist zuständig für das privilegium fidei und hat strafrechtliche Gewalt bei Delikten gegen den Glauben und bei schwerwiegenden Verfehlungen gegen die Sitten oder bei der Feier der Sakramente.“[342]

Eine selbstverständliche und längst fällige Neuerung war die Bestimmung des Rücktrittsalters der Bischöfe. „... das Konzil selbst konnte sich in dieser scheinbar so schwierigen Frage zu keiner eindeutigen Entscheidung durchringen. Es beließ es (vgl. ‚Christus Dominus' 21) bei der ‚inständigen' Bitte, die Diözesanbischöfe und die ihnen gleichgestellten Prälaten möchten wegen zunehmenden Alters oder aus anderem schwerwiegendem Grund der zuständigen Obrigkeit den Verzicht auf ihr Amt anbieten. Paul VI. wagte dann allerdings mehr Eindeutigkeit. In den Durchführungsbestimmungen zum Bischofsdekret (‚Ecclesiae Sanctae' 11) legte er das Rücktrittsalter der Bischöfe auf 75 Jahre fest und verpflichtete die Diözesen, für einen angemessenen Lebensunterhalt des Episcopus emeritus zu sorgen.[343] Die Vorschrift wurde nie ganz, aber zunächst ziemlich konsequent eingehalten, und jeder Bischof reicht auch heute noch bei Vollendung seines 75. Lebensjahres seinen Rücktritt ein. Aber der gegenwärtige Papst nutzt wieder mehr als sein Vorgänger die Möglichkeit, Rücktritte abzulehnen bzw. hinauszuzögern. Nun kann so etwas von der Lage der Kirche in einem bestimmten Lande durchaus gefordert sein, z. B. wenn die Bestellung eines Nachfolgers wegen staatlichen Drucks schwierig oder fraglich ist. ... Aber in politisch freien Verhältnissen ist solche Standhaftigkeit zweifellos anders einzuschätzen. Dennoch wird unter dem gegenwärtigen Pontifikat die Nichtannahme des Rücktrittsgesuchs mit 75 fast zur Regel. Und immer mehr Bischöfe scheinen von vornherein damit zu rechnen, dass ihr Rücktrittsangebot Formalität bleibt. Dies führt zu einer doppelten unguten Entwicklung. Erstens entsteht im hohen Alter eine Art Zwei-Klassen-Episkopat. Die einen dürfen zurücktreten, die anderen dürfen im Amt bleiben, und sie neigen dazu, dies durchaus als angemessen zu empfinden. Fast von selbst entsteht der Eindruck, die Verdienste derer, die es mit dem Rücktritt ernst meinen bzw. deren Rücktrittsangebot ohne Umstände akzeptiert wird, seien, da scheinbar leichter entbehrlich, geringer. Eine solche indirekte Deklassierung sollte man jedem Bischof ersparen. Dies umso mehr, als in den letzten Jahren der Eindruck entstanden ist, den sperrigen, weniger stromlinienförmigen Bischofspersönlichkeiten würde der Rücktritt leichter gemacht als anderen. Offensichtliche Ausnahmen sprechen nicht unbedingt gegen diesen Verdacht. – Der zweite Negativeffekt: Diözesen werden einer längeren Periode der Unsicherheit ausgesetzt. Wer seine Diözese nur noch auf Abruf leitet, wird in der Regel nicht mehr zu einschneidenden Entscheidungen neigen, schon um den Nachfolger nicht festzulegen. Da diese Zeit erfahrungsgemäß aber nicht zur raschen Klärung der Nachfolge genutzt wird, sondern die Suche nach einem neuen Bischof dennoch erst nach dem Rücktritt des Vorgängers beginnt, ... verlängert sich diese unsichere Übergangszeit. Dies kann einer Diözese bzw. ihrem kirchlichen Leben nicht gut tun."[344] Bemerkenswert ist in dieser Reform, dass der Papst sich darin als Bischof von Rom weder ausdrücklich als Ausnahmefall noch als davon betroffene Person deklariert hat.

Vergebungsbitte

„,Man findet in der gesamten Geschichte der Kirche keinen Präzedenzfall einer vom Lehramt selbst formulierten Vergebungsbitte für die Verfehlungen der Vergangenheit.' Diese Feststellung trifft die Internationale Theologische Kommission in ihrem Dokument ,Erinnern und Versöhnen', dessen Veröffentlichung der päpstlichen Vergebungsbitte am Ersten Fastensonntag unmittelbar vorausging."[345] Ein Akt in dieser Form kommt um viele Jahrhunderte zu spät, obwohl Ausdrücke des schlechten Gewissens auch in früheren Zeiten zu finden sind, wie etwa bei Papst Hadrian VI., der in einer Instruktion in Zusammenhang mit dem Aufstand Luthers schrieb: „Du sollst auch sagen, dass wir es aufrichtig bekennen, dass Gott diese Verfolgung seiner Kirche geschehen lässt wegen der Sünden der Menschen, besonders der der Priester und der Prälaten ... Die Heilige Schrift verkündet laut, dass die Sünden des Volkes in den Sünden der Geistlichkeit ihren Ursprung haben ... Wir wissen wohl, dass auch bei diesem Heiligen Stuhl schon seit manchem Jahr viel Verabscheuungswürdiges vorgekommen: Missbräuche in geistlichen Dingen, Übertretungen der Gebote, ja, dass alles sich zum Ärgeren verkehrt hat. So ist es nicht zu verwundern, dass die Krankheit sich vom Haupt auf die Glieder, von den Päpsten auf die Prälaten verpflanzt hat. Wir alle, Prälaten und Geistliche, sind vom Wege des Rechtes abgewichen, und es gab schon lange keinen Einzigen, der Gutes tat (Ps 13 [14], 3). Deshalb müssen wir alle Gott die Ehre geben und uns vor ihm demütigen; ein jeder von uns soll betrachten, weshalb er gefallen, und sich lieber selbst richten, als dass er von Gott am Tage seines Zornes gerichtet werde. Deshalb sollst du in unserem Namen versprechen, dass wir allen Fleiß anwenden wollen, damit zuerst der Römische Hof, von welchem vielleicht all diese Übel ihren Anfang genommen, gebessert werde; dann wird, wie von hier die Krankheit ausgegangen ist, auch von hier die Gesundung und Erneuerung beginnen. Solches zu vollziehen, halten wir uns umso mehr verpflichtet, weil die ganze Welt eine solche Reform begehrt ... Doch soll sich niemand wundern, dass wir nicht mit einem Schlage alle Missbräuche beseitigen. Denn die Krankheit ist tief eingewurzelt und vielgestaltig. Es muss daher Schritt für Schritt vorgegangen und zuerst den schwersten und gefährlichsten Übeln durch rechte Arzneien begegnet werden, um nicht durch eine übereilte Reform alle Dinge noch mehr zu verwirren. Denn mit Recht sagt Aristoteles, dass jede plötzliche Veränderung eines Gemeinwesens gefährlich ist." Die Befürchtung des Papstes war grundlos, wie der Historiker im nächsten Satz feststellt: „Dieses Schuldbekenntnis des Papstes, das wir in erster Linie als religiösen Akt und als Voraussetzung der innerkirchlichen Reform an der Kurie anzusehen haben, und der Appell an die Stände hatten keine entscheidende unmittelbare Wirkung."[346]

Für den jetzigen Papst ist die ehrliche Reflexion auf die Kirchengeschichte offenkundig ein Anliegen, auch wenn die Ausführung einige Halbherzigkeiten bzw. Kompromisse zeigt. „'Christen haben Taten begangen, die das Evangelium verurteilt', so Johannes Paul II. während seines jüngsten Besuchs in Paris [1997] ... im Gedenken an die ‚Bartholomäusnacht' des 23./24. August 1572, der seinerzeit Tausende französischer Protestanten in Paris und der Provinz zum Opfer fielen. Solche und ähnliche Äußerungen des Papstes sind inzwischen fast schon Tradition. Der langgediente ‚Vatikanist' *Luigi Accattoli* kam in einem Kommentar zum neuesten Schuldbekenntnis Johannes Pauls II. auf bis zu hundert Gelegenheiten, bei denen der Papst in seinem bisherigen Pontifikat ein historisches Urteil korrigiert, eine Schuld eingestanden oder um Vergebung gebeten habe (Corriere della Sera, 24. 8. 1997; „Wenn der Papst um Vergebung bittet", Innsbruck 1999).

Johannes Paul II. hat so z. B. 1992 im Senegal die Beteiligung von Christen am Sklavenhandel beklagt und im gleichen Jahr in Santo Domingo an die ‚unendlichen Leiden' erinnert, die den Bewohnern Lateinamerikas während der Zeit der Eroberung und Kolonisation zugefügt wurden. Im mährischen Olmütz bat er 1995, im Namen aller Katholiken' um Vergebung für das Unrecht, das an den Nichtkatholiken dieser Region verübt wurde. Er bedauerte ebenfalls 1995 in einem ‚Brief an die Frauen' die ‚Fälle objektiver Schuld' von ‚zahlreichen Söhnen der Kirche' im Verhalten gegenüber den Frauen. – Für den Papst bilden die Eingeständnisse geschichtlicher Schuld der Christen und der Kirche ein entscheidendes Element der Vorbereitung auf das Jubiläumsjahr 2000. Das grundlegende Drehbuch dafür lieferte eine Vorlage Johannes Pauls II. für die außerordentliche Kardinalsversammlung im Juni 1994, die dem Vorblick auf die Jahrtausendwende gewidmet war. Dort findet sich der zentrale Satz: ‚Es ist notwendig, dass auch die Kirche im Licht dessen, was das Zweite Vatikanum gesagt hat, aus eigener Initiative die dunklen Aspekte ihrer Geschichte neu aufgreift und sie im Licht der Prinzipien des Evangeliums bewertet.' Das moralische Prestige der Kirche werde dadurch in keiner Weise beschädigt, sondern durch das mutige und ehrliche Eingeständnis der eigenen Irrtümer vielmehr gestärkt."[347]

Die *große liturgische Vergebungsbitte* fand dann am 12. 3. 2000 statt. „Assistiert von sieben Kardinälen bzw. Kurienbischöfen bat Johannes Paul II. feierlich Gott um Vergebung ‚für Methoden der Intoleranz im Dienst der Wahrheit', für Sünden im Zusammenhang mit den Kirchenspaltungen, für Verfehlungen gegenüber den Juden, für Verfehlungen ‚gegen die Liebe, den Frieden, die Rechte der Völker, die Achtung der Kulturen und der Religionen', für Diskriminierungen von Frauen sowie von Menschen auf Grund ihrer Rasse und Hautfarbe sowie für Verstöße gegen das Gebot der Nächstenliebe. ‚Wir vergeben und bitten um Vergebung', hieß es mehrfach in der Predigt des Papstes.

Die Vorgeschichte des ‚Tags der Vergebung' als einem der Höhepunkte des Heiligen Jahres 2000 reicht bis zu der Versammlung der Kardinäle im Juni 1994 zurück, bei der ein mutiges Memorandum zur Frage des Umgangs der Kirche mit geschichtlicher Schuld kontrovers diskutiert wurde. Der Papst gab seinerzeit vor den Kardinälen zu Protokoll, die Kirche bedürfe angesichts des Jubiläumsjahres 2000 der Umkehr, der ‚Einsicht in historische Schuld und Versäumnisse ihrer Mitglieder gegenüber den Anforderungen des Evangeliums'.

Johannes Paul II. hat in den letzten Jahren keinen Zweifel daran gelassen, wie sehr ihm die ‚Reinigung des Gedächtnisses' ein Herzensanliegen ist. Dafür stehen zahlreiche, auf einzelne historische Konstellationen und Personen bezogene Schuldbekenntnisse des Papstes vor allem bei seinen Auslandsreisen. Gleichzeitig musste aber auch jedem Beteiligten in Kirche und Theologie von vornherein klar sein, auf welch schwieriges und komplexes Feld man sich beim Thema Schuldbekenntnis und Vergebungsbitte der Kirche einließ. Zum einen geht es um komplexe historische Sachverhalte, mit denen sich die Forschung nicht erst seit gestern beschäftigt: von den Kreuzzügen über Inquisition und Hexenverfolgung bis zur kolonialen Expansion des Christentums und Defiziten bei der Rezeption von Menschenrechten und Demokratie.

Zum anderen kommen unweigerlich sowohl Grundfragen *historischer Hermeneutik* wie des kirchlichen, speziell katholischen Selbstverständnisses ins Spiel. Nach welchen Maßstäben muss und kann man heute über die Schattenseiten der Vergangenheit urteilen? Was heißt Aufarbeitung der Vergangenheit?"[348]

Dieser relativ neue Ton kommt auch in einzelnen Ortskirchen vor. Ein Beispiel dafür liefert die *Kirche Argentiniens*: „In Form eines Gebetes, nicht einer bischöflichen Erklärung hat die argentinische Kirche während eines Gottesdienstes in Anwesenheit von rund 120.000 Gläubigen am 8. September in der Nähe von Cordoba für Verfehlungen und Unterlassenes in ihrer Geschichte um Vergebung gebeten, insbesondere auch für schuldhaftes Schweigen während der Militärdiktatur. An der Feier im Rahmen des nationalen Eucharistischen Kongresses, zugleich Höhepunkt der Millenniumsfeierlichkeiten, nahmen fast alle Bischöfe Argentiniens teil. – Zu nachsichtig gegenüber totalitärem Verhalten sei die Kirche in mancher Phase ihrer Geschichte gewesen, sie habe damit zur Missachtung demokratischer Freiheiten beigetragen, bekannten die Bischöfe und verurteilten jede politische Gewalt, vor allem die der Guerilla und der ungerechtfertigten Repression, die das ganze Land mit Trauer überzogen habe. Viele Söhne der Kirche hätten sich an Folter, Verrat und dem ‚absurden Tod' beteiligt, der das Land in Blut getaucht habe. Einige hätten ihre Brüder diskriminiert oder sich nicht ausreichend für die Verteidigung ihrer Rechte eingesetzt, heißt es weiter in dem Bekenntnis, betitelt mit ‚Versöhnung der Getauften'. Um Vergebung wird auch für die Glieder der Kirche gebeten, die sich der Demagogie, der Geldwäsche, des Rauschgifthandels oder der Ausbeutung oder unrechtmäßigen Bereicherung auf Kosten der Armen schuldig gemacht hätten ... Ausdrücklich bekennen die Bischöfe, die Kirche habe sich auch nicht deutlich genug gegen den Antisemitismus gewandt. Der indianischen Kultur und der ethnischen Vielfalt des Landes sei man zu indifferent gegenübergestanden. Das Bekenntnis umfasst auch die Selbstverpflichtung zum Einsatz für die Rechte von Immigranten und anderen gesellschaftlichen Randgruppen. – Das Schuldbekenntnis der Kirche wurde in Argentinien als die bislang selbstkritischste Äußerung einer lange schweigenden Kirche gewertet."[349]

Ein ganz anders geartetes Beispiel erhalten wir aus Österreich: „Etwas in der Kirche Ungewöhnliches taten die *österreichischen Bischöfe* auf ihrer Novembervollversammlung. Sie baten diejenigen um Vergebung, die aus der Kirche ausgetreten sind. Die Bischöfe wörtlich: ‚Sie sind aus der Kirche ausgetreten und haben so eine Gemeinschaft verlassen, die ihnen nicht mehr Heimat war. Es mag dafür verschiedene Gründe geben. Vielleicht waren daran auch Glieder unserer Kirche oder Verantwortliche in ihr schuld, durch die sie sich gekränkt oder verletzt gefühlt haben. Wir Bischöfe möchten sie dafür ganz offen um Vergebung bitten.' Diese Vergebungsbitte hat einen doppelten Hintergrund. Der erste: Die Zahl der *Kirchenaustritte* ist in Österreich seit Jahren besorgniserregend. In den letzten 25 Jahren (1958–1982) sind 424.868 Österreicher aus der Kirche ausgetreten. Diesen stehen nur 84.763 Wieder- oder Neueintritte gegenüber. Insgesamt hat die katholische Kirche in dieser Zeit also ca. 5 Prozent ihrer 6,54 Millionen Mitglieder verloren. Die Kirchenaustritte sind in Österreich in den letzten Jahren auch nicht zurückgegangen, sondern im Gegenteil 1982 gegenüber 1981 um etwa 20 Prozent gestiegen. Ein Grund dafür dürfte das österreichische, von der Kirche selbst eingerichtete Kirchensteuereintreibungssystem sein. Da säumige Zahler von Kirchensteuerämtern gerichtlich belangt werden können (müssen), führt das nicht selten zu unliebsamen Prozessen."[350]

Vor dem Hintergrund solcher Erneuerungen, die dem heutigen Menschen sicherlich sympathisch erscheinen, wirken die Fälle der *Vertuschung von Fehlern* umso verheerender. Traurige Berühmtheit erlangten etwa der Wiener Erzbischof Groer[351] oder Erzbischof Paskai, Primas von Ungarn, da sie inmitten einer offenen medialen Auseinandersetzung über ihre Vergangenheit (im ersten Fall auf sexuellem, im zweiten Fall auf politischem Gebiet) geschwiegen haben.

Index librorum prohibitorum

Ziemlich lautlos verschwand aus dem Leben der Kirche der sog. Index librorum prohibitorum, d. h. die Liste jener Bücher, deren Lesung einem Katholiken unter schwerer Strafe verboten war.[352] „Bekanntlich erscheint die mit dem Index befasste Sektion der Glaubenskongregation nicht mehr in der Aufzählung der Dienststellen dieser Kongregation im Päpstlichen Jahrbuch 1966. Auf die Frage, ob das das Ende des Index bedeute, erklärte der zuständige Kardinal bei seinem ersten Interview, der Index sei seit 1947 nicht mehr ergänzt worden und werde es auch in Zukunft nicht werden. Der Index bleibe ein historisches Dokument mit hinweisendem Wert. Die Glaubenskongregation werde aber in Zukunft Listen von abzuratenden Büchern führen, denen eine beratende Funktion zukomme nach Art der katholischen Filmberatung. Im zweiten Interview befasste sich der Kardinal noch einmal ausführlicher mit der Indexfrage. Der Index sei angesichts der Massen von Büchern, die von Tag zu Tag auf den Markt kommen, unbrauchbar geworden. Er plädierte aber dafür, dass die Bischofskonferenzen eine Art literarisches Beratungsorgan in Form einer kirchlichen Rezensionszeitschrift einführen. Auf diese Weise könne leichter mitverfolgt werden, was in den einzelnen Ländern an kirchlich relevanten Büchern erscheine."[353]

Auch die *Bücherzensur* wurde etwas liberalisiert. „Die vatikanische Glaubenskongregation hat am 9. April 1975 mit dem Dekret ‚De ecclesiae pastorum vigilantia circa libros' (Über die Aufsicht der Hirten der Kirche über die Bücher) neue Bestimmungen über das Zensurwesen erlassen (vgl. den Wortlaut im Osservatore Romano, 10. 4. 1975). Durch das Dekret werden die entsprechenden Canones im kirchlichen Gesetzbuch (cc. 1385–1394) ersetzt und, wo sie den neuen Normen zuwiderlaufen, ausdrücklich für ungültig erklärt. Das Dekret ist im Rahmen der Bemühungen zu sehen, Bestimmungen des geltenden Kirchenrechts den nachkonziliaren Gegebenheiten anzupassen, bevor die sicher noch längere Zeit beanspruchende Reform des Codex Iuris Canonici zum Abschluss gebracht wird. ... Von Bedeutung ist auch im vorliegenden Fall, dass die rechtsetzende Instanz die Kongregation für die Glaubenslehre ist.

Wie ein Sprecher der Glaubenskongregation dem ‚Osservatore Romano' (10. 4. 1975) gegenüber erklärte, stelle das Dokument den Versuch einer größtmöglichen Vereinfachung der Zensurgesetzgebung dar und sei bemüht, gleichzeitig Glaube und Sitten einerseits und die ‚rechte Freiheit von Forschung und Bildung der katholischen Autoren' andererseits zu schützen. Tatsächlich bringt das Dekret eine erkennbare Liberalisierung. Nach bisher geltendem Recht war es weder Laien noch Klerikern erlaubt, ohne kirchliche Vorzensur Schriften mit im weitesten Sinn religiös-theologischem Inhalt zu veröffentlichen, Klerikern war darüber hinaus jegliche unzensierte Publikation untersagt. Die Mitarbeit von Klerikern an Zeitschriften war ebenfalls an die Zustimmung des Bischofs gebunden, die Laien mussten, wenn sie aus einem ‚rechten und vernünftigen Grund' an einer kirchenfeindlichen Zeitschrift mitarbeiteten, diesen Grund vom Bischof prüfen lassen. Dass in letzter Zeit diese Bestimmungen nicht mehr uneingeschränkt gehandhabt wurden, steht auf einem anderen Blatt. Immerhin bewegte sich eine entgegenlaufende Praxis streng genommen außerhalb der Legalität. Für die Zukunft wird die Einholung des ‚imprimatur' auch bei Veröffentlichungen über Glaubens- und Sittenfragen nur noch ‚empfohlen', wenn auch diese Empfehlung an die Kleriker besonders eindringlich ergeht. Der Sprecher der Glaubenskongregation versuchte für diese Empfehlung zu werben, indem er auf den Mangel hinwies, den das Fehlen der ‚Deckung durch die Hierarchie' für Bücher katholischer Autoren bedeute, sowie auf den Vorteil, den die kirchliche Empfehlung für den weniger orientierten Leser habe. – Modifiziert gegenüber dem Codex ist auch die Bestimmung über den Ablehnungsbescheid. C. 1394 § 2 schränkte bisher die Mitteilung der Gründe an den Autor ein: ‚wenn kein schwerwiegender Grund entgegensteht'. Diese Einschränkung wurde in die neuen Vorschriften nicht übernommen."[354]

Im neuen Gesetzbuch des kanonischen Rechtes[355] sind viele Vorschriften des alten Gesetzbuches ersatzlos gestrichen worden, die z. B. sich mit dem Tragen der Ordenstracht (can. 596) und mit der sog. *Klausur* in den Ordenshäusern beschäftigen (can. 597–607). Die Lektüre der letzteren Paragraphen ist eine amüsante oder ärgerliche Beschäftigung, je nach Einstellung, spiegelt nämlich die Auffassung einer Zeit zurück, die die industriellen Gesellschaften schon lange vor 1983 verabschiedet haben. In die Klausur der männlichen Orden durfte keine Frau („mulieres cuiusvis aetatis") eintreten, also auch kein neugeborenes Mädchen. Wohl aber die Staatsoberhäupter mit ihren Frauen und mit Begleitung. Und die Strafe für die Übertretung war keine geringe: „excommunicatio Sedi Apostolicae simpliciter reservata".[356]

Erwartungen vom Konzil

Es scheint mir sehr wichtig zu sein, der Tatsache bewusst zu werden, dass viele Reformen in der Kirche vor dem Zeiten Vatikanischen Konzil erwartet und nicht wenige davon tatsächlich auch verwirklicht wurden. Der Wunsch nach Veränderungen lag in der Luft – im Laufe des Konzils konnten manche Erwartungen erfüllt werden.

Eine Art Paradebeispiel dafür bietet eine Liste von Anforderungen, die der Tiefenpsychologe und „Linkskatholik" *Wilfried Daim* im Rahmen einer Rundfrage der Zeitschrift „Wort und Wahrheit": „Was erwarten Sie vom Konzil?" im Jahre 1961 veröffentlicht hat: „Die räumlich eng gesteckten Grenzen ermöglichen es mir nicht, meine Anregungen ausführlich zu begründen. Es ist dies insbesondere für die im Abschnitt A gegebenen Anregungen auch bereits in meinem Buch ‚Die kastenlose Gesellschaft' geschehen. Die vordringlichsten Fragen und die konkret vorzu-schlagenden Maßnahmen gehen nach meinen Vorstellungen auch derma-ßen ineinander über, dass ich sie auch im Folgenden nicht auseinander zu halten versuche.

A. *Entfeudalisierung der Kirche*

Darunter verstehe ich die umfassende Ausscheidung einer dem Ursprung des Christentums völlig fremden Lebensform, die durch den Einfluss des *Byzantinismus* und des germanischen Feudalismus innerhalb der Kirche sich ausbreitete und dem Zeremoniell, das umfassende Brüderlichkeit ausdrückt, zutiefst zuwiderläuft. Insbesondere wären folgende Maßnah-men Ausdruck der Entfeudalisierung:

1. Abschaffung der Wir-Formel der Päpste.

2. Abschaffung von Kniefall und Ringkuss.

3. Abschaffung der Titel Eminenz und Exzellenz.

4. Auflösung der *Ritterorden* auf Grund der Tatsache, dass deren feudale Herkunftsordnung nicht einmal die Apostel als Mitglieder dulden könnte.

5. Abschaffung aller noch bestehenden Sonderrechte der römischen Ari-stokratie am Vatikan.

6. Vereinfachung des *Zeremoniells.*

7. Abschaffung der päpstlichen Orden und Ehrenzeichen.

8. Beweglicher-Werden des Papstes; Aufsuchen der Oberhäupter anderer christlicher Kirchen, ohne Rücksicht darauf, ob sich diese zu Gegenbesu-chen bereit erklären (der gute Hirt und das verlorene Schaf).

9. Reduktion des Vatertitels, wenn nicht überhaupt Ersetzung durch den *Bruder*begriff: ,Ihr aber seid alle Brüder', sagt Christus.

10. Grundsätzliche Umgestaltung der *Messe:* Vereinfachung; das Lesen in der *Landessprache;* Liquidation der Kommuniongitter; Sitzen von Priestern und Laien am gleichen Tisch; statt einer dünnen Oblate ein rich-tiges Brot und Einführung des *Laienkelches;* das eucharistische Gemein-schaftsmahl muss die Leib- und Blutsbrüderschaft mit Christus erleben lassen.

11. Verpflichtung aller Würdenträger der Kirche nicht nur zur Fußwa-schung, sondern auch zum gemeinsamen profanen Tisch mit den Vertre-tern der verschiedensten Volksschichten. Die profane Tischgemeinschaft soll die übernatürliche vorbereiten.

12. Wahl der *Bischöfe* durch das gläubige Volk aus einer größeren Zahl vorgeschlagener Kandidaten.

13. Proportionale Erstellung der Wahlmänner für die *Papstwahl* (Kardi-näle) nach der Volkszahl der Katholiken.

14. Entfeudalisierung der Caritas; nicht milde Spenden von ‚gnädigen‘ Herren und Damen zur Notlinderung, sondern tatkräftige kameradschaftliche und verpflichtende Hilfe ist nötig. Einrichtung von Zentren, die Not leidenden Menschengruppen Mittel verschaffen, sich selbst zu helfen.

15. Autonomisierung der *päpstlichen Universitäten* in ähnlicher Form wie die der staatlichen in bürgerlich-demokratischen Staaten.

16. Abschaffung der quasi-dogmatisierten Stellung der *Scholastik* in der Theologie. Christus wurde nicht zwischen Plato und Aristoteles, vielmehr zwischen Moses und Elias verklärt. Der revolutionäre Charakter der Befreiungstat des Moses wie des Dekalogs – ‚Ich bin der Gott, der dich geführt hat aus Ägypten, dem Haus der Sklaverei‘ – und die Folgen dieser ersten Revolution wären entsprechend zu akzentuieren. Damit würde eine Integration des *Judentums* eingeleitet, wie eine Aufgabe des Standpunktes, dass das Christentum selbstverständlich ‚konservativ‘ sei.

17. Abschaffung des ‚*Index* librorum prohibitorum‘ oder zumindest Humanisierung der Indizierung: klare, offene Feststellung der Anlässe, Schaffung eines Einspruchsrechtes mit Verteidiger usw.

18. Begrenzung der *Amtsdauer* kirchlicher Würdenträger (Pensionierung), um eine Verjüngung der Hierarchie zu erreichen.

19. Änderung der Erziehungsziele in allen pädagogischen Einrichtungen der Kirche: mehr Erweckung von Kritikfähigkeit, von Initiative und Selbstentscheidung.

B. Umfassendes Schuldbekenntnis des Papstes im Namen seiner christlichen Brüder für die Untaten der Kirche an den Juden, den Islamiten, den Heiden, den eigenen Mitgliedern, die zu Unrecht verfolgt, gemartert, indiziert usw. wurden, an den Sklaven, den Farbigen, an den Kastrierten um des schönen Gesanges willen, an den Bürgern, am Proletariat für alle *Handlungen* und für alle *Unterlassungen; * Bitte um Vergebung.“[357] – Jene, die heute über die „utopistischen Forderungen“ etwa des Kirchenvolks-Begehrens spotten, sollten über diese historischen Tatsachen nachdenken.

Anfänge der Reformen

Einiges ist sogar noch vor dem Zeiten Vatikanischen Konzil geschehen. „Das fing bereits mit Pius Xll. an, der die langen *Schleppen* der Kardinäle stutzen ließ, bis sie schlussendlich verschwanden. Paul Vl. schaffte den höfischen Prunk der Capella Pontificia ab, mitsamt der prächtigen Wedel neben dem Baldachin, unter dem der Papst auf dem Tragsessel in den Petersdom einzog. Auch die kostbare Tiara, geschmückt mit drei Kronreifen, legte Paul Vl. ab, woraufhin seine Nachfolger ebenfalls auf sie verzichteten. Längst war der Fußkuss in Vergessenheit geraten, den sogar die Kardinäle zu leisten hatten."[358]

Die Reformwilligen mussten Hindernisse überwinden. Zu ihnen gehörte auch der „lächelnde Papst", Johannes Paul I. „Monsignore Virgilio Noe, der Zeremonienmeister, bat ihn, nicht mit den Wachen zu sprechen und sich mit einem schweigenden Kopfnicken zu begnügen. Der Papst wollte wissen, warum. Noe hob entgeistert die Arme. ‚Heiliger Vater, es ist nicht üblich. Kein Papst hat je mit ihnen gesprochen.' Albino Luciani lächelte und sprach weiterhin mit den Wachen. Welcher Kontrast gegenüber den frühen Jahren des Pontifikats von Paul VI., als Priester und Nonnen beim Gespräch mit dem Papst stets knieten, selbst wenn es ein Telefongespräch war."[359]

Ein ganz besonders spektakuläres Zeichen der Reformwilligkeit war der Verzicht auf die päpstliche Dreifachkrone (*Tiara*), die der Papst, wie erwähnt, demonstrativ abgelegt hat. „Papst Paul VI. spendete laut KNA am 18. November (1964) seine persönliche Tiara den Armen und übergab sie dem amerikanischen Kardinal Francis Spellman ‚aus Dankbarkeit für die gütige Sorge des amerikanischen Volkes um die Armen der Welt.' (Die Tiara ist vorläufig in der St.-Patricks-Kathedrale in New York ausgestellt.) – Diese Geste löste Spekulationen aus, ob der Papst damit eine erste Absage an den so genannten Triumphalismus der katholischen Kirche (außer durch die Tiara u. a. auch durch Straußenfederwedel, Tragstuhl usw. dargestellt) getan oder zu einer Imitation in dem Sinne, dass die Kirchenfürsten alle überflüssigen Schätze und Reichtümer der Kirche zu Gunsten der Armen aufgeben sollten (wie das vor allem der brasilianische Bischof Camara Helder immer wieder gefordert hat), aufgerufen habe."[360]

Charakteristisch für die zögernde Haltung der Kirche Reformen gegenüber ist der schrittweise Rückzug (der Kürzung und schließlich Abschaffung des Schlepps der Kardinäle nicht unähnlich) auf dem Gebiet des sog. *eucharistischen Nüchternheitsgebot*es. Im alten Codex Iuris Canonici stand noch die eindeutige Vorschrift: ab Mitternacht durfte man bis zur Kommunion weder essen noch trinken.[361] Dann folgte die erste Korrektur: „Um es den Gläubigen zu ermöglichen, die heilige Kommunion häufig zu empfangen und das Gebot, an Festtagen die heilige Messe zu hören, leichter zu erfüllen, haben Wir in den ersten Tagen des Jahres 1953 die Apostolische Konstitution *Christus Dominus* ... verkündet, durch die Wir die Vorschriften der Eucharistischen Nüchternheit milderten. Zugleich übertrugen Wir den Ortsordinarien die Vollmacht, die Feier der Messe und Austeilung der hl. Kommunion in den Abendstunden zu gestatten, sobald gewisse Vorbedingungen dazu gegeben sind. – Wir setzten die Zeit der vor der Messe oder der hl. Kommunion einzuhaltenden Nüchternheit, wenn diese am Nachmittag gefeiert bzw. empfangen würde, auf drei Stunden für feste Speisen und eine Stunde für nichtalkoholische Getränke herab.“[362] – Durch das Motuproprio vom 25. 3. 1957 „*Sacram Communionem*“ wurden weitere Erleichterungen eingeführt: „Die eucharistische Nüchternheit, die die Priester vor der Feier des heiligen Messopfers und die Gläubigen vor Empfang der hl. Kommunion einzuhalten verpflichtet sind, wird sowohl für den Morgen wie für den Nachmittag auf drei Stunden für feste Speisen und alkoholische Getränke, auf eine Stunde für nichtalkoholische Getränke festgesetzt. Wasser bricht die Nüchternheit nicht.“[363] – Der nächste Schritt: „Angesichts der geänderten Lebensbedingungen hat Papst Paul VI. in der Schlussfeier der Dritten Session des Zweiten Vatikanischen Konzils am 21. November 1964 das Gebot der eucharistischen Nüchternheit wie seine Vorgänger weiterhin gemildert. Nach den neuen Bestimmungen ist der Genuss fester Speisen für Priester und Laien in gleicher Weise bis auf eine Stunde vor der heiligen Kommunion gestattet. Auch der mäßige (servata tamen debita moderatione) Genuss von Alkohol ist bis eine Stunde vor der heiligen Kommunion erlaubt (vgl. ‚Osservatore Romano‘, 4. 12. 1964). Kranke dürfen wie bisher nichtalkoholische Getränke und wirklich medizinische Mittel, ob flüssig oder fest, ohne Zeitbeschränkung vor der heiligen Kommunion einnehmen. Wassertrinken verstößt niemals gegen die eucharistische Nüchternheit.“[364] – Schließlich folgt die bis jetzt letzte Formulierung: „ Wer die heiligste Eucharistie empfangen will, hat sich innerhalb eines Zeitraumes von wenigstens einer Stunde vor der heiligen Kommunion aller Speisen und Getränke mit alleiniger Ausnahme von Wasser und Arznei zu enthalten.“[365]

Stil und Sprache

Nicht unerwähnt bleiben soll ein schwer definierbarer Fortschritt in Stil und Sprache[366] im kirchlichen Gebrauch, vor allem in Richtung Authentizität. Von den vielen erfreulichen Erscheinungen soll hier ein ausgewähltes Beispiel stehen. Ein besonders heikles Problem war in der Diözese

Innsbruck die Verehrung des Knaben „Anderl von Rinn" in der Kirche der Gemeinde Judenstein, weil dort ein Treffpunkt politisch Rechtsstehender entstanden ist, trotz eindeutiger Gutachten von Historikern. Der begnadete Formulierer Bischof Stecher hat gegen den Widerstand mancher rechtsgerichteter Kreise zwei Schilder mit folgenden Inschriften anbringen lassen:

„Dieser Stein erinnert an eine dunkle Bluttat, aber auch durch seinen Namen an manches Unrecht, das von Christen an Juden begangen wurde. Er soll in alle Zukunft ein Zeichen der Versöhnung mit jenem Volke sein, aus dem uns der Erlöser erstand.

Hier ruht das unschuldige Kind Anderl, welches nach der Überlieferung im Jahre 1462 von Unbekannten ermordet wurde. Leider wurde sein Tod jahrhundertelang als Ritualmord durchreisenden Juden unterstellt. Diese damals häufige und völlig unbewiesene Beschuldigung hat dazu geführt, dass das Anderl irrtümlich als Märtyrer des Glaubens angesehen wurde. Das Kind Anderl ruht hier zwar nicht als Märtyrer der Kirche, aber als mahnende Erinnerung an die vielen Kinder, die bis zum heutigen Tag Opfer der Gewalt und Missachtung des Lebens wurden. Mit ihnen allen ist das Anderl von Rinn eingezogen in Gottes ewige Freude."

3.2. Theologische Erneuerungen

3.2.1. Das Zweite Vatikanische Konzil

Der Titel dieses Kapitels ist wahrscheinlich der am häufigsten verwendete Begriff im Leben der katholischen Kirche der letzten 40 Jahre. Unzählige Publikationen sind über dieses historische Ereignis erschienen. Es handelt sich dabei um ein Phänomen besonderer Art, das man nur schwer in kurzen Sätzen beschreiben kann.

Eine sehr persönlich gehaltene Stellungnahme des Wiener Weihbischofs *Helmut Krätzl* trifft meiner Ansicht nach den zentralen Punkt und deutet gleichzeitig den beginnenden Widerstand an: „Mit Begeisterung hörte ich die Eröffnungsansprache des Papstes am 11. Oktober 1962 in der Konzilsaula. Der ‚springende Punkt' des Konzils sei nicht, den ‚kostbaren Schatz zu bewahren, als ob wir uns nur um Altertümer kümmern würden', sondern all jene, die sich auf der ganzen Welt zum christlichen, katholischen und apostolischen Glauben bekennen, erwarten einen ‚Sprung nach vorwärts', der einem vertieften Glaubensverständnis und der Gewissensbildung zugute kommt. Mit bewegten Worten sprach der Papst von der Ökumene.

Das viel zitierte Bild vom ‚Sprung nach vorwärts, vom ‚balzo innanzi‘, kommt nur in der italienischen Fassung der Rede vor und dann in der deutschen Übersetzung. Der lateinische Text selbst, den der Papst vortrug, verwendet den farbloseren Ausdruck von einem ‚neuen Bemühen‘ (nuovo studio). L. Kaufmann und N. Klein haben in ihrem Buch *Johannes XXIII. Prophetie im Vermächtnis* (Freiburg i. Br. 1990), die verschiedenen Textfassungen genau analysiert und vermuten in der lateinischen Fassung auch einen abschwächenden Zugriff kurialer Kreise, während die italienische Urfassung vom Papst selbst stamme."[367]

Der jahrelang dauernde Prozess begann mit einer unscheinbaren *Ankündigung*. Am 25. Januar 1959 hatte Papst Johannes XXIII. „sich zur Feier der Bekehrung Pauli in die Patriarchalbasilika S. Paolo fuori le Mura begeben, wohin er die Gläubigen seiner Diözese Rom zu kommen gebeten hatte, um mit ihm für die verfolgte Kirche und insbesondere für China zu beten. Nach dem Pontifikalamt, dem der Papst auf seinem Thron gegenüber der Confessio beigewohnt und in dem er eine Homilie über das Evangelium gehalten hatte, begab er sich in das neben der Basilika gelegene Benediktinerkloster in Begleitung der 17 römischen Kardinäle, die mit ihm an dem Gottesdienst teilgenommen hatten. Vor diesem improvisierten Geheimen Konsistorium verlas er einen lateinischen Text, in dem er seinen Willen bekannt gab, ein ökumenisches Konzil einzuberufen. ... Um den gegenwärtigen Nöten des christlichen Volkes zu begegnen, hat der Oberste Hirte, indem er sich von den uralten Gewohnheiten der Kirche hat inspirieren lassen, drei Ereignisse von allergrößter Bedeutung angekündigt, nämlich: eine Diözesansynode der Stadt Rom, die Feier eines ökumenischen Konzils für die universale Kirche und die Modernisierung des kirchlichen Rechts, der die demnächstige Veröffentlichung des Kodex für das Orientalische Kirchenrecht vorangehen soll."[368]

Als Folge der Ankündigung der Einberufung eines Konzils entstand eine *Atmosphäre großer Erwartungen*. Es lohnt sich, diese kurz anzudeuten. Die Zeitschrift „Wort und Wahrheit" veröffentlichte in ihrem Heft vom Oktober 1961 die Antworten von 81 Katholiken aus dem deutschen Sprachgebiet auf die Frage: „Was erwarten Sie vom Konzil?", die sie einem etwa doppelt so großen Personenkreis vorgelegt hatte, nachdem die Redaktion ihre eigene Meinung im 15. Jahrgang (S. 245ff., 325ff. und 405ff.) bereits veröffentlicht hat. Aus einer Zusammenfassung der Ergebnisse dieser Umfrage[369] stammen die folgenden besonders relevanten Zitate: „Entweder gelingt ihm ein ‚Durchbruch, der es der Kirche ermöglicht, ihre Präsenz in der heutigen Welt und ihre geistliche Solidarität mit ihr überzeugend zur Darstellung zu bringen, also die alte Wahrheit von der Kirche als dem ‚Zeichen, aufgerichtet unter den Völkern‘, so für die Gegenwart zu aktualisieren, dass man sie nicht erst lange umständlich zu beweisen braucht‘, oder es führt zu einer katastrophalen Enttäuschung; denn ‚mit der Ankündigung des Konzils hat der Papst in fast unglaublicher Kühnheit die gesamte Kirche in einer so weitgehenden und öffentlichen Form engagiert, dass mit Gelingen oder Misslingen unsere Glaubwürdigkeit vor der Öffentlichkeit der ‚Einen Welt‘ auf dem Spiel steht‘ ... ‚Das Autoritäre spielt in der Kirche von heute noch eine allzu große Rolle‘, schreibt ein Konvertit. ‚Die Kirche müsste demokratischer werden. Hierarchie und Demokratie sind keine Gegensätze‘... Unter den Tatsachen, die das Antlitz unserer Welt prägen, sind so viele genannt worden, dass selbst die folgenden Andeutungen sie nicht vollständig registrieren können. Die Welt unserer Zeit ist im ‚Wirbel‘ und ‚Umsturz‘, im ‚Fließen‘ und im ‚Übergang‘ ... nicht ausgenommen pro modo suo die Kirche: ‚Es wäre verhängnisvoll, wenn dieses Fließende und sich Wandelnde jetzt schon ... fixiert und damit wieder blockiert würde. Ich hoffe vielmehr, dass das Konzil den wesentlichen Neuansätzen und Strömungen großzügige, wohlwollende Aufmerksamkeit schenkt, Pioniere ermutigt, ihnen Hindernisse wegräumt, Versuche ermächtigt, ihnen wohlwollende Kontrolle und verantwortlichen Rückhalt gibt, legitimen Raum für Experimente, Untersuchungen und Kontroversen schafft bzw. ihn schützt‘ ... Wichtig scheint mir, dass der Bischof als Nachfolger der Apostel im gläubigen Bewusstsein des Volkes lebendig gegenwärtig ist. Dazu wäre es aber wohl notwendig, dass schon die Wahl und Ernennung des Bischofs aus der bürokratischen Anonymität geheimer Listen usw. herausträte, in der sie heute steht, und dass die öffentliche Meinung einer Diözese wirklich ins Gewicht fiele. Der Konsekration sollte eine wirklich ausschlaggebende Wahl des Bischofs durch Repräsentanten der Diözese vorausgehen, ... In dieser Berichterstattung kann nicht übergangen werden, dass mehrere Stimmen sich mit Gründen für eine Revision der Zölibatsgesetzgebung ausgesprochen haben. Da indes der Konzilssekretär bereits erklärt hat, dass hieran mit Sicherheit nichts geändert werden wird, ... kann es bei dieser Erwähnung bleiben. ... Unser Gottesdienst muss wieder so werden, dass er in seinen wesentlichen Grundstrukturen auch dem Uneingeweihten verständlich wird.‘‘[370]

Eine vergleichbare Aktion wurde in der Bundesrepublik Deutschland durchgeführt. „Getragen von der Überzeugung, dass ‚die innerkirchliche Reform nicht nur von oben kommen kann, sondern auch von unten angestrebt und vorbereitet werden muss‘, veranstaltete die Katholische Aktion in Bayern im Jahre 1961 unter dem Thema ‚Was erwarten wir Laien vom Konzil?‘ eine *Umfrage*. In ihrem Organ ‚Die lebendige Zelle‘ (Heft 5/6, München 1961) liegt nun das Ergebnis dieser Fragebogenaktion vor. Insgesamt wurden 180 Fragebogen ausgewertet, die zu 93 Prozent von Laien und zu 7 Prozent von Klerikern ausgefüllt worden waren. 60 Prozent hatten höhere, die übrigen 40 Prozent Volksschulbildung. Die Liste der Berufe führt unter anderem Professoren, Ärzte, Ingenieure, Handwerker, Bauern, Angestellte, Hausfrauen und Lehrer auf. Ferner beteiligten sich 12 Arbeitsgemeinschaften, wie Pfarrausschüsse, Werkvolkgruppen und Frauenorganisationen. Die Antworten waren zum Teil sehr umfangreich und auch bei heiklen Themen bemerkenswert offen. Im Durchschnitt nahmen zu jeder Frage 136 Teilnehmer Stellung.

Ziel der Umfrage war, das Bewusstsein der Mitverantwortung der Laien in der Kirche und für die Kirche anzuregen und damit zu einem Gespräch über das Konzil zu führen. Die ausgegebenen Fragebogen umfassten insgesamt 37 Fragen, die entsprechend dem Sinn der Umfrage nicht nur das Konzil als solches, sondern auch die verschiedenen Aspekte der Glaubens- und Seelsorgssituation unserer Tage betrafen und Möglichkeiten der Erfüllung des Weltauftrages der Laien und einer echten Katholischen Aktion ermitteln sollten. ... Bemerkenswert ist, dass trotz der inzwischen stattgefundenen Klärungen, dass das bevorstehende Konzil kein Unionskonzil sein könne[371], die Antwort auf die Frage ‚Was erwartet sich nach Ihrer Meinung die breite Öffentlichkeit vom Konzil?‘ bei 58 Prozent lautet: *‚Die Wiedervereinigung im Glauben‘*. Mit weitem Abstand folgen ‚Erneuerung und Selbstdarstellung der Kirche‘ mit 11 Prozent und ‚Anpassung an unsere Zeit‘ mit 10 Prozent. Auch auf die Frage nach dem wichtigsten Thema, das das Konzil behandeln müsste, antworteten 43 Prozent der Befragten: ‚Die Einheit im Glauben‘, 32 Prozent sehen die ‚innerkirchliche Reform allgemein als Anpassung an unsere Zeit‘ als das Vordringlichste. Auf die Frage, was sie selbst vom Konzil erwarten, sprachen sich 30 Prozent für ‚Erneuerung der Kirche‘, 22 Prozent für ‚Wiedervereinigung im Glauben‘, 20 Prozent für eine ‚Modernisierung der Kirche‘ und 13 Prozent für ein ‚lebendigeres Christentum‘ aus. Eine überwältigende Mehrheit der Antwortenden sprach sich für die Hinzuziehung von Laienvertretern bei den Vorbereitungen und Beratungen des

Konzils aus, insgesamt 92 Prozent, wovon 52 Prozent die Teilnahme der Laien als ‚notwendig‘ ansahen und 40 Prozent sie als ‚wünschenswert‘ bezeichneten. Nur 4 Prozent betrachteten sie als ‚unwichtig‘."[372]

Der Fall Lombardi

Kennzeichnend für die Nervosität, die bereits vor dem Beginn des Konzils zwischen den Gruppen mit sehr verschiedenen Interessen herrschte, ist der *Fall Lombardi*. „Am 12. Januar 1962 und in den folgenden Tagen berichtete die deutsche Tagespresse in verhältnismäßig umfangreichen Meldungen und Kommentaren, dass der weithin bekannte Kanzelredner und von Papst Pius XII. geschätzte Begründer und Leiter des ‚Kreuzzuges der Liebe‘ und der ‚Bewegung für eine bessere Welt‘, P. Riccardo Lombardi SJ, mit seinem Buch ‚Concilio. Per una riforma nella carità‘ (Rom 1961) bei der römischen Kurie in Ungnade gefallen sei."

Diese Tatsache erscheint zunächst unverständlich, vor allem nach Lektüre der ersten, von Demut und Bescheidenheit geradezu triefenden Seiten des erwähnten Buches. „Der erste Satz des Vorwortes lautet: ‚Dieses Buch kommt in Demut aus dem Herzen eines Priesters, der – wie jedes andere Glied der Kirche – mit großer Freude und unendlicher Hoffnung auf das kommende Konzil hinblickt.‘ Mit Bezug auf sein Buch schreibt der Verfasser: ‚Hier wird ein einziger Gesichtspunkt herausgestellt, der viele Gedanken zusammenfasst, die ich für wahr halte und die aus einer breiten Erfahrung von der lebendigen Kirche, aus Kontakten mit vielen Menschen aus vielen Völkern, aus Gesprächen mit Tausenden und Abertausenden von Priestern, mit hoch qualifizierten Exponenten des Laienstandes und auch mit vielen Bischöfen hervorgegangen sind ... Ich habe keine Absicht, Ratschläge zu erteilen, am wenigsten den Erwählten Gottes ... Ich schreibe aus meiner Situation als einfacher Priester in klarem Wissen um meine Nichtigkeit. Die Erwählten des Herrn, die Nachfolger der Apostel, werden sehen, ob etwas Nützliches daran ist. Ich selbst denke vor allem an die Gläubigen, die nach Mitteilungen von dem vielleicht größten und wahrscheinlich heilsamsten Ereignis dieses Jahrhunderts verlangen: statt äußerlicher, oberflächlicher, manchmal lächerlicher Zeitungsmeldungen eine Einladung an die Katholiken, über die Art der Probleme nachzudenken, welche die Aufmerksamkeit der geheiligten Versammlung finden könnten, und ihr gegenüber die schuldige Ehrfurcht und geziemende Erwartung zu hegen."

Den Grund zur Schelte lieferte Lombardi durch kritische Bemerkungen, Ideen radikaler Reformen: „Lombardi legt dann nach einem kurzen

Überblick über die Vorgeschichte des Konzils, wobei er besonders die Absichten des Papstes zu Wort kommen lässt, dar, in welchem Sinne er eine Reform der Kirche für notwendig hält. Selbstverständlich ist die Kirche heute so wenig wie je in ihrem Wesen reformbedürftig . ... Doch sei nicht zu leugnen, dass zwischen ihrer konkreten Erscheinung und den Forderungen der Zeit gewisse Disproportionen bestehen ... – Schon beim ersten konkreten Gegenstand, der Papstwahl, wird die kategorische Form sichtbar, in der Lombardi die ‚Askese der Einheit in der Liebe' als einziges Prinzip seiner Reform geübt wissen will. Er argumentiert: Der Beste muss Papst werden. Er befindet sich nicht notwendig im Konklave. Also muss man auch andere Kandidaten ernsthaft in Betracht ziehen ... Dass er gerade Cölestin V. zum Beispiel heranzieht und das Wirken des Heiligen Geistes damit dokumentiert, dass dieser Papst seinem großen Nachfolger Bonifaz VIII. den Weg bereitet habe, ist bezeichnend für die Gläubigkeit Lombardis.

Auch von der römischen Kurie verlangt er, dass sie sich ganz elastisch in die Rolle einfüge, die unsere Zeit ihr zuweist. Denn in einer Epoche der Geschichte, da die Welt eine einzige wird, ist ihre Führungsaufgabe für die Kirche entscheidend wichtig. Die Kurie muss führen, orientieren, koordinieren und darf sich nicht in kleinlicher Administration und Bürokratie verlieren. Sie muss zudem innerhalb der Kirche das weithin sichtbare Beispiel einer Elite darstellen. Deshalb darf es in Hinsicht auf die Männer der Kurie keine persönlichen Rücksichten geben, weder solche der Zugehörigkeit zu bestimmten Nationen oder Orden noch solche der persönlichen Rechte, der Anciennität und Inamovibilität, und erst recht keinen Karrieregeist." Nach diesen Beispielen wird die schulmeisterliche und typisch kurial-anachronistische Zurechtweisung verständlich: „Zu diesem Buch bemerkte nun also der ‚Osservatore Romano', die erwünschte Mitarbeit der Geistlichen und der Laien am Konzil gebe niemandem das Recht, sich in dessen Beratungen einzumischen, und sie müsse in vollkommener Unterordnung unter das Urteil der zuständigen Obrigkeit geschehen. Das Interesse am Konzil sei nur insoweit lobenswert, als es sich klug und diskret innerhalb des Rahmens halte, der durch die Direktiven des Papstes und der Hierarchie gezogen sei. Dazu gehöre insbesondere die Beachtung der Tatsache, dass der Papst in einer Audienzansprache am 25. Oktober 1961 stillschweigend die Idee und das Programm einer Reform der Kirche zurückgewiesen habe, weil eine solche voraussetzen würde, dass die Kirche von der Verfassung ihres göttlichen Stifters und den charakteristischen Vorzügen, die er ihr verliehen hat, abgewichen sei. Die Intention des Konzils sei nicht auf eine Wiederherstellung der Urkirche gerichtet, deren Wesen auch heute fortlebt, sondern auf die lehramtliche Beurteilung der Probleme unserer Zeit im Lichte des Evangeliums Christi (,Osservatore Romano', 27. 10. 1961)."[373]

Konzilsvorbereitung

„Die Einsetzung der Ersten Vorbereitenden Kommission zu Pfingsten 1959 hat die erste Phase der Konzilsvorbereitung eingeleitet. Jetzt wurde auch allmählich klarer ausgesprochen, dass das Konzil nur die katholische Kirche betreffen werde, die sich den Erfordernissen der Zeit anpassen müsse („aggiornamento"); sei dies glücklich vollbracht, könne sie die getrennten Brüder mit Erfolg zur Einheit einladen. Mit Pfingsten 1960 begann die zweite und abschließende Phase der Konzilsvorbereitung: Am 5. Juni 1960 bestellte der Papst zehn Konzilskommissionen, das Sekretariat zur Förderung der Einheit der Christen sowie die Zentralkommission. Vor allem die Einrichtung des genannten Sekretariates, dessen Leitung der deutsche Kurienkardinal Augustin Bea SJ erhielt, bewirkte, dass der Gedanke der Wiedervereinigung schließlich regulative Idee der ersten Sitzungsperiode des Konzils blieb.

Die *römische Diözesansynode* (24.–31. Januar 1960) rief in weiten Teilen der Kirche Unbehagen hervor. Sie war zentral vorbereitet, lief streng gesteuert ab und entsprach keineswegs den Vorstellungen einer Synode nach Geschichte und geltendem Recht. Der Inhalt der umfangreichen Dekrete mochte auf die Bedürfnisse des Bistums Rom zugeschnitten sein, wirkte aber dennoch vielfach befremdlich. Sollte hier der Modellfall für das allgemeine Konzil vorexerziert sein? Sollte der Papst durch diese harmlose Versammlung überhaupt von größeren Vorhaben abgebracht werden? Es schien, dass dem Papst manche Reaktionen in der Kirche außerhalb der römischen Mauern zunächst unbekannt blieben, dass er manchen ultrakonservativen Kräften der Kurie allzu viel freien Lauf ließ. ... Aber eines stand für die zahlreichen Mitarbeiter in der schwierigen Konzilsvorbereitung fest: dass die Vorbereitungen im Sinne betont konservativer Mitglieder der römischen Kurie und ihrer Anhänger einseitig beeinflusst wurden, dass der Papst diesen Kreisen allzu sehr die Möglichkeit ließ, ihre eigenen, dem päpstlichen Wollen vielfach widerstrebenden Vorstellungen durchzusetzen, selbst den Versuch zu machen, vor dem Konzil in aller Eile noch vollendete Tatsachen zu schaffen. Nur in einem zeigte der Papst die ganze Zähigkeit seiner bäuerlichen Herkunft: ‚Il concilio si deve fare malgrado la curia!' (Das Konzil muss trotz der Kurie stattfinden!).

Das Konzil fand statt

Die erste Sitzungsperiode ... dauerte vom 11. Oktober bis zum 8. Dezember 1962. ... Die zweite Sitzungsperiode tagte vom 29. September bis zum 4. Dezember 1963 ... Am 14. September 1964 eröffnete der Papst die dritte Sitzungsperiode des Konzils. ... Die teilweise recht leidenschaftlichen Debatten führten im November zu einer Krise; sie zeigten das ernste Bemühen der meisten Bischöfe, notwendige Reformen in allen Bereichen kirchlichen Lebens vorzunehmen, aber auch starke Gegenströmungen einer Minderheit. ... „Aber im Großen und Ganzen will mir doch scheinen, dass das Konzil ein Kampf der Kirche gegen diese Art von zentraler Instanz war, die die Macht in Händen hatte. Mehrere Mitglieder dieser Instanz sagten ja auch während des Konzils: ‚Lassen wir sie nur machen, im Nachhinein sind doch wir es, die die Verordnungen erlassen, die das kanonische Recht ausarbeiten werden.' So hieß es damals." (Congar, in: Sommer, S. 95)

Zum Abschluss dieser Sitzungsperiode konnten am 21. November wenigstens die dogmatische Konstitution über die Kirche, ferner Dekrete über den Ökumenismus und die katholischen Ortskirchen verabschiedet werden. „... Sorge lag auch über den Konzilsvätern, die sich im folgenden Jahr, am 14. September 1965, in der Peterskirche zur Eröffnung der vierten und letzten Sitzungsperiode zusammenfanden. Man musste sich jetzt unausweichlich den schwierigsten Gegenständen stellen, die man teilweise schon drei Jahre vor sich hergeschoben hatte ... In der letzten Arbeitssitzung, am 6. Dezember 1965, wurde allen Bischöfen ein goldener Ring, Sinnbild der Einheit, als Geschenk des Papstes überreicht. Als dann am folgenden Tag die letzten vier Texte glücklich verabschiedet waren, erfüllte dankbare Freude die zum letzten Mal als Konzil in der Peterskirche versammelten Väter. Sie umarmten sich und gaben sich zum Abschied den Kuss des Friedens."[374]

An Stelle einer Behandlung der inhaltlichen Ergebnisse, die in der einschlägigen Literatur reichlich zu finden ist, sei mir erlaubt, *ein persönliches Erlebnis* kurz darzulegen. Als Mitarbeiter einer religionssoziologischen Zeitschrift konnte ich mit Hilfe eines „Permesso personale per assistere alla Congregazione Generale del giorno 8 ottobre 1965" den Ablauf des Konzils einen Tag lang beobachten. Vor der Eröffnung der Sitzung waren erbaulich die Bischöfe und Kardinäle zu sehen, die vor den Beichtstühlen Schlange standen. Unwillkürlich musste ich daran denken: Wenn jeder Volksschüler, der am Religionsunterricht teilnimmt, von der Sündigkeit aller Menschen Bescheid weiß, warum findet man es einen Skandal, wenn man – nicht die Sünden, sondern nur die Fehler von Bischöfen und Kardinälen kritisiert? Die Sakristei der Petersbasilika diente während der Sitzungen der Funktion einer Cafeteria unter dem biblischen Namen: „Bar Jona". Und dort war es schön, die Nahkämpfe der höchsten Würdenträger der Kirche um eine Tasse Kaffee zu beobachten: Wie menschlich können sich Menschen außerhalb ihrer Amtsräume benehmen!

Weniger lustig war die Tatsache, dass bereits im Laufe des Konzils *zwei Lager* in der Kirche entstanden und sowohl unterschiedliche Bewertungen und Interpretationen entwickelten, als auch auf Grund unterschiedlicher Schlussfolgerungen unterschiedliche Verhaltensweisen ausbildeten und immer stärker einübten. Diese Entwicklung ist psychologisch und soziologisch verständlich, für die Organisation Kirche allerdings sehr schädlich. Man sollte sich in Erinnerung rufen, dass die Entscheidung für ein „aggiornamento" fast genau 400 Jahre Verspätung aufholen musste. Unter dem Schock der siegreichen Verbreitung des Protestantismus hat sich nämlich die katholische Kirche im Konzil von Trient (13. 12. 1545–4. 12. 1563) in ihre eigene Burg zurückgezogen und die Burgmauern erfolgreich befestigt. (Ein Dekret hat z. B. jeden Kommentar der Konzilsdokumente ohne römische Genehmigung verboten.) Kein Wunder, dass die Absichten der Konzilsteilnehmer oft diametral entgegengesetzt waren und folglich zu Kompromisslösungen führten, die dann für die einen als zu viel, für die anderen als zu wenig erschienen sind. – Die Palette reicht von der kritischen Betrachtung des Konzils als „Konzil der Buchhalter"[375] (der Autor spricht u. a. über den „Vandalismus des Zweiten Vatikanischen Konzils"[376]) und von der kategorischen Ablehnung des Konzils als eine Art „Betriebsunfall" etwa von Erzbischof Lefebvre[377] bis zur mit Freude verbundenen Kritik: Freude über die großen Fortschritte und Kritik, weil die Beschlüsse nicht verwirklicht und nicht weiterentwickelt wurden.

Der Historiker schreibt im Jahre 1979: „In einem Abstand von nur einem Jahrzehnt lässt sich die Wirkung des Zweiten Vatikanischen Konzils noch nicht endgültig bestimmen, doch kann man Wirkungen konstatieren. Schon jetzt steht fest, dass es tiefer in die Geschichte der Kirche eingegriffen hat als das Erste Vatikanische Konzil, allenfalls vergleichbar sind seine Wirkungen mit denen des Tridentinums ... Zwar ist kaum zu bestreiten, dass es einen Wendepunkt in der Geschichte der Kirche darstellt. Vieles ist in ihr in Bewegung geraten, ihr inneres Gefüge ist aufgelockert, sie hat sich ökumenisch und zur Welt hin geöffnet. Ist diese Bewegung für die Sache Jesu Christi auf Erden Gewinn oder Verlust? – Die Urteile gehen weit auseinander. Der anfängliche Enthusiasmus, mit dem man das Konzil begrüßt hat, ist harter Kritik gewichen. Die Kritiker weisen auf die Verwirrung im Glauben hin, welche der ‚Pluralismus‘ in Theologie und Verkündigung angerichtet hat; auf die ständig sinkende Teilnahme der Gläubigen am Gottesdienst; die steil angestiegene Zahl der Priester und Ordensleute, die ihren Beruf aufgeben; die verwirrende Zahl der ‚Räte‘, die der ‚Demokratisierung‘ der Kirche dienen sollen; die sinkende Autorität des Papstes und der Bischöfe; die Zunahme der Mischehen; den ‚irdischen Messianismus‘ (Ratzinger), der den Menschen auf das Machbare zurückwirft; auf die neue Sexualmoral: der Einfluss der Kirche auf die Welt ist nicht gestiegen, sondern gesunken. Die Tatsache ist unbestreitbar.

Die ‚Progressisten‘ hingegen geben zu bedenken, dass ein innerer Gärungsprozess notwendig war, um das Aggiornamento des Papstes Johannes zu verwirklichen. Sie bestreiten nicht, dass die neue Liturgie ‚Kinderkrankheiten‘ durchmacht, behaupten aber, dass sie, dank der Einführung der Volkssprache, die Gläubigen aktiver am Gottesdienst beteiligt als früher. ‚Entklerikalisierung‘ und ‚Demokratisierung‘ seien die Konsequenz der Lehre vom Volk Gottes, weitgehende Mitarbeit, ja Mitbestimmung der Laien sei notwendig, wenn die Kirche in der Welt von heute ihre Sendung erfüllen wolle. Die ökumenische Einstellung habe endlich den konfessionellen Streit abgebaut und das ‚Ende der Gegenreformation‘ herbeigeführt. Die positive Einschätzung des religiösen und ethischen Gehaltes der anderen Weltreligionen biete der Mission positive Ansatzpunkte, der Europäismus sei längst überholt. Die unbestreitbar vorhandenen Auflösungserscheinungen, machen sie mit Recht geltend, sind wenigstens teilweise nicht auf das Konzil zurückzuführen, sondern auf die Umwälzungen innerhalb der industriellen Gesellschaft und in der ‚Dritten Welt‘, wurzeln letzten Endes also in der weltgeschichtlichen Wende, in der wir stehen, in einem Zwischenraum, der voller Unsicherheit, aber auch voll ehrlichen Ringens und voller Hoffnung ist, gebe es Bewegungen und Ansätze, die neue Möglichkeiten verheißen; es komme ein Suchen nach der Mitte zum Vorschein, das die Diagnose vom Ende des Religiösen Lügen strafe und Wege neuen Lebens aus dem Glauben anbahne, in denen sich die unerschöpfte Fruchtbarkeit des Glaubens der Kirche erneut bewähre (Ratzinger). – Ein Ausgleich der gegensätzlichen Auffassungen ist noch nicht in Sicht."[378]

Ein Vertreter der zahlreichen zweiten Gruppe ist der Tübinger Theologe *Hans Küng*: „Immer deutlicher wird nun auch für die Bewunderer, was von Anfang an, allen verbalen Beteuerungen zum Trotz, die reale Intention dieses Papstes war: Die konziliare Bewegung soll gebremst, die innerkirchliche Reform gestoppt, die ökumenische Verständigung mit Ostkirchen, Protestanten und Anglikanern blockiert und der Dialog mit der modernen Welt wieder mehr durch einseitiges Belehren ersetzt werden. Zeichen für die Wetterwende: Johannes XXIII. wird – für den nachkonziliaren kurialen Machtzerfall verantwortlich gemacht – kaum noch genannt. Angestrebt wird stattdessen die Seligsprechung des in jeder Hinsicht umstrittenen Unfehlbarkeitspapstes Pius IX.

Gewiss: Das II. Vatikanum wird von Johannes Paul II. ebenso wie von Ratzinger emphatisch beschworen. Aber beide meinen gegenüber allem ,Konzils-Ungeist' das ,wahre Konzil', das keinen Neubeginn bezeichne, sondern einfach in Kontinuität mit der Vergangenheit stehe. Die gewiss unleugbaren, von der kurialen Gruppe abgeforderten konservativen Passagen des historischen II. Vatikanums (die ,nota praevia' über die päpstlichen Privilegien wurde dem Konzil von Paul VI. förmlich aufoktroyiert) werden dabei entschieden nach rückwärts interpretiert und seine nach vorwärts weisenden epochalen Neuansätze an entscheidenden Punkten übergangen:

– statt der konziliaren Programmworte wieder die Parolen eines erneut autoritären Lehramtes;
– statt des ,Aggiornamento' im Geist des Evangeliums jetzt wieder die traditionelle so genannte ,katholische Lehre';
– statt der ,Kollegialität' des Papstes mit den Bischöfen wieder ein gestraffter römischer Zentralismus;
- statt der ,Apertura' zur modernen Welt wieder zunehmend ein Anklagen, Beklagen und Verklagen der angeblichen ,Anpassung';
– statt des ,Ökumenismus' wieder das Akzentuieren alles eng Römisch-Katholischen;
– keine Rede mehr von der Unterscheidung zwischen Kirche Christi und römisch-katholischer Kirche, zwischen der Substanz der Glaubenslehre

und ihrer sprachlich-geschichtlichen Einkleidung, von einer ,Rangordnung der Wahrheiten'."[379]

Und Weihbischof Krätzl spricht ähnlich eindeutig: „Die Kirche hat in den letzten zwanzig Jahren viel von ihrem Glanz verloren. Von Fortschritt kann kaum mehr die Rede sein, sie scheint vielmehr, von Krisen geschüttelt, ängstlich zurückzuschauen. Viele Menschen sind zutiefst enttäuscht. Hat das Konzil die wachsenden Turbulenzen verschuldet, wie manche meinen, oder liegt der Grund für die Krisen nicht eher darin, dass die vom Konzil vorgezeichneten Wege nicht konsequent weitergegangen worden sind?"[380] „Als das Konzil vorbei war, hat Rom – und jetzt beginnt das Drama – Hand darauf gelegt, es domestiziert und legalisiert. Mit der Veröffentlichung des neuen Kirchenrechts wird man sagen können: ,Alles, was Rom zum Konzil beigetragen hat, ist, dass es den Aufbruch des Geistes wieder in die Fesseln des Gesetzes brachte.' Es wäre an vielen Einzelheiten nachzuweisen, dass Rom die Wünsche des Konzils über die Nuntien, über die Liturgie, über die Kollegialität und die legitime Pluriformität verengend ausgelegt hat; dass es die vom Konzil gewünschten Fachkommissionen zwar eingesetzt, aber ihnen keine Bedeutung gegeben hat; dass bei der Besetzung der höchsten Ämter in Rom immer noch Dinge vorkommen, bei denen man sich an den Kopf greift und sagt: ,Mein Gott, so etwas kann sich nur Rom leisten, aber keine Regierung, die dem Volk Rechenschaft geben müsste.'" (Bühlmann, in: Sommer, S. 71)

Alles in allem wird man jenen Theologen zustimmen müssen, die behaupten, dass das Zweite Vatikanische Konzil „auf dem halben Weg stecken geblieben ist"[381] und die nachfolgenden Generationen die Aufgabe einer Fortsetzung und Vervollständigung haben: „Ich glaube, dass das Konzil eine Dynamik freigesetzt hat, die auch die Ortskirchen ermächtigt hat, nicht nur folgsam durchzuführen, sondern auch sich zu entwickeln. Es ging nicht bloß um eine Rezeption des Konzils, sondern es ging um die Fortsetzung des konziliaren Idee."[382] Es ist bedauerlich, „dass gewisse Leute die Texte und Erklärungen dieses Konzils mehr oder weniger unbewusst auf die gleiche Weise interpretieren wie die Texte der vergangenen Konzilien. Sie verraten damit nämlich die Dynamik dieses Konzils, denn es ist *nach vorne gerichtet*. ... Und es ist diese Ausrichtung in die Zukunft, die ihm seinen Sinn verliehen hat." (Chenu, in: Sommer, S. 82) – „Karl Rahner, selbst einflussreicher Konzilstheologe, sprach von diesem Konzil als dem ,Anfang eines Anfangs', als dem keimhaften Aufbruch in eine neue Epoche der Kirchengeschichte, dem in wagender Treue Rechnung zu tragen sei." (Richter, S. 11) „Ich erinnere mich, dass Hans Küng in der zweiten Periode des Konzils der Meinung war, die Dinge kämen nicht rasch genug voran. Damals sagte ich ihm: ‚Wissen Sie, das ist wie mit einem Litermaß, das nur zur Hälfte voll ist. Sie sagen, es ist halb leer, und ich sage, es ist halb voll. Wir sagen das Gleiche, aber aus zwei unterschiedlichen Perspektiven heraus!' Und ich glaube, mit dem Konzil verhielt es sich auch ein wenig so – es war nur zur Hälfte voll. Das Konzil hat zu manchem den Anfang gesetzt, und all das, was es in die Wege geleitet hat, muss nun fortgesetzt werden." (Congar, in: Sommer, S. 99)

In einem Interview beurteilt auch der Konzilstheologe Karl Rahner die Lage nach dem Konzil düster. Auf die Frage: „Hat sich dieses Gefühl einer, ich würde sagen, schmerzlich erfahrenen Ungleichzeitigkeit zwischen der Kirche und der religiösen Not der Zeit, das Sie wohl mit anderen Zeitgenossen teilen, durch die nachkonziliare Entwicklung noch eher verschärft?" antwortet er: „Bei aller Anerkennung der sehr positiven Bedeutung des Konzils in Richtung auf eine Überwindung geschichtlicher Ungleichzeitigkeit zwischen dem Menschen von heute und der Kirche, muss ich zumindest die Sorge, die in Ihrer Frage zum Ausdruck kommt, teilen. Das Konzil hat für den Abbau solcher Ungleichzeitigkeit sehr viel beigetragen, und es wäre ungerecht, von einem Konzil die restlose Beseitigung des Übels zu erwarten. Wenn ich aber ehrlich sein muss, so habe ich den Eindruck, dass heute die Gefahr der bloßen Defensive in der Kirche bis zur Drohung eines neuen Gettos, die Ungleichzeitigkeit nicht gewollt, aber faktisch wieder wächst."[383]

Die entstandene Situation ist nicht einmalig in der Kirchengeschichte. Nach den großen Konzilien, etwa nach Nicäa und Chalcedon, hat die Aufarbeitung der Ergebnisse 50 bis 100 Jahre gedauert. Und das Zweite Vatikanische Konzil hat nicht weniger grundlegende Veränderungen verabschiedet: Viele Elemente des eher zentralistischen Kirchenbildes des zweiten Jahrtausends wurde zugunsten des Kirchenbildes des ersten Jahrtausends abgebaut und noch dazu ein großer Schritt Richtung aggiornamento getan. Deshalb nimmt es nicht wunder, dass die Rezeptionsgeschichte dieses Konzils, die eine reichhaltige Literatur aufgearbeitet hat[384], auch keine einfache ist.

Diese psychologisch-soziologisch-historische Tatsache mahnt uns zur Geduld. Trotzdem darf die Periode der Orientierungslosigkeit und der krisenhaften Entwicklungen keinen Tag länger dauern, als es unvermeidlich ist: Die radikalen Reformen sollten heute und nicht erst morgen beginnen. Die Bemerkungen des Journalisten widerspiegeln eine Stimmungslage in breiten Kreisen engagierter Christen: „Das Zweite Vatikanum war ein Sprung nach vorn – aber ein Sprung von weit hinten. Der Nachholbedarf war groß, und weitblickenden Theologen war klar, dass dieses Konzil nichts Abgeschlossenes sein konnte, sondern nur ein Anfang, dass Richtlinien vorgegeben wurden, die weiterverfolgt werden mussten. ... Selbst wenn man sich grundsätzlich zur Forderung ‚Auftreten – nicht austreten!' bekennt, mutet sie aus dem Mund des Papstes merkwürdig an. Frei-Mut wird in dieser Kirche nämlich nicht geschätzt. Von Küng über Boff zu Schüller wurde im Verlauf der Jahre eindeutig demonstriert, was die Hierarchie vom aufrechten Gang hält: nichts. Auf Knien aber tritt man nicht gut auf. ... Die Lage der Kirche ist nie hoffnungslos. Die Lage der Kirche in ihrer gegenwärtigen Form ist nur ziemlich ernst."[385]

3.2.2. Liturgie

Bis zum Zweiten Vatikanischen Konzil herrschte die so genannte *Tridentinische Liturgie,* welche im Auftrag des Konzils von Trient vom Papst festgelegt und grundsätzlich für die ganze Kirche, soweit sie dem römischen Ritus folgt, verpflichtend vorgeschrieben wurde. Änderungen und Anpassungen wurden von den Päpsten zwischen dem Konzil von Trient und dem Zweiten Vatikanischen Konzil immer wieder bis zum Missale Romanum 1962 vorgenommen. Im alten Kirchenrecht wurde die alleinige Kompetenz in liturgischen Angelegenheiten dem Apostolischen Stuhl vorbehalten.[386] Anders lautet die Bestimmung im neuen Kodex, wenn auch noch mit etwas Nostalgie nach der lateinischen Sprache: „Die Feier der Eucharistie ist in lateinischer Sprache oder in einer anderen Sprache zu vollziehen, sofern nur die liturgischen Texte rechtmäßig genehmigt sind."[387]

„Bis zum Zweiten Vatikanischen Konzil galt es immer als der Vorzug der römisch-katholischen Liturgie, dass sie in Sprache und Ritus ganz einheitlich war. Diese Einheit scheint nun endgültig verloren zu sein. Diese Einheit im äußeren Bereich von Ritus und Sprache war aber auch um einen Preis erkauft, der zu hoch war: Der Gottesdienst war zum ‚heiligen Ritual' geworden, dem man staunend zuschauen und zuhören konnte, das man im besten Fall mit dem Schott in der Hand betend begleitete. Das musste anders werden, sobald man eingesehen hatte, dass die Liturgie der Kirche gemeinschaftliches Handeln der versammelten Christen ist."[388]

Schüchterne Versuche, die lateinische Sprache durch die „lingua vernacula", die *einheimische Sprache* zu ersetzen, kommen schon vor dem letzten Konzil vor. Ende der fünfziger Jahre wurde vom Heiligen Offizium mehreren Diözesen, etwa auch in Belgien erlaubt, „dass Epistel und Evangelium in Hochämtern und stillen Messen in der Volkssprache von Priester, Diakon oder Subdiakon gelesen oder gesungen werden dürfen, wenn sie vorher in lateinischer Sprache gelesen oder gesungen worden sind. Diese Regelung entspricht genau der, die für den Bereich aller Diözesen Frankreichs im November 1956 erteilt worden ist."[389] – Ein Zeichen ist auch eine etwas merkwürdige Tatsache. Papst Johannes XXIII. hat in einem Brief vom 31. März 1960 „an den Patriarchen der Melchitischen Kirche von Antiochien ... die Rechte der unierten Kirchen bezüglich der lingua vernacula für die unierten Ostkirchen erneut bestätigt."[390]

Das Zweite Vatikanische Konzil hat am 4. 12. 1963 eine „Konstitution über die heilige Liturgie" („Sacrosanctum Concilium") verlautbart, die zwar ganz wesentliche Richtlinien der Erneuerung enthält, aber typischerweise auf dem halben Weg stehen bleibt. Die Paragraphen, die sich mit der Sprache der Riten beschäftigen, lauten wie folgt:
„§ 1. Der Gebrauch der lateinischen Sprache soll in den lateinischen Riten erhalten bleiben; soweit nicht Sonderrecht entgegensteht.
§ 2. Da bei der Messe, bei der Sakramentenspendung und in den anderen Bereichen der Liturgie nicht selten der Gebrauch der Muttersprache für das Volk sehr nützlich sein kann, soll es gestattet sein, ihr einen weiteren Raum zuzubilligen, vor allem in den Lesungen und Hinweisen und in einigen Orationen und Gesängen gemäß den Regeln, die hierüber in den folgenden Kapiteln im Einzelnen aufgestellt werden.
§ 3. Im Rahmen dieser Regeln kommt es der für die einzelnen Gebiete zuständigen kirchlichen Autorität zu, im Sinne von Art. 22 § 2 – gegebenenfalls nach Beratung mit den Bischöfen der angrenzenden Gebiete des gleichen Sprachraumes – zu bestimmen, ob und in welcher Weise die Muttersprache gebraucht werden darf. Die Beschlüsse bedürfen der Billigung, das heißt der Bestätigung durch den Apostolischen Stuhl.
§ 4. Die in der Liturgie gebrauchte muttersprachliche Übersetzung des lateinischen Textes muss von der oben genannten für das Gebiet zuständigen Autorität approbiert werden."[391]
„Der in Sacrosanctum Concilium 36 erhobenen Forderung nach weitgehendem Erhalt der lateinischen Liturgiesprache konnte in der nachkonziliaren Reform nicht entsprochen werden, weil die nach Sacrosanctum

Concilium 14 vom Wesen der Liturgie verlangte volle, bewusste und tätige Teilnahme aller Gläubigen meist durch eine Fremdsprache behindert wird. So ist auch nicht einfach die Landes- oder Muttersprache die geeignete Liturgiesprache, sondern die Sprache der konkreten Gemeinde, so dass schon 1979 neben 342 lebenden Sprachen und Dialekten auch die Kunstsprache Esperanto als Liturgiesprache im römischen Ritus zugelassen war."[392]

Die weitere Geschichte der Liturgiereform ist auch voller Kompromisse, vor allem wegen jener Bewegungen, die mit dem Namen des Erzbischofs Lefebvre verbunden sind und die in diesem Buch im Kapitel 6.3. behandelt werden. Im Wesentlichen siegte aber das Kriterium der Verständlichkeit. „Die tridentinischen Liturgiebücher wurden nach dem Vatikanum II schrittweise abgelöst durch die lateinische und volkssprachliche Ausgabe der erneuerten römischen Liturgie. Durch Indult Johannes Pauls II. vom 3. 10. 1984 wurde die Wiederverwendung des Missale Romanum 1962 unter bestimmten Bedingungen erlaubt; die 1988 gegründete Petrusbruderschaft[393] hat das Recht, die Tridentinische Liturgie nach den letzten vorvatikanischen Ausgaben zu feiern."[394]

Die Einführung der *Volkssprache* in die Liturgie war ein großer Schritt in Richtung pastoraler Effizienz. Sie zeigte den Respekt der Kirche vor der Würde der Person, indem sie den den Analphabetismus weitgehend überwunden haben Menschen mit einer Sprache anredete, die sie beherrscht. Diese Lösung war allerdings wiederum das typische Stehenbleiben auf dem halben Weg: Der Gläubige versteht erst recht, dass er die Texte inhaltlich nicht versteht. Die ganze Bibel wird im Laufe des Kirchenjahres ohnehin nicht vorgelesen. Warum könnte man nicht die schönsten und wesentliche Botschaften auf leicht verständlicher Weise ausdrückenden Teile der Schrift lieber mehr als einmal vorlesen, als Teile, die in concreto nur ganz selten zum Nutzen der Zuhörer „übersetzt" werden können. Wie viele Genies arbeiten in der Kirche, die in 20–30 Minuten etwa für Intellektuelle den Sinn von Texten der Apokalypse zufrieden stellend erklären könnten, wie etwa den folgenden Text: „Und die Stimme aus dem Himmel, die ich gehört hatte, sprach noch einmal zu mir: Geh, nimm das Buch, das der Engel, der auf dem Meer und auf dem Land steht, aufgeschlagen in der Hand hält. Und ich ging zu dem Engel und bat ihn, mir das kleine Buch zu geben. Er sagte zu mir: Nimm und iss es! In deinem Magen wird es bitter sein, in deinem Mund aber süß wie Honig. Da nahm ich das kleine Buch aus der Hand des Engels und aß es. In meinem Mund war es süß wie Honig. Als ich es aber gegessen hatte, wurde mein Magen bitter. Und mir wurde gesagt: Du musst noch einmal weissagen über viele Völker und Nationen mit ihren Sprachen und Königen."[395] – Und im Messlektionar kommen Dutzende Lesungen aus der Apokalypse vor!

Eine besondere, und zwar positive Erwähnung verdient jene Entwicklung im Rahmen der Liturgiereform, die einige Ausdrücke, die *antisemitisch* oder als gegen andere Religionen gerichtet interpretiert werden konnten, aus den Texten *gelöscht* hat. „Durch ein offizielles Bulletin des Heiligen Stuhls ... hat Papst Johannes XXIII. aus dem Weihegebet des Christkönigsfestes am letzten Sonntag im Oktober, das in der ganzen Welt gesprochen wird, die Bezugnahme auf den Islam und auf das ‚ehemals auserwählte Volk‘ gestrichen. Weg fällt die Stelle: ‚Sei König auch über alle jene, die immer noch vom alten Wahn des Heidentums oder des Islams umfangen sind; entreiße sie der Finsternis, und führe sie alle zum Licht und zum Reiche Gottes. Blicke endlich voller Erbarmen auf die Kinder des Volkes, das ehedem das auserwählte war. Möge das Blut, das einst auf sie herabgerufen wurde, als Bad der Erlösung und des Lebens auch auf sie fließen.‘ – Der Originaltext dieses Weihegebets stammte von Leo XIII. und wurde von ihm als Anhang seiner Enzyklika Ad annum sacrum für das Heilige Jahr 1900 im Mai 1899 publiziert. Dieser Originaltext enthielt die Stellen, die sich auf den Islam und auf die Juden beziehen, nicht, er enthielt nur den ersten Teil des jetzt wieder abgeschafften Zusatzes, ohne das Wort Islam. Diese Zusätze wurden in den offiziellen Text des Weihegebets, der bei der Einführung des Christkönigsfestes im Jahre 1925 an alle Bischöfe gesandt wurde, eingefügt."[396]
„Besonderes Aufsehen hat es erregt, dass in Santa Croce in Gerusalemme in Anwesenheit des Papstes bei den Großen Fürbitten die Fürbitte für die Juden nicht mehr ‚pro perfidis Judaeis‘ lautete, sondern einfach ‚pro Judaeis‘. Das ist auf besonderen Wunsch Johannes‘ XXIII. geschehen, doch noch nicht zur offiziellen Lesart erhoben worden. ‚La Croix‘ teilt mit, dass es in Rom am Gründonnerstagabend durch eine Indiskretion bekannt wurde, der Heilige Vater habe gewünscht, in dem Missale, das Kardinal Cento, der Zelebrant der Liturgie am Karfreitagnachmittag, benutzen werde, möge das Wort ‚perfidis‘ gestrichen, ebenso an der zweiten Stelle des Gebetes der Ausdruck ‚perfidiam judaicam‘ einfach durch ‚Judaeos‘ ersetzt werden. Es trifft jedoch – nach ‚La Croix‘ – nicht zu, dass die Pfarrer von Rom aufgefordert worden seien, das Gleiche zu tun; es handelt sich vorläufig um eine einmalige Maßnahme, die aber künftige Maßnahmen voraussehen lässt."[397] Die auch nicht lange auf sich warten

ließen: „1959 hatte Johannes XXIII. der Karfreitagsfürbitte für die Juden ein neues Gesicht gegeben. Aus der Aufforderung ‚*Oremus pro perfidis Iudaeis* – Lasset uns beten für die nicht (an Christus) gläubigen Juden‘ hatte er das Eigenschaftswort *perfidus* und aus dem Text den Ausdruck *perfidia iudaica* ausmerzen lassen. ... Die Unterdrückung dieser kränkenden Ausdrücke am 21. 3. 1959 schien sich vorerst nur auf die Kirchen Roms zu erstrecken. Schon am 5. 7. desselben Jahres aber erließ die Ritenkongregation eine Verfügung, die die päpstliche Entscheidung – ihrer Intention gemäß – ausdrücklich auf den Gottesdienst der Gesamtkirche ausdehnte."[398]

Geschichte des Bußsakramentes

Sie ist eine Geschichte des viel zu langsamen Rückzuges aus dem Brauch der letzten Jahrhunderte, nämlich aus der Praxis der Ohrenbeichte – immerhin einige Schritte in die gute Richtung.

Jahre nach dem Ende des Konzils werden seelsorgliche Richtlinien verlautbart: „An der Lehre des Konzils von Trient muss man festhalten und diese in der Praxis treu durchführen. Es muss daher die neuerdings an manchen Orten aufgekommene Praxis abgelehnt werden, durch die man vorgibt, dass man dem Gebot, im Bußsakrament die Todsünden zu beichten, um die Lossprechung zu erhalten, Genüge leistet nur durch ein allgemeines oder, wie man sagt, gemeinschaftlich abgelegtes Sündenbekenntnis. Abgesehen von dem göttlichen Gebot, welches das Konzil von Trient feierlich bekräftigt hat, drängt hierzu der große Nutzen für die Seele, der, wie die Erfahrung der Jahrhunderte beweist, aus der persönlichen Beichte hervorgeht, wenn sie gut abgelegt und das Sakrament richtig gespendet wird. Die persönliche und vollständige Beichte wie auch die Lossprechung bleiben der einzige gewöhnliche Weg, auf dem sich die Gläubigen mit Gott und der Kirche aussöhnen, wenn nicht physische oder moralische Unmöglichkeit von einer solchen Beichte entschuldigen. ... Damit die Gläubigen die sakramentale Generalabsolution empfangen können, wird unbedingt gefordert, dass sie in geeigneter Weise vorbereitet sind, nämlich dass ein jeder die begangenen Sünden bereut, den Vorsatz fasst, nicht mehr zu sündigen, gegebenes Ärgernis und eventuell zugefügten Schaden gutmachen will und gleichzeitig sich vornimmt, zur gegebenen Zeit jene schweren Sünden einzeln zu bekennen, die er jetzt nicht in dieser Weise beichten kann. ... Jene, die durch eine Generalabsolution die Nachlassung der schweren Sünden erhalten haben, sollen, bevor sie erneut eine solche Lossprechung erhalten wollen, eine Ohrenbeichte ablegen, es sei denn, dass sie aus hinreichendem Grund daran gehindert werden. Auf jeden Fall aber sind sie verpflichtet, innerhalb eines Jahres zu beichten, vorausgesetzt, dass dies moralisch nicht unmöglich ist. Denn es besteht auch für sie die Vorschrift, nach der jeder Christ verpflichtet ist, alle Sünden, wenigstens die schweren, die er noch nicht einzeln gebeichtet hat, einmal im Jahr dem Priester in einer Ohrenbeichte zu bekennen. ... Die Priester sollen die Gläubigen darauf hinweisen, dass es für jene, auf deren Gewissen eine Todsünde lastet und die einen – Beichtvater finden können, verboten ist, absichtlich oder aus Nachlässigkeit die Verpflichtung einer persönlichen Beichte zu umgehen, indem sie die Gelegenheit für eine Generalabsolution abwarten. ... Was die häufige oder ‚Andachtsbeichte' betrifft, werden die Priester darauf achten, diese den Gläubigen nicht abzuraten. Im Gegenteil, sie sollen dieselbe empfehlen wegen der reichen Früchte für das christliche Leben ... und sich immer bereit zeigen, diese entgegenzunehmen, sooft sie von den Gläubigen in vernünftiger Weise darum angegangen werden. Auf jeden Fall ist es zu vermeiden, dass die persönliche Beichte nur dem Bekenntnis von schweren Sünden vorbehalten bleibt; denn dies würde die Gläubigen des großen Segens der Beichte berauben und dem guten Ruf jener schaden, die einzeln zur Beichte gehen. ... Papst Paul VI. hat diese Richtlinien in der Audienz, die er dem unterzeichneten Kardinal der Kongregation für die Glaubenslehre am 16. Juni 1972 gewährt hat, in besonderer Weise approbiert und ihre Veröffentlichung angeordnet."[399]

Zwei Jahre später entstanden neue Regelungen: „Am 7. Februar wurde in Rom die neue Ordnung der Bußliturgie (‚Ordo paenitentiae') veröffentlicht. Sie sieht drei Formen des Bußsakramentes vor: 1. Die Einzelbeichte mit folgenden Elementen: Begrüßung durch den Beichtvater, fakultative Schriftlesung, Sündenbekenntnis, Beichtgespräch, Bußauflage und Reuegebet. 2. Gemeinschaftliche Feier des Bußsakraments mit Einzelbekenntnis und persönlicher Lossprechung, eingebettet in einen Wortgottesdienst. 3. Gemeinschaftliche Feier des Bußsakramentes mit allgemeinem Sündenbekenntnis und Generalabsolution. Die Einzelbeichte bleibt der ‚ordentliche Weg' der Sündenvergebung. Die letztgenannte dritte Form bleibt strikt an die von den ‚seelsorglichen Richtlinien' für die Erteilung der sakramentalen Generalabsolution der Glaubenskongregation vom 16. Juni 1972 gebunden. ...

Außer einer einheitlichen Absolutionsformel bemüht sich die neue Ordnung um eine große Breite ritueller Variation mit weitgehenden Anpassungsmöglichkeiten an die lokalen bzw. regionalen Verhältnisse. Größere Aufgeschlossenheit als die ‚Richtlinien' der Glaubenskongregation zeigt die neue Bußordnung – die das Wort Beichte vermeidet und dafür sich stärker auf den Ausdruck ‚Versöhnung' festlegt, aber sich zur wohl sachgemäßeren Sprachregelung der ‚Vergebung' nicht entschließen konnte – für nichtsakramentale Bußgottesdienste. In einem eigenen Anhang werden acht verschiedene Modelle von nicht sakramentalen Bußgottesdiensten (u. a. für Kinder, Jugendliche und Kranke) vorgestellt. In einem weiteren Appendix findet sich ein katechetisches Modell für die Gewissenserforschung, das zwar manches fragwürdig aus alten Beichtspiegeln weiter tradiert, aber insgesamt mit stärkerer sozialer Akzentsetzung ein realistischeres und realitätsnäheres Sünden- und Schuldbewusstsein widerspiegelt.“[400]

Es folgt eine Art Zäsur: „Die Bußpraxis in der katholischen Kirche ist seit geraumer Zeit im Umbruch begriffen. Sichtbarster Ausdruck dafür ist die weithin gewandelte Einstellung zum Bußsakrament, wie sie zumindest in den westeuropäischen und nordamerikanischen Ortskirchen zu beobachten ist. Die Phase des Umbruchs, der schon in den Jahren vor dem Zweiten Vatikanum begann, ist noch längst nicht abgeschlossen, weder was die theologische Theorie noch was die Praxis anbelangt. Allerdings hat sich die Situation in den letzten Jahren in mancher Hinsicht verändert: Die Diskussion über die Krise des Bußsakraments und über neue Formen der Bußpraxis wird nicht mehr mit derselben Intensität geführt wie Anfang der siebziger Jahre; auch die Zahl der einschlägigen Veröffentlichungen ist zurückgegangen (eine umfassende Zusammenstellung von nach 1975 erschienenen Büchern und Aufsätzen bietet: Alfredo Marranzini, La riconciliazione e la pentitenza nella missione della Chiesa, In: Rassegna di teologia, Heft 4, 1983, 337–360). Inzwischen hat man auch Erfahrungen mit den neuen Wegen der Bußpastoral in den verschiedenen Ortskirchen und Gemeinden gesammelt, auf Grund derer begründetere Aussagen etwa über den Sinn von Bußgottesdiensten möglich sind.“[401]
    Auch die Bischofssynode im Jahre 1983 zeigt eher die Krise als die Lösung: „'Scharfes Nachdenken beim Anblick leerer Beichtstühle' – so betitelte die ‚Süddeutsche Zeitung' einen Bericht zur Bischofssynode. ... Tatsächlich galt der Krise des Bußsakraments die ganz besondere Sorge der Synodenväter, auch wenn sich bei den Beratungen herausstellte, dass die Beichtstühle nicht überall in den katholischen Ortskirchen gleich leer sind. (Die Aussage von Kardinal Józef Glemp, in Polen könne man nicht

174

von einer wirklichen Krise des Bußsakraments sprechen, war allerdings singulär.) Vielfach wurde auch festgestellt, dass der neue ‚Ordo paenitentiae' von 1973 nicht die erhofften Wirkungen für eine erneuerte und vertiefte Beichtpraxis gezeitigt habe.

Darüber, dass eine Erneuerung der kirchlichen Bußpraxis notwendig sei, war man sich auf der Vollversammlung einig. Dieser gleich bleibende Cantus firmus wurde allerdings in teilweise recht unterschiedlichen Variationen vorgebracht. Eindeutig in der Minderheit waren dabei die Delegierten, die sich den Ausweg aus der Krise vor allem von einer Bekräftigung der kirchlichen Morallehre und der Einschärfung der Notwendigkeit des vollständigen Bekenntnisses schwerer Sünden versprachen und die Priester vor allem mahnten, sich an die kirchlichen Vorschriften zu halten."[402]

Zusammenfassend: Die Kirche hat in ihrer ganzen Geschichte die Geltung eines Sakramentes aufrechterhalten, das als anthropologisch-psychologisch wirksames Instrument der Verbesserung der Lebensweise, verbunden mit der sakramentalen Gnade Gottes, unüberschätzbare Dienste in der Erhöhung des „Lebensstandards" in moralischem Sinne geleistet hat. Dadurch, dass Fehler erkannt und als solche zugegeben werden, dass Reue geweckt und Wiedergutmachung vorgenommen wird, betritt der Mensch den Weg zum sinnvolleren Leben. Die Praxis dieses Sakramentes hat in der Kirchengeschichte viele, sehr verschiedene Formen angenommen. Das bereits öfters erwähnte Konzil von Trient hat auch auf diesem Gebiet verständliche Reaktionen gezeigt, die allerdings auch zu einer Zementierung der neueren Interpretationen und Regelungen geführt haben.[403] Und obwohl die so genannten Bußandachten alle wesentlichen erwünschten anthropologischen und psychologischen Effekte erzielen, und obwohl die so genannte Ohrenbeichte von vielen Gläubigen, Christen im Priesteramt und Christen in Ordensgemeinschaften nicht mehr praktiziert wird, blieb die offizielle Kirchenleitung dabei, dass die Bußandachten nicht als Sakramente gelten, und die Ohrenbeichte nach wie vor verlangt wird.

Ein guter Schritt in die Gegenwart und in die Zukunft (die Zulassung der Bußandachten) ist auf dem halben Weg stecken geblieben. Jetzt wird die Ohrenbeichte vermieden und die Bußandachten als nicht sakramental wenig geschätzt.

3.2.3. Codex Iuris Canonici

Von Immanuel Kant stammt die Definition: „Das Recht ist der Inbegriff der Bedingungen, unter denen die Willkür des einen mit der Willkür des anderen nach einem allgemeinen Gesetz der Freiheit in Einklang gebracht werden kann."[404] Das stimmt allerdings im Falle des kanonischen Rechtes nicht, trotz einer nicht unwesentlichen Revision der Ausgabe von 1917 in der Ausgabe von 1983.

In diesem Zusammenhang ist ein „Nebengleis" der Reformbestrebungen zu erwähnen, nämlich die *„Lex Ecclesiae fundamentalis"*. „Im Zuge der von Papst Johannes XXIII. eingeleiteten Reform des Kirchenrechtes war die Frage zu klären, ob ein einheitliches Gesetzbuch für den lateinischen und den orientalischen Rechtskreis geschaffen werden sollte oder ob es angebracht sei, an zwei Gesetzbüchern festzuhalten, denen dann in Abkehr zur bisherigen Kodifikation ein kirchliches Grundgesetz vorangestellt werden sollte. Die Codex Iuris Canonici-Reformkommission entschied sich 1965 zugunsten der zweiten Lösung. ... In der Folgezeit wurden mehrere Entwürfe einer Lex Ecclesiae fundamentalis erstellt; eine endgültige Fassung ... lag 1980 dem Papst zur Entscheidung vor. Gleichwohl ist das Projekt einer Lex Ecclesiae fundamentalis immer von heftiger Kritik begleitet gewesen, die schließlich dazu führte, es (zumindest vorläufig) aufzugeben. Deshalb sind die für eine Lex Ecclesiae fundamentalis vorgesehenen Rechtsnormen (wieder) in das Gesetzbuch eingefügt worden.

Die theologische Legitimität einer Lex Ecclesiae fundamentalis kann nicht bestritten werden, insofern es verfassungsrechtliche Grundprinzipien gibt, die für die ganze Kirche verbindlich sind; diese können benannt und in einem eigenen Gesetzbuch zusammengefasst werden. Über die Opportunität lässt sich allerdings streiten, zumal die vorgelegten Entwürfe noch nicht ausgereift waren. Eine Lex Ecclesiae fundamentalis hat nur dann einen Sinn, wenn es gelingt, eine stärkere Dezentralisierung in der kirchlichen Rechtsentwicklung zu ermöglichen und zugleich einer Rechtszersplitterung zu wehren, die Wesen und Auftrag der Kirche verdunkelt. Sollte das Projekt einer Lex Ecclesiae fundamentalis noch einmal in Angriff genommen werden, sind diese beiden Ziele von vornherein herauszustellen; es geht nicht um Verfestigung oder Versteinerung kirchlicher Rechtsstrukturen, sondern darum, die Rechtsgestalt der Kirche, die den wechselnden Zeiterfordernissen stets neu angepasst werden muss, transparent zu machen und in ökumenisch offener Weise darzustellen."[405]

Der *neue Kodex* stützt sich historisch gesehen auf das Konzil. „Mit seiner Apostolischen Konstitution ‚Sacrae Disciplinae Leges‘ hat Johannes Paul II. das neue Gesetzbuch der katholischen Kirche, genauer: der lateinischen Kirche, im Januar 1983 promulgiert. Dabei erinnerte der Papst daran, dass sein Amtsvorgänger Papst Johannes XXIII. eine Reform des alten Codex (von 1917) im Jahre 1959 zugleich mit seinem Projekt angekündigt hatte, ein Konzil einzuberufen. Und der heutige Papst betont dann noch öfters in seiner Konstitution, wie stark die Bande zwischen dem letzten Konzil und diesem Gesetzbuch seien."[406]

Allerdings zeigt es hier genauso wie beim Konzil, dass die Reformen in der Kirche auf dem halben Weg stehen geblieben sind: „Das letzte Konzil sollte oder wollte seiner Zielsetzung nach ein ‚pastorales‘ Konzil sein. Die Sprache des Konzils ist denn auch seelsorglich getönt, erhielt eher einen Verkündigungscharakter, als dass man starre dogmatische oder gar juristisch eindeutige Formulierungen angestrebt hätte. Viele Konzilsväter mögen zudem, genährt aus ihren vielfältigen Erfahrungen mit juristischem Formelkram, einen ausgesprochen antijuridischen Affekt gehabt haben. Jedenfalls behaupten dies manche Teilnehmer oder Beobachter des Konzils. Überdies kommt hinzu, dass nicht wenige gerade der wichtigen Aussagen des Konzils den Charakter von Formelkompromissen tragen, also Formeln sind, die (bewusst) so gefasst wurden, dass sie unterschiedlichen, möglicherweise selbst sich widersprechenden Interpretationen zugänglich sind. Dies sollte bezwecken, möglichst vielen der Teilnehmer und Stimmberechtigten die Zustimmung zu Konzilsbeschlüssen zu erleichtern. ... Die Sprache des Konzils, viele seiner zentralen Begriffe taugten in den Augen der Kommissionsmitglieder nicht für ein Gesetzbuch.

Von Beginn an spielte bei den Arbeiten am neuen Codex jedoch ein weiteres Problem eine entscheidende Rolle. In die Kommission für die Revision des kirchlichen Rechtes wurden fast ausnahmslos Vertreter einer konservativen Richtung berufen. Eine Reihe von Kommissionsmitgliedern hatte am Konzil teilgenommen und kannte durch direkten Augenschein oder aus erster Hand die inhaltlichen Probleme, die hinter nicht wenigen Konzilsaussagen stehen. Die Sprache des Konzils, viele seiner zentralen Begriffe taugten in den Augen der Kommissionsmitglieder nicht für ein Gesetzbuch. Das Konzil sprach etwa gerne von der Kirche als Gemeinschaft (‚communio‘). Über diesen schönen Begriff schrieben in der nachkonziliaren Zeit einige Kirchenrechtler halbe Bibliotheken zusammen; im Codex von 1983 taucht er nur marginal auf. Stattdessen wird die katholische Kirche in Anknüpfung an die veraltete Lehre von der Kirche als ‚vollkommener Gesellschaft' (‚societas perfecta') im grundlegenden can. 204 als ‚societas', also nicht als ‚communio' definiert. Ein anderes Beispiel: Das Konzil sprach mit Vorliebe vom Dienst (‚munus') der Geweihten an und für die Angehörigen der Kirche. Es nahm damit bewusst Abstand vom Begriff ‚potestas' (= Macht, aber auch Gewalt), der im traditionellen Kirchenrecht eine zentrale Rolle spielt. Der neue Codex hingegen kehrt zum alten ‚potestas'-Begriff zurück, wenn er von der Vollmacht der ‚heiligen Hirten' spricht. Der Begriff ‚munus' taucht im neuen Codex lediglich in den Titeln des III. und IV. Buches sowie in eher allgemein gehaltenen Formulierungen auf (so in den can. 204 § 1, und can. 375 § 2). Spricht der neue Codex hingegen über wirkliche Kompetenzen, verwendet er auch den herkömmlichen Begriff ‚potestas', nicht also jenen des Konzils ‚munus' = Dienst. – Ein weiteres Beispiel findet sich im Eherecht. Das Konzil sah die Ehe als einen Bund (‚foedus') fürs Leben, nicht – so wie es das traditionelle Eherecht der Kirche tat – als Vertrag. Der neue Codex kann zwar nicht umhin, die Lehre des Konzils in seinem can. 1055 § 1 wiederzugeben, schiebt aber die alte, unter juristischen Kriterien wohl auch ‚sicherere' Auffassung vom Ehevertrag nach (ebd. § 2).

Sprache ist unverzichtbar, sicher für Lehrsysteme und Ideologien. Ihre vornehmste Aufgabe ist es, Inhalte zu transportieren und zu verdeutlichen. Wenden wir uns den Aussagen von Konzil wie Codex zu, erkennen wir rasch deutliche Diskrepanzen.[407]

Der Fachmann findet noch weitere Probleme durch den Vergleich der Konzilstexte mit dem neuen Kodex: Recht verschieden wird das Problem der Kollegialität, der Bischofskonferenzen, der Ostkirche und der Laien behandelt, und im Kodex gibt es „Lakunen, die es in einem Gesetzbuch nicht geben dürfte, das die heutige kirchliche Wirklichkeit spiegeln soll. ... So will einem der neue Codex in vieler Hinsicht eher als eine Zusammenfassung der Ergebnisse des Ersten denn des Zweiten Vatikanischen Konzils erscheinen. Wegen seiner Rückwärtsgewandtheit kann er keine Hilfen und Weisungen für den Weg der katholischen Kirche in deren nähere wie fernere Zukunft anbieten. Mit seinem Inkrafttreten war dieses Gesetzbuch bereits überholt." Als das Konzil vorbei war, hat Rom – und jetzt beginnt das Drama – Hand darauf gelegt, es domestiziert und legalisiert. Mit der Veröffentlichung des neuen Kirchenrechts wird man sagen können: „Alles, was Rom zum Konzil beigetragen hat, ist, dass es den Aufbruch des Geistes wieder in die Fesseln des Gesetzes brachte. Es wäre an vielen Einzelheiten nachzuweisen, dass Rom die Wünsche des Konzils über die Nuntien, über die Liturgie, über die Kollegialität und die legitime Pluriformität verengend ausgelegt hat; dass es die vom Konzil gewünschten Fachkommissionen zwar eingesetzt, aber ihnen keine Bedeutung gegeben hat; dass bei der Besetzung der höchsten Ämter in Rom immer noch Dinge vorkommen, bei denen man sich an den Kopf greift und sagt: ‚Mein Gott, so etwas kann sich nur Rom leisten, aber keine Regierung, die dem Volk Rechenschaft geben müsste.‘" (Bühlmann, in: Sommer, S. 71) Keine guten Aussichten für die Rezeption des neuen Kirchenrechts in einer Kirche, in der Klerus wie Laien dem Kirchenrecht ohnehin nicht freundlich gesinnt sind. Verdenken kann man es ihnen schließlich nicht.[408] Einer der vielen Gründe: „Der Codex Iuris Canonici 1983 hat … im Sinne einer Dezentralisierung eine Reihe von Rahmengesetzen geschaffen, die von den Bischofskonferenzen durch Dekrete ausgefüllt werden sollen. Diese Dekrete bekommen aber erst Rechtskraft, wenn sie vom Apostolischen Stuhl bestätigt (rekognosziert) worden sind (CIC can 455, § 2). Unter diese Rahmengesetze fallen so unbedeutende Materien wie ‚geziemende kirchliche Kleidung der Kleriker' (CIC can 284) und Normen für die Errichtung von Beichtstühlen (CIC can 964 § 2)." (Krätzl, S. 61)

Als eine Art Abrundung der versuchten Reformen des Kirchenrechts folgt die Lösung für die nichtlateinischen Riten.

Ein Motuproprio vom 2. 6. 1957 erscheint im Amtsblatt des Heiligen Stuhls mit wichtigen Regelungen des neuen *orientalischen Kirchenrechts*. Die Halbherzigkeit der erzielten Lösungen zeigen etwa die Bestimmungen über das Zölibat: „Im dritten Kapitel wird u. a. die Frage der Verheiratung der Priester behandelt, die ja in den Ostkirchen üblich ist. Für den Klerus der mit Rom vereinten Kirchen wird in dem neuen Kirchenrecht der Zölibat empfohlen, jedoch nicht auferlegt (can. 68). Das Subdiakonat und die höheren Weihen bilden ein Ehehindernis, das eine Eheschließung ungültig macht (can. 70). Darin stimmt das neue kanonische Recht für die katholische Ostkirche mit der Orthodoxen Kirche überein, in der zwar die Priesterehe allgemein üblich ist, die Ehe aber ebenfalls vor dem Empfang der Subdiakonatsweihe geschlossen werden muss. Ein gewisses Umdenken fordert der Passus von can. 68, der sagt, dass ‚der Zölibat des Klerus, insofern er würdiger ist und seinem Stand und der Ausübung des göttlichen Dienstes mehr entspricht, bei allen hoch in Ehren gehalten werden soll, in Übereinstimmung mit der einstimmigen

Überlieferung der Ostkirche wie der abendländischen Kirche'. Dass ‚kein Priester zur Bischofswürde erhoben werden kann, wenn er nicht unverheiratet oder rechtmäßig vom Band der Ehe gelöst worden ist', ist auch in den nichtkatholischen Ostkirchen Gesetz.“[409]

Am 1. Oktober 1991 trat der am 18. 10. 1990 promulgierte[410] ‚Codex Canonum Ecclesiarum Orientalium' (CCEO) in Kraft, „das erste gemeinsame kirchliche Rechtsbuch für die 21 katholischen Ostkirchen, die zusammen etwa 15 Millionen Gläubige zählen. Damit hat der 1983 promulgierte CIC für die lateinische Kirche sein Pendant für die Katholiken des alexandrinischen, antiochenisch-syrischen, byzantinischen, chaldäischen und armenischen Ritus erhalten.“[411]
Die die Zölibatsfrage betreffenden Texte lauten wie folgt:
„Can. 180: Damit jemand für das Bischofsamt als geeignet gilt, ist erforderlich, dass er
1. sich auszeichnet durch festen Glauben, gute Sitten, Frömmigkeit, Seeleneifer und Klugheit;
2. einen guten Ruf hat;
3. nicht verheiratet ist; ...

Can. 373: Der Zölibat der Kleriker, um des Himmelreiches willen gewählt und dem Priestertum sehr angemessen, ist überall sehr hoch zu schätzen, so wie es Tradition der Kirche ist; ebenso ist der Stand der verheirateten Kleriker, der in der Praxis der jungen Kirche und der orientalischen Kirchen durch die Jahrhunderte bestätigt ist, in Ehren zu halten.

Can. 374: Die unverheirateten und die verheirateten Kleriker müssen sich durch die Tugend der Keuschheit auszeichnen; es ist Sache des Partikularrechts, geeignete Mittel festzulegen, um dieses Ziel zu erreichen.

Can. 375:In der Führung des Familienlebens und bei der Erziehung der Kinder sollen die verheirateten Kleriker den übrigen Christgläubigen ein vortreffliches Beispiel geben.

Can. 376: Das lobenswerte Gemeinschaftsleben unter den unverheirateten Klerikern soll, wenn möglich, gefördert werden, damit sie sich selbst bei der Pflege des geistlichen und intellektuellen Lebens wechselseitig unterstützen und besser im Dienst zusammenarbeiten können. ...

Can. 758 § 3: Hinsichtlich der Zulassung von Verheirateten zu den heiligen Weihen müssen das Partikularrecht der jeweiligen eigenberechtigten Kirche und die vom Apostolischen Stuhl erlassenen besonderen Normen beachtet werden.“[412]

3.2.4. Katechismus der katholischen Kirche

Der heute geltende Katechismus hat in der Geschichte der Kirche sehr viele *Vorgänger* gehabt.[413] Im vorigen Jahrhundert sind eindeutige Reformversuche zu erkennen. „Die Kirchengeschichte des 20. Jahrhunderts ist gekennzeichnet durch den Einheits- bzw. Weltkatechismus und den Erwachsenenkatechismus. Der zunächst durch J. Linden (Regensburg 1900) und dann durch Th. Mönnichs revidierte Deharbsche ‚Katholische Katechismus' (Düsseldorf 1925) wird in fast allen reichsdeutschen Diözesen als sog. ‚Einheitskatechismus' benutzt. Dessen Nachfolger, der ‚Katholische Katechismus der Bistümer Deutschlands' (Freiburg i. Br. 1955), findet dazu mit seinen 29 Übersetzungen weltweite Verbreitung. Für den Schulunterricht erscheinen seit 1969 neue Katechismen, so der ‚Grundriss des Glaubens' (München 1980) von G. Bitter u. a.

Die Bischöfe der Niederlande sind die Herausgeber von ‚De nieuwe Katechismus' (Hilversum-Antwerpen 1966; deutsch: ‚Glaubensverkündigung für Erwachsene', Freiburg i. Br. 1968), die deutschen Bischöfe des ‚Katholischen Erwachsenenkatechismus' ... und die französischen Bischöfe des ‚Catechisme pour adultes' (Paris 1991). In ähnlicher Weise erscheinen ‚nationale' Katechismen in den Ländern der jungen Kirchen. – Bereits das im Auftrag Pius' X. herausgegebene ‚Compendio della dottrina cristiana' (Rom 1905) und der ‚Catechismo' (Rom 1912) sollten als Weltkatechismus dienen, sie galten jedoch nur für die Kirchenprovinz Rom. Auch der von Benedikt XV. veranlasste ‚Catechismus catholicus' (Rom 1930) war als Weltkatechismus gedacht. Johannes Paul II. hat den ‚Katechismus der Katholischen Kirche' ... (München 1993, französisch Paris 1992), der im Anschluss an das Vatikanum II verfasst wurde, mit der Apostolischen Konstitution *Fidei depositum* veröffentlichen lassen. Dieser für die Bischöfe der gesamten katholischen Kirche gedachte Weltkatechismus ist ... in die vier katechetischen Hauptstücke: Symbolum, Sakramente, Dekalog und Vaterunser gegliedert."[414]

Dieser letzte Schritt ist prinzipiell, wenn auch nicht in der tatsächlich verwirklichten Form, zumindest dadurch notwendig geworden, um einen der Vorgänger, den *Tridentinischen Katechismus*, abzulösen. Dort kommen nämlich für heutige gebildete Katholiken unerträgliche Lehren und Formulierungen vor. Um nur ein einleuchtendes Beispiel zu geben, sei hier ein Text über den Priesterstand zitiert: „Zuerst muss daher den Gläubigen dargelegt werden, wie groß der Adel und die Erhabenheit dieses Standes ist, wenn wir nämlich seine höchste Stufe, d. i. das Priestertum betrachten. Denn da die Bischöfe und Priester gleichsam Gottes Dolmetscher und Botschafter sind, welche in seinem Namen die Menschen das göttliche Gesetz und die Lebensvorschriften lehren und die Person Gottes selbst auf Erden vertreten: so ist offenbar ihr Amt ein solches, dass man sich kein höheres ausdenken kann, daher sie mit Recht nicht nur Engel, sondern auch Götter genannt werden, weil sie des unsterblichen Gottes Kraft und Hoheit bei uns vertreten. Wiewohl sie aber zu jeder Zeit die höchste Würde behauptet haben, stehen doch die Priester des Neuen Bundes allen übrigen an Würde weit voran; denn die Gewalt, sowohl den Leib und das Blut unseres Herrn zu wandeln und zu opfern, als auch Sünden nachzulassen, welche ihnen übertragen ist, übersteigt selbst die menschliche Vernunft und Fassungskraft, geschweige denn, dass etwas ihr Gleiches oder Ähnliches auf Erden gefunden werden könnte."[415]

Mit dem Schicksal des bahnbrechenden Holländischen Katechismus, durch die amtliche Leitung der Kirche schaumgebremst, haben wir uns bereits im Kapitel 1.3. dieses Buches beschäftigt.

Nicht uninteressant ist die *Entstehungsgeschichte* des neuen Katechismus der Gesamtkirche. „Während die Liturgiereform unmittelbare Frucht des Konzils war und die Arbeit der Kommission für den neuen Codex Iuris Canonici wenige Jahre nach dem Zweiten Vatikanum begann, erblickte das Katechismusprojekt erst mit der Sondervollversammlung der Bischofssynode von Ende 1985 das Licht der Welt. In den Texten des Konzils findet sich kein Hinweis auf die Notwendigkeit bzw. Wünschbarkeit eines ‚Weltkatechismus' als Zusammenstellung der katholischen Glaubens- und Sittenlehre. Auch auf der Sondersynode von 1985 spielte das Projekt Weltkatechismus nur eine Nebenrolle. Es war deshalb eher eine Überraschung, als im Ergebnisdokument der Synode der Vorschlag auftauchte, einen ‚Katechismus bzw. ein Kompendium der ganzen katholischen Glaubens- und Sittenlehre' zu erarbeiten, ‚sozusagen als Bezugspunkt für die Katechismen bzw. Kompendien, die in den verschiedenen Regionen zu erstellen sind'. Johannes Paul II. griff diesen Vorschlag der Synode in seiner Schlussansprache ausdrücklich auf; ein halbes Jahr später ... ernannte der Papst eine zwölfköpfige, paritätisch aus sechs Kurien- und sechs Diözesanbischöfen zusammengesetzte Kommission für den Weltkatechismus, deren Vorsitz beim Präfekten der Glaubenskongregation, Kardinal Joseph Ratzinger, lag. ... Kardinal Ratzinger gab dann auch bei der Vollversammlung der Bischofssynode vom Herbst 1990, die dem Thema Priesterausbildung gewidmet war, einen ausführlichen Bericht über den Stand der Arbeit am Weltkatechismus. ...

Seinerzeit war eine entscheidende Etappe im Entstehungsprozess des Katechismus erreicht: Die Bischöfe und Bischofskonferenzen der katholischen Kirche hatten ihre teilweise umfangreichen Stellungnahmen zum ‚revidierten Entwurf' des Textes eingereicht, der ihnen im November 1989 zugegangen war. Eine Konsultation des gesamten Episkopats zum Katechismus hatte der Papst schon wenige Monate nach der Sondersynode von 1985 in Aussicht gestellt. Es gingen fast 1000 Stellungnahmen ein, die insgesamt ca. 24.000 Modi, also Einzelvorschläge für die Überarbeitung des Entwurfs von 1989 enthielten. Am 14. Februar 1992 verabschiedete die Kommission einen revidierten, den insgesamt neunten Entwurf des Katechismus, der dann Johannes Paul II. zur Überprüfung vorgelegt wurde. Die Approbierung des Weltkatechismus durch den Papst erfolgte am 25. Juni 1992."[416] „Drei Wochen vor der offiziellen Promulgation des ‚Katechismus der katholischen Kirche' am 7. Dezember in Rom wurde die französische Ausgabe des Werks veröffentlicht. Johannes Paul II., der den ... Weltkatechismus am 25. Juni dieses Jahres approbiert hatte, ... erließ zur Veröffentlichung der französischen Ausgabe die Apostolische Konstitution ‚Fidei depositum'. ... Die Apostolische Konstitution zum Weltkatechismus ist vom 11. Oktober 1992, also dem dreißigsten Jahrestag der Eröffnung des Zweiten Vatikanums datiert. ... Dass die französische Ausgabe als Erste erschienen ist, hängt damit zusammen, dass Französisch als Arbeitssprache für die Katechismus- bzw. Redaktionskommission diente und der französische Text daher als Erster verfügbar war."[417]

Nach dem Bekanntwerden des Textes fehlte es nicht an *kritischen Stellungnahmen*. „Als Zielsetzung des ‚Katechismus der katholischen Kirche' nennt das Vorwort (Nr. 11), er solle eine ‚organische und synthetische Zusammenstellung der wesentlichen und grundlegenden Inhalte der katholischen Glaubens- und Sittenlehre im Licht des Zweiten Vatikanums und des Ganzen der Tradition der Kirche' bieten. Die angestrebte Konzentration auf das Wesentliche wird in der Ausführung aber nicht immer durchgehalten. Der Katechismus enthält manche Einzelheiten, die ohne Schaden verzichtbar gewesen wären. Zu nennen wären hier etwa die Ausführungen zu Eremiten und Jungfrauenweihe im Kapitel über die Kirche (Nr. 930ff.) oder die detaillierten Angaben über die Begräbnisliturgie (Nr. 1684ff.). Auch bei den *Proportionen* zwischen einzelnen Themen sind teilweise Fragen angebracht: So befasst sich der Katechismus beispielsweise in aller Ausführlichkeit über mehrere Seiten hinweg mit den gegenseitigen Pflichten von Eltern und Kindern (Nr. 2214ff.) und stellt breit die verschiedenen Symbole für den Heiligen Geist dar (Nr. 694ff.). Demgegenüber werden etwa die ‚Zugangswege zur Erkenntnis Gottes‘ sehr summarisch abgehandelt (Nr. 31ff.) und auch die *anderen christlichen Kirchen* bzw. die Beziehungen der katholischen Kirche zu ihnen werden eher stiefmütterlich behandelt: Außer bei den Themen Eucharistie und Ehe kommt die ökumenische Dimension nur in einem kurzen Kapitel ‚Auf dem Weg zur Einheit‘ (Nr. 820–822) zur Sprache.

Weit mehr als solche Kritikpunkte (bei denen zugegebenermaßen viel im Auge des jeweiligen Beschauers liegt) schlägt für eine Gesamtbeurteilung des ‚Katechismus der katholischen Kirche‘ die Tatsache zu Buch, dass das Werk im zitierenden und referierenden Umgang mit der Tradition der Kirche im Allgemeinen und lehramtlichen Äußerungen im Besonderen durchweg auf Angaben zur Verbindlichkeit und zum Gewicht der jeweiligen Aussagen verzichtet. Der Leser des Katechismus muss den Eindruck gewinnen, als lägen Lehraussagen der ökumenischen Konzilien auf der gleichen Ebene wie päpstliche Ansprachen und Enzykliken oder Verlautbarungen der Glaubenskongregation. Hilfestellungen und Erläuterungen zu einem angemessenen Umgang mit den Zeugnissen der kirchlichen Lehrtradition fehlen; während der Erwachsenenkatechismus der deutschen Bischöfe ausdrücklich die Frage stellt: ‚Brauchen wir Dogmen?‘ (S. 54) und in diesem Zusammenhang auf Geschichtlichkeit und Offenheit des Dogmas eingeht, belässt es der Weltkatechismus in den entsprechenden Nummern (88ff.) beim Hinweis auf die von Christus verliehene Autorität des Lehramts bei der Dogmendefinition und die gebotene unwiderrufliche Glaubenszustimmung des Gottesvolkes.“[418]

„Dass eine Darstellung des Glaubens auf die Quellen des Glaubens zurückgreifen muss, versteht sich von selbst. Schrift, Kirchenväter, Konzilien, Liturgie und Dokumente des Lehramtes müssen herangezogen werden. Das ist in dem vorliegenden Werk reichlich geschehen. Über weite Strecken liest sich der Text des Katechismus wie eine Zitatensammlung mit verbindenden Worten. Die Quantität der zitierten Stellen allein genügt aber nicht. Was fehlt, und das wäre außerordentlich wichtig, ist eine organische Entfaltung der Probleme und Antworten aus den Quellen heraus in der Weise, dass die Kriterien einsichtig würden, nach denen die Zitate ausgewählt wurden. So kann man sich bisweilen des Verdachts nicht erwehren, dass zuerst die jeweiligen Thesen waren, und dann die Belegstellen gefunden werden mussten. Ein besonderer Mangel ist die

Tatsache, dass die einzelnen Texte einfach aneinander gereiht werden, ohne nähere Qualifikation ihres theologischen Gewichts und ihrer theologischen Verbindlichkeit. Auf beinahe jeder Seite lässt sich das belegen."[419]

Auch die Behandlung einzelner Themen wurde kritisiert: „Der Gesprächskreis ‚Juden und Christen' des *Zentralkomitees der deutschen Katholiken* (ZdK) hat sich kritisch über die Behandlung von Juden und Judentum im *Katechismus der Katholischen Kirche* geäußert. Am 29. Januar veröffentlichte das ZdK eine Stellungnahme, die im Untertitel als ‚Zwischenruf' bezeichnet wird. In seinen Äußerungen zum Judentum falle der Weltkatechismus zwar nicht hinter die Aussagen des Zweiten Vatikanischen Konzils über die Juden und über das Verhältnis der Kirche zum Judentum zurück. In ‚anderen wichtigen Punkten' aber bleibe er hinter den Erwartungen zurück, die man heute an ihn stellen müsse. Es fehle eine ‚angemessene positive Darstellung des Judentums als der älteren Schwester des Christentums'. Es sei nicht die Rede, von der Gottes- und Nächstenliebe als Zentrum jüdischer Existenz, von der Wertschätzung der Thora, von der Heiligung des göttlichen Namens und von der Heiligung des Alltags auch im nachbiblischen Judentum'. Es fehle das Bemühen, ‚das Jüdische im Christentum aufzuzeigen'. Wenn auf das Jüdische im Christentum hingewiesen werde, geschehe dies so, ‚dass das Jüdische dabei seinen Eigenwert verliert oder zur Vorstufe des Christentums wird'. Zentrale Aussagen entfalte der Katechismus zwar aus dem Alten Testament heraus. Aber diese Aussagen würden nicht, sofern und wo sie es sind, als gemeinsame Glaubensaussagen von Juden und Christen vorgestellt. Der Katechismus der Katholischen Kirche tue sich schwer, ‚das nachbiblische Judentum als eigenständige heilsgeschichtliche Größe neben der Kirche und insbesondere als das Volk des von Gott nie gekündigten Bundes anzuerkennen'. Auf drei Feldern gelinge es dem Katechismus nicht, den Erneuerungswillen der Kirche umfassend zu realisieren: Das Verhältnis der beiden Testamente der christlichen Bibel bleibe in einem Zwielicht; das Alte Testament erscheine – trotz der Bejahung seines Eigenwertes – als unvollkommene Vorform des Neuen Testaments; der kirchliche Antijudaismus werde nicht angesprochen, ein Versäumnis, das nur schwer verständlich sei."[420]

Ein anderes Beispiel ist etwa das Thema Todesstrafe. Der Katechismus der katholischen Kirche (nn. 2266f.) hat in einer ersten Ausgabe das Recht des Staates auf die Vollstreckung der Todesstrafe nicht prinzipiell hinterfragt, in der zweiten Ausgabe diese Passage einschränkend revidiert.[421] – Nicht uninteressant ist die Auseinandersetzung zwischen der

Dekanin der Katholisch-Theologischen Fakultät der Universität Innsbruck Frau Herlinde Pissarek-Hudelist und dem Präfekten der Glaubenskongregation Kardinal Ratzinger[422], oder die Erfahrungen der Buchhändler mit dem Verkauf des Katechismus: „Großkritiker wie auch Affirmative tragen ... auf ihre Weise dazu bei, dass der Katechismus – nicht nur hierzulande polarisiert, statt dass er eint. Kauf und Lektüre dieses Buches werden so zu einer – im falschen Sinne – ‚Bekenntnisfrage‘. Von den einen wird das Erscheinen des Katechismus zum Schlussstein einer ganzen Kirchenepoche emporstilisiert, während sich viele nur desinteressiert abwenden. Buchhändler berichten, dass zahlreiche Käufer geradezu entschuldigend an der Kasse darauf hinweisen, man müsse und wolle aus beruflichen Gründen oder allgemeinem Interesse wissen, was drin stehe. Die Käufer kommentieren ihren Kauf offenbar aus der Befürchtung heraus, die Kaufentscheidung könnte sonst von einem Anwesenden als Votum für das inhaltliche Konzept des Katechismus bzw. seine kirchenpolitische Verwendung gewertet werden."[423]

Wahrscheinlich gibt Paul Valadier die Meinung nicht weniger Leser des Katechismus wieder, wenn er schreibt, dass „die Lektüre das erstickende Gefühl erzeugt, durch ein Museum zu gehen, wo alle Gegenstände pflichtgemäß beschriftet sind, aber kein vertrauenswürdiger Fremdenführer den Besuchern sagt, wo die wirklich wichtigen Stücke sind. Es wird der Eindruck erweckt, dass alles geglaubt werden muss, so dass man letztendlich nicht weiß, was wirklich Objekt des Glaubens ist: der Wille zum Integralismus läuft auf Relativismus hinaus. Ist dieser bis jetzt letzte Katechismus nicht in Wirklichkeit der allerletzte?"[424]

3.2.5. Theologie als Wissenschaft

In der Dogmatik hat sich viel – offenkundig aber immer noch viel zu wenig – getan. Die folgende Zusammenfassung stützt sich auf einen bemerkenswert klaren Überblick eines langjährigen Mitgliedes der von Papst Paul VI. im Jahre 1969 errichteten „Internationalen Theologenkommission".[425]

Die letzten 50 Jahre der Kirchengeschichte können nicht richtig verstanden werden, ohne *Alfred Loisy* (1857–1940) als eine Art Vorgeschichte zu erwähnen, der eine ziemlich radikal unorthodoxe Theologie vertrat. Eine seiner Hauptthesen: Jesus hat das Reich Gottes verkündet, aber es war die Kirche, die entstanden ist. Die Reaktion Roms war heftig. Papst Pius X. hat die „Häresien des Modernismus" scharf verurteilt und verpflichtete jeden Priester und jeden Theologieprofessor, einen „antimodernistischen Eid" abzulegen. „Obwohl die kirchliche Reaktion gegen den Modernismus notwendig war, doch zeitigte die undifferenzierte Verurteilung auch die Wirkung, dass dadurch die realistischen Fragestellungen des Modernismus, z. B. die Notwendigkeit geschichtlicher Betrachtungsweise und die stärkere Berücksichtigung der Rolle des Subjektes, abgewürgt wurden. Damit hat die katholische Theologie den Weg des fortschrittlichen neuzeitlichen Denkens für sich versperrt."[426]

Die theologische Erneuerung begann vor allem in *Deutschland* und Frankreich. Romano Guardini (1885–1969) hat nicht zuletzt durch seinen Religionsbegriff Aufmerksamkeit geweckt, wonach Jesus gar keine besonders religiös eingestellte Person war. Erich Przywara (1885–1974) eröffnete in seinen Werken neue philosophische, theologische und spirituelle Perspektiven. Odo Casel (1886–1948) erarbeitete die theologische Basis der liturgischen Erneuerung. Andreas Jungmann (1889–1975) kann wohl der Vater der liturgischen Reform genannt werden, vor allem wegen seiner bahnbrechenden liturgiegeschichtlichen Studien. Karl Rahner (1896–1991) hat vor, während und nach dem Konzil die katholische Theologie nachhaltig beeinflusst (seine Bibliographie umfasst mehr als 4000, d. h. viertausend Titel). Hans Urs von Balthasar (1896–1991) schuf eine außerordentlich breite Palette für sein theologisches Werk, bestehend aus seinen Kenntnissen über Literatur, Musik, Dichtung, Theater, Kirchenväter und moderne Philosophie.

Meiner Ansicht nach öffnete *Paul Tillich* eine grundlegend neue Sicht theologischen Denkens, indem er den Glauben (leider auch manchmal den Begriff der Religion, d. h. die konkrete Verkörperung des Unbedingten[427]) als „das Ergriffensein durch etwas, was uns unbedingt angeht" definiert hat.[428]

In *Frankreich* meldete sich mit einem ganz neuen Ton und Stil Pierre Teilhard de Chardin (1881–1955), Naturwissenschaftler, Theologe, Mystiker und Dichter. Dort wirkte auch Henri de Lubac (1896–1991) im Rahmen der „neuen Theologie", bis er von Rom Lehrverbot erhielt (später wurde er „rehabilitiert", zum Ehrendoktor der Universität Innsbruck und zum Kardinal ernannt). Yves Congar (1904–1998) hat viele neue Ideen in die Theologie gebracht, sein Werk über die richtige und die falsche Reform der Kirche diente auch als Basis zur Erstellung dieses Buches. Eine begründete Hoffnung entstand durch die Tätigkeit der Theologen der Hochschule der Jesuiten in Lyon-Fourvière und der Dominikaner Le Saulchoir, unter dem Namen „nouvelle théologie"[429], den einer der Beteiligten, Jean Daniélou (1905–1974), formuliert hat.

Die Antwort von Rom kam prompt. Papst Pius XII. veröffentlichte die Enzyklika „Humani generis" und schloss damit die Tür zur Weiterentwicklung. Die großen Theologen wurden in verschiedene Posten in der Seelsorge versetzt, bis dann das Zweite Vatikanische Konzil sie wieder als Konzilstheologen aus der Verbannung zurückrief. Die wissenschaftlichen Auseinandersetzungen mit schwerwiegenden pastoralen Konsequenzen sind keineswegs abgeschlossen. Als Paradebeispiel kann die Zeitschrift für Katholische Theologie angeführt werden, wo bereits 1975 wieder die Frage diskutiert wurde, ob man in Zusammenhang mit der Eucharistie unbedingt den Ausdruck „Transsubstantiation" beibehalten muss, oder aber andere Ausdrücke, wie etwa die viel leichter verständlichen Ausdrücke, wie „Transfinalisation" oder „Transsignification" verwendet werden könnten.[430]

Laientheologie

Am Anfang der zweiten Hälfte des 20. Jahrhunderts entstand bereits eine neue theologische Richtung und eine eher merkwürdige Diskussion darüber. Hier einige Informationen: „In seiner Rede vom 31. Mai 1954 ... sprach Papst Pius XII. ernste Warnungen aus gegenüber einer *laizistischen Theologie*, die unter Berufung auf die Charismen der Laien Unabhängigkeit vom kirchlichen Lehramt beanspruche und in der Gefahr schwerer Irrtümer sei. Dazu brachte der ‚Osservatore Romano' in seinen Nummern vom 15. und 16. September 1954 an hervorragender Stelle zwei Aufsätze eines nicht genannten, aber offensichtlich aufs Beste informierten Verfassers, die den Charakter der vom Heiligen Vater gemeinten Theologie näher erläutern und ihre Irrtümer im Einzelnen nennen. ... Der Papst habe zum Ausdruck bringen müssen, dass das authentische Lehramt ausschließlich bei der Hierarchie und den von ihr Gesendeten liegt. Er habe bedauert, dass manche Lehrer und Professoren nicht genügend den lebendigen Kontakt mit diesem Lehramt wahren und dass eine gewisse Art von Laientheologen sich ganz von ihm distanziert.

Mit Bezug auf diese Laientheologie, sagt der Verfasser, müsse man einen wichtigen Unterschied machen, und zwar zwischen der Theologie des Laienstandes, das heißt dem theologischen Traktat, der die Fragen des Standes und Lebens des Laien in der Kirche zum Gegenstand hat, und der Theologie, die von Laien gepflegt wird, also der Laientheologie im eigentlichen Sinne. ...

Die Theologie des Laienstandes ist nichts Neues. Zu ihren Problemen gehören: Wesen und Struktur der Katholischen Aktion, das allgemeine Priestertum, die Ehe, die Grenzfragen von kirchlichem und weltlichem Bereich. Aber auch innerhalb dieser Theologie sind gewisse Gefahren sichtbar geworden. So habe der Papst in seiner Enzyklika über die Liturgie das Wesen des allgemeinen Priestertums umschrieben. ‚Dagegen haben Neuerer das allgemeine Priestertum in einer Weise darstellen wollen, die für das fromme und gewissenhafte Glaubensgefühl nahezu unbegreiflich ist. Sie sind bis zu der Behauptung gegangen, das Priestertum der Gläubigen und das hierarchische Priestertum befänden sich gegenüber dem absoluten Priestertum im gleichen Verhältnis, in dem sich Mann und Frau gegenüber der gemeinsamen menschlichen Natur befinden.' ... Entgegen den Lehren der Enzyklika Mystici Corporis, die die geistlichen und die juristisch-sozialen Elemente der Kirche harmonisch ausgleicht, ‚fahren einige fort, das Corpus Mysticum rein als Vereinigung der in der Liturgie gemeinsam opfernden Gläubigen aufzufassen. Diese Ideen sind geeignet, einen falschen Spiritualismus zu nähren, der die Tätigkeit der Kirche auf den geweihten Bereich im engen Sinne beschränkt, so dass jede kirchliche Tätigkeit außerhalb dieses Bereiches der Sakristei, wie man ihn nennt, als eine Profanation des Heiligen erscheint. ... Nicht wenige vertreten den Grundsatz, dass die Kirche sowohl in Sachen des Glaubens wie der Disziplin nichts Endgültiges festlegen kann, wenn nicht eine gründliche Diskussion unter Klerus und Laien vorausgegangen ist. Diese Frage ist vor allem gelegentlich der Verkündigung des Dogmas von der Aufnahme Marias in den Himmel gestellt und erörtert worden.' ...

Zur Laientheologie: In seinem zweiten Aufsatz kommentiert der Verfasser, was unter der ‚theologia laicalis' zu verstehen ist, von der der Heilige Vater in seiner Rede sprach. Er versteht darunter eine Theologie von Laien, die sich der Unterwerfung unter das kirchliche Lehramt entziehen, also das, was man im Deutschen als eine laizistische Theologie bezeichnen würde. In dem Aufsatz heißt es: ‚In verschiedenen großen Nationen, in Zeitschriften und anderen Veröffentlichungen und auch von Lehrstühlen herab, in öffentlichen Vorlesungen und in theologischen, insbesondere biblischen Studienkreisen behauptet man, ohne immer bis zu den äußersten Konsequenzen zu gehen, dass die Laien das Recht haben, eine eigene theologische Wissenschaft zu pflegen. Sie nennen diese Theologie des Kirchenvolkes ‚Kirchenvolkstheologie' (im Texte wird dieses Wort deutsch zitiert) und unterscheiden sie von der Theologie des Klerus. Eine solche Theologie muss nach ihrer Meinung eine neue Struktur haben und auch neue Versuche in der Auslegung des depositum fidei unternehmen. Man muss ihr, wie sie sagen, einen existentialistischen Charakter aufprägen, das heißt, einen Geist, der den Bedürfnissen und Notwendigkeiten des Einzelnen unter den konkreten Umständen der Gegenwart entspricht. Es darf dies nicht nur eine Theologie des Intellektes, es muss auch eine Theologie des Herzens sein. Sie darf nicht spitzfindig und scholastisch sein. Nach einigen muss man auch zwischen der Philosophie und der Theologie eine mittlere Wissenschaft einführen, und zwar die Gnosis. An die Stelle der These, die dargelegt und bewiesen wird, muss man in erster Linie die theologische Hypothese setzen.'

In der Konsequenz ihrer Forderung nach Autonomie verlangen die Träger dieser Theologie die Abschaffung der Vorzensur von Büchern, die von Laien geschrieben werden, weil sie einen ‚unerträglichen Totalitarismus' darstelle. Sie lassen allenfalls eine Vorzensur für Bücher von Geistlichen gelten, weil diese in gewissem Sinne immer die amtliche Kirche repräsentieren. – ‚Andere vertreten die verfängliche These von einem Recht der ‚öffentlichen Meinung in der Kirche'; dieses Recht würde sich auf alles beziehen, was nicht im strengen Sinne dieses Wortes Dogma ist. Um diesen trügerischen Behauptungen Rückhalt zu geben, missbraucht man selbst das Wort des Heiligen Vaters, indem man den Bereich der Gegenstände, die der freien Erörterung überlassen sind, bis an die äußerste Grenze ausdehnt, die vom Dogma gesetzt wird.'- Die in Frage stehenden laizistischen Theologen, so fährt der Aufsatz fort, beschränken sich nicht auf das Anliegen einer zeitgemäßeren und besseren Darlegung der Glaubenswahrheiten, wozu die Laien einen nützlichen Beitrag liefern könnten, weil sie täglich mitten in der Welt stehen, sondern sie greifen die Substanz der kirchlichen Lehren an. Ihre Forderung nach Unabhängigkeit widerspricht dem klaren Willen Christi, der das Lehramt in die Hände der Apostel, ihrer Nachfolger und Sendboten gelegt hat, unter denen freilich auch Laien sein können. ...

Wie man also, so schließt der Verfasser, vor Behauptungen warnen muss, die auf eine Verselbständigung der Laien gegenüber dem Lehramt zielen, so muss man doch andererseits alle Laien ermutigen, die in Unterordnung unter das Lehramt nach der Wahrheit forschen. Den letzten Akzent seines Aufsatzes legt der Verfasser dennoch auf die Gefahr: Wenn schon Priester in die Irrtümer fallen, von denen der Papst gesprochen hat, um wie viel größer ist diese Gefahr dann, wenn Laien ‚den Anspruch erheben würden, den Theologen zu spielen und in der Kirche auf das Katheder zu steigen'."[431]

Feministische Theologie

Eine der neuen theologischen Perspektiven ist die feministische Theologie. „Den internationalen Stand der feministischen systematisch-theologischen Debatte wiederzugeben ist nicht nur schwierig, weil in den letzten zehn Jahren unendlich viel publiziert worden ist, sondern auch, weil die Debatte in den jeweiligen Ländern und Kontinenten keine einheitliche ist. Versucht man ein klassisch-theologisches Schema zugrunde zu legen, so folgte der Debatte in Nordamerika und Westeuropa nach der Einleitungsphase und der Vorstellung feministischen Gedankengutes *(Elisabeth Gössmann,* Die streitbaren Schwestern. Was will die feministische Theologie?, Freiburg 1981; *Catharina J. M. Halkes,* Gott hat nicht nur starke Söhne. Grundzüge einer feministischen Theologie, Gütersloh 1980; und *Elisabeth Moltmann-Wendel [Hg.],* Frau und Religion. Gotteserfahrungen im Patriarchat, Frankfurt a. M. 1983) in den Jahren 1975–1985 die Diskussion um die ‚Große Göttin' und Gott Vater *(Mary Daly,* Jenseits von Gott Vater, Sohn & Co. Aufbruch zu einer Philosophie der Frauenbefreiung, München 1980; *Elga Sorge,* Religion und Frau? Weibliche Spiritualität im Christentum, Stuttgart 1985). – An diese wiederum schloss sich 1985–1992 die Debatte an um Jesus den ‚weiblichen Mann' bzw. um die Frage: ‚Kann ein männlicher Erlöser Frauen erlösen?' *(Mary Grey,* Redeeming the Dream. Feminism, Redemption and Christian Tradition, London 1989; *Mercy Amba Oduyoye,* Wir selber haben ihn gehört. Theologische Reflexionen zum Christentum in Afrika, Freiburg 1988; *Doris Strahm/Regula Strobel [Hg.],* Vom Verlangen nach Heilwerden. Christologie in feministisch-theologischer Sicht, Freiburg 1991). ...

Im Moment befinden wir uns in einer Debatte, in der sich der *feministische Subjektbegriff* und das *christliche Menschenbild* kreuzen: Es geht um die Unterschiede zwischen Frauen; eine Diskussion, die durch kritische Anfragen schwarzer, farbiger und lesbischer Theologinnen provoziert wurde und sich in Deutschland primär am Unterschied zwischen jüdischem und christlichem Feminismus entzündete *(Christine Schaumberger [Hg.],* Weil wir nicht vergessen wollen ... Zu einer feministischen Theologie im deutschen Kontext, Münster 1987; *Leonore Siegele-Wenschkewitz [Hg.]*; Verdrängte Vergangenheit, die uns bedrängt. Feministische Theologie in der Verantwortung für die Geschichte, München

1988) und noch flammt *(Luise Schottroff/Marie Theres Wacker [Hg.],* Von der Wurzel getragen. Christlich-Feministische Exegese in Auseinandersetzung mit Antijudaismus, Leiden – New York – Köln 1996). ... Verfolgt man die allgemeine internationale und interdisziplinäre feministische Debatte, so ergibt sich eine Entwicklungslinie von der Frage zur Rolle der Frau in Kirche, Hochschule, Wissenschaft, Gesellschaft und Gemeinden zur feministischen Analyse der jeweiligen Bereiche *(Hedwig Meyer-Wilmes,* Rebellion auf der Grenze. Ortsbestimmung feministischer Theologie, Freiburg 1990). So verschob sich die Frage nach dem Ort von Frauen hin zu *feministischen Machtanalysen* in den genannten Institutionen *(Christine Schaumberger/Luise Schottroff,* Schuld und Macht. Studien zu einer feministischen Befreiungstheologie, München 1988). Eine feministische Analyse von Kultur, Gesellschaft und Religion aber bekommt nicht nur die Machtverhältnisse von Männern und Frauen in den Blick, sondern auch die Beziehungen und Unterdrückung von Frauen untereinander.

Die heutige feministische internationale Debatte zentriert sich um die Frage einer ‚weiblichen‘ Subjektivität, die Beziehungen und Abgrenzungen ermöglicht. Wenn die feministische Diskussion der letzten Jahre eines gezeigt hat, dann dies, dass nicht nur ein ‚männlicher‘ Subjektbegriff überholt ist, der Autonomie als Loslösung vom anderen auffasst, sondern jedwede Rede von ‚dem‘ Subjekt verdächtig erscheint. Nicht nur der soziale bzw. kulturelle Teil weiblicher Subjekte wurde seziert. Derzeit steht auch der biologische Überrest zur Diskussion *(Judith Butler,* Das Unbehagen der Geschlechter, Frankfurt a. M. 1991), der Konstruktionscharakter von sozialem und biologischem Geschlecht wird herausgestellt. Wie nun diskutieren Theologinnen die Frage der Subjektwerdung von Frauen vor dem Hintergrund moderner Theorien, die den Tod des Subjektes konstatieren?

Die Diskussion feministischer Theologinnen ist zur Zeit nicht mehr von der Gegenüberstellung soziale versus biologische Identität bestimmt, sondern durch die Verhältnisbestimmung von Geist und Körper: In unserer Kultur wurde der (weibliche) Körper immer als der negative lästige Gegenpol zum Geist gesehen. Gerade feministische Analysen haben diesen Dualismus immer wieder grundlegend kritisiert. Nun ist sich der Geist selbst zum Problem geworden. Die Zeit der großen, universale Gültigkeit beanspruchenden Entwürfe ist vorbei, soziale und ökologische Krisen zeigen, dass unsere Problemlösungskapazität an ihre Grenzen kommt. – Die Hinwendung zur eigenen Subjektivität bzw. der eigenen Materialität ist nur eine logische Konsequenz. Der innovative Beitrag feministischer Analysen besteht darin, dass sie diesen ausgeschlossenen, verdrängten, gemarterten Teil des Menschen *zu denken* versuchen. Von diesem Versuch soll in Form einer Reise durch die Literatur feministischer Theologien berichtet werden. Diese Reise führt zur alptraumartigen Realität geschundener, entkörperlichter Frauen (Materialität), zu Fragen ‚weiblichen‘ Selbstbestimmungsrechtes (Autonomie), Fragen weiblicher Subjektivität (Rationalität) und zum Körper als hermeneutischer Kategorie (Erkenntnis und Ethik) und metaphorischer Kategorie (Kosmos).

Die Frauenbewegung hat sich über die Frage der Gewalt gegen Frauen formiert, und diesem Problem stellen sich nun – man könnte selbstkritisch sagen: endlich – auch feministische Theologinnen. Die Analysen Mary Dalys haben hier, wie so oft, eine Vorreiterfunktion. In ihrem Buch ‚Gyn-Ökologie‘ (urspr. 1978) beschreibt sie die Zerstörung ‚weiblicher‘ Körper im Weltmaßstab: von der Witwenverbrennung in Indien, der Klitorisbeschneidung in Afrika über die Fußverstümmelung in China bis zur gynäkologischen Praxis in Nordamerika. *Beverly W. Harrison* versucht eine neue Abtreibungsethik aus christlicher Sicht zu entwickeln (Die neue Ethik der Frauen. Kraftvolle Beziehungen statt bloßen Gehorsams. Stuttgart 1991)."[432]

Theologie der Befreiung

Im Grundanliegen nicht weit entfernt von der feministischen Theologie ist die Theologie der Befreiung, eine typisch neuzeitliche Entwicklung, in der das Lehramt der Kirche Zeichen der Zeit und der zukünftigen Ansprüche im Sinne des Evangeliums hätte erblicken sollen.

„*Kurzer Abriss der Entwicklung der Theologie der Befreiung.*

a) Auch wenn die Theologie der Befreiung erst nach Medellín als eine bewusste und öffentliche Größe in Erscheinung trat, so lassen sich ihre Anfänge doch sehr genau in die Zeit davor zurückverfolgen: Gemeint sind die ab 1965 stattfindenden Treffen einer Gruppe katholischer Priester, zu denen Gustavo Gutiérrez (Peru), Juan Luis Segundo (Uruguay), Segundo Galilea (Chile), Lucio Gera (Argentinien) einerseits gehörten, sowie die in ‚Kirche und Gesellschaft in Lateinamerika‘ (ISAL) in Montevideo organisierten protestantischen Theologen Emilio Castro, Julio de Santa Ana, Rubem Alvés und José Miguez Bonino andererseits. ... Durch ISAL erhielten auch katholische Theologen wie Hugo Assmann und Pablo Richard, die Schwierigkeiten mit ihrer Kirche hatten und mehrmals ins Exil mussten, tatkräftige Unterstützung.

b) Ab 1970 arbeiten beide Gruppen, die man als die erste Generation der Theologen der Befreiung einstufen darf, über Kongresse, gemeinsame Publikationen und Zeitschriften intensiver zusammen und begreifen sich als eine Bewegung. Es erscheinen die ersten grundlegenden Arbeiten zur Theologie der Befreiung ...

c) Inzwischen hatte sich diese neue Richtung des Theologietreibens um eine zweite Generation von Theologen vergrößert, wobei insbesondere die Namen von Juan C. Scannone, Severino Croatto und Aldo Büntig aus Argentinien, Leonardo Boff (Brasilien), Raúl Vidales (Mexiko), Ronaldo Munoz (Chile), Ignacio Ellacuria (El Salvador) und Enrique Dussel, der von Argentinien nach Mexiko ins Exil ging, erwähnt werden müssen. Dussel, der das umfangreiche Projekt einer zehnbändigen Kirchengeschichte Lateinamerikas ins Leben ruft, und Boff, der die Basisgemeindenbewegung mit wegweisenden Arbeiten begleitet, die vor allem institutionentheoretische Perspektiven ins Spiel bringen, treten auch international besonders hervor.

d) Die Verschärfung der politischen Verhältnisse auf dem ganzen Kontinent im Verlauf der siebziger Jahre schlägt sich nicht nur in den weiteren Arbeiten der erwähnten Autoren nieder, wobei vermehrt das Stichwort ‚Gefangenschaft‘ neben das der ‚Befreiung‘ tritt, sondern führt auch zu einer noch stärkeren Verbreitung der Theologie der Befreiung in den Volksbewegungen und Basisgemeinden. Dabei werden durch eine dritte Generation von Theologen der Befreiung, wie Clodovis Boff, Frei Betto, Rogerio de Almeida (Brasilien), Fernando Castillo (Chile), Jon Sobrino (El Salvador) und Juan H. Pico (Nicaragua), auch neue theoretische Aspekte in die Auseinandersetzung eingebracht."[433]

Manche Christen haben die Botschaft dieser Theologie verstanden, auch Fachleute haben dazu positiv Stellung bezogen, wie etwa Oswald von Nell-Breuning, der darauf hinwies, dass „die katholische Soziallehre bereits in der 1931 erschienenen Enzyklika ‚Quadragesimo anno‘ Pius‘ XI. zwischen einem von Hass und Neid getragenen, auf die Liquidierung der anderen Klassen zielenden Klassenkampf und dem ehrlichen, vom Willen zur Gerechtigkeit getragenen Klassenkampf unterscheide, den sie als unentbehrlich anerkennt."[434] – Nicht gerade überraschenderweise entstand eine Gegenbewegung, etwa in Deutschland und natürlich auch in Rom. Kurz nachdem Gustavo Gutiérrez zum ersten Mal über die Theologie der Befreiung gesprochen hatte, wurde in Deutschland „der Studienkreis ‚Kirche und Befreiung‘ gegründet. Diese Gruppe um Bischof Franz

Hengsbach von Essen hatte sich aber – trotz des Namens – nicht vorgenommen, sich mit Theorie und Praxis der Christen in Lateinamerika zu solidarisieren, die sich im Kampf der lateinamerikanischen Völker um mehr Freiheit, Selbstbestimmung und Menschenwürde engagieren. Vielmehr will dieser Studienkreis die lateinamerikanischen Christen von der Theologie der Befreiung befreien. ...

In dem innerkirchlichen Kampf gegen die Theologie der Befreiung spielt bis heute Alfonso Lopez Trujillo, seit 1971 Weihbischof von Bogotá/Kolumbien, von 1972 bis 1979 Generalsekretär von CELAM (Lateinamerikanischer Bischofsrat), von 1979 bis 1983 Präsident von CELAM, seit 1979 Erzbischof von Medellín/Kolumbien und seit dem 2. 2. 1983 Kardinal, eine zentrale Rolle. Im Vorfeld der Dritten Generalversammlung des lateinamerikanischen Episkopates, die vom 27. 1. bis 13. 2. 1979 in Puebla/Mexiko stattfand, schrieb Bischof Lopez Trujillo einen Brief an Bischof Luciano Duarte, der durch einen Zufall bekannt wurde. In diesem Brief heißt es unter anderem: ‚Bereite also Deine Flugbomber und Dein würziges Gift vor, da wir Dich sowohl in Puebla als auch auf der Versammlung der CELAM brauchen werden, und zwar mehr als je zuvor und in der besten Kondition. Ich glaube, Du musst Dich einem Training unterziehen so wie die Boxer, bevor sie bei den Weltmeisterschaften in den Ring steigen, damit Deine Schläge auch dem Evangelium entsprechen und treffen.‘

Der Konflikt um die Theologie der Befreiung verschärfte sich aber zusehends im Verlauf der Jahre 1983 und 1984, und dies vor allem durch den Einsatz von Kardinal Ratzinger, dem Präfekten der römischen Glaubenskongregation. Im März 1983 übergab Kardinal Ratzinger der peruanischen Bischofskonferenz ein Dokument mit zehn kritischen Anfragen an die Theologie von Gustavo Gutiérrez. Im September 1983 hielt Kardinal Ratzinger in Gegenwart des Papstes einen Vortrag über den wissenschaftstheoretischen Aspekt der Theologie der Befreiung. Am 23. Januar 1984 erschien dann in der peruanischen Zeitschrift ‚Oiga‘ ein Artikel von Kardinal Ratzinger ‚Presupuestos, Problemas y Desafios de la Teologia de la Liberacion‘. Eine italienische Übersetzung dieses Artikels wurde am 3. März 1984 in der italienischen Zeitschrift ‚30 Giorni‘ veröffentlicht. In einer etwas gekürzten Fassung erschien dieser Text in der August-Nummer 1984 von ‚Die neue Ordnung‘. In diesem Artikel heißt es: ‚Bei der Analyse des Phänomens Befreiungstheologie wird eine fundamentale Gefährdung des Glaubens der Kirche sichtbar.‘"[435]

Die „Befreiungstheologie wurde sehr bald Zielpunkt von Angriffen gesellschaftlicher und staatlicher Kräfte, und ihre Vertreter und Vertreterinnen gerieten in eine Verfolgungssituation. ... Der Rockefeller-Report von 1969 und das Santa-Fe-Geheimpapier von 1980 sahen in der Befreiungstheologie Subversion, Revolution und bezichtigten sie des Kommunismus; die Regierung Banzer (Bolivien) legte 1975 einen detaillierten Plan zur Bekämpfung der befreiungstheologisch orientierten Kräfte innerhalb der Kirche vor. Die Befreiungstheologie geriet jedoch auch seitens des kirchlichen Lehramtes zunehmend in die Kritik. 1976 veröffentlichte die Internationale Theologenkommission das Dokument *Zum Verhältnis zwischen menschlichem Wohl und christlichem Heil;* 1984 erschien als Warnung ,auf die Abweichungen und die Gefahren der Abweichungen‘ der Befreiungstheologie eine Instruktion ... über einige Aspekte der Theologie der Befreiung *(Libertatis nuntius)*. 1986 folgte ... eine weitere, differenziertere Instruktion über die christliche Freiheit und die Befreiung *(Libertatis conscientia ...)*. Darin wurde die Möglichkeit von Befreiungstheologie zugestanden, auch wenn die Instruktionen deren Selbstverständnis nicht gerecht werden. Ein zentraler Kritikpunkt bildet die Rezeption marxistischer Theoreme. Kirchliche Kritik und Vorbehalte gegenüber der Befreiungstheologie führten zur Schließung theologischer Ausbildungsstätten, Lehrentzug, Unterbindung pastoraler Projekte u. a. Anderseits ist aber der Einfluss der Befreiungstheologie insbesondere auf die Weiterentwicklung der kirchlichen Soziallehre nicht zu übersehen. So ist die befreiungstheologische Rede von der ,Option für die Armen‘ in die kirchenamtliche Sozialverkündigung eingegangen (vgl. *Sollicitudo rei socialis 42; Centesimus annus 11*). Dasselbe gilt für den Begriff ,Strukturen der Sünde‘, mit dem die Enzyklika Sollicitudo rei socialis 36 einen weiteren wichtigen Gedanken der Befreiungstheologie rezipiert. Die Frage nach globalen gesellschaftlichen Zusammenhängen und Strukturen empfängt damit einen neuen, heilsgeschichtlich relevanten Stellenwert."[436]

Trotz Mahnungen, Verboten und Verurteilungen bleibt diese theologische Richtung lebendig und macht eine gewisse interne Entwicklung durch. „In den ersten Jahren der Theologie der Befreiung stand eine auf ein sozialwissenschaftliches Instrumentarium zurückgreifende Gesellschaftsanalyse im Zentrum der methodologischen Arbeiten; betont wurde der ,epistemische Bruch‘ mit ideologisch besetzten Erkenntnisarten; gesellschaftliche Veränderungspraxis wurde durch den Rückgriff auf Elemente der marxistischen Gesellschaftsanalyse theoretisch reflektiert. Demgegenüber wurden Ansätze einer ‚Theologie des Volkes', die sich an einer in Geschichte und Religiosität des Volkes verankerten ‚lateinamerikanischen' Identität orientierten (vgl. vor allem die Arbeiten argentinischer Theologen wie *Lucio Gera), als Ansatz einer Befreiungstheologie weniger ernst genommen.

Durch eine größere Weite des methodisch-hermeneutischen Instrumentariums, die sich in den letzten Jahren abzeichnet, ist es nun möglich, *verschiedene Ausgestaltungen der Befreiungstheologie* ins Gespräch zu bringen. Neben den Sozialwissenschaften erhalten Humanwissenschaften, Psychologie sowie eine philosophisch-theologische Hermeneutik ... einen großen Stellenwert. Historische Arbeiten binden die Theologie der Befreiung in die Tradition der Kirche ... und die Geschichte der Kirche auf dem lateinamerikanischen Kontinent ein. Positiv ist dies vor allem im Blick auf eine stärkere Inkarnation der Theologie der Befreiung in der Geschichte Lateinamerikas, ihre ‚latinoamericanicidad' zu werten, war die Sozialanalyse doch durch ein von außen aufgegebenes – europäisches – Instrumentarium geprägt."[437] „Anhand einiger Neuerscheinungen der letzten Jahre skizziert Christoph Lienkamp, Referent bei Adveniat, die wichtigsten Entwicklungslinien befreiungstheologischen Denkens in der letzten Dekade. Er zeigt, wie das Projekt der Befreiungstheologie etwa in einer Theologie des Reiches Gottes, besonders aber auch in einer indianischen, afroamerikanischen und feministischen Theologie fortgeschrieben wurde."[438]

„Gott-ist-tot-Theologie"

Vielleicht ein eher negatives Beispiel in der modernen theologischen Entwicklung, und doch meiner Meinung nach ein deutliches Zeichen für die Unzufriedenheit fortschrittlichen Denkens mit der klassischen Schultheologie ist die „Gott-ist-tot-Theologie". Angesichts neuzeitlicher Religionskritik und eines sich verstärkenden Autonomiebewusstseins ist der Zugang des modernen Menschen zu Gott immer problematischer geworden. Das verbreitete atheistisch-nihilistische Moment im modernen Denken greifen Anfang der sechziger Jahre zuerst amerikanische, dann europäische Theologen auf ... und entwerfen von diesem neuen menschlichen Selbstverständnis her eine neue Form von Theologie: die Gott-ist-tot-Theologie. Ihr erklärtes Ziel ist die Überwindung der Antagonie zwischen Theismus und Atheismus. Anknüpfend an Hegel, Feuerbach, Marx und Nietzsche, sich auf Barth, Bonhoeffer und Tillich berufend, erklären die betreffenden Theologen den Gott des Theismus mit seiner radikalen Transzendenz und unerfahrbaren Weltferne für überlebt und abgetan und halten Ausschau nach einer diesseitigen Aktualität von dem, was vordem ‚Gott‘ genannt wurde. Der über Jahrhunderte hin durchaus relevante theistische Gott sei heute als überweltliches Gegenüber weder in Zeit und Geschichte noch in der eigenen Existenz erfahrbar. Zudem bedürfe die moderne naturwissenschaftlich geprägte Wirklichkeitserfassung nicht mehr der begründenden und absichernden Rolle des theistischen Gottes. So führen die Unerfahrbarkeit des (theistischen) Gottes und seine Funktionslosigkeit zur Rede von ‚Tod Gottes‘. Der Mensch muss leben, „etsi Deus non daretur" (Bonhoeffer).

Im Einzelnen bleiben Begründung und Bedeutung der Tod-Gottes-Rede meist divergent und ungenau. ... Oft gleitet die Gott-ist-tot-Theologie in moderne Schlagworte und innere Widersprüchlichkeit ab. Schon nach einem Jahrzehnt scheint der Versuch, auf atheistischen Grundlagen ein theologisches Gebäude zu errichten, als gescheitert. Die G. ist bereits ein Stück Geschichte geworden.[439]

Indische Theologen

Unter anderem auch aus demographischen Gründen dürfen die verschiedenen Versuche indischer Theologen nicht außer Acht gelassen werden. „Die frühen indischen ‚Thomaschristen‘ waren stark von der ostkirchlich-byzantinischen Theologie beeinflusst. Als erster wichtiger Meilenstein gilt jedoch das theologische Werk des italienischen Missionars R. de Nobili SJ (1577–1656), das sich durch seine Aufgeschlossenheit für die Kultur und die Religion des Landes auszeichnet. ... Die schöpferischste und ertragreichste Mitwirkung an der Entwicklung einer wahrhaft christlichen und gleichzeitig echten indischen Theologie erwuchs aus der Arbeit *hinduistischer* Denker ... Heutiges theologisches Nachdenken umfasst verschiedene Bereiche: dazu gehören multikulturelle Erfahrungen und das Erlebnis der Vielfalt der Religionen, die vielschichtigen gegenwärtigen sozio-politischen Gegebenheiten und das Streben nach Befreiung von Unterdrückung in ihren geschichtlichen und modernen Wurzeln. Die konkrete *Praxis des Dialogs und der Befreiung* erbrachte wesentliche und innovative Beiträge auf verschiedenen Gebieten der Theologie, wie der Theologie der Religionen, des Verständnisses von Offenbarung, Christologie, Evangelisierung und der Beziehung zwischen Kirche und Reich

Gottes, der Art der Annäherung an das Göttliche und das Wirken des Hl. Geistes in der Geschichte der Menschheit. Der fortdauernde Dialog mit Anhängern anderer Religionen (bes. den Hindus) und weltlicher Ideologien führte dazu, dass neue theologische Fundamente und Quellen für ein gemeinsames Engagement im Dienste der Befreiung erschlossen wurden. ... Die aufkommende *Dalit-Theologie* lenkt die Aufmerksamkeit auf Erfahrungen der sog. ‚Unberührbaren' und zielt auf die umfassende Befreiung dieser äußerst diskriminierten Gruppe der indischen Gesellschaft ab. Die Bedeutsamkeit dieser Theologie liegt in erster Linie in ihrer Methodik und in den Quellen. Sie steht der klassischen hinduistischen Tradition sehr kritisch gegenüber und baut vor allem auf den ansonsten verachteten religiösen und kulturellen Traditionen der marginalisierten Völker Indiens auf. Die andauernde Diskriminierung der Dalits auch innerhalb der Kirche schärfte ihr theologisches Nachdenken und ermutigte sie, radikale Reformen innerhalb der Kirche einzufordern. In letzter Zeit gibt es auch Versuche theologischer Reflexionen auf der Grundlage der Erfahrungen indischer Frauen ebenso wie ökologischer Probleme."[440]

Wo etwas Neues entsteht, kann auch das wachsame Auge des Heiligen Offiziums nicht weit sein. „Auf Initiative von Kardinal *Josef Ratzinger,* dem Vorsitzenden der Glaubenskongregation, kam vom 21. bis 24. Oktober 1996 eine Gruppe von 20 indischen Bischöfen im Vatikan zu einem Gespräch über Tendenzen in der indischen Theologie und ihre Auswirkungen auf die theologische Ausbildung in Indien zusammen. Zu den eingeladenen Bischöfen gehörten der gegenwärtige Vorsitzende der indischen Bischofskonferenz, Kardinal *Joseph Powathil,* die Mitglieder ihrer theologischen Kommission, ferner alle Bischöfe von Diözesen, in denen sich theologische Ausbildungszentren befinden, sowie Vertreter der drei in Indien beheimateten Riten bzw. Individualkirchen. Die Auswahl war so getroffen, dass alle geographischen Regionen Indiens vertreten waren. Außer dem Sekretär der bischöflichen theologischen Kommission, P. S. *Arockiasamy* SJ, waren keine indischen Theologen eingeladen. – Von römischer Seite nahmen neben dem Präfekten der Glaubenskongregation Kardinal *Jozef Tomko* für die Kongregation für die Evangelisierung der Völker, Kardinal *Pio Laghi* von der Kongregation für das katholische Bildungswesen und Kardinal *Francis Arinze* für den Päpstlichen Rat für den interreligiösen Dialog an der Begegnung teil. Seitens der Vereinigung asiatischer Bischofskonferenzen (FABC) wurde zum Ziel dieser außergewöhnlichen Zusammenkunft lediglich angemerkt: ‚Im Hinblick auf die Asiatische Synode, bei der erwartet wird, dass Indien eine wichtige Rolle spielen wird, hat die Glaubenskongregation in Zusammenarbeit mit anderen Dikasterien eine Gruppe von Mitgliedern der indischen Hierarchie zu einem Treffen nach Rom eingeladen. Das Ziel der Zusammenkunft war, den Stand der katholischen Theologie in Indien zu bedenken und nach Wegen und Mitteln zu suchen, sie weiter zu stärken, damit sie einen immer besseren Beitrag zum Leben und der Mission der Kirche zu Hause und darüber hinaus leisten kann" (FABC Newsletter, no. 99, August-October 1996, S. 2).

Der Verlauf des Treffens und die anschließend bekannt gewordenen Kommentare zum Inhalt der Diskussionen und der beschlossenen Maßnahmen machen aber deutlich, dass das Zusammenrufen der indischen Bischöfe in erster Linie auf eine *Korrektur* bestimmter, in den Augen der römischen Stellen nicht orthodoxer Tendenzen in der indischen Theologie abzielte. Die Kritik richtet sich zunächst ganz generell gegen eine fehlende Klarheit in den Schriften einer ganzen Reihe von indischen Theologen, ohne dass konkret Namen genannt werden. Bemängelt werden dann im Einzelnen Defizite in *christologischen Aussagen* indischer Theologen, wobei vor allem das Fehlen eindeutiger Aussagen zur einzigen Heilsvermittlung Jesu Christi kritisiert wird. Aussagen, in denen vom *geschichtlichen Jesus* gesagt werde, dass in ihm zwar der *göttliche Logos* gegenwärtig sei, der Logos aber mehr als Jesus darstelle, seien mit einer orthodoxen Christologie nicht zu vereinbaren.

Kritisiert werden auch Überlegungen, herausragenden Gestalten anderer Religionen wie Buddha oder Krishna eine Rolle in der Heilsvermittlung einzuräumen, wodurch die Einzigartigkeit der Heilsvermittlung Jesu Christi in Frage gestellt erscheine. Das für Indien so entscheidend wichtige Gebiet des *interreligiösen Dialogs* wurde ebenfalls kritisch durchleuchtet. Den indischen Theologen wird dabei von den römischen Kritikern vorgehalten, dass sie zu sehr das Anliegen des Dialogs in den Vordergrund stellten und darüber die Missionsverpflichtung zu stark vernachlässigten. Indische Ansätze in der *Inkulturation* wurden ebenfalls kritisch unter die Lupe genommen, wobei bemängelt wurde, dass sie zu stark auf die anderen kulturellen und religiösen Traditionen Indiens eingingen, wodurch die Einzigartigkeit der christlichen Botschaft verdunkelt werde.

Das Treffen endete mit dem Beschluss, eine *internationale Expertenkommission* zusammenzustellen, die die Ausbildung an den theologischen Fakultäten und Seminaren in Indien beobachten soll. Johannes Paul II. würdigte die Arbeit der Konferenz positiv und bescheinigte in einer Botschaft an die Konferenz den indischen Bischöfen, dass sie nachdrücklich den absoluten Charakter der christlichen Offenbarung und der einzigartigen Bedeutung Jesu Christi bestätigt hätten. – Die indischen Bischöfe wiesen in einer ersten Reaktion auf die römische Kritik darauf hin, dass die theologische Diskussion in Indien so gut wie ausschließlich innerhalb der theologischen Einrichtungen und in wissenschaftlichen Publikationen geführt werde. Unruhe unter den Gläubigen in den Pfarreien würden durch die für die indische Kirche lebensnotwendigen theologischen Reflexionen kaum ausgelöst. Das richtige Gleichgewicht zwischen Vermittlung der traditionellen theologischen Lehre der gesamtchristlichen Tradition und kreativen neuen Überlegungen, in denen auf die Besonderheiten der indischen Gegebenheiten eingegangen werde, sei nicht immer leicht zu treffen.

Einige Bischöfe räumten ein, dass es in der Vergangenheit Aussagen indischer Theologen gegeben habe, die nicht unbedingt auf dem Boden der Orthodoxie stehen. Etwas gewunden klangen die Stimmen anderer Bischöfe, die in der römischen Reaktion neben der Kritik auch die Anerkennung für die geleistete eigenständige theologische Arbeit erblicken zu können meinten. Das Treffen könne schließlich auch als eine Chance gesehen werden, Missverständnisse auszuräumen, die sich im Laufe der Zeit zwischen Rom und der indischen Theologie aufgebaut hätten.

Indische Theologen reagierten auf die Vorwürfe aus Rom mit Erstaunen und Betroffenheit. Vorherrschend war die Meinung, dass man sich missverstanden fühlte, weil die Vorwürfe zu pauschal und allgemein gefasst seien, alle Theologen in Indien in Verdacht bringen, es aber wegen dieser Allgemeinheit und Unbestimmtheit auch unmöglich sei, dass sich einzelne Theologen zu bestimmten Punkten äußern könnten, um Missverständnisse zu korrigieren und Verständnis zu wecken für die kontextuellen Gegebenheiten der indischen Theologie. ... Es zeigt sich aber auch Verbitterung und Enttäuschung bei einigen Theologen, die sich verletzt fühlen, dass das ehrliche Bemühen, in der religiös so vielfältigen Situation Indiens und den gegenwärtigen sozialen Spannungen in der indischen Gesellschaft und innerhalb der Kirchen theologisch relevante Antworten zu finden, so einseitig negativ verurteilt wird. Kritisiert wird aber vor allem, dass die Theologen selber nicht einmal gehört werden und dass der Versuch der Korrektur ihrer Ansichten einseitig nur mit den Bischöfen besprochen wird, denen dann die Aufgabe zugewiesen wird, die Theologen Indiens wieder auf den Pfad der Orthodoxie zurückzubringen. Der ganze

Vorgang macht einmal wieder mehr deutlich, dass das Verhältnis zwischen Bischöfen und Theologen insgesamt in der Kirche, aber in diesem konkreten Fall auch zwischen den indischen Bischöfen und den indischen Theologen gestört ist, und es unklar ist, wie das Zueinander von Leitungs- und Hirtenamt der Bischöfe mit dem spezifischen Auftrag theologischer Forschung und Lehre so geregelt werden kann, dass größere Gemeinsamkeit und Harmonie im Interesse des Ganzen erreicht wird. Kritik an indischen Theologen und indischer Theologie hat es in der Vergangenheit seitens Roms schon häufiger gegeben. Kardinal Tomko hat schon vor einigen Jahren von Indien als dem ‚Epizentrum aller Häresien' gesprochen und einzelne indische Theologen wegen ihrer christologischen Aussagen, ihrem Verzicht auf Mission zugunsten des Dialogs und anderer Abweichungen kritisiert (vgl. Asia Focus 4 [1988], 39, 15. 10. 1988, S. 1 u. 6). Auch in der Missionsenzyklika ‚Redemptoris Missio' lassen sich deutliche Hinweise auf Mängel und Fehler asiatischer, vor allem indischer Theologie wiederfinden, wenn Unklarheiten in der Christologie, ein falsch verstandener Begriff des Reiches Gottes und Abweichungen in der Offenbarungs- und Erlösungslehre bemängelt werden. Die Missionsenzyklika bezieht sich wohl auf Aussagen indischer Theologen, wenn sie Theologen kritisiert, die eine falsch verstandene Theozentrik vertreten, indem sie das Reich Gottes von Christus und der Kirche losgelöst betrachteten oder die Schöpfung gegenüber der Erlösung betonten."[441]

Die Serie römischer Maßnahmen gegen Denker aus Indien ist noch keineswegs beendet. Aufsehen erregte eine vom Papst approbierte *Notifikation* des Präfekten der Glaubenskongregation, Kardinal Ratzinger, die Schriften des Priesters in der Ordensgemeinschaft der Jesuiten, Anthony de Mello betreffend. Dieser hoch begabte Schriftsteller, dessen meditative Geschichten in vielen Sprachen gern gelesene Lektüren sind, ist im Jahre 1931 geboren und im Jahre 1987 gestorben. Elf Jahre nach seinem Tod (24. 6. 1998) fand die römische Kongregation Positionen in den Publikationen von de Mello, die „mit dem katholischen Glauben unvereinbar sind".[442]

Eine andere *Notifikation* der Kongregation für die Glaubenslehre in Bezug auf das Buch von J. Dupuis: „Verso una theologia cristiana del pluralismo religioso" mit einem ausführlichen Kommentar erschien in L'Osservatore Romano vom 27. 2. 2001. Der Autor stammt aus Belgien, ist Mitglied der Calcutta-Provinz der Jesuiten, 74 Jahre alt, Professor für Christologie an der Universität Gregoriana in Rom. Zur Beurteilung des Falles könnte es ausreichend sein, dass der Erzbischof von Calcutta, Henry D'Souza, in einem Brief an Dupuis bedauert, dass nach der übertriebenen Reaktion von Rom im Falle de Mello jetzt er, Dupuis, muss mit dem Lehren aufhören, um sich selbst zu verteidigen.[443]

Eschatologische Begriffe

Die inhaltliche Interpretation vieler theologischer, vor allem eschatologischer Begriffe hat sich in den letzten Jahrzehnten nicht unwesentlich geändert. Beispiele dafür sind modernere Auffassungen über den Teufel und über die Hölle:

„Die Macht des Bösen in der Weltgeschichte und im Leben des Einzelnen ist weder zu leugnen noch zu verharmlosen, ist weder zu privatisieren noch zu personifizieren:

– Es gibt nicht nur ein privatisiertes Böses im Menschen, es gibt auch das Böse als überindividuelle Macht (z. B. Nationalsozialismus und Stalinismus). Das Böse ist wesentlich mehr als die Summe der Bosheiten der Individuen.

– Hitler und Stalin als bloße ‚Opfer‘ des Satans zu verstehen wäre eine allzu bequeme Lösung der Schuldfrage. Der Teufelsglaube (an das personifizierte Böse) hat unabsehbaren Schaden gestiftet.

Und Jesus? Er lässt nichts von einem Dualismus erkennen, bei dem Gott und Teufel auf gleicher Ebene um Welt und Mensch streiten. Der Akzent seiner Verkündigung liegt auf der heilenden, befreienden Herrschaft Gottes. Gerade seine Heilungen und Dämonenaustreibungen zeigen: Die Herrschaft der Dämonen ist zu Ende. Jesus will die Besessenen von den psychischen Zwängen befreien und durchbricht so den Teufelskreis von seelischer Störung, Teufelsglauben und gesellschaftlicher Ächtung. Gott braucht keinen Antigott, um Gott zu sein, als ob es, weil es Liebe gibt, auch immer Hass geben müsse. Zu Recht *fehlt der Teufel im Glaubensbekenntnis.*“[444]

„Wenn der Teufel trotzdem in der kirchlichen Verkündigung zum (fast) allmächtigen Gegner Gottes hochstilisiert wurde, so geschah dies im Widerspruch zum Zeugnis der Bibel, in welcher der Teufel nur die Rolle einer Randfigur spielt. Dieser Einsicht konnte sich die offizielle Kirche in jüngster Zeit nicht länger verschließen. Sie hat in den letzten 20 Jahren den Teufelsglauben empfindlich zurückgedrängt. Im neuen Messbuch von 1970 wird er kaum mehr erwähnt. Aus dem Taufritus wurde die Beschwörung des Satans entfernt. Er wird nicht mehr feierlich aufgefordert, das neugeborene Kind zu verlassen, als wäre dieses in seiner Gewalt. Auch aus den jüngsten Kirchengesangbüchern und Unterweisungen des Glaubens wurde er weitgehend verbannt."[445]

„Bis ins 20. Jahrhundert wurde die Macht der katholischen und lutherischen Kirchen über die Seelen durch die Angst vor der ewigen Verdammung abgesichert. Das Ergebnis dieser sprichwörtlichen *‚Höllenangst‘* waren eingeschüchterte, verängstigte Christen, die Angst hatten und deshalb auch Angst machten. Wie viele Sex- und Schuldkomplexe, Sünden- und Beichtängste haben in Höllenbildern und Höllenpredigten mitgespielt. Zwangsbekehrungen, Ketzerverbrennungen, Judenpogrome, Kreuzzüge, Hexenwahn, Religionskriege im Namen einer ‚Religion der Liebe‘ haben Millionen von Menschenleben gekostet. Durch den Tod des Leibes im Diesseits könne vielleicht doch noch die Seele fürs Jenseits gerettet werden. So hat die Kirche schon vor dem Erscheinen des Weltenrichters ungezählte Male den letzten Gerichtstag (Tag des Zornes, Tag der Tränen) unbarmherzig selber vollzogen. Man erkennt nun vielleicht, wie wichtig die Aussage der Schrift ist: Nicht irgendwelche Kirchenfürsten und Theologen werden zu Gericht sitzen, sondern Jesus Christus selbst. – Nein, es ist nicht das Verdienst der institutionellen Kirche, dass heute niemand mehr verbrannt wird, sondern ein Verdienst der Aufklärung.

Um heute als Christ diese entsetzliche Höllengeschichte zu bewältigen, bedarf es einer Rückbesinnung auf Jesus: Jesus von Nazaret war kein Höllenprediger: Er verkündet keine Drohbotschaft, sondern eine erfreuliche Botschaft. Glaube hat für Jesus einen durch und durch positiven Sinn. Der Christ glaubt von daher ‚an‘ den barmherzigen Gott, wie er sich durch Jesus Christus gezeigt hat und im Heiligen Geist wirksam geworden ist. Aber er glaubt nicht ‚an‘ – vertraut nicht auf – die Hölle. Mit Recht *fehlt* auch *die Hölle* im *Credo*. – Die *Ewigkeit* der Höllenstrafe – für viele im Widerspruch zum Gedanken der Humanität und eines barmherzigen Gottes – braucht nicht im strengen Sinn genommen zu werden (‚ewig‘ kann auch ‚endlos‘, ‚unbestimmt lang‘ heißen). Die Frage der Hölle verweist den Menschen auf seine eigene Wirklichkeit. So kann man mit dem evangelischen Theologen Jürgen Moltmann sagen: ‚Ist Christus wirklich aus Tod und Hölle auferstanden, so führt das zum Aufstand des Gewissens gegen die Höllen auf Erden und gegen alle, die sie anheizen. Denn die Auferstehung dieses Verdammten wird im Aufstand gegen die Verdammung des Menschen durch den Menschen bezeugt und auch schon verwirklicht. Je realer die Hoffnung an die zerbrochene Hölle glaubt, umso militanter und politischer wird sie im Zerbrechen der Höllen werden, der weißen, schwarzen und grünen Höllen, der lauten und leisen.‘"[446]

Moderne Theologie

Wohltuend ehrlich ist der Stil der modernen Theologie geworden. Eine Textprobe aus dem theologischen Lexikon zeigt, dass auch sehr ernst zu nehmende Theologen bereit sind, Ausdrücke zu verwenden, wenn auch in Anführungszeichen, wie die theologischen Versuche eine altehrwürdige, aber undurchsichtige Traditionen, die bis jetzt für aufgeklärte Intellektuelle fast nur völlig unannehmbare Erklärungen fanden, „retten" wollen: „Die naturwissenschaftlichen Erkenntnisse zeigten, dass der Tod nicht durch den Sündenfall in die Geschichte kam (so noch der Weltkatechismus von 1992), sondern allem Lebendigen genetisch einprogrammiert ist, und dass die Hominisation in verschiedenen Regionen der Erde in Populationen, nicht in einem Paar, erfolgte.

Aktuelle Aspekte. In der katholischen Theologie des 20. Jahrhunderts sind mehrere Versuche zu registrieren, die kirchliche Lehre über die *Erbsünde* zu ‚retten'. Sie kommen darin überein, dass eine universale Schuldverfallenheit der Menschheit von Anfang an und die Notwendigkeit einer Erlösung aller durch Jesus Christus angenommen werden, und dass ein Widerspruch zu naturwissenschaftlichen Befunden vermieden werden muss. Dabei konnten sie zwei Probleme nicht lösen, die genauere Herkunft der universalen Unheilssituation und die genauere Bedeutung und Tragweite von Erlösung (deren Begriff ungeklärt bleibt). Im Einzelnen wurde die Erbsünde gedeutet als Preis der Evolution und der menschlichen Freiheit, als vorpersonales Existential, durch welches jedes einzelne Leben in einen Unheilszusammenhang hineinverflochten ist, der seinerseits Anreize zu persönlicher Sünde enthält und die ‚strukturelle Sünde' des gesellschaftlichen Unrechts gebiert, und als Verfallenheit an die Angst und Verzweiflung (die an Gott irre werden lässt)."[447]

Kirchenbild

Eine der revolutionärsten theologischen Neuinterpretationen betraf das Kirchenbild. In dieser bis jetzt unendlichen Geschichte des Wandels können nur Streiflichter die Radikalität der ständigen Veränderung der Auffassungen beleuchten. – Aus den vielen möglichen Beispielen soll hier eines der kuriosesten Phänomene beschrieben werden.

Das „Dekret für die Jakobiten" vom 4. 2. 1442 hat die These, dass außerhalb der Kirche kein Heil möglich ist (extra ecclesiam nulla salus), in unerbittlicher Härte und in der feierlichsten dogmatischen Form folgendermaßen verstanden: „Sie glaubt fest, bekennt und verkündet, dass niemand, der sich außerhalb der katholischen Kirche befindet, nicht nur (keine) Heiden, sondern auch keine Juden oder Häretiker und Schismatiker, des ewigen Lebens teilhaft werden können, sondern dass sie in das ewige Feuer wandern werden, ‚das dem Teufel und seinen Engeln bereitet ist‘ *(Mt 25,41),* wenn sie sich nicht vor dem Lebensende ihr angeschlossen haben, und dass die Einheit mit dem Leib der Kirche eine solch große Bedeutung hat, dass nur denen, die in ihr verharren, die Sakramente der Kirche zum Heil gereichen und Fasten, Almosen und die übrigen Werke der Frömmigkeit und Übungen des christlichen Kriegsdienstes ewige Belohnungen zeitigen. Und niemand kann, wenn er auch noch so viele Almosen gibt und für den Namen Christi sein Blut vergießt, gerettet werden, wenn er nicht im Schoß und in der Einheit der katholischen Kirche bleibt.“[448]

Nun haben einige Christen diese Formulierung zu ernst und wörtlich genommen. „Der ehemalige, inzwischen exkommunizierte amerikanische Jesuitenpater Feeney hatte mit einem Kreise seiner Freunde und Schüler, meist Konvertiten, die Meinung vertreten, wer außerhalb der katholischen Kirche stehe, sei in der Verdammnis. Diese Behauptung hatten vor ihm auch drei Professoren des Jesuitenkollegs in Boston verbreitet, die dafür im April 1949 aus dem Lehrkörper entfernt wurden. Feeney aber bildete ein Widerstandszentrum in Auflehnung gegen die kirchliche Autorität. Damit forderte er eine Entscheidung des Heiligen Offiziums heraus. In dieser heißt es u. a.: ‚Damit ein Mensch sein ewiges Heil erlangt, ist es nicht immer nötig, dass *er de* facto der Kirche als Glied inkorporiert ist, er muss ihr aber wenigstens dem Verlangen (voto) oder Wunsche (desiderio) nach vereint sein. Jedoch muss dieses Verlangen nicht immer so ausdrücklich vorliegen wie bei den Katechumenen. Wenn sich jemand in unüberwindlicher Unkenntnis befindet, nimmt Gott ein impliziertes Votum an, so genannt, weil in der guten Disposition der Seele eingeschlossen ist, dass man verlangt, den eigenen Willen dem Willen Gottes zu vereinen.‘ Die Entscheidung verweist sodann auf die näheren Ausführungen zu dieser Frage in der Enzyklika *Mystici corporis Christi.“*[449]

So entstand eine völlig absurde Konstellation: Nach der Lehre der Kirche konnte Feeney in den Himmel kommen, weil er nach seinem Gewissen gehandelt hat, nach der festen Überzeugung von Feeney war er der Hölle gewidmet, weil er durch seine Exkommunikation nicht sichtbar der sichtbaren Kirche angehörte.

Die offizielle Auffassung der Kirche heute ist etwas verständlicher: „Nach der Enzyklika *Mystici corporis* Pius' XII. von 1943 können nicht zur sichtbaren Kirche Gehörende ‚in einer Art unbewussten Verlangens und Wunsches hingeordnet sein auf den mystischen Leib des Erlösers' (Denzinger / Hünermann 3821). Dieses votum kann, wie Rom nach einem Ausbruch von ‚katholischem' Rigorismus in Boston (USA) 1949 erklärte, implizit sein, ‚eingeschlossen in die gute Disposition der Seele, durch die der Mensch seinen Willen dem Willen Gottes gleichförmig machen will' (Denzinger / Hünermann 3870) – nicht ohne ‚übernatürlichen Glauben' zu haben (Denzinger / Hünermann 3872). Das Vatikanum II spricht in *Ad gentes* (Dekret über die Missionstätigkeit der Kirche, 7. 12. 1965) 7 ‚den Menschen, die das Evangelium ohne ihre Schuld nicht kennen', und in *Lumen gentium* (dogmatische Konstitution über die Kirche, 21. 11. 1964) 16 direkt Juden, Muslimen und ‚auch den anderen, die in Schatten und Bildern den unbekannten Gott suchen', die Hilfe Gottes, der jeden Menschen erleuchtet (Joh 1,9), zu, am entschiedensten in *Gaudium et spes* (pastorale Konstitution über die Kirche in der Welt von heute, 7. 12. 1965) 22: ‚Da Christus für alle gestorben ist und da es in Wahrheit nur eine, die göttliche Berufung des Menschen gibt, müssen wir festhalten, dass der Hl. Geist allen die Möglichkeit bietet, diesem österlichen Geheimnis in einer Gott bekannten Weise verbunden zu sein.'"[450]

Das Zweite Vatikanische Konzil hat den *Begriff der Kirche* eindeutig als eine komplexe Wirklichkeit definiert: „Deshalb ist sie in einer nicht unbedeutenden Analogie dem Mysterium des fleischgewordenen Gottes ähnlich."[451] – Die theologische Interpretation dazu: „Die ‚komplexe Wirklichkeit' der Kirche lässt sich also nach dieser Aussage mit der Menschwerdung Gottes in Jesus Christus analog vergleichen. Das Konzil von Chalkedon, das sich 451 mit der Frage nach der Einheit von göttlicher und menschlicher Natur in Jesus Christus beschäftigte, fand für diese Einheit die Formel: Die göttliche und die menschliche Natur bilden in Jesus Christus eine ‚*ungetrennte und unvermischte*' Einheit. Wenn also diese christologische Formel von Chalkedon auf ‚analoge' Weise auf die Kirche übertragen werden kann, dann bedeutet das: In der Kirche bilden die vernunftgemäß erfassbare und die nur glaubend erkennbare Dimension eine (vergleichbare) ‚ungetrennte und unvermischte' Einheit. Sie stehen nicht einfach nebeneinander, sondern sind im Heiligen Geist unlöslich miteinander vereint (‚ungetrennt'). Dabei werden sie aber nicht miteinander identifiziert, sondern bleiben – bei aller Einheit – grundsätzlich voneinander unterschieden (,unvermischt'). ... Das Kirchenbild hängt immer auch entscheidend vom *Gottesbild* ab, das in einer glaubensgeschichtlichen Epoche jeweils bestimmend ist. Genau in diesem Punkt hat in den letzten Jahrzehnten eine große Veränderung im Glaubensbewusstsein der westlichen Christenheit stattgefunden.

Zum einen tritt (bedingt durch die ökumenische Bewegung und ihre Hinwendung zu den altkirchlichen Glaubensbekenntnissen als der Basis eines neuen Konsenses) das *trinitarische* Gottesverständnis wieder stärker in den Vordergrund, und zwar im Sinn der biblisch-personalen Beziehungen: Gott ist in sich selbst die wechselseitig zugewandte Liebe zwischen Vater und Sohn im gemeinsamen Geist dieser Liebe; er ist reines Leben in Beziehung, unendlich gefülltes Geschehen aus Beziehungen, eine Communio des Gebens (,Vater'), Empfangens (,Sohn') und Vereinens (,Heiliger Geist').

Zum anderen verliert im Zuge der soziologischen Auflösung der konfessionellen Milieus und ihres heilstheoretischen Dualismus (Heil für die Rechtgläubigen drinnen – Unheil für die Ungläubigen oder Häretiker draußen) auch das damit verbundene Gottesbild mehr und mehr an Gewicht: Gott wird nicht mehr v. a. als strenger und gerechter Herr und Richter gefürchtet, sondern seine uns und allen Menschen zugewandte Liebe und Barmherzigkeit rückt in den Vordergrund. Der *universale Heilswille* Gottes gilt gegenwärtig in der Frömmigkeit der meisten Christen wohl als seine vorzüglichste Eigenschaft."[452]

„Das Konzil hat die Ekklesiologie erneuert. In seiner Lehre ist die Kirche nicht nur eine Organisation oder Institution, sondern das wandernde Volk Gottes und der Leib Christi. Diese Kirche besteht in der katholischen Kirche (subsistit in ecclesia catholica, Lumen gentium 8), allerdings gehören auch die anderen christlichen Kirchen und kirchlichen Gemeinschaften zur Kirche, obwohl nach katholischer Auffassung auch Mängel in ihrer Zugehörigkeit zur Kirche festzustellen sind."[453]

Ökumene

Die Theologie und die amtskirchliche Auffassung der letzten Jahrhunderte war davon überzeugt, dass die Einheit des Christentums nur durch die reumütige Rückkehr der getrennten christlichen Kirchen zur römisch-katholischen Kirche verwirklicht werden kann. Die letzten Jahrzehnte haben auf diesem Gebiet eine radikal verschiedene Meinung unter dem Begriff der Ökumene entwickelt, der in zahlreichen Verlautbarungen, Bewegungen und offiziellen Gesten seinen Niederschlag fand, aber im Wesentlichen keine nennenswerten Fortschritte erzielen konnte. – Im Rahmen des vorliegenden Werkes können nur einige Eckpunkte der letzten Entwicklungen aufgezeigt werden.

Das Kirchenrecht aus dem Jahre 1918 verbietet noch die aktive Teilnahme am Gottesdienst von Nichtkatholiken[454] und droht dem Zuwiderhandelnden mit Strafe.[455] Diametral entgegengesetzt lautet die Formulierung des neuen Kirchenrechtes: „Aufgabe des ganzen Bischofskollegiums und besonders des Apostolischen Stuhles ist es, die ökumenische Bewegung bei den Katholiken zu pflegen und zu leiten; Ziel der ökumenischen Bewegung ist die Wiederherstellung der Einheit unter allen Christen; sie zu fördern, ist die Kirche kraft des Willens Christi gehalten."[456]

„Von Anfang an hat die Christenheit um die stiftungsgemäße Manifestation und Wahrung der sichtbaren Einheit der Kirche ringen müssen. Spannungen und Spaltungen unter den Christen haben im Lauf der Geschichte zu einer unüberschaubaren Anzahl von getrennten Kirchen und kirchlichen Gemeinschaften geführt, die sich weithin durch Apologetik und Polemik gegeneinander abgrenzten. Das Wissen um Versagen und Schuld, ebenso das Leiden unter den kirchlichen Spaltungen haben immer wieder zu konkreten Bemühungen um Wiederherstellung der sichtbaren Einheit geführt ... Aus den Rinnsalen einzelner Initiativen hat sich nach der Jahrhundertwende ein stetig wachsender Strom kirchlicher Bestrebungen nach Einheit und Gemeinschaft in Glauben, Leben und Zeugnis entwickelt. Das 20. Jahrhundert wird mit Recht als ein Jahrhundert der ‚Ökumenischen Bewegung' bezeichnet."[457]

Die Entwicklung begann zögernd und blieb bis heute im selben Stil stecken: „Die römisch-katholische Kirche begegnete der Ökumenischen Bewegung mit deutlicher Zurückhaltung und Skepsis. Freundlich, aber bestimmt reagierte Rom mit Ablehnung auf entsprechende Einladungen. Bereits 1919 hatte das Hl. Offizium verboten, an ökumenischen Konferenzen teilzunehmen. Unter dem Pontifikat Pius' XI. wurden jedoch die Bemühungen um Annäherung an den orthodoxen Osten sowie die ‚Arbeit der unionistischen Restauration' verstärkt. Auch fanden die inoffiziellen katholisch-anglikanischen Beziehungen ... päpstliche Ermutigung. Hingegen wurde die Ökumenische Bewegung, wie sie sich bis dahin darstellte, in der Enzyklika *Mortalium animos* (1928) einer scharfen Kritik unterzogen. Getreu auf der Linie seiner Vorgänger blieb Pius XII., der in seiner Enzyklika *Mystici corporis* (1943) die getrennten Christen einlud, in den ‚Kreis der katholischen Einheit' zurückzukehren. Später ließ er durch eine Instruktion des Hl. Offiziums (1949) die Ökumenische Bewegung als ein Zeichen des Hl. Geistes würdigen und die Bischöfe auffordern, diese zu fördern und wachsam zu begleiten."[458]

Auch auf diesem Gebiet kann man von einem Aufbruch im Rahmen des Konzils sprechen – die Notwendigkeit von Kompromisslösungen ist aber auch in diesem Fall mehr als deutlich geworden: „Das Schema nennt die innerkirchliche Reform und die Herzensbekehrung als unerlässliche Voraussetzung des ökumenischen Gesprächs. Dieser Forderung schlossen sich die Väter mehrheitlich an, auch wenn über Wege und Methoden einer solchen Reform verschiedene Meinungen vorgetragen wurden. Das Verlangen nach echtem Bußgeist in der Kirche selbst und nicht nur bei einzelnen Gläubigen wurde lebendig. Mehrere Väter erinnerten an das Schuldbekenntnis des Papstes, das dieser bei der Eröffnung der Zweiten Sitzungsperiode ausgesprochen ... und in seiner Ansprache vom 17. Oktober 1963 an die Beobachter-Delegierten wiederholt hat. ... Gelegentlich wurde die Aufnahme dieser Bitte um Vergebung in das Schema verlangt, um so den Willen des Konzils auszudrücken, dem Beispiel des Papstes in demselben Geiste zu folgen und der Initiative des Papstes gewissermaßen von der Gesamtkirche her Gewicht zu geben, so von Kardinal Quintero, Caracas.
Doch scheinen nicht alle Väter von diesem ökumenischen Bußgeist erfasst zu sein. So erklärte Weihbischof Muldoon von Sydney, die häufigen Hinweise auf die katholische Schuld an der Spaltung seien im Konzil mit Unbehagen aufgenommen worden. Wer sich von diesem Schuldkomplex nicht befreien könne, möge ihn seinem Beichtvater anvertrauen, anstatt die Konzilsväter damit zu belästigen. Demgegenüber betonte Christopher Butler, der Abtpräses der englischen Benediktinerkongregation, die Geschichte beweise, dass ein öffentliches und ernsthaftes Eingeständnis der Schuld von unserer Seite der erste Schritt auf dem Wege zur Einheit sein müsse. An seinen australischen Mitbruder gewandt, sagte Butler, man dürfe wohl hoffen, ‚dass es sich doch auch bis nach Australien herumgesprochen hat, was einmütiges Zugeständnis auch der katholischen Gelehrten ist, dass die Zustände der Christenheit in Europa im 16. Jahrhundert es sehr notwendig machen, dass all die Sünden, die zur Spaltung geführt haben und sie bis heute aufrechterhalten, öffentlich bekannt und gesühnt werden'. Hier gehe es nicht um sentimentales Meditieren über Geschichte, sondern um die Erkenntnis, dass die Sünde der Urgrund aller

Spaltung ist und die in der Sünde verlorene Einheit letztlich nur als Gnadengeschenk des barmherzigen Gottes wieder zu gewinnen ist. Verschiedene Väter bezogen in diesen Bußgeist des Konzils durchaus den Ruf nach der Rückkehr der Kirche und der Gläubigen zur Einfachheit des Evangeliums mit ein."[459]

Immerhin gelang es, einen mindestens kirchengeschichtlich bedeutenden Schritt durchzusetzen. „In der letzten öffentlichen Sitzung des Konzils am 7. Dezember 1965 verlas Titularbischof Willebrands eine gemeinsame Erklärung der römisch-katholischen Kirche und des Patriarchats von Konstantinopel, in der die gegenseitigen Exkommunikationen des Jahres 1054, die den Beginn des Großen Schismas zwischen West- und Ostkirche markieren, aufgehoben werden."[460]

Und bis dahin unerhörte Gesten sind möglich geworden. „In der ersten Julihälfte wurden in Rom zwei neue Pastoralinstruktionen veröffentlicht. Die erste, ein Dokument des Sekretariats zur Förderung der Einheit der Christen, handelt von der Zulassung nichtkatholischer Christen zur Eucharistie in der katholischen Kirche. ... Die ‚Instruktion über die Zulassung von anderen Christen in besonderen Fällen zur Eucharistie in der katholischen Kirche' grenzt an die Frage der Interkommunion bzw. an die sog. offene Kommunion ... Bei der Instruktion des Einheitssekretariats handelt es sich um eine vorsichtige Fortschreibung und Präzisierung der einschlägigen Bestimmungen des Ökumenismusdekrets und des Ökumenischen Direktoriums (Nr. 55). Dieses hatte die Möglichkeit der Zulassung von Nichtkatholiken zur Eucharistie auf extreme Notfälle beschränkt. Als einzige solcher Fälle wurden exemplarisch Gefangenschaft und Verfolgung genannt. Die jetzige Instruktion sieht weitere Fälle vor. Sie denkt in der Hauptsache an Christen in bestimmten Diasporasituationen, in denen Geistliche und Gemeinden der eigenen Kirche in zumutbarer Entfernung nicht erreichbar sind. Doch scheint die Hauptintention weniger dieser praktischen Seite zu gelten. Aufschlussreicher ist der dogmatische Teil des Dokuments (Abschnitt 2 und 3), in dem die Eucharistielehre der katholischen Kirche zusammengefasst wird."[461]

Eine Premiere nach mehr als 400 Jahren kann die ökumenische Freundschaft Roms gewertet werden: „Zum ersten Mal seit der Reformation hat am Sonntag, dem 27. April, eine Gruppe nichtkatholischer Priester einen Gottesdienst im Vatikan gehalten. Unter dem Vorsitz des Washingtoner *Domdekans Francis Sayre* konzelebrierte eine Gruppe von Domdekanen der Episkopalkirche aus Kanada und den USA in der Kapelle des äthiopischen Kollegs innerhalb der Mauern der Vatikanstadt eine Eucharistiefeier. Rev. *Jeffrey Cave* von der National Cathedral in Washington nannte die Einladung des Papstes zur Feier der Eucharistie im Vatikan eine ‚beispiellose Geste der Gastfreundschaft' ... Die Gruppe der episkopalkirchlichen Geistlichen, die aus Anlass des Heiligen Jahres nach Rom gekommen war, wurde bei ihrem Rom-Besuch vom römisch-katholischen Erzbischof von Washington, *William W. Baum*, begleitet. Einige der Domdekane waren von ihren Ehefrauen oder Assistenten begleitet."[462]

Nach dem Konzilsdekret *Unitatis redintegratio* erschien dann im Jahre 1995 die Enzyklika *Ut unum sint* und das Apostolische Schreiben *Orientale lumen* des Papstes Johannes Paul II. „Vom 23. bis 29. Juni fand in Graz die Zweite Europäische Ökumenische Versammlung statt. Acht Jahre nach Basel, der ersten von der Konferenz Europäischer Kirchen und dem Rat der Europäischen Bischofskonferenzen veranstalteten Versammlung dieser Art, begegneten sich Christen aus über 120 Kirchen und kirchlichen Gemeinschaften aus ganz Europa. Die über 10.000 Teilnehmer und Delegierten erhielten ein ungeschminktes Bild vom gegenwärtigen Zustand der Ökumene auf dem alten Kontinent."[463]

Gemeinsame Erklärung zur Rechtfertigungslehre

Einen Höhepunkt der ökumenischen Bemühungen stellt die „Gemeinsame Erklärung zur Rechtfertigungslehre" dar. Dort, wo eigentlich die Spaltung des Christentums begann, ist jetzt eine Gemeinsame Formulierung möglich geworden. Der Schritt kann als großartig bezeichnet werden, allerdings mit mehreren Schönheitsfehlern. „Am 16. Juni billigte der Rat des Lutherischen Weltbundes die Gemeinsame Erklärung zur Rechtfertigungslehre. ... Am 25. Juni wurde dann die offizielle Antwort der katholischen Kirche auf das lutherisch-katholische Dokument veröffentlicht. Sie sorgte für beträchtliche Irritationen, sowohl bei katholischen Ökumenikern wie beim lutherischen Gesprächspartner und veranlasste nicht wenige Beobachter zu pessimistischen Voraussagen über die Zukunft der katholisch-reformatorischen Ökumene insgesamt: ‚Die Konsens-Ökumene ist gescheitert' – so der österreichische lutherische Theologe und Oberkirchenrat Johannes Dantine in der ‚Furche' (9. 7. 1998). Für lutherische Kritiker der Gemeinsamen Erklärung ... setzte die vatikanische Antwort den Schlussstrich unter ein von Anfang an fragwürdiges Vorhaben: „Was misslich begann, hat nun misslich geendet" (Dorothea

Wendebourg, evangelische Kirchenhistorikerin in Tübingen, in: Neue Zürcher Zeitung, 13. 7. 1998). ...

In der vorangestellten ‚Erklärung' des Vatikans zum lutherisch-katholischen Rechtfertigungsdokument wird dieses zunächst insgesamt positiv gewürdigt: Die Gemeinsame Erklärung zeige, dass es in einer jahrhundertelang so kontroversen Frage ‚zahlreiche Konvergenzpunkte' gebe: Es sei ein ‚hoher Grad an Übereinstimmung' erreicht worden. Die Feststellung des Dokuments, es gebe einen Konsens in Grundwahrheiten der Rechtfertigungslehre, sei richtig. – Dem folgt der Satz: ‚Trotzdem ist die katholische Kirche der Überzeugung, dass man noch nicht von einem so weitgehenden Konsens sprechen könne, der jede Differenz zwischen Katholiken und Lutheranern im Verständnis der Rechtfertigung ausräumen würde.' An anderer Stelle heißt es, der hohe Grad der erreichten Übereinstimmung gestatte noch nicht die Behauptung, die trennenden Unterschiede zwischen Katholiken und Lutheranern in der Rechtfertigungslehre seien ‚lediglich Fragen der Akzentuierung oder sprachlichen Ausdrucksweise'. – Die vatikanische Kritik richtet sich besonders auf die Aussagen der Gemeinsamen Erklärung zum Sündersein des Gerechtfertigten (Nr. 28–30)."[464]

Das Enttäuschendste in dieser keineswegs einmütigen „Gemeinsamkeit" ist, dass es dabei um eine, zwar für die historische theologische Forschung wissenschaftlich voll berechtigte Frage, von dem konkreten Glaubensleben der Christen aber meilenweit entfernte Formulierung („simul iustus et peccator": zugleich Gerechter und Sünder) handelt. Was können protestantische, was können katholische Christen aus dem einschlägigen Text der Gemeinsamen Erklärung außer wissenschaftlich interessanten geschichtlichen Momenten ablesen, was können sie für ihre Frömmigkeit verwenden? „Wenn also die Lutheraner sagen, dass der Gerechtfertigte auch Sünder und seine Gottwidrigkeit wahrhaft Sünde ist, verneinen sie nicht, dass er trotz der Sünde in Christus von Gott ungetrennt und seine Sünde beherrschte Sünde ist. Im Letzteren sind sie mit der römisch-katholischen Seite trotz der Unterschiede im Verständnis der Sünde des Gerechtfertigten einig. – Die Katholiken sind der Auffassung, dass die Gnade Jesu Christi, die in der Taufe verliehen wird, alles, was ‚wirklich' Sünde, was ‚verdammenswürdig' ist, tilgt (Röm 8,1), dass jedoch eine aus der Sünde kommende und zur Sünde drängende Neigung (Konkupiszenz) im Menschen verbleibt. Insofern nach katholischer Überzeugung zum Zustandekommen menschlicher Sünden ein personales Element gehört, sehen sie bei dessen Fehlen die gottwidrige Neigung nicht als Sünde im eigentlichen Sinne an. Damit wollen sie nicht leugnen, dass diese Neigung nicht dem ursprünglichen Plan Gottes vom Menschen entspricht, noch, dass sie objektiv Gottwidrigkeit und Gegenstand lebenslangen Kampfes ist; in Dankbarkeit für die Erlösung durch Christus wollen sie herausstellen, dass die gottwidrige Neigung nicht die Strafe des ewigen Todes verdient und den Gerechtfertigten nicht von Gott trennt."[465]

Wie befreiend wirkt demgegenüber die neue theologische Einsicht in Zusammenhang mit dem Thema „filioque", mit dem anderen großen Trennungsgrund der Christen in der Geschichte, die die Auseinandersetzung zu einem auch wissenschaftlich akzeptierbaren Abschluss bringt! „Zwar spielt auch bei den griechischen Vätern der Gottes-Sohn im ewigen Wesen des Geistes eine entscheidende Rolle, doch beschreiben sie diese Beziehung in eher *heilsökonomischer Sehweise* als Ausgang des Geistes vom Vater *durch* den Sohn und bestimmen den Sohn damit vor allem als Geistträger, den Vater hingegen als alleiniges Ursprungsprinzip des Geistes. Kommt hier der spekulativen Entfaltung einer Theologie des Heiligen Geistes nur wenig Bedeutung zu, so wird dies gerade zum Charakteristikum der westlichen Theologie seit Augustinus bis hin zu Thomas von Aquin, wobei sich diese zugleich von der heilsgeschichtlichen Sicht entfernt. Bleibt somit das trinitarische Bekenntnis der Formulierung nach *das eigentlich Trennende zwischen östlicher und westlicher* Kirche? Bedeutet das von den lateinischen Kirchen im Credo gesprochene ‚Filioque', das Bekenntnis zum Hervorgang des Heiligen Geistes aus Vater *und* Sohn, im Gegenüber zum anderen Wortlaut des griechischen Bekenntnisses, dem hier benannten Hervorgang des Geistes aus dem Vater allein *durch* den Sohn, einen bleibenden Trennungsstrich? Congar antwortet mit einem klaren und wohlbegründeten Nein – mehr noch: er plädiert sogar ausdrücklich und nachdrücklich *für eine Weglassung des Filioque*, wenn auch unter zwei eher strategisch zu nennenden Bedingungen einer solchen Übereinkunft."[466]

Von den sonstigen theologischen Erneuerungsversuchen sollen nur noch einige erwähnt werden, die vor allem die Breite der Palette zeigen, auf der Theologen neue Richtungen auf der wissenschaftlichen Ebene suchen.

Ganz im Trend modernen Denkens liegt die theologische Arbeit von *Matthew Fox*, amerikanischer katholischer Theologe und Vertreter einer so genannten „Schöpfungs-Spiritualität".Er musste den Dominikanerorden verlassen. Die Entscheidung der Ordensleitung wurde unterdessen von der vatikanischen Ordenskongregation bestätigt. „Bei der von Fox vertretenen, in den USA umstrittenen Theologie handelt es sich um einen Typ von Spiritualität, die den von der Umwelt- und Frauenbewegung, von Befreiungstheologie und New-Age-Bewegung vertretenen grundlegenden ‚Paradigmenwechsel‘ für die Theologie nutzbar machen möchte. In deutscher Übersetzung liegt bisher sein Buch ‚Der Große Segen. Umarmt von der Schöpfung‘ (München 1991) vor. Der Orden begründet den Ausschluss mit dem Umstand, dass Fox sich über Jahre hinweg den Anordnungen seiner Oberen widersetzt habe, von Oakland (Kalifornien), wo er am ‚Holy Name College‘ ein Institut für ‚Kultur- und Schöpfungsspiritualität‘ betreibt, nach Chicago zurückzukehren. Der Provinzobere betonte, die Maßnahme gegen Fox habe keine theologischen Hintergründe. Fox bedauerte in einer Stellungnahme den Ordensausschluss als ‚Akt institutioneller Gewalt‘ gegen seine Person. Er habe in den letzten drei Jahren wiederholt versucht, eine befriedigende Lösung im Zusammenhang mit seinen Verpflichtungen gegenüber seiner Ordensprovinz in Chicago zu finden. Im Ausschluss aus dem Orden sieht er den Versuch einer ‚Stigmatisierung‘ seiner theologischen Arbeit. Seine Schriften waren 1988 Gegenstand eines Verfahrens bei der römischen Glaubenskongregation. Auf Verlangen der Glaubenskongregation war Fox 1988/89 von der Ordensleitung ein so genanntes ‚Schweigejahr‘ auferlegt worden. Auf die Ausübung seiner Lehrtätigkeit hat der Ordensausschluss zunächst keinen Einfluss.“[467]

In einer ganz anderen Dimension steht die Theologie eines kurzen, aber nachhaltigen Versuches. „Das *Politische Nachtgebet* ist eine Gottesdienstform, die von einem ökumenischen Arbeitskreis in Köln von 1968 bis 1972 gestaltet wurde. Neu war die Verbindung von Information, Diskussion und Aktionsvorschlägen einerseits und Meditation, Schriftlesung, Predigt und Gebet anderseits. Indem die Teilnehmer/-innen an einer Politisierung des Gewissens arbeiteten, nahmen sie eine europäische Befreiungstheologie vorweg. Die Qualität der Texte, aber auch Raumverbote durch das Generalvikariat und Konflikte mit der evangelischen Kirchenleitung verschafften dem Politischen Nachtgebet eine ungewöhnlich große Öffentlichkeit.“[468]

Und zum Abschluss dieses Abschnittes sollen noch einige Aussagen eines extrem Andersdenkenden zu Wort kommen. *Eugen Drewermann* stellt praktisch jede theologische Aussage und fast jede Praxis der Amtskirche vor dem Hintergrund seiner psychoanalytischen Sichtweise in Frage.

Kein untrügliches Zeichen, aber ein eindeutiges Zeichen des Erfolges seiner Art und Weise sind die Verkaufszahlen seiner Bücher und die vollen Hörsäle bei seinen Vorträgen. In einem Interview für die Fachzeitschrift „Psychologie heute" kommen etwa folgende Sätze vor: *„Psychologie heute:* Steht dann heute eine zweite Luther'sche Wende auf der spirituellen Tagesordnung? Muss die ‚Sache mit Gott' neu verhandelt und im Ich verankert werden? – *Drewermann:* Das glaube ich unbedingt. Was jahrhundertelang die Festigkeit der katholischen Kirche zu sein schien, dieses Monolithische und hierarchisch Unangreifbare, das macht heute ihre Schwäche aus. Sie hat den Geist der Neuzeit mit seiner Passage durch die Subjektivität so weit draußen gehalten, dass Eltern diese ‚Sprache von außen' nicht mehr an ihre Kinder weitergeben können, dass die Jugend nicht mehr nachwächst. Das ist auch in den Familien eine Tragödie. 472 Jahre nach der Reformation sollte die katholische Kirche zugeben, dass die Wahrheit lebt, jedoch im Status der Verleugnung der Kirche selber die Kräfte zur Regeneration raubt. ... *Psychologie heute:* Aber versucht die katholische Kirche nicht mit Beharrlichkeit, die leer gewordene Geistesmacht zu zementieren? – *Drewermann:* Sicherlich. Sie können das nur begreifen, wenn Sie voraussetzen, welche Angst aufgebrochen ist in der Zeit des Zweiten Vatikanums, als Johannes XXIII. ‚die Fenster öffnete' und ganze Areale des katholischen Frömmigkeitslebens zusammenbrachen. Nicht weil irgendwelche wild gewordenen Priester einen Kahlschlag versucht hätten, sondern weil sich zeigte, dass die Stützsysteme wegbrachen, die nur auf Zwang gründeten. Von innen, aus Freiheit, läuft in der katholischen Kirche seit Jahrhunderten so wenig, dass die plötzliche Öffnung erschreckend wirkte. – Als ich heranwuchs, gab es noch in jedem Monat Andachten, die man zu besuchen hatte – für das Herz Jesu, für die heiligen Engel, für den Rosenkranz, für die armen Seelen. Es gab zu jeder Tageszeit irgendeine besondere Gebetsvorgabe. Das alles beendete das Zweite Vatikanum. Die gesamte Andachtsfrömmigkeit ist seitdem zusammengebrochen. Katholizismus existiert lebendig für die Gemeinden nur noch als Sonntagsgottesdienst, der durch die Androhung schwerer Sünde aufrechterhalten wird. Diese Drohungen sanktioniert ein ekklesiastischer Apparat, der objektiv unmenschlich ist und doch subjektiv von der Angst entlastet, sich mit den wesentlichen Fragen zwischen Gott und den Menschen auseinander setzen zu müssen. Ob man andächtig war, den Rosenkranz richtig gebetet hat, auf solche Kinkerlitzchen konzentrieren sich dann die Hauptsachen. Es entsteht das, was Freud als die Psychologie des Zwangsneurotischen beschreibt: die Überwertigkeit der Details, der Fanatismus der Begriffe, die Starrheit gegenüber jeder Veränderung, das zwanghafte Weltbild."[469]

Bibelwissenschaft und Exegese

Eine wesentliche Erneuerung spielte sich auf dem Gebiet der Bibelwissenschaft und Exegese ab. „Von der katholischen Exegese wurde nach dem Vatikanum I (1869/70) vor allem die Bewahrung und Verteidigung der Offenbarungswahrheit gegen ein liberal-rationalistisches Wissenschaftsverständnis der Theologie und eine von der Väterexegese inspirierte und mit der kirchlichen Glaubenslehre übereinstimmende Schrifterklärung erwartet.[470] Die Bibel-Enzyklika *Providentissimus Deus* Leos XIII. (1893) verstärkte diese Erwartung noch: Zwischen den Aussagen der Bibel und den Ergebnissen der naturwissenschaftlichen Geschichtsforschung könne es keinen unlösbaren Widerspruch geben. Mit einer solchen Festlegung der Aufgaben und Ziele der katholischen Exegese gerieten zahlreiche katholische Bibeltheologen in eine sie auch persönlich belastende wissenschaftliche Berufskrise (Modernismus). Den französischen Bibelwissenschaftler *A. Loisy* traf in dieser Zeit seine Verurteilung als ‚Modernist‘ (1903). Andere wurden verdächtigt, die geschichtliche Wahrheit der biblischen Bücher preiszugeben, da sie mit einem differenzierteren Befund der literarischen Überlieferungen rechneten. Die kirchenamtlichen Reaktionen waren oft unverhältnismäßig rigoros, wodurch die theologische Leistungsfähigkeit der katholischen Exegese empfindlich getroffen wurde. ... 1902 gründete Leo XIII. die Päpstliche Bibelkommission, die sich in ihrer Anfangszeit allerdings auf die Verteidigung traditioneller Standards zu beschränken hatte und dabei insbesondere in der Frage der Verfasser der biblischen Bücher zu einer Reihe wissenschaftlich nicht mehr haltbarer Urteile gelangte. Ihr Ansehen ist nicht zuletzt unter dem Einfluss *A. Beas* als Rektor des Bibelinstituts (1930–1949) und in der Folge der Enzyklika *Divino afflante Spiritu* gewachsen."[471]

Die moderne Bibelexegese begann mit der Einführung der historisch-kritischen Forschung im 17. Jahrhundert. Die hauptsächlichen, heute vertretenen exegetischen Methoden sind: a) die Textkritik mit den Versuchen der Rekonstruktion des Urtextes; b) die Literarkritik als Erforschung der literarischen Quellen, der Eigenart und der Struktur der Texte; c) die formgeschichtliche Methode: Untersuchung der Gattung eines Textes unter Beachtung des soziokulturellen Kontextes und Suche nach dem ‚Sitz im Leben' dieser Gattung; Erforschung der Überlieferungsgeschichte; Erhellung der Traditionsgeschichte, die sich nicht der Gattung, sondern einzelnen Begriffen zuwendet; d) die Redaktionsgeschichte, die sich mit der Geschichte eines Textes von seiner ersten greifbaren Fassung bis zu seiner Endgestalt befasst; e) die sprachliche und begriffsgeschichtliche Forschung unter Einbeziehung moderner Methoden der Sprachwissenschaften (Linguistik); f) die religionsgeschichtlichen Vergleiche tragen durch Beachtung entsprechender Texte aus der Umwelt erheblich zum Verständnis biblischer Texte bei.

Von katholischer Seite wurden der evangelischen Exegese im 18. und 19. Jahrhundert Liberalismus und Rationalismus sowie z. T. religionsgeschichtliche und philosophische Aprioris (Vorurteile) vorgeworfen. Seit der Bibelenzyklika Pius' XII. (1943) wird jedoch eine sachgerechte historisch-kritische Exegese von der katholischen Leitungsautorität gefördert."[472] – Der Durchbruch zur Freiheit der wissenschaftlichen Forschung ist gelungen – der Stil ist noch lange Zeit anachronistisch geblieben, wie der Schlussgruß eines Briefes vom Sekretär der Päpstlichen Kommission für die Biblischen Studien an Kardinal Suhard: „Den Heiligen Purpur küssend mit dem Ausdruck der tiefsten Verehrung, verbleibe Eurer Hochwürdigen Eminenz sehr demütiger Diener ..."[473]

3.2.6. Ethik und Moraltheologie

Meiner Meinung nach ist es berechtigt zu sagen, dass die Bibelwissenschaft durch einen radikalen Durchbruch auf dem besten Weg ist, immer neue, authentische und nützliche, wissenschaftlich einwandfreie Hypothesen zu bilden und theoretische Aussagen zu machen. Diametral entgegengesetzt scheint mir die Lage der Ethik und der Moraltheologie zu sein, die sich in der zweiten Hälfte des 20. Jahrhunderts in einer tiefen Krise befinden. Es gibt zahlreiche einleuchtende Beispiele, dass die alte, kasuistisch aufgefasste Morallehre der Kirche für den heutigen Menschen in jener Form völlig inakzeptabel geworden ist.

Eine grundlegende Erschütterung früherer Sichtweisen verursachte das Irrelevantwerden der streng genommenen *Naturrechtslehre*. Darüber sprachen die Redakteure der Herder-Korrespondenz mit dem Ordinarius für Philosophie an der Universität Bonn, Professor Wolfgang Kluxen. „HK: Während noch in den fünfziger und noch in der ersten Hälfte der sechziger Jahre geradezu von einer ‚Renaissance' des Naturrechts gesprochen wurde, ist seit zehn bis fünfzehn Jahren eher von ‚Zusammenbruch' und ‚Irrelevanz' die Rede. Für viele Sozialwissenschaftler, Sozialethiker und Rechtsphilosophen scheint selbst die Vokabel nicht salonfähig zu sein. Herr Professor Kluxen, wie ist das zu erklären? – Kluxen: Man kann vielleicht so sagen: Das Naturrecht ist nicht eigentlich zusammengebrochen, es ist eher uninteressant geworden. Und was dazu beigetragen hat, ist vor allem, dass es, theoretisch betrachtet, überfrachtet war mit Voraussetzungen metaphysischer Art; dass es ferner die Vernunft überforderte mit seinem Anspruch, ewige Regeln zu geben, die zugleich auch für die konkrete Situation Geltung haben sollten. – HK: Man hat ihm mehr abverlangt, als es leisten konnte, und machte so eine Art Ideologie daraus? – Kluxen: Ja, auf diese Weise ist das Naturrecht unter Ideologieverdacht geraten; denn es ist wohl so, dass die wichtigsten und auch wirksamsten Formen des Naturrechts im Zusammenhang einer ‚scholastischen' Naturrechtslehre vertreten worden sind, hauptsächlich von katholischer Seite, wenn auch nicht nur. Der Ideologieverdacht ist aber in unserer Gesellschaft nicht selten tödlich. Jedenfalls können wir die Rationalität des Anspruchs eines solchen traditionellen Naturrechts nicht mehr sozial zur Geltung bringen, und insofern kann man sagen, das Naturrecht sei tot."[474]

Nur eine deutliche Sprache kann den Weg für neue, auch für intellektuelle Schichten in den Industriegesellschaften frei machen. „In seinem Buch *Das Ende des konventionellen Christentums* bietet van de Pol eine etwas zornige Definition: „Konventionelle Moral ist die Moral jener Menschen, die um nichts in der Welt auch nur das geringste Gebot Gottes oder der Kirche übertreten würden, sich aber anscheinend nicht bewusst sind, dass sie mit ihrer strengen, engen und buchstabengetreuen Gesetzesauffassung ständig Gefahr laufen, das göttliche Gesetz der Liebe mit Füßen zu treten und außer Kraft zu setzen. Im Neuen Testament ist dies die Moral der Pharisäer und Schriftgelehrten."[475]

Es ist nur verständlich, dass in diesem Bereich eine tiefe Krise entstanden ist. „In den vergangenen Jahren hat sich die Diskussion um die Frage, wie wir als Menschen verantwortlich leben sollen, ständig verstärkt; die – freilich in ihrer Berechtigung noch zu prüfende – Rede von der ‚Krise der Moral' ist verbreitet. So fragt es sich, ob überhaupt noch eine Ethik oder ein Pluralismus verschiedener, z. T. sich gar ausschließender Ethiken anzunehmen ist.

Die Christen sind von dieser Situation betroffen, ist doch die Zeit allgemeiner Geltung christlicher Ethik längst vorbei. Gegenwärtig wird christliche Ethik nicht mehr nur von wenigen, sich elitär verstehenden Aufklärern abgelehnt, die überdies den christlichen Glauben zur Aufrechterhaltung der Moral des Volkes durchaus für notwendig halten konnten. Seit kurzem ist sie nicht nur ‚draußen‘, sondern unter Christen selbst heftig umstritten. ... – Beides, das Zurücktreten bisheriger Lehrbücher sowie der Streit um die Grundlagen einer Disziplin, bestätigt eindrucksvoll die These von Thomas S. Kuhn über ‚Die Struktur wissenschaftlicher Revolutionen‘: Wenn immer fundamentale wissenschaftliche Anschauungen einer grundlegenden Revision unterzogen werden müssen, da sie den anstehenden Problemen nicht mehr gewachsen sind, entsteht eine tief greifende Verunsicherung, die eine Fülle verschiedener Lösungsvorschläge hervorbringt, von denen sich einer auf die Dauer als Grundlage für die weitere Phase der Forschung durchsetzt. Da die Erfahrung einer fundamentalen Umorientierung im Sinne von Kuhn zu Recht nicht als katastrophischer Untergang, sondern als durchaus normaler und unausweichlicher Übergang zu interpretieren ist, besteht aller Grund zur Gelassenheit. Grund zur Gelassenheit besteht selbst dann, wenn Umorientierungen in der Ethik den Menschen besonders betreffen. Dass sie diese Wirkung haben, zeigt die emotionale Reaktion, die abweichendes ethisches Verhalten und Reflektieren – übrigens auf allen Seiten – auslöst.

Die Fundamente der theologischen Ethik stehen also zur Diskussion. Es geht darum, eine ‚Fundamentalmoral‘ zu entwerfen. Thematisch kreist die Grundlagendiskussion vor allem um die so genannte ‚autonome Moral‘ und um die Fragen der Normen. In allem ist die Frage nach dem Spezifikum christlicher Ethik umstritten.“[476] Umso wichtiger wird es sein, die verlangten Normen richtig und verständlich zu begründen. Ein Schild in der Nähe der Krimmler Wasserfälle: „Umweltbewusste Leute verschandeln den Wald nicht, den anderen ist es verboten.“ Aktion für die Erhaltung der Verkehrsregel „der Kinder wegen“. Aufschrift in Telefonzellen: „Diese Telefonzelle kann Leben retten – zerstöre sie nicht.“ – Die katholische Morallehre hat noch viel zu lernen.

Eigentlich überraschend spät ist die Einsicht gekommen, dass die normativen Aussagen der Ethik und der Moraltheologie genauso der historischen Relativität unterworfen sind wie jedes menschliche Wissen.[477] „Der Bonner Ordinarius für Moraltheologie Franz Böckle fordert deshalb: ‚Wenn es Augustinus, Thomas und anderen Theologen recht war, die Anforderungen christlicher Existenz gemäß ihrem damaligen Verständnis von Sexualität zu interpretieren, warum soll es nicht auch das Recht und sogar die Pflicht unserer Generation sein? Man braucht dahinter nicht gleich den Willen zur Auflösung der Normen oder zu bequemer Opferscheu zu vermuten.‘ Psychologie, Soziologie, Verhaltensforschung und Sexualwissenschaft haben in den letzten Jahrzehnten mit einem Strom von Informationen eine neue Aufklärung eingeleitet. Die Kirche weigerte sich allzu lange, sich dieser Erkenntnisse zu bedienen. Meist berief man sich, wie in der Enzyklika *Humanae vitae,* auf ältere Aussagen und überkommene Lehrmeinungen."[478]

Situationsethik

Eine ständige, verständliche Revolte des heutigen Menschen gegen kasuistische, kulturelle und zeitbedingte Relativitäten nicht kennende Moralauffassungen bricht in den verschiedenen Formen und Schattierungen der so genannten Situationsethik hervor. „Situationsethik heißt eine ethische Auffassung, nach der das ethische Sollen eines Menschen sich nur aus seiner jeweiligen Handlungssituation ergebe und die Erkenntnis dessen, was in der Situation, d. h. hier und jetzt, zu tun ist, sich nicht nach allgemeinen Normen des natürlichen Sittengesetzes richten müsse oder könne. Eine Situationsethik kommt in der Geschichte der Ethik immer wieder zum Vorschein. Sie ist häufig eine Folge der Tatsache, dass allgemeine Normen unvermeidlich zum Teil aus geschichtlich bedingten Weltanschauungen abgeleitet und immer auch ideologisch missbraucht werden können. Die Situationsethik ist dann als Protest gegen solche Faktizitäten zu verstehen. Ihr richtiger Kern ist die Existentialethik. In philosophisch-ethischer Sicht erscheint die Situationsethik als extrem individualistisch und kurzschlüssig. Sie stellt eine Leugnung des sich in allem geschichtlichen Wandel durchhaltenden, erkennbaren Wesens des Menschen dar. In ihrer Konsequenz müsste das Christentum auf die Verkündigung der Ansprüche materialer ethischer Inhalte verzichten."[479]

In dieser extremen Form wurde der Versuch von Rom im Keim erstickt. „Um der Gefahr einer ‚neuen Moral‘ zu begegnen, von der der Heilige Vater, Papst Pius XII., in seinen Ansprachen vom 23. März und 18. April 1952 ... gesprochen hat, und die Reinheit und Sicherheit der katholischen Lehre zu wahren, untersagt und verbietet die oberste Kongregation des Heiligen Offiziums nach sorgfältiger Prüfung, diese Doktrin der ‚Situationsethik‘, unter welchem Namen auch immer, zu lehren oder zu billigen und an Universitäten, Kollegien, Seminaren oder Ordenshochschulen vorzutragen und sie in Büchern, Abhandlungen, Kursen, Vorträgen oder auf sonstige Weise zu verbreiten oder zu verteidigen. – Das Dekret ist am 2. Februar 1956 erlassen worden und trägt die Unterschrift des Kardinals Pizzardo, des Sekretärs der Kongregation."[480]

Dies bedeutet keineswegs, dass das Anliegen nicht weiter verfolgt werden sollte. Karl Rahner hat versucht, in seinem Artikel in der Zeitschrift „Wort und Wahrheit"[481] die notwendige Unterscheidung zu formulieren: „Diejenige Frage, die dem Wort ‚Situationsethik' zu seiner modischen Beliebtheit verholfen hat, ist durch das Lehramt der Kirche schon mehrfach beantwortet worden. Ob es möglich sei, dass eine sittliche Entscheidung, die gegen von Gott geoffenbarte Grundsätze verstößt, von der Situation her dennoch erlaubt oder gar befohlen sein könne, diese Frage ist von der Kirche verneint und dadurch für jeden Katholiken beantwortet worden. Eine andere Frage dagegen bedarf noch der Klärung durch die Theologie, und Rahners Aufsatz hat erneut auf ihre praktische Dringlichkeit aufmerksam gemacht: Ob denn die sittlichen Grundsätze eindeutig und umfassend genug sind, dass man aus ihnen jederzeit ableiten kann, was hier und jetzt zu tun ist, und nicht nur, was zu tun verboten ist. Die Entscheidung, etwas grundsätzlich Verbotenes nicht zu tun, enthebt uns ja nicht der Entscheidung, was wir tun sollen, wenn es mehrere grundsätzlich erlaubte Möglichkeiten gibt, eine Entscheidung, die der sittlich empfindende Mensch ja doch auch unter dem Gesichtspunkt fällen muss, dass das Bessere des Guten Feind ist. ... Es besteht also, sagt Rahner, wenn man an die konkreten Aufgaben des Lebens denkt, ein Bedürfnis nicht nur für allgemeingültige Prinzipien, sondern ebenso für konkrete Imperative. Diese können zwar ihrer Natur nach weder so allgemein gültig noch so unfehlbar richtig sein wie Grundsätze, für deren Wahrheit die Kirche einsteht; nichtsdestoweniger sind sie unentbehrlich, wenn man überhaupt zur Verwirklichung des positiven Wertgehaltes der allgemeinen Grundsätze voranschreiten will. So stellt sich die Frage, wie man denn erkennen könne, was hier und jetzt das Beste ist, und daraus den Imperativ zum Handeln gewinnen könne.

Karl Rahner erläutert diese ein wenig akademisch klingende Frage an sehr ernsten Beispielen aus unserer geschichtlichen Gegenwart. Dabei sagt er auch, dass in vielen konkreten Entscheidungen ‚beim besten Willen gar nicht alle richtigen und zu berücksichtigenden Seiten unserer Weltanschauung in völlig gleicher Weise zum Zug kommen' (335) können. Wie und in welcher Rangordnung man sie respektieren und verwirklichen will, das ist nicht wiederum aus einem Prinzip ableitbar, sondern ‚nur durch eine Entscheidung möglich, die nicht mehr apriorisch als notwendig einzig richtige abgeleitet werden kann'. Begnügt man sich mit der Verkündigung eines ‚Systems der versöhnten Prinzipien (des berühmten et – et)', dann kann es sein, dass man zwar nicht in den Graben fährt, aber nur deshalb, weil der Karren sich überhaupt nicht fortbewegt. Dann ‚macht unser Reden einen zu vorsichtigen, schrecklich abgeklärten und ausgewogenen Eindruck. Es ist alles richtig und alles – ein wenig steril. Es gibt keinen einen und deutlichen Ton. Es ist zu sehr die goldene Mitte.' Man begegnet dieser Befürchtung zuweilen mit dem Hinweis darauf, dass die Klugheit in solchen Fällen das Richtige finden müsse. Aber Rahner fragt: Worauf bezieht sich denn das Aufgebot der Klugheit? Geht es bei den konkreten Entscheidungen, bei einem Entschluss zu einer positiven Tat oder ganzen Reihe von Taten wirklich um nichts weiter als um die Erkenntnis eines ‚Falles' eines oder mehrerer sittlicher Gesetze und um deren exakte Anwendung auf diesen Fall, der dann sozusagen nur der Schnittpunkt eines Bündels gerader Gesetzeslinien wäre, oder ist nicht gerade das die Frage, ob nicht die Umstände der gegebenen Situationen ‚neben diesem Fallhaften auch noch etwas absolut Individuelles' (330) enthalten, das sich als ‚individuum ineffabile' darbiete? ‚Sonst wäre die Klugheit doch nur die volkstümliche Ausgabe der moraltheologischen Gelehrsamkeit ...' Andernfalls aber, wie erkennt die Klugheit nicht nur das ‚Wesentliche' aus der Verwickeltheit des Konkreten, sondern auch ‚das Plus von Individuellem', das in der Situation gegeben ist?"[482]

Kirchliches Ehegericht

Über viele konkrete Beispiele, wo Konflikte zwischen der traditionellen moraltheologischen Auffassung einerseits und dem gesunden Empfinden moderner aufgeklärter Menschen entstanden sind, wie z. B. auf dem Gebiet der Geburtenregelung, werden wir im Kapitel 4.3. in diesem Buch ausführlich berichten. Hier soll nur ein „Stein des Anstoßes" als Stellvertreter auch für die noch später zu behandelnden Fälle dienen. „In New York ... wurde ein Priester, S. J. Kelleher, der seit 25 Jahren in kirchlichen Ehegerichten tätig ist, entlassen, weil er über kirchliches Eherecht und Ehepraxis geschrieben hatte: ‚Ein radikaler Wandel in diesen Realitäten fordert einen ebenso radikalen Wandel im Gesetz. Das Gesetz erkennt nicht an, dass die existentielle Würde einer jeden Ehe nur in der wirklichen Gemeinschaft zweier Personen besteht'. Dann sprach er von der *‚unerträglichen Ehe'*, über die sich die Kirche einmal voll Verantwortung und in aller Freiheit klar werden müsste. Wenn eine wirklich unerträgliche Ehe weitergeführt werde, geschehe das doch zum Schaden der Partner und der Kinder. – In Kellehers Klage stimmen Moraltheologen und Kirchenrechtler gemeinsam ein. Sie wenden sich gegen das rein juristische Denken in der kirchlichen Behandlung der Ehe, gegen die veraltete Verfahrensordnung, aber auch gegen die prinzipielle Auffassung von der Unauflöslichkeit der Ehe.

Als Beispiel dafür, dass mit dem kirchlichen Eherecht nicht alles in Ordnung sein kann, führt Professor Neumann zwei Fälle an: Wenn ein Katholik standesamtlich eine Nichtkatholikin heiratet, so ist die Ehe kirchenrechtlich ungültig. Das bedeutet, dass der Mann seine Frau verlassen kann, auch mit eigener Schuld und selbst wenn Kinder vorhanden sind, dass er sich scheiden lassen kann, eine Katholikin zur Frau nimmt und mit ihr in allen Ehren kirchlich getraut würde. Heiratet aber ein Nichtkatholik eine Nichtkatholikin standesamtlich, also ausschließlich jeden kirchlichen Charakters, so sieht die Kirche diese Ehe dennoch für gültig an. Und als Folge daraus kann einer der beiden nichtkatholischen Partner nach einer Scheidung bei einer Wiederverheiratung mit einem Katholiken nicht kirchlich getraut werden.

Die Kirche verteidigt die *Unauflöslichkeit der Ehe*, sie hat aber unter bestimmten juristischen Bedingungen auch immer wieder Ehen aufgelöst oder für ungültig erklärt. In den meisten Fällen bemüht man sich, vor dem Ehegericht nachzuweisen, dass die Ehe überhaupt nicht zustande kommen konnte. Dazu Professor Neumann: ‚Diese Prozesse werden nach strengsten prozessrechtlichen Normen geführt – mit dem Erfolg, dass sie einer Parteiwillkür unterliegen, denn die Kirche hat ja keine Zwangsmittel, um Zeugen herbeizuschaffen. Wenn der unwillige Teil sagt, ich pfeife darauf, dann kann der Prozess gar nicht begonnen werden. Wenn die Parteien jedoch eine Absprache treffen und einige Freunde ein paar kleine Meineide auf sich nehmen, dann geht jeder Eheprozess mehr oder weniger glatt über die Bühne. Und gerade die Leute, die sich nun wirklich etwas daraus machen, die die Sache ganz wahrhaftig durchfragen, haben dann Prozesse von mindestens sieben Jahren Dauer zu erwarten. Ja man kennt Diözesen, wo solche Verfahren 13 und mehr Jahre anstehen.

Was soll das Ganze überhaupt? Da hat ein Mann mit 35 Jahren einen Prozess angestrengt, und dann muss er 15 Jahre auf ein Urteil warten. Er ist also, wenn er im Einverständnis mit seiner Kirche wieder heiraten dürfte, bereits fünfzig. Oder die vielen Fälle der unüberlegt geschlossenen Kriegsehen. Da kam ein Mann nach 1945 nach Hause und sah, dass ihn die Frau sitzen gelassen hatte oder dass sie eine Dirne war ..., und nun kann er nach einer Scheidung nicht mehr kirchlich heiraten und, wenn er standesamtlich heiratet, die Sakramente nicht mehr empfangen. Damit erreichen wir nur, dass die kirchliche Rechtsordnung in Misskredit gerät und dass viele Menschen der Kirche einfach entfremdet werden."[483]

Einige radikale Schritte wären fällig, um die Krise auf dem Gebiet der Moraltheologie zu überwinden.

Ein erster Vorschlag aus dem soeben beschriebenen Bereich: „Der schon erwähnte frühere Eherichter Kelleher tritt für die *Abschaffung kirchlicher Ehegerichte* ein, an deren Stelle er Kommissionen mit beratender Funktion vorschlägt, an die sich Eheleute um Hilfe wenden könnten. Schließlich müsse jeder selbst entscheiden können, ‚ob er vor Gott frei ist von einer Ehe oder nicht und ob er frei ist, eine neue Ehe einzugehen'."[484]

Ein zweiter Vorschlag, den auch gestandene, in Rom voll akzeptierte Theologieprofessoren vertreten, spricht von der Notwendigkeit, die ganze Sakramentenlehre (die keineswegs eine 2000-jährige Tradition der Kirche ist) nach modernen Denkmustern neu zu durchdenken, wobei manche momentan katechismusmäßig festgeschriebene Aussagen sich als reine Sprachregelungen erweisen könnten.

Der dritte Vorschlag lautet: Analog zu der vom Zweiten Vatikanischen Konzil formulierten „Hierarchie der Wahrheiten" sollte man viel Energie der Erarbeitung der „Hierarchie der Normen" widmen, wie diese im Bewusstsein der heutigen aufgeklärten Menschen implizit vorhanden ist.

Schließlich sollte man jede moraltheologische Betrachtung mit der Lehre des Apostels Paulus beginnen: „Alle, die sündigten, ohne das Gesetz zu haben, werden auch ohne das Gesetz zugrunde gehen, und alle, die unter dem Gesetz sündigten, werden durch das Gesetz gerichtet werden. Nicht die sind vor Gott gerecht, die das Gesetz hören, sondern er wird die für gerecht erklären, die das Gesetz tun. Wenn Heiden, die das Gesetz nicht haben, von Natur aus das tun, was im Gesetz gefordert ist, so sind sie, die das Gesetz nicht haben, sich selbst Gesetz. Sie zeigen damit, dass ihnen die Forderung des Gesetzes ins Herz geschrieben ist; ihr Gewissen legt Zeugnis davon ab, ihre Gedanken klagen sich gegenseitig an und verteidigen sich an jenem Tag, an dem Gott, wie ich es in meinem Evangelium verkündige, das, was im Menschen verborgen ist, durch Jesus Christus richten wird."[485]

3.2.7. Pluralisierung der Theologie

Selbst ein solcher kursorischer Überblick zeigt eine Vielfalt geistiger Anstrengungen, die Theologie als Wissenschaft zu erneuern und den Anforderungen unserer Zeit anzupassen. „Genitiv-Theologie ist längst zu einem – meist in ironischer bis hämischer Absicht gebrauchten – geflügel-
ten Wort geworden. Man relativiert damit skeptisch die Versuche, die jeweils neueste theologische bzw. in die Theologie importierte Idee zum
Formalprinzip *der* Theologie zu machen, von der Theologie *der Revolution* bis zur neuerdings entdeckten (und erste Früchte angestrengter Gedan-
kenlyrik zeitigenden) Theologie *der Zärtlichkeit.* Dass eine bestimmte
Sache, zu der die Theologie mehr oder weniger viel zu sagen hat, zum
strukturierenden Moment der Theologie selber gemacht und diese einer
von einer anderen Sache her konturierten Theologie gegenüber-, wenn
nicht entgegengestellt wird, ist das Neue an *solcher* Genitiv-Theologie –
die es als Theologie der Kirche, der Gnade, der Sakramente usw. immer
gegeben hat, aber eben nur in dem Sinn, dass damit Gegenstandsberei-
che, Traktate der *einen* Theologie bezeichnet waren. Eine andere Spielart
desselben Phänomens sind die verschiedenen Adjektiv-Theologien, wie
die asiatische, die schwarze oder die feministische Theologie, wobei die
Adjektive sowohl das Formalprinzip, unter dem diese Theologien betrie-
ben werden, bezeichnen, wie auch die Subjekte, die diese Art der Theologie vertreten.

Diese Theologien definieren sich, wie die angeführten Beispiele zeigen, entweder *sachlich,* also von bestimmten Erfahrungsinhalten her,
oder *regional,* von bestimmten geographischen Bezügen her. Beide
Spielarten überlappen sich aber häufig sowohl im theoretischen Ansatz
wie in der Art und Richtung ihres Engagements. Hinter diesen, in einzelnen Fällen von modischen Einschlägen durchaus nicht freien Kon-
zepten steht ein tief reichendes Problem: die *zunehmende Pluralisie-
rung der Theologie* (Theologie in einem sehr weiten Sinn verstanden
als reflektiertes Glaubensverständnis, das in die Glaubenspraxis hinein-
reicht). Je stärker in den meisten christlichen Kirchen von der Theologie Erfahrungsnähe und Situationsbezogenheit gefordert wurden, desto
mehr diversifizierten sich konsequenterweise die theologischen Ansätze entsprechend den oft genug radikal verschiedenen Erfahrungen und
Situationen, auf die sie sich zu beziehen haben. Seine für die ganze
Christenheit bedeutsamste Gestalt hat dieser Plural von Theologien in
der Herausbildung von *Theologien in der Dritten Welt* gefunden, die

sich entschlossen und mit Nachdruck an ihrem eigenen Kulturkreis orientieren."[486]

Eine Art Paradebeispiel liefert die bereits kurz behandelte Befreiungstheologie „für eine Entwicklung, die zwar schon seit geraumer Zeit in mehr oder weniger deutlichen Anzeichen zu beobachten ist, die der Kirche aber jetzt erst unausweichlich auf den Leib zu rücken beginnt: die zunehmende ,*Kontextualisierung*' der Theologie, die Entstehung theologischer Denkweisen und Stile, die nicht nur einzelne Glaubensinhalte, sondern die christliche Botschaft als Ganze in einem konkreten Lebensumfeld neu zu buchstabieren und zu verkünden versuchen.

Dabei geht es zunächst um die *regionalen Theologien,* die sich in der Kirche inzwischen herausgebildet haben. Neben der lateinamerikanischen Befreiungstheologie mit ihrer Ausstrahlung auf andere Erdteile stehen die Ansätze zu einer ,afrikanischen' und ,asiatischen' Theologie, wobei diese Oberbegriffe jeweils ein recht breites Spektrum von Versuchen, Entwürfen und Überlegungen abdecken. Gemeinsam ist den verschiedenen Spielarten einer ,Dritte-Welt-Theologie' vielfach eine kritische Distanz zu der westlich-europäischen Theologie, der man akademische Kopflastigkeit, mangelnden Praxis- und ,Basis'-Bezug und Naivität gegenüber ihrem gesellschaftlich-ideologischen Umfeld vorhält.

Allerdings ist die *Theologie in Europa und Nordamerika* in sich betrachtet nicht der einheitliche Block, als der sie aus einer lateinamerikanischen oder afrikanischen Perspektive vielleicht mit einigem Recht erscheinen mag. Bekanntlich ist ja an die Stelle einer einheitlichen, lehramtliche Verlautbarungen ebenso wie Lehrbücher und Katechismen prägenden Schultheologie längst ein theologischer Pluralismus getreten, der über das in früheren Epochen der Kirchengeschichte übliche Maß hinausgeht. Dabei wirken sich unterschiedliche philosophisch-hermeneutische Voraussetzungen ebenso aus wie die Art des Umgangs mit dem kirchlichen und gesellschaftlichen Kontext; auch der jeweilige spirituelle Hintergrund schlägt auf das theologische Denken. – Die Sache wird nochmals dadurch kompliziert, dass die Ausbildung regionaler Theologien in Teilen der Dritten Welt und die tief greifenden Wandlungen der europäischen Theologie nicht einfach unverbunden nebeneinander stehen, sondern *vielfach miteinander verzahnt* sind, schon dadurch, dass beide Entwicklungen sehr viel mit der Wirkungsgeschichte des Zweiten Vatikanums zu tun haben. Sosehr die Befreiungstheologie im Aufbruch der lateinamerikanischen Kirche verwurzelt ist, sie wäre in ihrer reflektierten

Form doch kaum möglich gewesen ohne das theologisch-philosophische Instrumentarium, das in den letzten Jahrzehnten in Europa bereitgestellt wurde und von der historisch-kritischen Exegese bis zur Auseinandersetzung mit dem Neomarxismus reicht."[487]

„Aber trotz allen individuellen Verschiedenheiten lassen sich die neuen Theologen gemeinsam charakterisieren: Sie wuchsen in eine Kirche hinein, die lange Zeit den Anspruch erhoben hatte, für alle Probleme der modernen Gesellschaft unverrückbare, unanfechtbare Antworten bereit zu haben. Sie haben mit so vielen anderen Katholiken begriffen, dass die Kirche damit an der Wirklichkeit vorbeigeredet hat, dass ihr Anspruch unberechtigt war. Deshalb haben die neuen Theologen eine Dolmetscherfunktion übernommen: Sie übersetzen der Kirche, was die Welt ihr zu sagen hat, und sie versuchen, daraus wieder eine Botschaft der Kirche zu formulieren – bescheiden, nicht mehr absolutistisch, dafür aber ehrlich und wahrhaftig gegen sich und die anderen."[488]

Die so entstandene tatsächliche Situation verlangt nach entsprechenden Einstellungen. „Heute muss christlicher Glaube vollzogen werden, immer neu, in der Dimension einer säkularisierten Welt, in der Dimension des Atheismus, in der Sphäre einer technischen Rationalität, die von vornherein erklärt, alle Sätze, die sich vor dieser Rationalität nicht verantworten lassen, seien sinnlos oder gehörten (um mit Wittgenstein zu sprechen) zu einer ‚Mystik', über die man nur schweigen könne.

In einer solchen Situation ist die einsame Verantwortung des Einzelnen in seiner Glaubensentscheidung in viel radikalerer Weise notwendig und gefordert, als dies früher der Fall war. Darum gehört zur heutigen Spiritualität des Christen im Allgemeinen und erst recht derer, die als Träger der Seelsorge dieses Christentum öffentlich zu repräsentieren haben, der Mut zur einsamen Entscheidung gegen die öffentliche Meinung, der einsame Mut, der dem der Märtyrer der ersten Jahrhunderte des Christentums analog ist, der Mut zur Glaubensentscheidung, die ihre Kraft aus sich selber bezieht und nicht gestützt zu werden braucht durch eine Zustimmung der Öffentlichkeit."[489]

Auf Grund der Fakten und der Äußerungen von Fachleuten kann die Großwetterlage der theologischen Erneuerung meiner Überzeugung nach folgendermaßen beschrieben werden: Vor rund 50 Jahren ist auf dem Gebiet der Bibelinterpretation ein unumkehrbarer radikaler Durchbruch gelungen. Eine entsprechende Krise ist jetzt in der Morallehre der Kirche voll im Gange. Und in absehbarer Zeit ist eine grundlegende Neorientierung in der Umdeutung der Dogmenauffassung im Lichte einer wissenssoziologischen Betrachtung zu erwarten.[490] – Für diese dritte Stufe der Entwicklung gibt es verschiedene Indikatoren.

Als erster Beleg kann das Bewusstsein dienen, dass eine Instanz logischerweise nicht in der Lage ist, über die Verbindlichkeit der von ihr aufgestellten Aussagen zu urteilen. Dies war aber die klassische Lehre in der Dogmatik. In der katholischen Kirche unterscheidet man zwischen verschiedenen Stufen der Sicherheit, mit welcher Lehraussagen ausgesprochen werden (notae theologicae oder Qualifikation), wo die dogmatischen Formulierungen (de fide definita) an höchster Stelle liegen. Aber jeder Anfänger des Theologiestudiums stellt sich die nicht beantwortbare Frage: Auf welcher Verbindlichkeitsstufe steht diese Skala selbst? Anders ausgedrückt: Ist es erkenntnistheoretisch zulässig, mit dem Anspruch der Unfehlbarkeit zu definieren, *was* unter *welchen Umständen* eine unfehlbare Aussage ist?[491]

Ein zweiter Indikator ist bereits die Grundthese der Wissenssoziologie über die Geschichtlichkeit und soziokulturelle Bedingtheit jedes menschlichen Wissens. „Wie begründet der Dogmatiker Karl Rahner die Notwendigkeit und die Rechtmäßigkeit der Diskussion über ein Dogma? ‚Das Dogma der Kirche steht selbst in der Geschichte, nimmt in dieser Geschichte immer neue Gestalt an, muss immer neu und zeitgerecht ausgesagt werden, ja behält, ohne zur unverstandenen Formel abzusinken, seine Bleibendheit nur in diesem Wandel.‘ – Ähnlich formuliert es auch der junge, ebenfalls in Münster lehrende Dogmatiker Walter Kasper: ‚Als Dogmatiker ist es mein Anliegen, zu einer mehr geschichtlichen Betrachtung meines Faches zu gelangen. Man muss die Dogmen in ihrem geschichtlichen Gewordensein betrachten. Dadurch werden sie in gewisser Hinsicht auch relativiert, und man kommt zu dynamischeren Möglichkeiten, die Dogmen aus dem starren System zu lösen.‘ Den instinktiven Widerstand gegen jedes starre System haben die neuen Theologen mit allen anderen Intellektuellen gemeinsam. Sie sind ja schließlich auch nichts anderes als denkende Menschen von heute."[492]

Vor diesem Hintergrund und als Folge angestrengten theologischen Nachdenkens der letzten 50 Jahre sind die Fragezeichen nicht überraschend, die einer der größten Theologen des 20. Jahrhunderts unermüdlich setzt: „Es ist kein Dogma, dass eine Bußandacht keinen sakramentalen Charakter haben könne; es steht nicht so ganz genau fest, wo die Grenzen für eine offene Kommunion liegen; es ist nicht klar, dass wiederverheiratete Geschiedene nach einer ersten sakramentalen Ehe in *keinem*

Fall zu den Sakramenten zugelassen werden können, solange sie an der zweiten Ehe als solcher festhalten; man darf das Sonntagsgebot nicht so empfehlen, als ob es am Sinai als ein für immer geltendes göttliches Gebot verkündet worden sei; welche Möglichkeiten auch für ein christliches Gewissen hinsichtlich der *staatlichen* Strafgesetze gegen den Schwangerschaftsabbruch gegeben sind, ist auch nicht so klar, wie man manchmal tut; da keine konkrete Partei in allem und jedem so ganz christlich ist und eine Partei auch durch sehr gravierende Sünden der Unterlassung sehr sanft, aber der Sache nach doch auch sehr massiv unchristlich handeln kann, ist es auch nicht so einfach, zu sagen, wann eine Partei für einen Christen und Katholiken nicht mehr wählbar ist. Der Mut, eindeutige Grenzen zu wirklichen Häresien in der Öffentlichkeit der Kirche zu ziehen, muss mit einer sehr genauen und selbstkritischen Reflexion darauf gepaart sein, wo wirkliche Häresie ist, gegen die sich zu entscheiden die Kirche von einem Katholiken wirklich verlangen kann."[493]

3.3. Träger der Erneuerung

Dankbarkeit und eine Art Pietät motivieren mich, hier eine Liste jener Personen zusammenzustellen, die die erfreulichen Erneuerungen in der Kirche der letzten 50 Jahre getragen haben. Eine Aufzählung, die hier nur auf Grund subjektiver Werturteile (wer, ab wann, wie lange, in welchem Sinne Pionierdienste geleistet hat) und lückenhaft erarbeitet werden kann.

Gleich am Anfang soll betont werden, dass hier nur die bekanntesten Namen, vor allem aus dem deutschen Sprachraum und aus Europa angeführt werden können, obwohl die nicht unwesentlichen Veränderungen in der Kirche von vielen kaum bekannten oder nur der unmittelbaren Umgebung bekannten opferbereiten und mutigen Mitarbeitern erreicht worden sind. Der glaubende Mensch weiß, dass die Erfüllung des Sinnes menschlichen Lebens nicht mit dem Ruhm korreliert, den jemand in seinem irdischen Leben erreicht.

Als Einleitung sollen die Worte des Historikers dienen: „Die Geschichte der Kirchen ist nicht zuletzt eine Geschichte der Kirchenreformen. In ihnen tritt immer wieder der innere Zusammenhang zwischen der Kirchengeschichte und der Geschichte des Christentums in Erscheinung. Freilich ist die Geschichte der Kirchenreformen vielfältig wie die Voraussetzungen, unter denen sie unternommen wurden; gemeinsam ist allen

Kirchenreformen aber die Auseinandersetzung mit der Tatsache, dass die Kirchen ein Teil ‚von dieser Welt' (vgl. Joh 18,36) sind."[494]

Amery, Carl (* 1922 in München). Freier Schriftsteller in München. Nach Soldatendienst und Kriegsgefangenschaft Studium in München und Washington.[495] Er hat u. a. durch sein kritisches Buch: „Die Kapitulation oder Deutscher Katholizismus heute" dem Fortschritt gedient.

Balthasar, Hans Urs von (* 1905 in Luzern, † 1988). „Er entstammte einer alten katholischen Familie seiner Heimatstadt. Schon früh richtete sich sein Interesse auf die Literatur und die Musik. Nach der Gymnasialzeit, die er bei den Benediktinern in Engelberg und dann bei den Jesuiten in Feldkirch verbrachte, studierte er in Zürich, Berlin und Wien Germanistik."[496] Diese Studien schloss er ab, „bevor er im Herbst 1929 in den Jesuitenorden eintrat, den er 1950, vor die Entscheidung gestellt, Jesuit zu bleiben oder sich der mit der bei ihm konvertierten Schriftstellerin und Mystikerin *Adrienne von Speyr* (deren Einfluss auf sein theologisches Werk beträchtlich ist) gegründeten Johannesgemeinschaft zu widmen, verließ."[497] „Er war seiner Kirche stets zuinnerst verbunden, bevorzugte aber den unauffälligen Dienst als Seelsorger und Schriftsteller. Bis zu seinem Lebensende hat von Balthasar ein ungewöhnlich dichtes und fruchtbares Wirken entfalten können. Dabei ist davon auszugehen, dass vieles den Augen Außenstehender verborgen ist und bleiben wird. – In den Morgenstunden des 26. Juni 1988 ist in Basel Hans Urs von Balthasar gestorben. Zwei Tage später hätte er in Rom durch Papst Johannes Paul II. in das Kollegium der Kardinäle aufgenommen werden sollen. Wie aus einem am 1. Juli zu Beginn des Beisetzungsgottesdienstes in der Hofkirche zu Luzern verlesenen Brief des Papstes an den Zelebranten, *Joseph Kardinal Ratzinger,* hervorgeht, sollte der Schweizer Theologe durch die Verleihung der Kardinalswürde für sein theologisches Werk geehrt werden."[498]

Böll, Heinrich (* 1917 in Köln, † 1985). Freier Schriftsteller. Nach dem Abitur Lehrling im Buchhandel. Im Krieg sechs Jahre Soldat, danach Studium der Germanistik. Seit 1949 veröffentlichte er Erzählungen, Romane, Hör- und Fernsehspiele. 1972 Nobelpreis für Literatur.[499]

Bühlmann, Walbert (* 1916 in Luzern). Seit 1972 Generalsekretär für missionarische Animation des Kapuzinerordens in Rom. Dr. theol. in

Freiburg, Schweiz, 1950–1953 Missionar in Tansania, 1954–1970 Dozent für Missionswissenschaft in Freiburg. Wiederholte Reisen in die südlichen Kontinente.

„Ich kann all die zornigen alten Männer in den Kirchen verstehen. Ich vermag sogar in ihnen Jesus zu sehen, der nicht nur in heiligem Zorn die Krämer aus dem Tempel verjagte, sondern auch die Führer der Synagoge als ‚Heuchler, Blinde, übertünchte Gräber‘ anklagte. – Ich muss aber gestehen, dass mir selber die Gabe des Zornes fehlt. Ich stoße mich zwar auch an vielem in der Kirche und kritisiere es herzhaft in meinen Büchern und Vorträgen. Aber ich tue es nicht zornig, sondern lächelnd, nicht verbissen, sondern siegesgewiss. Ich versuche, ‚mit Lachen die Wahrheit zu sagen‘. Denn ich bin überzeugt, dass jeder berechtigten Kritik eine Kraft innewohnt, die sich durchsetzt, sosehr man sich ihr auch widersetzt. Das Gute bahnt sich den Weg, auch wenn man ihm hundert Hindernisse entgegenstellt."[500]

Camara, Dom Helder (1909–1999). „Ende August starb der ‚Bruder der Armen‘, Erzbischof Helder Camara. Mit Mutter Teresa, Martin Luther King und Mahatma Gandhi haben ihn Berichterstatter verglichen. Die weltweite Gemeinde der Verehrer sprach liebevoll vom ‚Bruder der Armen‘, der ‚Stimme der Stummen und Chancenlosen‘, dem ‚Bischof der Unterdrückten‘. Die Gegner vor allem in seiner brasilianischen Heimat diffamierten ihn als den ‚roten Bischof‘, als ‚Fidel Castro in der Soutane‘. – Am 27. August starb in seinem 91. Lebensjahr einer der charismatischsten Kirchenführer dieses Jahrhunderts, Helder Pessoa Camara, der emeritierte Erzbischof von Olinda und Recife im Nordosten Brasiliens. Und wenn bei uns die Meldungen über den Tod ‚Dom Helders‘ eher leise verklangen, obwohl doch der kleine Bischof mit der immensen Ausstrahlung in den Siebzigern auch in Deutschland Tausende von begeisterten Zuhörern fand und seine Besuche stets ein Medienereignis waren, liegt dies wohl auch daran, dass ein Teil seines Lebenswerkes heute als Selbstverständlichkeit gilt. Zweifelsohne gehört Camara in die Reihe eindrücklicher Bischofsgestalten, die die spannungsvolle Geschichte der Kirche in der zweiten Hälfte dieses Jahrhunderts entscheidend geprägt haben."[501]

Chenu, Marie-Dominique (* 1895 Soisy-sur-Seine, † 1990 Paris). Dominikaner, 1966–1978 Professor an der katholisch-theologischen Fakultät in Paris. 1920–1942 lehrte er christliche Dogmengeschichte an der Dominikanerfakultät von Le Saulchoir, Paris, 1947–1953 Professor an der

Sorbonne. Gründer des Instituts für Mittelalterkunde in Montreal, Kanada. Seit 1945 engagiert in der Erneuerungsbewegung der katholischen Kirche Frankreichs. An den Beratungen des Zweiten Vatikanischen Konzils nahm er als Experte teil.[502]

Congar, Yves (* 1904, † 1995). Seit 1955 Professor für Fundamentaltheologie und Ekklesiologie in ‚Le Saulchoir‘, Paris. Studium in Paris und am Ordensstudium O. P. in Belgien. Priesterweihe 1930. 1931–1954 Professor in ‚Le Saulchoir‘, Belgien. Kriegsgefangenschaft 1939–1945. Ehrenpromotion an verschiedenen Universitäten, darunter Tübingen und Genf. Experte am Zweiten Vatikanischen Konzil. – „Ich erinnere mich an den Titel eines Vortrages, den einer meiner protestantischen Freunde, der Pfarrer André Dumas, gehalten hat. Der Titel des Vortrages lautete: ‚Die demütige Tugend der Entrüstung‘. Damit ist schon viel gesagt: Eine ‚demütige‘ Tugend kann durchaus eine Tugend sein!"[503]

Drewermann, Eugen (* 1940). „Er studierte Philosophie in Münster, Theologie in Paderborn und Psychoanalyse in Göttingen; Priesterweihe 1966; Präfekt des Erzbischöflichen Theologenkonvikts Paderborn; Studentenseelsorger; Promotion 1976; Habilitation im Fach Dogmatik 1978; Privatdozent für Religionsgeschichte und Dogmatik an der Theologischen Fakultät Paderborn; neben der Arbeit an der Hochschule Tätigkeit als Psychotherapeut, zahlreiche Vortrags- und Bildungsveranstaltungen, mehr als 30 Buchveröffentlichungen; im Oktober 1991 Entzug der kirchlichen Lehrerlaubnis durch den Ortsbischof; seither Lehrauftrag für Kulturanthropologie an der Universität / Gesamthochschule Paderborn; im Januar 1992 Entzug der Predigtbefugnis und Amtsenthebung als Subsidiar in der Pfarrei."[504]

Gaillot, Jacques. „Geboren ist er 1935 in St.-Dizier-en-Champagne, seine Familie war im Weinhandel tätig. Schon sehr früh erwacht in ihm der Wunsch, Priester zu werden. Nach der Mittelschule tritt er ins Priesterseminar von Langres ein. Von 1957 bis 1959 leistet er in Algerien Militärdienst, wo er mit den Gewalttaten des Krieges konfrontiert wird. Diese Erfahrung führt ihn dazu, sich mit der Gewaltlosigkeit auseinander zu setzen. Bei dieser Gelegenheit entdeckt er auch die mohammedanische Welt und knüpft solide Bande der Freundschaft mit den Algeriern. Von 1960 bis 1962 weilt er in Rom, um seine Theologiestudien weiterzuführen und das Lizenziat zu erwerben. Im März 1961 wird er zum Priester geweiht. Von 1962 bis 1964 befasst er sich in Paris am Institut supérieur de Liturgie mit weiterführenden Studien und unterrichtet gleichzeitig am Grand Séminaire von Chalons-en-Champagne. Von 1965 bis 1972 lehrt er am Regionalseminar von Reims. Er ist verantwortlich für zahlreiche Veranstaltungen im Rahmen der Umsetzung der Neuerungen des Zweiten Vatikanischen Konzils. 1973 wird er zum Pfarrer seiner Heimatstadt St-Dizier ernannt; zur selben Zeit übernimmt er auch die Mitverantwortung bei der Schulung der Priesterausbilder in Paris (Institut de formation des éducateurs du clergé IFEC). 1977 wird er zum Generalvikar der Diözese von Langres ernannt. 1981 erfolgt die Wahl zum Kapitularvikar. – Im Mai 1982 wird er zum Bischof von Evreux ernannt.

Als Mann der Tat, der aktiv ins Zeitgeschehen eingreift, hat Jacques Gaillot oft zu aktuellen Ereignissen Stellung bezogen. Im Jahre 1983 unterstützt er vor dem Gericht von Evreux einen jungen Militärdienstverweigerer aus Gewissensgründen. Im Oktober 1983, an der Jahresversammlung der Bischöfe, ist er einer von den beiden Bischöfen, die gegen einen Text des Episkopats zur nuklearen Abschreckung stimmen. 1985 spricht er sich für die Unterstützung der palästinensischen Revolte in den besetzten Gebieten aus und kommt in Tunis mit Yassir Arafat zusammen. Von der UNO wird er zu einer außerordentlichen Sitzung eingeladen, an der über die Abrüstung debattiert wird. Im Juli 1987 reist er nach Südafrika, um dort einen jungen Antiapartheidaktivisten aus Evreux zu treffen, der vom Regime in Pretoria zu vier Jahren Gefängnis verurteilt worden ist. Wegen dieser Reise muss er darauf verzichten, auf der diözesanen Pilgerreise nach Lourdes als Begleiter mitzuwirken, was Kritik zur Folge hat. – Im November 1988 tritt er im Rahmen der in Lourdes hinter verschlossenen Türen tagenden Vollversammlung für die Priesterweihe verheirateter Männer ein. – Im Oktober 1989 nimmt er an einer Reise nach Französisch-Polynesien teil, die von der Friedensbewegung organisiert wurden ist, um den Stopp der Atomwaffenversuche zu verlangen. – Am 12. Dezember 1989 beteiligt er sich als einziger französischer Bischof an der Überführung der Asche des Abbé Grégoire in den Panthéon. – 1991 manifestiert er im Buch ‚Offener Brief an diejenigen, die den Krieg predigen, diesen aber andere führen lassen‘ seine Ablehnung des Golfkriegs gegen den Irak. Er verurteilt die Wirtschaftsblockade gegen den Irak. – Jacques Gaillot führte eine Synode durch, die drei Jahre dauerte. Er schrieb etwa ein Dutzend Bücher, von denen vor allem ‚Coup de gueule contre l'exclusion‘ (Protestschrei gegen den Ausschluss) für Aufsehen sorgte. Es ist eine scharfe Kritik der Einwanderungsgesetze des damaligen Innenministers. Dieses Buch lieferte später Rom den Vorwand für seine Absetzung. Jacques Gaillot ist überzeugt, dass die Kommunikation in der modernen Welt nirgends so effizient erfolgen kann wie durch die Medien, welcher Art sie auch sein mögen. Er steht offen zu seiner Überzeugung, scheut sich nicht vor dem Wörtchen ‚Ich‘ und legt seine Gedanken in einfacher und klarer Form dar.

Seine Treue zum Evangelium kommt vor allem in seiner Sorge um die Armen und Randständigen zum Ausdruck, auch in seiner Kompromisslosigkeit und dem Willen, der Gerechtigkeit und dem Frieden zum Durchbruch zu verhelfen. Die Überzeugung, dass Jesus der Menschheit gehört und nicht allein der Christenheit, dass die verlorenen Schafe es wert sind, dass man, um sie zu suchen, die anderen zurücklässt.

Im Jahr 1995 wird Jacques Gaillot nach Rom beordert. Die Guillotine stürzt herunter: ‚Morgen, am Freitag, 13. Januar um die Mittagszeit, sind Sie nicht mehr Bischof von Evreux.‘ Jacques Gaillot wird Bischof von Partenia, ein ehemaliges Bistum in der Hochebene von Sètif in Algerien, wo er seinen Militärdienst geleistet hat. Seit dem 5. Jahrhundert verschwunden, wird dieses Bistum zum Symbol für alle jene, die in der Gesellschaft und in der Kirche das Gefühl haben, nicht zu existieren. – Roms Beschluss wird als Ungerechtigkeit empfunden, er ruft in Frankreich, aber auch im Ausland großes Unverständnis hervor und schlägt bei Christen und Nichtchristen tiefe Wunden. – Jacques Gaillot wird Bischof ‚auf eine andere Art‘. Mit Leidenschaft trägt er das Evangelium aus den Mauern hinaus. Er arbeitet in Paris mit den Ausländern zusammen, die nicht im Besitz gültiger Aufenthaltspapiere sind, mit obdachlosen Familien, mit jungen Arbeitslosen, Partenia, die Diözese ohne Grenzen, wird zum Hort der Freiheit für die ‚-losen‘. – Im Mai 2000, nachdem er fünf Jahre lang beiseite geschoben worden ist, anerkennen die französischen Bischöfe seine Arbeit. Jacques Gaillot ist auf eine andere Art Bischof, gehört aber zu ihrer Gemeinschaft. Sein Weg ist verschieden, aber er bleibt in Verbindung mit dem Episkopat. Diese Anerkennung ist wertvoll für alle Christen, die am Rande der Kirche leben müssen.“[505]

*Guardini, Roman*o, katholischer Religionsphilosoph und Theologe (* 1885 in Verona, † 1968 in München). Professor für Religionsphilosophie und katholische (christliche) Weltanschauung in Berlin (1923–1939), Tübingen (1945–1948) und München (1948–1962). „Guardinis Anliegen war die wechselseitige Erhellung von Glaube und Welt im Dienst der Wahrheit und der Daseinsdeutung. Schlüssel zum Lebendig-

Konkreten wurde ihm das Gegensatz-Denken ... Durch deutende Wahrnehmung der Aufbrüche in Liturgie und Kirche ... sowie durch feinsinnige, oft eher phänomenologische Annäherungen an Vollzug und Inhalt des Glaubens trug Guardini entscheidend zur theologischen Erneuerung im 20. Jahrhundert bei. Der inhaltlich nicht vorgeprägte universitäre Lehrauftrag ließ Guardini den Freiraum zu unkonventioneller Auslegung religionsphilosophischer und kultureller Themen und Gestalten aus christlicher Perspektive. Als kritischer Beobachter seiner Zeit ... suchte er, fragend und doch eindeutige Maßstäbe aufzeigend, Orientierung zu geben."[506]

Häring, Bernhard (* 1912, † 1998). „'Die Päpste gehen, doch die Kurie bleibt', dies war das anstößige Wort von Bernhard Häring im ... Interview im ‚Corriere della Sera', das den lange gesuchten Anlass zum Lehrverfahren bot. Gerade dieser Lehrprozess ist ein weiterer Beweis für die Richtigkeit jener Aussage, die Häring mit anderen Worten gemacht hatte und die dann zu einem sensationellen Interview konstruiert worden war. – Das bahnbrechende Werk ‚Das Gesetz Christi' fand zwar nicht den Beifall der Kurie, doch kam es zu keinem formellen Lehrverfahren, und das vor dem Konzil. Das Buch ‚Der heilende Dienst' baut auf dem vom Konzil konsolidierten Fundament auf. Warum dann aber zehn Jahre nach dem Konzil ein solches Verfahren? Papst Paul VI. bekräftigte sein Vertrauen gegenüber P. Häring auch dadurch, dass er ihn einlud, die ersten Fastenexerzitien für ihn und die päpstliche Familie im ersten Jahr seines Pontifikates zu halten. Er hat ihn wiederholt konsultiert. Dennoch stellte das Heilige Offizium Nachforschungen an, um Anklagepunkte gegen ihn zu finden."[507]

Kellner, Erich (1917–1989). „Die gegenwärtige Entwicklung in der römisch-katholischen Kirche treibt einer Situation zu, die eine neue öffentliche Auseinandersetzung geradezu herausfordert. Nur der Umstand, dass auch die Entwicklung der modernen Gesellschaft Anlass zu tiefer Besorgnis gibt, hält uns von öffentlichen Bekundungen schwerer Anklagen gegen die Kirche zurück. Die zweite Aufklärung, die durch die Führung der katholischen Kirche in Rom in Gang gesetzt wurde, führt zu unübersehbaren Folgen. Soweit ich Erfahrung mit Menschen am Rande und außerhalb der Kirche habe, aber auch mit noch kirchentreuen Katholiken, bewegen wir uns auf die Selbstzerstörung der Kirche zu."

Kerkhofs, Jan (* 1924 in Hasselt, Belgien). Seit 1942 Jesuit. Professor für Pastoraltheologie an der Katholischen Universität Löwen. Studierte Philosophie, Theologie und Soziologie in Löwen, Oxford und Münster. Priesterweihe 1956. 1963–1981 Generalsekretär des Internationalen Forschungsinstituts Pro Mundi Vita in Brüssel. Er ist Geistlicher Beirat der Internationalen Union Christlicher Unternehmer (UNIAPAC).[508]

Knoll, August Maria. „Soziologe (1900–1963); 1924 Dr. rer. pol. (Dissertation über K. Vogelsang); danach freier Journalist, Hauslehrer und zeitweise Mitarbeiter des österreichischen Bundeskanzlers Ignaz Seipel, 1934 Habilitation *(Gnade und Zins)* und Dozent, 1946 außerordentlicher, 1950 ordentlicher Professor an der Universität Wien, Inhaber der ersten soziologischen Lehrkanzel in Österreich. Zusammen mit Wilfried Daim und Friedrich Heer war Knoll Galionsfigur des Wiener ‚Linkskatholizismus‘ der Nachkriegszeit. Er unterzog die katholische Naturrechtslehre einer strengen soziologischen, relativierenden Analyse und kritisierte schonungslos alle Formen des kirchlichen Integralismus. Man kann sein Leben und Wirken durch den Grundsatz ‚Rechts stehen und links denken‘ charakterisiert sehen."[509]

König, Franz, „Österreichischer Kardinal (1958), (* 3. 8. 1905 Rabenstein, Niederösterreich); Studium der Philosophie und Theologie an der Gregoriana, der altpersischen Religion und Sprachen am Päpstlichen Bibelinstitut; 1933 Priester, 1938 Domkurat und Jugendseelsorger in St. Pölten; 1945 Religionslehrer in Krems (Donau), 1948 Professor für Moraltheologie an der Theologischen Fakultät Salzburg, 1952 Bischofskoadjutor von St. Pölten, ... König war einer der führenden Konzilsväter, berief Karl Rahner zum Konzilstheologen und seinem Berater, war Mitglied der zentralen Vorbereitungskommission und der Theologischen Kommission des Vatikanum II. Mit Kardinal J. Döpfner und Kardinal B. J. Alfrink u. a. setzte er sich entschieden für die von Johannes XXIII. begonnene Erneuerung der Kirche ein, war aber gleichzeitig aufgrund seiner Sprachkenntnisse und seines internationalen Rufes Vermittler zwischen den verschiedenen Positionen auf dem Konzil. König pflegte zahlreiche Kontakte mit den meisten Patriarchen und anderen führenden Persönlichkeiten der orthodoxen und altorientalischen Kirchen, insbesondere nach der Gründung des Stiftungsfonds Pro Oriente. Besuche der Kirchen der sozialistischen Länder, Gespräche mit führenden Vertretern der Weltreligionen, mit Natur- und Geisteswissenschaftlern; um Versöhnung zwischen gesellschaftlichen Gruppierungen bemüht."[510]

Küng, Hans (* 19. 3. 1928 in Sursee, Schweiz). „Theologe, 1960–1996 Ordentlicher Professor in Tübingen, 1962–1965 offizieller Berater des Zweiten Vatikanischen Konzils, seit 1995 Präsident der Stiftung Weltethos. Küng verfasste eine Vielzahl von Büchern und wurde mehrfach ausgezeichnet. Er machte sich als Kirchenkritiker und Reformtheologe weltweit einen Namen. Heute setzt er sich für die Verständigung zwischen den Religionen ein. – ‚Unfehlbar?‘, fragte Hans Küng 1970, just zum hundertsten Jahrestag der päpstlichen Unfehlbarkeitserklärung. Sofort war Feuer am Dach des Vatikans. Die römische Glaubenskongregation, die vormalige Inquisition, leitete ein Verfahren gegen den in Tübingen lehrenden Schweizer Theologen ein. 1979 entzog sie ihm mit der ausdrücklichen Billigung von Papst Johannes Paul II. die ‚missio canonica‘, die kirchliche Lehrbefugnis. Die Universität Tübingen machte daraufhin ihr Institut für ökumenische Forschung fakultäts- und kirchenunabhängig. Küng stand diesem bis zu seiner Emeritierung 1996 vor. – Die Strategie Roms, Küng mundtot zu machen, war fehlgeschlagen. Vielmehr avancierte der streitbare Professor zur eigentlichen Gegenstimme des Papstes im deutschsprachigen Raum. Er trat weiterhin für eine radikale Reform der katholischen Kirche ein, kritisierte das päpstliche Verbot von Verhütungsmitteln und forderte die Aufhebung des Zölibats und die Einführung der Laienpredigt und der Frauenordination. In den achtziger Jahren wandte sich Küng zunehmend den Weltreligionen zu. ‚Kein Frieden unter den Nationen ohne Frieden unter den Religionen‘, lautet seither seine Grundüberzeugung. Küng lancierte das Projekt ‚Weltethos‘, in das er heute seine Energien steckt. Sie scheinen auch heute noch unversiegbar, obwohl Küng über siebzig ist. – ‚Die Globalisierung verlangt nach einem globalen Ethos‘, sagt Küng. Ein solches Menschheitsethos könne und solle aber nicht an die Stelle der verschiedenen Religionen und Philosophien treten. Es sei kein Ersatz für die Thora, die Bergpredigt, den Koran, die Reden des Buddha oder die Sprüche des Konfuzius. – ‚Der Weltethos ist nicht mehr, aber auch nicht weniger als ein Minimum an gemeinsamen humanen Werten, Maßstäben und Grundhaltungen‘, erklärt Küng. ‚Die bestehenden frappierenden Gemeinsamkeiten zwischen den Religionen sollten wir nutzen als Basis für die Arbeit am Religions- und Weltfrieden.‘ Dazu braucht es einen Dialog zwischen den Religionen ebenso wie die Erforschung der Grundlagen der einzelnen Religionen. – Um seine Botschaft zu verbreiten, hat Küng eine Fernsehserie gedreht, die bald auch in Buchform erscheint. – Küngs Bild der Religionen sei zu sehr durch eine abendländisch-aufklärerische Sichtweise geprägt, kritisierte der Zürcher Theologieprofessor Fritz Stolz anlässlich der Fernsehserie. Vom Panorama, das Küng entwirft, zeigt sich aber auch Stolz beeindruckt: ‚Kein Religionswissenschaftler kann wohl so unbefangen die Welt der Religionen in ihrer Vielfalt und Einheit zur Darstellung bringen, wie Küng dies tut.‘"[511]

Lercaro, Giacomo, Kardinal (1891–1976). „Geboren 1891 in Quinto al Mare an der Ligurischen Küste als Kind eines Seemannes, wurde er am 25. Juni 1914 zum Priester geweiht. Als Doktor der Theologie setzte er seine Studien am Bibelinstitut in Rom fort. Während des Ersten Weltkrieges leistete er Sanitätsdienste. Ende des Krieges wurde er zum Präfekten des Seminars ernannt. Während des Zweiten Weltkrieges stand er politisch Verfolgten bei und musste sich selbst dem Zugriff der politischen Machthaber durch Flucht entziehen. Am 31. Januar 1947 wurde er Erzbischof von Ravenna und Bischof von Cervia. Hier nahm er sich besonders der Ausbildung des Klerus an, gründete im Einverständnis mit dem Heiligen Vater eine Ausgleichskasse für Priester, um diese materiell besser unterstützen zu können. (‚Für jeden etwas; die mehr haben, sollen nicht so viel haben.‘) Als Folge seiner Wirksamkeit in der rotesten Stadt Italiens verdoppelten sich die Stimmen der Democrazia Cristiana, so dass der kommunistische Bürgermeister von Ravenna abtreten musste. ... Im April 1952 wurde Lercaro auf den erzbischöflichen Stuhl von Bologna als Nachfolger von Kardinal Rocca di Cornegliano berufen. Bereits am 11. Januar 1953 wurde er von Papst Pius XII. zum Kardinal kreiert. Lercaro setzte auch in dieser Stadt seinen Feldzug zur Rettung der Seelen fort. Als er im folgenden Frühjahr einen Kinderkarneval in den Margherita-Gärten arrangierte, wurde dieser durch eine Gegenveranstaltung, ein Maskenfest unter der Leitung des kommunistischen Bürgermeisters Giuseppe Dozza, boykottiert. Mitten in der Fastenzeit, am Sonntag Lätare, veranstaltete er dann zum zweiten Male seinen Kinderkarneval, diesmal mit vollem Erfolg. Über 20.000 Jungen und Mädchen und Tausende von Erwachsenen tanzten in den Margherita-Gärten und freuten sich über das unverhoffte Fest in der ‚stillen Zeit‘. Der Erzbischof ließ es sich nicht nehmen, Süßigkeiten und Backwaren persönlich an die Kinder zu verteilen. Wenige Tage später, am Josephstag, nahm er an einem weiteren Fest teil, zu dem sich 40.000 Bologneser einfanden. Auf die Kritik, die wegen dieser Feste laut wurde, antwortete Lercaro: ‚Kinder brauchen in der Fastenzeit mit dem Spielen nicht aufzuhören‘. Er weist seine Priester immer wieder darauf hin, dass die einzige Chance für die Erneuerung der Welt bei den Kindern liege, weil die junge Generation, die heute bereits mündig ist, durch Krieg und Nachkriegsverhältnisse verdorben sei. Seit den großen Po-Überschwemmungen *leben in seinem Palais Waisenkinder*, die er wie Adoptivkinder erziehen lässt. ... Die Predigten sollen vor allem diejenigen erreichen, die sie niemals hören. Sie sollen daher auch außerhalb der Kirche und unter Zuhilfenahme aller modernen Mittel der Technik gehalten werden. ‚Das, worauf es ankommt, ist, dass Christus allen verkündigt wird.' ... Auf sozialem Gebiet liegt ihm die Arbeiterseelsorge am meisten am Herzen. Seine Erfahrungen fasst er wie folgt zusammen: ‚Ich bin überzeugt, dass in den Arbeitern eine Sehnsucht nach dem Glauben lebt. Wir müssen dieser nur entgegenkommen. Die Arbeiter sollen wissen, dass ihnen die Kirche mit ihrer Lehre, ihrem Handeln und mit ihren Menschen zur Seite steht in dem Kampf, den sie heute um die Gerechtigkeit führen. Diese Gegenwart der Kirche verleiht ihren Forderungen nicht nur das richtige Maß, sondern teilt diesen auch den Geist der Caritas mit. Vielleicht ist es gerade das, was unsere Welt heute braucht. Wenn man auf der einen wie auf der anderen Seite erst begriffe, dass die Gegenwart der Kirche ein Element der Caritas in den sozialen Konflikt trägt, so würde dessen Lösung nicht nur leichter, sondern auch aufrichtiger und entspannter werden. Es würden damit viele Schwierigkeiten überwunden, die heute diese wünschenswerte Gegenwart auszuschließen scheinen."[512]

Lombardi, Riccardo, „SJ (1926), (* 1908 Neapel, † 1979 Rocca di Papa). 1952 entwickelte er mit Unterstützung Pius' XII. in Rom sein Reformprogramm (‚Bewegung für eine bessere Welt'). Seine Predigttätigkeit außerhalb Italiens hatte in den USA spärlichen, in Lateinamerika beträchtlichen Erfolg. Mit dem Amtsantritt Kardinal Roncallis (Johannes XXIII.) änderte sich das Klima. Sein Buch über das Konzil wurde zurückgezogen. Man betrachtete mit Argwohn seine ‚Kreuzzugs'-Predigt, den Versuch der Einflussnahme bei politischen Wahlen und die Darstellung seiner Bewegung als vom Vatikan gewollt. Seine letzten Jahre waren bestimmt von fruchtbaren Einkehrtagen, die er für Priester durchführte."[513]

Lonergan, Bernard, „SJ (1922). Kanadischer Theologe (* 1904–1984); 1926–1929 Studium der Philosophie in Heythrop (England.), 1933–1937 und 1938–1940 der Theologie in Rom; 1936 Priester; 1940–1953 Professor für Dogmatik in Montreal und Toronto, 1953–1965 an der Gregoriana in Rom; 1969 Mitglied der Internat. Theologenkommission in Rom; 1971–1972 Professor an der Harvard University, 1975–1983 am Boston

College. Nach zwei Studien über ‚Gnade' und ‚Verbum' bei Thomas von Aquin verfasst Lonergan sein Hauptwerk: *Insight. A Study of Human Understanding,* in dem er eine Lehre von der Erkenntnis durch Thematisierung der Handlungen, aus denen die Struktur der menschlichen Erkenntnis besteht, sowie eine entsprechende Lehre von der Wirklichkeit formuliert. Der Ertrag langjähriger Untersuchungen über Methodologie ist sein Werk *Method in Theology,* das die Theologie in acht funktionale Spezialisierungen gliedert. Die Wirkungsgeschichte von Lonergans Werk im angelsächsischen Bereich ist vergleichbar der des transzendentaltheologischen Ansatzes K. Rahners im europäischen Bereich."[514]

Lubac, Henri de, „SJ (1913), Kardinal (1983), französischer Theologe, (1896–1991); lehrte 1929–1950 und 1953–1960 Fundamentaltheologie, Dogmatik und Religionsgeschichte am Institut Catholique in Lyon. ... Nach der Enzyklika *Humani generis* (1950) zeitweiliger Entzug der Lehrerlaubnis (Nouvelle théologie): Mitglied des Institut de France (1958), Peritus beim Vatikanum II. Im Mittelpunkt seines Werkes steht die Ausrichtung des menschlichen Geistes auf Gott. ... Damit stellt Lubac zugleich die Überflüssigkeit und Gefährlichkeit des neuzeitlichen Systems der natura pura heraus und trägt wesentlich zu einer organischen Verbindung von Natur und Gnade bei."[515]

Murray, John Courtney, SJ (1920), (1904–1967); Professor für Dogmatik (Trinitäts-Theologie und Gnadenlehre) am Woodstock College (1937–1967), Chefredakteur der Zeitschrift ‚Theological Studies' (1941–1967), Gast-Professor an der Yale University in New Haven (1951–1952). Peritus auf dem Vatikanum II; maßgeblich beteiligt am Zustandekommen der Erklärung über die Religionsfreiheit *Dignitatis humanae.*[516]

Nell-Breuning, Oswald v., (* 1890 Trier, † 1991 Frankfurt a. Main); SJ (1911), Sozial- und Wirtschaftsethiker, Dr. theol., Dr. iur. h.c. Seit 1928 Professor für Moraltheologie und Sozialwissenschaften an der Philosophisch-Theologischen Hochschule St. Georgen in Frankfurt; seit 1956 Honorar-Professor für Philosophie der Wirtschaft an der Universität Frankfurt; Dozent an der Akademie der Arbeit ebenda; 17 Jahre Mitglied des wissenschaftlichen Beirats beim Bundesministerium für Wirtschaft; Ehrenbürger der Städte Trier und Frankfurt. – Zentrales Thema seines Lebenswerks war die wirtschaftsethische Grundlegung einer katholischen Gesellschaftspolitik und Wirtschaftsreform. Als Theologe suchte er, aufbauend auf dem von H. Pesch begründeten Solidarismus, eine Brücke zu schlagen zwischen dem katholischen Glauben und den modernen *Sozialwissenschaften* (Katholische Soziallehre). Tief greifenden politischen Einfluss übte er durch seine unermüdliche Tätigkeit als Redner und Schriftsteller aus (weit über tausend Veröffentlichungen ohne die zahlreichen Rezensionen). Seine Überlegungen etwa zur Gewerkschafts- und Unternehmenstheorie, zur Grundlegung der *Mitbestimmung, zur Vermögensbildung* in breiten Schichten und zum Verhältnis von Kirche und Staat fanden weithin Beachtung, gerade auch außerhalb des katholischen Raums. – Es war ihm ein besonderes Anliegen, dafür zu kämpfen, dass katholische Christen ihrer Kirche treu bleiben und sich gleichzeitig in der Gewerkschaftsbewegung (Gewerkschaften) engagieren können. Obwohl er schon als junger Mann von Pius XI. mit dem Entwurf der Enzyklika *Quadragesimo anno* (1931) beauftragt worden war, blieb er doch in katholischen Kreisen wegen solcher ‚linken' Tendenzen lange Zeit umstritten und erhielt erst gegen Ende seines Lebens die offizielle kirchliche Anerkennung. Der Beschluss der deutschen Synode von 1975 mit der herben innerkirchlichen sozialen Gewissenserforschung war weitgehend sein ganz persönliches Werk.[517]

Oosterhuis, Huub siehe 1.8.

Rahner, Hugo „SJ (1919), Theologe und Kirchenhistoriker, Bruder von Karl, (* 1900–1968); 1937/38, 1945–1963 Ordinarius für Alte Kirchengeschichte an der Universität Innsbruck, 1949/50 Rektor der Universität, 1950–1956 Rektor des Canisianums (internationales Priesterseminar), 1957 Vertreter der österreichischen Ordensprovinz bei der 30. Generalkongregation. Rahners geistige und geistliche Kraft wirkte in drei Richtungen: Zunächst der Versuch, das ignatianische Erbe zu vermitteln. Dazu dienten akribische Einzelstudien über das Leben des Stifters wie auch das Eindringen in dessen Spiritualität: die Christologie der Exerzitien, die Unterscheidung der Geister, die Vision von La Storta, Armut und Gehorsam bei den Jesuiten. Als Zweites die Kirche. Hier entfaltete Rahner, dank seinen im Schweizer Exil (Sitten, 1938–1945) durchgeführten patristischen Studien, den Reichtum der im griechischen Denken verwurzelten Ekklesiologie der Väter. Gegen das Klischee des Verfalls durch die ‚Konstantinische Wende' stellte er seine Sicht der Kirche als ‚Gottes Kraft in menschlicher Schwäche' (Rede auf dem Kölner Katholikentag 1956). Schließlich sein großes Anliegen: die Tradition des abendländischen Humanismus, der sich ‚weder an Geist noch an Materie verliert‘, ins Blickfeld zu rücken.“[518]

Rahner, Karl „SJ (1922), katholischer Theologe, Bruder von Hugo. (* 1904 Freiburg i. Br., † 1984 Innsbruck); Noviziat in Feldkirch, Studium der Philosophie in Feldkirch und Pullach, der Theologie in Valkenburg; 1932 Priester; 1934–1936 philosophisches Promotionsstudium in Freiburg bei M. Honecker, Einfluss von M. Heidegger; 1936 Dr. theol. in Innsbruck, ... theologische Habilitation 1937 ebenda. Bedenken Honeckers führten 1937 zur Zurückziehung der philosophischen Dissertation ... und zur Aufnahme der theologischen Lehrtätigkeit in Innsbruck. Nach Aufhebung der dortigen Fakultät 1938 arbeitete Rahner im Wiener Seelsorgeamt, später u. a. als Dozent in Pullach, 1948–1964 als Professor in Innsbruck. 1962 wurde Rahner Konzilsperitus (der Kardinäle F. König und J. Döpfner), 1964 Nachfolger R. Guardinis in München, wechselte aber bereits 1967 auf ein Ordinariat für Dogmatik und Dogmengeschichte in Münster; 1971 Emeritierung.“[519] Er erhielt viele Ehrendoktorate.

Romero y Galdamez, Oscar Arnulfo, „Erzbischof von San Salvador, (1917–1980); 1937 Eintritt ins Priesterseminar von El Salvador, anschließend Studium der Theologie in Rom; 1942 Priesterweihe; 1943 Rückkehr in seine Heimat. Nach kurzer Tätigkeit als Dorfpfarrer stille Kirchenkarriere: Diözesansekretär San Miguel, stellvertretender Direktor des diözesanen Wochenblatts, Rektor des interdiözesanen Seminars in San Salvador, 1967 Generalsekretär der Bischofskonferenz, ein Jahr später Exekutivsekretär des mittelamerikanischen Bischofsrats, 1970 Weihbischof von San Salvador, Herausgeber der Bistumszeitung „rientación‘, 1974 Bischof von Santiago de Maria, 1977 als Nachfolger des sozial sehr aufgeschlossenen und engagierten Luis Chavez zum Erzbischof von San Salvador ernannt (Amtsantritt 1977). Romero galt bis zu seinem Wirken als Erzbischof zwar als intelligenter, frommer und großzügiger, aber konservativer Kirchenmann, der das Vatikanum II akzeptierte, sich mit dessen Umsetzung und manchen nachkonziliaren Entwicklungen (u. a. mit Medellín) schwer tat. Erst die intensive Begegnung mit der gesellschaftlichen und politischen Wirklichkeit während seiner Amtszeit als Erzbischof machte ihn zu einem profilierten Bischof der ‚Kirche der Armen‘ ... und isolierte ihn zugleich innerhalb der eigenen Bischofskonferenz. Insbesondere die Ermordung seines Freundes P. Rutilio Grande SJ (12. 3. 1977) führte zur ‚Bekehrung‘ Romeros, der sich nicht scheute, in seinen über Rundfunk übertragenen Sonntagspredigten die täglich begangenen Ungerechtigkeiten anzuklagen und die dafür Verantwortlichen zur Rechenschaft zu ziehen. Seine klare, dem christlichen Glauben erwachsene Haltung, Stimme der Stimmlosen zu sein, führte ihn zusammen mit engagierten Teilen der salvadorianischen Kirche in einen tödlichen Konflikt mit den gesellschaftlich herrschenden Kräften, der nicht nur ihn, sondern viele andere das Leben kostete. Romero wurde während einer Eucharistiefeier am Altar erschossen."[520]

Schillebeeckx, Edward (* 1914 in Antwerpen), „seit 1934 Dominikaner, seit 1957 Professor für Systematische Theologie und Theologiegeschichte an der Katholischen Universität Nijmegen. Spezialstudien in Paris, Promotion 1939. Priesterweihe 1941. 1943 Dozent, 1956 Professor für Dogmatik am Religionswissenschaftlichen Institut der Katholischen Universität Löwen. Theologischer Berater der Niederländischen Bischofskonferenz und des Zweiten Vatikanischen Konzils." Ich bin überzeugt, schreibt er, „dass die Kirche heute mehr als je zuvor große Chancen hat, all diese Chancen jedoch an sich vorübergehen lässt. Ich glaube, dass gerade diese enttäuschte Hoffnung viele Christen im Augenblick zornig macht. – Ich bin während des Zweiten Vatikanischen Konzils verschiedene Male wirklich zornig gewesen. In erster Linie bei all den Eingriffen von oben in verschiedene Texte, zum Beispiel in Verbindung mit ‚Gaudium et spes' in Bezug auf die Aussagen zur Ehe. Das waren wirklich Interventionen von oben. Ja, und das machte mich sehr zornig. Und da ist noch einiges mehr."[521]

Stecher, Reinhold (* 1921 in Innsbruck). „1939 maturierte er am Humanistischen Gymnasium Angerzellgasse und trat im selben Jahr ins Priesterseminar in St. Michael ein. – Priesterweihe: 1947 wurde Stecher zum Priester geweiht. Er promovierte 1951 und lehrte bis 1981 als Professor für Religionspädagogik an der Pädak. – Am 25. Jänner 1981 wurde er zum Bischof geweiht. In der Bischofskonferenz hatte er die Referate ‚Caritas' und ‚Frauen' über. 1997 übergab er den Hirtenstab an Alois Kothgasser."[522] Im Dezember 1997, „am 33. Sonntag nach Pfingsten, dem Sonntag des Weltgerichtes", schrieb er einen außerordentlich hart formulierten Brief nach Rom („So wie das derzeit ist, hat Rom das Image der Barmherzigkeit verloren und sich das der repräsentativen und harten Herrschaft zugelegt. Mit diesem Image wird die Kirche im 3. Jahrtausend keinen Stich machen ..." – vgl. 3.4. in diesem Buch) und verteidigte seine Vorgangsweise öffentlich.

Suenens, Leo Josef (1904–1996). „Zunächst ist festzuhalten, dass Suenens schon vor dem Konzil erfolgreich auf der internationalen kirchlichen Bühne agierte. Seit seiner Mitarbeit in der ‚Legion Mariens‘, vor allem von 1948/50 an, war es ihm ein Anliegen, die französischen Bischöfe dafür zu gewinnen, diese in Irland entstandene Bewegung aufzunehmen. Bis dahin war man im französischen Katholizismus, die Versammlung der französischen Kardinäle und Erzbischöfe eingeschlossen, der ‚Legion Mariens‘ gegenüber ausgesprochen feindlich gesinnt. Mit einigem Erstaunen konnte man dann einige Jahre später registrieren, wie Suenens als junger und noch unbekannter Weihbischof in Mechelen direkten Zugang zu Pius XII. erhielt und diesen davon überzeugen konnte, in seine Eröffnungsrede für den Weltkongress des Laienapostolats in Rom im Oktober 1957 einen Vorschlag aufzunehmen, der darauf abzielte, das De-facto-Monopol der Katholischen Aktion aufzubrechen und auch anderen Bewegungen eine ungehinderte Entfaltung zu ermöglichen. Dieser Vorschlag schlug seinerzeit wie eine Bombe ein, deren Auswirkungen noch sieben Jahre später in der Konzilsaula zu spüren waren. Schon im Dezember 1961, wenige Wochen nach seiner Ernennung zum Erzbischof von Mechelen-Brüssel, fand Suenens die Aufmerksamkeit Johannes‘ XXIII., als er seinen ersten Hirtenbrief einer dynamischen Vision des Bischofsamtes widmete. Der darauf folgende Fastenhirtenbrief war eine für die damalige Zeit ausgesprochen originelle Besinnung auf die besondere Bedeutung des vom Papst einberufenen Konzils. Johannes XXIII. war sofort von den Vorstellungen Suenens‘ angetan und bat ihn, einen *Gesamtplan für das Konzil zu* entwerfen, eine Sache, an die noch wenige Monate vor der Konzilseröffnung kein Mensch gedacht hatte. Der von Suenens entworfene, so einfache wie klar durchdachte Plan gefiel dem Papst: Johannes XXIII. übernahm seine Grundlinien, nicht zuletzt in der berühmten Ansprache vom 11. September 1962 (mit den Leitworten ‚ad intra‘ und ‚ad extra‘). So entstand eine persönliche Freundschaft zwischen dem jungen Kardinal und dem betagten Papst. Es kam aber auch zu einer wirklichen Zusammenarbeit, die einigen Anteil an der entscheidenden Neustrukturierung der vorbereitenden Texte für das Konzil im Dezember 1962 hatte.

Wichtig in diesem Zusammenhang war nicht zuletzt das berühmte Interview vom 15. Mai 1969 mit den ‚Informations Catholiques Internationales‘, das als Manifest von Kardinal Suenens aufgenommen, von den einen angegriffen und den anderen begrüßt wurde (zu diesem Zeitabschnitt liegen zwei Sammelbände mit Dokumenten vor: *J. De Broucker,* Le dossier Suenens. Diagnostic d'une crise. Paris 1970; L. J. Suenens, La crisi della Chiesa, Hg. v. J. Grootaers. Mailand 1971). ... Als nach dem Konzil die wichtigsten Impulse der Erneuerung zu versickern drohten, erschien es nichts weniger als selbstverständlich, dass es Suenens war, der die öffentliche Meinung in der Kirche im Sinn des Zweiten Vatikanums neu belebte und nach vorne drängte. Von 1965 bis 1971 galt das Augenmerk des belgischen Erzbischofs hauptsächlich den kirchlichen Institutionen, deren Umstrukturierung ,in der Logik des Zweiten Vatikanums' er anstrebte. Dabei ging es ihm um die kollegiale Dimension der kirchlichen Autoritätsausübung: Er schlug eine Reform der Papstwahl vor (durch Mitbeteiligung von Vertretern der Bischofskonferenzen), aber auch eine Reform der Kurie und des Nuntiaturwesens. Suenens plädierte für eine Lockerung der Zölibatsverpflichtung für den Klerus und wollte die Mitverantwortung der Laien im Leben der Kirche aufgewertet wissen."[523]

Teilhard de Chardin, Pierre, SJ (1899), Paläontologe, (1881–1955); 1911 Priester; 1922–1925 Professor am Institut Catholique Paris, Mitglied des Institut de France (1950), zuletzt wissenschaftlicher Mitarbeiter der Wenner-Gren Foundation, New York. Kontakt zu allen führenden Paläanthropologen seiner Zeit, umfangreiches fachwissenschaftliches und theologisch-spirituelles Schrifttum. Bekannt v. a. durch den Versuch, den durch Ch. Darwin eingeführten ,Evolutions-Gedanken' zu erweitern und theologisch fruchtbar zu machen. Statt der Dualität von ,Materie' und ,Geist' kennt Teilhard nur einen einzigen, allerdings bifazialen (doppeldeutigen) Weltstoff, der sich materiell darstellt in der Komplexität, geistig im Einigungsvermögen (,Zentrierung') seiner Elemente. Im Lauf des evolutiven Komplexitätswachstums wird die geistige Innenseite immer stärker als ,Bewusstsein' manifest. Maximale Zentrierung innerhalb gegebener Komplexitätsgrenzen führt zur Transformation der Evolution auf eine neue Ebene: Kosmogenese zur lebenden Zelle; Biogenese zum denkenden Menschen; Noogenese zur universalen Einigung der Menschheit in Gott (,Punkt Omega'). Diese inkarnatorische Ausweitung des Evolutionsprozesses führte zum Konflikt mit der Schuldogmatik, für die der heilsgeschichtliche Aspekt der Erlösung zu sehr hinter einer naturgesetzlich-unvermeidlichen ,Christifizierung' verschwand. Entsprechend massiv war das Bestreben von Kirchen- und Ordensleitung, das starke Echo der Ideen Teilhards zu ersticken: Lehr- und Publikationsverbot, Abschiebung nach China, Aufenthaltsverbot in Paris. 1962 bezeichnete ein Monitum des Sanctum Officium theologische Ansichten Teilhards als doppeldeutig, gefährlich und irrig. Ein internationales Patronat gewährleistete indessen die Herausgabe des Gesamtwerks. Nachkonziliar erfährt Teilhard als Protagonist einer Öffnung der Kirche zur modernen Welt *(‚Gaudium et spes')* auch kirchenamtlich eine immer selbstverständlichere Anerkennung, freilich bisher ohne offizielle Rücknahme der lehrmäßigen Vorbehalte.[524]

Mutter Teresa (1910–1997) (ursprünglicher Name Agnes Gonxha Bojaxhio). Sie erhielt ein Staatsbegräbnis, „dessen Dramaturgie vor allem durch die indische Armee bestimmt war. Die ‚Klientel' Mutter Teresas, der sie in so einmaliger Weise ihr ganzes Leben bis zur völligen Identifizierung verschrieben hatte, musste sich bei den Feierlichkeiten mit 12.000 geladenen Gästen im Stadion Kalkuttas mit symbolischer Repräsentanz bescheiden: Ein Waisenkind, ein Behinderter, ein Leprakranker und eine aus dem Gefängnis Entlassene brachten während der von Kardinalstaatssekretär *Angelo Sodano* zelebrierten Eucharistiefeier Gaben zum Altar. Dieser war geschmückt mit einem der bekanntesten Aussprüche Mutter Teresas, in dem die ihr eigene, umstandslose, gradlinige und vor allem praktische Spiritualität besonders treffend zum Ausdruck kommt: ‚Glaube ist eine Gabe Gottes. Glaube führt zu Liebe und Liebe zum Dienst am Nächsten. Der Dienst der Liebe ist Dienst des Friedens.' – Einen Gutteil der Faszination, die die Ordensfrau in dem weiß-blauen Sari weltweit ausübte, lag in solchen schlichten Sätzen, mit der Mutter Teresa ihre Arbeit, ihre Motivation und ihre Erfahrungen beschrieb – Früchte eines scheinbar nicht durch Zweifel oder intellektuelle Vorbehalte getrübten Glaubens."[525] – Friedensnobelpreis 1979.

Diese weitgehend erfreuliche Liste könnte noch mit vielen anderen großen Persönlichkeiten ergänzt werden. Ich denke an Freunde und Kollegen, wie György Bulányi, Norbert Greinacher, Ivan Illich, Helmut Krätzl, Erwin Kräutler, Abbé Pierre, Rudolf Schermann, Leopold Ungar und viele andere mehr. Ihre Namen kommen im vorliegenden Buch öfters vor. Ohne ihre intelligenten, aufgeklärten, kritischen und mutigen Handlungen in Wort und Schrift würde die Kirche in einer noch größeren Hoffnungslosigkeit stecken, als dies heute der Fall ist.

3.4. Zukunft bauende Aktionen und Institutionen

3.4.1. Aktionen und Institutionen „der Mitte"

Zeichen des Erneuerungswillens sind neue oder erneuerte katholische Bewegungen. Aus der sehr langen Reihe dieser Institutionen bringen wir hier eine Liste ausgewählter Vereinigungen, die fast ausschließlich zum deutschen Sprachraum gehören und zwischen 1950 und 2000 öfters von sich reden ließen, mit Quellenangaben zur ersten Orientierung.

Aktion 365: „Ökumenische Basisgruppen. Ihre Mitarbeiter wollen in einer Spiritualität der Weltverantwortung für andere da sein (action) und sich durch die tägliche Schriftlesung am Evangelium orientieren (365). Die ersten Gruppen (teams) entstanden 1960–1970 im Anschluss an die Straßenpredigten des Jesuiten J. Leppich. Aus dem Charisma des Ursprungs ergibt sich der Auftrag, außerhalb der verfassten Kirchen ‚im Haus und auf der Straße' neu für das Evangelium zu werben. Während des Vatikanum II kam die ökumenische Zielsetzung und Struktur unter dem Leitwort ‚Tun, was uns eint' hinzu. So wie an der Basis katholische und evangelische Christen ein Team bilden, tragen auch im Führungsgremium (Zentralteam) Laien und ordinierte Theologen beider Konfessionen gemeinsam die Verantwortung. Ausdrücklich verpflichtet sich die action 365 zum regelmäßigen ‚Dialog mit den Verantwortlichen der Kirchen' (Leitsätze). ‚Die action 365 bildet und lebt etwas, was als Basisgemeinde bezeichnet werden kann' (K. Rahner). Die Wesensvollzüge einer ehrlichen Gemeinde: martyria (Zeugnisgeben in der Öffentlichkeit), diakonia (auch in der politischen Dimension), liturgia (Feier der agape in den Häusern), werden gleichwertig, aber in unterschiedlicher Akzentuierung im Sinn des allgemeinen Priestertums praktiziert."[526]

Adveniat: (Vater unser: „Adveniat regnum tuum"). „Die Bischöfliche Aktion Adveniat, Hilfswerk der deutschen Katholiken für die Kirche in Lateinamerika, wurde 1961 auf Anregung des Kölner Generalvikars Joseph Teusch durch die Deutsche Bischofskonferenz ins Leben gerufen. Bischof Hengsbach von Essen wurde mit der Gründung beauftragt. Die Mittel stammen vorwiegend aus der jährlichen Weihnachtskollekte (i. J. 1991: 132 Mio. DM; 1961–1991 insgesamt 2,5 Mrd. DM). Vorrangiges Ziel ist die Unterstützung der Pastoral unter der armen Bevölkerung Lateinamerikas (Indigenas, Afroamerikaner, Campesinos, Slumbewohner) im Sinne der lateinamerikanischen Bischofsversammlungen von Medellín (1968) und Puebla (1979). Schwerpunkte der Förderung in den 712 Bistümern Lateinamerikas sind: Ausbildung, Pastoralarbeit, soziale Kommunikation, Wissenschaft und Forschung, Baumaßnahmen, Transport, strukturelle Hilfen, die überregionale Arbeit der Bischofskonferenzen und der Aufbau einer Altersversorgung für den einheimischen Klerus. Mit Adveniat verbunden ist die Patenschaftsaktion, die in Zusammenarbeit mit den deutschen Bistümern jährlich 16.000 Seminaristen in Lateinamerika unterstützt. Die Geschäftsstelle befindet sich in Essen. In Deutschland führt Adveniat Öffentlichkeitsarbeit durch mit dem Ziel, über die aktuelle Situation Lateinamerikas zu informieren und die partnerschaftlichen Beziehungen der deutschen Katholiken zu den lateinamerikanischen Ortskirchen zu fördern."[527]

Arche: „... geistliche Bewegung, weltweites Netz von Gemeinschaften, in denen geistig behinderte Menschen und ihre Betreuer im häuslichen Miteinander im Geist des Evangeliums leben. 1964 gründete Jean Vanier, inspiriert von Thomas Philippe OP, in Trosly diese Bewegung (z. Z. etwa 100 Gemeinschaften in 25 Ländern). Grundidee: Menschen mit geistiger Behinderung haben einzigartige Gaben denen zu bieten, die für sie sorgen, und damit auch der Gesellschaft und der Kirche. Diese Gaben kommen am fruchtbarsten in der Gemeinschaft zur Entfaltung."[528]

Basisgemeinschaften: „Die Bezeichnung Basisgemeinschaften wird oft als Synonym für ‚Basisgemeinden‘ verwendet. Basisgemeinschaft hat aber einen breiteren Sinn, und ‚zwischen den einzelnen Gemeinschaften bestehen große Unterschiede‘ *(Evangelii nuntiandi* 58). In Lateinamerika, Asien und Afrika sind die Basisgemeinschaften eine z. T. von der Hierarchie initiierte Struktur der Evangelisierung; in Europa und Nordamerika bilden sie z. T. eine Art von ‚Subgemeinde‘, entstanden aus dem Suchen nach einer persönlichen Atmosphäre, oft – im Gegensatz zu den ‚kirchlichen Bewegungen‘ – in einem Geist scharfer Kritik an der Kirche als Institution. Sofern ihre Kritik nicht zur Trennung von der Kirche führt, finden die Basisgemeinschaften ihre kirchenrechtliche Grundlage in canon 215 Corpus Iuris Canonici."[529]

Bewegung für heimatlose Ausländer: Gegründet von Pater Pire, Friedensnobelpreisträger, 1950 für die von den Nationalsozialisten aus Osteuropa deportierten Personen.[530]

Boquen: „Ehemalige Zisterzienser-Abtei bei Plénée-Jugon (Bretagne, Dép. Côtes-du-Nord), 1137 gegründet. Die Abtei blieb klein und wuchs über lokale Bedeutung nicht hinaus. 1791 aufgelöst ...1936 wurde sie von Dom Alexis Presse (1883–1965), zuvor Abt des Zisterzienserklosters Tamié (Savoyen), erworben. Er wollte dort eine Reformkommunität getreu nach der Benediktregel aufbauen. Die Kirche (aus dem späten 12. Jahrhundert) und das Kloster konnten wiederhergestellt werden. Das monastische Restaurations-Programm führte zu keinem Erfolg. Sein Nachfolger, Prior Bernard Besret, wagte in den späten sechziger Jahren das gegenteilige Experiment: die totale Öffnung der Kommunität – das Kloster als inspirierender Ort einer umfassenden Communio. Auch dieser Versuch misslang. Boquen wurde 1973 aufgehoben. 1976 übernahmen Schwestern der ‚Monastischen Familie von Bethlehem‘ das Kloster."[531]

Charismatische Erneuerungsbewegung: „Diese internationale Bezeichnung für die römisch-katholische *Charismatische Bewegung,* anfänglich ‚Katholische Pfingstbewegung‘, wird ergänzt durch ‚Rinnovamento dello Spirito‘, ‚L'Effusion de l'Esprit-Saint‘ oder ähnlich, ‚Erneuerung aus dem Geist Gottes‘ (Schweiz) oder einfach ‚Erneuerung‘, im deutschen Sprachraum auch lange Zeit ‚Charismatische Gemeinde-Erneuerung‘, da sie sich als ‚Beitrag zur Erneuerung der Kirche in ihren Gemeinden‘ versteht. Weil dies leicht normativ missverstanden wird, kehrte man zur internationalen Bezeichnung zurück. Denn ‚die Charismatische Erneuerung ist selbst ein Charisma‘. Charakteristika: Leben aus der Hl. Schrift; trinitarische Frömmigkeit; Entscheidung für Christus und Lebensübergabe; Bitte um Erfüllung mit dem Hl. Geist (Geisttaufe) und Charismen (‚wie der Geist will‘, nicht nach Art eines Sakramentes); Gemeinschaft im Glauben; Diakonie; Seelsorge; Zeugnis und Evangelisation; Ökumene. – In Deutschland ca. 120.000, in Österreich 80.000, in der Schweiz 3000 regelmäßige Teilnehmer (diözesan strukturiert), aber insgesamt ca. 100.000, international 60 Mio. Katholiken davon (mit)geprägt." Die intensive Erfahrung des Geistes soll eine vertiefte Begegnung mit Jesus Christus ermöglichen.[532]

Christen für Sozialismus: „Hervorgegangen aus einer Gruppe chilenischer Arbeiterpriester, versuchten die Christen für den Sozialismus seit 1971 Christen für das Linksbündnis ‚Unidad Popular‘ zu mobilisieren. Dem Marxismus-Vorwurf begegneten die Christen für den Sozialismus mit einer Unterscheidung zwischen Marxismus als abzulehnendem weltanschaulichem System und Marxismus als akzeptabler wissenschaftlicher Methode zur Analyse der (Klassen-)Gesellschaft. Unter Verweis auf die Pflicht zu ebensolcher Abwägung hatten die chilenischen Bischöfe anfangs eine Entscheidung für den Sozialismus dem christlichen Gewissen anheim gestellt, jedoch unter dem Eindruck verschärfter innenpolitischer Spannungen 1973 wieder verworfen, was aufgrund des zeitlichen Zusammentreffens mit dem Militärputsch wie eine Legitimation der neuen Realität wirkte. Mit der Exilierung zahlreicher Vertreter der Christen für den Sozialismus breiteten sich diese auch in Europa aus. Die fast gleichzeitig einberufenen Kongresse in Bologna und Arnhem zeigten aber unterschiedliche Motivationslagen (1. Sozialismus als profane Größe: eher südeuropäisch-katholische Linie; 2. Herleitung des Sozialismus aus der Befreiungstheologie: eher nordeuropäisch-evangelische Linie) und Mobilisierungseffekte (links-christliche Bewegungen im Süden; akademische Zirkel im Norden). Vor allem in Deutschland sind die Christen für den Sozialismus Trägergruppe der kirchlichen Alternativkultur (z. B. in der Initiative ‚Kirche von unten') geworden."[533]

Catholic Common Ground-Projekt: Für ein möglichst weitgehendes Verständnis für und möglichst weitgehende Internalisierung von Wahrheit, im Sinne der „Hierarchie der Wahrheiten"[534].

Communione e Liberazione: Sie geht auf die 1954 in Mailand von Luigi Giussani ins Leben gerufene studentische Gruppe „Gioventù Studentesca" zurück. Ziel: die christliche Erneuerung der Gesellschaft durch politisch-kulturelles Wirken.[535]

Cursillos de Cristianidad: Ins Leben gerufen in Palma de Mallorca 1949. – Cursillo (spanisch; deutsch: *kleiner Kurs),* „1940–1949 in Spanien entstandene, heute weltweit verbreitete und anerkannte katholische Erneuerungsbewegung. Inhalte und Ziele: Selbstfindung, Christusbeziehung, Bildung von Gruppen, um die (Um-)Welt mit dem Geist des Evangeliums zu durchdringen. Ein Cursillo umfasst 20–30 Teilnehmer und das Team aus vier Laien und zwei Priestern. Impulsreferate und Gruppengespräche wechseln ab. Das persönliche Lebens- und Glaubenszeugnis spielt eine tragende Rolle. Im Mittelpunkt des Cursillo stehen die Feier der Eucharistie, Gebet und Gemeinschaft. Der Cursillo ist offen für Christen aller Konfessionen und für jeden ‚suchenden', eventuell kirchendistanzierten Menschen."[536]

Deutsche Kapellenwagen: Im Rahmen der Ostpriesterhilfe fuhren 12 große Lastkraftwagen, die zu einer Kapelle geöffnet werden konnten, mit je
zwei Priestern durch das Diasporagebiet Deutschlands.[537]

Echanges et Dialogue: Zielsetzung der Gruppe von Theologiestudenten,
zölibatären und verheirateten Priestern ist: Entklerikalisierung des Status
des Priesters durch Ausüben einer beruflichen Tätigkeit, durch politisches Engagement wie durch Eheschließung.[538]

Equipes Notre-Dame: Gruppen von Ehepaaren, entstanden um den Priester Henri Caffarell bereits in den 30er Jahren.[539]

Fernkurs für theologische Laienbildung: Erweiterung der bereits zehn
Jahre alten „Theologischen Kurse für Laien"[540] – Fernstudium – „von einem festen Studienort unabhängige Qualifizierung auf Hochschulniveau,
die mit Studienbriefen oder im Medienverbund zu (staatlich anerkannten)
Zertifikaten oder staatlich anerkannten Examina führt. Universitäre Voll-
studiengänge bietet die Fernuniversität-Gesamthochschule Hagen an
(Abschlüsse: Diplom, M. A.; Ausbildung: Studienbriefe und z. T. Prä-
senzphasen in Studienzentren). Ein Fachhochschulstudium kann an der
privaten Hochschule für Berufstätige der Akademiker-Gesellschaft für
Erwachsenenfortbildung (AKAD) in Stuttgart aufgenommen werden.
Zur Fachhochschulreife führt im Medienverbund (Fernsehsendungen,
Begleitmaterial und Studienbegleitzirkel) das Telekolleg II. Der allgemeinen wissenschaftlichen Weiterbildung mittels Kollegstunden (Radio-
sendungen), Studienbriefen und Studienbegleitzirkeln dient das Funkkol-
leg. Materialien für das Selbststudium und die Lehrerfort- und -weiterbil-
dung, z. B. das Studienbegleitmaterial für Funk- und Telekollegs, erstellt
das Deutsche Institut für Fernstudien (DIFF) an der Universität Tübingen. Theologische Fernkurse mit Fernlehrbriefen, Studienwochen und
Studienwochenenden sowie Gesprächskreisen bieten die Erzdiözese
Wien, die Domschule Würzburg und die Evangelische Arbeitsstelle für
kirchliche Dienste in Hannover an. Ein Fernkurs Liturgie kann beim
Deutschen Liturgischen Institut in Trier belegt werden. Informationsstel-
len: Staatliche Zentralstelle für Fernunterricht (ZFU), Köln; Deutscher
Fernschulverband, Pfungstadt."[541]

Focolari-Bewegung: Gegründet von Chiara Lubich 1944 in Trient. Erarbeiten und verwirklichen „Entwürfe" und „Modellversuche" der neuen

Gesellschaft vom Religiösen her.[542] – „Die 1943 um Chiara Lubich (* 1920) entstandene Gemeinschaft will auf kirchlicher, ökumenischer und gesellschaftlicher Ebene zur Einheit der Menschen beitragen (vgl. Joh 17,21). ‚Fokolar‘ (vom italienischen *focolare*, Herd) steht für Herdfeuer als Treffpunkt der Familie. Die Bewegung ist heute in der ganzen Welt verbreitet und zählt (1994) 95.000 interne Mitglieder (Erwachsene, Kinder; Laien, Priester, Ordensleute). Schwerpunkte ihrer auf das Leben nach dem Wort Gottes gegründeten Spiritualität sind die Gegenwart des auferstandenen Jesus in der Gemeinschaft (vgl. Mt 18,20) und der Bezug auf seinen Schrei der Gottverlassenheit (vgl. Mt 27,46). Die Fokolar-Bewegung ist kirchlich anerkannt (Werk Mariens). Ihr Zentrum befindet sich in Rocca di Papa (Rom). In Deutschland firmiert sie als ‚Gemeinschaft der Fokolare e. V.‘ Gemeinsam mit evangelischen Bruderschaften unterhält die Bewegung in Friedberg bei Ottmaring ein Ökumenisches Lebenszentrum (gegr. 1968). Im Verlag ‚Neue Stadt‘ erscheinen Zeitschriften, Bücher und Medien."[543]

Forum XXIII: siehe unten „Weg der Hoffnung"

Gemeinschaften christlichen Lebens (GCL): „Die GCL ist die Fortführung der Marianischen Kongregationen. Die Namensänderung (1967 durch knappe Mehrheit der Delegierten aus der ganzen Welt) markiert eine Neuorientierung. bei der an die Stelle der marianischen Frömmigkeit die ursprüngliche ignatianische Spiritualität (Ignatius von Loyola; Exerzitien) mit dem Kerngedanken der Einheit vom Leben und Glaube trat. In Deutschland ist die GCL organisiert als nationale Gemeinschaft, integriert in die weltweite Gemeinschaft (Generalsekretariat in Rom) und untergliedert in kleinere Gemeinschaften. Angegliedert sind die Jugendverbände in der GCL, zu denen vor allem Schüler gehören. Als Mädchen- bzw. Jungenverband im Bund der Deutschen Katholischen Jugend haben diese ein eigenständiges Profil."[544]

ICARES: Internationales Katholisches Institut für kirchliche Sozialforschung. Internationalisierung des von Professor G. H. L. Zeegers 1946 gegründeten „Katholiek Sociaal-Kerkelijk Instituut" (Den Haag).[545]

Initiative Kirche von unten: Lockerer Zusammenschluss recht verschiedener Gruppen (z. B. Arbeitsgemeinschaft der Priester- und Solidaritätsgruppen, Arbeitsgemeinschaft der katholischen Studentengemeinden, Arbeitsgruppe Homosexuelle und Kirche). Tritt für eine permanente Erneuerung der Kirche im Sinne des II. Vatikanischen Konzils ein.[546] – „Orientiert an den Konzilsaussagen über die Kirche als Volk Gottes auf dem Weg, inspiriert durch die Befreiungstheologie und besonders angeregt durch J. B. Metz, will die IKvu zum einen für eine geschwisterliche und solidarische Kirche arbeiten, zum andern betont sie die gesellschaftlich-politische Dimension des Glaubens. Nach jahrelangen Spannungen zeichnet sich seit dem Katholikentag in Dresden 1994 eine Annäherung zwischen ZdK und IKvu ab. Ob die IKvu (z. Z. ca. 40 Gruppen) ihren Zielen näher kommt, hängt nicht nur von ihrer spirituellen Kraft und ihrer theologischen Kompetenz ab, sondern auch von der Reformbereitschaft der Gesamtkirche."[547]

Integrierte Gemeinde: „Aus einer relativ unverbindlichen Vortragsgemeinde ... entwickelte sich 1963 in einem komplizierten Prozess die heutige Personalgemeinde." Bibel und Gottesdienst bilden die zentralen Stellen in der Gemeinde, wo jeder die Verantwortung trägt.[548] – „Apostolische Gemeinschaft von Laien und Priestern, verbreitet (1994) in 7 Diözesen (3 Kontinenten); seit 1982 auch Priestergemeinschaft. Die Anfänge reichen in das Jahr 1945 zurück (‚Gott schafft Neues‘, als Antwort auf den Holocaust), mit Wurzeln in der katholischen Jugendbewegung; Initiatoren waren Traudl und Herbert Wallbrecher; ... 1978 kirchlich approbiert und 1985 errichtet als ‚öffentlicher Verein‘ gemäß canon 301 Codex Iuris Canonici. Grundidee und Zielsetzung: Theologie des Volkes Gottes; Zusammenführung vom apostolischen Leben und apostolischen Amt; vita communis von Familien und Ledigen; Bemühung um ‚Glaube und Form‘ (in Medizin, Erziehung, Gestaltung, Wirtschaft) sowie um Überwindung der Spaltungen seit dem ‚Urschisma‘ zwischen Israel und Kirche."[549]

Jesuit International Volunteers (JIV): Gegründet 1983 von Ted Dziak im Auftrag der Jesuitenmissionen der Amerikanischen Assistenz. „Die JIV arbeiten vornehmlich mit Jesuiteneinrichtungen und Jesuitenmissionen zusammen, aber sie senden junge Männer und Frauen auch in andere katholische und nichtkatholische Insitutionen."[550] – Einige Jahre später entstand die entsprechende Gruppe in Europa: Jesuit European Volunteers (JEV).

Jeunesse Ouvrière Chrétienne (JOC): Bewegung der Christlichen Arbeiterjugend.

Katholiek Sociaal-Kerkelijk Instituut: siehe oben unter ICARES

Katholische Pfingstbewegung: s. oben Charismatische Erneuerungsbewegung

Katholische Sozialakademie Österreichs: „Im Oktober 1958 hat die von den österreichischen Bischöfen gegründete Katholische Sozialakademie in Wien ihre Tätigkeit begonnen. Hauptgebiete: ... Erforschung der sozialen Tatbestände und Herausarbeitung konkreter Lösungsmöglichkeiten ... Bildung und Schulung ... Begegnung der Sozialpartner ..."[551]

Lateinamerikanische Bischofsversammlungen CELAM (Consejo Episcopal Latinoamericano): „*Lateinamerikanischer Bischofsrat,* auf Antrag der 1. Generalversammlung der Bischöfe Lateinamerikas (Rio de Janeiro 1955) von Pius XII. 1955 approbiert; Statuten von 1974 (etwas verändert 1979). Als *1. kontinentale* bischöfliche Organisation ist der Celam Zeichen und Organ der Kollegialität, Solidarität und innerkirchlichen Gemeinschaft (Puebla 1976). – Ziele: Kommunikation, Reflexion übergreifender Probleme, Koordination von Impulsen und Aktionen der Evangelisierung und Gestaltung einer menschenwürdigen Lebenswelt, Vorbereitung der vom Papst einberufenen Generalkonferenzen (bisher: Medellín, 1968; Puebla, 1979; Santo Domingo, 1992). – Zentrale Organe: 1. Mitgliederversammlung, 2. Präsidium, 3. Generalsekretariat (Bogotá), 4. Dezernate (Katechese, Medien, Erziehung, Laien, Liturgie, Mission, Sozialpastoral, Ordensleute, Kirchliche Dienste), Sektionen (Ökumene, Pastoral der Kulturen, Jugend, Familie), Sekretariate (4). Hinzu kommen Einrichtungen wie Pastoraltheologisches Institut, Equipe für theologisch-pastorale Grundsatzfragen, Publikationszentrum. Teilnehmer der Mitgliederversammlung: a) die Präsidenten und je ein Delegierter der 22 Bischofskonferenzen Lateinamerikas; b) das Präsidium; c) die Präsidenten der Dezernate, Sektionen und Sekretariate. Wahlperiode: 4 Jahre. – Bedeutung gewinnt der Celam durch Parallelisierung und Koordinierung seiner Organe mit jenen der Bischofskonferenzen sowie aufgrund der Vorbereitung, Durchführung und Durchsetzung von Beschlüssen der Generalversammlungen der Bischöfe Lateinamerikas. Hier werden die Grundausrichtungen der Kirche getroffen, wie z. B. die vorrangige Option für die Armen, Inkulturation. Bisher zeigte sich: Die Fähigkeit des Celam, den Dialog der pastoralen und theologischen Strömungen der Kirche Lateinamerikas zu fördern, variiert stark mit der personellen Besetzung des Generalsekretariats und des Präsidiums. Koordination mit Rom über die Kommission für Lateinamerika."[552]

Legio Mariens: Gegründet durch den irischen Laien Frank Duff im Jahre 1921.[553] „Die Legion Mariens ist ... eine Vereinigung von Katholiken, die sich mit Gutheißung der Kirche und unter der machtvollen Führung der Unbefleckten Jungfrau Maria in den Dienst des Reiches Gottes stellt. Sie wurde 1921 in Dublin gegründet und als Milizia Mariae nach dem Vorbild der altrömischen Legionen organisiert: die untersten Einheiten heißen Präsidien; sie unterstehen Curien. Über der Curia steht der Diözesanrat oder das Comitium. Die Comitien ihrerseits unterstehen dem Nationalrat oder Senatus. Die oberste Leitung liegt bei einem Zentralrat, der auch Concilium Legionis genannt wird und der in Dublin seinen Sitz hat. – Das oberste Ziel der Legion ist ‚Heiligung ihrer Mitglieder durch Gebet und die von der Kirche geleitete aktive Mitarbeit am Werk Mariens und der Kirche'.“[554]

Marriage Encounter: „Ihre Anfänge liegen in Spanien. Ende der sechziger Jahre wurde sie in den USA durch den Jesuiten Chuck Gallagher zu der Bewegung weiterentwickelt, wie man sie inzwischen auch in einigen europäischen Ländern kennt.“[555] „Marriage Encounter ist eine in ihren Wurzeln auf den spanischen Familienseelsorger Gabriel Calvo SJ zurückgehende katholische Bewegung zur Erneuerung der Sakramente der Ehe und des Ordo. Um 1970 von einer Gruppe praktizierender Katholiken unter der Leitung von Chuck Gallagher SJ in New York in eine Kursform gebracht, fand diese Bewegung innerhalb weniger Jahre weltweite Verbreitung. Marriage Encounter richtet sich an Ehepaare, Priester und Ordensleute, die ihre Beziehung zu ihrem Partner, ihrer Gemeinde oder ihrer Gemeinschaft intensivieren möchten. Die Grundlage hierfür bildet der Dialog. Auf einem Einführungswochenende lernen die Teilnehmer, angeleitet von einem Team aus drei Ehepaaren und einem Priester, einander offen und ehrlich zu begegnen, sich ihre Gedanken, Gefühle und Bedürfnisse – schriftlich wie mündlich – konkret mitzuteilen und einander bewusst zuzuhören. Auf diese Weise versuchen sie, sich selbst, einander und Gott näher zu kommen. Zu Hause und in kleinen regionalen Gruppen wird das Erlernte weitergeführt und vertieft.“[556]

Misereor: (Mk 8,2: „Misereor super turbam“). „Bischöfliches Werk ‚gegen Hunger und Krankheit in der Welt', gegründet 1958 von den deutschen Bischöfen. Im Spektrum der weltkirchlichen Werke soll Misereor sich auf die Unterstützung der Armen konzentrieren ‚ungeachtet von Rasse, Geschlecht, Religion und Nation' (Statut l.l). Misereor ist ‚Fachstelle' für die Entwicklungsarbeit der deutschen Kirche. ... 1991 Vereinigung mit ‚Not in der Welt', dem Hilfswerk der ehemaligen Berliner Bischofskonferenz. – In der Projektarbeit setzt Misereor auf die Armen, indem es ihre Selbsthilfekraft fördert. Organisierte Selbsthilfe vermag nicht allein die Situation der Betroffenen zu verbessern, sondern auch auf gesellschaftliche und politische Rahmenbedingungen einzuwirken. Dabei baut Misereor auf ein Netz vom besonders kirchlichen, aber auch nichtkirchlichen Partnerorganisationen in der Dritten Welt. In der Inlandsarbeit fördert Misereor die weltweite Solidarität und sucht die Zusammenarbeit mit allen, denen sie ein Anliegen ist. ... Innerhalb der Kirche soll durch die alljährliche Fastenaktion zur österlichen Bußzeit eine Erneuerung des religiösen Lebens erreicht werden, in der die Option für die Armen im Mittelpunkt steht. – Die Arbeit von Misereor wird durch Spenden, öffentliche Mittel (die über die mit Misereor verbundene ‚Katholische Zentralstelle für Entwicklungshilfe' eingesetzt werden) und kirchliche Haushaltsmittel getragen (1996: 127,6 Mio. DM Spenden, 153 Mio. DM öffentliche Mittel, 25 Mio. DM kirchliche Haushaltsmittel). Die Geschäftsstelle liegt in Aachen; letztverantwortlich ist eine bischöfliche Kommission."[557]

Mission de France, Mission de Paris: „Das 1942 in Lisieux eröffnete Seminar Mission de France war die erste Institution, die Priester gezielt auf ein Leben unter den Arbeitern ausbilden sollte. Die 1943 entstandene Mission de Paris fasste die dort tätigen Arbeiterpriester zusammen. Sie hatte in der Bewegung eine gewisse Leitfunktion, niemals aber eine institutionelle Form wie die Mission de France. Deren Seminar – 1952 nach Limoges verlegt – wurde 1953 mit dem Abbruch des ‚Experiments der Arbeiterpriester' geschlossen. Mit der Zielsetzung, die Spezifik einer priesterlichen Lebensform sicherzustellen und auch den Einzelnen mehr in die Hierarchie einzubinden, wurde die Mission de France durch die Apostolische Konstitution *Omnium Ecclesiarum* 1954 als Praelatura nullius mit der Pfarrei Pontigny als Territorium neu errichtet. Dort wurden in den Folgejahren bis zu 15 Priester jährlich auf den Titel ‚Missionis Galliae' geweiht, so dass es 1997 – verteilt auf 15 Diözesen – etwa 250 Priester und Diakone der Mission de France gibt. Sie arbeiten eng mit Laienequipen zusammen und treffen sich alle fünf Jahre auf einer Gemeindeversammlung. Die pastorale Leitung der Mission de France liegt bei einem vom Heiligen Stuhl ernannten Bischof (seit 1996 der Erzbischof von Sens-Auxerre). Die Ausbildung im Seminar der Mission de France wird durch Kurse an der Université Catholique ergänzt."[558] – „Wir wissen, dass sie zu den eigentümlichsten neuen Organisationen gehört, die sich in Frankreich gebildet haben, um die entchristlichte Bevölkerung dem christlichen Glauben zurückzugewinnen. Sie verwirklicht dabei ein Arbeitsprinzip, das sich in der heutigen Welt offenbar besonders bewährt und zu dem außerdem noch die in dieser Mission Tätigen selber drängen: die Arbeit in Gruppen. Die ‚Mission de France‘ entsendet kleine Gruppen von Priestern in die dem Glauben am meisten entfremdeten Gegenden, besonders auf das Land, jedoch auch unter das städtische Proletariat, wo sie dann mit der Pfarrgeistlichkeit zusammenarbeiten oder diese ersetzen, wo sie fehlt."[559]

Mondo Migliore: „1. Sie bildet den sichtbaren Ausdruck der Initiative, die Papst Pius XII. mit seinem Aufruf vom 10. Februar 1952 ergriffen hat ... als er sich zum Herold einer ‚besseren Welt‘ erklärte und die Katholiken der ganzen Welt aufforderte, ihr Leben aus ihrem Glauben zu erneuern und zu intensivieren. Mit diesem Aufruf hat der Heilige Vater die Sehnsucht nach einer wirksamen religiösen und sittlichen Erneuerung aufgenommen, dieses Anliegen zu seinem eigenen gemacht und ihm ein Ziel und klare Richtlinien gegeben: die aktive Mitarbeit aller Katholiken am Aufbau einer ‚besseren Welt‘. – 2. Sie ist die historisch gewachsene und daher den besonderen Erfordernissen unserer Zeit entsprechende Form innerkirchlicher Überprüfung und Erneuerung. Gott hat zu jeder Zeit in seiner Kirche Bewegungen erweckt oder ihr Heilige geschickt, die sie läuterten, erneuerten und heiligten. Heute hat er ihr die ‚Bewegung für eine bessere Welt‘ geschenkt und als eines der wesentlichen Erneuerungsmittel die ‚Esercitazioni‘, die eine Synthese zwischen den Exerzitien des hl. Ignatius und dem modernen Apostolat in der Welt darstellen. Sie wollen hinführen zur Selbstheiligung und zur Mitarbeit am Aufbau einer besseren Welt."[560]

Neokatechumenaler Weg: „Ziel ist die katechumenale Erneuerung der Kirche über die Bildung kleiner Gemeinschaften. Das Neokatechumenat versteht sich selbst nicht als eine eigenständige Bewegung mit besonderer Spiritualität, sondern als einen Weg zur Neubesinnung auf die Taufe als Grundsakrament der Kirche. Es besteht inzwischen in über 70 Ländern in etwa 2500 Pfarreien und 7000 Gemeinschaften."[561] – „Aus den Katechesen des spanischen Kunstmalers Francisco ‚Kiko‘ Arguello unter den Armen von Madrid im Jahre 1964 entstanden so genannte neukatechumenale Gemeinschaften (1990: päpstliche Anerkennung; 1996: weltweit etwa 13.000 Gemeinschaften sowie 28 eigene Priesterseminare ‚Redemptoris Mater‘ mit etwa 1000 Studenten). Die Spiritualität ... ist biblisch, liturgisch und gemeinschaftlich orientiert, die Theologie paulinisch geprägt. – Nach einer offenen *Grundkatechese* bilden sich verbindliche Gruppen für einen etwa 15 Jahre dauernden, den Etappen des Erwachsenentaufkatechumenats ... nachgebildeten Weg. Die Symbole und Zeichenhandlungen der Liturgie, vor allem des Taufkatechumenats, strukturieren diesen Weg; die Eucharistie wird als Durchgang von der Sklaverei in die Freiheit und vom Tod ins Leben gefeiert. ... Im *Vorkatechumenat* geschieht ein intensives Kennenlernen der Heilsgeschichte. Im *Übergang zum Katechumenat* geht es um die Hingabe an Gott als einzigem Herrn und um das Freiwerden von den ‚Götzen dieser Welt‘. Im *Katechumenat* erfolgt eine Gebets- und Glaubensschulung zum Wachstum des ‚neuen Menschen‘. (Jetzt: Mitarbeit bei der pfarrlichen Sakramentenkatechese; evangelisierende Hausbesuche). Die Phase der *Erwählung* will zur christlichen Reife führen. *Die Erneuerung des Taufversprechens* in der Osternacht besiegelt den Weg. – Das Neokatechumenat arbeitet am wirksamsten in Situationen, wo Kirche neu aufgebaut wird. Entschiedene Nachfolge Christi führt zur geistlichen Erneuerung von Gemeinden ... und zur Evangelisierung von Fernstehenden. Die starke Gruppenbindung und das Eigenleben der Gemeinschaften (u. a. separate Feier der sonntäglichen Eucharistie) sowie ein wenig flexibler Umgang mit der bestehenden Pfarrgemeinde und pastoralen Situation führten vor allem im deutschsprachigen Raum häufig zu erheblichen Konflikten.“[562]

Nomadelphia: „Der italienische Priester hat etwas Verrücktes getan: In den Baracken des ehemaligen deutschen Konzentrationslagers Fossoli hat er ein modernes Waisenhaus begründet: ‚Kurz bevor das Lager verfügbar wurde, geschah ein Wunder. Eine 19-jährige Studentin kam zu ihm und sagte einfach: ‚Vater Zeno, ich habe lange Zeit gebetet und mich selber geprüft, und ich glaube, ich kann es schaffen.‘ ... Sie hatte Erfolg. Ihre Schützlinge liebten sie mit aller Innigkeit ihrer kleinen Herzen, die so sehr danach verlangten, zu lieben und geliebt zu werden, und nannten sie ‚Mama‘. ... Sie hatte den Weg gewiesen, und nun fanden viele andere Frauen die Kraft und den Opfermut, ihr zu folgen. Das Lager Fossoli wurde umgetauft und erhielt den Namen Nomadelphia, was etwa bedeutet: ‚Die Stadt, wo Brüderlichkeit Gesetz ist.‘“[563] – Es wird mitgeteilt, „dass das Heilige Offizium den Leiter von Nomadelphia abberufen und damit einen gewissen Vorbehalt gegenüber diesem von besten Absichten eingegebenen Unternehmen zur Rettung verwahrloster Jugend zum Ausdruck gebracht hat. Wir haben diese Maßregelung mit schmerzlicher Bewegung mitgeteilt, und zwar auf Grund der übereinstimmenden Meldungen der uns verfügbaren katholischen Pressedienste. Ein Leserbrief hat uns indes in einigen Punkten berichtigt, und wir sind glücklich, diese Berichtigungen zur Kenntnis unserer Leser zu bringen. Der bisherige Leiter von Nomadelphia, Don Zeno Saltini, ist abberufen worden. Jedoch wird die Struktur von Nomadelphia dadurch nicht angetastet. Der zum Nachfolger des bisherigen Leiters ernannte Salesianerpater wird lediglich die Stellung eines Pfarrers der Siedlung innehaben. Die Siedlung selbst ist in eine weltliche, humanitäre Vereinigung umgewandelt worden, deren Mitglieder sich freilich zum katholischen Glauben bekennen."[564]

Ostpriesterhilfe: Es handelt sich um ein groß angelegtes „Aktionsprogramm, das allgemein unter dem Namen ,Ostpriesterhilfe' in Deutschland bekannt geworden ist. Es entstand im Jahre 1948, als der aus Prag vertriebene Prälat Prof. Adolf Kindermann sich um Hilfe für die zahllosen deutschen Ostflüchtlinge nach Rom wandte und dort vom Generalabt der Prämonstratenser an den flämischen Pater Werenfried van Straaten in Tongerlo verwiesen wurde. Mit Unterstützung des im April 1952 verstorbenen Abtes von Tongerlo, Dr. Emil Stalmans, wurde in den folgenden Jahren das Werk der ,Ostpriesterhilfe' aufgebaut, dessen Zentrum in Deutschland das Albertus-Magnus-Kolleg in Königstein/Taunus und für die westeuropäischen Länder die Abtei Tongerlo ist."[565]

Österreichischer synodaler Vorgang: „Diözesansynoden von höchst unterschiedlichem Charakter ließen ein Nationalkonzil oder eine Österreichische Synode vonnöten erscheinen. Eine synodenartige Versammlung, der ,Österreichische synodale Vorgang' ... kristallisierte sich als kleinster gemeinsamer Nenner heraus. Nach entsprechender römischer Stellungnahme beschloss die Bischofskonferenz, den Österreichischen synodalen Vorgang durchzuführen, am 7. 4. 1973 wurde er in Wien eröffnet. Die 180 Synodalen waren in ihrer Mehrheit bischöflich bestätigte Entsendungen kirchlicher Gremien. In vier Kommissionen wurden die Themen beraten: ,Träger kirchlicher Dienste', ,Kirche in der Gesellschaft von heute', ,Bildung und Erziehung' und ,Kirche und Massenmedien'. Während Glaube, Verkündigung und die Gottesfrage in den Hintergrund der Beratungen traten, rückten Kirchenfragen mit erstaunlicher Einmütigkeit in den Vordergrund. Es waren weitgehend dieselben Anliegen und Forderungen, wie sie 20 Jahre später im so genannten Kirchenvolks-Begehren wiederkehren sollten: zölibatäres Priestertum und viri probati, ständiger Diakonat der Frau, ... Mitwirkung kirchlicher Gremien bei der Bischofsfindung. Die Forderung nach Gründung einer ‚Katholischen Akademie‘ nach bayerischem Vorbild und die Zulassung von Frauen zum ständigen Diakonat fanden zwar eine überwältigende Mehrheit, blieben aber unausgeführt. In den gesellschaftspolitischen Fragen dominierte die Gesetzeswerdung der Fristenlösung durch die mit absoluter Mehrheit regierende Sozialdemokratische Partei Österreichs die Debatte des Österreichischen synodalen Vorganges, der am 12. 10. 1974 seinen Abschluss fand. Die Finanzierung der kirchlichen Entwicklungshilfe wurde ähnlich kontrovers diskutiert wie die kirchliche Jugendarbeit, der weitgehend Rat- und Konzeptlosigkeit vorgeworfen wurde, weil sie mehr Unterhaltung als Glaubensvermittlung betreibe."[566]

Pax Christi: „Unter dem Motto ‚Von neuem für den Frieden herausgefordert‘ beging in Assisi Pax Christi International Ende Mai 1995 sein 50-jähriges Jubiläum. Die deutsche Sektion, deren fünfzigjähriges Gründungsjubiläum 1998 ansteht, befindet sich indessen in einem Prozess der Selbstvergewisserung. ‚Pax Christi International wird seine prophetische Funktion weiterhin erfüllen, in der Kirche und in der Welt. Wir widmen uns weiter der Verbreitung einer aktiven christlichen Gewaltlosigkeit, indem wir sie leben und verkünden, indem wir den Übergang zur Gewaltlosigkeit überall in der Welt vorantreiben. Wir halten an der Überzeugung fest, dass Krieg, Aggression und Zerstörung nie hingenommen werden dürfen.‘ In seiner ‚Vision for Peace‘ anlässlich des 50. Jahrestags bekräftigt der Internationale Rat von Pax Christi International seine Selbstverpflichtung, für einen Frieden einzustehen, von dem erst dann in einem uneingeschränkten Sinn gesprochen werden könne, wenn der ganzen Schöpfung Gottes Respekt und Gerechtigkeit widerfahre und die Verantwortung für die kommenden Generation wahrgenommen würde. ... Diese Ursprünge sind vor allem mit dem Namen *Pierre-Marie Thdas* verbunden, dem späteren Bischof von Lourdes. Noch in Gestapohaft – er hatte öffentlich gegen den Abtransport von Juden protestiert – forderte er 1944 seine französischen Mitgefangenen zu Vergebung und radikaler Feindesliebe auf, die auch die Deutschen nicht ausschließen dürfe. Als eigentliche Geburtsstunde von Pax Christi gilt der Aufruf von Thdas und 40 weiteren französischen Bischöfen zu einem ‚Gebetskreuzzug‘ für die Versöhnung mit Deutschland und den Frieden in der ganzen Welt am 10. März 1945, eine Aktion, die massiven Protest und Anfeindungen in der französischen Öffentlichkeit provozierte. ... 1947 lud Thdas zur internationalen Friedenswallfahrt nach Lourdes ein. Unter den Wallfahrern waren auch deutsche Kriegsgefangene. Nachdem sich in einigen westeuropäischen Ländern Sektionen gebildet hatten, verlieh Pius XII. Pax Christi 1952 den Status der offiziellen kirchlichen Friedensbewegung. Ein Schritt von der Bewegung zur Organisation wurde mit der Errichtung des zur Koordination nötig gewordenen internationalen Sekretariats in Brüssel Anfang der fünfziger Jahre getan."[567]

Pax Romana: „Internationaler Zusammenschluss katholischer Studentenvereinigungen und Akademikerverbände. 1921 als ‚International Confederation of Catholic Student Associations' gegründet, besteht Pax Romana seit 1947 aus den beiden autonomen Organisationen ‚Mouvement International des Étudiants Catholiques' (MIEC; Generalsekretariat in Paris) und ‚Mouvement International des Intellectuels Catholiques' (MIIC; Generalsekretariat in Fribourg). Ziele von Pax Romana sind die Evangelisierung der Universitäten und der universitären Kultur sowie die Förderung christlichen Gedankenguts im intellektuellen und kulturellen Bereich. Pax Romana ist vom Heiligen Stuhl als ‚International Catholic Organization' (ICO) anerkannt und besitzt konsultativen Status bei der UNO und anderen internationalen Organisationen. Beide Bewegungen haben nationale und regionale Gliederungen mit z. T. heterogenen Strukturen. Daneben hat der MIIC spezielle Sekretariate für Angehörige einzelner Berufsfelder (Juristen, Pädagogen usw.). Gegenwärtig sind im MIIC Vertreter aus 80 Ländern und im MIEC Vertreter aus 69 Ländern zusammengeschlossen."[568]

Päpstlich-Russisches Kolleg: Gegründet vom Papst Pius XI. 1929 in Rom mit seiner Apostolischen Konstitution *Quam curam.* „Es sind eine Reihe von verschiedenen Faktoren, die die Päpste und die verantwortlichen Kreise der kirchlichen Leitung schon seit mehr als hundert Jahren auf die großen Aufgaben aufmerksam werden ließen, welche der katholischen Kirche in einem vielleicht nicht fernen Morgen in Russland gestellt sein können. Eine ganze Reihe vornehmer russischer Konvertiten trugen dazu bei, das jahrhundertalte Vorurteil: ‚Russe sein heißt der orthodoxen Kirche angehören, die orthodoxe Kirche verlassen heißt die russische Nationalität aufgeben', im russischen Bewusstsein zu erschüttern, und entfachten in den Päpsten Leo XIII., Pius X. und ihren Nachfolgern lebhaftes Interesse und aufrichtige Sympathien für ihr großes Volk mit seinen reichen seelischen Gaben."[569]

Pro Civitate Christiana: „In Assisi begann 1939 die Geschichte einer italienischen Laien-Sozietät, die sich *Pro Civitate Christiana* nennt und sich rühmt: ‚Nicht einmal in den entlegensten Winkeln des Kirchenrechts konnten die römisch-katholischen Behörden eine Aussage finden, die ihnen diese Lebensart einzureihen gestattet hätte'... Die Freiwilligen – so nennen sich die Mitglieder dieser Gemeinschaft – bringen den Doktorgrad einer akademischen Fakultät mit, besuchen einen Lehrgang für Theologie und verpflichten sich vor Gott und der Gemeinschaft mit einem endgültigen Versprechen. Gegenwärtig (1975) umfasst Pro Civitate etwa 80 Personen, die in folgenden Arbeitsgruppen tätig sind: Unterweisung in der christlichen Lehre, Theologie, Jugend, Welt der Arbeit, Familie, Verlagsanstalt, Zeitschrift, Platten- und Musikverlag, Gastfreundschaft, Begegnung mit Künstlern, Schriftstellern und Intellektuellen. Die Mitglieder verpflichten sich zur Ehelosigkeit. Zutritt haben nur Laien, keine Kleriker. Sie wollen auch keine Mönche oder Nonnen sein. Nur ihr Gründer, Don Giovanni Rossi, ist Priester. Dem Gründer kommt die höchste Autorität zu. Er wird von einem demokratisch gewählten Rat der Gemeinschaft unterstützt. – Die Gemeinschaft übt keine persönliche Armut, sondern eine gemeinschaftliche. Was der Einzelne hat und was ihm zukommt, lässt er in den Besitz der Gruppe übergehen. Mittelpunkt der etwas exklusiven religiösen Vereinigung ist die ‚Christliche Zitadelle' in Assisi, ein Komplex mit Büros, Bibliothek, Kapelle, Hörsaal und Gasträumen."[570]

Pro Oriente: „Am 4. November 1964 – wenige Tage vor Verabschiedung des Ökumenismus-Dekrets des Zweiten Vatikanischen Konzils am 21. November 1964 – hatte Wiens Erzbischof, Kardinal *Franz König,* ‚Pro Oriente' mit der Zielsetzung ins Leben gerufen, die Beziehungen zwischen katholischer Kirche und den orthodoxen und altorientalischen Kirchen des Ostens zu fördern. – Die Begegnungen im Rahmen von ‚Pro Oriente', vor allem mit den so genannten nichtchalzedonensischen Kirchen – sie haben sich nach dem Konzil von Chalcedon 451 n. Chr. von der römischen Kirche getrennt und umfassen die Kopten, Syrer, Armenier, Äthiopier, Syro-Inder –, haben über dort eingeleitete inoffizielle Schritte in Form von wissenschaftlichen Kongressen, Theologengesprächen oder Delegationsbesuchen zur Aufnahme des offiziellen Dialoges zwischen Rom und dem koptischen, dem syrisch-orthodoxen Patriarchat und der äthiopischen Kirche geführt. Kontakte zur rumänischen Orthodoxie wurden von Wien aus initiiert und der theologische Dialog Roms mit den orthodoxen Kirchen insgesamt mitgefördert, das wegen seiner räumlichen Nähe, seiner politischen Lage, aber auch seiner historischen Entwicklung – auf der Flucht vor den Türken hatten sich zahlreiche Ostchristen in Wien niedergelassen – besonders günstige Voraussetzungen bietet."[571]

Renovabis: (Psalm 104: „Du erneuerst das Antlitz der Erde"). „1970 eingerichteter katholischer Europäischer Hilfsfonds in Wien, über den die katholische Kirche in den vergangenen Jahrzehnten ihre Unterstützung für Osteuropa organisiert hatte. Der Hilfsfonds unterstützt die Kirchen des früheren Ostblocks (Polen, Tschechien, Slowakei, Ungarn, Slowenien, Baltikum, Russland, Weißrussland, die Ukraine, Moldawien, Rumänien, Bulgarien, Albanien, Kasachstan, Usbekistan und andere mittelasiatische und transkaukasische Republiken und soll die Funktion einer internationalen ‚Clearing-Stelle' für Osteuropa-Projekte erhalten und überdies die Mittel der katholischen Kirche Österreichs vergeben."[572]

Schönstatt-Bewegung: „Schönstatt ... ist ein Stadtteil von Vallendar (Rhein), wo seit 1901 eine Niederlassung der Pallottiner besteht. Die Schönstatt-Bewegung entstand aus der pädagogischen Arbeit P. J. Kentenichs im dortigen Studentenheim der Pallottiner. Die Gründung fand 1914 in der heutigen Gnadenkapelle statt; danach Entwicklung zum ‚Apostolischen Bund' (1919). Zunächst in Verbundenheit mit den Pallottinern, erhielt die Bewegung 1964 ihre Autonomie. – Schönstatt versteht sich als geistliche Bewegung, die mit ihrer Spiritualität und Pädagogik versucht, Hilfen für ein menschliches und christliches Leben in der pluralistischen Gesellschaft zu geben. Der biblische Bundesgedanke, das Streben nach ‚Werktagsheiligkeit' und die apostolische Einstellung sind Dimensionen schönstättischer Spiritualität. Ziel der Bewegung ist, zur Formung des ‚neuen Menschen in der neuen Gemeinschaft mit einer stark apostolischen Ausrichtung' beizutragen. Schönstatt setzt auf die Erneuerungskraft eines marianisch geprägten Christseins. – Die Bewegung ist offen für alle in der Kirche und kennt vielfältige Möglichkeiten der Zugehörigkeit. Als Bewegung ist Schönstatt in konzentrischen Kreisen aufgebaut mit einer gestuften Verbindlichkeit: Wallfahrtskreise – Liga – Bünde – Verbände. Die Liga-Gliederungen sind auf der Ebene der Diözesen organisiert und engagieren sich besonders in Pfarreien. Die Bünde, auf Länderebene aufgebaut, verstehen sich als Garant und Seele der Bewegung. Fünf der sechs Verbände in der Mitte des Schönstatt-Werks sind Säkularinstitute diözesanen oder päpstlichen Rechts."[573]

Taizé: Nicht viele kennen die Anfänge der bahnbrechenden Tat, „die der Prior des reformierten Klosters Taizé (Burgund) nach seiner Rückkehr vom Zweiten Vatikanischen Konzil vollzogen hatte. Es dürfte nicht zu viel gesagt sein, dass hier eine wirkliche Frucht des Konzils ausgereift ist, nachdem Roger *Schutz,* persönlicher Gast des Kardinals Bea, auf dem Konzil mit vielen Vätern Gespräche über seine weit gesteckten Pläne geführt hatte, Pläne, die zweifellos aus der in Taizé erneuerten Feier der Eucharistie hervorgegangen sind und die ihre letzte Wurzel in der Spiritualität der Fülle Christi haben."[574] – „Worin liegt die Besonderheit der Brüdergemeinschaft von Taizé? Dass dort über 80 Männer in einer klosterähnlichen Gemeinschaft zusammenleben, dass sie aus verschiedensten Ländern und Berufen stammen und Gäste empfangen, wie dies eine der klassischen Aufgaben der Mönche war und ist, dass sie kleine Niederlassungen, so genannte Fraternitäten, für eine gewisse Zeit in aller Welt unterhalten, dass die so genannten evangelischen Räte Ehelosigkeit, Armut und Gehorsam – auch wenn man dies in Taizé z. T. anders nennt – Grundlage ihres gemeinschaftlichen Lebens sind und der Tagesablauf der Brüder geprägt ist durch den Wechsel von Arbeit, Mahlzeiten und Gebet – all das ist durchaus nicht ungewöhnlich. Verschiedenste mönchische Gemeinschaften leben dies in ähnlicher Weise auch. – Umso mehr fragt man sich, woher es kommt, dass gerade das, was in dieser Gemeinschaft geschieht und von ihr ausgeht, als ‚die christliche Lebensäußerung unserer Tage‘ bezeichnet wird, ‚die am wenigsten umstritten ist‘? Warum ist ausgerechnet Taizé für die ‚Kinder dieser Zeit‘ wohl gar das einzige glaubhafte Zeichen dafür, dass Christsein glücken und beglücken, befreien und befrieden kann?"[575] – „Seit 1969 ist die Communauté auch offen für Katholiken."[576]

Weg der Hoffnung Solidaritätskreis: Forum XXIII. Das „Forum XXIII" – der Name erinnert an Papst Johannes XXIII. – hat sich die Umsetzung der Beschlüsse des 2. Vatikanums zum Anliegen gemacht und ist gemeinsam mit dem Solidaritätskreis „Weg der Hoffnung" der Hauptträger des Widerstandes gegen Kurt Krenn in dessen Diözese. Die Veranstaltungen des „Forums XXIII" locken regelmäßig deutlich mehr Besucher an als die

Bischofsmessen im Dom – obwohl zuweilen von den Teilnehmern ein Regiebeitrag eingehoben werden muss, um Kosten für Saalmieten und Einladungen abdecken zu können. Zu einem Vortrag Kardinal Königs im März 1999 kamen auf Einladung des Forums mehr als 700 Gäste. Und eine Diskussionsveranstaltung mit dem Wiener Weihbischof Helmut Krätzl über dessen Buch „Im Sprung gehemmt – Was mir nach dem Konzil noch alles fehlt" lockte im Februar 1999 mehr als 400 Katholiken nach Gars am Kamp. Die Wahl des Veranstaltungsortes für diese Diskussion mit Krätzl lässt übrigens tief blicken: Hadersdorf liegt knapp außerhalb des „Reiches" von Kurt Krenn, gerade noch in der Wiener Erzdiözese.[577]

Weltliche Institute („Provida Mater Ecclesia"): „Die Apostolische Konstitution ,Provida Mater Ecclesia' vom 2. 2. 1947 rief in der Kirche eine neue Form religiöser Lebensgemeinschaften für Laien ins Dasein: die ,Weltlichen Institute'. – Sie entwickeln sich mehr und mehr zur zeitgemäßen Form apostolischer Gemeinschaftsarbeit. In ihnen wird die Idee des Papstes zur Tat, dass heutzutage die Laien innerhalb ihres eigenen Milieus und Berufskreises die fruchtbarsten Apostel sind. In den ,Weltlichen Instituten' vereinigen sich Laien gemäß den drei evangelischen Räten zur Lebensgemeinschaft. Sie üben aber zugleich ihren weltlichen Beruf aus, um durch ihn missionarisch zu wirken. – Im Jahre 1949 suchten 33 solche Gemeinschaften um die päpstliche Approbation nach. Im Ganzen existieren jetzt (1950) 97 Weltliche Institute, davon 25 für Männer. 45 haben ihren Sitz in Italien, 12 in Frankreich, 9 in Deutschland, 8 in Spanien, je 4 in Österreich, Belgien und Mexiko, die übrigen in USA, Polen, Rumänien, Ungarn, Uruguay und in der Schweiz."[578]

3.4.2. Radikale Aktionen und Institutionen

Es scheint mir außerordentlich wichtig zu sein, in aller Deutlichkeit festzuhalten und einer gründlichen Interpretation zu unterwerfen, dass in der Kirche unserer Tage nicht nur fortschrittliche, oft geniale neue Aktionen und Institutionen gestartet oder lebendig weiterentwickelt, sondern auch Widerstände gegen anachronistische Strukturen und kämpferische Maßnahmen im Interesse der Einführung radikal neuer Formen ins Leben gerufen worden sind – eine in diesen Kategorien und Quantitäten neue Erscheinung in der Kirchengeschichte. Es würde den Rahmen dieses Buches sprengen, wollte man eine Gesamtliste radikaler Aktionen und Institutionen in der Kirche zu erstellen. Hier kann nur eine Auswahl aufgezählt werden mit der Angabe, wo man Dokumente über die einzelnen finden kann, und eine weitere Auswahl aus dieser bereits selektierten Liste einiger Institutionen, die vielleicht die größte (lokale oder allgemeine) Wirkung gezeitigt haben: In diesen Fällen werden auch einige wenige Dokumente angeführt.

Achter Mai: Vor dem Besuch Johannes Pauls II. in den Niederlanden 1985 entstanden: „Das andere Gesicht der Kirche". „Das Stichwort Dialog spielt derzeit nicht nur in der katholischen Kirche der Bundesrepublik eine wichtige Rolle, wo das Zentralkomitee der deutschen Katholiken vor drei Jahren ein Papier über ‚Dialog und Dialogverweigerung' vorlegte und der Vorsitzende der Bischofskonferenz erst kürzlich ein gewichtiges Referat zum gleichen Thema hielt. ... Ende Oktober 1994 wurde in den *Niederlanden* der umfangreiche Abschlussbericht einer ‚Kommission Dialog' veröffentlicht, die Anfang 1994 vom Ständigen Rat der Bischofskonferenz eingesetzt worden war. Die fünfköpfige Kommission sollte Vorarbeiten auf der Suche nach Möglichkeiten zur Förderung eines möglichst breit angelegten Dialogs in der katholischen Kirche der Niederlande leisten. Die Einsetzung der Dialog-Kommission und ihr Bericht haben einen *doppelten Hintergrund:* zum einen die massiven innerkirchlichen Spannungen, die der katholischen Kirche in den Niederlanden seit der unmittelbaren Nachkonzilszeit zu schaffen machten und sich im Umfeld des Papstbesuchs von 1985 nochmals verstärkten, zum anderen gewisse Tendenzen zu einem Spannungsabbau, wie sie sich seit einigen Jahren bemerkbar machen. In den siebziger Jahren gab es in den Niederlanden eine ebenfalls von den Bischöfen berufene ‚Kommission Pluriformität', die aber letztlich nur den bestehenden Dissens zwischen ‚Progressiven' und ‚Konservativen' über wichtige Fragen des kirchlichen Lebens feststellen konnte und mit ihrem Auftrag nicht zu Rande kam. Diesmal stehen die Erfolgschancen für den Dialog um einiges besser. ... In diesem Frühjahr jährt sich zum zehnten Mal der Papstbesuch in den Niederlanden und damit auch die Großveranstaltung in Den Haag unter dem Motto ‚Das andere Gesicht der Kirche', aus der die ‚Achter-Mai-Bewegung' hervorging. Sie hat seither jedes Jahr ein großes Treffen durchgeführt; die nächste Veranstaltung wird am 13. Mai dieses Jahres wieder in Den Haag stattfinden. Die ‚Achter-Mai-Bewegung', der über hundert Gruppen, Bewegungen und kirchliche Institutionen aus dem ‚progressiven' Flügel des niederländischen Katholizismus angehören, hat den Bericht der ‚Kommission Dialog' gelobt und die Erwartung ge-

äußert, die Bischöfe bei der Veranstaltung vom kommenden Mai begrü-
ßen zu können, wie es auch die Dialogkommission empfiehlt. Die Anwesenheit von Bischöfen beim nächsten ,Achter-Mai-Treffen' wäre ein
Signal für eine weitere Entspannung des Gesprächsklimas in der niederländischen Kirche. – Es ist kein Zufall, dass der innerkirchliche Dialog
derzeit in den Niederlanden wie in Deutschland auf der Tagesordnung
steht. Es sieht so aus, als würde doch da und dort zunehmend die Einsicht Platz greifen, dass das Heil für die katholische Kirche im nationalen wie im übernationalen Rahmen nicht in einer weiteren Fragmentari-
sierung und Polarisierung liegen kann. Wer sich auf den Dialog wirklich
einlässt, geht ein Risiko ein. Aber dieses Risiko ist nicht nur, aber gerade auch in den Niederlanden an der Zeit."[579]

*Aktion ECHO – Initiative kritischer Katholikinnen in St. Johannes Bap-
tist, Anrath*[580]
Arbeitsgemeinschaft Priester ohne Amt[581]
Arbeitsgemeinschaft von Priester- und Solidaritätsgruppen in der BRD
(AGP)[582]
Association for the Rights of Catholics in the Church (USA)[583]
Aufstand der Kapläne[584]
Basisgruppe „Jonas" (Genf)[585]
Brief 28 katholischer Hochschullehrer an den Papst[586]
Catholic Organisations for Renewal (USA)[587]
Catholics Speak Out (USA)[588]
CNWE-Catholic Network for Women's Equality (Canada)[589]
Coalition of Concerned Canadian Catholics (Canada)[590]
Common Ground (Befragung darüber USA)[591]
Communautés chrétiennes de Base (Genf)[592]
„Concilium"-Mitarbeiter in vielen Tageszeitungen[593]
Forum des communautés chrétiennes (Vincennes)[594]
Fragen an den Papst, offener Brief von Akademikern und Professoren an
den Papst (BRD)[595]
Französischer Klerus Brief vom 3. 11. 1968[596]
Futura Church (USA)[597]
Homosexuelle und Kirche-Arbeitsgruppe (HuK)[598]
Indiens katholische Laien[599]
Initiative Kirche von unten[600]
Internationalen Föderation verheirateter katholischer Priester[601]
Irish Women's Ordination Site (Ireland)[602]

Italienische Theologen Offener Brief[603]
Kirchensteuer-Treuhandaktion Diözese Linz[604]

Kölner Erklärung: Diese Aktion scheint eine besonders wichtige Funktion wegen der großen Zahl echter Fachleute und wegen der Schärfe der Formulierung erfüllt zu haben. „Am 5. 1. 1989 protestierten in Köln 15 katholische Theologieprofessoren in einem Text öffentlich gegen den römischen Druck auf die Bischofsernennungen, die Erteilung und den Entzug der Missio canonica für Theologieprofessoren sowie gegen die Tendenz päpstlicher Ansprachen (1988), die Normen zur Geburtenregelung als ‚unfehlbar' zu verstehen (Empfängnisregelung). Dieser Text wurde anschließend von zunächst 163, später 220 Professoren aus Deutschland, Österreich, der Schweiz und den Niederlanden unterzeichnet und am 27. 1. 1989 erstmals publiziert. Es folgten weltweit Solidaritätsbekundungen und ähnliche Erklärungen in Frankreich, Italien, Spanien, Belgien u. a., schließlich seitens der Gesellschaft für Katholische Theologie Nordamerikas. Die von der Hierarchie stark kritisierte Initiative nahm Einfluss auf den Entstehungsprozess der Enzyklika *Veritatis splendor* (1993) und veranlasste die Gründung der Europäischen Gesellschaft für Katholische Theologie am 1. 12. 1989."[605] – Die ‚Kölner Erklärung: Wider die Entmündigung – für eine offene Katholizität' wurde aus Anlass der Ausdehnung der päpstlichen Unfehlbarkeit auf umstrittene moralische Fragen formuliert und bis Mai 1989 von über 220 katholischen Theologieprofessorinnen und -professoren unterzeichnet ... Der Text des Briefes ist verhältnismäßig lang. Hier können einige charakteristische Sätze zitiert werden:
„Verschiedene Ereignisse in unserer katholischen Kirche veranlassen uns, eine öffentliche Erklärung abzugeben. Drei Problemfelder bedrücken uns am meisten:
1. Von der römischen Kurie wird mit Nachdruck die Konzeption verwirklicht, Bischofssitze in der ganzen Welt unter Missachtung der Vorschläge der Ortskirchen und unter Vernachlässigung ihrer gewachsenen Rechte einseitig zu besetzen.
2. Auf der ganzen Welt wird qualifizierten Theologen und Theologinnen die kirchliche Lehrerlaubnis in vielen Fällen verweigert. ... Die Erteilung der kirchlichen Lehrerlaubnis wird als Instrument der Disziplinierung missbraucht.
3. Wir werden Zeugen des theologisch höchst fragwürdigen Versuchs, neben der jurisdiktionellen die lehramtliche Kompetenz des Papstes in unzulässiger Weise geltend zu machen und zu überziehen.

Die Beobachtungen in diesen drei Bereichen scheinen uns Zeichen für eine Veränderung der nachkonziliaren Kirche zu sein: für eine schleichende Strukturveränderung in der Überdehnung der Jurisdiktionshierarchie; – für eine fortschreitende Entmündigung der Teilkirchen, für eine Verweigerung der theologischen Argumentation und für eine Zurücksetzung der Laien in der Kirche; – für einen Antagonismus von oben, der die Konflikte in der Kirche durch Disziplinierung verschärft. – Wir sind der Überzeugung, dass wir dazu nicht schweigen dürfen. ... Die Herrschaftsausübung, wie sie in den neueren Bischofsernennungen zum Ausdruck kommt, steht im Gegensatz zur Brüderlichkeit des Evangeliums, zu den positiven Erfahrungen mit der Entfaltung der Freiheitsrechte und zur Kollegialität der Bischöfe. ... Der in jüngster Zeit öfter erklärte und beanspruchte Gehorsam von Bischöfen und Kardinälen gegenüber dem Papst erscheint als blind. Der kirchliche Gehorsam im Dienst am Evangelium verlangt die Bereitschaft zu konstruktivem Widerspruch (vgl. Codex Juris Canonici, Canon 212, § 3). Wir fordern die Bischöfe dazu auf, sich an das Beispiel des Paulus zu erinnern, der mit Petrus versöhnt blieb, obwohl er ihm in der Frage der Heidenmission ,ins Angesicht hinein widerstand' (Galaterbrief 2,11). ... Die derzeitige Praxis einer innerkirchlichen Verletzung des Prinzips der Subsidiarität bei klaren Zuständigkeiten des Ortsbischofs in Fragen der Glaubens- und Sittenlehre ist ein unhaltbarer Zustand. ...

In jüngster Zeit hat der Papst in Ansprachen an Theologen und Bischöfe die Lehre über die Geburtenregelung ohne Rücksicht auf die Gewissheitsgrade und auf das unterschiedliche Gewicht kirchlicher Aussagen mit fundamentalen Glaubenswahrheiten wie der Heiligkeit Gottes und der Erlösung durch Jesus Christus so verknüpft, dass sich Kritiker der päpstlichen Lehre über die Geburtenregelung mit der Verurteilung konfrontiert sehen, ,fundamentale Eckpfeiler der christlichen Lehre anzugreifen', ja mit der Berufung auf die Würde des Gewissens in Irrtum zu geraten, das ,Kreuz Christi vergeblich', das ,Geheimnis Gottes zunichte' zu machen und die ,Würde des Menschen' zu leugnen. Die Begriffe der ,grundlegenden Wahrheit' und der ,göttlichen Offenbarung' werden vom Papste herangezogen, um eine höchst spezielle Lehre zu vertreten, die weder aus der Heiligen Schrift noch aus den Traditionen der Kirche begründet werden kann (vgl. die Ansprachen vom 15. 10. und vom 12. 11. 1988). ... Selbst das päpstliche Lehramt hat der Theologie die Würde zuerkannt, die Argumente für theologische Aussagen und Normen zu prüfen. Diese Würde darf nicht durch Denk- und Redeverbote verletzt werden. ... – Nach der Überzeugung vieler Menschen in der Kirche stellt die Geburtenregelungsnorm der Enzyklika ‚Humanae vitae' von 1968 eine Orientierung dar, welche die Gewissensverantwortung der Gläubigen nicht ersetzt. Bischöfe, u. a. die deutschen Bischöfe in ihrer ‚Königsteiner Erklärung' (1968) und Moraltheologen haben diese Auffassung vieler Christinnen und Christen für richtig gehalten, weil sie der Überzeugung sind, die Würde des Gewissens bestehe nicht nur im Gehorsam, sondern gerade auch in der Verantwortung. Ein Papst, der auf diese Verantwortung der Christinnen und Christen im Bereich innerweltlichen Handelns so häufig zu sprechen kommt, sollte diese im Ernstfall nicht systematisch missachten. ... – Die Theologen, die im Dienst der Kirche stehen, haben jedoch auch die Pflicht, öffentlich Kritik zu üben, wenn das kirchliche Amt seine Macht falsch gebraucht, so dass es in Widerspruch zu seinen Zielen gerät, die Schritte zur Ökumene gefährdet und die Öffnung des Konzils zurücknimmt. ... – Wenn der Papst tut, was nicht seines Amtes ist, kann er im Namen der Katholizität nicht Gehorsam verlangen. Dann muss er Widerspruch erwarten."[606]

Komitees Christenrechte in der Kirche (18. 12. 1979, 8000 Unterschriften)[607]
Kronberger Erklärung[608]
Moraltheologie im Abseits (Kritischer Sammelband vor allem deutschsprachiger Moraltheologen)[609]
Nordamerika: Theologen melden sich zu Wort[610]

Open Kerk: Unter anderem „beklagte ein Brief der Bewegung ‚*Open Kerk*' zum Jahreswechsel 1984/85 die Art und Weise der Bischofsernennungen in den vergangenen Jahren, die Behinderung der Entwicklung neuer Formen des Amtes und einer den heutigen Lebensverhältnissen angemessenen Weitergabe des Glaubens. Durch all das seien viele enttäuscht, frustriert und irritiert. Die prinzipiell positive Einstellung gegenüber der zentralen Kirchenleitung komme dadurch unter schweren Druck."[611]
Partenia: die virtuelle Diözese von Bischof Jacques Gaillot[612]
Pfarrer, eine Gruppe von München[613]
Priests for Equality (USA)[614]
Selbsthilfebewegung[615]
Solidaritätsgruppe Ruhrgebiet[616]

Stecher-Briefe: (über die Person vgl. 3.3.) – Hier möchte ich nur die ‚härtesten' Aussagen aus den beiden Briefen zitieren, die auf die Notwendigkeit einer gewissen radikalen Änderung in der Kirche am eindeutigsten hinweisen: „Gedanken zum neuesten Dekret über die Mitarbeit der Laien. ... Es ist ein Unterschied, ob man z. B. die eucharistische Vollmacht verteidigt oder die Vollmacht, im Gottesdienst zu predigen. Wenn es – wie heute häufig – zwar noch gelingt, von irgendwoher einen alten Priester für die Eucharistie ‚einzufliegen', dann ist schwer einzusehen, dass man einem theologisch voll ausgebildeten und menschlich-spirituell geeigneten Gemeindemitglied verbieten muss, in der Eucharistiefeier eine Predigt zu halten (über Allerheiligen-Allerseelen musste neulich mein Generalvikar allein sieben Gemeindegottesdienste als aushelfender Priester feiern!). ...

Das genannte Dekret über die Laien begnügt sich also mit der Verteidigung der ‚Diplomschwestern und Diplompfleger', will sagen der klerikalen Vollmachten, Würden und Standesrechte. Die Volksgesundheit, d. h. das Heil der Gemeinden, bleibt völlig aus dem Spiel. Für diese Gemeinden hat man eigentlich stillschweigend schon längst einen Heilsweg ohne Sakramente entworfen – was wiederum jeden auch nur in einer seriösen scholastischen Theologie Gebildeten den Kopf schütteln lässt. ... Das Bestürzende liegt darin, dass die derzeitige Kirchenleitung einfach ein theologisches und pastorales Defizit aufweist, so peinlich das zu sagen ist. Das Amt in der Kirche ist von seinem biblischen Verständnis her ein dem Heile *dienendes* A m t und kein sakraler Selbstzweck, dem es völlig gleichgültig sein kann, ob Millionen und Abermillionen von Christen überhaupt je die Möglichkeit haben, heilsstiftende Sakramente zu empfangen und die Mitte ihrer Gemeinschaft, die biblisch und dogmatisch die Eucharistie ist, in einer menschlich erlebbaren Weise zu pflegen. ...

Die Tendenz, menschliche Ordnungen und Traditionen höher zu werten als den göttlichen Auftrag, ist das eigentlich Erschütternde an manchen Entscheidungen unserer Kirche am Ende dieses Jahrtausends. ... Am bedenklichsten ist für mich nach wie vor in dieser Frage der Missachtung göttlicher Weisungen der Umgang mit Priestern, die geheiratet haben. Aus *eigener Anschauung* weiß ich, dass Gesuche, die der Bischof mit dringenden, pastoral und menschlich begründeten Bitten einreicht, zehn Jahre und mehr gar nicht angeschaut werden. Auch das neueste Dekret ändert diese Praxis nur marginal. Es handelt sich – wohlgemerkt – n u r um Bitten der Versöhnung mit Gott und der Kirche, um die Möglichkeit, eine christliche Ehe zu führen und manchmal auch um die Möglichkeit, nichtpriesterliche Dienste auszuüben. Auch hier gibt es nur das unbarmherzige *Nein*. Und nun wiederum: Was hat der Herr gesagt? Hat er nicht die Pflicht zur Verzeihung und zur Versöhnung durch alle Lehren und Gleichnisse, Taten und bis zu den Gebeten am Kreuz zur *höchsten* ethischen Pflicht gemacht? Hat er nicht dieses Gesetz des Verzeihenmüssens mit der härtesten Sanktion belegt? Hat er nicht gesagt, „wer nicht verzeiht, dem wird nicht verziehen"? ...Ist nicht theologisch evident, dass die Verweigerung von Verzeihung und Versöhnung die *viel größere Sünde* ist als die Verletzung des Zölibats? Die zweite betrifft ein *menschliches* Gebot und ist eine Sünde der Schwachheit, die erste ein *göttliches* und ist eine Sünde der Härte. ... Aber die Geschichte lehrt, dass auch die Praxis des höchsten Amtes von der Sache Jesu abirren kann ... So wie das derzeit ist, hat Rom das Image der Barmherzigkeit verloren und sich das der repräsentativen und harten Herrschaft zugelegt. Mit diesem Image wird die Kirche im 3. Jahrtausend keinen Stich machen – da ändern pompöse Millenniumsfeiern mit vielen schönen Worten gar nichts. ... Und es darf um der Kirche willen nicht so sein, dass man von höchster Stelle wohl um jeden Splitter an der Basis bemüht und besorgt ist, aber den Balken im eigenen Auge nicht sieht. ... Dr. Reinhold Stecher, Diözesanbischof von Innsbruck am 33. Sonntag nach Pfingsten, dem Sonntag des Weltgerichts" (1998).

Selbstverständlich blieb der überaus deutliche Brief des volksnahen und sehr beliebten Bischofs nicht ohne Vorwürfe. Auf diese geht er in einer zweiten Aussendung ein. „Soweit ich diese Äußerungen überblicken kann, hat bei einigen Mitbrüdern im Amte eine Sache die größte Empörung ausgelöst: Meine Feststellung, dass die derzeitige Praxis des regierenden Papstes gegenüber den Priestern, die am Zölibat gescheitert sind, der Forderung Jesu nach Verzeihung und Barmherzigkeit nicht entspräche. Es kann also – über alle rhetorischen Formen der Entrüstung hinweg – nur um die eine Frage gehen: Ob das wahr ist oder nicht. ... Wahr ist, dass ich nach der Veröffentlichung erklärt habe, dass ich von meiner Aussage nichts zurücknehme. Und dabei bleibe ich. ... Die Frage der Dispens für verheiratete Priester habe ich in aller Deutlichkeit mündlich in der zuständigen Kongregation vorgebracht, nachdem ich durch Augenschein festgestellt hatte, dass die zehnjährige Zurückstellung eines von mir abgegebenen Gesuches Tatsache war (natürlich mit unzähligen anderen aus der Welt). ... Unter Papst Paul VI. wurde praktisch eine Frist von zwei Jahren für die Dispenserteilung anberaumt ... Diese Praxis wurde unter dem gegenwärtigen Pontifikat radikal geändert. Die Dispens wurde auf ein bestimmtes Lebensalter hinaufgeschoben, was Fristen von zehn und mehr Jahren nach sich zog. In vielen Fällen wurde damit die Einreichung eines Gesuches sinnlos – und sicher werden in vielen Fällen gar keine Gesuche mehr eingereicht (statistisch wird man das wahrscheinlich als ‚Erfolg' verkaufen).

Die Verantwortung für diese Regelung liegt zweifelsohne beim Papst selbst ... Um was in den sicher Tausenden von Gesuchen gebeten wird, ist nur die Möglichkeit für den gescheiterten Priester, nach einer gewissen Besinnungszeit im Frieden mit Gott und Kirche eine christliche Ehe führen zu können. Wenn dies über so große Zeiträume verwehrt wird, ist der Betreffende (mit seiner Frau) gezwungen, sein religiöses Leben sozusagen außerhalb der Kirchengemeinschaft zu führen. ... Aber man muss sich dann doch in allem Ernst fragen – was ist nun das Ziel einer Pastoral – das geknickte Rohr zu brechen oder es aufzurichten? ... Ich vermag in der derzeitigen Regelung keinerlei pastoral-positiven Sinn zu erkennen. Die angedrohte Versöhnungsverweigerung ist der Löschhut für glimmende Dochte – man kann es anders nicht sagen. ... Ich habe in meiner Diözese etwa 40.000 Beichten ... gehört, ...Ich habe Ehebrecher, Glaubensabtrünnige, Kirchenverfolger, Betrüger, Diebe und sogar Mörder losgesprochen. Aber einem Priester, der geheiratet hat, konnte und kann ich den Frieden der Seele nicht geben – auf Jahre hinaus nicht. Er ist schlechter dran als ein Mörder. ... Normalerweise ist es heute in den meisten Staaten der Erde für einen Mann mittleren Alters nicht leicht, einen Beruf zu finden. ... In anderen Ländern verschärft sich die Lage noch. Das wird überall dort gelten, wo die Kirche sehr geringe Mittel hat (in Brasilien gibt es nach mir vorliegenden Berichten etwa 5000 verheiratete Priester). ... Man kann doch nicht die Verbindlichkeit auf der Ebene eines Sakraments anderen menschlichen Verbindlichkeiten und Gelübden gleichsetzen. ... Aber das „Crimen laesae caritatis" (das Verbrechen der verletzten Liebe), das in diesen vergeblichen Bitten der Bischöfe und Ordensoberen sichtbar wird, hat für manche Bischöfe gar kein Gewicht. Sie sehen nur das „Crimen laesae majestatis", wenn man einer hohen Autorität das Wort Gottes vor Augen stellt. Und hier wird die Überzeugung vertreten, dass eben alles, was ein Papst tut, selbstverständlich schriftkonform und barmherzig sei. ... Das System, das wir hier vor uns haben, ist das einer völligen Entpersönlichung. Ich erwähne das hier nur – weil der Akt der Versöhnung und Verzeihung von seinem Wesen her ein zutiefst personaler sein sollte – und nicht ein Vorgang, den man, weil die Masse dazu zwingt,

über Computer laufen lassen kann. Ich glaube, dass man dieses System überdenken sollte. ...
Rum bei Innsbruck,
Dr. Reinhold Stecher,
Altbischof von Innsbruck"[617]

Tagsatzung der Bündner Katholikinnen und Katholiken[618]
Theologen der Kath. Univ. Washington (mehr als 600 Unterschriften)[619]
Theologen. Internationale Gruppe kompetenter Fachleute[620]
Theologieprofessoren „Wider die Resignation in der Kirche"[621]
Unterschriftenaktion gegen Bischof Krenn (ca. 50.000 Unterschriften)[622]
US-Bischöfe Sondervotum Chicago[623]
US-amerikanische Bischofskonferenz Washington, 14.–17. November.[624]
US-Katholiken 4.500 Unterschriften[625]
US-„Underground Church"[626]
Verband der Religionslehrer der Diözese Rottenburg-Stuttgart[627]

Wir sind Kirche – Kirchenvolks-Begehren – We are Church – Herdenbriefe – Manifest von Rom – Dialog für Österreich: Unüberschätzbare Bedeutung für die Zukunft hat diese Aktion, der erste demokratische „Aufstand" des Kirchenvolkes im Dienste radikaler Erneuerungen in der Kirche. Literatur darüber ist leicht zu finden.[628] Hier werden nur die wichtigsten Elemente aufgezählt.

Kirchenvolks-Begehren: „1. Entstehung. Das Schweigen des Erzbischofs von Wien, Kardinal Hans Hermann Groer, zu den im März 1995 gegen ihn erhobenen Vorwürfen sowie das von vielen Katholiken als problematisch empfundene Verhalten von Amtskollegen führten in Österreich zum Kirchenvolks-Begehren. Seinem Inhalt und seinen Forderungen nach war vieles davon schon beim ‚Österreichischen synodalen Vorgang' 1973/74 angemahnt worden, womit dort die tieferen Ursachen für das Kirchenvolks-Begehren zu suchen sind. Mit der Aktion Kirchenvolks-Begehren, die im Frühjahr 1995[629] in ganz Österreich stattfand, sollte die Kirchenleitung gedrängt werden, sich den gewünschten und neuen Themen (Aufbau einer geschwisterlichen Kirche; volle Gleichberechtigung der Frauen in allen kirchlichen Ämtern; keine Bindung des Priesteramtes an den Zölibat; positive Bewertung der Sexualität; Frohbotschaft statt Drohbotschaft) zu stellen, Antworten zu geben und Reformen durchzuführen. Ihr Initiator Thomas Plankensteiner gab am 5. 7.

1995 die Sammlung von mehr als einer halben Million Unterschriften bekannt. Mit ihrer Übergabe an den Vorsitzenden der Österreichischen Bischofskonferenz, den Grazer Bischof Johann Weber, bzw. durch ihre Entgegennahme erhielt das Kirchenvolks-Begehren offiziösen Charakter. Auch in Deutschland (1,8 Mio. Unterschriften) und anderen Ländern gab es ähnliche Initiativen, die 1996 in die Gründung des ‚International Movement We Are Church‘ mündeten (in Deutschland ‚Wir sind Kirche – KirchenVolksBewegung‘).- Der im Oktober 1998 in Salzburg abgehaltene Delegiertentag ‚Dialog für Österreich‘ war vornehmlich von den Themen des Kirchenvolks-Begehrens geprägt.

2. Bedeutung. Das Kirchenvolks-Begehren, nicht einfach Medienereignis bzw. Machenschaft von Kirchendistanzierten, ist nur im Kontext des Vatikanum II zu verstehen: Der ‚Fall Groer‘ in Wien wird zum Symbol des nachkonziliaren Zustandes der Kirche, geprägt von einer gewandelten Kirchenvision ... und fortexistierenden, vormodernen Strukturen. ... Das Kirchenvolks-Begehren bündelt voraufgehende Stellungnahmen u. a. von Synoden und Diözesantagen. Nach Umfrageergebnissen haben Gegner des Kirchenvolks-Begehrens die Reformen gleichfalls bejaht, die Komplexe Homosexualität sowie das Verhältnis von Priestern und Laien finden jedoch wenig Aufmerksamkeit. Eine Ablehnung des Kirchenvolks-Begehrens ist vielfach durch Wahl der Mittel und Akzentsetzungen in den Themen bedingt; auffällig ist die Abstinenz der jungen Generation. 1n der theologischen Diskussion wird ‚liberale‘ Einseitigkeit kritisiert: Reform der Kirche umfasse weitere Dimensionen, müsse sich der ‚Gotteskrise‘ stellen. Das Kirchenvolks-Begehren ist Zeichen der Zeit, das die Kirchenleitung zur Überwindung des Reformstaus im Pontifikat von Johannes Paul II. herausfordert."[630]

Der *Originaltext* des Kirchenvolks-Begehrens lautet wie folgt: „Wir leiden darunter, dass der Zugang zur eigentlichen Botschaft Jesu Christi durch manche Gegebenheiten in der gegenwärtigen katholischen Kirche für viele Menschen erschwert wird. Eine Krise kann den Keim zum Untergang, aber auch die Chance zu einem zukunftsweisenden Neubeginn enthalten. Die Unterzeichneten erwarten, dass die derzeitige schwere Krise der katholischen Kirche für eine längst überfällige Reform genutzt wird. – Mit Ihrer Unterschrift unterstützen Sie die Forderung nach einer Erneuerung der Kirche im Geiste Jesu, die auch wesentlich von der Basis ausgehen muss. Im Besonderen solidarisieren Sie sich mit den folgenden Zielen und Forderungen des ‚Kirchenvolks-Begehrens‘:

1. Aufbau einer geschwisterlichen Kirche:

– Gleichwertigkeit aller Gläubigen, Überwindung der Kluft zwischen Klerus und Laien – *Nur so kann die Vielfalt der Begabungen und Charismen wieder voll zur Wirkung kommen.*

– Mitsprache und Mitentscheidung der Ortskirchen bei Bischofsernennungen – *Bischof soll werden, wer das Vertrauen des Volkes genießt.*

2. Volle Gleichberechtigung der Frauen:

– Mitsprache und Mitentscheidung in allen kirchlichen Gremien

– Öffnung des ständigen Diakonates für Frauen

– Zugang der Frauen zum Priesteramt – *Die Ausschließung der Frauen von kirchlichen Ämtern ist biblisch nicht begründbar. Auf den Reichtum an Fähigkeiten und Lebenserfahrungen von Frauen kann die Kirche nicht länger verzichten. Das gilt auch für Leitungsämter.*

3. Freie Wahl zwischen zölibatärer und nicht-zölibatärer Lebensform: *Die Bindung des Priesteramtes an die ehelose Lebensform ist biblisch und dogmatisch nicht zwingend, sondern geschichtlich gewachsen und daher auch veränderbar. Das Recht der Gemeinden auf die Eucharistiefeier und Leitung ist wichtiger als eine kirchenrechtliche Regelung.*

4. Positive Bewertung der Sexualität als wichtiger Teil des von Gott geschaffenen und bejahten Menschen:

– Anerkennung der verantworteten Gewissensentscheidung in Fragen der Sexualmoral (zum Beispiel Empfängnisregelung)

– Keine Gleichsetzung von Empfängnisregelung und Abtreibung

– Mehr Menschlichkeit statt pauschaler Verurteilungen (zum Beispiel in bezug auf voreheliche Beziehungen oder in der Frage der Homosexualität)

– Anstelle der lähmenden Fixierung auf die Sexualmoral stärkere Betonung anderer wichtiger Themen (zum Beispiel Friede, soziale Gerechtigkeit, Bewahrung der Schöpfung)

5. Frohbotschaft statt Drohbotschaft:

– Mehr helfende und ermutigende Begleitung und Solidarität anstelle von Angst machenden und einengenden Normen

– Mehr Verständnis und Versöhnungsbereitschaft im Umgang mit Menschen in schwierigen Situationen, die einen neuen Anfang setzen möchten (zum Beispiel wiederverheiratete Geschiedene, verheiratete Priester ohne Amt), anstelle von unbarmherziger Härte und Strenge.

Die genannten Punkte sind Zielvorstellungen, die die Kirche aufgrund ihres Auftrages, der Botschaft Jesu und der Erfordernisse unserer Zeit möglichst rasch verwirklichen sollte. Wir erhoffen uns, dass eine Umsetzung dieser Ziele schrittweise möglich sein wird. Dadurch könnte verlorenes Vertrauen wieder zurückgewonnen werden."[631]

Als *kirchenrechtliche Grundlage* der Aktion wird der geltende Codex zitiert: „1. Was die geistlichen Hirten, indem sie Christus vertreten, als Lehrer des Glaubens erklären oder als Leiter der Kirche bestimmen, sind die Christgläubigen, um ihre eigene Verantwortung wissend, gehalten, im christlichen Gehorsam zu befolgen. – 2. Es ist den Christgläubigen unbenommen, ihre Bedürfnisse, vor allem die geistlichen, und ihre Wünsche den Hirten der Kirche zu unterbreiten. – 3. Je nach ihrem Wissen, ihrer Zuständigkeit und der herausragenden Stellung, die sie innehaben, haben sie das Recht und sogar manchmal die Pflicht, ihre Ansicht über das, was sich auf das Wohl der Kirche bezieht, den geistlichen Hirten bekannt zu geben, und sie, unter Wahrung der Unversehrtheit des Glaubens und der Sitten sowie der Ehrerbietung gegenüber den Hirten und unter Beachtung des allgemeinen Nutzens und der Würde der Personen, den übrigen Christgläubigen mitzuteilen."[632]

Die einzigartige Aktion hat natürlich verschiedene *Reaktionen* hervorgerufen. – Von den negativen Stellungnahmen könnte es genügen, den Fall Bischof Krenns zu erwähnen: „Die Forderungen des Volksbegehrens ironisierte Krenn mit der Bemerkung, sie liefen darauf hinaus, dass der Herr Kaplan heiraten und Mutti am Sonntag predigen könne. Wilde Proteste löste der Bischof mit dem Vergleich des Kirchenvolks-Begehrens mit Hitlers Volksabstimmung über den Anschluss Österreichs im Jahr 1938 aus: Die Bischöfe Schönborn, Kapellari und Iby distanzierten sich postwendend und zum Teil in scharfer Form von ihrem Amtskollegen in St. Pölten, wodurch die Konturen der permanenten Auseinandersetzung in der Bischofskonferenz einmal mehr deutlich markiert wurden."[633] – Die positive Reaktion der österreichischen Bischöfe bestand in der Gründung einer Bewegung mit eigenem administrativen Zentrum unter dem Namen „Dialog für Österreich", um sich mit der neuen, durch das Kirchenvolks-Begehren entstandenen Situation auseinander zu setzen. „Unter dem Titel ‚Dein Reich komme!' erschien am 1. September der Grundtext zum sogenannten ‚Dialog für Österreich', zu dem die österreichischen Bischöfe eingeladen haben. Der Grundtext soll anregen, dieses Gespräch aufzunehmen. Er gliedert sich in drei Teile, die die drei großen Bereiche umfassen, zu denen das Gespräch geführt werden soll: die Fundamente des Glaubens (‚Wen verkünden wir?'), Kirchenerneuerung (‚Wie verkünden wir?') und gesellschaftspolitische Herausforderungen (‚Wem verkünden wir?'). Verteilt über diese drei Themenbereiche entfaltet der Grundtext die angesprochenen Themen in 18 Kapiteln. Der Text ist im Stil eines Arbeitsdokumentes abgefasst – mit z. T. langen Zitaten aus der Heiligen Schrift, den Beschlüssen des Zweiten Vatikanischen Konzils, Papstreden und päpstlichen Enzykliken sowie dem Sozialhirtenwort der österreichischen Bischöfe u. a. Das Glaubenskapitel befasst sich mit dem unterscheidend Christlichen, dem Verhältnis von Gottesglauben und außerkirchlicher Religiosität, der theologischen Anthropologie, dem Umgang mit Sünde und Schuld sowie dem Verhältnis von Kirche und Reich Gottes. Im gesellschaftspolitischen Teil des Textes werden Fragen wie die Folgen der wirtschaftlichen Globalisierung, der Arbeitsbegriff, Sonntagskultur, die Lage der Familien u. a. angesprochen. Der kirchenbezogene Teil befasst sich mit den religiösen Veränderungen in der österreichischen Gesellschaft, Fragen der Glaubensverkündigung, der liturgischen Feierkultur, Stellenwert der Caritas, Verhältnis Laien – Priester, Ökumene, Religionsdialog. Der Grundtext richtet sich an alle Pfarrgemeinderäte, an die apostolischen Gruppen, christlichen Gemeinschaften und an alle interessierten Einzelpersonen sowie an die öffentlichen Körperschaften und Verbände des Landes. Sie alle werden zur Eingabe von Stellungnahmen und Anregungen aufgefordert. Ende Oktober 1998 soll ein gesamtösterreichischer Delegiertentag in Salzburg stattfinden. Von einer Reihe von Bischöfen wird der Delegiertentag bewusst nur als ‚Beratungsvorgang‘ verstanden. Voraussichtlich zwei Drittel der Delegierten sollen von den Diözesen und ein Drittel von gesamtösterreichischen Gruppierungen entsandt werden."[634]

Die Verwirklichung der damals geplanten Delegiertentagung beschäftigte sich in drei „Themenkörben" mit allen Problemen, die das Kirchenvolks-Begehren aufgeworfen hat: „Zum Themenkorb 1 unter dem Motto ‚Von Gott gerufen zum Dienst für die Menschen‘ gehören die Themen ‚Gott suchen – Gott erfahren‘, ‚Die Frohe Botschaft heute verkünden‘, ‚Verantwortung aus Liebe‘ und ‚Anspruch und Scheitern. Schuld und Vergebung‘. – Für den Themenkorb 2 (‚Kirche – Gemeinschaft der Glaubenden‘) wurden die Themen ‚Kirche unsere gemeinsame Berufung‘, ‚Berufung und Leben der Priester‘, ‚Frauen in der Kirche‘ und ‚Kirche als Ortskirche und Weltkirche‘ ausgewählt. Im Themenkorb 3 (‚Gesellschaftspolitische Herausforderungen‘) sollen die Themen ‚Kultur des Lebens‘, ‚Lebensraum Familie‘, ‚Sozial wirtschaften‘ und ‚Solidarität kennt keine Grenzen‘ behandelt werden. – Weihbischof Dr. Alois Schwarz – der für die ‚Dialog‘-Durchführung zuständig ist – betonte, dass insbesondere mit den Themen 2, 3 und 4 des Themenkorbs 1 (‚Die Frohe Botschaft heute verkünden‘, ‚Verantwortung aus Liebe‘ – nichteheliche Lebensgemeinschaften, Familienplanung, Homosexualität, ‚Anspruch und Scheitern‘ Wiederverheiratete Geschiedene, Scheitern am Zölibatsversprechen) sowie mit den Themen 6, 7 und 8 des Themenkorbs 2 (‚Berufung und Leben der Priester‘ – priesterliche Lebenskultur, Verpflichtung der Weltpriester zur Ehelosigkeit, ‚Frauen in der Kirche‘ – Gleiche Würde von Mann und Frau, Zulassung von Frauen zu Weiheämtern, ‚Kirche als Ortskirche und Weltkirche‘ – Spannungsverhältnis Ortskirche – Weltkirche, Bischofsernennungen) praktisch alle Themen des ‚Kirchenvolks-Begehrens‘ angesprochen werden.“[635] – Nach dem Urteil der meisten Teilnehmer war die Tagung ein fast überraschender Teilerfolg: ein guter Schritt in die gute Richtung. Allerdings sind seitdem eher Müdigkeitserscheinungen zu beobachten.

Die Plattform „wir sind Kirche“ hat eine eigene Zeitung: „Wir sind Kirche“ und hat bis jetzt drei *„Herdenbriefe“* herausgegeben: 1. Liebe – Eros – Sexualität, 2. Macht Kirche, Wenn Schafe und Hirten Geschwister werden, 3. Frauen schenken der Kirche Leben.

Ähnliche Aktionen und Institutionen haben eine *internationale Ausbreitung* erfahren. In Deutschland ist eine fast identische Unterschriftenaktion vom 16. 9. bis 12. 11. 1995 durchgeführt worden und erhielt 1,8 Millionen Unterschriften (davon rund 1,5 Millionen Mitglieder der katholischen Kirche). In Südtirol sammelte man vom 19. 11. bis Ende Dezember 1995 nur in einer Diözese 18.284 Unterschriften.[636] In der Schweiz wurde eine Petition mit rund 75.000 Unterschriften als „Plädoyer für eine menschliche, offene und tolerante Kirche“ der Bischofskonferenz vorgelegt.[637] Mit mehr oder weniger ähnlichen Aktionen bilden Gruppen aus Belgien, Brasilien, Bolivien, Chile, Costa Rica, Frankreich, Großbritannien, Indien, Irland, Kanada, Katalonien, Kolumbien, Neuseeland, Niederlande, Portugal, Südafrika, Spanien, Schweiz, USA und Venezuela eine internationale Plattform unter dem Namen „International Movement We Are Church“.[638]

Kapitel 4
Verbliebene Anachronismen und Absurditäten

Die Reformen, die in den letzten 50 Jahren in der katholischen Kirche durchgeführt wurden, haben die krisenhaften Entwicklungen, den Prozess der weiteren Schwächung fast aller kirchlicher Faktoren und den weiteren Verlust an gesellschaftlicher Funktion und Bedeutung der Kirche nicht bremsen können. Dies kann uns nicht wundernehmen, wenn wir all die Fehlentwicklungen, anachronistische Traditionen und jene Strukturen, Auffassungen und Handlungen Revue passieren lassen, die heutzutage als Steine des Anstoßes wirken, an denen aber die Kirche nach wir vor festhält. – Die folgenden Kapitel wollen *in ihrer Gesamtschau* belegen, dass nur viel radikalere, gründlichere und kompromisslosere Veränderungen die Krisensituation sanieren können.

4.1. Skandale mit und um Personen

Keine gute Reklame für die Sache der Kirche bilden Skandale hochrangiger Amtsträger. Ohne auf die fragwürdige einschlägige Literatur eingehen zu können[639], wollen wir uns in diesem Kapitel rein exemplarisch auf zwei Fälle beschränken. Dabei sollten einige Prinzipien festgehalten werden. – Priester, Bischöfe und Päpste, so lehrt uns die Kirchengeschichte, sind vor Versuchung und Sünde genauso wenig sicher wie die anderen Christen. Mit Skandalen muss man offenbar überall rechnen. Allerdings sollte diese Tatsache nicht fatalistisch, passiv zur Kenntnis genommen werden. Fromme Wünsche („Wir brauchen heiligmäßige Priester", „Bischöfe sollen tadellose Vorbilder sein") zeitigen kaum Wirkungen. – Selbst „beten allein genügt nicht"[640], wo auch menschliches Tun möglich ist. – Ein solches ist wohl möglich durch Verbesserung der Ausbildung, durch Vorbereitung auf die Übernahme von Ämtern, durch die bessere Auswahl der in Frage kommenden Personen (denken wir an die Art der Zulassung zur Priesterweihe und an die Art der Bischofsernennungen) und durch eine bessere Begleitung der Amtsträger in ihrer persönlichen Entwicklung und in ihrer verantwortungsvollen Tätigkeit. Diese Themen werden in verschiedenen Kapiteln dieses Buches behandelt.

Eine der peinlichsten Geschichten im deutschen Sprachraum war der Fall Groer.[641] – In der Biographie von Hans Hermann Groer (* 1919, Priesterweihe 1942, Bischofsweihe 1986, Ernennung zum Kardinal 1988, Emeritierung 1995[642], † 2003), „der 1942 als Soldat und mitten im Krieg zum Priester der Erzdiözese Wien geweiht und erst in seinen späten Lebensjahren 1976 Mönch des Stiftes Göttweig wurde, weist wenig auf die Bestimmung für ein hohes kirchliches Amt hin. Zwar hatte Groer als Religionslehrer, Direktor des katholischen Aufbaugymnasiums in Hollabrunn, als Wiederentdecker und Promotor des niederösterreichischen, bei Hollabrunn im Weinviertel gelegenen Wallfahrtsortes Roggendorf (erst auf Initiative Pater Groers in *Maria* Roggendorf umbenannt), als Spiritual bei einer ebenfalls auf seine Initiative hin dort angesiedelten Zisterzienserinnengemeinschaft und als erster Verantwortlicher der Legio Mariens in Österreich (seit 1970) einen beträchtlichen Tätigkeitsradius, aber in irgendwelchen pastoralen oder sonstigen kirchlichen Leitungsgremien tauchte sein Name nie auf. ... Das Auffallendste an der Wiener Ernennung ist das *Alter* des neuen Erzbischofs: 67."[643] Er ist 1986 „am Fest Kreuzerhöhung im Dom zu St. Stephan in Wien zum Bischof geweiht worden ... Die Ernennung eines bis dahin relativ unbekannten Wallfahrtsdirektors in einer winzigen 100-Seelen-Gemeinde zum Erzbischof einer der größten Diözesen der Welt bedeutete einen Paukenschlag, der zu Fragen und Spekulationen aller Art Anlass gibt."[644] – Die eigentliche Katastrophe löste ein Zitat im Fastenhirtenbrief des Erzbischofs 1995 aus: „Täuscht euch nicht! Weder Unzüchtige noch Götzendiener, noch Ehebrecher, noch Lüstlinge, noch Knabenschänder, noch Diebe, noch Geizige, noch Säufer, noch Lästerer, noch Räuber werden das Reich Gottes besitzen."[645] – „Groers himmelschreiende Heuchelei hatte seinen Ex-Zögling Josef Hartmann endgültig zu seinem Outing in der Zeitschrift ‚profil' getrieben: ‚Groer hat mich sexuell missbraucht!'"[646] „profil" veröffentlicht diesen Vorwurf. Unmittelbar danach geben die zwei Weihbischöfe Wiens in Verteidigung ihres Vorgesetzten eine Erklärung ab: „Seit der Zeit des Nationalsozialismus, als Priesterprozesse unter dem Vorwand homosexueller Verfehlungen geführt wurden, hat es derlei Verleumdungspraktiken nicht mehr gegeben."[647] – Als die Verdachtsmomente sich erhärten und auch andere Opfer der früheren sexuellen Neigung des Erzbischofs sich melden, entschuldigen sich die Weihbischöfe öffentlich.

Die weitere Chronologie der Ereignisse:

– 6. April 1995: Groer tritt als Vorsitzender der Bischofskonferenz zurück.

– 13. April 1995: Weihbischof Schönborn wird zum Erzbischof-Koadjutor mit dem Recht der Nachfolge ernannt.

– 14. August 1995: Groer gibt seinen Rücktritt per 14. September bekannt, und Schönborn wird automatisch Erzbischof.

– 1. September 1996: Groer wird Prior des Benediktinerklosters in Maria Roggendorf.

– 3. Januar 1998: Der Göttweiger Abt Clemens Lashofer enthebt Groer wieder seines Amtes wegen neuer Vorwürfe, diesmal von Mönchen.

– 10. Januar 1998: Abt Lashofer bittet in Rom um eine Apostolische Visitation seines Stiftes, um Vorwürfe gegen Groer, aber auch gegen seine Amtsführung zu klären.

– 16. Februar 1998: Der Salzburger Erzbischof Eder spricht erstmals von „Beweisen" für die Vorwürfe gegen Groer.

– 21. Februar 1998: Groer ist am Vortag der Kardinalsernennung Christoph Schönborns überraschend beim Papst. Schönborn und Weber fordern Groer erfolglos zur Vergebungsbitte auf.

– 27. Februar 1998: Bischöfliche Groer-Erklärung, unterzeichnet von den Bischöfen Eder, Schönborn, Weber und Kapellari. Darin steht u. a.: Unsere Kirche verkündet eine anspruchsvolle Sexualmoral. Wenn ein Bischof schwerwiegender Verfehlungen gegen diese Moral zu Lasten von ihm anvertraut gewesener jungen Menschen beschuldigt wird, dann genügt nicht eine Versöhnung in der Beichte. Vielmehr muss der Beschuldigte öffentlich und unzweideutig sagen, dass er unschuldig ist, oder öffentlich um Vergebung bitten, was meist auch mit einem Rückzug aus dem Amt verbunden sein wird. Kardinal Groer hat keine der beiden Möglichkeiten deutlich ergriffen. Die Einzigartigkeit dieser Situation hat sowohl die Österreichische Bischofskonferenz wie auch die Leitung der Weltkirche so unvorbereitet getroffen, ja gelähmt, dass es bisher zu keinem die Öffentlichkeit überzeugenden Handeln gekommen ist. „Wir sind nun zur moralischen Gewissheit gelangt, dass die gegen Alterzbischof Kardinal Hans Hermann Groer erhobenen Vorwürfe im Wesentlichen zutreffen. Sein Schweigen haben wir zu ertragen, können aber selbst nicht schweigen, wenn wir unserer Verantwortung für die Kirche gerecht werden sollen. Wir fühlen uns zu dieser Erklärung besonders verpflichtet, weil ein Schweigen die Seelsorge der Kirche weiterhin durch den lähmenden Generalverdacht belasten würde, der Ruf eines Kardinals sei der Kirche wichtiger als das Wohl junger Menschen."[648] – „Am 14. April 1998 veröffentlicht die Nuntiatur eine Erklärung Groers, die – wie bereits jene 1995 – keine Klärung bringt: ‚In den vergangenen drei Jahren hat es zu meiner Person zahlreiche oft unzutreffende Behauptungen gegeben. Ich bitte Gott und die Menschen um Vergebung, wenn ich Schuld auf mich geladen habe.' – Schönborn ist das zu wenig. Am 16. April veröffentlicht er seinerseits eine Erklärung: ‚Als Bischof dieser Diözese entschuldige ich mich für alles, wodurch mein Vorgänger und andere kirchliche Amtsträger sich an ihnen anvertrauten Menschen verfehlt haben. ... Ich gehe davon aus, dass Kardinal Groer der klaren Bitte des Papstes – seinen bisherigen Wirkungskreis aufzugeben – nachkommen wird. Das bedeutet, dass er nicht mehr als Bischof oder Kardinal in Erscheinung treten und Österreich verlassen wird."[649] Ein Wunsch, der nicht gänzlich erfüllt worden ist: Am 21. Februar 1998 „installierte Johannes Paul II. auf dem Petersplatz in Rom die neuen Kardinäle, unter ihnen den Erzbischof von Wien, Christoph Schönborn. Erst wenige Stunden vor diesem Ereignis erfuhr der Erzbischof eher zufällig, dass auch sein umstrittener Vorgänger, Kardinal Hans Hermann Groer, in der Ewigen Stadt weilte und am Vortag bei einer Privataudienz beim Papst gewesen war. Bei dieser Gelegenheit hatte der Vorsitzende der Deutschen Bischofskonferenz, Karl Lehmann, Groer in den Vorräumen der päpstlichen Privatbibliothek getroffen."[650]

Bischof Krenn

Eine zweite, sehr negativ auffallende Gestalt ist Kurt Krenn. – Seine authentische Biographie ist auf seiner Homepage im Internet zu lesen.[651] In diesem harmlosen Lebenslauf kommen natürlich die unangenehmen und negativen Ereignisse und die zahlreichen Fauxpas nicht vor. Mit diesen sind die Bücher voll, die über Bischof Krenn geschrieben wurden, und viele Seiten fast in jeder Nummer der Zeitschrift „Kirche Intern".[652] – Um die katastrophalen Auswirkungen der Worte und der Taten eines Bischofs, der fehl am Platze ist, richtig einschätzen zu können, müsste ein Strauß aus den Fehlleistungen von Bischof Krenn gebunden werden.

Am 14. September 1991 ging die Amtseinführung Kurt Krenns über die Bühne, die unter keinem guten Stern stand. Im Vorfeld zeichnete sich der Widerstand des Kirchenvolkes ab. „Ein Hirte wie Du war nicht der Wunsch von Sankt Pölten" – diese Worte sind einem Protestbrief zu entnehmen.[653] Der machtsüchtige Bischof, dessen Credo lautete: „Mit jedem

Tag, den ich in dieser Diözese überlebe und tätig sein kann, wächst meine Autorität und Macht"[654], ist der Vertreter einer neuen Kirchenkultur.[655] Er tut so, als hätte er die Wahrheiten nicht nur gepachtet, sondern als wäre er ihr Eigentümer. Mit dieser Hintergrundinformation ist vielleicht die fragliche Einstellung Krenns gegenüber dem Konzilspapst Johannes XXIII. leichter nachzuvollziehen: „Irgendetwas ist ihm immer eingefallen, er hat das eine oder andere gemacht – und so kam es auch zur Ankündigung des Konzils". Praktisch war das Konzil eher launenbedingt. Daher sind die Veranstaltungen nicht so ernst zu nehmen.[656] Sein „geheimer Generalvikar" bezeichnet sogar die Ökumene, Religionsfreiheit und Kollegialität als „umstrittene Lehrpunkte".[657] Er ist ein Verfechter der alten Liturgie[658], denn sie sei „so etwas wie ein mahnendes Gewissen" für jene, die in der neuen Liturgie „den theologisch wahren Begriff der Eucharistie" verloren hätten.

Er ist ständig auf der Suche nach dem wahrhaft katholischen Geist. Wenn er ihm als gefährdet erscheint, tritt der Bischof prompt in Aktion: Er erteilt den Moraltheologen Virt und Rotter Redeverbot[659], überprüft die Einladungen von Gastreferenten des Religionspädagogischen Instituts in Sankt Pölten[660] und will das Fakultätskollegium auffordern, die Notwendigkeit der einzelnen Seminare zu begründen.[661] Er revidiert die Erklärung der österreichischen Bischöfe über die Verwendung der Empfängnisverhütungsmittel, die besagt, dass die Entscheidung in dieser Frage letztlich dem geprüften Gewissen überlassen ist. Diese Erklärung ist für Krenn ein theologischer Irrtum.[662] Krenn verlangt die Bestrafung der Ärzte mit der Begründung: „Die Ärzte haben die schuldmindernden Umstände nicht für sich wie die Frauen."[663]

Seine menschenverachtende Überheblichkeit widerspiegelt sich in seinen Äußerungen.

In einem ORF-Interview, wo er gefragt wurde, warum die Kirche sich zu dem Mord an vier Romas so spärlich und zögerlich geäußert habe, antwortete er: „Wir lassen uns nicht instrumentalisieren" oder „Wer sind die Toten denn schon, dass sie uns Bestürzen entlocken könnten?"[664] Im Fall Groer hat er wiederum über sein mangelndes Feingefühl für menschliches Leid ein Zeugnis abgelegt. Als die Verfehlungen Groers schon ihre moralische Gewissheit erlangt hatten, wofür Kardinal Schönborn sich entschuldigt hat, verteidigt Krenn die Unschuld Groers, nicht ohne gleichzeitig dessen Opfer eines auszuwischen. Diese seien für ihn keine Opfer, weil nicht „jemand in etwas involviert ist, ohne selber ein Sünder zu sein."[665] In Österreich wurde vom 16. September bis zum 12. November 1995 das Kirchenvolks-Begehren durchgeführt. Das Ergebnis war überwältigend. Die mehr als 500.000 Unterschriften sprechen für sich. Der Dialog zwischen dem Gottesvolk und der Kirchenleitung war vorprogrammiert. Doch die Reaktion Krenns hat nicht lange auf sich warten lassen. „Ich bin der Garant dafür, dass die Kirche sich nicht ändern wird." Die Kirche lässt sich nicht von Unterschriften oder von Mehrheiten bestimmen.[666] Er verglich das Kirchenvolks-Begehren mit der Volksabstimmung 1938 für Hitler, um die Irrtumsanfälligkeit demokratischer Entscheidungen zu beweisen. Denn damals, 1938, habe es ein „Höchstmaß an Demokratie gegeben".[667]

Es war für alle klar, dass dem Kirchenvolks-Begehren ein Dialog folgen sollte. Die Bischöfe hatten einen Bericht zum „Ad-limina"-Besuch in Rom vorbereitet. Krenn wollte diesen Bericht nicht gesehen haben und attackierte seine Amtskollegen, die beteuert hatten, dass er auch zu den Personen gehörte, die den Bericht erhalten hatten. Seine Devise war: „Lügner sollten das Maul halten!"[668]

Wie alle Bischöfe ist auch Bischof Krenn besorgt, was die Frage des Priesteranwärters betrifft. Den Priestermangel möchte er aber nach seinem seltsam erscheinenden Konzept lösen. Im Vorfeld erhob Krenn den Vorwurf gegen die Priesterseminare im Allgemeinen, sie seien „die Therapiestationen für Kranke und solche, die krank gemacht werden sollten."[669] Er selber verlangte später, dass seine Schützlinge, die über keine Matura (9 von 10) verfügt haben (10 Studenten aus dem erzkonservativen Priesterkolleg in Mayerling), zum Studium zugelassen werden.[670] Die Hochschule wollte die Priesteramtskandidaten – Angehörige der „Gemeinschaft vom heiligen Josef" – des nichtakademischen „Dritten Bildungsweges" (sie studierten in Heiligenkreuz bei Wien) nicht mehr haben. Krenn hat sie nach St. Pölten geholt. Da die Professoren der Theologischen Hochschule in St. Pölten sie nicht aufnehmen wollten, hat er die Statuten der Hochschule außer Kraft gesetzt, damit seine Studenten doch Theologie studieren durften.[671]

Seine Vision über die Kirche führt uns in die Kirchengeschichte zurück, in der das Bild der absolutistischen Kirche geherrscht hat. Da die Laien der Hierarchie unterstünden, wird die Mitsprache der Christinnen und Christen schärfstens abgelehnt. Krenn strengte sich in Wien an, den Journalisten in kirchlichen Dingen eine Art Maulkorberlass zu verpassen.[672] Darüber hinaus vertritt er die Meinung, dass Gespräche oft sinnlos seien.[673] Ihm wurde der Vorwurf nicht erspart, dass er die Rückkehr zu einer strafenden Kirche vorbereite. „Strafende Kirche? Ha, die gibt es ja gar nicht! Ich würde sie mir gelegentlich wünschen, die Kirche hat leider keine Disziplin heute."[674]

4.2. Anachronistische Traditionen

Kein vernünftiger Christ wird die entscheidende Bedeutung der Tradition im christlichen Glauben in Zweifel ziehen. Jeder vernünftige Christ sollte allerdings drei Prinzipien vor Augen halten. – 1. Es gibt wertvolle, zeitlos geltende, wesentliche, in der Erfüllung der Aufgaben der Kirche nützliche Traditionen und es gibt anachronistische, geschichtlich zeitbedingte und kulturbedingte, für die Erfüllung der Aufgaben der Kirche hinderliche Traditionen. 2. Selbst die guten Traditionen dürfen nicht statisch und starr aufgefasst werden, sondern etwa im Sinne der Aussage: „Traditionen sind wie Laternenpfähle: Sie beleuchten unseren Weg in die Zukunft – nur die Betrunkenen halten sich daran fest." 3. Zu den guten und schlechten Traditionen gehört alles, was in den rund zweitausend Jahren *bis heute* geschehen ist. Völlig unbegründet ist der Wunsch vieler konservativ Denkender, die Zustände, die vor 50 oder 100 Jahren in Geltung waren, als *die* Tradition der Kirche wiedererrichten zu wollen.

Viele feudale Symbole und Riten wurden (reichlich spät) in der Zeit des Zweiten Vatikanischen Konzils abgeschafft, es blieben allerdings noch viele Reste übrig, die einzeln vielleicht großzügig übergehen werden könnten, in *ihrer Summe* allerdings eine Atmosphäre schaffen, die die Internalisierung des Geistes Jesu auf Grund des Evangeliums bedeutend erschweren bzw. in eine falsche Richtung lenken kann.

Angesprochen wird Papst Johannes Paul II. mit: ‚Seine Heiligkeit', Bischof von Rom, Statthalter Jesu Christi, Nachfolger des ersten der Apostel (Petrus), Oberster Pontifex (Hohepriester) der Kirche, Patriarch des Okzidents (des Westens), Erzbischof und Metropolit der Provinz Rom, Souverän des Vatikanstaates, Diener der Diener Gottes[675] – Als ob es nicht dysfunktional genug wäre, vom Heiligen Vater und vom ‚Heiligen Stuhl' zu reden.

„Luciani redete Monsignore Noe und dessen Miteiferern zu wie störrischen Kindern. Er erklärte ihnen, er wolle auch bei öffentlichen Auftritten auf eigenen Füßen gehen, weil er nicht glaube, dass er besser sei als irgendein anderer Mensch. Er verabscheute die Sänfte und alles, wofür sie stand. ‚Ja, aber die Menge kann Sie nicht sehen', erwiderte die Kurie.

‚Die Leute wollen die Sänfte wiederhaben. Alle sollten den Heiligen Vater sehen können.' Ungerührt erklärte ihnen Luciani, dass er doch oft im Fernsehen gezeigt werde und dass er jeden Sonntag auf den Balkon des Petersdoms trete, um den Angelus zu beten. Er erklärte auch, wie sehr ihm der Gedanke missfalle, gewissermaßen auf dem Rücken anderer Menschen zu reiten. ‚Aber Eure Heiligkeit', sagte die Kurie, ‚wenn Sie sich noch größere Demut auferlegen wollen, als Sie sie schon jetzt sichtbar beweisen, was könnte ein demutsvolleres Opfer sein, als sich in dieser Sänfte tragen zu lassen, die Sie so sehr verabscheuen?' Diesem Argument gab der Papst sich geschlagen. Zu seiner zweiten Generalaudienz ließ er sich auf der Sedia gestatoria in den Nervi-Saal tragen."[676]

Priesterliche Umgangsformen

Welche anachronistischen Naivitäten das Büchlein „Priesterliche Umgangsformen" von Ludwig Hertling enthält, das 1951 in seiner 5. Auflage in Innsbruck erschienen ist, zeigen einige Beispiele: „Alle Bischöfe haben den Titel Exzellenz. Wenn man zu einem Bischof kommt, macht man die Kniebeugung, und zwar eine ordentliche, bis hinunter, nicht nur einen Knix, und küsst den Ring. Das ist der Ritus. Der Bischof soll einem den Ritus nicht dadurch erschweren, dass er bescheiden die Hand wegzieht. Je unbefangener und selbstverständlicher man solche Ehrungen erweist oder über sich ergehen lässt, desto mehr zeigt man, dass man sich persönlich nichts daraus macht. Wenn der Bischof auf der Eisenbahn oder auf der Straße in der Großstadt in einfacher Priesterkleidung geht, unterlässt man Kniebeugung und Handkuss. ... Wenn in der Großstadt auf der Straße ein Unfall passiert, eine Dame ohnmächtig wird oder dergleichen, wird es in den meisten Fällen das Beste sein, den sonst nicht vorbildlichen Leviten im Evangelium zum Vorbild zu nehmen: Er sah sie und ging vorüber. Es werden schon andere Leute helfen. – Ja, aber vielleicht gilt es Sterbesakramente zu spenden? – Macht nichts. Die Rettungsabteilung ist im Augenblick zur Stelle und in ein paar Minuten ist der Verunglückte im Krankenhaus und dort ist ein Priester, der das Nötige besorgt. Unter tausend Straßenunfällen in der Großstadt ist noch nicht einer, wo man sofort einen Priester braucht. Wohl aber kann der Priester durch fromme Vordringlichkeit in neun von zehn Fällen in peinliche Situationen kommen. ... Gemeinsamer Radioempfang (seitdem er nicht mehr verboten ist) ist fürchterlich langweilig. Erst recht sollten Leute, die in Gegenwart anderer am Apparat herumdrehen und Sender suchen, eigentlich erschossen werden. Da das aber nicht geht, so muss man sie in Geduld ertragen."[677] – Nicht weniger naiv klingt die Aussage, „wenn der Kardinal von Genua, Giuseppe Siri, der bei der letzten Papstwahl einige Chancen hatte, Papst zu werden, noch 1978 die Meinung vertrat, Frauen sollten keine Hosen tragen, da sie sonst sehr leicht ihre ‚biologische Funktion' vergessen könnten, wie der amerikanische Theologe und Soziologe Andrew Greeley in seinem ... Buch berichtet ..."[678]

Zwei Beispiele für Traditionen, die sofort und offiziell abgeschafft werden sollten, weil sie für heutige Christen mindestens lächerlich wirken. – Eine komplexe Legendenliteratur berichtet u. a. über ein Zwiegespräch zwischen dem hl. Laurentius, Diakon in Rom, und seinen Quälern, die ihn auf einem Rost zum langsamen Sterben verurteilt haben. In seiner Freude, bald mit Gott endgültig vereint zu sein, soll er fröhlich gesagt haben: Dreht mich um, eine meiner Seiten ist bereits gut gebacken. Die merkwürdige Folge dieser Legende: der hl. Laurentius ist unter anderem auch Patron der Bäcker![679] – Das zweite Beispiel zeigt die Grenzenlosigkeit der Dummheit, die man breiten Volksmassen auftischen kann, weil die Kirche oft selbst mit ähnlichen Unsinnigkeiten arbeitet und eine richtige Aufklärung über die wichtigsten Botschaften des Christentums versäumt. Der folgende Text erschien in einer Tageszeitung mit großer Auflage: „Die Windeln Jesu oder was dafür gilt, wurden jetzt, gerade richtig zum Weihnachtsfest, wiederentdeckt. Im Dom von Perugia in der italienischen Provinz Perugia. – Nach Berichten in italienischen Zeitungen kamen die heiligen Windeln in einer ehemaligen Sakristei des Domes zusammen mit anderen Reliquien bei Renovierungsarbeiten ans Tageslicht. Das 20 mal 25 Zentimeter große Tuch besteht aus grob gesponnenem Flachs, wie er angeblich zur Zeit Christi im Vorderen Orient verwendet wurde. Die Windeln des Erlösers (von denen ihr natürlicher Inhalt nicht zu trennen ist) spielen in bestimmten Strömungen christlicher Mystik eine wichtige Rolle. 1670 erteilte der damalige Erzbischof von Spoleto, Kardinal Facchinetti, den Auftrag zur Herstellung eines Silberschreins, in dem das Gewebestück seither aufbewahrt wird. Am Heiligen Abend während der Mitternachtsmette wird die Reliquie ausgestellt und den Gläubigen gezeigt. Eine naturwissenschaftliche Altersbestimmung, etwa nach der Radiocarbonmethode, liegt nicht vor. Papst Alexander III. erklärte im Jahr 1175 anlässlich großzügiger Umbauarbeiten an der Kathedrale die Windel ex cathedra, also kraft seines Lehramtes, für echt."[680]

Selbst eine der heroischsten Figuren in einer wahrlich heroischen Zeit, Kardinal *József Mindszenty* (1892–1975), konnte sich im Jahre 1956, kurz vor dem Volksaufstand, zu einer angebotenen Kompromisslösung anlässlich des Zentenariums der Basilika von Esztergom nicht durchringen. In seinen Memoiren beschreibt er alle Argumente, die dagegen sprachen, in Ich-Form, eine Erwägung über das Wohl der Gläubigen kommt dort nicht vor. „Soll ich auf Grund eines Gnadenaktes zurückkehren, an der Kette der Gnade der Grausamkeit schreiten dort, wo Fürstprimas Scitovszky begann, mit vielen anderen Faktoren die Sträflingsketten der Nationen aufzureißen? ... Soll ich mich in meiner erzwungenen Stellungnahme oder vielleicht gar auf der Kanzel nach achtjähriger Schmach und den Leiden eine Danksagung formulieren? ... Soll ich hingehen und Zeugnis ablegen in der ‚Freude' des Jubiläums, was aus Esztergom geworden ist und soll ich dann das Ganze mit meinem Stempel versehen? Soll dann einmal in der Basilika nach den Schildern mit den Aufschriften ‚coepit, continuavit, consummavit, consecravit ein neues Schild mit der Aufschrift entstehen: ‚Jubilavit in abominatione desolationis ...'"[681] – Er wollte nicht darauf verzichten, dass er als der erste Bannerträger der Nation in einem Interregnum die höchste politische Macht besitzen sollte.

Die moderne *soziale Gesinnung* und die „Option für die Armen" wird in der Kirche Deutschlands vermisst und in einer Anfrage an den Papst auf den Punkt gebracht: „Wussten Sie nicht, dass in kirchlichen Einrichtungen jede gewerkschaftliche Betätigung von Arbeitnehmern strikt untersagt ist? Nun wäre zu gewerkschaftlichem Engagement in kirchlichen Einrichtungen wahrhaftig Anlass genug. Denn die beiden Großkirchen sind infolge der historischen Entwicklung, die ihre rechtliche Absicherung im Grundgesetz erfahren hat, in der Bundesrepublik inzwischen zum zweitgrößten Arbeitgeber nach dem öffentlichen Dienst geworden. Zur Zeit stehen ca. 750.000 Menschen in einem kirchlichen Arbeitsvertrag. Das heißt aber auch, exakt so vielen Menschen ist es durch die bundesrepublikanische Kirche, deren oberster Repräsentant Sie sind, strikt verboten, sich innerbetrieblich gewerkschaftlich zu betätigen."[682]

Kirche und Arbeiterschaft

Kirche und Arbeiterschaft haben ein gestörtes Verhältnis. Das Kommunistische Manifest von K. Marx und F. Engels wurde 1847–1848 erarbeitet. Die Kirche hat fast ein halbes Jahrhundert gewartet, bis Leo XIII. die er-

ste (nicht sehr soziale) Sozialenzyklika im Jahre 1891 veröffentlichte –
Zeit genug für Massen von Arbeitern, aus der Kirche auszuziehen.

Viel, viel später gab es einen heroischen missionarischen Versuch in
der Bewegung der *Arbeiterpriester* – der Rom natürlich ein Ende setzte.
„Arbeiterpriester ist die Sammel-Bezeichnung für diejenigen Welt- und
Ordenspriester, die bewusst Pfarrhaus oder Kloster verließen, um haupt-
beruflich und auf Dauer als Fabrikarbeiter im klassischen Arbeitermilieu
heimisch zu werden. Dass diese Reaktion auf die auch in anderen Ländern Europas erkennbar gewordene Entkirchlichung der Arbeitswelt sich
gerade in Frankreich in dieser Weise zuspitzte, lässt sich plausibel erklären. Zunächst hatte die von den Arbeiterjugendseelsorgern Henri Godin
und Yvan Daniel dem Pariser Kardinal Suhard vorgelegte Dokumentation
,La France, pays de mission?' den Adressaten derart beeindruckt, dass er
– dem Vorschlag der Autoren folgend – schon 1943 einzelne Priester ermutigte, diesen Weg in die Fabriken zu gehen. So kam es – mitten im
Krieg – zur Gründung der ,Mission de Paris'. Unabhängig davon aber
hatten sich andere Priester insgeheim als Arbeiter nach Deutschland verpflichten lassen, um so den zahlreichen französischen Zwangsarbeitern in
deutschen Lagern und Rüstungsfabriken beizustehen und ihnen ihre Solidarität zu bezeigen. ...

Diese Form kirchlicher Präsenz in der Arbeitswelt ist so aus recht unterschiedlichen Anstößen zustande gekommen. Bis 1950 hatten sich –
meist orientiert am Vorbild der ,Mission de Paris' – in allen großen Indu-
striegebieten Frankreichs Equipen gebildet, in denen insgesamt etwa
100–120 Priester als Arbeiter tätig waren. Der einzelne Arbeiterpriester
ging ganz in diesem Milieu auf, feierte dort auch in seiner meist kärgli-
chen Wohnung den Gottesdienst, an dem sich Nachbarn, Arbeitskollegen
und Freunde beteiligten. Nicht selten wurden Priester, sobald sie von ihren Kameraden als solche erkannt waren, auch aufgefordert, die Rechte
der Arbeiter gegenüber der Betriebsleitung zu verteidigen, an der Ge-
werkschaftsarbeit teilzunehmen und sich auch an den damals sehr zahlreichen Streiks und Demonstrationen zu beteiligen. Ein Abseitsstehen in
diesem Konfliktfeld hätte die Glaubwürdigkeit des ganzen Einsatzes gefährdet, zumal Skeptiker die Priester immer noch und wieder als ,Agen-
ten des Vatikans' verdächtigten. Da Priester als (gelegentlich) gute Rhe-
toriker oft die Wortführer in solchen Konflikten wurden, sich zuweilen
auch aktiv in der (kommunistischen) CGT engagierten, baute sich allmählich eine Widerstandsfront auf, in der sich das konservative Unter-
nehmertum mit dem konservativen Teil des Klerus verbündete. Da die

Arbeiterpriester in den führenden Köpfen des französischen Episkopats zunächst jedoch starke Fürsprecher hatten, suchte die französische Bourgeoisie auf dem Umweg über Rom einen Rückzug der Priester aus den Fabriken zu erzwingen. Da dies alles noch in der Zeit des ‚kalten Krieges' geschah und auch die Spätzeit des Pontifikats Pius' XII. eher konservative Akzente setzte (z. B. die Enzyklika *Humani generis,* 1950), kann es nicht verwundern, dass dieser Weg schließlich ‚Erfolg' hatte. So wurde 1953/54 die Fortsetzung der Arbeit nur unter folgenden Bedingungen gestattet: Auswahl der Priester durch den Bischof, zuverlässige doktrinale Ausbildung, Begrenzung der Arbeitszeit auf täglich drei Stunden, Aufgabe aller weltlichen Engagements, aktive Teilnahme am Gemeindeleben (was auf eine Auflösung der ‚Milieu'-Gemeinden hinauslief).

Folgenreicher noch war allerdings die Maßregelung etlicher die Intentionen der Arbeiterpriester stützender Theologen, v. a. aus dem Dominikanerorden (u. a. Y. Congar, M.-D. Chenu). Damit war nach zehn Jahren die klassische Phase der Arbeiterpriester beendet, auch wenn sich mühsame Fortsetzungsversuche noch bis 1959 hinzogen, als – von der Öffentlichkeit kaum noch bemerkt – jegliche Fabrikarbeit für Priester von Rom verboten wurde. Viele der Betroffenen haben die Verbote zunächst ignoriert, manche haben nach oft quälend langen Versuchen zu Kompromissen doch ihr Priesteramt aufgegeben, etliche sind auch aus der Kirche ausgetreten und haben – nicht selten im Ausland – ganz andere Lebenswege begonnen.

Die obersten Kirchenbehörden irritierten an den Arbeiterpriestern offenbar folgende Fakten: 1) die Bildung von ‚Parallelgemeinden' um einzelne Priester, 2) die zwar minimale, aber kirchlichem Zugriff verschlossene ökonomische Unabhängigkeit des einzelnen Arbeiterpriesters und 3) das Engagement auf der ‚falschen' (d. h. linken) Seite, was in der Hochphase des Antikommunismus allein schon genügte. Obwohl das Experiment der Arbeiterpriester – gemessen an der eigenen Zielsetzung: Re-Inkarnation der Kirche in der Arbeitswelt – misslungen ist, kann man nicht leugnen, dass gerade die Priester der ersten Generation durch ihr Engagement viele Probleme der Kirche und in der Kirche verdeutlicht haben, die auch heute noch nicht gelöst sind. Es bleibt ein Skandalon, dass das ‚System Kirche' nicht menschlicher mit denen umgegangen ist, die ihrem Berufungsauftrag so engagiert und glaubwürdig wie wenige gefolgt sind."[683]

So wird charakteristischerweise selbst der Begriff der *Brüderlichkeit* verdächtig. „Johannes Paul II. hat eine Botschaft an das vom 13. Mai bis 22.

Juni (1985) in Assisi tagende Generalkapitel der Franziskaner gerichtet. ... Der Orden solle ... die auch juristische Eigenart jeder Ordensgemeinschaft verwirklichen und festigen, die darin bestehe, dass sie eine *stabile Lebensform* darstelle und keine Bewegung, die sich für neue Optionen offen halte, die ständig an die Stelle der anderen treten, in einer nicht endenden Suche nach einer eigenen Identität, so als hätte man diese noch gar nicht gefunden. ... Außerdem müsse man vermeiden, dass das Wort *Brüderlichkeit* zweideutige Bedeutungen erhalte, die nicht die Gerechtigkeit schützten, sondern die Unabhängigkeit beförderten und dadurch zu einer *Krise der Autorität* beitrügen, die immer auch eine Krise des Gehorsams sei."[684] – Das gleiche Generalkapitel „hatte sich dafür eingesetzt, *Brüdern* einen gleichberechtigten Zugang zu Leitungsämtern des Ordens zu eröffnen. Dazu wäre es notwendig gewesen, den Charakter des Ordens als Klerikerorden abzuschwächen. In Can. 588 § 1 weist das neue Kirchenrecht zwar darauf hin, dass der Stand des geweihten Lebens von seiner Natur her ‚weder klerikal noch laikal‘ sei, kennt dann aber nur Institute, die entweder *klerikal (§ 2)* oder *laikal (§ 3)* sind. Kirchenrechtlich geht es dabei um die Frage, ob und in welchem Ausmaß Laien in einem Klerikerorden Leitungsgewalt ausüben dürfen. ... In einem Brief an den Generalminister der Franziskaner ... wies die vatikanische Kongregation für die Orden und Säkularinstitute ausdrücklich darauf hin, dass man in dieser Frage an den rechtlichen Status quo gebunden sei."[685]

Umweltprobleme

Keine bessere Würdigung finden die Umweltprobleme des heutigen Menschen in der Kirche: „Es gibt in unserer Ordnung des Kirchenjahres kein eigenes Fest, das die Schöpfung Gottes feiert, in den theologischen Disziplinen keinen Traktat, der zur Freude an der Natur und zu ihrer Schonung und Erhaltung aufruft – im Gegenteil, die Welt wurde in einem unserer Kirchenlieder jahrzehntelang als ‚Jammertal" besungen."[686]

Auch hochrangige kirchliche Amtsträger erblicken Versäumnisse auf diesem Gebiet. „Als Kardinal Döpfner in einer Grundsatzerklärung zu Beginn der Herbstvollversammlung der Deutschen Bischofskonferenz im Jahr 1974 mit dem Thema ‚Die Zukunft der Menschheit und die Bedingungen für ein menschenwürdiges Leben‘ ... unter Hinweis auf den zwei Jahre zuvor erschienenen Bericht des ‚Club of Rome‘ dem Vorwurf entgegentrat, das Christentum habe die Umweltkrise nicht hinreichend wahrgenommen, ja es trage mit seiner Schöpfungstheologie sogar Mitschuld an der hemmungslosen Ausbeutung der Erde, musste er gleichzeitig *beträchtliche kirchliche Defizite* in diesem Bereich konstatieren: ‚Leider ist nicht zu leugnen, dass katholische Wissenschaftler und Politiker sich der genannten Probleme kaum annehmen. Außer in Ansätzen schweigen sich die Theologen zu dieser Frage aus.' Die Kirche müsse sich – so der Kardinal damals – der Mühe unterziehen, die eigene Position zu überdenken und neu zu formulieren. Sechs Jahre später liegt nun von Seiten der Bischöfe die damals vermisste Positionsbestimmung vor: Sekundiert von einem Referat von Kardinal Höffner über ‚Mensch und Natur im technischen Zeitalter' verabschiedete die Bischofskonferenz eine weithin beachtete Erklärung zu Fragen der Umwelt und Energieversorgung. Erscheint angesichts der in der Einleitung der Erklärung eindringlich beschworenen neuen Grenzsituation der Menschheit eine offizielle kirchliche Stellungnahme zu diesem Fragenkomplex als eher *überfällig,* so kommt das bischöfliche Wort anderseits doch auch *überraschend. ... Die ... größere Zurückhaltung im deutschen Katholizismus* hat verschiedene Ursachen. Zur mangelnden Sensibilität für sich neu entwickelnde geistige Strömungen und gesellschaftliche Trends wie die ökologische Bewegung kommen Vorsicht gegenüber den konkreten Ausdrucksformen ökologisch motivierten Protests und verständliche Scheu vor problematischen Glaubenskriegen und innerkirchlichen Polarisierungen im Blick auf die Umwelt- und Energiediskussion. Schließlich darf neben solchen Faktoren auch nicht vergessen werden, dass es in der katholischen Theologie lange genug gedauert hatte, bis die neuzeitliche technisch-wissenschaftliche Modernisierung in ihrer umfassenden Dynamik positiv beurteilt und das menschliche Schaffen entsprechend aufgewertet worden war.“[687]

Ablass- und Sühneproblem

Eine ganz entscheidende Rolle in der Kirchengeschichte spielte die theologische Auffassung und die Praxis der Kirche in Hinblick auf das Ablass- und Sühneproblem. Bekanntlich waren die kaum mehr nachvollziehbar unsinnigen diesbezüglichen Praktiken im 16. Jahrhundert mit ein Grund für die Proteste von Luther und Gefährten, die zur unseligen Trennung der Christen geführt haben. Ein einziges extremes Beispiel kann die Berechtigung des Protestes belegen: „Das Bußwerk bestand zunächst und im Allgemeinen in einem auferlegten Bußfasten. Dieses konnte jedoch nach einem Kommutations- und Redemptionssystem umgewandelt werden, z. B. in Gebete, in Geldleistungen usw. Seit dem 8. Jahrhundert war es möglich, dass Stellvertreter die Buße ableisteten. Ein Bußbuch von 967 hält fest, dass 7 Jahre Bußfasten durch 840 Männer, von denen jeder 3 Tage fastet, erbracht werden können. Es sagt selber dazu: ‚Das ist die Bußkommutation, die sich ein reicher Mann, der Freunde hat, verschaffen kann. Der Arme kann das nicht: er muss für sich selber Buße tun.' Es ist deutlich, inwiefern das Aufkommen von Sühnevorstellungen im Christentum mit der Entwicklung der Bußpraxis zusammenhing."[688]

Das eigentliche Problem besteht darin, dass die Kirche auf diesem Gebiet die „normale" historische Entwicklung nicht mitgemacht hat, sondern im 16. Jahrhundert die Unglaubwürdigkeit ihrer Lehre noch stärker unter Beweis gestellt hat und mit dem Wesen des Problems bis heute nicht fertig geworden ist. „Die neuere Geschichtswissenschaft (Mentalitäts- und Sozialgeschichte) verwendet häufig den Begriff ‚Reliktmentalität'. Damit ist, unwissenschaftlich gesprochen, gemeint, dass nicht eine Mentalität in einer klar erkennbaren Zäsur die andere ablöst, sondern dass Mentalitäten sich überlagern, wobei frühere Mentalitäten hartnäckig auch dann weiterexistieren können, wenn die Fragwürdigkeit ihrer Voraussetzungen schon längst erkannt ist. Das Fortbestehen einer Mentalität kann nicht monokausal erklärt werden. Die gegenwärtige Situation der katholischen Kirche (natürlich nicht nur ihre) ist tief geprägt durch die Existenz von Reliktmentalitäten. Zu ihnen gehören auch die Sühnevorstellungen ..."[689] – Diese Behauptung belegen die einschlägigen römischen Dokumente der letzten Jahrzehnte. Die obersten Organe der Kirche haben immer wieder versucht, auf diesem Gebiet Erneuerungen einzuführen, ohne zu merken, dass dadurch die tiefer liegenden Absurditäten in Zusammenhang mit Sühne und Ablass nur noch deutlicher hervortraten.

Im Januar 1967 erschien das Motuproprio *Indulgentiarum doctrina*[690], im Dezember 1985 das *Dekret der Apostolischen Pönitentiarie,* dessen Kommentator zutreffend feststellt: „Das eigentlich Interessante an der Verlautbarung der Pönitentiarie ist eine *Diskrepanz,* auf die sie indirekt aufmerksam macht: Während das Dekret vom Ablass wie von einer Selbstverständlichkeit spricht, ist für die meisten Katholiken zumindest in unseren Breiten der Ablass höchstens noch eine schwache Erinnerung an eine frühere Praxis oder eine Kuriosität. Kein Element der traditionellen Bußpraxis ist den Gläubigen so fremd geworden wie das Ablasswesen. Daran hat auch dessen Neuordnung durch die Apostolische Konstitution ‚Indulgentiarum doctrina' Pauls VI. vom 1. Januar 1967 nichts geändert, die ja auch nur sehr vorsichtige Korrekturen anbrachte. (Der neue

Kodex, der in den Canones 992 bis 997 von den Ablässen handelt, übernimmt im Übrigen in Canon 992 wörtlich die Ablassdefinition aus der Apostolischen Konstitution.) Welche Mühe es heute bereitet, auch nur die theologischen Grundanliegen verständlich zu machen, die hinter der Ablasspraxis stehen, zeigen nicht zuletzt die einschlägigen Ausführungen im Erwachsenenkatechismus der deutschen Bischöfe (vgl. dort S. 372–374). Das gilt für die Rede vom ‚Kirchenschatz‘ der Verdienste Christi und der Heiligen ebenso wie für die von den zeitlichen Sündenstrafen. Die religiös-kirchliche Mentalität, in die das Ablasswesen vom Mittelalter her einmal eingebettet war, lässt sich ohnehin nicht repristinieren."[691]

Trotz dieser Einsicht hält die Amtskirche an der unseligen Tradition der Ablässe fest, wie dies im Dekret *Incarnationis Mysterium* deutlich wird. Was daran unglaubwürdig und fremd ist, kann schwer analysiert werden. Aber jeder aufgeklärte gläubige Intellektuelle wird sofort spüren, wie meilenweit von seiner Gedankenwelt einzelne Normen dieser Verlautbarung stehen: „Mit vorliegendem Dekret, das in dem vom Heiligen Vater in der Verkündigungsbulle des Großen Jubiläums des Jahres 2000 zum Ausdruck gebrachten Willen verfasst ist, und kraft der ihr von demselben Papst übertragenen Vollmacht legt die Apostolische Pönitentiarie die Ordnung fest, die für die Erlangung des Jubiläumsablasses einzuhalten ist." (Was hat Sühne, Wiedergutmachung und ewiges Heil mit dem Kalender zu tun?) „... Auch während des Jubeljahres bleibt überdies die Regelung in Geltung, dass ein vollkommener Ablass nur einmal am Tag gewonnen werden kann." (Was heißt das: jeden Tag ein vollkommener Ablass – wenn vollkommen, dann warum multiplizieren?) ... – „Auch für das kommende Jubiläum wird die Regelung bestätigt, wonach die Beichtväter für diejenigen, die rechtmäßig verhindert sind, sowohl das vorgeschriebene Werk als auch die geforderten Bedingungen ändern können. Die klausurierten Ordensmänner und Ordensfrauen, die Kranken und alle, die nicht imstande sind, ihre Wohnung zu verlassen, können statt des Besuches einer bestimmten Kirche die Kapelle ihres Hauses aufsuchen; sollte auch das nicht möglich sein, können sie den Ablass dadurch erlangen, dass sie sich geistig mit denen verbinden, die das vorgeschriebene Werk in ordentlicher Weise erfüllen, und dass sie Gott ihre Gebete, Leiden und Entbehrungen aufopfern." (Sozial sehr gerecht. Muss man aber Gott Winke geben, wer unter welchen Umständen selbst in Ausnahmefällen seine Gnade erhalten kann?)

Was die Erfüllung der Bedingungen betrifft, so werden die Gläubigen den Jubiläumsablass erlangen können: „*1) In Rom* (natürlich sind Römer und Touristen privilegiert), ... *2) Im Heiligen Land* (siehe oben), ... *3) In den anderen kirchlichen Jurisdiktionsbereichen* (immer noch ein heilsgeschichtlicher Vorteil), ... *4) An jedem Ort,* wenn sie für eine angemessene Zeit Brüder und Schwestern, die sich in Not oder Schwierigkeiten befinden (Kranke, Gefangene, einsame alte Menschen, Behinderte usw.), besuchen, dabei gleichsam zu Christus pilgern, der in diesen Menschen gegenwärtig ist (vgl. *Mt* 25,34-36), und die üblichen geistlichen und sakramentalen Bedingungen, einschließlich der vorgeschriebenen Gebete, erfüllen. Die Gläubigen werden sicher solche Besuche im Laufe des Heiligen Jahres wiederholen; bei jedem dieser Besuche können sie den vollkommenen Ablass erlangen, natürlich nur einmal am Tag. – Rom, aus der Apostolischen Pönitentiarie, am 29. November 1998, dem ersten Adventsonntag.“[692]

Hexenverfolgungen

Leider ist zwischen Ablassproblem und Hexenverfolgung eine, wenn auch entfernte Analogie zu entdecken. Die Letztere, eine der grausigsten religiösen Verirrungen, wütete jahrhundertelang. – „Die erste Hexe wurde 1275 in Toulouse verbrannt, als die letzte – in Wirklichkeit war es die zweitletzte – gilt Anna Göldin 1782 in Glarus.“[693] – „Die ‚Hexenbulle‘ des Papstes Innozenz VIII. von 1484 führte zum eigentlichen Ausbruch der Hexenverfolgung.“ Das Buch „Der Hexenhammer“, das als Handreichung für Hexenverfolgung geschrieben wurde, „erreichte zwischen seinem Erscheinen 1487 und 1609 an die 30 Auflagen ... Darin ist zu lesen: Die Frau ist das Schlechteste der Schöpfung, defizient an Leib, Seele und Geist. ‚Diese Mängel‘, heißt es, ‚werden auch gekennzeichnet bei der Schaffung des ersten Weibes, indem es aus einer krummen Rippe geformt wurde, aus der Brustrippe, die gekrümmt und gleichsam dem Mann entgegengeneigt ist. Aus diesem Mangel geht auch hervor, dass das Weib immer täuscht, da es nur ein unvollkommenes Tier ist.‘“ – Die Hexenbulle ist „ nie widerrufen worden“.[694] – Die Opferbilanz in Europa, nach vorsichtigen Schätzungen: 59.000 bis 80.000 Menschen, in der Mehrzahl Frauen.[695] – Die soeben zitierte „Reliktmentalität“, die in der Kirche in Zusammenhang mit den Frauen immer noch lebendig ist, wird in weiteren Abschnitten vor allem des nächsten Kapitels (Frauenpriestertum, Frauendiakonat, Frauen in der Kirche) behandelt werden.

Fachtheologen haben ihre liebe Sorge mit verschiedenen *Andachten*, die fromme Seelen entzücken können, auf theologisch einigermaßen gebildete und aufgeklärte Menschen aber eine abschreckende Wirkung ausüben. In manchen Gegenden ist es immer noch Brauch, gegen Messstipendien für die „vergessenen Seelen" Messen lesen zu lassen. Das sind jene Verstorbenen, für die niemand betet. Wartet Gott vielleicht mit diesen Seelen, bis es einem einfällt, durch Messintentionen auf sie aufmerksam zu machen?

„Außer der Feier des *Herz-Jesu-Festes* mit einem feierlichen Sühnegebet wurden Sühneandachten und -prozessionen, Sühnemessen und -kommunionen und insbesondere das individuelle Sühneleiden von kirchlichen Autoritäten empfohlen, je nachdem, wann und wo gerade die Kränkungen des Herzens Jesu (öffentliche Unmoral, antiklerikale Umtriebe usw.) ausfindig gemacht wurden. Heutige – wenigstens mitteleuropäische – theologische Denkweise sieht sich veranlasst, diese Auffassung und Praxis der stellvertretenden Sühne abzulehnen: weil die Opferkritik der Propheten, der Psalmen und Jesu zugunsten tätiger Liebe völlig ignoriert wird; weil die Existenzweise Jesu in der Vollendung naiv anthropomorph gedacht wird; weil das Denken und Sprechen die Grenzen der Analogie nicht beachtet und von Sentimentalitäten überwuchert ist; weil die Gefahr eines Überheblichkeitsdünkels gegenüber den Sündern, auf die mit den Fingern gezeigt wird, zu nahe liegt; weil die freudige Akzeptanz eigener Sühneleiden in gefährlicher Weise die Kräfte der Selbstheilung mindert usw.

Eine theologisch und religiös mehr als fragwürdige Parallelisierung erfuhr diese Herz-Jesu-Sühne-Mentalität durch den von Fatima propagierten Kult des *‚Unbefleckten Herzens Mariens'*. Die angeblichen Botschaften Marias an die Seherkinder von 1917 zeigen ein gegenüber der biblischen Selbsterschließung Gottes völlig deformiertes Gottesbild, das eines Gottes, der wegen fragwürdiger Sünden beleidigt ist, der unproportionierte ewige Strafen verhängt; deren Ausführung aber von den qualvollen Sühneleistungen dreier Kinder im Alter von sieben bis zehn Jahren abhängig macht. Sie setzen die ‚Unbefleckten Herzen', was immer das heißen mag, bei Jesus und Maria ganz parallel zueinander und lassen Maria entgegen der Warnung im Neuen Testament vor vielen Worten beim Beten erhebliche Quantitäten an Rosenkränzen verlangen."[696]

Es ist auch fraglich, wie vielen Christen die „Litera Encyclica" Papst Johannes' XXIII. über die Verehrung des *Kostbarsten Blutes* Mitte 1960 und die kurz vorher approbierte und mit besonderen Ablässen verbundene neue Litanei zum Kostbarsten Blute Christi seelische Verstärkung des Glaubens und Verbesserung des christlichen Alltags gebracht hat.[697] – Ähnliche Fragen könnte man stellen in Zusammenhang mit der Verehrung des „Turiner Grabtuches", das sich auf Grund der Stellungnahmen von Fachleuten periodisch als echt und dann als unecht erweist.[698]

Eine ganz unwürdige Diskussion entstand in Zusammenhang mit der Frage, ob Mädchen als *Ministrantinnen* am Altar dienen dürfen oder nicht. Als Folge der Denkkategorien des 20. Jahrhunderts wurde dieser Zustand praktisch in das Leben vieler Pfarreien eingeführt, durch die römische Instruktion „Inaestimabile donum" verboten, um schließlich bei Kompromisslösungen zu landen.[699]

Exorzismus

Vielen erscheint auch der Exorzismus, trotz verschiedener Reformstufen, als eine anachronistische Handlung auf Grund entsprechender Vorstellungen. „Exorzismus ist die rituelle Vertreibung oder Verbannung böser Mächte oder Geister aus Personen, Lebewesen oder Gegenständen. Praktiken des Exorzismus sind in allen Kulturen nachweisbar und dienen der ganzheitlichen Reinigung bzw. Heilung. Der Exorzismus setzt die Vorstellung antagonisierender Kräfte bzw. religiöser Gewalten voraus. Wer ihn ausübt, verfügt über eine besondere Begabung, etwa Priester, Schamanen, Medizinmänner; sie sind im Kontext der jeweiligen Religion ‚göttliche Menschen'. ... Der Exorzismus umfasst psychologische, soziologische, politische und theologische Dimensionen. ... Für die legitime Vornahme des Exorzismus (die des ‚großen' ist an die Erlaubnis des Ortsordinarius und an besondere Dispositionen des Priesters gebunden) ist das Vorhandensein von Kriterien für ein (modal-)übernatürliches Phänomen entscheidend. Auch wenn die Kirche diesbezüglich die Erkenntnisse der modernen Humanwissenschaften beachten wird, kann sie diese nicht als letzte Urteilsinstanz anerkennen. ... Exorzismen spielten, nur im Westen bis zur jüngsten Liturgiereform, auch in Sachbenediktionen eine Rolle, wobei direkte Anrede an den Satan in gallischem Brauch wurzelt. ... Die erneuerte Liturgie spiegelt die aporetische Situation um den Exorzismus im Kontext der heutigen nordatlantischen Gesellschaft wider: keine völlige Eliminierung, aber Marginalisierung (dies gilt in praxi für den ‚Großen Exorzismus', dessen Existenz canon 1172 Codex Iuris Canonici weiterhin voraussetzt; bisher keine Erneuerung des Formulars) und Umbildung (Tauf-Exorzismus nur mehr in Gebetsform ...) ... Der Hinweis auf Besessenheit (vgl. canon 1151 § 1 Codex Iuris Canonici 1917) ist unterblieben.

Voraussetzung für die Anwendung des Exorzismus ist eine vorausgehende Prüfung, bei der auch alle Möglichkeiten von Medizin und Psychiatrie auszuschöpfen sind. Der Vorsitzende der Deutschen Bischofskonferenz, Kardinal Höffner, hat am 28. 4. 1978 erklärt, dass bei Anwendung des Exorzismus eine medizinische Behandlung nicht unterbrochen werden darf und der Exorzismus nicht zu vollziehen ist, wenn Angehörige die medizinische Behandlung ablehnen."[700]

Solche Vorsichtsmaßnahmen hängen mit Fällen des Exorzismus mit tragischen Folgen zusammen. Ein bekanntes Beispiel aus der neueren Zeit ist der Tod einer Studentin: „Mit dem Urteilsspruch der Richter des Aschaffenburger Landgerichts, der am 23. April (1978) verkündet wurde, ist das letzte Wort über den Tod der Studentin Anneliese Michel nicht gesprochen. Die Verteidigung will gegen das Urteil, das bekanntlich auf 6 Monate mit Bewährung für die Eltern *Anna* und *Josef Michel* sowie für Pfarrer *Ernst Alt* und *P. Arnold Renz* lautete, in die Revision gehen. Aber es geht nicht nur um juristische Nacharbeit an dem Aschaffenburger Prozess, noch wichtiger dürfte sein, dass in der Kirche – von Lehramt, Theologie und Verkündigung – das angemessene Wort zu den Vorfällen in Klingenberg gefunden wird. Angesichts des Opfers ist es nicht möglich, den Fall Klingenberg, nachdem das Urteil ergangen ist, für erledigt zu halten und zur Tagesordnung überzugehen. ... Das Urteil hat wegen des Strafmaßes einige Überraschung ausgelöst, weil es erheblich über die Anträge der Staatsanwaltschaft hinausgegangen war. Die Staatsanwaltschaft hatte für die Verurteilung aller vier Angeklagten wegen fahrlässiger Tötung durch Unterlassung plädiert und für die beiden Geistlichen Geldstrafen in Höhe von 4800 und 3600 DM beantragt, während sie von einer Bestrafung der Eltern absehen wollte mit der Begründung, sie hätten am Verlust ihrer Tochter schwer genug zu tragen. Die Verteidiger hatten dagegen Freispruch verlangt und dies vor allem mit dem Argument begründet, dass die religiöse Überzeugung der Angeklagten berücksichtigt werden müsse. Der Glaube dürfe nicht von einem staatlichen Gericht bestraft werden, selbst wenn es sich nach der Meinung des Gerichts um einen Irrglauben handeln sollte. Aufgrund ihrer religiösen Überzeugung habe den Angeklagten das Unrechtsbewusstsein gefehlt."[701]

Die Praxis der Selig- und Heiligsprechungen (eine Unterscheidung, die späteren Ursprungs ist) wirft auch größere Probleme auf. Schon die Tatsache, dass am Anfang der Kirchengeschichte die faktische Verehrung des Kirchenvolkes über die Erhebung des Heiligen „zur Ehre der Altäre" entscheidend war („Äußeres Zeichen der Anerkennung dieser Verehrung war die Erhebung ihrer Gebeine im Beisein des zuständigen Ortsbischofs und deren Wiederbeisetzung in einem Altar."[702]) ist heute die zentrale Macht in der Kirche letztlich allein ausschlaggebend: „Das Heiligsprechungsverfahren folgt im Wesentlichen den Regeln des Seligsprechungsprozesses. Außer einer hinreichenden Verehrung ist ein zeitlich nach der Seligsprechung auf die Fürsprache des Seligen bewirktes, in einem getrennten Verfahren zu belegendes Wunder erforderlich. Danach liegt es im alleinigen Ermessen des Papstes zu entscheiden, ob er die Kanonisation vornehmen will. Einen Rechtsanspruch darauf nach erfolgreich abgeschlossenem Verfahren gibt es nicht. Im Unterschied zu allen sonstigen kanonischen Prozessen, die auf einen durchsetzbaren Rechtsakt in Form eines vollstreckbaren Urteils abzielen, besteht die Besonderheit des Seligsprechungsverfahrens bzw. des Heiligsprechungsprozesses darin, dass sie nur eine Schlussfolgerung darstellen, die auf ein mögliches Urteil des Papstes gerichtet ist, das dieser in Würdigung des Prozessergebnisses frei fällt, d. h., das er bestätigen, aber auch ablehnen kann. Beides kommt vor."[703] – Die Vorgangsweise der Urkirche hätte es nicht ermöglicht, Personen wie Pius IX. oder Josemaria Escrivá de Balaguer selig bzw. heilig zu sprechen, auch nicht, dass die Liste der Heiligen viele Ordensleute und Adelige, aber ganz wenige Hausfrauen und Arbeiter enthält.

Man kann sich berechtigterweise fragen, ob die Kirche ihrer Sendung treu ist, wenn sie an Traditionen festhält, die nur wegen der Tradition wichtig und – zugegebenermaßen geheiligt – sind, kommunikationstheoretisch aber kontraproduktiv, irreführend sind, oder nur mit einem Einsatz theologisch geklärt und richtig interpretiert werden können, die man in einer Lage immer weniger leisten kann, in der einerseits die Priester überfordert sind, andererseits die Gläubigen zu wenig Zeit, zu wenig Voraussetzungen religiöser Bildung und zu wenig Interesse an theologischen Spitzfindigkeiten haben, aber trotzdem den Anspruch erheben, alles erklärt zu bekommen, was erklärbar ist? Es geht hier um den *Gebrauch von Ausdrücken*, die der soeben formulierten Beschreibung entsprechen. –

Ein klassisches Beispiel dafür ist der traditionsreiche Ausdruck: Jesus, der *eingeborene* Sohn des Vaters. Seit vielen Jahrzehnten steht bei diesem Ausdruck in den Wörterbüchern die jetzt geltende Bedeutung, nämlich (englisch) *nativ* oder (französisch) *indigène* oder (lateinisch) *ingenuus* und dann die Bemerkung: (*veraltet)* einzig (the only child, unique fils, unigenitus). – Das bedeutet, dass die Kirche einen Ausdruck verwendet, den jedes Kind deutscher Muttersprache zunächst einmal missversteht – eine Tradition, die in unserer Zeit kommunikationstheoretisch absurd ist. – Die kirchliche Sprache wirft allerdings noch viele und schwerwiegendere Probleme auf, damit wird sich Kapitel 5.1. in diesem Buch beschäftigen.

Besonders verwirrend sind theologisch gefärbte Naivitäten, wie etwa die Paraphrase des Apostolischen Nuntius in Wien, Erzbischof Dr. Michele Cecchini in seiner Predigt am 2. 9. 1988: „Im achtzehnten Kapitel des Matthäusevangeliums sagt Jesus zu seinen Jüngern: „Wo zwei oder drei in meinem Namen versammelt sind, da bin ich mitten unter ihnen'. Diese Worte des Herrn möchte ich anwenden auf seine allerseligste Mutter und auf seinen Stellvertreter auf Erden: Wo einige wenige *im Namen Mariens* versammelt sind, da ist auch der Papst mitten unter ihnen."[704]

Anachronistisch sind die *administrativen Maßnahmen der Kontrolle* in der Kirche, weil sie die Methoden früherer Zeiten in der heutigen Zeit wieder einführt. „Am 25. Februar (1989) wurden im ‚Osservatore Romano' auf Seite 7 sehr unauffällig zwei kurze Dokumente veröffentlicht, die, bei Lichte besehen, brisanter sind als das meiste, was in letzter Zeit an römischen Papieren verlautbart oder kritisiert worden ist. Mit den beiden lateinischen Texten, denen nur ein kurzer Verlautbarungsvermerk in Italienisch vorangestellt ist, wird zweierlei eingeführt: eine neue Fassung des Glaubensbekenntnisses (‚Professio fidei'), das alle abzulegen haben, die ein kirchliches Amt übernehmen, und die Formel eines vom gleichen Personenkreis künftig bei der Amtsübernahme zu leistenden kirchlichen ‚Treueeides'. ... – Der Personenkreis (vgl. canon 833 Codex Iuris Canonici), der das Bekenntnis bei der Amtseinführung zu sprechen und den Eid zu leisten hat, reicht von den Teilnehmern eines Konzils über die Bischöfe, Generalvikare, Offiziale, Pfarrer, Kirchenrektoren bis zu den Oberen von Orden und Gemeinschaften Apostolischen Lebens, den Seminar- und Universitätsprofessoren, soweit deren Lehrgebiete sich auf Glaube und Sitte beziehen, und den Diakonen, die das Glaubensbekenntnis und den Treueeid wie künftige Priester vor der Diakonatsweihe abzulegen haben. ...

Die neue Formel der ‚Professio fidei', des Glaubenseides, schafft verfahrensmäßig keine neuen Tatbestände, auch wenn sie aus inhaltlichen und lehrpolitischen Gründen der bedeutendere Teil ist. Sie verändert nur die seit 1967 bestehende Bekenntnisformel, die damals ihrerseits die 1564 in Kraft gesetzte erweiterte und 1877 um die Definitionen des I. Vatikanums und 1910 um den Antimodernisteneid ergänzte tridentinische ‚Professio fidei' abgelöst hatte. Die seither geltende Formel von 1967[705] bestand aus dem zum Messordo gehörenden Nizäno-Konstantinopolitanischen Glaubensbekenntnis plus einem kurzen Zusatz, in dem kirchliche Amtsträger zu bekräftigen hatten, dass sie alles bejahen und einhalten, was in Bezug auf Glaube und Sitten feierlich definiert oder durch das ordentliche Lehramt vorgetragen werde – speziell alles, was das Mysterium der Kirche, die Sakramente, das Messopfer und den Primat des Papstes betreffe. ...

Erstaunen erregt bei der zweiten Formel – bei dem den Glaubenseid ergänzenden Treueeid – weniger, was kirchlichen Amtspersonen als zu beeidende Materie zugemutet wird, als vielmehr die Tatsache, dass man bald 25 Jahre nach dem II. Vatikanum überhaupt auf den Gedanken verfallen ist, kirchlichen Amtspersonen einen solchen Treueeid zumuten zu sollen, nachdem man bisher auch in den extremsten Zeiten der Kirchengeschichte ohne einen solchen ausgekommen ist. Ist Kirche in ihren Leitungsstrukturen so schwach auf Glauben gegründet, dass die oberste Leitung der Kirche meint, das Bekenntnis des Glaubens bzw. der Eid auf den Glauben genüge nicht, man müsse sich der eigenen Amtsträger auch noch disziplinär per Eid vergewissern? Oder sieht Rom die Einheit der Kirche und ihrer Verkündigung so sehr gefährdet, dass spezielle Disziplinierungsmittel nicht solche glaubensmäßiger, sondern solche kirchenrechtlicher Art angewandt werden müssen? – Von dem ‚Ich aber sage euch, ihr sollt überhaupt nicht schwören' in Mt 5,34, das in Jesu Bergpredigt mindestens so scharf formuliert ist wie in wenigen Versen vorher das Scheidungsverbot, einmal ganz abgesehen.“[706]

Die Folge eines solchen autoritären Zentralismus wird von Erwin Ringel „ecclesiogene Neurose“ genannt und Neumann analysiert die Lage zutreffend: „Dazu habe ich einiges bereits angedeutet. Zunächst möchte ich vorausschicken, dass das kirchliche Lehramt heute mehr denn je die Möglichkeit hat, der irrigen oder der vermeintlich irrigen Lehre eines Autors oder einer Gruppe mit Argumenten entgegenzutreten. Die Kommunikationsmöglichkeiten dafür sind vorhanden. Die Kirche, auf der überzeugenden Kraft der göttlichen Wahrheit gegründet, sollte darauf vertrauen können, dass sich diese im Menschen durchzusetzen vermag, in jenen, die von sich sagen, dass sie glauben. Warum haben die dafür zuständigen Instanzen noch immer so wenig Vertrauen in die Überzeugungsfähigkeit der Kirche? Warum ist das Lehramt so kleinmütig? Kleinmütiger als Jesus, der empfeholen hat: ‚Lasst beides zusammen wachsen bis zur Ernte‘ (Mt 13,30). Kleinmütiger als Gamaliel, von dem in der Apostelgeschichte berichtet wird, er habe gesagt: Wenn diese Lehre nicht aus Gott ist, wird sie untergehen, ist sie aber aus Gott, dann könnt ihr nichts dagegen machen (Apg 5, 34ff.).“[707] Die Analyse von Professor Zauner (Linz) wird wohl weitgehend stimmen: – „Man braucht Exkommunikation, weil man noch nicht fähig ist zur Kommunikation.“ (HK Oktober 1989, S. 463)

Für viele erscheint der Stand des ökumenischen Dialogs (siehe auch 3.2. im Buch) anachronistisch. Oder war es zeitgemäß, auf die zarten Anfängen der Annäherung im Jahre 2000 die Erklärung der Glaubenskongregation „Dominus Jesus“ folgen zu lassen, die in mehrerer Hinsicht einen Rückschritt im ökumenischen Vorgang bedeutet[708], oder die Trauerfeier für die Opfer der großen Katastrophe von Kaprun als katholischen und nicht als ökumenischen Gottesdienst abzuhalten?[709]

Unfehlbarkeit

Mindestens für Personen, die im Geiste der modernen Philosophie und / oder der Wissenssoziologie denken und leben, sind gravierende Anachronismen die oft vertretenen Auffassungen und falschen Interpretationen der *Unfehlbarkeit des Papstes*, der Gesamtkirche und die Festlegung der Wichtigkeit kirchlicher Lehren.

Gebildete Katholiken wissen, in welchen beschränkten Fällen die Lehre der Unfehlbarkeit behauptet wird. Wenige kennen allerdings die Entstehungsgeschichte des Dogmas. Lesen wir, was der Schweizer Theologe Hans Urs von Balthasar, der sich weder als kritikloser Papstbewunderer noch als rücksichtsloser Papstkritiker einordnen lässt, über jenes Konzil schrieb, an dem das Dogma der Unfehlbarkeit entstanden ist: „‘Die Geschichte der Kirche scheint spätestens mit dem I. Vatikanum in eine ausweglose Sackgasse geraten zu sein. Eine solche Herausstellung der nackten Autorität des Papstes in einem Zeitalter, das sich immer mehr als ‚Freiheitsgeschichte‘ der Menschheit versteht, und zwar einer Autorität, die durch keine freigebende Begleitung geprägt, umhüllt, abgeschätzt wird, erscheint unerträglich. Nimmt man die Methoden hinzu, in denen diese Autorität sich praktisch darzustellen pflegt (im Grunde unverändert vom Mittelalter zur Neuzeit), nimmt man die Ereignisse um den Modernismus, den Sieg des Thomismus, die Verfolgung der angeblichen Nouvelle Théologie hinzu, noch über das I. Vatikanum hinaus, vielleicht gar im Zuge seines Sieges, so erscheint der durchlaufene Weg wie ein unaufhaltsames Crescendo, von dem man nur schwer sagen kann, zu welchem Zeitpunkt es dem Ohr vollends unerträglich wird, und der zum Zuhören Gezwungene schreit: Jetzt aber Schluss!' (Der antirömische Affekt, Freiburg 1974, 54). In einem anderen Buch bezeichnete derselbe Autor das Erste Vatikanische Konzil kurz und bündig als einen ,Betriebsunfall'.

Wer Vorgeschichte und Verlauf dieses Konzils kennt, weiß nur zu genau, welche unglückliche Rolle Pius IX. selbst aufgrund seiner einseitigen Parteinahme für eine Überhöhung der Position des Papstes gespielt hat. Ein Teil der Bischöfe rang sich während der Konzilsverhandlungen zu einem ,Non placet' in der Unfehlbarkeitsfrage durch, so dass dem Konzil gerade in dieser wichtigen Glaubensaussage die moralische Einmütigkeit fehlte, die frühere Konzilien für unverzichtbar hielten. Noch vor der Schlussabstimmung am 18. Juli 1870 waren die bischöflichen Gegner der Infallibilitätsdefinition mit Erlaubnis des Papstes abgereist, um nicht mit Nein stimmen zu müssen und das Abstimmungsergebnis nicht zu einer Anklage gegen das Konzil werden zu lassen. ... Ein Ausweg aus der Misere, in die das I. Vatikanum die katholische Kirche manövriert hat, wäre nur möglich, wenn der Papst von sich aus auf den ihm zugeschriebenen Alleinvorrang verzichtet und dadurch eine kollegiale Mitregierung der Kirche durch die Bischöfe ermöglicht. Ein erster Schritt auf diesem Weg könnte z. B. darin bestehen, dass der Papst die nach dem II. Vatikanum errichtete Bischofssynode nicht nur als beratendes, sondern auch als beschlussfassendes Organ der Kirche gelten lässt. ... Nicht ohne Grund vertritt darum der katholische Exeget Otto Kuss die Meinung, dass einem derart an Offenbarung und Kirche gebundenen Theologen ,jenes Ausmaß von Intoleranz' auferlegt werde, ,das mit jeder absoluten Autorität verknüpft ist' (Der Römerbrief, 3. Lieferung, Regensburg 1978, V). Auf eine dogmatisch derart vorbestimmte Theologie kann man freilich ganz verzichten, da ihre Ergebnisse schon im Voraus bekannt sind. So ist es auch nicht verwunderlich, wenn die Rufe jener, die für den Ausschluss der theologischen Fakultäten aus staatlichen Universitäten eintreten, nicht verstummen."[710]

Aber auch die Behauptung, dass wir, abgesehen von der Unfehlbarkeit des Papstes im Falle von „Ex-cathedra"-Entscheidungen, an die *Unfehlbarkeit der Kirche* glauben in dem Sinne, dass sie nicht in ihrer Ganzheit und dauerhaft etwas Falsches lehren könnte, kann nur mit grano salis verstanden werden. Dafür geben uns u. a. zwei sehr ernst zu nehmende Theologen Beispiele: „Man denke daran, dass es Zeiten gab, wo die Bischöfe sich einig waren, dass Ketzer verbrannt werden müssten. Jahrhundertelang galt das Prinzip, dass kein Mensch das Recht habe, einen anderen Glauben zu bekennen als den römisch-katholischen. Die Durchhaltung dieses Prinzips, das erst auf dem Zweiten Vatikanischen Konzil offiziell zu Fall gebracht wurde, war nur durch die Lehrunterstützung der Bischöfe, also des ordentlichen Lehramtes, möglich. Das dahin gehende Verständnis der Macht des Papstes, nach dem er Anspruch auf die Verteilung und Vergabe der ganzen Erde besitze, wurde zuzeiten allgemein, auch vom Gesamt der Bischöfe, für richtig gehalten."[711]

„Dass es *,außerhalb der Kirche kein Heil'* gibt, kann von dem Kirchenverständnis her, das vom II. Vatikanum ausgesprochen oder nahe gelegt wird, richtig verstanden werden; nicht jedoch nach dem Wortlaut des Schlusssatzes der berühmt-berüchtigten Bulle ‚Unam sanctam' Bonifaz' VIII. von 1302, wonach ‚dem Römischen Pontifex untertan zu sein für jegliche menschliche Kreatur durchaus heilsnotwendig' ist .... Der Sache nach ebenso äußerte sich das Konzil von Florenz 1442 unter Aufzählung der Heiden, der Juden, der Häretiker und der Schismatiker. Das V. Laterankonzil schränkte 1516 den Bonifaz'schen Schlusssatz ein auf ‚alle Christgläubigen'.[712] Und derselbe Autor zitiert K. Rahner treffend: „Wenn ... gegenüber den Bibeldekreten Pius' X. alle Theologen ihre ‚aufrichtige Anhänglichkeit' durch ein gehorsames Schweigen realisiert hätten, dann könnte der heutige Papst nicht unbefangen vom Jahwisten sprechen, und in keiner Einleitung in das Neue Testament dürfte stehen, dass das Lukasevangelium nach der Zerstörung Jerusalems verfasst worden sei."[713]

Fundamentaltheologen bemühen sich seit eh und je, eine Liste zu erstellen, die nach den Stufen der Wichtigkeit, Verbindlichkeit, Bedeutsamkeit für den Glauben aufgebaut ist. In den Lehrbüchern spricht man dann von „notae theologicae" oder „theologischen Qualifikationen". Diese Listen beinhalten je nach Autoren kleinere oder größere Unterschiede so, dass sich kein Vorschlag als allgemein verbindlich durchsetzen konnte. „Immerhin hat jenes Modell besonders Schule gemacht, das nach dem Engagement der Kirche in der Vertretung von Wahrheiten vorgeht: An erster Stelle stehen die ausdrücklichen Entscheidungen des so genannten außerordentlichen Lehramts, d. h. der Konzilien oder des unfehlbar lehrenden Papstes, an zweiter Stelle die Äußerungen des ordentlichen Lehramtes zur Offenbarung, d. h. die einmütige, durchgängige und gewöhnliche Bezeugung christlicher Wahrheit in Verkündigung und Unterweisung der Bischöfe und ihrer Helfer in der Mission des Lehrens, und an dritter Stelle sind die Theologen und ihre Lehren genannt.

Unterschieden wird in allen drei Fällen noch einmal, ob es sich um die Offenbarungswahrheit selbst handelt oder um eine Lehre, die mit der Offenbarung zusammenhängt. Positiv formuliert das außerordentliche Lehramt im ersten Fall eine ‚definierte Glaubenswahrheit‘, im zweiten einen ‚definierten Satz‘. Die entsprechenden Verurteilungen wären zunächst ‚offenkundige Häresie‘ und dann ein ‚verurteilter Satz‘. Das ordentliche Lehramt spräche einmal vom ‚Glauben‘, das andere Mal von einem ‚wahren Satz‘ und negativ von ‚Häresie‘ bzw. von einem ‚Irrtum‘, während die Theologen eine ‚dem Glauben nahe Aussage‘ oder eine ‚theologisch sichere Meinung‘ aufstellen und entsprechend etwas als ‚häresienah‘ oder als ‚irrige Meinung‘ ablehnen.

Die Aufstellung hat freilich den großen Nachteil, nichts über das innere Gewicht und die zentrale Bedeutung der jeweiligen Aussage zu verdeutlichen. Das Engagement der Kirche wird ja nicht so sehr von der inneren Wahrheit provoziert als von äußeren Angriffen und Bedrohungen, die sich auch auf sehr vordergründige Fragen beziehen können.“[714] – Sehr problematisch in diesen Auflistungen die merkwürdige Tatsache, dass die „theologisch sichere Meinung“ so ziemlich am Ende der Aufzählung steht – sind die darüber liegenden vielleicht „noch sicherer“? Die logisch unlösbare Frage bleibt allerdings: Welche Qualifikationsstufe hat die ganze Qualifikationsliste? Kann eine Instanz über die Verbindlichkeit ihrer Aussagen verbindlich bestimmen? – Es scheint offensichtlich zu sein, dass der ganze Ansatz anachronistisch ist.

4.3. Steine des Anstoßes

Einige der in der Kirche noch verbliebenen Anachronismen und Absurditäten sind – zu Recht oder zu Unrecht – zentrale Themen; „Steine des Anstoßes“ sind sie geworden mindestens in dem Sinne, dass sie am häufigsten Gegenstand der gläubigen Kritik sind und von vielen reformfreudigen Gruppen thematisiert werden. In ihrer *Gesamtheit* üben sie eine verheerende Wirkung aus und belegen die These, dass die gegenwärtige Krise der Kirche nur mit Hilfe radikaler Änderungen aufgehalten und bewältigt werden kann.

Demokratisierungsprozess

Die westlichen Gesellschaften haben in relativ kurzer Zeit einen noch unvollendeten, aber bereits stark wirksamen Demokratisierungsprozess. Der Versuch, durch das 2. Vatikanum diese Entwicklung endgültig zu stoppen, musste unter dem Druck dieses „säkularen Wandels" (Alfred Weber) notwendig scheitern, der Anspruch ließ sich nirgends mehr aufhalten. „Aber die Frage liegt in der Luft. Das Thema hat in den Kirchen Fuß gefasst. Es bestimmt mit wachsender Intensität das Klima innerkirchlicher Auseinandersetzung, unmittelbarer, wie letzte Ereignisse zeigen, in der evangelischen Kirche ... mittelbarer, vor allem in der Auseinandersetzung um das Verhältnis von Autorität und Gehorsam und um die strukturelle Erneuerung der Kirche, im katholischen Bereich. Man erörtert es nicht mehr bloß in kirchlichen Protestgruppen, in den Kernkreisen und Zirkeln der ‚antihierarchischen' oder ‚außersynodalen' Opposition, in Aktionsgruppen ‚kritischer' Katholikentage und Landessynoden. Auch in Versammlungen von Priestergruppen kann man darauf stoßen. Man vermeidet dort zwar gelegentlich den Ausdruck, betont aber umso mehr die ‚Sache' und versteht sie *vornehmlich* als Moment der ‚Humanisierung' des kirchlichen Dienstes oder, auf einen etwas bescheideneren Nenner gebracht, als Leitmuster für die Reform vor allem diözesaner Einrichtungen. Besonders heftig debattiert wird das Thema in den Studentengemeinden oder in den verschiedenen anderen, in innerer oder äußerer Analogie zu den studentischen Aktionsgruppen im ‚Profan'-Bereich sich bildenden studentischen Gruppierungen. *Mitbestimmung* in der Gemeinde ist das konkrete Nah-, Demokratisierung kirchlicher Institutionen und Lebensformen das debattierte Fernziel."[715]

Eine nicht demokratisch strukturierte Kirche in einer demokratisch eingerichteten Globalgesellschaft führt zu Widersprüchen kollektiver und personaler Art. „Die Demokratie als Legitimationsgrundlage jeder staatlichen Autorität ist im Österreich von 1974 theoretisch unbestritten. Theoretisch unbestritten ist auch, dass die Demokratie nicht nur auf der Ebene der Verfassungsorgane, bei der Bestellung von Parlament und Regierung gelten soll; dass vielmehr die Demokratie auch auf die Organisationen ausgedehnt werden soll, die in den und durch die Verfassungsorgane politisch wirksam sind: auf die Parteien und Verbände. ... Die Ausdehnung des Demokratiepostulates über die Verfassungsorgane hinaus ist eine Konsequenz aus der Tatsache, dass in der Verfassungswirklichkeit die Parteien und Verbände die eigentlichen Entscheidungsträger sind. Es wäre inkonsequent, die Demokratie nur für die de iure zuständigen Entscheidungsorgane (Parlament, Regierung), nicht aber auch für die de facto entscheidenden Parteien und Verbände zu wollen. Die innerparteiliche und die innerverbandliche Demokratie ist daher nicht die Privatangelegenheit einer Partei oder eines Verbandes, sie ist vielmehr von allgemeinem, von öffentlichem Interesse.

Für einen Typus der Verbände ist das Demokratiepostulat jedoch nicht einmal theoretisch akzeptiert: für die kirchlichen Verbände, das heißt – auf Grund der gegebenen konfessionellen Strukturen in Österreich – vor allem für die römisch-katholische Kirche und deren Einrichtungen. ... Die römisch-katholische Kirche (wie auch grundsätzlich alle anderen, staatlich anerkannten Religionsgemeinschaften) wird von der Bundesregierung im Begutachtungsverfahren behandelt wie die anderen Verbände auch. ... Alle von der Regierung vorbereiteten Gesetzesentwürfe, bei denen auch nur die Möglichkeit besteht, dass sich die Kirche dazu äußert, werden ihr auch zur Begutachtung zugeleitet. Bevor ein solcher Entwurf zur Regierungsvorlage wird und in den Nationalrat kommt, wird die Kirche gehört. – Es ist freilich nicht die Kirche, wie sie dem derzeitigen, etwa auf dem Zweiten Vatikanischen Konzil formulierten Verständnis entspricht, die gehört wird. Die Regierung hört die Bischofskonferenz. Ob in Fragen des Strafrechtes oder der Arbeitsverfassung: Für die Kirche, oft unter Berufung auf jene 89 Prozent Katholiken, spricht etwa ein Dutzend Männer, die jedenfalls nicht von den Millionen Katholiken, auch nicht von den Hunderttausenden des katholischen Aktivsegmentes, zu einer solchen Stellungnahme demokratisch legitimiert sind. Die Bischofskonferenz spielt die Rolle eines Großverbandes ohne die dazu eigentlich erforderliche Grundlage."[716]

Mit ähnlichen Argumenten verlangten niederländische Abgeordnete, dass der Vatikan seinen Status in den internationalen Organisationen der UNO nur als non-governemental-organisation, nicht aber als Staat ausüben soll.[717]

Die Umgebung der Kirche ist demokratisch(er) geworden, die Kirche wollte aber daraus keine Schlussfolgerungen für sich ziehen. – Wie hat sich die Idee der *Demokratisierung trotzdem in die Kirche eingeschli-*

chen? „Das Thema ist der Kirche von verschiedenen *Quellen* zugeflossen. Es gibt innerkirchliche Quellen und (nicht zu übersehende) Einflüsse von außen. Sie sind in beiden Kirchen wirksam, wenn auch in verschiedenen Graden und von verschiedenen Ursprüngen her. Für die Debatte im katholischen Bereich war das Konzil Ausgangspunkt, die nachkonziliare Entwicklung der Nährboden. Wieweit demokratische Formen des Zusammenlebens und der Organisation auf den kirchlichen Bereich anwendbar sind, diese Frage konnte erst auf dem Boden konziliarer Ekklesiologie gestellt werden. Das heißt nicht, dass sie vorher nicht möglich war, sie schien aber nicht interessant und gewichtig genug. Erst indem die Kirche im Konzil zur Deutung ihrer selbst als Volk der *fundamental* Gleichen (vor aller Verschiedenheit der Charismen und Funktionen) im Raume der Offenbarung zurückkehrte und indem dieses Bewusstsein zur Norm kirchlicher Praxis erhoben wurde, konnte sinnvoll die Frage diskutiert werden, ob Organisations- und Lebensformen, wie sie in freiheitlichen Gesellschaften selbstverständlich geworden sind, auch im kirchlichen Bereich möglich sind. Demokratische Elemente (immer innerhalb des Raumes der Kirche, d. h. in der Offenbarungswirklichkeit) waren durch Konzilsaussagen und ihre unmittelbare Anwendung in der Kirche bereits vorgeformt: in der Erkenntnis der selbstverantwortlichen Rolle des Laien, unbeschadet der unverzichtbaren Funktion des Amtes; in der kollegialen Struktur des Amtes selbst; in den Formen aktiver Mitverantwortung, wie sie in der Konstitution über die Kirche, in der Pastoralkonstitution und im Laiendekret festgehalten sind. Diese Elemente fanden unmittelbare Anwendung durch das nachkonziliare ‚Rätesystem‘ in der pastoralen Führung und in der kirchlichen Verwaltung."[718]

Die rein *soziologische Perspektive* findet in der Kirche unter dem Titel „Demokratisierung" keinen Sonderfall: „Demokratisierung. 1. der historische Vorgang der Verankerung demokratischer Formen und Prinzipien (Volksherrschaft) im staatlich-politischen Bereich durch den zielgerichteten Abbau von Privilegien einer bestimmten Klasse oder Schicht und das ständige konstruktive Infragestellen der Autoritäten; 2. die Durchsetzung demokratischer Formen und Prinzipien außerhalb des staatlich-politischen Bereichs auf allen gesellschaftlichen Sektoren, insbesondere in der Wirtschaft, Bildung und Kirche. Durch sachliche Legitimation und Aufbau einer Sozialstruktur soll die Demokratie auch als inhaltliche Demokratie verankert werden; 3. die Durchsetzung demokratischer Organisationsformen auf der Ebene der verschiedenen Organisationen, Parteien, Gewerkschaften und Verbände."[719]

Eine *biblische Grundlage* aus dem 4. Kapitel des Epheserbriefes wird immer wieder angeführt: „Der hinabstieg, er ist es, der auch hinaufstieg über alle Himmel, damit er das All erfülle. Und er gab die Apostel, die Propheten, die Evangelisten, die Hirten und Lehrer zur Zurüstung der Heiligen für ein Werk des Dienstes für den Aufbau des Leibes Christi, bis wir alle gelangen zur Einheit des Glaubens und der Erkenntnis des Sohnes Gottes, zum vollkommenen Mann, zum Vollmaß der Fülle Christi, damit wir nicht mehr Unmündige sind, umhergeworfen und umgetrieben von jedem Wind der Lehre, durch das Würfelspiel der Menschen, durch Verschlagenheit, die auf arglistigen Trug aus ist, vielmehr die Wahrheit in Liebe bezeugen und in allem auf ihn hinwachsen, der das Haupt ist, Christus." (Eph 4,10–15) Unter den Fachleuten ist die Deutung allerdings kontrovers. Die kollektive Interpretation wird z. B. von Gnilka vertreten: „Kirche als Organismus ist einem Wachstumsprozess unterworfen, an dessen Ende das Erwachsensein, der reife Mann steht. ... Wir halten es für wahrscheinlich, dass der Verfasser auch hier die Kirche im Gegensatz zur Welt als jenen Raum fixieren will, in dem das Heil Christi eröffnet worden ist."[720] – Andere betonen die individuelle Mündigkeit, die im obigen Text angesprochen wird: „Wir wollen, ermahnt der Verfasser, in unserem Christentum Erwachsene werden, nicht ewig unmündige Kinder bleiben. M. a. W.: Schafft den mündigen Christen! Der Singular ‚vollkommener Mensch' hat nicht kollektiven Sinn, sondern hat den Einzelnen im Auge: Nicht bloß die Kirche als Ganze soll dem Zustand der Reife entgegenwachsen, sondern jeder Einzelne soll in Glaubensdingen ‚zu einem erwachsenen Mann' werden."[721]

Bemerkenswert sind die Argumente, die in der *Demokratisierungsdiskussion der deutschen Kirche* vorgebracht werden. „In der letzten Zeit wurden ... von den beiden obersten Gremien im Deutschen Katholizismus Stellungnahmen veröffentlicht, die zwar die Frage als solche nicht hinreichend beantworten und auch kaum die volle Fragestellung erfassen, aber immerhin deutlich auf eine Versachlichung der Diskussion abzielen. Ausgehend von der Betonung des Dienstauftrages des kirchlichen Amtes und der Einrichtung der nachkonziliaren Beratungsgremien, fügten die Bischöfe zum Thema Demokratie in der Kirche die Erklärung an: ‚Die Kirche kann zwar *gewisse Formen* demokratischer Meinungs- und Willensbildung in Gemeinde und Diözese *übernehmen,* aber ihre Demokratisierung im strengen Sinn des Wortes ist mit dem Auftrag Jesu Christi nicht zu vereinbaren.' Fragen des Glaubens, der sittlichen Normen und des sakramentalen Lebens könnten nicht durch Mehrheitsentscheidungen gelöst werden. Hier gelte nicht der Grundsatz, dass alle Gewalt vom Volke ausgehe. Das kirchliche Amt sei hier dem Herrn *allein* im Glaubensgehorsam verantwortlich. ... Wenn alle Legitimation kirchlichen Handelns und allen pastoralen Dienstes (etwa die Errichtung eines Familienkreises, die Durchführung von religiösen Erwachsenenbildungskursen) allein vom Amt und (wenigstens anscheinend) in keiner Weise von der sakramentalen Bevollmächtigung der Kirchenglieder ausgehen kann, dann wäre eigentlich nicht einmal einzusehen, wie ‚demokratische Formen der Meinungs- und Willensbildung' (effektiv) in Gemeinde und Diözese übernommen und wie Strukturen und Verhaltensweisen geschaffen werden sollten, in denen die aktive Teilnahme aller wirksam werden kann. Im Grunde bliebe dann doch die Identität von Amt und Kirche erhalten. Das Verständnis der Kirche wäre auf das Haupt-Leib-Schema, in dem alle Glieder zu Instrumenten (des Vertreters) des Hauptes werden, beschränkt. Dem können aber auf theologischer Ebene immerhin zwei ebenso unumstößliche Argumente aus dem Wesensverständnis der Kirche entgegengehalten werden: die Tatsache, dass die Kirche als gesellschaftliche Größe, ‚rein auf dem freien Glauben ihrer Mitglieder' gründet, und die Anerkennung des Charismatischen als eines ‚inneren Wesensmoments' der Kirche *(K. Rahner,* Demokratie in der Kirche, ‚Stimmen der Zeit', Juli 1968, S. 2 f.). Aber trotz solcher ‚innerster grundsätzlicher Verwandtschaft zwischen dem, was mit Demokratie gemeint oder garantiert und verwirklicht werden soll, und der Kirche anderseits' bleibt immer noch offen, wie diese Verwandtschaft in der Kirche sichtbar gemacht werden soll."[722]

Außer Debatte scheint zu stehen, dass die Kirche auf dem Gebiet der Demokratisierung einen eindeutigen *Nachholbedarf* hat. „Was heute konkret und in einem bestimmten Kontext *glaubwürdiges Zeugnis* bedeutet, dazu reichen die überkommenen Antworten und Muster nicht aus. Es kann auch nicht ‚von oben' und für alle gleich bestimmt und angeordnet werden. Dazu bedarf es neuer Überlegungen und Optionen, an denen alle, die man zum Zeugnis auffordern und gewinnen will, beteiligt sein müssen. Einsicht und Entscheidung gehören zum Erwachsensein. Christen, auf deren Erwachsensein Kirche heute angewiesen ist, sollte man auch als Erwachsene behandeln. Das Wechselbad von Mündigsprechung und neuer Entmündigung, wenn Interventionen ‚von oben' nicht einsichtig gemacht werden, verträgt sich damit schlecht. Wer sein Christsein auf Einsicht und Entscheidung gründen und glaubwürdig vertreten soll, darf erwarten, in der Kirche und von ihren Amtsträgern auf seine Einsicht hin angesprochen und als Verantwortungsträger ernst genommen zu werden. Dazu gehört, dass die Erfahrungen und Kenntnisse solcher Christen berücksichtigt werden und diese in angemessener Weise an der Ermittlung dessen beteiligt werden, was heute als christliches Zeugnis an der Zeit ist. – Umgekehrt sollten die Laien auch den Mut gewinnen, erwachsene Christen zu sein. Gebannt auf die Maßnahmen von Papst, Bischöfen und Pfarrern zu starren, alles von ihnen zu erwarten und zu resignieren, falls deren Verhalten enttäuscht, das ist jedenfalls nicht die Haltung von Erwachsenen. Ist ein solches Verhalten, das Papst, Bischöfe und Pfarrer mit der Kirche Gottes in eins setzt, nicht ein umgekehrter Klerikalismus?"[723]

Die *soziologische Analyse* erweitert ihrerseits den Horizont des Problems. „Neuerdings mehren sich die Äußerungen, denen die geläufige Unterscheidung von ‚wandelbarer Form und bleibendem Kern‘ oder ‚Ewigem und Zeitbedingtem‘ oder ‚Natur und Geschichte‘ keine angemessene Lösung des Identitätsproblems mehr zu sein scheinen. ‚Wir haben den unwandelbaren Kern niemals ‚chemisch rein‘ neben einer bestimmten Form, sondern nur jeweils geschichtlich vermittelt‘ *(W. Kasper)*. Das Bestreben geht hier offensichtlich auf die *Formulierung komplexerer Identitätsbedingungen* von Kirche, bei denen die Kirchenstruktur nicht mehr als ‚im Wesen gleich bleibend‘, sondern im Gegensatz dazu als ‚im Wesen wandelbar, entwickelbar angesehen wird. Gerade in der Variabilität der Struktur muss das ‚Wesentliche des Glaubens‘ angesichts sich wandelnder historischer Umstände glaubhaft gemacht werden. Dieser Position ist das Postulat nach ‚Demokratisierung der Kirche‘ unschwer zuzuordnen.

Nach der hier vertretenen Auffassung verbirgt sich hinter dem Postulat einer ‚Demokratisierung der Kirche‘ in erster Linie das Bedürfnis nach erhöhter Strukturvariabilität der Kirche, nach Zulassung von mehr Handlungsmöglichkeiten als *legitimer* Ausprägung *‚kirchlichen* Lebens‘. Dahinter steht offenbar die Sorge, dass die gegenwärtig als ‚kirchlich‘ zugelassenen Handlungsmöglichkeiten so wenig attraktiv (für Priester und/oder Laien) sind, dass mit einer personellen und insbesondere motivationsmäßigen Auszehrung der Kirche gerechnet werden muss. Wenn die als kirchlich zugelassenen Handlungsmöglichkeiten nicht mehr als angemessener Ausdruck des subjektiven Glaubensverständnisses erfahren werden können, muss damit gerechnet werden, dass genuin christliche Motivationen sich zunehmend außerhalb der Kirche entfalten und damit beliebig interpretierbar und zurechenbar werden. Die Glaubhaftigkeit der kirchlichen Lehre erscheint als gestört, die Glaubenschancen der Menschen deshalb reduziert, weil sie keinen Zusammenhang zwischen den Sinnangeboten der Kirche und ihrem eigenen Lebenssinn mehr herstellen können. Nach dieser Interpretation ist somit nicht das Problem der Partizipation *(der* Laien an den Entscheidungen der Gemeinde, der hierarchisch untergeordneten an den Entscheidungen übergeordneter Stellen usw.) das primäre Movens einer Forderung nach ‚Demokratisierung‘; ebenso wenig geht es primär um die Übernahme politisch-demokratischer Verhaltensmuster in die Kirche.

Partizipation und demokratische Herrschaftskontrolle erscheinen vielmehr als gegenwärtig mögliche Mittel zur Erhöhung der strukturellen Variabilität der Kirche."[724] Und als eine Art Konklusion: „a) Kirche ist Gemeinschaft der Glaubenden. – b) Menschen sind Glaubende insofern, als sie ihr Denken und Handeln auf die Botschaft Christi und die Gemeinschaft der Glaubenden beziehen. ... – c) Die Gemeinschaft der Glaubenden realisiert sich historisch in unterschiedlichen Sozialformen, deren konkrete Ausgestaltung und Veränderung sich in Wechselbeziehung mit den jeweiligen sozio-kulrurellen Konstellationen und deren Wandlungen vollzieht."[725]

Der Sozialethiker sieht reelle Verwirklichungschancen: „Dazu bestehen eindeutige prinzipielle Möglichkeiten. Denn dass der Papst *nicht alleine* die Kirche darstellt, sondern die übrigen Glieder des sich als Volk Gottes verstehenden, auf der geschichtlichen Wanderschaft sich befindenden mystischen Leibes Christi wesentliche Funktionen zu erfüllen haben, ist eine christliche Binsenwahrheit. So gesehen stellt die dogmatische Formulierung des I. Vatikanums über den Primat des Papstes nicht die letzte Konkretisierung über die Stellung des Papstes in der katholischen Kirche dar. Ein künftiges Konzil kann durchaus im Sinne der Zeichen der Zeit dogmatische Sätze formulieren, in deren Licht die Vollmacht des Papstes im Sinne des Subsidiaritätsprinzips samt der Stärkung der Ortskirchen eine Absicherung gegenüber zentralistischem Machtmissbrauch bzw. zentralistischer Machtinkompetenz erhält. Solches ist doch auch der Sinn richtig verstandener Dogmengeschichte und Dogmenentwicklung."[726] Ihre pastoralen Ziele erreicht die Kirche viel mehr durch „beseelen" als durch „befehlen".

Vatikanstaat

Das Studium der Geschichte hilft uns vieles zu verstehen, was ohne Kenntnis der Hintergründe widersprüchlich und unfassbar erscheint. So ist es auch mit der Tatsache, dass der Nachfolger Petri nicht nur das vom armen Jesus übertragene Amt des geistlichen Leiters der Kirche innehat, sondern gleichzeitig das *souveräne Oberhaupt des Vatikanstaates* ist. Etwa im 11. Jahrhundert, in dem die reichsten römischen Familien blutige Kämpfe um den päpstlichen Thron ausgefochten haben und Gregor VII. als Papst sich mit dem König und Kaiser Heinrich IV. gemessen ha,t war die Auswirkung dieser Horrorszenen auf die damalige „öffentliche Meinung" eine ganz andere als die Fakten von heute.

Grundlage des Übels ist die auf das 8. Jahrhundert zurückgehende und nach unklaren Ereignissen endgültige Entstehung des Vatikanstaates. „Nachdem 1870 das Königreich Italien den Rest des Kirchenstaates besetzt, Rom zur Hauptstadt des geeinten Italien gemacht und der Papst sich als ‚Gefangener' im Vatikan erklärt hatte, wurde die Römische Frage 1929 durch den Abschluss der Lateranverträge gelöst und der Staat der Vatikanstadt *(Stato della Città del Vaticano,* SCV) als kleinster Staat der Welt (0,44 km^2) geschaffen. Er setzt nicht den 1871 untergegangenen Kirchenstaat fort, sondern entstand als souveränes Völkerrechtssubjekt neu. Von italienischem Staatsgebiet umgeben, umfasst er im Wesentlichen die Kathedrale von Sankt Peter mit dem Petersplatz, die Vatikanischen Paläste und die Vatikanischen Gärten. ... Der SCV dient den Aufgaben des Papstes bzw. des Hl. Stuhls in völkerrechtlicher Hinsicht und untermauert die geistliche und staatliche Souveränität des Papstes. Er hat die Staatsform einer Wahlmonarchie, in der der Papst die gesetzgebende, richtende und ausführende Gewalt besitzt. ... Als souveräner Staat besitzt der SCV eigene Organe der Rechtspflege und der Polizei sowie eine eigene kirchliche Verwaltung (Pfarreien St. Peter und St. Anna). Die Bevölkerung des SCV liegt bei weniger als 1000 Personen verschiedener Nationalität. Der SCV besitzt eine eigene Flagge (gelb-weiß mit gekreuzten Schlüsseln und Tiara), ein eigenes Wappen, eine Hymne und eigene Post. ... Das Gebiet des SCV gilt als neutral und unverletzlich."[727]

Jeder Papst hat versucht, an inneren Strukturen und am äußeren Image des Vatikans etwas zu verbessern. Über Kurienreformen sprachen wir bereits im Kapitel 3.1. dieses Buches. Ein Beispiel großzügiger Versuche ist in der Zeit zu sehen, in der Kardinal Montini Papst wurde. „Der einer bürgerlichen Rechtsanwaltsfamilie Norditaliens entstammende *Papst Paul VI.* (1963–1978) führte die Intentionen des von Papst Johannes XXIII. zusammengerufenen Vatikanischen Konzils weiter und gab der Weltkirche ein modernes Beratungs- und Entscheidungsinstrumentarium. Er bestärkte auf allen Ebenen der Kirche, angefangen vom Vatikan bis in die Pfarreien, die kollegialen Strukturen christlicher Brüderlichkeit. Die kurialen Spitzenämter im Vatikan wurden auf eine Amtsdauer von fünf Jahren begrenzt, mit der Möglichkeit der Wiederbenennung. Die Amtszeit der Bischöfe sowie das Recht der Kardinäle zur Papstwahl beschränkte der Papst auf ein bestimmtes Lebensalter. Papst Paul VI. wollte mit diesen Reformen auch persönlich Ernst machen und mit Vollendung des 80. Lebensjahrs vom Papstamt zurücktreten. Gehindert daran hat ihn der Wiener Erzbischof Kardinal König, der als Sprecher der konziliaren Kräfte in der Kirche den Papst zum Bleiben bewog. Grund dafür war der Konflikt mit den katholischen Traditionalisten, der in der zweiten Hälfte der Amtszeit von Paul VI. aufgebrochen war und der bis heute die Kirche zerreißt. Ein zurückgetretener Papst hätte, so König, in jenem Konflikt wie ein Verlierer oder gar Kirchenspalter ausgesehen. Wie sein Vorgänger Johannes XXIII. wollte Paul VI. die Kirche aus dem alten Kleid des demokratiefeindlichen Feudalismus herauslösen. Indem Papst Paul VI. seine Papstkrone, die Tiara, verschenkte, machte er den Erneuerungswillen bildhaft deutlich: Der Papst, ehemals monarchischer Herrscher der katholischen Weltkirche, legte die Insignien seiner monarchischen Macht ab.'[728]

Das Grundproblem ist allerdings bis heute geblieben. Eine daraus folgende peinliche Gegenüberstellung wird im Folgenden beschrieben: „Am 15. Januar 1981 empfing Papst Johannes Paul II. in seiner Privatbibliothek eine Delegation der polnischen Gewerkschaft ‚Solidarność‘ mit ihrem Gewerkschaftsführer Lech Walesa. Der ‚Osservatore Romano‘ berichtet so darüber: ‚Johannes Paul II. empfing Walesa mit offenen Armen an der Türschwelle; der polnische Gewerkschaftsführer kniete vor dem Papst nieder und küsste ihm den Ring. Johannes Paul II. richtete ihn sofort auf, umarmte und küsste ihn.‘ In der Ansprache an die Delegation von ‚Solidarność‘ führte der Papst bei dieser Gelegenheit aus: ‚Ich habe mit Freude die Nachricht aufgenommen, dass die freie Gewerkschaft ‚Solidarność‘ durch die Anerkennung ihres Statuts am 10. November 1980 als Organisation zu der Tätigkeit autorisiert worden ist, die ihr auf dem Territorium unseres Vaterlandes zusteht. Die Schaffung einer freien Gewerkschaft ist ein Ereignis von großer Bedeutung. Sie bezeugt die offene Bereitwilligkeit aller arbeitenden Menschen in Polen – der Angehörigen der verschiedensten Berufe, einschließlich der so genannten ‚Angesehenen‘ wie auch der Bauern –, solidarisch die Verantwortung für die Würde und Fruchtbarkeit der in unserem Heimatland auf vielen und verschiedenen Tätigkeitsgebieten geleisteten Arbeit zu übernehmen . . . Die Tätigkeit der Gewerkschaften hat keinen politischen Charakter und darf von niemandem, von keiner politischen Partei als Werkzeug benutzt werden, damit sie sich ausschließlich und in voller Autonomie auf das große gesellschaftliche Gut der menschlichen Arbeit und der arbeitenden Menschen konzentrieren kann.'

Ganz anders verlief der Besuch von Papst Johannes Paul II. am 4. März 1983 in Nicaragua. Ein Augenzeuge der Ankunft des Papstes auf dem Flughafen in Managua, François Houtart, Professor an der Universität in Löwen/Belgien, beschreibt sie so: ‚Nachdem der Papst das Flugzeug verlassen hatte, küsste er den Boden. Er wurde sodann begrüßt durch die Regierungsjunta und den Kommandanten Daniel Ortega, der eine Begrüßungsrede verlas. Der Papst beantwortete diese Rede. Obwohl vereinbart worden war, dass der Papst nur den Mitgliedern der Regierungsjunta und der nationalen Leitung der Sandinistischen Befreiungsfront die Hand gibt, aber nicht den anderen Würdenträgern und Ministern, traf der Papst plötzlich mit dem Kultusminister und katholischen Priester Ernesto Cardenal zusammen. Dieser kniete vor ihm nieder, um ihm die Hand zu küssen. Der Papst zog aber die Hand zurück und erhob seinen Finger zu einer vorwurfsvollen Geste. Er sprach einige Sekunden mit Ernesto Cardenal, indem er ihn ermahnte, sein Verhältnis zu der Amtskirche zu bereinigen.' Das Foto dieser Begegnung zwischen dem Papst und seinem Priester ging durch die Weltpresse.

In seiner Predigt bei der Eucharistiefeier in Managua am 4. 3. 1983 führte der Papst unter anderem aus: ‚Tatsächlich wird die Einheit der Kirche in Frage gestellt, wenn sich den gewichtigen Faktoren, die sie bilden und tragen – der Glaube, das geoffenbarte Wort, die Sakramente, der Gehorsam gegenüber den Bischöfen und dem Papst, der Sinn für gemeinsame Berufung und Verantwortung für das, was in der Welt Christus gehört –, rein irdische Erwägungen entgegenstellen, unannehmbare ideologische Kompromisse, Optionen für das Zeitliche, ja sogar Auffassungen von der Kirche, die die wahre Auffassung ersetzen möchten. Die Kirche muss einig bleiben, um den verschiedenen direkten oder indirekten Formen des Materialismus gewachsen zu sein, die sich ihrer Sendung in der Welt entgegenstellen. Wir müssen einig bleiben, um die wahre Botschaft des Evangeliums – nach den Normen der Überlieferung und des Lehramtes – verkünden zu können, frei von Entstellungen durch irgendeine menschliche Ideologie oder ein politisches Programm.'[729]

Daraus wird der Vorwurf für den Papst abgeleitet: „Mit anderen Worten: Sie messen mit zweierlei Maß! In Ihrer Haltung zu ‚Solidarność' haben Sie sich nicht gescheut, sich mit dem Führer dieser Gewerkschaft, dem katholischen Christen Lech Walesa, zu solidarisieren, und haben damit eine politische Option getroffen. In Ihrer Haltung gegenüber einem Mitglied der sandinistischen Regierung, Ernesto Cardenal, einem katholischen Priester, haben Sie sich öffentlich desolidarisiert und damit ebenfalls eine politische Entscheidung getroffen."[730]

Über die unglaubliche *Machtfülle des Papstes* als Oberhaupt der Kirche müssten Theologen diskutieren. In der heutigen Zeit lebenden Menschen sind viele Bestimmungen über diese Macht unverständlich, wie z. B. „Gegen ein Urteil oder ein Dekret des Papstes gibt es weder Berufung noch Beschwerde" (Codex Iuris Canonici, Kanon 333, § 3) oder „Der Papst kann von niemandem vor Gericht gezogen werden" (vielleicht noch eindeutiger im lateinischen Text: „Prima Sedes a nemine iudicatur"), Codex Iuris Canonici, Kanon 1404. Dafür kann er von vielen seiner Amtsträger einen Glaubenseid und einen Treueid verlangen – keine unwidersprochenen Gebote Roms. „Erstaunen erregt bei der zweiten Formel – bei dem den Glaubenseid ergänzenden Treueid – weniger, was kirchlichen Amtspersonen als zu beeidende Materie zugemutet wird, als vielmehr die Tatsache, dass man bald 25 Jahre nach dem II. Vatikanum überhaupt auf den Gedanken verfallen ist, kirchlichen Amtspersonen einen solchen Treueid zumuten zu sollen, nachdem man bisher auch in den extremsten Zeiten der Kirchengeschichte ohne einen solchen ausgekommen ist. Ist Kirche in ihren Leitungsstrukturen so schwach auf Glauben gegründet, dass die oberste Leitung der Kirche meint, das Bekenntnis des Glaubens bzw. der Eid auf den Glauben genüge nicht, man müsse sich der eigenen Amtsträger auch noch disziplinär per Eid vergewissern? Oder sieht Rom die Einheit der Kirche und ihrer Verkündigung so sehr gefährdet, dass spezielle Disziplinierungsmittel nicht solche glaubensmäßiger, sondern solche kirchenrechtlicher Art angewandt werden müssen?

Von dem ‚Ich aber sage euch, ihr sollt überhaupt nicht schwören' in Mt 5,34, das in Jesu Bergpredigt mindestens so scharf formuliert ist wie in wenigen Versen vorher das Scheidungsverbot, einmal ganz abgesehen."[731] – Dass aber zu einer solchen Vollmacht auch noch die Befugnisse und Privilegien eines Staatsoberhauptes hinzukommen, kann ruhig als ein Stein des Anstoßes bezeichnet werden. Es ist müßig darüber zu diskutieren, ob Jesus heute statt auf einem Esel auf einem Papamobil die Völker besuchen würde, mit dem Geist des Jesus aus der Bibel ist das Amt eines Staatsoberhauptes kaum vereinbar. – Treffend formuliert Hans Küng, dass es ihm entscheidend zu sein scheint, dass „in den Besetzungen unserer Bischofsstühle und vor allem auch in der Wahl des Papstes darauf geachtet werde, dass diese alte Art von Autoritätsträgern nicht mehr diese Stellung einnehmen kann. Das muss ausgesprochen werden, gerade wenn man für die Autorität spricht und nicht gegen sie. Es hat niemand so viel zum Schaden echter kirchlicher Autorität in der Kirche getan wie die Amtsträger, die auch noch nach dem Konzil die Autorität mit Autoritarismus verwechselt haben. Es hat vielleicht niemand so sehr der nachkonziliaren Kirche geschadet wie die römische Kurie, die noch immer nicht gemerkt hat, dass mit dieser autoritären Autorität heute nichts mehr angefangen werden kann. Dass Dienstautorität notwendig ist und dass von dorther eine radikale Reform der Institutionen auch in Rom notwendig ist."[732] „Die theologische Forschung geht weiter und hat längst aufgezeigt, wo in der römisch-katholischen Tradition das Katholische zugunsten des Römischen verdrängt wurde." (In: Greinacher – Küng, S. 27)

Der Papst kann Bischöfe ernennen, absetzen oder versetzen. Ein Fall, wo man nur bitter lachen kann, ist der von Wolfgang Haas, Bischof von Chur und später Erzbischof von Vaduz. Je unerträglicher der Kampf zwischen Bischof und Gläubigen geworden ist, desto skurrilere Lösungen wurden vorgeschlagen. „Was schon vor Jahren als Lösung für den Streit um den Churer Diözesanbischof Wolfgang Haas von den einen im Spaß und von den anderen im Ernst vorgeschlagen wurde, hat der Heilige Stuhl ausgeführt. Am Mittag des 2. Dezember 1997 teilte die Apostolische Nuntiatur in der Schweiz mit, der am Nachmittag erscheinende ‚Osservatore Romano' werde die Nachricht veröffentlichen: ‚Der Heilige Vater hat die Erzdiözese Vaduz (Liechtenstein) mit aus der Diözese Chur (Schweiz) ausgegliedertem Territorium errichtet und diese direkt dem Heiligen Stuhl unterstellt. Gleichzeitig hat der Heilige Vater den Hochwürdigsten Herrn Wolfgang Haas, bisher Bischof von Chur, auf den genannten Erzbischofstuhl erhoben."[733] Der Papst kann genehmigen und ablehnen. Ein extremes Beispiel dafür: „Der einzige Punkt (unter zehn), der nach der Gemeinsamen Synode der deutschen Bistümer von Rom genehmigt wurde, ist der, dass man alle zehn Jahre wieder eine Synode abhalten darf, – das ist einfach lächerlich." (Kerkhofs, in: Sommer, S. 181)

Nuntiaturen

Eine der auffallendsten Früchte dieser geschichtlich entstandenen Mixtur ist das *kirchliche Gesandtschaftswesen,* die Entstehung der Nuntiaturen. „Innerhalb von Religionsgemeinschaften hat sich lediglich in der christlichen bzw. römisch-katholischen Kirche ein Gesandtschaftswesen herausgebildet, und zwar bevor sich ein solches im zwischenstaatlichen Verkehr entwickelte. Es entstand im Zuge der Ausbildung des Jurisdiktionsvorrangs des Bischofs von Rom und hatte zunächst eher innerkirchliche Bedeutung. Allerdings unterhielten die Bischöfe von Rom bereits vom 5. bis 7. Jahrhundert Gesandte ... Die Päpste sind nur zögernd von ihrem alten und bewährten Legatenwesen zum System ständiger Gesandtschaften übergegangen. Die ständigen päpstlichen Gesandten neuen Stils wurden *Nuntien* (nuntii), die Vertretung selbst Nuntiatur genannt. Welche päpstliche Vertretung als Erste den Namen Nuntiatur verdient (in Spanien seit 1450 oder Venedig seit 1500), ist strittig. Kontrovers wird auch diskutiert, ob die Päpste dabei dem Beispiel der übrigen italienischen Staaten folgten oder die so genannten Kollektoren (seit Beginn des 13. Jahrhunderts Eintreiber von Abgaben an die Päpste) Vorstufen der Nuntien waren; fest steht, dass die Übertragung diplomatischer Aufgaben an Kollektoren selten erfolgt ist. Bereits vor dem Tridentinum unterhielten die Päpste in zahlreichen Ländern ständige Nuntiaturen. Das Konzil brachte einige Klarstellungen im Hinblick auf die konkurrierende Jurisdiktion. Allerdings erscheinen die Maßnahmen des Konzils als im Ansatz verfehlt, da die Bischöfe zu päpstlichen Delegaten erklärt wurden. Das Konzil bestimmte weiterhin, dass die päpstlichen Gesandten nur noch in dringenden Ausnahmefällen in die Jurisdiktion des Ortsbischofs eingreifen durften. Die noch heute geltenden innerkirchlichen Aufgaben der Nuntien wurden in Trient festgelegt (Informierung der Kurie; Mitwirkung bei der Tauglichkeitsuntersuchung von Kandidaten für das bischöfliche Amt). ... Gemäß Vatikanum II ... hat Paul VI. mit Motuproprio *Sollicitudo omnium ecclesiarum vom* 24. 6. 1969 ... das Gesandtschaftswesen neu geordnet. ... Primäre Aufgabe des Gesandtschaftswesens ist dessen innerkirchliche Dienstfunktion. Erst in zweiter Linie folgt es den Vorgaben des internationalen Rechts, wenn der päpstliche Gesandte diplomatischen Status genießt. Dabei erfolgt die diplomatische Anerkennung, auf die besonders junge Staaten großen Wert legen, seitens des Apostolischen Stuhles durch gegenseitige Akkreditierung sowohl im Namen der Kirche ... als auch kraft der souveränen Völkerrechtssubjektivität des Vatikanstaates.

Innerkirchliche Aufgaben sind v. a.: über die Lage der Teilkirche zu berichten; die Bischöfe, unter Wahrung ihrer eigenständigen Leitungsgewalt, zu unterstützen; obwohl ausdrücklich nicht Mitglieder der Bischofskonferenz ..., mit dieser engen Kontakt zu pflegen; bei den Bischofsernennungen ... den Informativprozess über geeignete Kandidaten zu führen; die Sorge des Papstes für das betreffende Land zu bezeugen und gute Beziehungen zu den anderen kirchlichen Gemeinschaften und nichtchristlichen Religionen zu pflegen.

Diplomatische Aufgaben betreffen päpstliche Gesandte immer dann, wenn sie die völkerrechtliche Vertretung des Apostolischen Stuhles ausüben. Anders als die Apostolischen Delegaten und Visitatoren, deren Legation nur für die Ortskirche erfolgt, sind Nuntius, Pronuntius, Internuntius oder gegebenenfalls Geschäftsträger beim Staat in der Regel durch Überreichung ihres Beglaubigungsschreibens an das Staatsoberhaupt akkreditiert. Ihnen kommt vor allem zu, das Verhältnis des Apostolischen Stuhles zu den staatlichen Autoritäten zu fördern sowie die Beziehungen zwischen Kirche und Staat durch den Abschluss und die Durchführung von Konkordaten und ähnlichen Verträgen zu pflegen. Hierbei sind die Ortsbischöfe gegebenenfalls um Rat zu fragen und über den Stand laufender Verhandlungen in Kenntnis zu setzen."[734]

Wegen dieser Aufgabenmischung und wegen der unrühmlichen Rolle der Nuntiaturen vor allem in Zusammenhang mit Bischofsernennungen hat „der deutsche Pastoraltheologe Norbert Greinacher im ORF die Nuntiaturen im Allgemeinen, die in Österreich und in der Bundesrepublik im Speziellen aufs Korn genommen. Dabei hatte der Professor auch ein höchst unfreundliches Wortspiel gebraucht, das weder neu noch sonderlich originell anmutete: Er hatte von ,Denunziaturen' gesprochen. Das geschieht nicht erst seit heute gelegentlich da und dort, mehr oder weniger ,witzig' gemeint, wobei der Schwerpunkt unterschiedlich ist: Die einen meinen damit die Übermittlung von Nachrichten nach Rom durch den päpstlichen Botschafter, die anderen haben eher Katholiken des betreffenden Landes im Auge, die der Nuntiatur ihre Beobachtungen über die jeweilige Lokalkirche, besonders ihre Verdachtsmomente, zutragen." [735]

Die so genannten Laien

Den Machthabern steht das *Volk Gottes* ohne hierarchisches Amt, die soziale Kategorie (leider muss man von sozialer Schicht oder manchmal mit Marx von sozialer Klasse reden) der sog. Laien gegenüber. Der Begriff ist eindeutig in der theologischen Perspektive: „Laie (griech. ,laikos' = dem Volk zugehörig), ein Begriff, der vom 3. Jahrhundert an die nicht durch Gebet und Handauflegung geweihten Mitglieder der Kirche bezeichnet. Dieser negativ bestimmte Begriff für die übergroße Mehrzahl der Kirchenmitglieder blieb in der katholischen Kirche bis zum II. Vatikanum in Geltung. Das Konzil versuchte, ihn dadurch positiver zu umschreiben, dass es die Bezeichnung ‚Laien' für ‚alle Christgläubigen mit Ausnahme der Glieder des Weihestandes und des in der Kirche anerkannten Ordensstandes' verwendet und die Gemeinsamkeit aller mit dem höchst problematischen Begriff ‚Volk Gottes' ausspricht. ... – M. Luther († 1546) lehnte die Spaltung der Kirche in zwei Klassen (‚genera') von Christen ab. Er leugnete die Existenz des Weihesakraments, bezeichnete die Taufe als Priesterweihe und rief die biblischen Aussagen vom gemeinsamen Priestertum aller Kirchenmitglieder in Erinnerung. Ihm folgten die aus der Reformation hervorgegangenen Kirchen. Das Konzil von Trient sprach dogmatisch verpflichtend von den Unterschieden, die durch Weihe und geistliche Vollmacht begründet würden. So blieb es im Bereich der katholischen Kirche bei den zwei ‚Klassen' mit der durchwegs negativen Bestimmung der Laien. ...

In einer vertieften weltlichen Spiritualität und in einer von Sachkenntnis bestimmten Lebensgestaltung sind die Laien nicht mehr auf die Anleitungen durch den Klerus angewiesen. So viele Probleme im Verhältnis von Laien und Klerus auch noch offen sind, die Stellung der Laien in der Kirche hat sich in knapp 100 Jahren entscheidend verändert. Sie sind nicht mehr die von der Hierarchie betreuten Objekte, sondern können in dem Bewusstsein leben: ‚Wir sind (auch) Kirche'."[736]

Der letzte Satz stimmt im Prinzip und im Bewusstsein aufgeklärter und auch religiös gebildeter Menschen. Die Gesamtszene in der Kirche zeigt aber nach wie vor eine scharfe wertende Unterscheidung zwischen Klerus und Laien. – Im Kap. 1.1. dieses Buches wurde die große Veränderung in der Welt unserer Gesellschaften kurz skizziert. Jahrhundertelang standen mehr oder weniger gebildete, über Macht und Geld verfügende Priester und Bischöfe einer Masse von Analphabeten und fast rechtlosen Bauern gegenüber. Diese Situation hat sich massiv geändert, der Klerus fühlt sich aber immer noch den Laien gegenüber überlegen, wofür viele Zeichen angeführt werden können, wie etwa die Botschaft des Papstes an den Laien-Kongress im Domus Pacis zu Rom 2000: „... Allerdings müsse man die Identität des Laien gegenüber dem Amt des geweihten Priesters respektieren. Die Laien sollten sich nicht allzu sehr auf ‚innerkirchliche Belange' konzentrieren."[737]

Die Krone auf diese zerstörende Entwicklung (wie soll ein Bürger, der mit seinem Votum entscheidet, ob das soziale Netz einer Gesellschaft ausgebaut oder aber Kriegsgerät gekauft wird, sich in der Kirche wie ein Kleinkind behandeln lassen?) setzte die „Instruktion zu einigen Fragen über die Mitarbeit der Laien am Dienst der Priester" vom 13 .11. 1997, die einen Sturm der Empörung bei Bischöfen, Priestern und Christen hervorgerufen hat und auch zu der harten Stellungnahme des Bischofs von Innsbruck, Reinhold Stecher führte (dazu s. o. 3.3. und 3.4., dort auch die Quellenangaben).

Kirche und Geld

Eine unselige Beziehung herrscht zwischen der Kirche und dem Geld. Eine große Institution muss selbstverständlich auch Geld verwalten, und die gerechte Verteilung ist in einer Welt, in der drei Männer so reich wie 48 Staaten sind, ein – gelinde gesagt – unerreichtes Ideal.[738] Andere Verhältnisse sollten allerdings in der Kirche herrschen, die von der Option für die Armen spricht und auch auf dem Gebiet der Wirtschaft eine Vorbildfunktion erfüllen sollte. De facto aber müssen wir den hehren Idealvorstellungen und in der Verkündigung laut geforderten Imperativen diametral entgegengesetzte Erscheinungen registrieren. Einige wenige, charakteristische Beispiele:– Ein Jesuit auf Studienreise schreibt: Die ... „schöne Zeit wurde überschattet durch mit dem neuen Erzbischof aufziehende, kirchenpolitische Gewitterwolken, die sich zunehmend auch über unseren Mitbrüdern entladen. Der gebürtige Spanier Fernando Sáenz Lacalle vom Opus Dei wurde im April 1995 gegen den erklärten Wunsch des Diözesanklerus und der Ordensleute zum Nachfolger des im November 1994 plötzlich verstorbenen Erzbischofs Arturo Rivera y Damas ernannt. Zuvor war Sáenz Lacalle Weihbischof der Diözese Santa Ana und Militärbischof. Kurz vor dem Besuch Papst Johannes Pauls II. in *El Salvador* leitete er eine Reihe von Neubesetzungen kirchlicher Schlüsselpositionen ein, die man nicht anders als eine Kurswende um 180 Grad verstehen kann. So wechselte er die Leitung der kircheneigenen Wochenzeitung ‚Orientación‘ aus und legte auch den Rundfunksender der Erzdiözese in neue Hände. De facto aufgelöst wurde die kirchliche Caritas. Dem erzbischöflichen Menschenrechtsbüro unter seiner mutigen Leiterin Maria Julia Hernández gab er die Anweisung, sich in der Anzeige von Menschenrechtsverletzungen in Zukunft nicht mehr öffentlich zu Wort zu melden. Am schwerwiegendsten war die plötzliche Auswechslung des gesamten Leitungsteams des Priesterseminars. Neuer Leiter wurde ein Mann der Linie des Erzbischofs, der unter anderem verfügte, im Seminar dürften in Zukunft keine Lieder mehr gesungen werden, in denen das Wort ‚Arme‘ vorkomme."[739]

In Abidjan, inmitten unbeschreiblicher Armut, wird die größte *Kathedrale Afrikas* aufgebaut, ein Prachtwerk italienischer Architekten im Stil des Petersdoms in Rom, und von Papst Johannes Paul II. feierlich eingeweiht – eine unbeschreibliche Provokation![740]

„Eine nutzlose *Kathedrale für Rio de Janeiro*. – Seit Sommer 1964 ist die ganze finanzielle und personelle Aktivität der Erzdiözese Rio de Janeiro auf ein Projekt konzentriert, das sie, falls es verwirklicht wird, auch in den nächsten drei bis vier Jahren voll in Anspruch nehmen wird. Es handelt sich um den Bau einer neuen Kathedralkirche in der Hauptstadt, und zwar in deren Handelszentrum, am Largo da Cariboca (Carioca ist zugleich der Spitzname für die Bewohner Rio de Janeiros). Im Zentrum der Stadt, in dem so gut wie keine Menschen wohnen, existieren bereits 20 Kirchen, während die Wohngebiete und Slums kaum Kirchen haben. Eine kleine Kirche für 40.000 Menschen ist dort der Durchschnitt. Nur der Macumbismus, die spiritistische Primitivreligion Brasiliens (die vom Staat offiziell als Glaubensbekenntnis anerkannt ist), versorgt in dieser Hinsicht die Bevölkerung ausreichend: er hat in Rio de Janeiro 3000 Kultstätten.

Die Krypta der vorgesehenen neuen Kathedrale soll eine Begräbnisstätte darstellen. Sie wird allerdings nur für Reiche zugänglich sein, da die Plätze schon im Voraus gekauft und bezahlt werden müssen. Unter den ersten Subskribenten für die Krypta waren der Gouverneur des Staates von São Paulo, Ademar de Barros, der größte Millionär Brasiliens, Francisco Matarazzo, der Luftfahrtminister, General Juarez Tãvora, und 33 Ordensgemeinschaften.

Nur drei Prozent von den fast 5 Millionen Katholiken von Rio de Janeiro besuchen die Sonntagsmesse. P. Godofredo Deelen vom Zentrum für kirchliche Statistik und Sozialforschungen schrieb im Zusammenhang des Kathedralprojektes: ‚Die religiöse Unwissenheit in Rio, selbst unter den herrschenden Klassen, ist alarmierend. Eine überwältigende Mehrheit weiß von Religion kaum die primitivsten Reste des Katechismus, die sie sich oberflächlich in der Vorbereitung auf die Erstkommunion angeeignet haben. Sie wissen nichts über den sozialen Anspruch des Christentums. Das ist nicht zu verwundern, weil selbst unter den besten Katholiken religiöse Nebensächlichkeiten als das Wesentliche aufgefasst werden. Es herrscht da eine erstaunliche Buchführung, bei der Rosenkränze, Kommunionen, Novenen und Messen als Zahlungsmittel angesehen werden, durch das man das Heil erlangt, sein Gewissensexamen besteht und seine religiöse Investition erfolgreich besorgt.' P. Deelen hatte eine auf sechs Gutachten gestützte Reportage über das Kathedralprojekt zusammengestellt, fand aber kein Organ in Brasilien, das sie veröffentlicht hätte. Auch mehrere katholische Journalisten hatten Artikel gegen das Vorhaben geschrieben, doch wagte keine der Tageszeitungen deren Veröffentlichung, da sie alle von der Kurie des Kardinals abhängig sind. Auch von zwei der fünf Weihbischöfe und von der Mehrheit des Klerus der Erzdiözese weiß man, dass sie sich energisch gegen das Projekt ausgesprochen haben.[741]

„Ein katholisches Stift ist Wiens größter *Privatgrundbesitzer*. Die Kirche predigt, dass auf Eigentum eine soziale Hypothek laste, doch von ihren ausgedehnten Ländereien mag sie sich nicht trennen. Um beim eigenen Orden zu bleiben, schreibt der damalige Jesuit Sigmund Kripp: Das Gelände um das Studienhaus St. Georgen in Frankfurt sollte an bedürftige Familien verschenkt werden, statt es zum Ergehen für den spärlichen Ordensnachwuchs zu reservieren. ...

Verschiedentlich genießt die Kirche Steuerprivilegien. Viel vom so eingesparten Geld verwendet sie gewiss, um Menschen in Not zu helfen. Es bleibt aber ein unangenehmes Gefühl, weil öffentliche Mittel eher direkt den Bedürftigen als den Helfern zugeteilt werden sollten. In diesem Sinne sollte die Kirchensteuer abgeschafft und die Hilfe direkt den Menschen in Not erteilt werden.“[742]

„Wie hätte der Mann, der erklärte: ‚Selig sind die Armen‘, sich zu den Gewinnen in Höhe von über einer Million Dollar gestellt, die Jahr für Jahr allein aus dem Verkauf vatikanischer Briefmarken erlöst werden? Wie hätte er über den Peterspfennig gedacht? Die unter diesem Titel einmal im Jahr veranstaltete Kollekte, deren Ertrag in den Augen vieler ein zuverlässiges Barometer für die Beliebtheit des jeweils amtierenden Papstes ist, hatte unter dem charismatischen Johannes XXIII. zwischen 15 und 20 Millionen Dollar jährlich eingebracht. Unter Papst Paul VI. und nach der Verkündung von *Humanae vitae* war der durchschnittliche Ertrag auf vier Millionen Dollar im Jahr abgesackt.“[743]

Liest man die Evangelien, die schlichten Geschichten des Jesus von Nazaret, sind die undurchsichtigen Geschäfte mit den Geldern der Weltkirche einfach nicht vollziehbar. Dass es überhaupt zur Veröffentlichung der Haushaltszahlen des Vatikans kam, „hat in jedem Fall auch mit den noch längst nicht aufgeklärten Verwicklungen des ‚*Istituto per le Opere di Religione*‘ in die Geschäfte des in Konkurs gegangenen Mailänder ‚Banco

Ambrosiano' zu tun ... durch die das Geschäftsgebaren des Vatikans ins Zwielicht geriet. In das Schlusskommuniqué der Vollversammlung wurde der Bericht von Kardinalstaatssekretär Casaroli aufgenommen, den er den Kardinälen über die Beziehungen zwischen dem IOR und der Bank von Roberto Calvi vorgetragen hatte. Der Bericht zitiert zunächst die schon Mitte Oktober im ‚Osservatore Romano' veröffentlichte Stellungnahme der Rechtsberater des IOR, die nach Untersuchung der gesamten Unterlagen zum Ergebnis kamen, das IOR habe weder von der Gruppe Ambrosiano noch von Roberto Calvi irgendeinen Betrag erhalten und brauche deshalb auch nichts zurückzuerstatten. Die auswärtigen Gesellschaften, die bei der Gruppe Ambrosiano Schulden hätten, seien zu keiner Zeit vom IOR geführt worden; alle Überweisungen der Gruppe Ambrosiano an diese Gesellschaften seien vor der Ausstellung der so genannten ‚Garantiebriefe' getätigt worden. Allerdings zeigt der Bericht Casarolis selber, dass es sich nicht ganz so einfach verhalten dürfte, wie es die knappe Fünf-Punkte-Erklärung der IOR-Rechtsberater vermuten lässt. Er gibt eine Darstellung der Vorgänge, die etliche Fragen offen lässt, und ist in den entscheidenden Punkten eher vage. Das gilt etwa für die Darstellung der Verbindung zwischen dem IOR und den südamerikanischen Gesellschaften, deren ‚rechtliche Kontrolle' das IOR besaß. Der Bericht stellt fest, dass der Name des Instituts ‚zur Verwirklichung eines undurchsichtigen Planes' missbraucht worden sei, der ‚ohne Wissen des Instituts selbst Operationen zu einem einzigen Zweck zusammenfügte, die – einzeln betrachtet – regulär und normal erschienen'. Erst im Juli 1981 habe das IOR erkannt, dass ihm durch direkte und indirekte Verbindung die rechtliche Kontrolle der genannten Gesellschaften zugefallen sei. Noch genauer zu klären ist auch noch der Stellenwert der ‚Garantiebriefe'; die der Chef des IOR, Erzbischof Marcinkus, Roberto Calvi ausstellte. Das geht aus dem Passus im Casaroli-Bericht hervor, der über die Ergebnisse der Untersuchungen der im Juli eingesetzten Kommission von drei Bankfachleuten informiert, zu denen inzwischen noch Hermann-Josef Abs gestoßen ist: Nachdem diese Fachleute ‚die besondere Art und Tragweite der so genannten Garantiebriefe in rechtlicher Hinsicht erkannt hätten', hätten sie eine italienisch-vatikanische Zusammenarbeit empfohlen, die ‚auf der Grundlage der auf beiden Seiten vorhandenen Dokumente' die Wahrheit ermitteln soll. Dafür gab nun Johannes Paul II. in seiner Schlussansprache grünes Licht. Der Heilige Stuhl, so der Papst, sei dazu bereit, alle Schritte zu tun, die für das Zusammenwirken beider Seiten erforderlich seien, um die ganze Wahrheit ans Licht zu bringen."[744]

Geld ist auch in der Kirche: Macht. „Die beiden Hauptgeldgeber der Kurie sind die Kirchen der Vereinigten Staaten und der Bundesrepublik Deutschland, wobei der amerikanische Episkopat mehr vom Kirchenvolk und seinen freiwilligen Spenden abhängig ist (nicht zuletzt von daher seine größere Aufgeschlossenheit den Anliegen des Volkes gegenüber) als der deutsche. Dieser verfügt über eine milliardenschwere Finanzmacht, da die staatlich verordnete und eingezogene Kirchensteuer nicht (wie etwa in der Schweiz) den einzelnen Gemeinden, sondern den Bischöfen direkt zufließt (4,9 Milliarden DM 1983 reine Kirchensteuern ohne Kollekten, staatliche Subventionen und Steuerprivilegien). So kann sich dieser Episkopat nach Meinung vieler Katholiken (trotz aller immer wieder spürbaren Widerstände in Klerus und Volk) allzu vieles leisten: fortschrittliche Zeitungen (‚Publik‘) eingehen lassen und konservative (‚Rheinischer Merkur‘, ‚Christ und Welt‘) aufkaufen ...“[745]

Nicht nur die Leitung der Kirche, die Hierarchie verwendet das Geld als Machtmittel: In der Entstehung des heutigen Standes der Kirche in den USA „... kommen zweifellos verschiedene Faktoren zusammen. Es handelt sich – wie Sie richtig vermuten – wahrscheinlich auch um Reste eines früheren Typs von Kirche in den USA. Es gibt ethnische Gruppen, die sich nicht im gleichen Maß weiterentwickelt haben wie andere, die in gewissem Sinne dort stehen geblieben sind, wo wir alle vor 30 oder 40 Jahren waren. Insgesamt halte ich dies jedoch für einen eher geringen Faktor. Entscheidender scheint mir Folgendes zu sein: Viele wohlhabende amerikanische Katholiken sind ungehalten über Veränderungen in der Kirche, weil von ihnen ein stärkerer Einsatz für soziale Gerechtigkeit erwartet wird. Z. T. gebrauchen diese Katholiken ihr Geld, um damit gegen bestimmte Theologen und Bischöfe zu kämpfen, von denen sie annehmen, dass diese die Kirche unangemessen ‚liberalisieren‘. Ihr Problem ist nicht, ob nun Latein oder Englisch die Sprache der Liturgie ist; sie sorgen sich auch nicht um mögliche Veränderungen bei der Sakramentenspendung. Ihnen macht der neue Geist des Einsatzes für Gerechtigkeit und Frieden zu schaffen, wie ihn auch die amerikanischen Bischöfe inzwischen zeigen. Dies verletzt ihre politischen und sozialen Interessen und Vorurteile.“[746]

Im Bereich „Kirche und Geld" ist das Problem der Kirchensteuer ein Dauerbrenner. – Wenige wissen heute, dass etwa in Österreich, wo die kirchlichen Finanzämter die Kirchensteuer selber einheben, im Falle der Nichtzahlung staatliche Organe exekutieren, der verpflichtende Kirchenbeitrag als eine Schikane eingeführt wurde. Ein wenig journalistisch formuliert: „Mit 1. Mai 1939 setzte er das Kirchenbeitragsgesetz in Kraft. Während in Deutschland eine Kirchensteuer schon existierte, wollte Hitler den Kirchen in Österreich via Kirchenbeitrag die Schar der Gläubigen dezimieren. Persönlich revidierte er den ersten, von ihm als zu kirchenfreundlich beurteilten Gesetzesentwurf und stufte die Kirchen auf die Ebene von Vereinen zurück. Die erwartete Austrittswelle – Wiens Gauinspektor rechnete mit einem ‚vernichtenden Schlag' gegen die Kirchen – blieb aus. Die Österreicher zahlten und blieben in der Kirche. Heute scheint Hitlers Schikane angesichts der Austrittszahlen doch zu wirken. Der Ex-Sekretär der Bischofskonferenz, Alfred Kostelecky, 1994: ‚Hitlers Absicht, die Kirche in finanzielle Schwierigkeiten zu bringen, geht immer mehr auf.'"[747] Die Geschichte dieser unseligen Institution ist in verschiedenen Territorien verschieden und im Laufe der Zeit Änderungen unterworfen. Deshalb können hier nur einige Verweise gegeben werden. – Sehr gute Überblicke der Systeme in verschiedenen Ländern mit Literatur findet man oft auch dort, wo man die Behandlung des Themas gar nicht vermutet hätte.[748] Sicherlich kann man in der Weltkirche bessere und schlechtere Lösungen finden.

Das Grundproblem bleibt allerdings in jedem Fall: Darf man eine Handlung zweitrangiger Wichtigkeit zur Bedingung der erstrangig wichtigen Zugehörigkeit zur Kirche Christi, zur Gemeinschaft der Gläubigen machen? Nun aber erlischt die Pflicht zur Leistung der Kirchensteuer nur durch Kirchenaustritt.[749] Und zahlreiche empirische Erhebungen beweisen, dass eines der Hauptmotive, aus der Kirche auszutreten, die Kirchensteuer ist.[750] – Eine ganz andere Angelegenheit ist das Einkommen des Vatikans, das teilweise aus den freiwilligen Spenden der Gläubigen am Fest der hll. Petrus und Paulus (29. 6.) in Form der Messkollekte („*Peterspfennig*") nach Rom fließt (1980: 20,527.000 – 1990: 57,793.118 US-Dollar), was allerdings das defizitäre Budget des Vatikans nicht sanieren konnte (Defizite etwa 1980: 20,550.000 – 1990: 86,281.000 US-Dollar).[751]

Nicht rassistisch denkenden Christen – und wer kann gleichzeitig Christ und Rassist sein? – sind die antisemitischen Momente im Leben und in der Lehre der Kirche zutiefst störend. Selbstverständlich hatte die Kirche Israel und die Israeliten als „das Alte Testament" und das Volk Jesu betrachtet. Trotzdem gibt es viele Zeichen einer antisemitischen Neigung. Die Anfänge dieser Strömungen zu erforschen ist Aufgabe der Geschichtswissenschaften. Eindeutig sind allerdings einige Elemente: Bereits (oder noch?) 1555 erscheinen die Bulle des Papstes Paul IV. („Cum nimis absurdum") und 1569 die von Papst Pius V. („Hebrorum gens sola").

Antisemitisch gefärbte Legenden über Juden, die Kinder getötet und geopfert haben, wurden lange Jahrhunderte hindurch unwidersprochen toleriert. Ein klassisches Beispiel dafür ist der so genannte *Judenstein*, eine kleine Kirche in Tirol. Das Problem soll hier im Zusammenhang mit einer exzellenten Dissertation dargestellt werden:

„Anderl von Rinn spielt die Hauptrolle in einer antisemitischen Ritualmord-Tradition, die seit 400 Jahren im katholischen Tirol und weit darüber hinaus verwurzelt ist. Nicht nur die Wallfahrtskirche, sondern auch der Tourismus vor Ort haben bis in unsere Zeit von dieser Tradition profitiert. Nach dem Holocaust hat die Kirche – zuerst zögernd, dann vehement versucht, ihr ein Ende zu setzen. ... 1953 wurde der Gedenktag des Anderl von Rinn aus dem diözesanen Kalender gestrichen, 1961 zwei diffamierende, antisemitische Darstellungen aus der Kirche entfernt, erst Mitte der 80er Jahre wurde die Anderl-Reliquie vom Hochaltar genommen und für die Kirche ein neues Patrozinium vorgeschlagen. Noch 1994 sah sich Bischof Stecher gezwungen, ein kirchenrechtlich relevantes *Dekret zur Beendigung des Kultes des ‚Seligen Anderle von Rinn'* zu veröffentlichen. Währenddessen setzten reaktionäre katholische Kreise das Anderl auf ihre Fahne und machten es zum Patron ihres Kampfes gegen die Kirche des Zweiten Vatikanischen Konzils ... Am Beispiel Anderl von Rinn zeigt Fresacher die Hartnäckigkeit eines latenten Antisemitismus auf. Der Geist, aus dem in Europa an die 700 Ritualmordbeschuldigungen erstanden, ist nicht tot. Weiter fragt er nach den Mechanismen öffentlicher Auseinandersetzung und Meinungsbildung in einer Kleingemeinde im Zeitalter der Mediengesellschaft."[752]

Nicht weniger charakteristisch für die Passivität der Amtskirche in Sachen Antisemitismus sind Stellen in liturgischen Texten, die, gelinde gesagt, unfreundliche Inhalte den Juden gegenüber beinhalten. Ein gutes Beispiel dafür ist die *Osterliturgie*. „Besonderes Aufsehen hat es erregt, dass in Santa Croce in Gerusalemme in Anwesenheit des Papstes bei den Großen Fürbitten die Fürbitte für die Juden nicht mehr ‚pro perfidis Judaeis‘ lautete, sondern einfach ‚pro Judaeis‘. Das ist auf besonderen Wunsch Johannes‘ XXIII. geschehen, doch noch nicht zur offiziellen Lesart erhoben worden. ‚La Croix‘ teilt mit, dass es in Rom am Gründonnerstagabend durch eine Indiskretion bekannt wurde, der Heilige Vater habe gewünscht, in dem Missale, das Kardinal Cento, der Zelebrant der Liturgie am Karfreitagnachmittag, benutzen werde, möge das Wort ‚perfidis‘ gestrichen, ebenso an der zweiten Stelle des Gebetes der Ausdruck ‚perfidiam judaicam‘ einfach durch ‚Judaeos‘ ersetzt werden. Es trifft jedoch – nach ‚La Croix‘ – nicht zu, dass die Pfarrer von Rom aufgefordert worden seien, das Gleiche zu tun; es handelt sich vorläufig um eine einmalige Maßnahme, die aber künftige Maßnahmen voraussehen lässt. – Die ‚Gesellschaft für Christlich-Jüdische Zusammenarbeit‘ in Deutschland hat diese Änderung des Papstes in einer Erklärung besonders begrüßt, da sie ihr große Bedeutung beimisst. Der Papst habe damit ein Beispiel gegeben, das viel dazu beitragen könne, überkommene Spannungen zu überbrücken. Die ‚Allgemeine Wochenzeitung der Juden in Deutschland‘ nennt den Fortfall des Wortes ‚perfidus‘ eine historische Tat. Sie entziehe einem weitverbreiteten antijüdischen Vorurteil den Boden und erleichtere den Weg zur christlich-jüdischen Verständigung.“[753]

Mit der Zeit vermehren sich die römischen Verlautbarungen, die dem Antisemitismus entgegensteuern, den Erwartungen aber auch nicht entsprechen. „Die Erklärung der ‚Vatikanischen Kommission für die religiösen Beziehungen zu den Juden‘ vom März dieses Jahres (1998) über die Shoa ... wird in einer Anfang September veröffentlichten Stellungnahme des Gesprächskreises *Juden und Christen‘* beim Zentralkomitee der deutschen Katholiken kritisiert. Trotz beachtlicher Aussagen bleibe das Dokument in seinen historischen und theologischen Äußerungen hinter früheren Erklärungen von Papst und Bischöfen zurück. Die Autoren wehren sich in einem Abriss der Geschichte des Verhältnisses zwischen Christen und Juden gegen eine undifferenzierte Sichtweise der Loslösung der Kirche vom Judentum und erinnern an die von Kirchenvätern ‚theologisch begründete Feindschaft‘ gegen die Juden, denen das Anrecht auf die biblische Erwählung abgesprochen wurde. Jedoch: ‚Gehört zum Respekt vor dem Mysterium Gottes nicht auch die Demut, nicht zu wissen, warum es zur dramatischen Trennung von Christentum und Judentum kam?' Vor allem aber wird beklagt, dass der vatikanische Text zwar einzelnen Christen Schuld zuweise, die Kirche aber davon ausnehme. Im Laufe der Kirchengeschichte habe aber die katholische Kirche Schuld auf sich geladen. Der These, die Wurzeln des Antisemitismus lägen außerhalb des Christentums, müsse deshalb widersprochen werden. Alles in allem sei die Haltung der katholischen Kirche zur Shoa ,ambivalent, wenn nicht beschämend', lautet das Fazit. Die Autoren fordern deshalb dazu auf, ,dass im bereits angekündigten päpstlichen Schreiben zum Versöhnungsjahr 2000 die Kirche, gerade auch als institutionelle Größe, ihre Mitschuld und Verantwortung erkennt und bekennt'. Außerdem sollten die Vatikanischen Archive zum Studium der einschlägigen Dokumente geöffnet werden."[754]

Bischofsernennungen

In früheren Kapiteln dieses Buches wurden bereits Fälle behandelt, die zeigen, welche katastrophale Wirkungen die Art der Bischofsernennungen der letzten Jahrzehnte zeitigt (s. 4.3. im Zusammenhang mit den Entwicklungen in den Niederlanden, 1.3. im Zusammenhang mit dem Kirchenvolks-Begehren und 3.4. im Zusammenhang mit den Nuntiaturen). Es würde den Rahmen des vorliegenden Buches sprengen, einzelne komplizierte Fälle (wie z. B. dem Fall von Wolfgang Haas, Bischof von Chur in der Schweiz) einigermaßen adäquat behandeln zu wollen.

Wichtig ist, den kirchenrechtlichen Hintergrund dieses schmerzlichen Themas eindeutig zu sehen. „Das katholische Kirchenrecht kennt zwei Weisen der Bischofsbestellung: freie Ernennung durch den Papst oder Wahl mit anschließender Bestätigung durch ihn. Can. 377 § 1 CIC sagt: ,Bischöfe ernennt der Papst frei oder bestätigt rechtmäßig gewählte.' – In Deutschland werden auf Grund von Vereinbarungen zwischen Kirche und Staat (Reichskonkordat, Länderkonkordate) verschiedene Modelle angewendet: In einem Teil Deutschlands wählt das Domkapitel den Diözesanbischof aus einer drei Namen enthaltenden Liste, die der Apostolische Stuhl aufstellt; in einem anderen Teil (Bayern und Speyer) ernennt der Papst eine Person, die in Listen enthalten ist, welche von den betroffenen Bischöfen und Domkapiteln alle drei Jahre aufgestellt werden, oder in der Liste, die das Domkapitel der betroffenen Diözese für den aktuellen Besetzungsfall einreicht. – Eine Beteiligung des ,Kirchenvolkes' ist nur insofern vorgesehen, als der Apostolische Nuntius nach allgemeinem

Kirchenrecht bei der Vorbereitung einer Bischofsernennung Erkundungen einholen soll und darunter auch ‚durch Weisheit herausragende Laien einzeln und geheim' befragen soll. – Bei der Bestellung von so genannten ‚Weihbischöfen' gibt es keine Mitwirkung irgendwelcher Gremien der Teilkirchen, selbst dann nicht, wenn der Ernannte als so genannter Koadjutor das Recht zur Nachfolge bekommt und damit automatisch Diözesanbischof wird, wenn der bisherige Bischof aus dem Amt scheidet.

In der lateinischen Kirche herrscht die Ernennung von Bischöfen durch den Papst – ohne Bindung an Wahlen durch Gremien welcher Art auch immer – vor. In den katholischen Ostkirchen, in denen das synodale Element der Kirchenverfassung weit stärker ausgebildet ist als in der lateinischen Kirche, herrscht die Wahl des Bischofs vor, wobei z. T. vor der Wahl eine Zustimmung des Apostolischen Stuhles zu den Kandidaten eingeholt werden muss. – Die Bestellung zum Bischofsamt beruht zum Teil auf göttlichem, zum Teil auf rein kirchlichem Recht. Die Auswahl der Person, die Bischof werden soll, kann durch den kirchlichen Gesetzgeber – eventuell in Absprache mit dem betroffenen Staat, dessen Einfluss jedoch nach dem Willen des Zweiten Vatikanischen Konzils zurückgedrängt werden soll – den Zeitumständen entsprechend gestaltet werden. Die Weihe des Kandidaten zum Bischof ist jedoch ein sakramentaler Akt, der durch einen anderen Bischof und in der Regel durch zwei Mitkonsekratoren vorgenommen werden muss."[755] (Der Papst dirigiert auch in das Leben der religiösen Orden hinein. „Am eindrücklichsten bis heute in Erinnerung geblieben ist die kommissarische Übertragung der Ordensleitung der *Jesuiten* (mit dem Auftrag der Vorbereitung der nächsten Generalkongregation mit Neuwahl des Ordensgenerals) an den ehemaligen Gregoriana-Professor, den später zum Kardinal ernannten, inzwischen hochbetagten (95) *Paolo Dezza SJ* (mit *Giuseppe Pittau SJ* als ‚Koadjutor') gegen Ende der Amtszeit des Ordensgenerals *Pedro Arrupe,* nachdem dieser einen schweren Schlaganfall erlitten hatte."[756] „Der Papst war zwar durch keine kirchliche Rechtsbestimmung gehindert, einen solchen Schritt zu tun, da dieser sich aber völlig außerhalb des vom Ordensstatut abgesteckten Rahmens bewegt, muss der Papst entweder besonders triftige Gründe gehabt haben, die Leitung der Jesuiten praktisch selbst bzw. mit Hilfe von persönlichen Vertrauensleuten in die Hand zu nehmen, oder er stand unter dem persönlichen Eindruck, dem Orden sei nicht mehr anders als durch direktes päpstliches Eingreifen zu helfen."[757]

Schon die Pluralität der bestehenden Formen beweist, dass die Leitung der Kirche in dieser Angelegenheit die Form frei auswählen kann (ab esse ad posse valet illatio). Noch klarer zeigen Auffassungen in der früheren Kirchengeschichte, dass die Auswahl der zu ernennenden Bischöfe auch so geschehen könnte, wie dies den Bedürfnissen des heutigen Kirchenvolkes entspricht. „In der Alten Kirche wurde bei der Bischofsernennung vor allem nach dem Prinzip gehandelt, dass derjenige, der allen vorsteht, auch von allen gewählt sein muss, wie sich Papst Leo der Große um 459 explizit geäußert hat: ‚Qui praefuturus est Omnibus, ab Omnibus eligatur‘. Dieses Prinzip, das seinerseits auf der urchristlichen Idee der ‚geistlichen Ehe‘, die zwischen dem Bischof und seiner Kirche besteht, basiert, wurde so ernst genommen, dass sich altkirchliche Theologen und Bischöfe gezwungen fühlten, dort, wo einer Ortskirche ein Bischof gegen ihren Willen aufgezwungen wurde, zum ausdrucksstarken Bild der Zuhälterei zu greifen. Da zudem in der christlichen Kirche nichts geschehen dürfe ohne die Zustimmung des Volkes Gottes, betonte Bischof Cyprian von Karthago, dass auch und gerade die Wahl des Bischofs vor der ganzen Gemeinde erfolgen müsse, genauerhin ‚in Gegenwart des Volkes, das das Leben des Einzelnen vollständig kennt und den Charakter eines jeden im Verkehr mit ihm durchschaut hat‘. Während also in der Alten Kirche die Bischofswahl gerade kein Geheimverfahren sein durfte, damit sich kein Unfähiger und Unwürdiger einschleichen kann, wurde demgegenüber, wie der Frankfurter Kirchenhistoriker Klaus Schatz präzis urteilt, die freie Bischofswahl, die übrigens ‚in der gregorianischen Zeit erkämpft und mit dem schwersten Geschütz höchster spiritueller und theologischer Argumente begründet‘ wurde, später so ‚ziemlich sang- und klanglos durch das Papsttum selbst und nicht aus pastoralen, sondern aus finanziellen Gründen wieder abgeschafft‘. Historische Fairness verlangt freilich den Hinweis darauf, dass die stärkste Gefährdung des Wahlrechtes der Ortskirchen zunächst nicht von Rom, sondern gerade von den christlichen Kaisern und Herrschern der christianisierten germanischen Königreiche ausgegangen ist, die die alleinige aktive Mitwirkung bei der Bischofswahl für sich reklamierten, während dem Volk nur noch die Akklamation blieb.“[758]

Die entscheidendsten Amtsträger sollten nach neuen Wegen suchen und das Problem der Bischofsernennungen einer breiten Diskussion zuführen, einer Diskussion, die in der Fachliteratur bereits begonnen hat.[759]

Viel Ärgernis entsteht innerhalb und außerhalb der Kirche durch die Institution des Zölibates, als verpflichtende Voraussetzung des Priestertums. Worum geht es dabei theologisch gesehen? „Jungfräulichkeit als christlich-religiöser Begriff meint weder das sexuelle Unberührtsein noch das bloße Unverheiratetsein (Single-Existenz), sondern die Lebensform dauernder sexueller Enthaltsamkeit, die in der katholischen Kirche als Evangelischer Rat gilt. Sexuelle Enthaltsamkeit an sich ist kein sittlicher Wert; sie ist letztlich auch nicht als Sublimierung von Triebleben oder als Verdrängung von Begierde zu begründen. Als eine konkrete Verwirklichungsform christlicher Askese kann und darf Jungfräulichkeit nicht aus Weltflucht und -verachtung hervorgehen, sondern sie muss ihre letzte Bestimmung und Begründung aus der Liebe (als ,göttlicher' Tugend) ableiten. Diese Grundlegung gehört zunächst einmal in die Intimität des individuellen Verhältnisses zu Gott bzw. zu Jesus. So spielte und spielt die Jungfräulichkeit im Rahmen der Brautmystik eine große Rolle. Inwieweit Jungfräulichkeit in dem jeweiligen konkreten gesellschaftlichen Milieu, in dem sie gelebt wird, eine Anzeigenfunktion ausüben kann, muss offen bleiben. Nicht selten wird gesagt, sie sei ein gelebter Hinweis auf das noch ausstehende Reich Gottes, in dem nicht geheiratet wird (Mk 12,25). Diese Aussage betrifft auch den Zölibat der Priester in der lateinischen Kirche, der außer mit dieser Anzeigenfunktion auch noch mit der größeren Verfügbarkeit zum Dienst begründet wird."[760]

Die vereinfachte *Geschichte des Priesterzölibates* ist für den heutigen Menschen teils wissenssoziologisch und ideengeschichtlich verständlich, teils so merkwürdig wie auch sonst die Geschichte früherer Jahrhunderte: „Im 2. nachchristlichen Jahrhundert beginnt, über Persien kommend, die buddhistische Mission. Der Perser Mani ... lehrte, dass die Erde und das Reich der Finsternis vom Teufel geschaffen und die Zeugung eines Menschen ein Teufelsakt sei. – Ebenfalls im 2. Jahrhundert nach Christus beginnt sich die Lehre der Gnosis in Europa auszubreiten. – So verbietet die Synode von Elvira in Spanien (ca. 300 n. Chr.) die Priesterehe zwar nicht, aber sie verbietet den Priestern, Kinder zu zeugen. – Hieronymus (347–420 n. Chr.) und Augustinus (354–430 n. Chr.) wettern gegen die Priesterehe. Augustinus erlaubt zwar die Zeugung von Kindern, aber die geschlechtliche Lust sei Sünde. Andere Kirchenväter schließen sich dieser Ideologie an. – 4. Jahrhundert: Die Päpste Damasus (366–384 n. Chr.) und Siricius (384–399 n. Chr.) verbieten zwar ebenfalls die Priesterehe nicht, aber sie verbieten, dass die Priester mit ihren Frauen sexuellen Kontakt haben und Kinder zeugen. – In den folgenden Jahrhunderten werden regelrechte Kreuzzüge gegen verheiratete Priester, ihre Frauen und Kinder unternommen. Im günstigsten Fall werden die Priester in Klöster gesteckt und ihre Frauen und Kinder als Sklaven verkauft. – Das Zweite Laterankonzil (1139 n. Chr.) erklärte schließlich die Priesterehe für ungültig. Damit war es den Priestern nicht mehr möglich zu heiraten. – Das Decretum Gratiani (1142 n. Chr.) hat diesen Beschluss des Konzils in Gesetzesform gegossen. – Das Konzil von Trient (1545–1563 n. Chr.) erklärte die Jungfräulichkeit als höher stehend als die Ehe. – Das Zweite Vatikanische Konzil (1962–1965 n. Chr.) erklärte zwar, dass der Zölibat nicht vom Wesen des Priestertums gefordert ist, aber es wünschte weiterhin den Pflichtzölibat."[761]

Viele Interpretationen existieren über die Hintergründe und Motive der Entstehung dieser Institution. Eine Kostprobe daraus: „Im Westen muss das Zölibat im historisch-politischen Umfeld des ersten Jahrtausends betrachtet werden, das heißt im Zusammenhang mit dem Gedanken des Wiedererwachens des Heiligen Römischen Reiches von Karl dem Großen und seinen Nachfolgern – eines Imperiums, das eigentlich hätte eins bleiben sollen wie die Kirche auch. Die Erfahrung hatte Karl den Großen (742–814) gelehrt, dass die von bischöflichen Monarchen regierten Fürstentümer nach deren Ableben wieder unter die Herrschaft des Kaisers fielen, der dann ihre Nachfolger zu bestimmen hatte. Ganz anders verhielt es sich mit den Fürsten mit Nachkommenschaft, die ihr Herrschaftsgebiet in so viele Grafschaften und Herzogtümer aufteilten, wie sie Erben hatten. Also lag es nahe, die herzögliche Diözese lieber als Ganzes einem Bischof anzuvertrauen. Um jedoch Bischöfe ohne Nachkommen zu haben, musste ein Priesteramt mit ledigen Priestern geschaffen werden, aus dem die Bischöfe hervorgehen konnten. In diesem politischen Kontext erließen die langobardischen und merowingischen Rechtsgelehrten Gesetze wie die *decretalia, capitularia, edicta, decreta, rescripta, ribuaria* etc., die Vorschriften über das priesterliche Leben und den zölibatären Status nicht nur der Geistlichen, sondern auch des diözesanen Klerus enthielten. Auf den zu jener Zeit auf regionaler oder nationaler Ebene abgehaltenen Konzilen und Synoden äußerte man sich zustimmend zu den vom weltlichen Arm erlassenen Vorschriften, und so wurden diese nach und nach im Kirchenrecht verankert."[762]

Wir betrachten hier den *Pflichtzölibat* der Priester nur unter dem Aspekt der Kontraproduktivität dieser Institution. Man kann darüber verschiedener

Meinung sein, welch wichtige bzw. zentrale Rolle er in der Krise der Kirche spielt, dass er verheerende Wirkungen hat (s. 1.3.: Niederlande als Beispiel), und wir werden versuchen, es im Folgenden deutlich zu machen.

Absurd ist sein *Pflichtcharakter.* „So steht im neuen Codex, dem kirchlichen Gesetzbuch, das Sie, Papst Johannes Paul, herausgegeben haben, ‚Gesetz' und ‚Gabe' des Zölibats unvermittelt nebeneinander: ‚Die Kleriker sind zum Zölibat verpflichtet, der eine besondere Gabe Gottes ist.' Wie passt das zusammen? Eine Gabe Gottes kann man ja nicht als Pflicht auferlegen. Wen verpflichtet die Kirche denn da? Den Priester? Wie soll er denn in den Besitz der Gabe Gottes kommen? Oder gar Gott? Der von Ihnen sehr geschätzte Prälat des Opus Dei, Alvarez Portillo, hat 1967 sehr richtig geschrieben: ‚Die Kirche kann den Zölibat nicht durch Gesetz auferlegen, weil sie nicht geben kann, was sie nicht hat.'"[763]

Absurd ist die dabei verwendete *Werteskala.* Karl Rahner im Novemberheft der „Stimmen der Zeit": Die Sorge um einen genügend zahlreichen Seelsorgeklerus sei „eine Verpflichtung, die als göttliches Recht auf der Kirche liegt, eine Verpflichtung, die im Konfliktfall das legitime Bestreben der Kirche nach einem zölibatären Seelsorgeklerus überbietet".[764]

Absurd ist die *irreführende Argumentation* zugunsten des Zölibates. In manchen offiziellen Verlautbarungen wird der Eindruck erweckt, dass es hier um eine lange Tradition *der Kirche* geht, und nicht deutlich gemacht, dass die Ehelosigkeit als Vorbedingung der Priesterweihe fast nur im *römischen Ritus der Kirche* gilt.[765]

Absurd ist die *verschrobene, gekünstelte Argumentation* in den sonstigen Fällen. Einige Kostproben: Aus der Weihnachtspredigt des Bischofs von Mainz, Dr. Albert Stohr, über die Weihe der verheirateten ehemals evangelischen Pfarrer: „Bei diesem ehrfürchtigen Fragen erhalten wir als erstes Ergebnis, dass es sich nicht handelt um die Aufhebung des priesterlichen Zölibats, nicht um deren Anbahnung, ja noch nicht einmal um seine innere Auflockerung. Hier geht es um eine Sonderregelung für einen ganz engen Personenkreis unter voller Aufrechterhaltung der weisen und in tiefster Liebe zur heiligen Eucharistie vor allem gegründeten Zölibatsgesetzgebung der Kirche, die aus uralter Zeit stammt. Es sei daran erinnert, dass eine ganz entsprechende Regelung gefunden wurde bei der Herstellung der Einigung der Ruthenen mit der Römischen Kirche am Ende des 16. Jahrhunderts ..."[766]

Oder in Zusammenhang mit den Ereignissen in den Niederlanden: „In der Erzdiözese Utrecht (Holland) wurden fünf Diakone von Kardinal B.

Alfrink zu ‚Pastoren' ernannt. Ein Laie, der seine theologischen Studien beendet hatte, erhielt dieselbe Ernennung. Schon vor etlichen Monaten hatten sieben von elf Priesteramtskandidaten der Erzdiözese Utrecht erklärt, sie würden sich nur zu Priestern weihen lassen, wenn die Zölibatsverpflichtung für sie keine Geltung hätte. Eine Erzbischöfliche Kommission hat im Mai 1969 bestimmt, dass künftig der Priesterweihe nach Abschluss des Theologiestudiums generell ein einjähriges Seelsorgepraktikum vorauszugehen habe. Sollte sich der Praktikant nach Ablauf dieses Jahres gegen die Priesterweihe (weil gegen die Zölibatsverpflichtung) entscheiden, so kann er weiterhin in der Seelsorgearbeit verbleiben. Einer eventuellen Verheiratung hat (aus finanziellen Gründen) allerdings eine Neubewerbung um die Seelsorgsstelle vorauszugehen. Diese ‚Pastöre' mit Diakonatsaufgaben werden predigen und Kommunion austeilen und auch seelsorgliche Funktionen (Religionsunterricht, Hausbesuche, Jugend- und Verbandsarbeit usw.) übernehmen dürfen. Demnach wurden jetzt erstmals die praktischen Konsequenzen aus dem Kommissionsentscheid gezogen und auch solchen Kandidaten die Anstellung erteilt, die sich (wie die fünf Diakone) von vornherein gegen die Übernahme der Zölibatsverpflichtung entschieden haben."[767]

Der Vorwurf von H.-J. Vogels scheint mir berechtigt zu sein: „Die verheirateten Priester sind zum Dienst bereit. Viele sind als Religionslehrer oder in Basisgemeinden tätig. Die meisten würden gerne ihren vollen Beruf wieder ausüben. In aller Welt haben sie sich zu Gruppen zusammengeschlossen, sie haben sich sogar auf internationaler Ebene gesammelt und ihren Glauben an die ‚Vereinbarkeit von Priestertum und Ehe' im Dokument der Synode von Ariccia, nahe Ihrem Sommersitz in Castel Gandolfo, bekannt, im August 1985. Sie hätten eigentlich erkennen müssen, dass diese Sammlungsbewegung von Jesus ausgegangen ist: ‚Wer nicht mit mir sammelt, der zerstreut.' (Mt 12,30) Sie wollen sicher nicht zerstreuen; sondern sammeln: Können Sie sich dann wirklich nicht vorstellen, dass ein Gespräch mit den verheirateten Priestern sinnvoll, im Sinne Jesu wäre? Die Delegation der Synode von Ariccia haben Sie nicht empfangen, Boris Becker haben Sie empfangen. Mit den verheirateten Priestern, die ihrem Gewissen gefolgt sind, haben Sie sich bisher nicht versöhnen wollen, mit Ali Agca, der Ihnen nach dem Leben trachtete, haben Sie sich versöhnt. Eine ganze Armee, eine Kleinstadt voll verheirateter Priester, jetzt zusammengeschlossen in einer ‚Internationalen Föderation', steht bereit zum Dienst in der Kirche, für Gott und für die Menschen. Werden Sie ihre ausgestreckte Hand ergreifen?"[768]

Absurd ist die *Nichtberücksichtigung* der Einstellung breiter und bedeutender Schichten in der Kirche in Hinblick auf den Zölibat. Bereits Ende der sechziger Jahre war die Notwendigkeit der Änderung der heutigen kirchenrechtlichen Regelung etwa in Lateinamerika sichtbar: „Die Bewertung des Pflichtzölibats für Priester in Lateinamerika wird als Teilergebnis einer Repräsentativumfrage in Brasilien, Chile, Kolumbien, Mexiko und Venezuela ersichtlich, die von mehreren sozioreligiösen Forschungszentren, im Rahmen der FERES, durchgeführt wurde. ... Gerade wegen der auf den Zölibat gerichteten Fragen war die gesamte Untersuchung zunächst auf erheblichen Widerstand seitens einiger Bischöfe gestoßen, namentlich in Brasilien, wo in diesem Zusammenhang der Direktor des Zentrums für Religionsstatistik und Sozialforschung (CERIS), der holländische Geistliche G. Deelen MSC, seines Amtes enthoben wurde. ...

Ob der Zölibat ein wesentlicher Bestandteil des Priesteramts sei, beantworteten nur 28,4 % der befragten Priester und Laien positiv. Mit 51,8 % positiver Antworten nimmt Mexiko innerhalb des Gesamtergebnisses eine Sonderstellung ein. Durchwegs befürworten mehr Laien als Priester den Pflichtzölibat (etwa 2:1). 68,8 % aller Befragten haben gegen verheiratete Priester nichts einzuwenden, das sind aufgeschlüsselt 7,7 von 10 Priestern und 5,5 von 10 Laien. Für die Gruppe der Laien wurde festgestellt, dass die Befürwortung priesterlichen Zölibats mit dem Alter zunimmt, mit dem Bildungsgrad jedoch abnimmt. Es sprechen sich mehr Frauen als Männer für den Zölibat aus. Unter den Priestern neigen überwiegend jene einer Revision der bestehenden Vorschriften zu, die eine Führungsposition innehaben (was allerdings nicht für die Hierarchie gelte, weil diese auch ‚nicht nach dem Leistungsprinzip aufgebaut' sei, wie Perez mit einem sarkastischen Seitenhieb vermerkt), die städtischer Herkunft sind und die im Ausland ein Sonderstudium absolviert haben. Erstaunlicherweise treten mehr Ordensgeistliche als Weltpriester für eine Aufhebung der Zölibatsverpflichtung ein. Die Befürwortung der Priesterehe korreliert nach den vorliegenden Ergebnissen mit Verständnis für die Notwendigkeit der Geburtenregelung und ihre moralische Berechtigung. Dagegen gilt als kennzeichnend für die Verteidiger der geltenden Praxis, dass 68 % von ihnen die Zusammenarbeit mit nichtkatholischen Geistlichen ablehnen, 69 % in der (vor allem finanziellen) Stärkung des traditionellen Seminarsystems den Ausweg aus der akuten Priesterfrage erblicken. Diese Ergebnisse, so stellt Perez abschließend fest, dürften im Hinblick auf die kirchliche Disziplin nicht unberücksichtigt bleiben. Die

Analyse der soziologischen Perspektiven lege die Modifikation dieser Disziplin nahe, ‚deren erster Schritt die Ordinierung von verheirateten Diakonen wäre'".[769]

Auch in einer Stellungnahme der brasilianischen Bischofskonferenz wird das Problem behandelt. „Das viel beachtete ‚Dokument der Priester' ... habe als ein ‚Arbeitsinstrument' gedient, als Widerspiegelung der unter dem Klerus zirkulierenden Meinungen. Es sei jedoch nicht als die Meinung der brasilianischen Priester aufgefasst worden. Die Erklärung befasst sich nur mit einem Teil der Problematik des Priesterdokuments, nämlich mit der Zölibatsfrage und der vielfach geforderten beruflichen Tätigkeit des Priesters neben seinem geistlichen Amt. 179 von 206 stimmberechtigten Bischöfen befürworteten eine Beschleunigung der Prozeduren, wenn Priester um Dispens von ihren Pflichten nachsuchen, um zu heiraten. 32 Bischöfe oder 15 % befürworten die freie Option für oder gegen den Zölibat, sowohl für die bereits Ordinierten als auch für die künftigen Priester. 114 Bischöfe schließlich sprachen sich für eine Entwicklung aus, die künftig die Ordination verheirateter Laien und Diakone ermöglicht, weitere 29 befürworteten diese Regelung mit Einschränkungen. Nur die restlichen 63 lehnten auch diese Möglichkeit ab."[770]

Eindeutig ist die Auffassung der deutschen Katholiken, formuliert durch ihre offizielle Vertretung: „Da hat das Zentralkomitee der deutschen Katholiken auf seiner Herbstvollversammlung 1994 ... mit nur wenigen Gegenstimmen eine Erklärung mit der Bitte an die deutschen Bischöfe verabschiedet, ‚dem Heiligen Vater eindringlich zu empfehlen, im Kontext der heutigen pastoralen Situation in gewissen Ländern oder Teilen der Weltkirche die Frage der kirchenrechtlich zwingenden Verbindung von Ehelosigkeit und Priestertum neu zu bedenken und die Weihe von Verheirateten bald – zumindest für den Bereich von Bischofskonferenzen, die darum bitten – zu ermöglichen'".[771] Die freie Entscheidung jedes einzelnen Priesters darüber, ob er im Zölibat leben oder heiraten will, verlangt 81 % der Österreicher[772], nach dem Fall Vogel (s. später) erreicht der Anteil derer, die die Abschaffung des Pflichtzölibates befürworten, 86 %[773] und im katholischen Irland wird die Diskussion auf der Ebene der Bischöfe geführt: „Ausgelöst wurde die Diskussion durch Äußerungen des Bischofs von Ferns, *Brendan Comiskey,* gegenüber einer Zeitung. Der Bischof forderte dabei die Kirche auf, ernsthaft über eine *Aufhebung der Zölibatsverpflichtung* nachzudenken, und verwies auf die Weihe von ehemaligen anglikanischen verheirateten Geistlichen zu katholischen Priestern. Es gebe schon verheiratete Priester, man habe schon Ausnahmen gemacht. Kardinal *Cahal Daly*, Erzbischof von Armagh und irischer Primas, griff Bischof Comiskey scharf an: Persönliche Meinungen, die von der weltweiten Gemeinschaft der Bischöfe in Gemeinschaft mit dem Papst abwichen, könnten nicht bischöfliche Autorität beanspruchen. Gleichzeitig verteidigte der Kardinal die bestehende Zölibatsregelung und betonte die Pflicht von Bischöfen und Priestern, sich auch an nicht unfehlbare päpstliche Äußerungen zu halten. Von mehreren Bischöfen erhielt Bischof Comiskey Unterstützung. So verteidigte Bischof *Michael Murphy* von Cork und Ross die Position seines Amtsbruders in Ferns und das Recht eines Bischofs, über Fragen wie den Zölibat zu diskutieren. Der Präfekt der Bischofskongregation, Kardinal *Bernardin Gantin,* verlangte von Bischof Comiskey, sich nicht mehr öffentlich zum Thema Zölibat zu äußern und seine Aussagen zurückzunehmen. Auch Bischöfe, die sich zugunsten von Comiskey äußerten, haben Mahnbriefe des Apostolischen Nuntius in Irland erhalten. Eine von der ‚Irish Times‘ veröffentlichte Meinungsumfrage ergab eine hohe Zustimmung für Bischof Comiskeys Position."[774]

Auseinanderklaffen von Norm und Verhalten

Absurd ist die Nichtberücksichtigung des Auseinanderklaffens von Norm und Verhalten. – Nur wenige Priester leben ohne eine Art Symbiose mit einer Art „mulier subintroducta" (was an sich, nicht aber „optisch" mit dem Sinn des Zölibates als Zeichen vereinbar und sehr verständlich ist). Damit hängen allerdings Fakten ganz anderer Qualität zusammen. „Anfang September erschien in den USA eine Studie über Sexualität und Zölibat bei US-amerikanischen katholischen Priestern, die bereits einen Monat vor ihrer Veröffentlichung signifikantes Medieninteresse fand. Der Autor, Richard Sipe, berichtete von Ergebnissen der Studie (Titel: A Secret World: Sexuality and the Search for Celibacy, New York 1990) auf einem amerikanischen Psychologenkongress in Boston Anfang August. Unter anderem wies Sipe darauf hin, dass seiner Untersuchung zufolge, die sich über einen Zeitraum von 25 Jahren (1960–1985) erstreckt, etwa 50 Prozent der US-Priesterschaft wenigstens einmal als Priester sexuell aktiv seien. ... Mit diesem Befund bezieht der Autor sich auf Interviews mit rund 500 Priestern innerhalb einer psychotherapeutischen Behandlung sowie 500 Interviews mit Priestern im Rahmen von Seminaren und Workshops zum Thema Zölibat.

Weitere 500 Interviews mit Nicht-Priestern, gleichfalls im Rahmen einer psychotherapeutischen Behandlung, wobei viele unter ihnen Partner oder auch Opfer von sexuell aktiven Priestern seien, gingen auch in die Studie ein. Der Autor selbst ist ein früherer Benediktinermönch, inzwischen verheiratet und als Familientherapeut und Psychologiedozent an der John Hopkins University in Baltimore tätig. Weitere Ergebnisse der Studie sind: Etwa 20 Prozent der interviewten Priester hätten in einer ständigen sexuellen Beziehung mit mindestens einer Frau gestanden, sechs bis acht Prozent ‚experimentierten‘ mit einer nicht-zölibatären Lebensweise. Weitere 20 Prozent seien homosexuell gewesen, die Hälfte von ihnen sexuell aktiv. Sechs Prozent der befragten Priester seien sexuelle Beziehungen zu Minderjährigen eingegangen. Vor vier Jahren will sich der Autor mit den Ergebnissen seiner Studie an den heutigen Vorsitzenden der US-Bischofskonferenz, Erzbischof Daniel Pilarczyk, gewandt haben, sei jedoch abgewiesen worden."[775]

In der mexikanischen Kirche ist die Diskussion um den Zölibat öffentlich entflammt. Der Erzbischof von Oaxaca, Bartolome Carrasco, informierte bei seinem letzten Ad-limina-Besuch den Apostolischen Stuhl auf Anfrage darüber, dass in seiner Diözese zwischen 70 und 75 Prozent des Klerus ‚Probleme mit dem Zölibat‘ hätten. Bewogen habe ihn dazu sein ‚Gewissen‘ und die ‚Mission als Bischof‘. Der Vatikan reagierte, indem er dem Oberhirten im April 1988 einen Koadjutor ‚mit besonderen Vollmachten‘ an die Seite stellte. Erzbischof-Koadjutor Hector Gonzalez Martinez werde in Zukunft für die ‚Disziplin des Klerus und die Überwachung des Diözesan- und Regionalseminars verantwortlich sein‘, schrieb der Präfekt der römischen Bischofskongregation, Kardinal Bernardin Gantin, nach Oaxaca. Nach der Amtsenthebung des ersten Priesters im Frühjahr dieses Jahres ist das Verhältnis zwischen dem Koadjutor und dem Klerus von Oaxaca (etwa 100 Diözesan-, 40 Ordenspriester) äußerst gespannt. Am Rande der letzten Vollversammlung der mexikanischen Bischofskonferenz Ende April räumten sowohl der Vorsitzende der Bischofskonferenz, Erzbischof Adolfo Sudrez Rivera, als auch der Apostolische Delegat in Mexiko, Erzbischof Girolamo Prigione, ein, dass das Problem der Zölibatsübertretungen auch in vielen anderen Diözesen des Landes bestehe. Zahlen könne man nicht nennen, so Rivera, ‚weil wir noch keine Umfrage durchgeführt haben‘. Der Bischof von Tehuantepec, Arturo Lona, forderte, das Problem müsse ehrlich und gründlich angegangen werden. Er sieht einen Zusammenhang zwischen der römischen Maßnahme, einen Koadjutor nach Oaxaca zu schicken, und der pastoralen Linie des dortigen Erzbischofs. Er vertrat die Ansicht, dass die priesterliche Disziplin nur ein Vorwand sei, ‚um unsere Pastoral, die Option für die Armen zu treffen'. Lona befürchtet, dass dem Regionalseminar der südmexikanischen Pastoralregion in Tehuacan nach einer römischen Visitation im Januar die baldige Schließung drohe. Die armenorientierte Pastoral in der südmexikanischen Kirche ist maßgeblich das Werk des Erzbischofs von Oaxaca."[776]

Amtsniederlegungen

Bekanntlich spielt der Zölibat eine nicht unbedeutende Rolle in den Amtsniederlegungen von Priestern (ablesbar u. a. an ihrer Bereitschaft, als verheiratete Priester weiterhin tätig zu sein). Und es geht hier um keine geringe Zahlen. „Uns fehlt es nicht an Priestern, uns fehlt es an Zölibatswilligen." (HK April 1983, S. 152)

Einige, ziemlich zuverlässige Schätzungen: „Es ist anzunehmen, dass in den vergangenen 30 Jahren (1945–1975) insgesamt 3000 Priester ihr Amt niedergelegt haben. Seit 1960 verdoppelt sich die Zahl der Austritte alle fünf Jahre: 241 (1960–1964), 485 (1965–1969), 972 (1970–1974). Nachdem die Bischofsynode von 1971 den Priesterzölibat aufs Neue bekräftigt hatte, erreichte die Zahl der jährlichen Amtsniederlegungen 1972 ihren höchsten Stand: 225."[777] – „Bis 1984 sind 46.302 Priester mit römischer Dispens aus dem Amt geschieden, 80.000 sind es insgesamt."[778] – „Nach Hans Küng leben in unserer Zeit 70.000 verheiratete Priester in der Welt, davon allein in Deutschland 7000[779], nach van der Minde 80.000[780], nach Vogels 80.000 bzw. 6000[781], nach Kirche Intern 600 verheiratete Priester in Österreich (diese Zahl ist nahezu ident mit der Zahl der priesterlosen Gemeinden)."[782]

Ein eklatantes Beispiel für die obige Behauptung ist der „Fall Vogel": „Der Bischof von Basel, *Hansjörg Vogel,* hat aus persönlichen Gründen Papst Johannes Paul II. seinen Rücktritt als Diözesanbischof eingereicht; der Papst hat seiner Bitte entsprochen und die Demission auf Freitag vor Pfingsten angenommen. Noch am selben Tag trat das Domkapitel zusammen, um das Verfahren für die Wahl eines neuen Bischofs einzuleiten. – In einem Brief an die Seelsorger und Seelsorgerinnen und die Gläubigen des Bistums legte Vogel den Grund offen und die Überlegungen dar, die ihn zu diesem aufsehenerregenden Schritt veranlasst hatten: ‚Im Brief nach meiner Wahl zum Bischof von Basel vom 2. Februar 1994 habe ich auf meine eigenen Grenzen hingewiesen und vorausgesagt, dass unser gemeinsamer Weg nicht ohne Verletzungen und Enttäuschungen sein wird. Meine Grenzen haben sich nach kurzer Zeit in einer Weise gezeigt, mit der ich allerdings nicht gerechnet hatte. Seit meiner Wahl zum Bischof habe ich eine stärkere seelische Belastung erfahren. Ich suchte daher vermehrt Halt in der Beziehung zu einer Frau, die ich von früher her kannte. Diese Beziehung führte zu einer Schwangerschaft. Ich wollte die Situation klären, wie ich es von jedem Priester erwarten würde. Ich musste dabei feststellen, dass für mich die glaubwürdige Ausübung meines Amtes nicht weiter möglich ist.' Über seine Amtszeit vom 4. April 1994 bis 2. Juni 1995 schrieb Bischof Vogel, in dem Jahr als Bischof habe er im Bistum eine sehr gute Aufnahme gefunden, im Bischofsrat, bei den Mitarbeiterinnen und Mitarbeitern des Ordinariats, bei den diözesanen Räten, bei den Regionaldekanen und in vielen anderen Gremien sei ihm wertvolle Unterstützung in seiner Aufgabe zuteil geworden. In seinem Dienst als Bischof habe er im ganzen Bistum sehr viele bereichernde Erfahrungen mit Menschen machen können. – Die stärkere seelische Belastung ergab sich gewiss nicht aus dieser Unterstützung, schon eher aus dem Umstand, dass Bischof Vogel in kurzer Zeit zu einem *Hoffnungsträger* geworden ist, zu einer Symbolfigur für eine menschlichere Kirche: für eine Kirche, die um der Menschen willen ihre Strukturen zu überprüfen und zu verändern bereit ist. Unter diesem Anspruch hat Bischof Vogel offensichtlich am meisten gelitten, und diesem Anspruch hat er sich letztlich versagt."[783]

Vielleicht noch dramatischer wird die nackte Wahrheit durch jene Vorfälle gezeigt, die in einem nüchternen Kurzbericht so formuliert werden: „Am 18. 2. 1995 bekam der Präsident der vatikanischen Kongregation für die Ordensleute, Kardinal Martinez Somalo, Post von der amerikanischen Ordensfrau Maria O'Donahue, Koordinatorin der Caritas Internationalis und des katholischen Entwicklungsfonds CAFOD, über Belästigungen, Vergewaltigungen und Abtreibungen bei / von Priestern und Nonnen."[784]

Absurd ist, dass Rom noch und noch *Ausnahmen* zulässt, aber auf dem schädlichen Prinzip beharrt. Die bekanntesten Ausnahmeregelungen wurden in Zusammenhang mit so genannten „Konversionen" getroffen. – „Am 7. September 1955 wurde in der Londoner Jesuitenkirche, Farmstreet, Walton Hannah als vierter anglikanischer Pfarrer, für den die Krise um die Anerkennung der südindischen Föderation mit der anglikanischen Kirche Anlass zur Trennung von der Church of England wurde, in die katholische Kirche aufgenommen. Die anderen drei sind Charles Mead-

Briggs, früher Kaplan an der St. Edmund's School, Canterbury; John Hepburne-Smith und Kenneth Dain."[785]

„Nach einer Meldung der amerikanischen katholischen Nachrichtenagentur NC-News vom 21. Oktober 1986 gibt es in den USA derzeit 31 katholische Priester, die früher Pfarrer der Episkopalkirche waren; 29 von ihnen sind verheiratet. Die Zahl der im Regelfall verheirateten anglikanischen Geistlichen in den USA, die zum Priester geweiht werden, dürfte noch weiter ansteigen: In etwa 60 Fällen ist das dafür erforderliche Verfahren schon im Gang. Dass derzeit in den USA so viele anglikanische Geistliche katholisch werden, hängt mit *Spannungen innerhalb der Episkopalkirche* zusammen: Vor allem nach der Einführung der Frauenordination 1977 und einer Revision des ‚Book of Common Prayer' trennten sich Gruppen von Priestern und Gläubigen von der Episkopalkirche. – Dass verheiratete Geistliche aus anderen christlichen Kirchen nach ihrer Konversion zum katholischen Priester geweiht und dabei von der Zölibatsverpflichtung dispensiert werden, ist allerdings nichts Außergewöhnliches mehr. Den Anfang machte der ehemalige evangelische Pfarrer *Rudolf Goethe,* der am 22. Dezember 1951 in Mainz zum Priester geweiht wurde. Seither hat es in der Bundesrepublik etliche Priesterweihen verheirateter früherer evangelischer Pfarrer gegeben. In *Schweden,* wo in den letzten zehn Jahren etwa 30 Geistliche der lutherischen Staatskirche konvertiert sind, erhielten erst kürzlich wieder drei verheiratete lutherische Pfarrer die päpstliche Erlaubnis zur Priesterweihe."[786]

„Am 20. August gab Erzbischof John R. Quinn von San Francisco, der Vorsitzende der Bischofskonferenz der Vereinigten Staaten, bekannt, dass der Vatikan der Bischofskonferenz die Erlaubnis erteilt habe, genauere Richtlinien für die Übernahme verheirateter Geistlicher der Episkopalkirche in den katholischen Klerus zu erarbeiten. Am 22. August wurde in Rom bestätigt, dass die Glaubenskongregation einen entsprechenden Brief mit der Approbation des Papstes an Erzbischof Quinn gerichtet hat. Diesem Brief zufolge können die anglikanischen Geistlichen in die katholische Kirche übertreten, wenn sie voll die kirchliche Lehre sowie die Autorität des Papstes und der Bischöfe anerkennen. Sie dürfen nach der Erteilung der Priesterweihe auch dann in der katholischen Kirche ihren Dienst ausüben, wenn sie verheiratet sind. Noch nicht verheiratete Priester gehen mit dem Übertritt die Verpflichtung zum Zölibat ein. Im Fall einer Witwerschaft ist eine erneute Heirat nicht möglich. Ebenso bleibt den verheirateten Priestern die Übernahme des Bischofsamtes versagt."[787]

Einen Sonderfall bilden (und dem Vatikan viel Kopfzerbrechen verursachen) die in der kommunistischen Ära geweihten verheirateten Priester und Bischöfe. „Auch fünf Jahre nach der politischen Wende in der damaligen Tschechoslowakei ist die Lage der ehemals geheim geweihten Bischöfe und Priester weiterhin unklar. 30 tschechische verheiratete Priester sollen, so berichtete die in Großbritannien erscheinende Wochenzeitung ‚Catholic Herald‘ (26. 5. 1995), versucht haben, mit Johannes Paul II. bei seinem Besuch in Tschechien ... in Kontakt zu treten. Es wurde ihnen jedoch offenbar keine Gesprächsmöglichkeit eingeräumt. Nach Angaben des Pressesprechers der Tschechischen Bischofskonferenz, *Miroslav Fiala,* sind rund 60 verheiratete Priester gegenwärtig als Ständige Diakone im pastoralen Dienst tätig. Zehn weitere sind in den byzantinischen Ritus übergewechselt. Elf unverheiratete ehemalige Geheimbischöfe verzichteten auf ihr Amt und wurden als einfache Priester in die Seelsorge eingegliedert. Als umstritten galt eine Zeit lang der Weiheauftrag für den unverheirateten Brünner Geheimbischof *Jan Blaha;* der Weiheauftrag tauchte unterdessen wieder auf. Als schwierig gilt weiterhin die Lösung bei einer Reihe von verheirateten Bischöfen. Über 200 geheim geweihten Priestern soll demnach angeboten worden sein, dass sie als ständige Diakone übernommen werden oder ihr Amt in der Griechisch-Katholischen Kirche ausüben könnten. Die Gesamtzahl der verheirateten und unverheirateten Geheimpriester und -bischöfe soll um einiges höher sein. Schätzungen sprechen von 600 Priestern und 50 Bischöfen, Zahlen, die von vatikanischer Seite als überhöht bezeichnet werden. Viele haben sich offenbar noch nicht bei den kirchlichen Stellen gemeldet, da sie die zwischen Rom und den Bischöfen vereinbarten Übernahmebedingungen ablehnen."[788]

Absurd ist, dass Rom mit dieser für die Person und für die Kirche existentiellen Frage wie auf einer Ziehharmonika spielt: Abwechselnd war es jahrelang *relativ leicht*, dann wiederum jahrelang *ziemlich schwierig*, Dispens von der Zölibatsverpflichtung zu erlangen.[789]

Die Hoffnung besteht, dass die römische Leitung der Kirche ihren hartnäckigen Widerstand gegen die Abschaffung des Pflichtzölibates bald einmal (nicht bald genug) aufgeben wird. „Gegenwärtig würden durchschnittlich 60 Prozent aller Sonntagsgottesdienste in Indonesien ohne einen Priester abgehalten. Eine letztes Jahr von der Bischofskonferenz erarbeitete Untersuchung zeige, dass trotz einer steigenden Zahl von Berufungen sich die Lage in absehbarer Zeit nicht ändern werde. Die indonesischen Bischöfe, so Kardinal Darmojuwono, hätten bei ihren Ad-limina-Besuchen in Rom im Mai und Juni dieses Jahres [1980] um die Erlaubnis nachgesucht, verheiratete Männer zu weihen: ‚Kurienmitarbeiter in Rom sagten uns, dass sie uns keinen positiven Bescheid geben könnten, obwohl sie zugaben, dass unsere Bitte nicht gegen christliche Grundsätze gerichtet sei.' Als verheirateten Priester könne er sich am ehesten einen Mann von ungefähr 45 Jahren vorstellen, der bei den Menschen in den Dörfern leben würde: ‚Die unverheirateten Priester wären dann eine Art ‚mobiles Kommando', die die Pfarreien besuchen würden, um Besinnungstage, Missionen und Vorträge abzuhalten.' – Kardinal Darmojuwono glaubt nicht, dass in absehbarer Zeit Rom eine Lösung des Problems finden werde, aber ‚auf lange Sicht wird sich Rom ändern. Ich weiß nicht wie, aber es wird geschehen.'"[790] – Dieser Meinung war etwa Bischof Zak und selbst der Papst: „Ich glaube aber heute, dass der Pflichtzölibat irgendwann einmal fallen wird. Auch Paul VI. hat gesagt, er könne sich vorstellen, dass der Pflichtzölibat fallen werde, aber die Zeit sei noch nicht reif."[791] – Johannes XXIII. erklärte, „der kirchliche Zölibat sei weder ein Dogma, noch verlange ihn die Schrift. Im Gegenteil, es sei sogar sehr einfach: ‚Wir unterzeichnen ein Schriftstück und morgen dürfen alle Priester, die es wünschen, heiraten'."[792]

Viri probati

Das Mindeste, das die Leitung der Kirche schon längst hätte zulassen können und sollen, ist eine besondere Art verheirateter Priester. „In der Wende von der apostolischen zur nachapostolischen Zeit sind viri probati (lat. bewährte Männer) von den Aposteln ... ausgewählt und damit beauftragt worden, das von jenen begonnene Werk fortzuführen. Um die Fortführung der kirchlichen Sendung geht es auch in der heutigen Diskussion um die viri probati, in der angesichts des Priestermangels gefordert wird, die Voraussetzungen für die Zulassung zur Priesterweihe abzuändern und die Weihe verheirateter Kandidaten zu ermöglichen; andernfalls, so wird befürchtet, bestehe die Gefahr, dass das Recht einer christlichen Gemeinde auf einen ordinierten Amtsträger bzw. das Recht der Gläubigen auf Eucharistie ausgehöhlt werde. In vielen Synoden, die nach dem Vatikanum II stattfanden, ist dieses Problem eingehend erörtert worden. So hat z. B. die Gemeinsame Synode der Bistümer in Deutschland ausdrücklich anerkannt, ‚dass außerordentliche pastorale Notsituationen die Weihe von in Ehe und Beruf bewährten Männern erfordern können'. ... Eine solche Notsituation, durch die die Eucharistiefeier als Mitte des gemeindlichen Lebens in Gefahr gerät, wird gegenwärtig in vielen Diözesen als gegeben betrachtet. ... – Eine Zulassung verheirateter Männer zur Priesterweihe, die nach dem Recht der katholischen Ostkirchen durchaus zulässig ist, ... kann im lateinischen Rechtskreis auf zweifache Weise ermöglicht werden: a) Dem Papst ist es unbenommen, von dem Weihehindernis des Verheiratetseins nach can. 1042 n. 1 CIC zu dispensieren. Tatsächlich geschieht dies derzeit schon beim Übertritt eines verheirateten nichtkatholischen Seelsorgers in die katholische Kirche; eine solche Dispens könnte dann aber auch katholischen Weihekandidaten erteilt werden. b) Der in can. 1047 § 2 n. 3 CIC normierte Vorbehalt, wonach allein der Apostolische Stuhl zuständig ist, vom Weihehindernis des Verheiratetseins zu dispensieren, könnte dahingehend abgeändert werden, dass dem Diözesan-Bischof eine entsprechende Befugnis, ... erteilt wird."[793]

Frauenpriestertum

Jeder, der den jetzigen Status der Frau in der „Ersten Welt" mit dem Status der Frau früherer Zeiten in den gleichen Gesellschaften vergleicht, muss es als völlig normal empfinden, dass in der Kirche der Wunsch nach Frauenpriestertum entstanden ist. Wenn auch in der soziologischen Perspektive die praktische und schon gar die baldige Realisierung dieser berechtigten emanzipatorischen Forderung als schwierig und problematisch erscheint, ist die prinzipielle Stellungnahme des Lehramtes absurd.

Selbst der Theologe stellt fest, dass es sich hier um eine offene Frage handelt: „Zu den Aposteln ... gehören u. a. auch Frauen wie Maria von Magdala und Junia." (Hünermann)

Nicht so das kirchliche Lehramt. In Reaktion auf die Zulassung von Frauen zur Priesterweihe in den anglikanischen Kirchen Kanadas und Englands im Jahr 1975 entstand die Erklärung der Glaubenskongregation „Inter insigniores" (15. 10. 1976[794]) und später das Apostolische Schreiben „Ordinatio sacerdotalis" (22. 5. 1994[795]). Mit der letzteren Äußerung entfachte die Zentrale der Kirche eine heftige dogmatische Diskussion, da darin eine Art Dogmatisierung des päpstlichen Standpunktes und der Bestimmung des Kirchenrechtes („Die heilige Weihe empfängt gültig nur ein getaufter Mann", can 1024) vorgenommen wurde. „Das Apostolische Schreiben ‚Ordinatio sacerdotalis' beruft sich ausdrücklich auf ‚Inter insigniores'. Es wiederholt, dass weder Christus noch die Apostel Frauen zu Priesterinnen erwählt hätten und die Kirche dieser Tradition treu bleiben müsse. Papst Johannes Paul II.: ‚Damit also jeder Zweifel bezüglich der bedeutenden Angelegenheit, die die göttliche Verfassung der Kirche selbst betrifft, beseitigt wird, erkläre ich kraft meines Amtes ..., dass die Kirche keinerlei Vollmacht hat, Frauen die Priesterweihe zu spenden, und dass sich alle Gläubigen der Kirche endgültig an diese Entscheidung zu halten haben.'"[796]

„Am 18. November 1995 veröffentlichte die Kongregation für die Glaubenslehre ihre Antwort (oder ‚Responsum‘) auf die Frage, ob die im Apostolischen Schreiben Papst Johannes Pauls II. ‚Ordinatio sacerdotalis‘ von Mai 1994 vertretene Lehre als ‚zum Glaubensgut gehörend‘ betrachtet werden muss (Kongregation für die Glaubenslehre, Antwort auf den Zweifel bezüglich der im Apostolischen Brief ‚Ordinatio sacerdotalis‘ enthaltenen Lehre, Osservatore Romano, 19. 11. 1995; ‚ut pertinens ad fidei depositum‘ [AAS, 1114]). Ihre Antwort lautete Ja. Der Glaubenskongregation zufolge verlangt die Lehre, nach der die Kirche keinerlei Vollmacht besitzt, Frauen die Priesterweihe zu spenden, die definitive Zustimmung der Gläubigen, da sie ‚auf dem geschriebenen Wort Gottes gegründet und in der Überlieferung der Kirche von Anfang an beständig gewahrt und angewandt, vom ordentlichen und universalen Lehramt unfehlbar vorgetragen worden ist‘ (Responsum, a. a. 0.). ... Da das Responsum daran festhält, dass die Lehre, nach der die Kirche nicht die Vollmacht besitzt, Frauen zu Priestern zu weihen, eine Wahrheit ist, die unfehlbar gelehrt wurde, haben viele daraus geschlossen, dass die Frage, ob Frauen zum Weiheamt zugelassen werden können, nun so definitiv entschieden sei, dass kein künftiger Papst oder kein künftiges Konzil anders entscheiden könnten. Kommentare nach der Veröffentlichung des Responsum zeigen, dass nicht wenige katholische Theologen Fragen haben sowohl in Bezug auf den Verbindlichkeitsgrad als auch die Berechtigung des darin Behaupteten."[797]

Es ist wichtig, zwischen der Lehre des Papstes in „Ordinatio sacerdotalis" und der Lehre der Glaubenskongregation in ihrem Responsum zu unterscheiden. Johannes Paul II. lehrte, dass die Kirche nicht die Vollmacht besitze, Frauen zu Priestern zu weihen, und dass dieser in der ununterbrochenen Tradition der Kirche begründeten Lehre endgültig zuzustimmen sei. Die Glaubenskongregation erklärte, dass diese Lehre zum depositum fidei gehöre und vom ordentlichen und universalen Lehramt unfehlbar gelehrt wurde.

Mit welcher Verbindlichkeit wurden diese Feststellungen getroffen? Kardinal Ratzinger bestätigte, dass der Papst nicht die Absicht gehabt habe, in „Ordinatio sacerdotalis" eine Ex-cathedra-Entscheidung zu fällen.

„Es handelt sich folglich nicht um eine unfehlbare päpstliche Definition, sondern um die Ausübung des ordentlichen päpstlichen Lehramtes. Dem Zweiten Vatikanischen Konzil nach erfordert dies als Antwort das ‚religiosum obsequium' (Lumen gentium 25), Theologen haben darunter verstanden, dass ihnen ernsthafte Bemühungen abverlangt werden, um das eigene Urteil dem Urteil des Papstes anzupassen. Die Erfahrung zeigt jedoch, dass solche Bemühungen möglicherweise nicht ausreichen, um die Zweifel, die jemand hegt, zu zerstreuen und jemanden zu ernsthafter innerer Zustimmung zu führen."[798]

Die theologische Diskussion brach umso heftiger aus, als der oben beschriebene Versuch einer Art Dogmatisierung der Ablehnung eine Art Provokation bedeutete und weil im kanonischen Recht festgestellt wird, dass keine Lehre als unfehlbar definiert zu gelten hat, wenn dies nicht „offensichtlich feststeht" (can. 749 § 3). „Das Kirchenrecht, wie es scheint, berechtigt katholische Theologen dazu, die Frage aufzuwerfen, ob die von der Glaubenskongregation genannten Gründe die Tatsache ‚klar feststellen', dass diese Lehre unfehlbar gelehrt wurde. Die genannten Gründe lauten, dass diese Lehre, ‚auf dem geschriebenen Wort Gottes gegründet' und ‚in der Überlieferung der Kirche von Anfang an beständig gewahrt und angewandt', ‚vom ordentlichen und universalen Lehramt unfehlbar vorgetragen' worden sei.

An jeden dieser drei Gründe und ihre Beweiskraft lassen sich berechtigte Anfragen richten. Wie kann gezeigt werden, dass diese Lehre ‚zum depositum fidei gehört'? Wie ist sie ‚auf dem geschriebenen Wort Gottes gegründet'? Wurde sie ‚in der Überlieferung der Kirche von Anfang an beständig gewahrt und angewandt'? Handelt es sich um eine ‚vom ordentlichen und universalen Lehramt unfehlbar vorgetragene' Lehre?"[799] – Die Widersprüchlichkeit in den lehramtlichen Äußerungen noch krasser ausgedrückt: Handelt es sich um eine vom *fehlbaren* ordentlichen und universalen Lehramt *unfehlbar* vorgetragene Lehre? Oder: „In diesem Fall attestiert ein in sich selber *nicht unfehlbarer* Akt des ordentlichen päpstlichen Lehramts den *unfehlbaren* Charakter der Verkündung einer Lehre, die schon im Besitz der Kirche ist."[800] (Über die Unfehlbarkeit vgl. Kap 4.2. in diesem Buch.)

Rom argumentiert in der Erklärung „Inter insigniores" mit der „auf die seit ihren Anfängen ununterbrochene Tradition der katholischen Kirche, keine Frauen zu Priestern zu weihen, weil Christus selbst „*keine Frau unter die Zwölf aufgenommen*' habe, obwohl er mit Frauen offener umgegangen sei als seine Zeitgenossen, ... und hält fest, *‚dass der Bischof oder der Priester bei der Ausübung seines jeweiligen* Amtes nicht *in eigener Person handelt, sondern* Christus *vergegenwärtigt, der* durch ihn handelt‘. Der Priester sei ein sakramentales *‚Zeichen,* das wahrgenommen *werden muss und dessen Bedeutung die Gläubigen leicht erkennen sollen‘.* Dazu bedürfe es einer *‚natürlichen Ähnlichkeit‘* zwischen Zeichen und Bezeichnetem, und es *‚läge diese natürliche Ähnlichkeit, die zwischen Christus und seinem Diener erfordert wird,* nicht *vor, wenn seine Stelle nicht von einem Mann* eingenommen *würde;* andernfalls würde man *in ebendiesem Diener schwerlich das Abbild Christi erblicken; denn* Christus *selbst war und bleibt ein Mann. "*[801]

Die ganze Argumentation ist die Folge eines naiven Denkens, das sich mit der wissenssoziologischen Perspektive von etwa Marx, Mannheim und Scheler nicht auseinander gesetzt habe, das den Statuswandel der Frau nicht berücksichtigt, und die historische Tatsache ignoriert, dass auch jahrtausendealte Traditionen Änderungen – oder dem Aussterben unterworfen sind.[802] – Der Papst selbst spürt dabei das Unbehagen, und streut Blumen vor die Füßen der Frauen, wo er nur kann. Bereits Paul VI. bat nach der Veröffentlichung der Glaubenskongregation im Jahre 1976 „in seiner Mittagsansprache am 30. Januar die Frauen um Verständnis für die lehramtliche Verlautbarung. Der Papst erklärte, Ungleichheit in der Funktion bedeute nicht Unterschied in der Würde: Der wahre Grund für Auffassung und Handlungsweise der Kirche sei Christus, der der Kirche ihre Verfassung und ihre theologische Anthropologie gegeben habe (Osservatore Romano, 31. 1./1. 2. 1977)."[803]

Viele Theologen nützen ihren vom kanonischen Recht gebilligten Spielraum. Hier einige Beispiele. Die Behauptung von P. Hünermann ist bereits oben zitiert worden. Etwas kompliziert, aber eindeutig drückt sich Karl Rahner aus: „In diesem Zusammenhang könnte natürlich auch die Frage aufgeworfen werden, ob nicht heute oder wenigstens morgen von der profanen gesellschaftlichen Situation her auch eine Frau ebenso wie ein Mann als Leiter einer Basisgemeinde in Frage kommt und also auch durch Ordination mit dem priesterlichen Amt betraut werden kann. Grundsätzlich sehe ich keinen Grund, diese Frage, bezogen auf die Gesellschaft von heute und noch mehr von morgen, zu verneinen. Andererseits bedeutet das auch nicht, dass in früheren gesellschaftlichen Situationen die Frau dasselbe ‚Recht‘ immer schon gehabt haben müsse, die Kirche ihr also früher in einer männerrechtlichen Gesellschaft Unrecht getan habe, die sie doch als solche gar nicht verändern konnte oder musste. Es ist auch nicht gesagt, dass die hier und heute bei uns gegebene Situation, die die Weihbarkeit der Frau an sich mitbringt, schon überall in der Welt gegeben sei. In dieser Frage befinden wir uns nun einmal durch die sich faktisch erst langsam durchsetzende gesellschaftliche Emanzipation der Frau in einer Übergangszeit, die von allen Geduld vom terminus a quo und Mut vom terminus ad quem her verlangt. Auch die Frage des Priestertums der Frau ist nicht primär von den individuellen Wünschen der Frau und ihrem Selbstverständnis und ihrer Selbstbehauptung her zu sehen, sondern von den Bedürfnissen, Notwendigkeiten und Möglichkeiten einer Gemeinde her, die einen Gemeindeleiter haben muss."[804]

„Tradition and the Ordination of Women" lautet der Titel einer Stellungnahme, „die von einer Ad-hoc-Arbeitsgruppe der angesehenen amerikanischen katholischen Theologenvereinigung CTSA erarbeitet wurde. Es werden darin ernste Zweifel an der Verbindlichkeit der in ‚Ordinatio sacerdotalis' und dem ‚Responsum' der Glaubenskongregation von 1995 enthaltenen Lehre geäußert, nach der die katholische Kirche keine Vollmacht besitze, Frauen zu Priestern zu weihen. Der letzte Absatz der Studie wurde auf der jüngsten Jahresvollversammlung der CTSA zur Abstimmung gestellt. Von den 248 anwesenden Mitgliedern votierten 216 mit Ja, 22 mit Nein, zehn enthielten sich."[805] – In einem Bericht anlässlich eines Ad-limina-Besuches wird der Papst direkt mit der Frage konfrontiert: „Weiterhin wird gefragt, ob die Kirche richtig beraten ist, am priesterlichen Zölibat und an der kirchlichen Lehre die Weihe von Frauen betreffend sowie an gewissen anderen kirchlichen Lehren festzuhalten."[806]

Und ganz zweifelfrei nehmen die Bibelwissenschaftler Stellung: „In einem förmlichen Beschluss hat die Päpstliche Bibelkommission in Rom bestätigt, dass aus der Heiligen Schrift keine zwingenden Argumente gegen die Frauenordination hergeleitet werden könnten. ... Eine Reihe von katholischen Bischöfen und angesehenen Theologen ist in Bezug auf die Heilige Schrift und die Tradition der Kirche zu demselben Ergebnis gekommen."[807] – „Es scheint nicht, dass das NT aus sich selbst allein uns gestattet, in klarer Weise ein für alle Male das Problem einer möglichen Zulassung von Frauen zum Presbyterat zu entscheiden."[808] „Unter uns Neutestamentlern ist die Frage ‚Frauenpriestertum' ausdiskutiert ... Selbstverständlich haben Frauen wie die in den Paulusbriefen genannten Vorsteherinnen Lydia und Chloe in ihren Häusern auch die Feier des Herrenmahls geleitet."[809]

Der lange Weg, den die anglikanische Gemeinschaft hinter sich lassen musste, bevor die erste Priesterin geweiht wurde, kann die Hoffnung auch in den Katholiken erwecken. Der Weg bis jetzt war ja lang genug ...

351

Vielleicht noch eklatanter ist der Widerspruch zwischen den seelsorglichen Nöten der Kirche (und der Menschheit) einerseits und der stumpf-
sinnigen Ablehnung der Diakonatsweihe für Frauen von der Kirchenleitung her andererseits, ein Thema, das wegen der heftigen theologischen
Auseinandersetzung über das Frauenpriestertum in der öffentlichen Diskussion faktisch ins Hintertreffen geraten ist, obwohl etwa im deutschen
Sprachraum bereits auf der Würzburger Synode (1975) und der Rotten-
burger Diözesansynode (1986) Beschlüsse zugunsten des Frauendiakonates gefasst wurden[810] und die Institution in der Kirche Jahrhunderte hindurch zweifelsfrei existierte.

Was die Urkirche betrifft, sind die biblischen Quellen (Röm 16,1 und
1 Tim 3,11) nicht eindeutig interpretierbar. „Auch für die unmittelbar
nachneutestamentliche Zeit fehlen eindeutige Zeugnisse."[811] „Insgesamt
jedoch häufen sich *ab dem 4. Jahrhundert* die Zeugnisse für die Existenz
von Diakoninnen. Kanon 19 des Konzils von Nikaia (325) erwähnt Diakoninnen in der Anhängerschaft des Paulus von Samosata. Die Kirchenhistoriker Sozomenos und Theodoret überliefern die Namen mehrerer bedeutender Diakoninnen, darunter Olympias, die Freundin des Johannes
Chrysostomus. ... Für das Ende des 4. Jahrhunderts ist die Existenz von
Diakoninnen sicher bezeugt in Antiochien, Jerusalem, Cäsarea in Palästi-
na, Kappadokien und in Konstantinopel. Im Jahre 535 begrenzt Kaiser
Justinian (527–565) die Zahl der an der Hagia Sophia tätigen Kleriker auf
60 Priester, 100 männliche Diakone, 90 Subdiakone, 110 Lektoren, 25
Sänger und 40 Diakoninnen. ... Im *Westen* hingegen verlief die Entwicklung völlig anders. Tertullian (gest. nach 220) etwa polemisiert heftig gegen lehrende und taufende Frauen bei den Montanisten. Noch gegen Ende des 4. Jahrhunderts verurteilt der Ambrosiaster Diakoninnen als eine
häretische Erfindung der ,Kataphrygier', einer montanistischen Sekte. ...
Der 2. Kanon der Synode von Nimes (396) lehnt ein ,ministerium femi-
nae' mit der Begründung ab, ein solches Amt stehe im Widerspruch zur
apostolischen Tradition und widerstreite der Vernunft. ... Mehrere galli-
sche Konzilien verbieten ab dem 5. Jahrhundert mit Nachdruck ein ,mini-
sterium leviticum' für Frauen, worunter sie offenbar ein mit dem männlichen Diakonat vergleichbares Amt verstehen. ... Ab dem 10./11. Jahrhundert ist der Diakonat der Frau im Osten weitgehend erloschen."[812]

Das Frauendiakonat wurde dann frei nach Notwendigkeit gehandhabt.
Ein Beispiel: „Die *armenische Kirche* hat im 17. Jahrhundert – und damit

zu einem Zeitpunkt, als es im Westen wie im Osten gar keine Diakoninnen mehr gab – das Amt der Diakonin völlig *gleichrangig zu dem des Diakons* neu eingeführt, ohne hierzu auf eine eigene Tradition zurückgreifen zu können."[813]

„Trotz der fragmentarischen Quellenlage lässt der Rückblick in die Geschichte des Diakoninnenamtes den vorsichtigen Schluss zu: *Zumindest in Teilen der Alten Kirche hat es mehrere Jahrhunderte hindurch ein diakonales Amt für Frauen gegeben, das in einer sakramentalen Weihe verliehen wurde und in die kirchliche Hierarchie eingliederte.*"[814]

Vor diesem Hintergrund ist es nicht überraschend, dass z. B. drei sehr qualifizierte Theologen: „Yves Congar, Peter Hünermann und Herbert Vorgrimler in ihren Gutachten für die Würzburger Synode (1973) auf je unterschiedlichen Wegen zu dem übereinstimmenden Ergebnis gelangt (sind), dass die Zulassung von Frauen zum Weihediakonat dogmatisch möglich ist und ökumenisch kein Problem darstellt."[815]

Das Gegenargument der Kirchenleitung scheint vor allem in der theologischen Verbindung zwischen Diakonat und Priestertum zu liegen. „Gegner der Zulassung zum Diakonat argumentieren gerne mit der Einheit des kirchlichen Weiheamtes: Die Zulassung von Frauen zum Diakonat, warnen sie, würde unweigerlich auch ihre Zulassung zum Priestertum nach sich ziehen. Manche Befürworter des Diakonats für Frauen reden nicht gerne von der Einheit des Weiheamtes, um so nicht die Gegner zusätzlich in ihren Befürchtungen zu bestätigen."[816] „Der Kölner Kardinal Joachim Meisner machte sich unlängst zum Sprecher einer Position, die die Frage des Frauendiakonates für nicht offen bzw. nicht entschieden hält. In einer eigenen Stellungnahme argumentiert er, die Frage des Frauendiakonats sei im päpstlichen Schreiben ‚Ordinatio sacerdotalis' gewissermaßen bereits mitentschieden. Wer zum Diakon geweiht werde, habe teil an ein und demselben kirchlichen Amt: ‚Wenn also Frauen zu Diakoninnen geweiht würden, gäbe es auch gegen die Priesterweihe von Frauen keinerlei theologische Handhabe mehr, sondern allenfalls noch disziplinäre'; dies aber habe der Papst in ‚Ordinatio sacerdotalis' ‚definitiv und verbindlich ausgeschlossen'".[817]

Es gab und es gibt fanatische Gegner der Weihe von Frauen. So etwa der anglikanische Geistliche Andrew Reakes-Williams – es könnte leider auch ein katholischer Priester sein: „If you take the argument for the ordination of women to its logical conclusion, you have to agree to the ordination of chimpanzees to act as chaplains to the animals ... If you ordain a woman, you might as well ordain a chimpanzee."[818] (The Japan Times, 5. Jan. 1985) In: Greinacher, Küng: Katholische Kirche wohin? S. 296

Die Kirche und die Frauen

Damit sind wir beim nächsten schmerzlichen Thema angelangt. Im Buch habe ich die anachronistische innerkirchliche, vor allem durch das Denken von Augustinus und Thomas von Aquin geprägte[819] Geschlechterapartheid öfters angesprochen. Nicht erwähnt wurde aber bis jetzt das berühmt-berüchtigte *Ministrantinnenproblem.* – Gegen Ende des 20. Jahrhunderts (!) erschien die Instruktion „lnaestimabile donum" der römischen Kongregation für die Sakramente und den Gottesdienst. Darin steht u. a. der Satz in Nr. 18: „Frauen sind jedoch nicht die Funktionen eines Akolythen (Messdieners) gestattet." „Was hier lapidar festgestellt wird, bot inzwischen Anlass (in Deutschland und in vielen anderen Kirchen) zu zahlreichen Leserbriefen in Kirchenzeitungen, provozierte eine Unterschriftenaktion, beschäftigte den Berliner Katholikentag selbst noch auf einem mit viel Prominenz besetzten Forum zum Thema Grundwerte und war der ‚Süddeutschen Zeitung' ein ‚Streiflicht' wert: ‚Wieder ist ein Sonntag ins Land gegangen, ohne dass die katholische Kirche ihr derzeit größtes Problem hätte lösen können: die Ministrantinnenfrage' (Süddeutsche Zeitung, 23. 6. 1980). Der Fall liegt klar: Die als Ergänzung zum diesjährigen Gründonnerstagsschreiben Johannes Pauls II. vorgelegte Instruktion *verbietet* in diesem Punkt eine in der Bundesrepublik *weit verbreitete,* wenn auch nie *unumstrittene Praxis,* heißt es doch in ihrer Nr. 27: ‚Sollte etwas eingeführt sein, was im Gegensatz zu diesen Verfügungen steht, so muss es geändert werden.' Angesichts der kaum zu überbietenden Ernsthaftigkeit, mit der in der Frage der Ministrantinnen nicht erst seit Erscheinen von ‚Inaestimabile donum' Argumente gesucht, verteidigt, begründet und abgewogen werden, liegt die Versuchung zur Satire nahe."[820] – Nachdem viel Porzellan zerschlagen wurde, gab die Kirchenleitung nach.

Ein Bereich, wo die Kirchenleitung bis heute säumig ist, ist die Einführung frauengerechter Sprache in den Bibelübersetzungen, in der Liturgie und in der Verkündigung (s. dazu auch 6.1. bis 6.3.).

Den guten Willen des Papstes kann man nicht ignorieren. „Zum dritten Mal innerhalb gut eines halben Jahres nahm Johannes Paul II. aus Anlass der bevorstehenden Weltfrauenkonferenz in Peking zur Lage der Frauen Stellung. Nach seiner Botschaft zum Weltfriedenstag ... und seinem traditionellen Gründonnerstagsbrief an die Priester veröffentlichte er Anfang Juli einen eigenen Brief an die Frauen. In Anlage und Sprache gleicht dieser Text seinem Brief an die Familie, den er aus Anlass des Internationalen Jahres der Familie 1994 verfasste. ... Im Mittelpunkt des Briefes steht das Nachdenken über Würde und Rechte von Frauen: ‚Wir sind leider Erben einer Geschichte enormer Konditionierungen, die zu allen Zeiten und an jedem Ort den Weg der Frau erschwert haben, die in ihrer Würde verkannt, in ihren Vorzügen entstellt, oft ausgegrenzt und sogar versklavt wurde.‘ ‚Wenn es ... auch bei zahlreichen Söhnen der Kirche zu Fällen objektiver Schuld gekommen‘ sei, bedauere er dies ‚aufrichtig‘. Das Evangelium halte zum Thema von der ‚Befreiung der Frauen von jeder Form von Missbrauch und Vorherrschaft eine Botschaft von unvergänglicher Aktualität bereit. ...‘ Der Papst setzt sich für die Beachtung der tatsächlichen Gleichheit der Rechte der menschlichen Person ein, verurteilt sexuelle Gewalt an Frauen. Im Zusammenhang mit Abtreibungen nach Fällen von Vergewaltigung schreibt er: ‚Unter solchen Umständen ist die Entscheidung zur Abtreibung, die freilich immer eine schwere Sünde bleibt, eher ein Verbrechen, das dem Mann und der Mitwirkung des Umfeldes anzulasten ist, als eine den Frauen aufzuerlegende Schuld.‘ Johannes Paul II. würdigt Initiativen zur Verteidigung der Würde der Frau ‚durch die Erringung gesellschaftlicher, wirtschaftlicher und politischer Grundrechte‘. Von einer stärkeren sozialen Präsenz der Frau verspricht er sich, dass dadurch die ‚Widersprüche einer Gesellschaft‘ deutlicher herausgestellt würden, die ‚auf bloßen Kriterien der Leistung und Produktivität aufgebaut ist‘. Im vorletzten von insgesamt zwölf Kapiteln befasst er sich mit der Anwendung dieses Themas auf den innerkirchlichen Bereich. Wenn Jesus nur Männern die Ausübung des Amtspriestertums übertragen habe, tue das der Rolle der Frauen keinen Abbruch: ‚Diese Rollenunterscheidungen dürfen ... nicht im Lichte der funktionellen Regelungen der menschlichen Gesellschaften ausgelegt werden, sondern mit den spezifischen Kriterien der sakramentalen Ordnung, das heißt jener Ordnung von ‚Zeichen‘, die von Gott frei gewählt wurden, um sein Gegenwärtigsein unter den Menschen sichtbar zu machen.“[821]

Sowohl Anfang als auch Ende dieses Briefes sollten ernst genommen werden. Was folgt daraus im Lichte des weisen Satzes von Yves Congar: „Wenn die Frauen in der Kirche heute zornig sind, so haben sie sicherlich ihre Gründe dafür. Und in dem Maße, in dem man diese ihre guten Gründe nicht anerkennt, sind sie eben zornig.“[822] Aber das Wohlwollen des

Papstes hat enge Grenzen. Der allseits verehrte Prälat Leopold Ungar (jahrzehntelang Chef der österreichischen Caritas) gab in einer seiner Schriften einen guten Rat zur Lösung des Konfliktes zwischen den Frauen und dem Papst (wahrscheinlich mit einem verschmitzten Lächeln an das Entsetzen vieler Leser denkend): „Aber Beruhigung könnte eintreten, wenn wichtige Positionen, die nicht mit der Weihe verbunden sind, die also nicht auf die Offenbarung und auf die Anfänge der Kirche zurückgehen, zum Beispiel das Amt des Kardinals, in steigendem Maße mit Frauen besetzt würden. So wäre wahrscheinlich der Verdacht, dass der Papst aufgrund eines falschen Macho-Denkens nicht will, dass Frauen Priester werden, widerlegt."

Sexuallehre der Kirche

Eine andauernde Katastrophe ist die offizielle. Es ist rätselhaft und eine Art mysterium iniquitatis, wie diese zweifellos unchristlichen Einstellungen in der Kirche Heimat gefunden haben und bis heute wirken. „Die alttestamentlichen Reinheitsvorschriften vor Augen, schrieb der Kirchenvater Origenes (185–254) in seinem Kommentar zum Propheten Ezechiel: ‚Wer nach dem ehelichen Akt und seiner Unreinheit kommt, um das eucharistische Brot vermessen zu empfangen, der entehrt und entweiht das Heilige.' In dieselbe Kerbe schlug auch Papst Gregor der Große (um 540–604): ‚Der Mann vereinigt sich mit seiner Gattin, wenn sich sein Geist im Gedenken durch die Lust mit der unerlaubten Begierde verbindet. Wer sich so durch seinen bösen Willen belastet sieht, soll sich nicht würdig achten, an der Gemeinde der Brüder teilzunehmen, bevor nicht das Feuer seiner Begierde abgekühlt ist ... Damit erklären wir nicht die Ehe als solche für schuldhaft. Aber weil die erlaubte eheliche Vereinigung ohne Fleischeslust nicht möglich ist, dürfen die Ehegatten (nach dem Geschlechtsverkehr) den heiligen Ort nicht betreten, denn diese Lust kann niemals ohne Schuld sein', schrieb er an seinen England-Missionar Augustinus von Canterbury (* 604). Gregors allerdings umstrittener Text wurde zu einem mittelalterlichen Hit, unzählige Male zitiert und von den Päpsten bestätigt. So meinte Innozenz III. (1198–1216), der eheliche Verkehr könne niemals ohne Sünde vollzogen werden. Die Frauen mussten nach der Menstruation vom Tisch des Herrn fernbleiben. (In den Evangelien durften sie Jesus durchaus noch berühren.) Die ‚Aussegnung' einer Mutter galt als ihre ‚Wiederversöhnung mit der Kirche'. Der nächtliche Samenerguss frommer Klosterbrüder schloss diese vom Kommunionempfang aus. Weder der katholische Startheologe Thomas von Aquin (1225–1274) noch der Rebell Martin Luther konnten sich gänzlich solcher Verteufelungen der Lust entziehen. Und bereits Origenes dozierte, in den Fußstapfen der *Nikomachischen Ethik* des Aristoteles (384–322 v. Chr.), dass der Heilige Geist Leute, die von der Lust geplagt werden, gleichsam fluchtartig verlasse."[823]

„Wer sich auch nur die sechsbändige *Theologia Moralis* des heiligen Alfons von Liguori (1698–1787) zu Gemüte führt, wird der massiven Primitivität und Ekelhaftigkeit dieser unter christlicher Piratenflagge segelnden Hosenschlitzmoral sofort gewahr werden. Lang und breit wird in diesem einstigen Standardwerk ‚christlicher' Sexualauffassung über erlaubte und unerlaubte Küsse mit und ohne Samenerguss referiert, über Pollutionen nachgedacht und die geeignetste Lage für den ‚Erguss des männlichen Samens und seine Aufnahme in die weiblichen Geschlechtsteile' aufgespürt. Es wird der Frage nach der Erlaubtheit des Geschlechtsverkehrs ‚von hinten, nach der Art der Tiere' ebenso gewissenhaft nachgegangen wie dem Koitieren mit einer Frauenleiche. Weder die Sexualpforten diverser Tiere noch andere Löcher entgehen dem wachsamen Auge des Heiligen. Denn der Teufel schläft nicht und lauert überall."[824]

Wie undifferenziert der Papst diese Gebiete behandelt, zeigt Folgendes: „Man darf nicht alles in einen Topf werfen, und dieser Papst wirft eben leider alles zusammen in einen Topf. Als er in den Vereinigten Staaten war, hat er die Abtreibung mit dem Zölibat, der Priesterweihe für Frauen und der Sexualerziehung vermischt. Das war dann doch ein bisschen zu viel." (Congar, in: Sommer, S. 97). Auch die Art und Weise, wie undifferenziert die katholischen Moralbücher über den vorehelichen Geschlechtsverkehr geschrieben haben (und teilweise auch heute noch schreiben), ist unerträglich. „Schon lange, bevor zum Traualtar geschritten wird, stecken die Verliebten – mit elterlichem Einverständnis – unter einer Decke. Müsste jeder Pfarrer gegen das voreheliche Konkubinat einschreiten, würde das allein eine Beschäftigung auf Lebenszeit bedeuten. Denn laut Noldin hätte ein jeder Pfarrer die Pflicht, sofern er in seinem Sprengel solcherart Unsitten auf die Spur kommt, entweder persönlich oder durch Boten eine Warnung zukommen zu lassen. Zeigt sich keine Wirkung, sei der Bischof zu verständigen. Nunmehr ist es seine Pflicht, die öffentlichen Sünder zu verwarnen und sie zur Beendigung ihrer Bettgenossenschaft aufzufordern. Sollte dies auch nichts nützen, so muss der Bischof öffentlich oder privat, persönlich oder durch den Pfarrer den Bann verfügen. Wer sich unverbesserlich erweist, dem ist das kirchliche

Begräbnis zu verweigern. Wo die kirchlichen Maßnahmen allein nicht ausreichen, könne auch die Hilfe des Staates in Anspruch genommen werden."[825]

Die logisch-psychologische Konsequenz des sturen Festhaltens an der fast *manichäischen* Sexuallehre ist die wachsende Zahl der Katholiken, die diese Lehre einfach ignorieren. „Freimütig erklärte der Erzbischof von San Francisco, Francis Quinn, auf der römischen Bischofsversammlung im Herbst 1980, dass achtzig Prozent der katholischen Amerikanerinnen *Verhütungsmittel* benützten, dass nur neunundzwanzig Prozent der amerikanischen Priester diese Art der Empfängnisverhütung als innerlich unsittlich betrachteten und nur sechsundzwanzig Prozent deswegen ihren Beichtkindern die Lossprechung verweigerten. Eine Meinungsumfrage des deutschen *Ifak-Institutes* vor der Papstreise in die Bundesrepublik erbrachte kaum zwei Wochen später ähnliche Ergebnisse. Demgemäß halten einundachtzig Prozent der deutschen Katholiken nichts vom päpstlichen Pillenverbot, zweiundsiebzig Prozent plädieren für die Abschaffung des Zölibats, und dreiundsechzig Prozent sind überhaupt der Meinung, dass die Einstellung der Kirchenführung zur Sexualität völlig veraltet sei. – Eine andere, in der eigenen Diözese des Papstes durchgeführte Umfrage ergab, dass zweiundfünfzig Prozent der ‚praktizierenden‘ Katholiken Roms für die Verwendung empfängnisverhütender Mittel eintreten und zweiundsechzig Prozent ein Recht auf Ehescheidung verlangen. Kein Wunder – hatten doch zehn Jahre nach Erscheinen der Papstbotschaft bereits sieben Prozent aller italienischen Frauen die Pille benutzt, und nur sechsundzwanzig Prozent erklärten, keine empfängnisverhütenden Mittel zu verwenden.

Laut einer Statistik aus dem Jahr 1979 bejahen übrigens mehr als vierundfünfzig Prozent aller Italiener den vorehelichen Geschlechtsverkehr, und dreiundfünfzig Prozent der befragten Frauen auf dem Land (in Rom waren es sogar vierundsechzig Prozent), die sich als ‚sehr religiös‘ bezeichneten, bekannten freimütig, dass sie von einer vorehelichen Jungfräulichkeit überhaupt nichts hielten."[826]

Nicht unabhängig davon verbreitet sich eine neue Art des Zusammenlebens von Frau und Mann in unseren Gesellschaften. „Auf katholischer Seite ist die Diskussion über die Haltung zu den *nichtehelichen Lebensgemeinschaften* zwar weniger weit fortgeschritten. Entsprechende Beschlüsse und Voten waren jedoch in den letzten Jahren wiederholt Schlüsselthemen diözesaner Synoden und Pastoralforen. Ein Ende der Diskussion ist gegenwärtig kaum absehbar. Zwischen manchen lehramtlichen Aussagen zu diesem Thema und der Praxis besteht eine nicht erhebliche Kluft. Dass sich in der katholischen Kirche in dieser Hinsicht substanziell etwas ändern kann, ist so lange schwer vorstellbar, wie lehramtlich sexuelle Beziehungen außerhalb einer formell geschlossenen Ehe in jedem Fall als sittlich problematisch gewertet werden.

In der Moraltheologie ist man in dieser Frage längst zu differenzierteren Positionen gelangt. Wenn heute eine große Zahl von Paaren die formelle Institutionalisierung ihrer Partnerbeziehung als Ehe – aus welchen Gründen auch immer – aufschieben bzw. scheuen, so rechtfertigt dies noch nicht die pauschale Annahme, sie lehnten damit notwendigerweise auch zentrale Werte ehelicher Partnerschaft ab: etwa den Vorsatz, die Paarbeziehung auf (lebenslange) Dauer anzulegen, sowie die Hinordnung auf Nachkommenschaft unter Einschluss der Möglichkeit zeitweisen Aufschubs, versteht sich. – Außerdem fragt sich: Ist die Institution Ehe tatsächlich so nachhaltig gefährdet, wie dies gerade in der Diskussion um die nichtehelichen Lebensgemeinschaften immer wieder gerne hingestellt wird? Könnte sie nicht lediglich in einem Prozess tief greifenden Wandels begriffen sein? Die Ehe verliert an Eigenwert, aber behält interessanterweise in Verbindung mit der eigentlichen Familiengründung eine hohe Plausibilität. Nichteheliche Lebensgemeinschaften ersetzen in der Regel nicht die Ehe, sondern stellen in der Zeit bis zur Geburt des ersten Kindes eine Partnerschaftsform des Übergangs dar – wenn auch zuweilen von langer Dauer, in gewisser Weise vergleichbar mit der früheren Verlobungszeit."[827]

Ein Sonderkapitel der Sorgen in der Kirche und um sie ist die *Homosexualität* im Klerus. Die Frage steht im Raum, „warum unter Priestern eine überdurchschnittliche Repräsentanz *Homophiler* angenommen werden kann."[828] – Nach langen Überlegungen kamen von Rom enttäuschende Stellungnahmen. Ein krasses Beispiel: „Mitte Juli hat die Glaubenskongregation mit einer ‚Notifikation‘ zwei US-amerikanischen Ordensangehörigen ‚jedweden seelsorglichen Dienst an homosexuellen Personen auf Dauer‘ untersagt. ‚Verirrungen und Zweideutigkeiten‘ in öffentlichen Stellungnahmen und im pastoralen Dienst der Schulschwester Jeannine Gramick und des Salvatorianerpaters Robert Nugent hätten Verwirrung unter den Katholiken gestiftet und der Gemeinschaft der Kirche Schaden zugefügt. Auf unbestimmte Zeit dürfen beide auch in ihren Ordensgemeinschaften keine Ämter übernehmen.

Die Notifikation der Glaubenskongregation ... schließt eine fast 20 Jahre dauernde Folge von Untersuchungen, Befragungen, Klärungsgesuchen und immer wieder neuen Vorwürfen an die beiden Ordensangehörigen ab; zuletzt die Aufforderung der Glaubenskongregation an Nugent im Dezember 1998, eine ihm vorgelegte persönliche Glaubenserklärung zu unterschreiben, die dieser allerdings mit einem veränderten Text zurückgab. Die von den beiden geäußerten Ansichten ,über die homosexuellen Handlungen, die in sich schlecht sind, und die homosexuelle Neigung, die objektiv ungeordnet ist', seien lehrmäßig unannehmbar, ,weil sie nicht getreu die klare und beständige Lehre der katholischen Kirche in diesem Punkt wiedergeben'. Die wiederholte Behauptung der Ordensleute, sich in Übereinstimmung mit der katholischen Lehre darum zu bemühen, homosexuellen Personen mit Achtung, Mitleid und Takt zu begegnen, weist die Glaubenskongregation mit dem Hinweis zurück, die Verbreitung von Irrtümern und Zweideutigkeiten sei nicht vereinbar mit einer christlichen Haltung wahrer Achtung und echten Mitleids. – Ausdrücklich erinnert die Glaubenskongregation daran, dass bereits 1984 der Erzbischof von Washington, Kardinal James Hickey, den beiden Ordensleuten jede pastorale Aktivität in der Diözese und den Kontakt zu ,New Ways Ministry' verboten hatte. Die heute 57-jährige Gramick und der 62-jährige Nugent hatten 1977 diese Organisation zur seelsorglichen Betreuung Homosexueller in Washington gegründet."[829] – Ein ähnliches Schicksal wurde dem Wiener Homosexuellenseelsorger Wahala Johannes[830] zuteil.

Viel schwerwiegender schaden der Kirche die Fälle des *Kindesmissbrauches* durch Priester und Bischöfe. Viel zu viele Gerichtsfälle, Wiedergutmachungsforderungen werden durch die Medien verbreitet, eine reichhaltige Literatur beschäftigt sich mit diesem Thema.[831] – Eine Frage sollte vor allem überlegt werden: „Gibt es einen Zusammenhang zwischen sexuellem Missbrauch Minderjähriger durch Priester und dem Zölibat? Eine direkte Verbindung zwischen Zölibat und sexuellem Missbrauch in dem Sinne, dass der Zölibat die Ursache für sexuellen Missbrauch ist, lässt sich nicht nachweisen. Das gilt in besonderer Weise für die Gruppe fixierter pädophiler Priester. Die psychosexuelle Konstitution dieser Priester ist in der Regel bereits vor dem Zeitpunkt, an dem sie sich auf die Zölibatsverpflichtung einlassen, entsprechend geprägt. In manchen Fällen mag es einen *indirekten* Zusammenhang zwischen der Zölibatsverpflichtung und sexuellem Missbrauch an Minderjährigen geben. Das gilt vor allem für jene Priester, die gelegentlich unter besonderen Stresssituationen oder als Teil ihrer psychosexuellen Entwicklung Minderjährige sexuell missbrauchen. So meinen Burkett und Bruni, dass ein Priester durch seine Einsamkeit dafür anfälliger ist. ‚Er führt kein richtiges häusliches Leben. Ihm ist keine wirklich körperliche, offene Intimität mit einem anderen Menschen gestattet. Und wenn er abends ins Bett geht, gibt es niemanden, der mit dem Priester seine Freuden teilt, ihn tröstet oder ihn umarmt. Er ist ganz allein. Manche Priester wird das Bedürfnis nach Nähe überwältigen und diese Sehnsucht schlägt schnell ins Sexuelle um.‘‘[832]

Geburtenregelung

Wenn irgendwo, dann hat die Kirchenleitung im Bereich der Geburtenregelung – im Widerspruch zu Mehrheiten beauftragter päpstlicher Kommissionen – einen kapitalen Fehler mit dramatischen Konsequenzen begangen und hält an dieser falschen Entscheidung hartnäckig fest. Im Mittelpunkt dieser Ereignisse steht die päpstliche Verlautbarung: *„Humanae vitae*, Enzyklika Pauls VI. ‚Über die rechte Ordnung der Weitergabe menschlichen Lebens‘ vom 25. 7. 1968, mit der die in der Pastoralkonstitution Gaudium et spes ... vorgesehene päpstliche Entscheidung zu dem vom Vatikanum II bewusst unentschieden gelassenen strittigen Problem der empfängnisregelnden Methodenwahl getroffen wird. Danach muss ‚jeder eheliche Akt (quilibet matrimonium usus) von sich aus (per se) auf die Erzeugung menschlichen Lebens hingeordnet bleiben‘ (Nr. 11). Die gottgewollte innere Einheit von Liebesaustausch und Zeugung ist dem eigenmächtigen Zugriff des Menschen entzogen (Nr. 12). Jedwede Aufkündigung der Bereitschaft zur Weitergabe des Lebens innerhalb einer liebenden sexuellen Vereinigung steht im Widerspruch zur inneren Wesensstruktur der Ehe und damit zum intentionalen Schöpfungsgrund des Lebens selbst. Entsprechend stellt jeder bewusst vorausplanende, unmittelbar Einfluss nehmende oder in die Folgen der sexuellen Vereinigung eingreifende Akt der Fortpflanzungsverhinderung eine in sich sittlich unerlaubte Handlung dar (Nr. 14). Allein der Methode der sog. Zeitwahl (natürliche Familienplanung) wird in diesem Kontext die sittliche Zulässigkeit attestiert (Nr. 16).

Dieser Entscheidung vorausgegangen waren mehrjährige Beratungen (1963–1966) einer schon von Johannes XXIII. eingesetzten päpstlichen Studienkommission zu Fragen des Bevölkerungswachstums und der Geburtenregelung, die mehrheitlich zu dem Urteil gelangte, dass Antikonzeption als solche nicht in sich sittlich verwerflich sei. Zu dieser Überzeugung fand auch die von Paul VI. in der gleichen Sache berufene Bischofskommission, die sich mit qualifizierter Mehrheit dafür aussprach, die Methodenwahl der Empfängnisregelung den Eheleuten selbst zu überantworten. Sie folgte damit sowohl den Vorgaben der Studienkommission als auch denen der Pastoralkonstitution, die in dem persönlichen Gewissensentscheid der Eheleute für eine verantwortbare Kinderzahl eine grundlegende Pflicht bewusster sittlicher Eheführung konstatierte. ... In Distanz zu diesen Voten (consensio ... afuerat, Nr. 6) und unterstützt von einem Minderheitsgutachten der Bischofskommission nimmt der Entscheid der Enzyklika Bezug auf die trad. Lehräußerungen Pius' XI. *(Casti connubii,* 1930) und Pius' XII. ... und geht damit hinter die vom Konzil eingebrachte Gesamtsicht ehelicher Verantwortung zurück. ...

Selten hat ein päpstliches Lehrschreiben weltweit eine solche Aufmerksamkeit auf sich gezogen und zugleich innerkirchlich eine so kritische und zwiespältige Aufnahme gefunden wie *Humanae vitae.* Gerade angesichts der vom Vatikanum II legitimierten Form eines mündigen, aus der jeweiligen Sacheinsicht in Verantwortung genommenen und vom Glaubenssinn geprägten Handelns hat das Urteil Pauls VI. über die Methoden der Empfängnisregelung zu nicht unerheblichen Irritationen und pastoralen Krisen geführt, so dass sich zahlreiche nationale Bischofskonferenzen veranlasst sahen, dem Lehrentscheid Verstehens- und Entscheidungshilfen beizugeben. Danach bleibt gegenüber der vorgelegten Lehräußerung für die einzelnen Christen die Möglichkeit und Pflicht der eigenen Gewissensentscheidung bestehen, so dass sie in ernsthafter Auseinandersetzung mit der kirchlichen Lehre und in abwägender Rücksicht auf die eigenen Lebensumstände von Fall zu Fall durchaus zu einer anderen Entscheidung finden können (Königsteiner Erklärung[833]; Mariatroster Erklärung[834]). Dieses leitende theologisch-ethische Handlungskriterium besitzt auch weiterhin seine im Gewissen bindende Gültigkeit, wenngleich die Lehrposition von Humanae vitae auf unterschiedliche Weise in nachfolgenden kirchlichen Dokumenten bestärkt wurde ... nicht zuletzt vor allem anlässlich des 20. Jahrestages der Veröffentlichung der Enzyklika durch die Ansprache Johannes Pauls II. vor dem internationalen Kongress für Moraltheologie (12. 11. 1988). In unmissverständlicher Eindringlichkeit und mit hohem lehramtlichen Engagement wird hier das Verbot der Anwendung empfängnisverhütender Mittel als unhintergehbare Substanz kirchlicher Lehre bestätigt."[835] Damit war die Verwendung von Kondomen (ein österreichischer Weihbischof sprach in diesem Zusammenhang von „handschuhtragenden Einbrechern"! In: Tiroler Tageszeitung 29. 2. 1996), von Verhütungspillen, von der Spirale und später von RU 486 verboten.

Obwohl aus den Akten hervorgeht, dass das Minderheitsvotum von in Rom sehr gewichtigen Persönlichkeiten vertreten wurde, ist es schwer verständlich, wieso der Papst sich gegen die Mehrheit entschieden hat, obwohl seine Unsicherheit in dieser Materie offenkundig war. „Noch nie, bekennt Paul VI., habe er ‚die Last Unseres Amtes so empfunden wie in diesem Fall', und die ganze Welt war Zeuge des päpstlichen Geständnisses, dass er, der Stellvertreter Christi auf Erden, vor der Entscheidung ‚gezittert' habe.[836]

Die Auswirkungen dieser Fehlentscheidung waren vielfältig und entsetzlich. „Die Enzyklika *Humanae vitae* ist ganz offensichtlich deshalb zum Gegenstand offener Diskussion geworden, weil dieser Text in den Augen vieler Christen einen neuen Bruch zwischen ‚Kirche' und ‚Welt' kennzeichnet; und dies angesichts der Tatsache, dass viele wichtige Verlautbarungen des Zweiten Vatikanischen Konzils mehr denn je zuvor das Zustandekommen eines Gesprächs zwischen Kirche und Welt zu ermöglichen schienen. So kann denn die neue Enzyklika auch noch unter einer anderen Perspektive gelesen und verstanden werden, nämlich als ein Hinweis in Richtung einer Rückkehr zu einem präkonziliaren Kirchenbild."[837] – „Das von Paul VI. vorausgeahnte geistige Erdbeben blieb nicht aus: Ein Sturm des Protestes brach los. Prominente Theologen stellten sich mehr oder weniger deutlich gegen die päpstliche Lehre und machten sich zum Wortführer einer immer größer werdenden Opposition. Kein Wunder, dass sich nicht wenige Bischofskonferenzen zu Erklärungen bereit fanden, die durch unklare Formulierungen versuchten, die praktisch-harten Konsequenzen der päpstlichen Lehre auf dem pastoralen Weg zu entschärfen."[838]

„'Von der Art, wie der Papst sein Lehramt im Allgemeinen und auf dem Gebiet der Sexualmoral im Besonderen verwaltet, werde es, befürchtet der alte, mehr denn je gerühmte Theologe B. Häring, zu einem katastrophalen Auszug aus der Kirche und einem noch größeren Verlust ihrer Glaubwürdigkeit kommen'. Die Krankheit der Kirche schreitet fort: ‚Die Kluft zwischen der Theorie des kirchlichen Lehramtes, auf der zur Zeit vor allem der Papst selbst insistiert, und der gelebten Moral der Christen, die sich nicht darum kümmern, was die Kirche sagt, wird immer tiefer. Und immer mehr verliert die Kirche ... an Glaubwürdigkeit.'"[839] – „... der Papst erließ eine Enzyklika, ‚Humanae vitae', die die alte (aber nicht althergebrachte) Lehre der Kirche über Geburtenkontrolle wieder bestätigte. In Wirklichkeit war es keine Lehre, weil sie niemanden etwas lehrte. Priester, Ordensmänner und Ordensfrauen, sogar Bischöfe erhoben Protest. Der Papst entschuldigte sich für das Rundschreiben, sagte, es wäre nicht das letzte Wort und bestimmt keine unfehlbare Verlautbarung. Er schrieb keine andere Enzyklika mehr und er verdammte niemanden, der von Humanae vitae abwich. Viele Katholikinnen und Katholiken (sogar katholische Priester) merkten allmählich, dass sie von der Meinung des Papstes abweichen und doch gute Katholikinnen und Katholiken sein konnten. Sie begannen zu verstehen, dass es verschiedene Wahrheitsgrade gibt und dass sie in einzelnen Moralfragen verschiedene Positionen hatten und haben konnten. Sonst würden sie in Fideismus verfallen: Die Vernunft könnte nichts ausrichten, nur noch das ‚fiat' eines Papstes, der sich wie ein Ayatollah aufführt und der keine andere Meinung mehr dulden würde neben seiner eigenen. Am Ende trat genau das ein, was der Papst am meisten gefürchtet hatte: Er verlor seine Autorität – und das Volk Gottes wurde erwachsen. Sie entwickelten ein neues, historisches Verständnis – nicht nur bezüglich der Geburtenkontrolle, sondern auch von sich selbst und von ihrer Beziehung zu alten Machtstrukturen. Hans Küng hat grundlegende Veränderungen im Selbstverständnis als Teil des ‚Paradigmenwechsels' beschrieben. Während der Geburtenkontrolldebatte lernten katholische Ehepaare, nicht mehr zu fragen: ‚Wann wird die Kirche etwas unternehmen bezüglich der Geburtenkontrolle?' Die Ehepaare begannen vielmehr, selbst zu handeln. *Sie* waren die Kirche. Sie waren von der Geschichte des 20. Jahrhunderts eingeholt worden, die sich, wenn überhaupt durch etwas, dann durch die Verlagerung der Macht von alten, elitären Institutionen auf das Volk auszeichnet."[840]

Aus dem erwähnten „Erdbeben" können hier nur einige Beispiele kurz angeführt werden. „Erzbischof Francis Quinn von San Francisco hatte den Mut, in seiner Ansprache über nordamerikanische Katholikinnen und Katholiken, die sich über den Bann hinwegsetzten, Zahlen zu nennen: 71 Prozent der Priester, 84 Prozent der Lainnen und Laien und 91 Prozent der jungen nordamerikanischen Katholikinnen und Katholiken akzeptierten den Bann nicht und fühlen sich frei, Empfängnisverhütungsmittel zu benützen (bzw. – im Falle der Priester – ihren Gebrauch zu erlauben)."[841] – Eine Untersuchung einer Arbeitsgruppe der Universität Innsbruck ergab, „dass die ganz übergroße Mehrheit der Katholiken sich in einem offenen, völligen oder teilweisen Dissens zu katholischen

Normvorgaben in diesem Punkt befindet. Nur 8,8 resp. 11,2 Prozent von allen Befragten melden gänzliche Zustimmung; 31,4 resp. 34,9 Prozent stimmen nur ‚teilweise‘ zu. Der große Rest lehnt ab (43,1 resp. 41,2 Prozent) oder verhält sich (16,9 resp. 12,6 Prozent) gleichgültig. Ca. 90 Prozent aller Befragten, die in den Interviews antworteten, hatten also *Einwände* oder interessierten sich für den Standpunkt der Kirche nicht. Dieser niedrige Grad an Zustimmung hat nicht nur eine quantitative, sondern auch eine *qualitative* Seite, und zwar in zweierlei Hinsicht. Zunächst fällt neben der stärkeren Kirchenbindung die spezifische Altersverteilung der Zustimmenden (bzw. Ablehnenden) auf: Von den gänzlich Zustimmenden waren in Innsbruck-Stadt 57,3 und in Innsbruck-Land 50,0 Prozent älter als 60. Bei den 18–45-Jährigen, die 53,5 resp. 55,8 Prozent aller Befragten ausmachten, sinkt der Anteil der ‚gänzlich‘ Zustimmenden auf 5 Prozent und darunter.“[842]

Selbst Bischöfe waren mit der päpstlichen Entscheidung nicht einverstanden und gaben Instruktionen mit mehr oder weniger verschrobenen Differenzierungen (Königsteiner Erklärung, Mariatroster Erklärung s. o.). – Es gab aber auch eindeutigen Widerstand wie im Falle des Weihbischofs von St. Paul und Minneapolis, J. P. Shannon. „Nachdem zunächst widersprüchliche Gerüchte verbreitet worden waren, stellte Shannon selbst den Sachverhalt klar. Rückblickend nahm die Affäre demnach folgenden Verlauf. Am 23. 9. 1968, etwa zwei Monate nach Veröffentlichung von ‚Humanae vitae‘, wandte sich Shannon brieflich an den Papst. Er könne nicht glauben, schrieb Shannon, ‚dass Gott die Menschen an unerfüllbare Normen bindet‘ ... Nach seinen Erfahrungen als Priester vermöchten auch gläubige und großherzige Eheleute die strenge Lehre der Enzyklika (Abschnitt 11) nicht zu erfüllen, dass jeder eheliche Akt auf die Weitergabe des Lebens zugeordnet sein müsse. Die Bischofskonferenz der USA habe zwar zugestanden, dass man zu einem gegensätzlichen Standpunkt gelangen könne. Einen Passus in ihrer Verhaltensregel für Dissidenten könne er jedoch nicht nachvollziehen: ‚Nichtübereinstimmung kann nur in einer Weise zum Ausdruck gebracht werden, die das Gewissen der anderen Gläubigen nicht verwirrt.‘ Shannon erklärte sich bereit, die Konsequenzen auf sich zu nehmen, und bat den Papst um Rat und baldige Antwort. Wie NC News Service berichtet (31. 5. 1969), hat der Papst durch das Staatssekretariat diesen Brief beantworten lassen. Am 23. 11. 1968 bot Shannon Erzbischof L. Binz den Rücktritt an.“[843] – Vielleicht noch eindrucksvoller ist die Stellungnahme der bolivianischen Bischöfe. „Die Bischöfe empfehlen das Studium von ‚Humanae vitae‘

unter allen Aspekten, heben jedoch gleichzeitig hervor, dass es sich nicht um eine Ex-cathedra-Entscheidung handelt, weshalb ‚wir auch nicht zu bedingungsloser und absoluter Zustimmung verpflichtet sind‘. ‚Wenn jemand, der für eine gesunde, persönliche, auf vorgängiger Information basierende Urteilsbildung kompetent ist, nach ernsthafter Prüfung der Materie vor Gott zu anderen Schlussfolgerungen kommt, hat er ein Recht auf seine Überzeugungen, wenn er auch zu weiterem ernsthaftem Forschen verpflichtet bleibt.‘ Solche Personen sollten aber die Anhänglichkeit zu Christus und seiner Kirche bewahren. Die Bischöfe bezeichnen die empfohlene Methode der Zeitwahl als eine in manchen Fällen gangbare Methode. Einige Argumente des Papstes über die Grundsätze und die Folgen der Empfängnisverhütung seien aber ‚*nicht für jeden gänzlich überzeugend*‘. Wer zu einer anderen Überzeugung gelange, dürfe nicht beschuldigt werden, sein Handeln sei von ‚egoistischen und hedonistischen‘ Motiven bestimmt. Letzten Endes sei nach der traditionellen Lehre der Kirche die Frage der Geburtenregelung *von den Eheleuten selbst* im Angesicht Gottes zu entscheiden.“[844] – Priester leisteten scharenweise Widerstand: „Bekanntlich hatte Kardinal P. O'Boyle im Oktober 1968 41 Priester teilweise oder ganz von ihren Vollmachten suspendiert, weil sie für die freie Gewissensentscheidung der Eheleute bezüglich der Geburtenregelung eintraten.“[845]

An einer Tagung in Salzburg (2.–4. 12. 1988) „... erklärte der Münchner Moraltheologe Johannes Gründel, in Salzburg einer der Hauptreferenten, u. a., wer schon Enzykliken Unfehlbarkeit zuspreche, der müsse sich mit dem Problem auseinander setzen, dass sich das kirchliche Lehramt im Verlauf der Geschichte ‚auch in nicht unwichtigen Aussagen‘ geirrt habe.[846] Und zur Verhältnisbestimmung von Lehramt und Gewissensurteil: ‚Wollte der Papst wirklich die letztgültige Verbindlichkeit eines Gewissens – selbst wenn es als irrig bezeichnet werden müsste – in Frage stellen, so stünde diese seine Aussage im Widerspruch zu der auf dem IL Vatikanum proklamierten Gewissenslehre.‘“[847]

Die Wochenzeitschrift „America“ (89.300 Auflage) zitiert Ärzte: „Unter der Überschrift ‚Empfängnisverhütung und die Bischofssynode‘ identifizieren sich die Autoren von ‚America‘ mit einer nach ihrer Meinung unter katholischen Medizinern verbreiteten Einstellung. Ein namentlich nicht genannter ‚bedeutender katholischer Arzt‘ wird zitiert: ‚Nach meiner Meinung ist die Empfängnisverhütung für ein gesundes katholisches Familienleben unentbehrlich. Ja, unentbehrlich. Den meisten Ehepaaren ist es nicht möglich, die Werte zu verwirklichen, die die Kirche als Bestandteil des Ehestandes proklamiert, wenn sie sich nicht in gewissen Situationen auf die Empfängnisverhütung verlassen können. Die Kirche wird ihre Lehre entweder in Bezug auf die Empfängnisverhütung oder in bezug auf die Ehe ändern müssen. Beide (Einstellungen) aufrechtzuerhalten ist der Kirche nicht länger möglich.‘"[848]

Die Antwort der römischen Zentrale ist eine wütende Serie von Stellungnahmen – natürlich in einem fromm-feinen Ton. „Seit einigen Jahren betont der gegenwärtige Papst immer nachdrücklicher, dass die Norm von *Casti connubii* und *Humanae vitae* als ausnahmslos verpflichtend anzuerkennen sei. Es wird auch immer wieder öffentlich die Vermutung ausgesprochen, dass der Vatikan bei Bischofsernennungen diesbezüglich Informationen einhole. Das Unbehagen nahm immer mehr zu. Doch eine Explosion von Verwunderung und Zorn oder eines schmerzlichen Unbehagens brach erst weltweit aus anlässlich des von Carlo Caffarra organisierten Moralistenkongresses Anfang November 1988, da man weiß, welch großen Einfluss er auf den Papst und in wichtigen Organen des Vatikans hat. Seine Begründungen für die ausnahmslose, strenge Verpflichtung erscheinen menschlich und theologisch skandalös. Sein Referat auf dem Kongress und seine Pressekonferenz enthalten regelrechte Beschimpfungen jener, die sich auf ihr eigenes Gewissen gegen die ausnahmslose Gültigkeit der Verbotsnorm berufen, und ganz besonders auf Moraltheologen, die ein solches Gewissen respektiert wissen wollen. Nicht nur der Vergleich mit Mord, sondern auch andere Titulaturen wie ,Liebes- und Lebensfeindlichkeit‘, ,Gottesfeinde‘ mussten starken Anstoß erregen, da es sich ja nicht um einen Privatmann handelt. Zudem verlangte ,sein‘ Kongress strenge Maßregelung aller Bischöfe, die Dissens in dieser Frage tolerieren, und die Absetzung aller Moraltheologen, die Dissens äußern. All das wurde äußerst brisant, als der Papst selbst diesen Kongress und Msgr. Caffarra betont belobigte und in seiner Ansprache weithin den Wortschatz und die Ideen von Caffarra wiederholte. Am schockierendsten war wohl die Aussage, dass diese Lehre von der ausnahmslosen Verpflichtung der Verbotsnorm von der göttlichen Offenbarung beglaubigt sei. So kam es, dass zahlreiche Theologen korporativ protestierten, und zwar in ernster Besorgnis.“[849]

Es fehlten natürlich auch die Gegenstimmen nicht. Eine der Spitzenleistungen war, „als der österreichische Kurienkardinal *Alfons Stickler,* der Leiter des Vatikanischen Geheimarchivs, in Interviews öffentlich Vorwürfe an die Adresse der österreichischen Bischöfe und der Kirche in

Österreich erhob. Im Einzelnen warf der Kurienkardinal ((geb. am 23. 8. 1910 in Neunkirchen), der schon seit Jahrzehnten nicht mehr in Österreich lebt, den österreichischen Bischöfen vor, sie hätten zur Enzyklika ‚Humanae vitae‘ erklärt, dass letztlich jeder nach seinem Gewissen entscheiden solle. Außerdem hätten die österreichischen Bischöfe urgiert, die Frage der wiederverheirateten Geschiedenen neu zu überdenken, ‚obwohl doch klar ist, dass diese Menschen in Sünde leben‘."[850]

Abtreibung

Ein Thema ganz anderer Qualität ist die Abtreibung und die Ausstellung der Beratungsnachweise im Rahmen einer kirchlichen Konfliktberatung, die die Chance menschlicher Hilfe und die Rettung zukünftigen Lebens in sich schließt. Die römische Sicht, ausgedrückt in einem päpstlichen Schreiben im Jahre 1998 und in einem im Jahre 1999 sieht aber darin eine Art Mitwirkung bei der Abtreibung. „Nach wie vor sieht Johannes Paul II. in der bisherigen Praxis, in katholischen Beratungsstellen einen die straffreie Abtreibung ermöglichenden Schein auszustellen, eine ‚Zweideutigkeit, die die Botschaft der Kirche von der Heiligkeit des Lebens in allen seinen Phasen verdunkelt‘. Und nach wie vor besteht er darauf, dass die Kirche in Sachen Abtreibung ‚immer und überall mit ein und derselben Sprache‘ sprechen müsse. Auf die eindrücklichen, argumentativ ausgefeilten Überlegungen der bischöflichen Arbeitsgruppe zum deutschen Beratungskonzept, also der Fristenlösung mit Pflichtberatung zugunsten des Lebens, geht der neue Papstbrief ebenso wenig ein wie der in der Glaubenskongregation verfasste und mit dem Staatssekretariat abgesprochene Kommentar. ... Die langjährigen intensiven Bemühungen der deutschen Bischöfe, die besondere Gesetzeslage in der Bundesrepublik und damit die nur hier gegebene Chance der kirchlichen Beratungsstellen zu verdeutlichen, hatten offenbar wiederum keinen Erfolg."[851]

Wiederverheiratete Geschiedene

Eine unbarmherzige[852] Strafe trifft die wiederverheirateten Geschiedenen und führt sie oft dazu, aus der Kirche auszutreten. Worum geht es in dieser fast unglaublichen Geschichte? Wir bringen hier einen besonders gut gelungenen Überblick.[853]

„Die Rechtslage der zivil wiederverheirateten Geschiedenen ist bestimmt durch die Tatsache, dass ihre Zivilehe im Sinne der Kirche nicht gültig ist, solange keine kirchliche Eheschließung nachfolgt. – Die Zivilehe kann gültig gemacht werden, wenn die erste Ehe nach Kirchenrecht nicht gültig zustande gekommen war. Das kann auf dem Wege eines Prozesses beim zuständigen Diözesangericht geprüft werden. Solange hier keine rechtswirksame Nichtigerklärung ausgesprochen ist, ist eine zweite kirchliche Trauung unerlaubt. Wenn eine Nichtigerklärung nicht erreichbar ist und eine Auflösung der ersten Ehe – das kommt bei nicht vollzogenen Ehen und bei solchen in Betracht, in denen nicht beide Partner getauft sind – nicht möglich ist, kann die zweite Zivilehe nicht kirchlich gültig gemacht werden.

Die Rechtsstellung der von einer solchen Situation Betroffenen ist in letzter Zeit vielfach diskutiert und in allen Dimensionen ausgeleuchtet worden. In der Kernfrage des Teilnahmerechtes an der Eucharistie werden zwei Positionen vertreten. Sie beziehen sich auf can. 915 CIC: *‚Zur heiligen Kommunion dürfen nicht zugelassen werden Exkommunizierte und Interdizierte nach Verhängung oder Feststellung der Strafe sowie andere, die hartnäckig in einer offenkundigen schweren Sünde verharren.‘* – Dieser Canon bedeutet für die in ungültiger Ehe Lebenden, die er nicht ausdrücklich anspricht, Folgendes: Leben in ungültiger Ehe ist keine Straftat des kirchlichen Rechtes; daher kommen Exkommunikation (Verbot der Sakramententeilnahme und kirchlicher Ämter und Dienste) oder Interdikt (Verbot der Sakramententeilnahme) nicht in Betracht. – *Wenn* die Betroffenen in schwerer Sünde leben, darin verbleiben wollen und beides in der Eucharistiegemeinschaft öffentlich bekannt ist, darf ihnen keine Zulassung zur Eucharistie erteilt werden. Dabei ist Verweigerung der Zulassung nicht gleichzusetzen mit Wegschicken an der Kommunionbank.

Ob in ungültiger Ehe Lebende schwere Sünder sind, wird von den zwei genannten Richtungen wie folgt beantwortet:
– Die eine Meinung versteht die schwere Sünde als einen objektiven, äußerlich feststellbaren Sachverhalt, der durch das Eingehen einer Zivilehe manifest geworden ist.
– Die andere versteht die Sünde theologisch als die gewollte und frei erkannte und entschiedene Trennung von Gott durch Festhalten an einem Verstoß gegen Gottes Gebot. Da das Wollen einer Trennung von Gott ebenso wie die freie Erkenntnis nicht von außen feststellbar sind, hält diese Meinung eine Anwendung des can. 915 auf Personen, die in ungültiger Ehe leben, nicht für möglich.

Für beide Auffassungen gilt, dass Papst Johannes Paul II. in seinem Apostolischen Schreiben ‚Familiaris consortio‘ vom 22. November

1981 die Möglichkeit eingeräumt hat, dass Betroffene, die enthaltsam leben wollen, die sakramentale Absolution in der Beichte erhalten können und dann ihr Weg zur Eucharistie frei sei ... Kein Eucharistiespender kann wissen – der Beichtvater wäre an das Beichtgeheimnis gebunden –, ob jemand diese Absolution erhalten hat. Damit gilt can. 912 CIC: *‚Jeder Getaufte, der rechtlich nicht gehindert ist, kann und muss zur heiligen Kommunion zugelassen werden.'* Damit ist die Entscheidung über den Zutritt zur Eucharistie in das Urteil der Person selbst gegeben, für die aber can. 916 gilt: *„ Wer sich einer schweren Sünde bewusst ist, darf ohne vorherige sakramentale Beichte ... nicht den Leib des Herrn empfangen, außer es liegt ein schwerwiegender Grund vor und es besteht keine Gelegenheit zur Beichte ...‘* – Es kann ebenso wenig eine ‚Zulassung' durch Entscheidung eines Amtsträgers geben wie eine Verweigerung der Kommunion."[854]

Es ist nicht überraschend, dass drei deutsche Bischöfe (Freiburg, Mainz, Rottenburg-Stuttgart: Oskar Sailer, Karl Lehmann und Walter Kasper) versucht haben, im Sinne einer Änderung zu wirken, dass man von guten Christen empörte Stimmen hören kann („‘Aber alle, die den Krieg planen, die Bomben bauen und versuchsweise explodieren lassen, die unsere Atemluft vergiften, also die Massenmörder, die Kindermörder', so die Schriftstellerin Luise Rinser 1981, ‚die dürfen zu den Sakramenten gehen, die sind gute Söhne der Kirche Jesu."[855]) und dass ein ausgeglichener und gediegener Theologieprofessor (Nachfolger von Karl Rahner in Innsbruck) harte Worte gegen die römische Lösung findet: „ ‘Es argumentiert überhaupt nicht', regt sich Pater Vass über das ‚autoritäre Dokument' auf. Es sei Auswuchs einer zentralistischen Kirche, welche ‚die reife Entscheidung einer Kirchenprovinz ignoriert und zensuriert'. Bischöfe gelten als ‚kleine Beamte des Vatikans in der Ferne'. ... Mit Papstworten aus ‚Familiaris consortio' – ein ‚Mahnschreiben' nennt es der Präfekt der Glaubenskongregation jetzt – bekräftigt das neue, siebenseitige Dokument die ‚auf die Heilige Schrift gestützte Praxis, wiederverheiratete Geschiedene nicht zur eucharistischen Kommunion zuzulassen'. George Vass erhebt Einspruch: ‚Nennen Sie mir eine Schriftstelle, die das beweist!' Immer verteidigte Jesus die Unauflöslichkeit der Ehe, doch nie schließe er Wiederverheiratete von der ‚Kommunion' aus. Das sei vielmehr ein Gesetz der Kirche, das im Laufe der Bußgeschichte entstanden sei. ... Die Betroffenen seien ‚im Übrigen nicht von der kirchlichen Gemeinschaft ausgeschlossen', steht im Schreiben. P. Vass setzt ein ‚großes Fragezeichen' dahinter und fügt an, ob ‚eigentlich die Eucharistie ein Verdienst für gute Christen ist und nicht eine Hilfe, zu Jesus zu kommen'. Tatsächlich drehe es sich bei der Zugehörigkeit zur Kirche um die Eucharistie. Wer davon ausgeschlossen sei, ‚der muss sich ja diskriminiert fühlen'".[856]

4.4. Schlussbemerkungen

Nach der Lektüre dieses Kapitels können Fragen auftauchen, vor allem die der Einseitigkeit und die der Kleinlichkeit.

Die Einseitigkeit ist, wie in der Einleitung in diesem Buch angekündigt, beabsichtigt. Es handelt sich ja nicht um ein Buch der Kirchengeschichte, wo auch die gnadenhaften, altruistischen, solidarischen, zeitgemäßen und den Menschen effizient dienenden positiven Phänomene genauso behandelt werden müssten wie die gegenteiligen. Das Buch will eine Sammlung von Belegen liefern, die die These unterstützen: Nur radikale Änderungen können die Krise der Kirche beenden.

Dass auch viele kleinliche Beobachtungen zur Sprache kommen, allerdings neben ganz groben Fehlleistungen, stützt sich auf eine soziologische Erfahrung: Auch kleine Stiche können töten, wenn sie zahlreich genug sind. Zwei, drei kleine Unannehmlichkeiten, Fehler, Unsinnigkeiten können noch treue Mitglieder der Kirche schlucken. Der Toleranz auf diesem Gebiet gibt es aber psychologische Grenzen.

Harte Kritik kann und darf nur derjenige üben, den die Sache Gottes und die Sache des Menschen „unbedingt angeht" (Tillich). Diese Härte aus Liebe lese ich aus den Sätzen von Drewermann: „Atheismus ist in meinen Augen die Zerstörung von Zerrformen der Göttlichkeit, eine notwendige Reaktion darauf, dass man Gott identifiziert mit bestimmten Amtsstrukturen, mit bestimmten Herrschaftsverhältnissen in und außerhalb der Kirche, mit bestimmten Moralvorstellungen, die obsolet geworden sind, mit bestimmten Tabu-Bildungen, die den Menschen verdummen, statt ihm leben zu helfen. Dann wird Atheismus eine notwendige Form der Selbstbehauptung des Menschen und dann ist er zweifellos nicht schädlich, sondern ein großartiges Gelächter über den vergangenen Aberglauben, ein Schritt nach vorn in der Selbstbewegung religiöser Entfaltung."[857] – Oder in einem Spiegel-Interview auf die Frage „Ist Ihre Kirche in einem so desolaten Zustand wie zur Zeit Luthers?" anders ausgedrückt: „In gewissem Sinn ist sie in einem schlimmeren Zustand, und so wie sie heute ist, hat Jesus sie nicht gewollt."[858]

Kapitel 5
Der Gegenwind

5.1. Konservative Bewegungen und Personen gegen die Reformen

Fundamentalismus

Je stärker sich die innerkirchliche „Revolte" entfaltete (siehe 3.3. und 3.4. im Buch), desto aktiver wurden die Gegner der „Neuen Theologie" und die Bekämpfer der kritischen Stimmen. „Gibt es innerhalb der katholischen Kirche ausgesprochen *fundamentalistische* Tendenzen? Welche Strömungen, Gruppen und Bewegungen gehören in dieses Umfeld? Ist es überhaupt sinnvoll, Bewegungen wie das Engelwerk, das Opus Dei oder die Priesterbruderschaft St. Petrus unter einem Oberbegriff zu subsumieren, der aus anderen geschichtlichen Zusammenhängen stammt und vielfach als letztlich wenig aussagekräftiges Etikett dient? Der Münchner Dogmatiker Peter Neuner greift ... diese derzeit viel und zum Teil heftig diskutierten Fragen auf. Sein Fazit: Es gibt in der katholischen Kirche Bewegungen, die mit gutem Grund als fundamentalistisch bezeichnet werden können; sie vertreten ein Gegenwarts- und Kirchenbild, das zur Besorgnis Anlass gibt.

Der Begriff Fundamentalismus hat Aufnahme gefunden in die soziologische, die politische, psychologische und neuerdings auch in die kirchlich-theologische Diskussion, und inzwischen besteht durchaus die Gefahr, dass er als Modebegriff geradezu inflationär verwendet wird und dabei seine Schärfe und Aussagekraft verliert. Dabei geht es diesem ‚Ismus' wie so vielen anderen vor ihm: Er wird in erster Linie von seinen Gegnern verwendet und dient dazu, sehr unterschiedliche Phänomene zusammenzuordnen, um sie zu verurteilen. Die Charakterisierung einer Konzeption als ‚fundamentalistisch' will diese kritisieren, und kaum jemand umschreibt seine eigene Position mit diesem Adjektiv.

So kann es nicht wundernehmen, dass eine heftige Kontroverse entstand, als in jüngster Zeit nicht nur allgemein über fundamentalistische Strömungen in der Kirche nachgedacht, sondern Ross und Reiter mit Namen genannt wurden, und zwar in dem vom Regensburger Dogmatiker

Wolfgang Beinert herausgegebenen Werk ‚Katholischer' Fundamentalismus. Häretische Gruppen in der Kirche?' (Regensburg 1991, mit Beiträgen von Wolfgang Beinert, Ludwig Bertsch, Bischof Heinrich v. Soden-Fraunhofen, Peter Hertel, Hans Urs v. Balthasar). Die als ‚fundamentalistisch' apostrophierten Gruppen setzten sich heftig zur Wehr, sie wandten die ihnen zu Gebote stehenden Mittel an, um schon das Erscheinen dieser Studie zu verhindern. Als das Buch veröffentlicht war, wurde es sofort heftig kritisiert: es beruhe ausschließlich auf Informationen aus Apostatenkreisen und sei somit höchst einseitig und unseriös. ... Haben die Katholische Akademie in Bayern, die mit einer Studientagung Anlass zu dieser Publikation gab, und insbesondere Wolfgang Beinert tatsächlich nicht vergleichbare Gruppierungen unter einem Sammelbegriff zusammengefasst, um sie dann global zu verteufeln? Ist der katholische Fundamentalismus wirklich nur eine Erfindung seiner Gegner, geboren aus Hass und Vernichtungswut, die auch vor dem vom Papst selbst approbierten Opus Dei nicht Halt machen?

Im Gegensatz zu den meisten ‚Ismen' entstand der Begriff ‚Fundamentalismus' nicht als Fremd-, sondern als Eigenbezeichnung, und zwar in einer Schriftenreihe unter dem Titel ‚The Fundamentals', die in den Vereinigten Staaten 1910 bis 1915 veröffentlicht wurde und evangelikale Gruppierungen verschiedener protestantischer Denominationen versammelte ... Die Nachfahren der Pilgerväter konnten in den USA lange Zeit hindurch ihrer biblizistischen Grundhaltung treu bleiben. Als aber um die Mitte des 19. Jahrhunderts im Gefolge von Industrialisierung und Verstädterung eine Säkularisierung des Lebens erfolgte und auch die Schulen und Universitäten erfasste, führte das zu einer Auseinandersetzung mit dem Denken der Neuzeit, auf das diese Kreise in keiner Weise vorbereitet waren.

Die Kontroverse entzündete sich an der modernen Exegese. Die historisch-kritische Arbeit an der Heiligen Schrift erschien ‚als die große Apostasie vom Glauben der Väter'; sie wurde verantwortlich gemacht für den moralischen Niedergang der Gesellschaft. Im Gegensatz dazu nahm die Vorstellung von der Verbalinspiration und ‚der absoluten Irrtumslosigkeit der Schrift die ‚Bedeutung eines Fundamentaldogmas' an ... Insbesondere in der darwinistischen Evolutionstheorie sah man einen Angriff auf den biblischen Schöpfungsglauben. Im ‚Affenprozess' von 1925 wurde ein Biologielehrer gemaßregelt, weil er die Herkunft des Menschen aus dem Tierreich behauptet hatte. Manche der Gruppen waren von ‚teilweise chiliastisch gefärbter Erwartung der baldigen Wiederkunft Christi' ...

bestimmt. Es galt, aus der immer mehr verfallenden Welt und Kirche Menschen für das anbrechende Reich Christi zu gewinnen. Diese Vorstellung wandte sich gegen den liberalen Kulturprotestantismus, der sich auf die innerweltlichen Dimensionen der Reich-Gottes-Botschaft konzentrierte."[859]

Mit spitzer Feder charakterisiert der Schriftsteller Günther Nenning die Grundhaltung der extrem Konservativen: „Toleranz heißt für Neofundamentalisten: Ihr müsst dulden, dass wir der Meinung sind, ihr gehört ausgerottet. Seid tolerant, ihr Lämmer, Meinungsfreiheit für den andersdenkenden Wolf! Wenn es zu einer Religion gehört, Bücher zu verbrennen (geht das leider nicht, so wenigstens auf den Index mit ihnen), wenn es zu einer Religion gehört, Kopfgeld auszusetzen fürs Umbringen von Bücherschreibern (geht das leider nicht, wird wenigstens verkündet: wer schreibt, habe sich die Folgen selber zuzuschreiben) – dann Toleranz für diese Religion!"[860]

Opus Dei

Die umstrittenste Institution in diesem Bereich ist das Opus Dei. „Das Opus Dei wurde am 2. 10. 1928 in Madrid durch den spanischen Priester J. Escrivá de Balaguer gegründet (vorkanonische Periode) und am 19. 3. 1941 als ‚Pia unio' approbiert. In den ‚Regulae' werden drei Mitgliederklassen unterschieden: eingeschriebene (Inscripti), außerordentliche (Supernumerarii) und ordentliche Mitglieder (Numerarii). Am 11. 10. 1943 wurde die mit dem Opus Dei verbundene *Priesterliche Gemeinschaft vom Hl. Kreuz* (Societas Sacerdotalis Sanctae Crucis) gegründet; am 2. 2. 1947 wurde das Opus Dei als erstes Säkularinstitut päpstlichen Rechts und am 28. 11. 1982 – ein Jahr vor Inkrafttreten des revidierten Codex Iuris Canonici – als Personalprälatur errichtet. Das Opus Dei ist auf allen fünf Kontinenten in fast 90 Ländern tätig. Ziel des Opus Dei ist die Bewusstmachung der gemeinsamen Berufung aller Getauften zur Heiligkeit durch Förderung der Nachfolge Christi zum gelebten Zeugnis im Alltag. Die Bedeutung der bislang einzigen Personalprälatur ist noch schwer einzuschätzen: Die Kritik ... entzündet sich v. a. an der Geheimhaltungstendenz, den internen Frömmigkeitsformen sowie dem exemten Verhältnis gegenüber den Ortsordinarien."[861]

„*Josemaria Escrivá de Balaguer y Albas*, der Gründer des Opus Dei, wurde 1902 in Barbastro/Aragon als Sohn eines Textilkaufmanns geboren und 1925 zum Priester geweiht. In Madrid promovierte er zum Doktor der Jurisprudenz, später erwarb er an der Lateran-Universität in Rom den Doktorgrad der Theologie. 1946 siedelte er nach Rom über, wo er bis zu seinem Tod im Jahre 1975 das Opus Dei als Generalpräsident leitete."[862] – Bereits 17 Jahre danach wurde er selig gesprochen. – Was war das Motiv für die beispiellose Eile beim Abwickeln dieses Seligsprechungsverfahrens? „Einer der Gründe dafür, dass in diesem Verfahren Gesichtspunkte der ‚Opportunität' (Kardinal König) hintangestellt wurden, dürfte darin liegen, dass das Opus Dei ein elementares Interesse daran haben müsste, das Verfahren im Pontifikat Johannes Pauls II. wenigstens bis zur Seligsprechung vorangetrieben zu haben. Unter einem anderen als dem gegenwärtigen Papst hätte sich die Lage für das Opus Dei unter Umständen nachhaltig *verschlechtern* können. Angesichts der großen Zeiträume, die bei Selig- und Heiligsprechungsverfahren zum Teil nicht einmal als ungewöhnlich gelten, wäre sonst eine Verzögerung um Jahre, wenn nicht Jahrzehnte durchaus im Bereich des Möglichen gewesen. Mit der Seligsprechung Escrivás setzt sich jedenfalls nicht nur die Tendenz weiter fort, dass künftige Selige nur mehr in Teilen des Kirchenvolkes bekannt sind und über einen gewissen Rückhalt verfügen. Diesmal liegt sogar der Fall vor, dass ein Seliger wegen seiner Person wie erst recht aus Gründen, die mit seinem Lebenswerk zu tun haben, ausgesprochen umstritten ist. Im Fall von Escrivá de Balaguer wird sich die Verehrung auf dem Opus Dei nahe stehende bzw. ihm angehörende Kreise beschränken. Unbedenklich scheint das jedoch schon deshalb nicht zu sein, weil auch nach traditionellster Lesart in der katholischen Kirche gerade die Verehrung von Seligen bzw. Heiligen auf den ‚consensus fidelium', die Zustimmung und innere Bejahung durch die Gläubigen angewiesen ist."[863]

Nicht nur die Rekordeile, sondern die Angelegenheit selber hat verständlicherweise nicht nur Begeisterung hervorgerufen. „Die Gründe dafür, dass die Seligsprechung – neben der Zustimmung in Kreisen des Opus Dei – auf *erhebliche Ablehnung in der Weltkirche* stieß, sind vielfältiger Natur. Im Mittelpunkt der Kritik an der Entscheidung des Papstes, Escrivá zur Ehre der Altäre zu erheben, stand weniger dessen Person – obwohl auch dies eine Rolle spielte –, sondern in erster Linie die Tatsache, dass damit das Opus Dei nach einigen zumeist umstrittenen *Bischofsernennungen* der letzten Zeit aus seinen Reihen, vor allem aber der Erhebung des ‚Werkes Gottes' zur *Personalprälatur* im Jahre 1982 ... eine nicht zu unterschätzende erneute Stärkung erfuhr. Selig- und Heiligsprechungen werden nun einmal – damit steht das Opus Dei nicht alleine da – erfahrungsgemäß von den geistlichen bzw. Ordens-Gemeinschaften oder anderen kirchlichen Gruppierungen, deren Gründer oder Mitglieder selig oder heilig gesprochen werden, als *Bestätigung* durch Rom bzw. die Weltkirche gewertet."[864]

Eine Stellungnahme *deutschsprachiger Pastoraltheologen* vom 30. 11. 1991 wies darauf hin, „Escrivá vertrete in seinen Werken, Vorstellungen von Gott, von der Kirche, von der Welt und vom Menschen, die unserer Ansicht nach theologisch entscheidende Verkürzungen aufweisen und eine zeitgemäße Evangelisierung verhindern ... Wir halten es für eine beunruhigende und kirchenpolitisch sowie seelsorglich gefährliche Entscheidung, eine derart polarisierende und ausgrenzende Denk- und Handlungsrichtung durch die Seligsprechung ihres Initiators gutzuheißen und zu sakralisieren.' Auf ähnliche Weise äußerte sich die spanische Theologenvereinigung ‚Juan XXIII'. Die Pastoraltheologen warnten vor der ‚integralistischen und fundamentalistischen Indoktrination', die schon verschiedentlich von Theologen am Opus Dei kritisiert wurde."[865]

Der Gründer des Opus Dei wurde am 6. 10. 2002 heilig gesprochen.

Engelwerk

Ein zweites Beispiel für Institutionen, die in einer „vorvatikanischen" Zeit leben, in ihrer Mentalität bzw. Spiritualität das 21. Jahrhundert nicht betreten haben und Gegner der Erneuerungsbestrebungen in der Kirche sind, ist das *Engelwerk*. „Engelwerk, Werk der heiligen Engel (Opus [sanctorum] Angelorum; OA; Corpus Operis Angelorum, *COA*), Sammelbezeichnung für Vereinigungen mit unterschiedlichem kirchenrechtlichem Status unter der zentralen Leitung der ‚Procura Generale dell'Opus Angelorum' in Rom. Das Engelwerk hat seinen Ursprung in so genannten Privatoffenbarungen der Gabriele Bitterlich (Innsbruck, Aufzeichnungen ab 1947), aufgrund deren sich eine ausgeprägte Verehrung der Engel, insbesondere für die Heiligung der Priester, entfaltete. Bereits 1951 in Innsbruck kirchenamtliche Approbation von Schutzengelweihe, Engelweihe, Sühneweihe (mit Verpflichtung zu strenger Verschwiegenheit); 1965 Schutzengelversprechen (als Vorstufe). Zunehmende Ausbreitung nach kirchenamtlicher Errichtung der ersten ‚Schutzengelbruderschaft' 1961 in Innsbruck (‚Sodalitium in honorem SS. Angelorum Custodum' ...); kirchenamtliche Errichtung von ‚Priestergemeinschaften im Opus ss. Angelorum' ... ; Schwesternschaft vom Heiligen Kreuz (im Werk der Heiligen Engel) sowie Helferwerke und -kreise. – Die Sonderlehren des Engelwerkes führten zu erheblichen Bedenken und zu Maßnahmen seitens der Bischöfe und des Apostolischen Stuhls; ... Verbot der Engelverehrung mit ‚Namen' aus der Privatoffenbarung, des ‚Schweige-versprechens' und der täglich mehrmaligen ‚Sühnekommunion'; 1988 gemäß Empfehlung der deutschen Bischofskonferenz diözesane Maß-nahmen vor allem in München und Passau (Verbot von Exerzitien, Ent-zug der Predigtbefugnis) und Augsburg (kanonische Visitationen). We-gen der weder der Schrift noch der Tradition entsprechenden Engellehren und daraus erwachsener Missbräuche wurden schließlich ... Verwendung und Verbreitung der Sonderlehren über die Engel (einschließlich der ent-sprechenden Schriften), Engelweihen und Fernspendung von Sakramen-ten u. a. verboten; einem päpstlichen Delegaten wurden Einhaltung der Normen sowie Klärung und Regelung der Beziehungen zwischen Engel-werk und dem Orden vom Hl. Kreuz übertragen."[866]

Eine kurze weitere Analyse, die sich vor allem auf eine entlarvende Studie von Niewiadomski (Theologieprofessor in Innsbruck) stützt, er-gänzt das Bild: „Die abstrusen Privatoffenbarungen der *Gabriele Bitter-lich,* auf denen das *Engelwerk* beruht, ... scheinen auf den ersten Blick mit Lefebvre und auch mit dem Opus Dei nichts zu tun zu haben. Den-noch erreicht im Opus Angelorum die vorkonziliare ‚Burgmentalität' ei-nen ‚kaum mehr überbietbaren Höhepunkt' ... Die Welt wird ausschließ-lich aus apokalyptischer Perspektive betrachtet: sie ist ein Schlachtfeld von endzeitlichen Mächten und Gewalten, von Schutzmauern und Ba-stionen. Hierarchien von namentlich geoffenbarten Engeln und Dämonen bedrohen und beschützen die auserwählten Gläubigen, die Kirche und al-le Orte in der Welt. Die Wirklichkeit ist bestimmt vom endzeitlichen Kampf der Mächte des Guten, des Lichts, gegen die des Bösen und der Finsternis. Die Werte der Moderne: Freiheit, Gerechtigkeit, Subjektivität erscheinen als dämonische Kräfte, unter ihnen ist der ‚Dämon der ‚Frei-heit', der ‚die Welt von Gott befreien und zu einem Chaos der Hölle ma-chen will' ... Dieses Zerstörungswerk ist gesteuert von Geheimbünden jü-discher und freimaurerischer Provenienz. Demgegenüber will das Engel-werk durch eine aufsteigende Reihe von Schutzengel-Versprechen, Schutzengel-Weihen, Engel-Weihen, verbunden mit einem strikt durch-geführten Geheimhaltungs- und Schweigegebot, seine Anhänger vor die-sen Gefahren bewahren, sie in eine Sonderwelt versetzen, innerhalb de-ren alles stimmt, wo keine Frage mehr offen bleibt und an deren eschato-logischem Sieg das Heil der auserwählten Gläubigen und der ganzen Welt hängt. Die rationale Verantwortung wird Privatoffenbarungen zum Opfer gebracht, der Irrationalismus wird zum Prinzip erhoben. Bischof von Soden urteilt: ‚Lehre und Spiritualität des Engelwerks ist in die katholische Glaubenswelt nicht einzufügen. Es ist die Lehre der Kabbala, die man lediglich zur Täuschung der Selbsttäuschung mit einigen christlichen Begriffen und geistlichen Inhalten geschmückt hat'"[867]

Es würde den Rahmen des vorliegenden Buches sprengen, auch die *weniger bekannten* (wenn auch nicht immer toleranteren) *Gruppierungen* hier zu behandeln, wie etwa die „Christliche Notwehrgemeinschaft österreichischer Bauern, Arbeiter, Gewerbetreibender, Hausfrauen und Senioren"[868], die „Erklärung von Los Angeles"[869], die „Gemeinschaft vom Heiligen Josef"[870], den „Linzer Priesterkreis"[871], das „Pro Occidente"[872], die „Priesterbruderschaft St. Pius"[873], die „Bruderschaft St. Peter"[874], das „Pro fide et ecclesia"[875], die „Schweigenden in der Kirche"[876], die „Bewegung für Papst und Kirche"[877], die „Una voce"[878] und wie die alle heißen.

Marcel Lefebvre

Galionsfigur des Widerstandes gegen das Prinzip des „aggiornamento" war der ehemalige Militärbischof für das ehemals französische Westafrika[879], Marcel Lefebvre. Geboren in Tourcoing (Departement Nord), promovierte er zum Doktor der Philosophie im Jahre 1925 und der Theologie im Jahre 1929. Bischof der Diözese Lille wurde er noch im selben Jahr. Sein Lebensweg ist schwer nachvollziehbar. Er, der selbst alle Konzilsdokumente unterzeichnet hatte „mit Ausnahme von zweien, nämlich: Religionsfreiheit und Welt und Kirche", meinte bereits in der Einleitung eines auch in deutscher Übersetzung vorliegenden Buches ‚Sie haben ihn entthront' ... über das letzte Konzil: ‚Ohne dieses Konzil als Ganzes zu verwerfen, glaube ich, dass es das größte Unglück dieses Jahrhunderts, ja aller Jahrhunderte seit der Stiftung der Kirche ist.'[880] Um ihn herum entstanden extrem konservative Gruppierungen (siehe oben). Die Gründung eines eigenen Seminars in Econ in der Schweiz und die dort vorgenommenen Priesterweihen[881] haben die Spannung zwischen dem Erzbischof und Rom sehr verstärkt und führten, trotz mancher Versuche, Kompromisslösungen zu finden (Besuche beim Papst, Verhandlungen mit den römischen Instanzen), dann zu seiner Suspendierung und später, nachdem Lefebvre ohne Erlaubnis von Rom Bischöfe geweiht hatte, zur Exkommunikation. – Eine solche Strafe gilt auch irgendwie („kirchenrechtlicher Status") nach dem Tode (25. 3. 1991 Martigny, Schweiz): „Auf Anfrage des Bischofs von Sitten, *Norbert Brunner,* äußerte sich die vatikanische Bischofskongregation zum kirchenrechtlichen Status des 1991 verstorbenen Traditionalistenführers *Marcel Lefebvre,* der von ihm gegründeten Priesterbruderschaft St. Pius X. sowie von deren Anhängern ... Hintergrund der Anfrage des Sittener Bischofs ist die Tatsache, dass in der Vergangenheit verschiedentlich Zweifel an der Rechtmäßigkeit der Exkommunikation geäußert wurden. Auf dem Gebiet der Diözese Sitten, in Econe, liegt das Seminar der Priesterbruderschaft. In ihrer Antwort bekräftigt die Bischofskongregation die in einem von ihr erlassenen Dekret vom 1. Juli 1988 enthaltene Mitteilung, nach der sich Marcel Lefebvre durch die ohne päpstlichen Auftrag vorgenommene Bischofsweihe vom 30. Juni 1988 nach canon 1382 die Exkommunikation als Tatstrafe zugezogen habe. Dasselbe gelte für die von Lefebvre geweihten Bischöfe sowie den Mitkonsekrator, Bischof *Castro Mayer.*"[882]

Nicht wenige Bischöfe, Priester und Christen ohne Amt gehören zur Kategorie der (mehr oder weniger aggressiven) Konservativen. Einige von ihnen haben eine traurige Berühmtheit erlangt, wie etwa die Kardinäle Felici, Ottaviani, Ratzinger und Professor Caffarra in Rom, Bischof Dyba in der Bundesrepublik Deutschland, die Bischöfe Gijsen und Simonis in den Niederlanden, die Bischöfe Krenn und Eder in Österreich, Bischof Haas in der Schweiz usw.

Hinter der für die Zukunft der Kirche schädlichen konservativen Richtung steht als sicherer Hintergrund Rom und der Papst mit seinen Mitarbeitern. Es ist bekannt, dass leitende Funktionen in der Kirche nur jene Personen einnehmen können, die in den „heiklen Fragen" der Geburtenregelung, der wiederverheirateten Geschiedenen, des Pflichtzölibats der Priester usw. mit den konservativen Auffassungen der römischen Zentrale übereinstimmen. Selbst die radikale Ausgrenzung des Erzbischofs Lefebvre geschah nicht wegen dessen Weigerung, das 2. Vatikanum zu akzeptieren: Die Exkommunikation war Folge eines formal-disziplinären Fehltrittes: der ungenehmigten Weihe von Bischöfen.

Die „winterliche Kirche"[883] hat nicht nur viele Träger der Erneuerung, sondern auch viele Wächter, die glücklicherweise bereits im 20. Jahrhundert lebten – sonst hätten sie verhindert, dass es beginnt.

5.2. Falsche Argumente

Die Kirche wird keine neue Blütezeit, keine Effizienz im Dienste ihrer Sendung für die Menschen erleben, solange ihre offiziellen Vertreter (Päpste, Bischöfe, Priester, Christen ohne Amt, aber mit einer bestimmten Aufgabe betraut) durch falsche Argumentation den Kommunikationspartnern, unter denen die Gebildeten einen immer größeren Anteil haben, unglaubwürdig erscheinen.

Unglaubwürdig ist eine Kirche, die sich voller *Lebenslügen* präsentiert: „Es gibt immer noch eine Menge katholischer Lebenslügen. Angefangen vom General (oder Naturwissenschaftler) mit dem Rosenkranz und dem Lesebuch-Atheisten, der in der Todesstunde doch den Priester holen lässt, über ‚die erste hl. Kommunion, den glücklichsten Tag des Lebens‘ oder die absolute Überlegenheit der katholischen Schulen und Krankenschwestern, bis zu ‚unserem katholischen Volk‘, dem ‚treuen, sittlich gesunden christlichen Landvolk‘ und dem ‚schrecklichen Ende der Kirchenverfolger‘ – ein reicher Vorrat an Klischees, Fiktionen, Selbstgefälligkeiten, Sentimentalitäten. Sie sind nicht harmlos, denn sie bauen um die Katholiken eine Welt des Wahns auf, in der alles geglättet und verniedlicht, klosterschwesternsauber und zum Besten bestellt ist, eine rosarote Unwirklichkeit.

Diese katholischen Lebenslügen behindern eine aufrichtige Konfrontierung mit der Realität und beeinträchtigen dadurch die Fähigkeit, diese zu bewältigen; sie sind eine Angst erzeugende Schutzvorrichtung gegen die Erschütterung, welche die Erkenntnis der wahren Situation hervorrufen müsste. Wir müssen aber unbarmherzig gegen uns selbst sein, damit wir mit der unbarmherzigen Wirklichkeit fertig werden können. Wir dürfen uns nicht um bittere Wahrheiten herumdrücken, wir dürfen sie auch nicht sozusagen unter Verschluss halten, um die so genannten kleinen, einfachen Seelen nicht zu ‚verwirren‘. ... Eine besondere Spezies der katholischen Lebenslügen sind die geistigen Kurzschlüsse. Ihr Gemeinsames ist, dass sie eine Art magische Verwandlung der Realität durch Prinzipien und Ideale annehmen, eine zauberisch abrupte Wirkungsweise der höchsten Wahrheiten und übernatürlicher Gaben.

Unglaubwürdig ist eine Kirche, die *logische und rhetorische* Tricks verwendet. Wie etwa die in den Lehrbüchern der „Formalen Logik" behandelte Form der „metabasis eis allogenos"[884], d. h. die Antwort liegt auf einer anderen, unbestreitbaren Ebene als die Frage, die unbeantwortete Fragen beinhaltet. Klassisches Beispiel: Eine Gruppe der Gläubigen verlangten mehr Demokratie in der Kirche (d. h. die Betroffenen sollen über die Zeit der Messe oder bei der Ernennung neuer Bischöfe mitbestimmen können), der Bischof antwortet: Über die Wahrheit kann man nicht abstimmen. – Die Reaktion des Bischofs ist doppelt falsch (obwohl sehr plausibel klingend): Er wechselt fast unmerklich auf eine andere Dimension und verschweigt, dass man über bestimmte Facetten der Wahrheit wohl abstimmen kann (wann, wie, wo soll die unbestrittene Wahrheit konkret gelten, wie wird sie interpretiert; die Konzilien sind gute Beispiele dafür).

Unglaubwürdig ist eine Kirche, die mit *Ablenkungsmanövern* arbeitet. „Nicht ständig über die Mängel jammern" heißt es, dabei vergisst man die große Verantwortung der Kritik und der Entlarvung von Unbarmherzigkeiten, Unsinnigkeiten und pastoral schädlichen Anachronismen. – Selbst der sehr geschätzte Bischof J. Weber verwendete eine solche, mindestens einseitige Aufforderung: „Mit einem Appell, die ‚Moll-Stimmung' in der Kirche Österreichs zu überwinden, hat sich der Grazer Diözesanbischof Johann Weber am Mittwoch bei einer Pressekonferenz in Wien als Vorsitzender der Bischofskonferenz verabschiedet. Die Ereignisse der vergangenen Jahre hätten in der katholischen Kirche Österreichs – mehr bei ‚Insidern' als bei Außenstehenden – zu einer gewissen ‚Müdigkeit' geführt. Es müsse nun wieder ‚Mut' einkehren, um sich in einer rasch wandelnden Zeit den Fragen der Menschen zu stellen, anstatt sich in den ‚eigenen Kreis' zurückzuziehen." (Wo nur der Zusatz fehlt: Den Fragen der Menschen kann sich die Kirche erst nach radikalen Reformen richtig stellen.)[885] – Noch schlimmer waren die Folgen von Aussagen zweier österreichischer Bischöfe, die unmittelbar nach Publikwerden des „Falles Groer" (siehe 4.1.) darauf verwiesen, dass es eine derartige Kampagne wie gegen Groer gegen die katholische Kirche seit der Nazizeit nicht gegeben hatte. (Es ist dem Bischof hoch anzurechnen, dass er sich später dafür öffentlich entschuldigt hat.)

Unglaubwürdig ist eine Kirche, die versucht, durch falsche Gegenüberstellung des Wesentlichen und der kritischen Wünsche die Dringlichkeit der anstehenden Aufgaben zu verniedlichen.

Die Notwendigkeit radikaler Reformen wird völlig missverstanden, wenn die Kritikpunkte als „zweitrangige Fragen" oder „Nebensächlich-

keiten" beiseite geschoben werden. Es steht außer Debatte, dass die Erlösung, Bekehrung usw. viel wichtiger sind als die Frage nach Diakonissen
oder Zölibatsvorschriften. Aber die wesentlichsten Botschaften der Kirche kommen bei einem Volk nicht an, wenn sie nicht in einer zeitgemäßen Kirche in zeitgemäßer Form verkündet werden. Deshalb überrascht
die Meinung des so klugen und offenen Vorsitzenden der Deutschen Bischofskonferenz in Zusammenhang mit dem Kirchenvolks-Begehren:
„Der Vorsitzende der Deutschen Bischofskonferenz. Bischof *Karl Lehmann,* distanzierte sich in einem KNA-Interview (6. 9. 1995) – bei allem
‚Verständnis' für manche Forderungen, das er auch zeigte: Für Form und
Verfahren habe er kein Verständnis. Die Vorgaben in den Fragen des In-
itiativtextes seien ‚oft sehr pauschal und mehrdeutig'. Es würden ‚falsche
Gegensätze aufgestellt und fragwürdige Andeutungen formuliert'. Vor allem kritisierte er – wörtlich sprach er von ‚verabscheuen' – an dem Begehren das, was er ‚kirchliche Nabelschau' nannte. Diese sei ‚typisch für
Wohlstandskirchen und ihre verwöhnten Kinder'. ‚Wir müssen endlich an
die Front, wo es lichterloh brennt, und nicht in den gesicherten Hinterhö-
fen hocken bleiben.' Es komme auf Fragen an wie: ‚Gibt es Gott? Was
heißt dies für mich, die Menschen, die Kirche? Was ist mit den geistlichen Berufungen?'"[886] – Ja, aber zuerst muss der Weg dorthin begehbar
gemacht werden.

Unglaubwürdig ist eine Kirche, die *einseitig, ohne Erwähnung der anderen Seite der Medaille argumentiert.* Man behauptet (mit gutem Grund),
dass die Kirche auf der biblischen Grundlage keine Demokratie ist – ohne hinzuzufügen, dass sie auf derselben Grundlage noch viel weniger eine Monarchie, gar „geistige Diktatur" sein kann, wie dies zentralistische
Tendenzen in Rom vertreten.[887]

Unglaubwürdig ist eine Kirche, die im Denkstil der *Pharisäer* Wahrheiten formuliert, die in allen aufgeklärten Ohren zynisch klingen, à la Ana-
tole France: „Die erhabene Gleichheit des Gesetzes verbietet es dem Reichen genauso wie dem Armen, auf den Straßen zu betteln, Brot zu stehlen
und unter den Brücken zu schlafen." – Wie oft hörte man analoge Sätze
von den Kirchenrechtlern der römischen Zentrale?

Unglaubwürdig ist eine Kirche, die *undifferenziert* denkt und redet. Wegen der Komplexität der Wirklichkeit und der engen Grenzen sprachlichen Ausdrucks ist die „distinctio", die Kunst der Unterscheidung, die die

kirchlichen Organe sträflich vernachlässigen, von entscheidender Bedeutung. – „Die Wahrheit ist kein Produkt einer ‚Kirche von unten‘, sondern kommt ‚von oben‘, von Gott."[888] Ja, aber was tun dann die Theologen und die Konzilien? – „Beten wir jetzt das Gebet, das heute, am Weihnachtstag alle Christen auf der Erde mit uns gemeinsam beten", sagt der Priester mit dem Brustton der Überzeugung – und dann wird oft ein fast unverständlicher, anachronistischer Text vorgebetet. – Ja, natürlich ist das erhebend, dass Millionen „Kyrie eleison" und „Alleluja" sagen, dabei vergessen wir allerdings, wie viel Schaden für „Randchristen" oder Außenstehende verursachen kann, dass diese Millionen nicht verstehen, was sie beten sollen. Die Pflege der gemeinsamen Tradition hat Vorteile und echte Schönheiten, aber auch schwere (oft eben pastorale, missionarische, praktische) Nachteile: So war es mit der Entscheidung über die lateinische oder landessprachliche Liturgie!

Äußerung des Papstes: „Die Ordination von Frauen in einigen Provinzen der anglikanischen Gemeinschaft und die Weihe von Frauen zu Bischöfen schienen den Weg zu einer gegenseitigen Anerkennung der Ämter zu blockieren. Die Katholische Kirche widersetze sich ebenso wie die orthodoxe Kirche und die altorientalischen Kirchen dieser Entwicklung und betrachte sie als Bruch mit einer Tradition, deren Veränderung sich der Kompetenz der Kirche entziehe. Die anglikanische Diskussion über die Frauenordination habe offensichtlich nicht genügend die ökumenische und ekklesiologische Dimension der Frage berücksichtigt."[889] – Ja, das wird wohl stimmen, aber schmerzlich vermisst man bei solchen Verlautbarungen einen Zusatz, wie etwa die Aufforderungen, die Ökumene auf anderen Gebieten umso intensiver und effizienter voranzutreiben.

Es ist irreführend, zwei Begriffe miteinander zu vermengen. Dass in der Kirche Autorität eine große Rolle spielt und spielen muss, widerspricht nicht der notwendigen Bemühung darum, die Berufung auf den Ursprung aller Autorität, nämlich Gott, nicht zu missbrauchen für die Erhaltung alles Erstarrten und Überholten. – Also Autorität (aber echte, die auf Qualifikation und auf persönliche Eigenschaften beruht) ja, aber ohne Unterdrückung der Untergebenen.[890]

Statt mit Verlautbarungen zu arbeiten, die immer und überall gelten sollten (Sancta mater ecclesia tenet et docet), könnte man immer eine doppelte Relativierung vornehmen: „Nach Konsultation der Fachleute, nach bestem Wissen und Gewissen ..." „entscheiden wir uns heute für ..." Wie gut für uns wäre es gewesen, wenn etwa die offiziellen und halboffiziellen

Lehren der Kirche (Zinsverbot, Akzeptierung der Sklaverei, Ablehnung der Demokratie usw.) mit einem solchen Vorspann erschienen wären!

Ein Theologe der Fordham University argumentiert für die Beibehaltung des gegenwärtigen Junktims von Priestertum und Zölibat folgendermaßen: „Der Hauptgrund für die Beibehaltung sei die sehr realistische Überzeugung, dass das Ideal des Priesters und das Ideal der Ehe Anforderungen stellen, die nicht leicht vom selben Individuum verwirklicht werden können."[891] – Die Aussage enthält Richtiges, vermeidet aber den Zusatz, dass das Leben im Zölibat auch schwierig ist, und dass die Vereinbarung der Ehe mit dem Priestertum außerhalb des römischen Ritus der katholischen Kirche oft tadellos funktioniert. – Ein hochrangiger österreichischer Priester: „...die Anliegen des Kirchenvolks-Begehrens könnten die Kirche nicht retten. Denn die Gesundheit und Lebendigkeit der Kirche komme nicht von der ‚inneren Architektur‘, sondern davon, dass sich die Kirche ‚hineinwirft für den Menschen in dieser Gesellschaft‘".[892]

Unglaubwürdig ist eine Kirche, die mit einem *falschen Traditionsbegriff* arbeitet und ahistorisch denkt. Ein typisches Beispiel dafür liefert der deutsche Bischof Dyba: „Der Tenor seiner Ausführungen: 99 Prozent der Bischöfe der etwa 2500 Diözesen der Welt werden vom Papst völlig frei und unabhängig von früheren Mitspracherechten Dritter (vor allem der Königshäuser) ernannt. Nach dem II. Vatikanum gebe es z. B. die Wahl des Bischofs durch das Domkapitel nur noch in einigen deutschen, Schweizer und österreichischen Bistümern. Wer sich also lautstark gegen die Entscheidungsfreiheit des Papstes wehre, könne sich keineswegs auf den ‚Geist des Konzils‘ berufen, sondern ganz im Gegenteil ‚nur auf ausgesprochen vorkonziliare Privilegien. Und mit Privilegien, fügte Erzbischof Dyba – etwas dunkel und mit dem Domkapitel die Professoren an staatlichen Fakultäten einbeziehend – hinzu, sollten die Begünstigten bei der Wahrnehmung ihrer Rechte und Pflichten besonders sorgsam umgehen. Sonst könne bald der Eindruck entstehen, die Nachteile seien größer als die Vorteile, und solche Privilegien hingen ‚wie ein Klotz am Bein der in die Zukunft schreitenden Kirche‘.

An sich bedurften die Hinweise Erzbischof Dybas keiner besonderen Beachtung. Sein Standpunkt in diesen Fragen und auch in anderen ist ja bekannt. Aber einerseits fiel auf, dass der Vorsitzende der Deutschen Bischofskonferenz, der Mainzer Bischof *Karl Lehmann,* kurz darauf in einem Südwestfunk-Interview, ohne sich direkt auf seinen Fuldaer Mitbruder zu beziehen, dessen Position besonders deutlich widersprach. Die

Mitspracherechte der Domkapitel, so Bischof Lehmann, dürften auf keinen Fall eingeschränkt werden, denn darin steckten ‚Elemente der Partizipation, die man auch im Interesse der Weltkirche des dritten Jahrtausends nicht preisgeben kann'. Andererseits war zu hören, dass sich der neue Prostaatssekretär, Erzbischof *Angelo Sodano,* anlässlich des unlängst vollzogenen deutschen Botschafterwechsels beim Vatikan in ähnlichem Sinne wie Erzbischof Dyba geäußert haben soll. So ist wohl davon auszugehen, dass Erzbischof Dyba mit seiner Absage an angeblich ‚vorkonziliare' Privilegien den gegenwärtig vorherrschenden und praktisch angewandten zentralkirchlichen Standpunkt wiedergegeben hat. Und die Art, wie bei verschiedenen Bischofsernennungen der letzten Jahre – speziell im deutschen Sprachraum – vorgegangen wurde und auf die sich auch Erzbischof Dyba bezieht, zeigt ohnedies, woher oder wohin der Wind weht."[893]

Unglaubwürdig ist eine Kirche, die im Kompetenzbereich der *Religionssoziologie* falsch argumentiert, wie etwa in Bezug auf das Kirchenvolks-Begehren: „Ein Blick auf jene Kirchen, in denen die Ziele der Unterschriftenaktion bereits erfüllt sind, zeige, dass ‚der Schwund an christlicher Substanz dort nicht geringer ist als bei uns'. Der heutige Gläubige sei sowohl der Tradition als auch dem modernen Denken verpflichtet. Gelinge die Integration beider, ‚lösen sich die anderen Probleme von selbst'."[894] – Die Frage ist aber gerade: Wie kann diese Integration erreicht werden? Der Blick auf die anderen Kirchen ist irrelevant, weil wirklich radikale Änderungen nirgends vorgenommen wurden, wobei die Krise der christlichen Kirche syndromartig ist, durch einzelne Schritte nicht wesentlich überwunden werden kenn.

Glatter Zynismus ist die Aussage, die ein Priester mir gegenüber formuliert hat: „Warum regst du dich wegen der Sprache und der Riten der Kirche auf: Der größte Teil des Kirchenvolkes hört ja nicht hin, sieht ja nicht hin und kümmert sich nicht um solche Details." – Leider ist das teilweise wahr – aber das darf uns wirklich nicht beruhigen und trösten! – „Die Kirche ist Ort des Feierns von Mysterien und kein multinationales Unternehmen nach den Gesetzen des Managements" – dieses Prinzip ist bis zu den Grenzen zu akzeptieren, wo das vermeidbare menschliche Elend beginnt: wo es um die Entscheidung geht: Feiern wir *nur* unsere Mysterien, oder sind wir auch verpflichtet, jenen Menschen zu helfen, für die unsere Mysterien völlig unverständlich sind und denen wir diese Geheimnisse des Glaubens nur durch radikale Stiländerungen näher bringen können. Sehr treffend drückt das hier Gemeinte Walter Kasper aus: „Der Geheimnischarakter der Kirche hebt deren Sozialcharakter nicht auf – setzt ihn vielmehr voraus und bringt ihn zur Vollendung."[895] – „Nicht die Soziologie, nicht das Management ... ist für die Erneuerung der Kirche wichtig, sondern die innere Bekehrung der Mitglieder der Kirche." (Zweifellos, aber wie kannst du so etwas fördern, unterstützen, erreichen?) – „Es wäre ein gefährlicher Irrtum zu glauben, dass die Erfüllung der Forderungen des Kirchenvolks-Begehrens die Probleme von Kirche und Glauben in einer säkularen Gesellschaft lösen könnte." Aber ein Anfang in der radikalen Problemlösung wäre sie schon, oder?

Alle diese Angriffe werfen den Religionssoziologen eine Art Monophysitismus[896] vor, die diesmal die göttliche Natur der Kirche nicht erkennt. Aber – sich auf die Heilswirkung der Kirche zu berufen, hinter die Allmacht der Vorsehung zu verstecken, ist so lange unglaubwürdig, solange jene Reformen nicht in Angriff genommen werden, die heute schon in manchen Bereichen kirchlichen Lebens und kirchlicher Verkündigung möglich wären. – Kann man nicht sich fachlich auf die menschliche Natur konzentrieren, ohne die göttliche zu leugnen?

Unglaubwürdig ist eine Kirche, die auf der *theologischen* Ebene durchschaubar unberechtigte Aussagen macht. „Es ist unehrlich und unlauter (und das merken immer mehr denkende Menschen), vorgebrachten Problemen kirchensoziologischer Art mit dem Jesuswort ‚Ich bin bei euch alle Tage' entgegenzutreten, die Kritik an Fehlern der Amtskirche mit dem Spruch zu entkräften: ‚Wir sind ja zugegebenermaßen eine Kirche von Sündern', Ergebnisse von Analysen auf der Ebene der kirchlichen Organisation mit dem Vorwurf des ekklesiologischen Monophysitismus abzutun. Die Unglaubwürdigkeit einer solchen Rhetorik, die anerkannte bzw. anerkennungswürdige Wahrheiten in einer fremden Dimension anwendet, wächst in positiver Korrelation mit der Anzahl unterscheidungsfähiger Zuhörer. ...

Sich auf die Heilswirkung der Kirche zu berufen, hinter der Allmacht der Vorsehung zu verstecken, ist so lange unglaubwürdig, solange jene Reformen nicht in Angriff genommen werden, die heute schon in manchen Bereichen kirchlichen Lebens und kirchlicher Verkündigung möglich wären."[897] – „Die Welt- und Kirchengeschichte ist reich an Beispielen dafür, dass man sich *unberechtigterweise auf Gott und seinen Willen berufen* hat, um menschliche und allzu menschliche Entscheidungen zu legitimieren."[898]

Nicht selten dient die *Unfehlbarkeit* des Papstes als unzulässiges Argument. Ein konkretes Beispiel: Für den Bischof von Bamberg ist die Angelegenheit ganz einfach: „Wer gegen die Abschaffung der Bestätigung nach der Beratung im Falle von Schwangerschaftsunterbrechungen ist, muss wissen, dass er behauptet: Der Papst hat sich geirrt." (So etwa im Fernsehen am 5. 11. 1999). Ist es nicht erschreckend: Wie oft schon haben sich Päpste geirrt! Und zwar in viel zentraleren Fragen. Bereits die Entstehung dieses Dogmas war sehr fragwürdig: „Wer Vorgeschichte und Verlauf dieses Konzils kennt, weiß nur zu genau, welche unglückliche Rolle Pius IX. selbst aufgrund seiner einseitigen Parteinahme für eine Überhöhung der Position des Papstes gespielt hat. Ein Teil der Bischöfe rang sich während der Konzilsverhandlungen zu einem ‚Non placet' in der Unfehlbarkeitsfrage durch, so dass dem Konzil gerade in dieser wichtigen Glaubensaussage die moralische Einmütigkeit fehlte, die frühere Konzilien für unverzichtbar hielten. Noch vor der Schlussabstimmung am 18. Juli 1870 waren die bischöflichen Gegner der Infallibilitätsdefinition mit Erlaubnis des Papstes abgereist, um nicht mit Nein stimmen zu müssen und das Abstimmungsergebnis nicht zu einer Anklage gegen das Konzil werden zu lassen. Papst Pius IX., dem man auch sonst noch kurioses Gebaren bescheinigen muss, soll in nächster Zeit zum Seligen und Heiligen für die ganze Kirche kanonisiert werden. [Bereits geschehen!] Ob diese Kanonisation nicht als verspäteter Rechtfertigungsversuch für all das zu verstehen ist, was der Kirche mit der Lehre vom absolutistischen und ‚unfehlbaren' Papst aufgebürdet wurde? Die Heiligsprechung wäre gleichzeitig ein sprechendes Bekenntnis des jetzigen Papstes zum hierarchischen Kirchenverständnis Pius' IX.!" – Ich zitiere hier nur zwei Theologen, weil beide über jeden Verdacht erhaben sind bzw. waren und in der Theologie einen mittleren Weg verfolgt haben. „Die Glaubensgeschichte der Kirche ist eine Wahrheitsgeschichte, *und* sie ist *auch* eine Irrtumsgeschichte. Es ist ein historisches Faktum, ... dass der der Kirche verheißene Beistand des Heiligen Geistes ihr Lehramt nicht immer bewahrt hat vor ... epochalen Fehlentwicklungen, vor klar benennbaren falschen Lehrentscheidungen."[899] – „Bischöfe waren einig, dass Ketzer verbrannt werden müssten, dass kein Mensch das Recht hat, einen anderen Glauben zu bekennen, dass der Papst Anspruch hat auf die Verteilung und Vergabe der Macht auf der ganzen Erde, usw.[900]

Unglaubwürdig ist eine Kirche, die das Symbol des *Kreuzes* überzogen verwendet. – „Sehr problematisch im Zusammenhang mit Gehorsam ist die Berufung auf das Kreuz. Hier werden oft sehr markante Schriftstellen bemüht, die deutlich machen sollten, dass der Gehorsam oft erst dann wertvoll und Gott wohlgefällig werden kann, wenn er zum ‚rechten Kreuz' wird. So wird häufig Phil 2,8 zitiert, wo davon die Rede ist, dass Christus ‚Gehorsam zeigte bis zum Tod, ja bis zum Tod am Kreuz'. Oder man weist auf die Ölbergszene hin, in der Christus den Willen des Vaters an sich geschehen lässt und den Kelch des Leidens gehorsam annimmt (vgl. Lk 22,42) – Gisbert Greshake weist in seinem Werk ‚Gottes Willen tun' unter Berufung auf K. Rahner darauf hin, wie gefährlich diese Berufung auf das Kreuz ist: ‚... wenn das Kreuz zur Systematisierung grober Fehlentscheidungen herhalten muss, wenn nämlich der Eindruck erweckt wird, als gäbe es *zwei* Wege zum Guten: den guten Befehl des Vorgesetzten oder das Kreuz eines schlechten Befehls. Ist der Befehl gut, ist sowieso alles in Ordnung; ist der Befehl aber schlecht, führt er den Untergebenen auf den Weg des Kreuzes, und das ist auch wieder gut'. Wer als Oberer so denkt oder handelt, macht aus dem Kreuz ein ‚Prinzip, das nur den eigenen Interessen dient.'"[901]

Unglaubwürdig ist eine Kirche, die die skurrile Schlussfolgerung zieht: Die Kirche ist in der Krise und bekommt von Gott keine Priester- und Ordenberufungen, weil wir *sündigen* und Gott ständig beleidigen. Also war Gott bereit, zu uns Sündern zu kommen und als Beweis seiner Liebe für uns Sünder zu sterben – die sündige Kirche lässt er aber im Regen stehen.

Unglaubwürdig ist eine Kirche, die wegen der *polarisierenden Wirkung* radikaler Reformbestrebungen die Untätigkeit wählt. Selbstverständlich verursachte die Abschaffung der Sklaverei eine radikale Änderung der Gesellschaftsordnung, selbstverständlich polarisierten die Bauernaufstände und die oft blutigen Demonstrationen der Arbeiter, um mehr Rechte für sich auszukämpfen – was hätten in diesen und ähnlichen Fällen milde Gespräche und kosmetische Operationen erreicht?

Unglaubwürdig ist eine Kirche, die den geistreichen Satz: „Wer *nach allen Seiten offen* ist, kann nicht ganz dicht sein" fehlinterpretiert und vergisst, dass Jesus selbst „nach allen Seiten offen war" und diese Offenheit für eine alle Menschen verdichtende und vertiefende Liebe zu Gott vereinbaren konnte.

Unglaubwürdig ist eine Kirche, die ein ebenfalls geflügeltes Wort: „Wer *die Mode heiratet*, wird bald Witwer sein" missbraucht. Im Gegenteil:

Wer die Mode nicht ‚heiratet', wird bald altmodisch und anachronistisch, oft zum Aussterben verurteilt. Wer aber die jeweils herrschende Mode ‚heiratet', bleibt immer frisch, jung und anziehend.

Unglaubwürdig ist eine Kirche, die einen *inakzeptablen Stil* führt: „Jene sechs Millionen Österreicher, die das Kirchenvolks-Begehren nicht unterschrieben haben, könnten in ihm einen Garanten dafür sehen, dass die Kirche sich nicht ändern werde. Die Forderungen des Volksbegehrens ironisierte Krenn mit der Bemerkung, sie liefen darauf hinaus, dass der Herr Kaplan heiraten und Mutti am Sonntag predigen könne. Wilde Proteste löste der Bischof mit dem Vergleich des Kirchenvolks-Begehrens mit Hitlers Volksabstimmung über den Anschluss Österreichs im Jahr 1938 aus: Die Bischöfe Schönborn, Kapellari und Iby distanzierten sich postwendend und zum Teil in scharfer Form von ihrem Amtskollegen in St. Pölten, wodurch die Konturen der permanenten Auseinandersetzung in der Bischofskonferenz einmal mehr deutlich markiert wurden."[902]

5.3. Sanktionen

Die römische Zentralmacht der Kirche arbeitet mit drastischeren Maßnahmen gegen die vermeintlichen Feinde: nämlich mit administrativen Maßnahmen. Hier folgt eine kurze Liste der Maßgeregelten, sehr bekannte, prominente Vertreter der Kirche.

Boff, Leonardo (* 1938). ‚Brasilianischer katholischer Theologe, führender Vertreter der Befreiungstheologie. Inhaltliche Darstellung des „Anstoßes": „Die gegenwärtige institutionelle Kirche habe nichts mit dem Evangelium zu tun. An ihr sei alles Lüge und Illusion. Sie müsse entlarvt und entmystifiziert werden."[903] 1982 wurde dies im Nachrichtenblatt der Zeitschrift für den Klerus veröffentlicht. 1984 kam eine kritische Stellungnahme von Kardinal Ratzinger. Zusammengefasst in drei Punkten: a) die Struktur der Kirche, b) das Dogmen- und Offenbarungsverständnis, c) die Ausübung der sakralen Macht betreffend, bietet Kardinal Ratzinger dem Leonardo Boff ein Kolloquium in Rom an. Dieses fand am 7. 9. 1984 statt. In diesem Kolloquium entstand eine Diskussion über das Verhältnis zwischen der Kirche Christi, der römisch-katholischen Kirche und den übrigen christlichen Kirchen. Boff behauptete: „Die Einheit zwischen der Kirche Christi und der katholischen Kirche ist nicht statisch, sondern dynamisch. Die Kirche Christi verwirklicht sich in der katholischen Kirche in einer Weise, die der konstitutiv-dynamischen Wirklichkeit des sakramentalen Seins der Kirche entspricht."[904] – Am 11. 3. 1985 wurde in Rom zu dem Buch von Boff: „Kirche: Charisma und Macht" eine „Notificatio" veröffentlicht, in der verschiedene Aussagen Leonardo Boffs als „für die gesunde Glaubenslehre gefährlich" bezeichnet werden. Am 26. 04. 1985 schickten die Kardinäle Ratzinger und Hâmer dem Generalminister der Franziskaner, John Vaughn, einen Brief, in dem sie diesem mitteilten, Leonardo Boff würden verschiedene Disziplinarmaßnahmen auferlegt: gefälliges Schweigen für eine angebrachte Zeit, Entlassung aus dem Amt als Redakteur der „Revista Eclesiástica Brasileira" und Auflage einer doppelten, strengen und genauen Zensur seiner Werke durch den Franziskanerorden und den Ortsbischof.[905]

Bulányi, György (* 1919 in Budapest). Unter seiner Führung ist die „Bokor-Bewegung" im Jahr 1945 entstanden.[906] „1981 ersucht Kardinal László Lékai die Glaubenskongregation um eine *offizielle Überprüfung* der theologischen Ansichten von Pater Bulányi ... Die theologischen Ansichten des Piaristenpaters sind der Glaubenskongregation allerdings nicht mehr ganz fremd; denn als 1976 innerhalb der ungarischen Hierarchie das erste Mal Kritik an seinen von der offiziellen kirchlichen Lehre angeblich abweichenden Ansichten laut wurde[907], schickte Bulányi seine Schriften: „In welche Richtung soll ich gehen?" und sein Werk „Suchet das Reich Gottes"... an die Glaubenskongregation nach Rom. – Im Mai 1980 teilte die Glaubenskongregation in einem von Bulányi zitierten Brief an den Generaloberen der Piaristen, *Angel* Ruiz, mit, die beiden Werke enthielten ‚nichts, was im Widerspruch zum kirchlichen Lehramt steht‘. Im März 1981 bestätigte Erzbischof *Luigi Poggi* anlässlich eines Aufenthaltes in Budapest noch einmal dieses nicht offizielle Überprüfungsergebnis der Glaubenskongregation. Bulányi und die von ihm geführten Basisgemeinschaften gingen seitdem davon aus, dass die Überprüfung der theologischen Ansichten Bulányis ‚abgeschlossen‘ sei."[908] – Im gleichen Jahr 1981 hat die Glaubenskongregation seine Theologie verurteilt, und die Bischofskonferenz verbot ihm die Ausübung der offiziellen Priestertätigkeit. Weitere Untersuchungen hat die Glaubenskongregation angekündigt.[909] „In dem jetzt veröffentlichten Schreiben der Glaubenskongregation an Bulányi vom 1. September 1986 werden diesem ein gewisser ‚Relativismus‘ in der Bewertung des Neuen Testaments, falsche Auslegungen der Verbindlichkeit des kirchlichen Lehramts und irrige Ansichten über die Autorität der kirchlichen Hierarchie vorgeworfen. Für bedenklich hält Rom auch Bulányis Auslegung der Erklärung des Zweiten Vatikanums über die Religionsfreiheit. In dem zweiten, mit 30. April 1987 datierten Schreiben stellt die Glaubenskongregation fest, die von ihr in Bulányis Schreiben kritisierten Punkte unterlägen nicht der freien theologischen Diskussion ... In seinen Schriften ‚Der Gehorsam' und ‚Die kirchliche Ordnung' vertrete Bulányi von der offiziellen Kirchenlehre abweichende Positionen. Rom habe die Schriften Bulányis ‚im Geist des Dialogs' untersucht und diesen zu einer eindeutigen Erklärung aufgefordert."[910] „Äußerungen P. Bulányis sind in Rom nicht angenommen worden."[911] – 1997 wurde Bulányi von der ungarischen Bischofskonferenz wie von der Glaubenskongregation rehabilitiert.

Cardenal, Ernesto (* 1925). „Im 40. Lebensjahr, am 15. August 1965, wurde Cardenal in Managua (Nicaragua) zum Priester geweiht ... – Seit Oktober 1977 lebte Cardenal im Exil und arbeitete in enger Verbindung mit der Sandinistischen Befreiungsfront FSLN im Widerstand gegen das Somoza-Regime seines Landes. Am 19. Juli 1979, dem Tag, an dem das Volk seinen Triumph feierte, wurde Ernesto Cardenal zum Kultusminister der neuen Regierung ernannt ... Er war bis 1987 Kultusminister der sandinistischen Regierung Nicaraguas, bis das Ministerium aus Kostengründen aufgelöst werden musste."[912] – „Bei einer unvorhergesehenen Begegnung mit dem Dichter und Kultusminister der sandinistischen Regierung, Ernesto Cardenal, ermahnte der Papst diesen mit eindringlichen Gesten, sein Verhältnis zur Kirche in Ordnung zu bringen. In der alten Hauptstadt León warnte der Papst dann unmissverständlich vor Ideologien, die christlicher Überzeugung widersprächen. Man brauche sie nicht, um die Menschen lieben und verteidigen zu können."[913] – „Entgegen früheren Ankündigungen wurden Ende August noch keine kirchlichen Maßnahmen gegen die drei bzw. vier Priester-Minister in Nicaragua ergriffen."[914] „Stattdessen gab es Anfang September lebhafte politische Kontakte zwischen der sandinistischen Regierung in Managua und dem Apostolischen Stuhl ... Vorübergehend gab es auch Gerüchte, die Priester-Minister würden von sich aus ihre staatlichen Ämter niederlegen, was sich bislang jedenfalls nicht bestätigt hat."[915]

Curran, Charles (* 1934). „Gegen den amerikanischen Moraltheologen ... wurde ein Verfahren wegen gefährlicher Ansichten auf dem Gebiet der Sexualethik eingeleitet. Curran hatte bereits im Jahr 1968 das Pillenverbot des Papstes kritisiert."[916] – „In einem 1986 datierten Brief des Präfekten der Glaubenskongregation, Kardinal *Josef Ratzinger*, an Curran heißt es u. a.: Wer eine vom authentischen Lehramt abweichende Position vertrete, könne nicht im Namen der Kirche lehren. Angesichts seiner wiederholten Weigerung, die Lehrmeinung der Kirche zu akzeptieren, betrachte man Curran nicht länger als geeignet, die Funktion eines Professors der katholischen Theologie auszuüben. Noch im Frühjahr hatte Curran sich formell geweigert, seine Ansichten im Sinne der kirchlichen Lehrmeinung zu ändern ... Ratzinger begründet den Entzug der Lehrbefugnis mit Currans Aussagen in einer Reihe von vor allem sexualethischen Fragen wie Unauflöslichkeit der Ehe, Abtreibung, Euthanasie, Masturbation, künstliche Empfängnisregelung, vorehelicher Geschlechtsverkehr und Homosexualität."[917]

Drewermann, Eugen (* 1940), „studierte Philosophie in Münster. Theologie in Paderborn und Psychoanalyse in Göttingen; Priesterweihe 1966. Präfekt des Theologenkonvikts Paderborn; Studentenseelsorger, Promotion 1976, Habilitation im Fach Dogmatik 1978; Privatdozent für Religionsgeschichte und Dogmatik an der Theologischen Fakultät Paderborn; neben der Arbeit an der Hochschule Tätigkeit als Psychotherapeut, zahlreiche Vortrags- und Bildungsveranstaltungen, mehr als 30 Buchveröffentlichungen: Im Oktober 1991 Entzug der kirchlichen Lehrerlaubnis durch den Ortsbischof; seither Lehrauftrag für Kulturanthropologie an der Universität / Gesamthochschule Paderborn; im Januar 1992 Entzug der Predigtbefugnis und Amtsenthebung als Subsidiar in der Pfarrei St. Georg, Paderborn."[918]

Gaillot, Jacques (* 1935). „Ich wurde von Kardinal Gantin, dem Präfekten der Bischofskongregation, am 12. Januar 1995 nach Rom eingeladen. Die Drohungen, die schon seit längerer Zeit gegen mich bestanden, wurden wahr gemacht ... Man hatte mir mitgeteilt, dass meine Aufgabe als Bischof von Evreux beendet sei. Das Bischofsamt der Diözese Evreux werde ab morgen Mittag wieder als unbesetzte Stelle deklariert sein. Man hatte mich eingeladen, um meinen Rücktritt entgegenzunehmen." (Jacques Gaillot, 1995, Ein Blick zurück)

„Am 13. Januar 1995 setzte Johannes Paul II. Jacques Gaillot als Bischof von Evreux ab. In Zukunft sollte er Bischof von Partenia sein, einer Diözese, die seit dem 5. Jahrhundert unter dem Sand der Sahara verschwunden war. Jacques Gaillot hat diese Herausforderung angenommen. Partenia ist – virtuell und planetarisch – zu neuem Leben erwacht." (Ein Blick zurück)

Der Papst hat die Versetzung folgendermaßen begründet: Es ist zu bedauern, dass der Herr Prälat sich nicht fähig gezeigt hat, der Einheit zu dienen, dies ist aber die wichtigste Pflicht eines Bischofs.

„Der Erzbischof von Marseille, Kardinal Robert Coffy, bedauerte, dass die Entscheidung auf eine so ‚brutale‘ Art und Weise gefällt worden sei. Aussagen, die mit der christlichen Lehre unvereinbar seien, kenne er von Gaillot nicht. Als ‚schockiert und verletzt' bezeichnete sich der Bischof von Saint-Brieux, Lucien Frauchaud. Er hätte es vorgezogen, wenn das Gespräch weitergegangen wäre." (Orbis Cath. 49 1995 Heft 2. S. 62.)

„Versöhnung zwischen Bischof Gaillot und den französischen Bischöfen – Brief des Vorsitzenden der französischen Bischofskonferenz, Louis-Marie Billé, Erzbischof von Lyon, an Bischof Jacques Gaillot, Bischof von Partenia: Lyon, den 5. Mai 2000.

Lieber Jacques,
am 13. Mai werden wir uns in Lyon versammeln ...
Ich dachte mir, dass diese bevorstehende Zusammenkunft eine Gelegenheit sein könnte, die Einheit zum Ausdruck zu bringen, die wir tagtäglich leben. Was sich vor etwas mehr als fünf Jahren zugetragen hat, bleibt eine Verletzung, in erster Linie für dich, aber auch für die Bischöfe Frankreichs, selbst wenn nicht alle die Vergangenheit unbedingt gleich bewerten. In Übereinstimmung mit dem Ständigen Rat und im Licht der Kontakte, die mehrere Bischöfe und ich selbst mit dir hatten, möchte ich dich in aller Aufrichtigkeit unserer Einheit im Glauben und im Dienst desselben Evangeliums versichern ...
Antwort von Bischof Gaillot: Paris, 10. Mai 2000.
Lieber Louis-Marie, dass der Ständige Rat und du selbst, in Anerkennung meines Lebens bei und mit den Ausgeschlossenen, unsere Einheit zum Ausdruck gebracht haben, berührt mich zutiefst und wird viele freuen: sowohl jene, die immer wieder eine solche Geste der Solidarität gefordert haben, als auch jene, die eine solche nicht mehr erwartet haben ... Ich freue mich, dass die Bischöfe Frankreichs neue Wege der Mission zulassen, ohne mich durch vorgefertigte Verwaltungsrichtlinien einzuengen."

Halbfas, Hubertus (* 1932). „Bereits als Student schrieb er sein erstes Buch über Fragen der Jugendführung. Seine Dissertation ‚Jugend und Kirche' erschien 1965. Das gleiche Jahr brachte seine erste katechetische Publikation ‚Der Religionsunterricht. Didaktische und psychologische Konturen.' Von der Öffentlichkeit, auch den systematischen und biblischen Theologen, noch unbeachtet, signalisierte für die Fachkollegen bereits ‚Der Religionsunterricht' eine aufregende Zukunft der publizistischen Wirksamkeit des jungen Theologiedozenten. Die erste Rezension des Buches (G. Stachel, ‚Katholische Blätter', Januar 1966) sprach vom Hervortreten der ‚zornigen jungen Männer' auf dem Gebiet der Katechetik und rechnete damit, dass weitere scharfe Publikationen nicht auf sich warten lassen würden. Das Novum an Halbfas waren nicht die inhaltlichen Besonderheiten seines Buches, sondern die schonungslos offene Kritik beinahe aller zum Thema im katholischen Sprachraum vorgelegten Publikationen. Halbfas hat dadurch erreicht, dass einer Reihe mittelmäßiger Autoren die Lust am Schreiben verging und dass sich in der deutschen Katechetik höheres Niveau durchsetzte. Die Berufung ‚allein auf die Sache‘, die Zurückweisung von Diplomatie und Rücksicht auf Personen sind für ihn typisch. Erste, durch Denunziationen ausgelöste Differenzen mit seinem Heimatordinariat (Paderborn) sahen ihn kompromisslos und unnachgiebig: ein unbequemer Mann, aber kein Theologe, gegen den man damals hätte einschreiten können."[919]

Häring, Bernhard (* 1912–1998)). „Häring hat in einem Maße für eine neue, lebenswerte christliche Moral und Morallehre gearbeitet, das mit Sicherheit von keinem anderen zeitgenössischen Fachkollegen übertroffen wird."[920]

„Am 4. Juni 1975 beschloss die Kardinalversammlung der Glaubenskongregation, ein Lehrverfahren gegen mich einzuleiten, und zwar hauptsächlich wegen meines Buches: ‚Etica Medica‘ ...[921] Nun bin ich äußerst demütigenderweise von der Glaubenskongregation angeklagt: Die Anklagen sind unwahr."[922] – „Auf meine ausführlichen Antworten vom 5. Februar 1976 erhielt ich eine Antwort mit einem längeren ‚Sündenregister‘ am 18. Mai 1977, also nach 15 Monaten."[923] „Die Kongregation ist der Ansicht, dass Ihre ‚kritische Liebe‘ zur Kirche nicht ‚positiv‘ genug und Ihr Verantwortungsbewusstsein als Wissenschaftler und Theologe nicht immer überzeugend genug zum Ausdruck kommt, denn manchmal bringen Sie wissenschaftlich noch nicht abgesicherte Konklusionen voreilig an die Öffentlichkeit ... manchmal greifen Sie bei grundsätzlicher Bejahung einer Äußerung des Lehramts einen peripheren Punkt oder bestimmte theologische Begriffe heraus und stellen sie in einer Weise dar, dass ein zwiespältiger Eindruck entsteht und die kirchliche Lehre selbst verdunkelt wird, und was noch bedenklicher ist: Manchmal vertreten Sie einseitig kritische oder zu wenig abgesicherte Meinungen in weitverbreiteten Zeitschriften oder auf öffentlichen Vortragsreisen, so dass ein Solidaritätseffekt gegen das Lehramt entsteht ... und dadurch Ihr Dialog mit dem Lehramt empfindlich gestört wird."[924] „Die letzte Botschaft an mich vor der Glaubenskongregation kam am 2. April 1979 als Ostergruß von Kardinal Seper ... Dies ist das letzte Schriftstück, das ich von der Glaubenskongregation erhalten habe. Es wurde mir nie amtlich mitgeteilt, dass das Lehrverfahren gegen mich zum Abschluss gekommen sei."[925]

„Es bedrängen uns Moraltheologen und alle, die in der Heilssorge tätig sind, harte Fragen:

Wir erleiden Gewissensängste, wenn die kirchliche Autorität von uns verlangt, kritiklos zu lehren, das Verbot, das ausnahmslos jegliche künstliche Kontrazeption verbiete, sei eine Forderung des natürlichen Sittengesetzes, wenn weder das Lehramt noch wir dafür überzeugende Gründe angeben können; denn nach der katholischen Tradition und der Auffassung aller Ethiker sind die Forderungen des natürlichen Sittengesetzes argumentativ begründbar, aus kommunikabler Erfahrung und Überlegung ... Wie können wir kritischen Menschen klar machen, dass das Tötungsverbot des Dekalogs Ausnahmen zulässt, solange das päpstliche Lehramt an der Theorie des ‚gerechten Krieges‘ festhält und Massentötung in einem für gerecht gehaltenen Krieg rechtfertigt. ... Wir erleiden Seelenängste ohnegleichen, wenn wir gehorsam die objektive Geltung des Kontrazeptionsverbotes auch dann ‚verkünden‘ sollten, wo dies in Ehen den Frieden und sogar den Bestand der Ehe gefährden würde."[926]

Küng, Hans (* 1928). „Obwohl die Erklärung der Glaubenskongregation keine Buchtitel und keine Namen nennt, war im Voraus klar, wer und was vor allem mit den zentralen Passagen gemeint war: Hans Küngs Publikationen über die Unfehlbarkeitsfrage. Gegen Küng wurde 1971 ein Lehrverfahren bei der Glaubenskongregation eingeleitet. Küng selbst hat in den Tagen nach der Veröffentlichung zur Erklärung Stellung bezogen."[927] „Das neue Buch von Hans Küng ‚Christ sein‘ (München 1974) ist bereits in die öffentliche Auseinandersetzung geraten, noch bevor es erschienen war. Der ‚Spiegel‘ (16. 9. 1974) wusste zu berichten, Küngs Buch breche radikaler denn je mit traditionellen katholischen Dogmen. ... Küng widersprach heftig, zuerst im Schweizer Fernsehen, dann in der Frankfurter Allgemeinen Zeitung (21. 9. 1974) und dokumentierte das Gegenteil. In einem Beitrag würdigt Gerhard Lohfink (Wissenschaftlicher Rat und Professor in Tübingen) Küngs Werk aus der Sicht eines Neutestamentlers. Er beschränkt sich dabei auf die Grundrichtung des Buches und auf die Abschnitte, die am meisten Aufsehen erregt haben: Gottesbild und Gottheit Christi, Auferstehung Jesu und Jungfrauengeburt."[928] – Ein Beispiel aus den Aussagen Küngs: „Jungfrauengeburt – ein biologisches Faktum? ... Diese Erzählung ist kein Bericht von einem biologischen Faktum, sondern ist die Deutung von Wirklichkeit mit Hilfe eines Ursymbols. Ein sehr sinnträchtiges Symbol für die Aussage: Mit Jesus ist von Gott her ein wahrhaft neuer Anfang gemacht worden. Ursprung und Bedeutung von Jesu Person und Geschick erklären sich nicht alleine aus dem innerweltlichen Geschichtsablauf, sondern sind für den glaubenden Menschen letztlich aus dem Handeln Gottes zu verstehen."[929] „Die Deutsche Bischofskonferenz hat am 17. November 1977 eine Erklärung zu dem Buch ‚Christ sein' von Prof. Hans Küng publiziert ... Küngs Buch ... war bereits bald nach seinem Erscheinen bei den Bischöfen auf Kritik gestoßen. In der Erklärung der Bischofskonferenz zum Abschluss des Lehrverfahrens bei der Glaubenskongregation gegen Küng wurden nicht nur gegenüber früheren Büchern Küngs, sondern auch gegen ‚Christ sein' bleibende Vorbehalte geltend gemacht. ... In der Erklärung wird die Überzeugung der Bischofskonferenz aufrechterhalten, dass bei allen positiven Bemühungen des Autors wesentliche Bestandteile des katholischen Glaubens so ‚unzureichend' dargestellt werden, dass sie nur nach einer Richtigstellung als Ausdruck des katholischen Glaubens anerkannt werden könnten. Die Erklärung konzentriert sich ganz auf die christologischen Ausführungen bei Küng und beanstandet daran: 1. dass das *Gottsein Jesu* vernachlässigt werde; 2. dass die *Selbsthingabe Gottes an uns in Jesus von Nazareth* nicht hinreichend dargestellt werde, und 3. dass die *Erlösungswirklichkeit* verkürzt wurde."[930]

„Entzug der kirchlichen Lehrbefugnis von Hans Küng am 18. 12. 1979."[931] „Ich empfinde es als große Gnade, dass ich ohne falsche Kompromisse diesen Weg gegangen bin, mir meine Freiheit erkämpft und bewahrt habe und dass ich doch noch heute Professor der ökumenischen Theologie mit allen priesterlichen Vollmachten geblieben bin."[932]

Pfürtner, Stephan (* 1922). „Seit Ende November ist in der Schweiz der ‚Fall Pfürtner' wieder ins Rampenlicht getreten und hat die Gemüter erneut erhitzt. Um diese Zeit wurde bekannt, Prof. Stephan Pfürtner OP, Ordinarius für Moraltheologie an der Universität Freiburg in der Schweiz, wurde die ‚missio canonica', die kirchliche Lehrbefugnis, entzogen ... Am Anfang der ‚Affäre' stand ein Vortrag, den Prof. Pfürtner am 3. November 1971 in Bern, im Rahmen der Bildungswochen der Berner Katholiken ‚Progressio 71' gehalten hatte ... In diesem Vortrag ging es Pfürtner vor allem darum, einen ethischen Legalismus zurückzuweisen und zu einer Moral persönlicher und sozialer Verantwortung hinzuführen ... An diese Grundsätze schlossen sich im Vortrag Anwendungen auf zwei Verhaltensbereiche an: Masturbation und voreheliche Geschlechtsverkehr ... Auf der Basis dieser grundsätzlichen Aussage erörterte Pfürtner die vielfache Verantwortung, die von den Partnern gefordert ist. Von einer simplen ‚Freigabe vor- und außerehelichen Geschlechtsverkehrs‘, wie besonders von Pfürtners Gegnern immer wieder zu hören war, kann nicht die Rede sein ...

Am 1. Februar 1972 erfuhr die Öffentlichkeit durch ein gemeinsames Kommuniqué des Generalmagisters der Dominikaner, Aniceto Fernandez, und von Prof. Pfürtner, der Bischof von Freiburg, Pierre Mamie, habe sich wegen des Berner Vortrags mit einer Anfrage an den Sekretär der Glaubenskongregation in Rom gewandt; der Dominikanergeneral habe dem Professor ein Sabbatjahr ...vorgeschlagen, um eine Klärung der aufgetretenen Probleme zu ermöglichen. Prof. Pfürtner habe sich dazu bereit erklärt, sofern, neben anderen Bedingungen, die Fakultät, das Rektorat und der Staatsrat einverstanden seien.“[933]

Ranke-Heinemann, Ute (* 1927). „Der Fall der bisher an der Gesamthochschule Essen (früher Neuss) lehrenden Theologieprofessorin hat einiges Aufsehen erregt ... Nach Äußerungen während eines Fernsehauftritts, die auf eine Leugnung der Jungfrauengeburt als biologischem Vorgang hinausliefen, wurde die Theologin zu einem Gespräch in das Generalvikariat geladen. Schon vor dem Gespräch war zu hören, Frau Heinemann würde das ‚nihil obstat‘, die kirchliche Lehrerlaubnis, entzogen. Sie selbst schien damit zu rechnen. Dann aber kam es nach dem Gespräch mit Generalvikar *Johannes Stütting* und Weihbischof *Wolfgang Große* zu einer – wie es schien – einvernehmlichen Erklärung von Frau Heinemann, die den Konflikt aus der Welt schaffen sollte. Darin bekannte sich Frau Heinemann ausdrücklich zum Glaubensartikel ‚Empfangen durch den Heiligen Geist, geboren von der Jungfrau Maria‘, fügte aber als ‚persönliche Überzeugung‘ an: Die neutestamentlichen Berichte, in denen die Jungfrauengeburt ausgesagt werde, könnten durchaus als ‚Bildersprache‘ ausgelegt und müssten nicht ‚im Sinne eines modernen Begriffs von Historie streng historisch und in einem engeren Sinn biologisch verstanden werden‘.“

Der vermutlich in sich faule Kompromiss hielt aber keine zwei Tage. Schon einen Tag nach dem Gespräch machte der Essener Generalvikar öffentlich, es gebe keine Basis mehr für eine Lehrerlaubnis, da Frau Heinemann die Erklärung vom Vortag praktisch ‚widerrufen‘ habe. Offenbar war jene Erklärung vom Generalvikariat als Einlenken von Frau Heinemann gedeutet worden, während diese selbst in Pressegesprächen unmittelbar danach ihre bis dahin eingenommene Position bekräftigte und hinzufügte, das Generalvikariat respektiere die ihre als persönliche Auffassung und sie dürfte sie auch weiter vertreten. Während Frau Heinemann dem Generalvikariat daraufhin ‚falsche Darstellungen' vorwarf, sah dieses nun als erwiesen an, dass Frau Heinemann von der Lehre der Kirche abweicht und diese folglich als theologische Lehrerin nicht vertreten könne.[934]

Schillebeeckx, Edward (* 1934) „Der französischen Tageszeitung ‚Le Monde' gebührt die Ehre, die Androhung eines offiziellen römischen Prozesses gegen Schillebeeckx ans Tageslicht gebracht zu haben. In der Ausgabe vom 24. September 1968 wurde berichtet, dass die Glaubenskongregation Schillebeeckx der Ketzerei verdächtige und deshalb einen Prozess vorbereite. Dazu wurden einige Theologen (Dhanis, Lemeer, Chiappi) gebeten, seine gesammelten Artikel genau zu untersuchen. Aus dieser Literaturuntersuchung wurde deutlich, dass der Offenbarungsbegriff von Schillebeeckx nicht in Übereinstimmung mit der traditionellen Auffassung wäre, was u. a. in seiner Interpretation der Eucharistie zum Ausdruck käme. Man war auch der Meinung, dass Schillebeeckx eine zu optimistische Sicht bezüglich des Phänomens Säkularisierung hätte, durch die seine Kirchenauffassung einseitig wäre. ... Es ist wahrscheinlich eine persönliche Initiative des gerade zum Vorsitzenden der Glaubenskongregation ernannten Kardinal Seper gewesen, Karl Rahner zu bitten, in Rom die Sache Schillebeeckx zu verteidigen ... Rahners Verteidigung von Schillebeeckx konzentrierte sich auf die Notwendigkeit, die alten Glaubensdogmen in unserer säkularisierten Zeit so zu durchdenken und zu verkündigen, dass sie auch für Menschen von heute als *Heils*wahrheiten glaubwürdig sein konnten – so wie er es selbst tat.“[935] „Der Glaube kennt ‚ewige unveränderliche Wahrheiten', behauptet die Kongregation. Schillebeeckx: Was ich abweise, dass es eine Wahrheit in ‚sich selbst' gäbe, die in ihrer Unveränderlichkeit zu tangieren wäre. Die unveränderliche Wahrheit wird in der hermeneutischen Übersetzung erreicht, in der Interpretation der Kirchengemeinschaft. Das Subjekt dieser Hermeneutik ist ja die Kirche, letztendlich das Lehramt; auch die Theologen tragen das ihre als ‚spezialisierten Dienst' dazu bei.“[936] „Schillebeeckx und eine große Anzahl andere Theologen können sich aber nicht auf die Wiederholung alter Formeln beschränken. Immer wieder werden sie versuchen, die alten Heilswahrheiten ‚in die Sprache unserer Gläubigen zu übersetzen.'“[937]

Leider charakteristisch ist die Vorgangsweise bei seiner Verfolgung: „Beim ersten Mal, im Jahre 1968, wusste ich überhaupt nichts von einem laufenden Verfahren. Beim zweiten Prozess (über mein Buch über die Christologie) hörte ich erst davon, als der Prozess schon drei Jahre lief, und jetzt beim dritten Prozess erfuhr ich es gleich zu Anfang von meinem Ordensoberen. Das Verfahren als solches bleibt unmöglich; so hatte ich während des zweiten Prozesses zwar einen Anwalt, aber wer das war, weiß ich noch immer nicht ... Doch all das macht mich nicht einmal mehr zornig. Nein, ich würde jetzt nicht mehr von Zorn sprechen, ich finde es schade, es macht mich traurig, es tut mir Leid." (Schillebeeckx, in: Sommer, S. 264)

„Am 25. November 1980 schrieb Kardinal Seper an Schillebeeckx, dass das in Rom geführte Gespräch wohl nützliche Erklärungen gebracht habe, dass es aber in bestimmten Punkten noch Zweifel gäbe. Vor allem wurden wieder die Göttlichkeit Jesu, die jungfräuliche Geburt, die Auferstehung und die Geltungskraft der kirchlichen Aussagen angeführt. Es erfolgte keine Verurteilung, aber auch kein Freispruch." „Im Jahre 1980 erschien eine Aufsatzsammlung von Schillebeeckx unter dem Titel: ‚Kirchliches Amt‘ ... Für Schillebeeckx ist die Kirchenordnung und die darin verankerte amtliche Organisation nicht unantastbar."[938] „Ohne alle Publizität fand am 24. Juli 1984 ein Gespräch zwischen Schillebeeckx, Kardinal Ratzinger und D. Byrne OP statt. Eine inhaltliche Übereinstimmung kam nicht zustande, ... Die öffentlich kontrollierbare Diskussion zwischen Schillebeeckx und Rom macht viele Sachen bestürzend deutlich. Einer der wichtigsten Punkte ist dabei, dass Rom ängstlich versucht, das ‚depositum fidei‘ als ein zeitloses und vollkommen unantastbares Glaubensobjekt zu bewahren. Alle späteren Konzilien können deshalb letztendlich alles, was dogmatisch festliegt, höchstens noch weiter verdeutlichen."[939]

Die Zahl derer, die unter den fundamentalistisch eingestellten, konservativen römischen Instanzen gemaßregelt wurden, ist sehr groß. Die folgende, keineswegs vollständige Liste will nur weitere Namen in Erinnerung rufen – und damit auch gewisse Assoziationen:

Balasuriya, Besret, Bouland, Davis, Dillinger, Dupuis, Fischer, Forestier, Fox, Greinacher, Hunthausen, Illich, Krätzl, Lemercier, Lercaro, Lombardi, Lubac Henri de, McCabe, de Mello, Merk, Mynarek, Neumann, Oppolzer, Podesta, Pohier, Radavero, del Rio, Schätz, Schmatz, Schoenenberger, Sen, Wefers.

Kapitel 6
Probleme – Die dringendsten Aufgaben

6.1. Die Sprache

„Sacram Eminentiae Vestrae Purpuram reverenter deosculo" (Mit Ehrfurcht küsse ich den heiligen Purpur Eurer Eminenz) – bestimmte Briefe nach Rom mit dieser Formel zu schließen wurde von einem weltweit verbreiteten Lehrbuch noch nach dem Zweiten Weltkrieg empfohlen[940].

In diesem Kapitel wird versucht, einen Überblick über die Probleme der kirchlichen Sprache zu geben, um deutlich zu machen, dass eine Verbesserung der seelsorglichen Situation ohne eine radikale Reform der Sprache, und zwar nicht nur der verbalen, sondern jeder Form des symbolischen Ausdruckes, nicht möglich ist – also nicht nur Kirchenlieder, Predigten, Gebetbücher, Lehrbücher, Religionsunterricht, sondern auch liturgische Symbole, Texte und Gesten. – Man kann dann den Menschen „noch hundertmal wiederholen, dass die Glaubensbotschaft Brot des ewigen Lebens ist. Dieses Brot ist anscheinend steinhart geworden vom Alter. Und das gibt den Suchenden den Eindruck, dass man ihnen Steine für Brot gibt. Daher berührt die Botschaft sie nicht und vermag sie auch nicht zu berühren. Denn sie wird ihnen verkündet in einer Sprache, die in ihren Ohren keinen lebensechten, existentiellen Klang hat, weil sie stecken geblieben ist in der ‚ersten Naivität', in jener Weltanschauung, die es gab vor dem Zeitalter der Kritik und der Menschenrechte."[941] Nun aber geht es hier um das zentralste Thema der kirchlichen Tätigkeit. „Es braucht in diesem Zusammenhang nur darauf hingewiesen zu werden, dass es für eine Religion, an deren Anfang das ‚Wort' und die Botschaft stehen, sehr entscheidend darauf ankommt, in welches Sprachklima dieses Wort hineinfällt und über welche Kanäle es zum geistigen Besitze der Menschen wird. Denn darüber dürfte kein Zweifel bestehen, dass gerade das Wort der Heiligen Schrift einem bestimmten Sprachklima entnommen wurde und dem Erlebnisraum einer bestimmten Zeit angepasst war."[942]

Dazu kommt noch, dass unsere Zeit mit Fug und Recht „Informationsgesellschaft"[943] genannt werden kann, wo die Kommunikation ungeahnte Möglichkeiten erreicht hat. Die Kommunikation ist ein grundlegendes Element der menschlichen Existenz. Jeder gesunde Mensch will sich mitteilen und hat das Bedürfnis nach Mitteilung. Nur so kann er mit einiger Sicherheit überprüfen, ob er gesellschaftlich „richtig liegt", ob er sich in der „wild"-„fremden" Welt zu Hause fühlen kann; nur so kann er seine eigene Welt „kennen lernen" und „verstehen". Hier dürfte auch das Motiv zur Anthropologie des Gebetes zu finden sein, sind doch die hier genannten Erlebnisse im Falle des Gebetes im Absoluten verankert. Das ist natürlich nicht mit dem Geräusch zweier Monologe zu erreichen. Der lateinische Ursprung des Begriffes Kommunikation weist auf eine gemeinsame Aufgabe hin („cum" und „munus"), das heißt, sie kann nur in einer echten menschlichen Beziehung, in einem bestimmten persönlichen Zusammen-Sein verwirklicht werden. Das ist auch die Erklärung für eine Erfahrung, die wir zweifellos schon alle gemacht haben: Vertraut jemand einem anderen sein Leid an, so ist das bereits ein Schritt zur Heilung, denn „geteiltes Leid ist halbes Leid", wie schon das Sprichwort sagt; auf der gemeinsamen Suche nach einer Lösung können wir mit der Hilfe des anderen rechnen.

Bedeutung und Bedeutsamkeit

Die religionssoziologische Analyse sieht die Kirche auf diesem Gebiet in einer doppelten Krise: in der Krise der Bedeutung und in der Krise der Bedeutsamkeit.

– *Die Bedeutung.* – Die Tatsache, dass das Wesentliche der Sprache im Erfassen der Bedeutung einer Mitteilung besteht, dürfte jedermann klar sein. Oder vielleicht doch nicht? Natürlich wird normalerweise niemand mit jemandem Chinesisch sprechen, der kein Wort Chinesisch versteht. Und auf einem wissenschaftlichen Kongress wird niemand in der Babysprache sprechen. Aber verwenden wir wohl das Wort „Gott" immer nur gegenüber Menschen, die mit diesem Wort etwas anzufangen wissen? – Am Ende dieses Teiles werde ich einige Beispiele dafür anführen, wie wenig sich die religiöse Kommunikation an die obige einfache Regel hält.

Einer meiner Neffen ist als Teenager einmal auf die Idee verfallen, den kleinen Zeiger seiner Armbanduhr eine Viertelstunde vor und den großen Zeiger eine halbe Stunde nachzustellen. Ich habe ihn zu wiederholten Malen ganz unerwartet nach der Uhrzeit gefragt, und er konnte mir jedesmal nach einem Blick auf seine Uhr auf Anhieb die genaue Zeit sagen; er hatte sich das ganz spezifische Zeichensystem seiner Uhr zu Eigen gemacht, gleichsam ihre „Sprache" gelernt. Außer ihm war niemand imstande, von seiner Uhr die richtige Zeit abzulesen. Dieses Spiel hat uns viele vergnügliche Minuten beschert.

Aber wenn es darum geht, in welcher „Sprache" die Menschen die Botschaft Gottes über eine menschenwürdige Welt und die mittels jenes Jesus von Nazareth übermittelte Motivation über die Erlösung dieser Weltordnung verstehen sollen, dann darf nicht eine Sprache angewendet werden, die *nur* für Insider verständlich ist; denn hier ist von Leben und Tod, von Glück und Leid, von Menschlichkeit und Unmenschlichkeit die Rede.

Jede Mitteilung erfolgt in einer ganz bestimmten Situation. Können wir dies nicht bewusst machen und definieren, dann „reden wir ins Leere hinein", dann kommunizieren wir nicht.[944] Diese Behauptung ist eine sehr vielschichtige. So kann z. B. nachgewiesen werden, dass die Technik der Massenkommunikationsmittel eine neue Redeweise, eine neue Sprache geschaffen hat.[945] Es kann auch nachgewiesen werden, dass die in den Köpfen des Mitteilers und des Gesprächspartners bereits vor der Mitteilung vorhandenen „Textzusammenhänge" das Verhältnis von echtem Verstehen und Missverstehen sehr beträchtlich beeinflussen.[946] Deswegen müssen z. B. Fragebögen, die sowohl für Menschen mit niedriger Bildung als auch für solche, deren Denkweise sich auf akademischem Niveau bewegt, so abgefasst sein, dass anstelle von formal gleich lautenden Fragen die Fragen funktionell äquivalent gestellt werden; nur so können wir bei allen Befragten den gleichen Grad an Verständnis erreichen. Und deswegen gilt das Gleiche auch für die Zeitachse, dass nämlich „wenn wir am Alten festhalten wollen, das Alte nicht festhalten dürfen"[947], denn unter dem Alten versteht der Mensch von heute bereits etwas anderes.

Eine nicht weniger wichtige Rolle spielt für die Bedeutung der Mitteilung die *Plausibilität* dessen, was wir sagen wollen. Es genügt nicht, dass die *Sprache* der Mitteilung für denjenigen verständlich ist, für den die Mitteilung bestimmt ist, vielmehr muss die Mitteilung auch auf *fruchtbaren Boden* fallen, so dass daraus ein gegenseitiges Verständnis erwachsen kann. Mit anderen Worten: Das Verstehen jeden Inhaltes setzt ein gewisses gemeinsames Bezugssystem voraus, eine Art innere Gleichartigkeit und Einander-Entsprechens, eine bestimmte Denkweise und Gedankenwelt, einen ideellen Hintergrund, in welchem die Botschaft annehmbar, wahrscheinlich oder geradezu selbstverständlich wird – und gegebenenfalls für den „Außenstehenden" völlig unverständlich bleibt.[948] Für den in einem Industriestaat lebenden Menschen von heute erscheint z. B. die Behauptung, jemand habe ihm vor wenigen Minuten von Nordamerika nach Mitteleuropa auf elektronischem Wege oder per Fax eine Mitteilung zukommen lassen, durchaus plausibel, wogegen es ihm keineswegs plausibel erscheinen wird, dass es eine Ehre sei, im Dienste irgendeines Fürsten sein Leben zu riskieren. Für die Menschen früherer Zeiten wäre die erstgenannte Behauptung unannehmbar, letztere hingegen selbstverständlich gewesen.

Solange sich jemand innerhalb der Grenzen seiner eigenen Plausibilitätsstruktur bewegt, erscheint ihm jeder Zweifel an der entsprechenden Realität lächerlich, und er ist sich dessen bewusst, dass seine Umgebung ihn auslachen würde, wenn er einem solchen Zweifel Ausdruck verliehe. Sogar der Psychologe muss bei seiner Diagnose die Plausibilitätsstruktur einer Behauptung berücksichtigen. Weiß jemand nicht, welcher Tag heute ist, so weist dies auf einen leicht erklärbaren natürlichen Hintergrund hin, und zwar, je nachdem, ob sich jemand z. B. ständig am selben Ort aufhält (was eine Krankheit oder Alterserscheinung anzeigt), oder ob er etwa gerade von Indien kommend in Kanada angelangt ist und sich wegen der Zeitverschiebung nicht auskennt (was ziemlich normal ist). Im Sinne der Plausibilität bedeutet es etwas völlig anderes, wenn sich der Vertreter eines auf Haiti lebenden Eingeborenenstammes in seiner Rede und bei seinen Entscheidungen auf Gespräche, die er mit seinen Ahnen geführt hat, beruft, als wenn ein Wirtschaftsexperte von der Börse der New Yorker Wall Street dies tut.[949] Für die Bürger des nationalsozialistischen Deutschland war die Bedeutung des Hakenkreuzes und des gelben Sternes im 20. Jahrhundert völlig eindeutig; der Europäer von heute kennt die Bedeutung des aus Sternen gebildeten Kreises auf der Fahne der Europäischen Union. Für einen Mann christlichen Glaubens ist es genauso plausibel, eine Kirche barhäuptig zu betreten, wie für einen Juden das Gleiche mit dem Hut auf dem Kopf zu tun.

Zusammenfassend können wir Folgendes sagen: Für die religiöse Kommunikation der christlichen Kirchen stellt sich eine zweifache Frage: In welcher Sprache formuliert sie das, was sie sagen will, und mit welcher Plausibilitätsstruktur kann sie mit ihrer Botschaft in jener Gesellschaft von heute rechnen, in der sie nicht mehr Analphabeten mit der Autorität des „Schriftkundigen" anspricht, sondern in der sie eine vor zweitausend Jahren formulierte Botschaft solchen Menschen vermitteln muss, die infolge der Verbreitung der Massenkommunikationsmittel immerhin ein gewisses oder sogar ein sehr hohes Maß an Bildung gewonnen haben?

– *Die Bedeutsamkeit.* – Neben der Bedeutung des zu vermittelnden Inhaltes, d. h. der sprachlichen Verständlichkeit und der Plausibilität, spielt bei der zwischenmenschlichen Kommunikation auch die *Bedeutsamkeit*, der subjektiv aufgefasste Wert, die Wichtigkeit, die Relevanz der Botschaft eine wesentliche Rolle. Wie wir sehen werden, ist die Frage der Bedeutsamkeit keineswegs gleichbedeutend mit der Frage der Bedeutung, gleichwohl beide in engem Zusammenhang miteinander stehen.

Was, wie sehr und wie lange etwas von Bedeutung ist, hängt von sehr vielen Aspekten ab; aber es erfüllt eine eindeutig selektive Funktion, konzentriert unsere Aufmerksamkeit auf ein bestimmtes Thema und stellt unsere Aktivität in den Dienst einer bestimmten Aufgabe.

Betrachten wir in diesem Zusammenhang einige *Beispiele*:

Wir geraten mit dem Auto in ein lebensgefährliches Verkehrschaos. In dieser Situation vergessen wir sekundenlang Gott, unsere Lieben, unsere Verpflichtungen; unsere ganze Aufmerksamkeit, unser Handeln ist darauf ausgerichtet, mit heiler Haut aus der gefährlichen Situation herauszukommen. – Ein zweites Beispiel: Jemand gewinnt unsere Liebe, wir fühlen uns zu ihm hingezogen. Wir richten es so ein, dass wir – gegebenenfalls unser ganzes Leben lang – so viel wie möglich mit dem geliebten Menschen zusammen sein, ihm so viel Freude wie möglich bereiten können. Solange wir mit ihm zusammen sind, abstrahieren wir weitgehend von allen anderen Dingen. – Ein drittes Beispiel: Wir entscheiden uns für einen Beruf, d. h. wir nehmen uns als Angelpunkt unseres Lebens die Erreichung bestimmter Ziele vor. Wir bemühen uns, so häufig und so viel Zeit und Energie wie möglich auf unsere bevorzugte Beschäftigung zu verwenden, vergessen oft alles andere über dieser Tätigkeit. Tritt ein anderes wesentliches Element in unser Leben, so trachten wir, uns sobald wie möglich wieder jener Aufgabe zuwenden zu können, die wir für uns als wichtig erachten.

Bereits diese wenigen Beispiele zeigen, dass wir uns im Allgemeinen vorwiegend damit beschäftigen, was uns – im Moment oder auf längere Zeit – bedeutend, wichtig, wertvoll erscheint. Und schon anhand dieser Beispiele wird für uns klar, dass wir uns ausschließlich nur dann für die *Bedeutung* der Dinge interessieren, wenn wir gleichzeitig auch von der *Bedeutsamkeit* dieser Dinge überzeugt sind.

Noch deutlicher wird der Zusammenhang zwischen Bedeutung und Bedeutsamkeit, wenn wir uns die Tatsache bewusst machen, dass die Sprache sowohl bewertet als auch Träger eines Systems der Wertauffassung ist; doch sie ist nicht nur Träger dieser beiden Komponenten, sie vermittelt sie weiter und praktiziert sie mit allen, die die Sprache verwenden. Einige Beispiele dazu: Der einer regelmäßigen Arbeit nachgehende

Deutsche sorgt für seinen Lebensunterhalt, indem er „Geld verdient"; Engländer und Amerikaner „machen Geld" („make money"), der Franzose „gewinnt Geld" („gagne l'argent"), genauso wie im Spielkasino, während der Ungar „nach Brot sucht" („kenyeret keres"), wenn er arbeitet. – Ein anderes Beispiel: In Österreich werde ich mit „Herr Professor" angesprochen, in Deutschland ist die gängige Anrede „Herr Morel", in Amerika wiederum lautete die Begrüßungsform beim ersten Zusammentreffen „Hallo Julius". – Wieder ein anderes Beispiel: Der Ausdruck „Herrschaft" hat sich in unserer patriarchalischen Gesellschaft entwickelt; in matriarchalischen Gesellschaften wäre die entsprechende Formulierung zweifellos „Frauschaft".[950]

Und schließlich: Wir bezeichnen Gott als Vater, also eindeutig als männliches Wesen, gleichwohl wir sehr gut wissen, dass in Wirklichkeit die Bezeichnung Vater und Mutter gleichermaßen auf Gott anwendbar ist (wie das die agnostische urchristliche Gemeinschaft verwendete)[951]; oder aber es sollte weder der Ausdruck Vater noch Mutter in diesem Zusammenhang verwendet werden.[952] Auf solche Aspekte lohnt es sich besonders in jener Welt zu achten, für die „die Inflation der Worte" charakteristisch ist[953] und in der uns die Politiker geradezu Glanzleistungen der Wortmimikry vor Augen führen: Je nachdem, wie es ihrer opportunistischen Sichtweise entspricht, drehen und wenden sie den Sinn der Festlegung des Tatbestandes, richten sich nach der „Farbe" der Wähler, wobei sie vergessen, dass die Anpassung an die Bedürfnisse des Menschen von heute in erster Linie Ehrlichkeit und Authentizität verlangt – und nicht durchsichtiges, geschicktes Taktieren.[954]

Bankrott der Verkündigung

Als allgemein anerkannte christliche Lehre gilt, dass die zentrale Aufgabe der Kirche darin besteht, im Interesse der Menschheit den Dienst am Fleisch gewordenen Wort zu versehen, nämlich das Vorbild und die Lehre des Jesus von Nazareth in Zeit und Raum zu vertreten. Anders ausgedrückt: Die Frohbotschaft des Evangeliums besteht darin, dass der Mensch mit dem Quell und dem Planer seiner Existenz vertrauensvoll über die wesentlichsten Fragen seiner Existenz kommunizieren kann. An wen sonst könnte sich der Mensch wenden? „Die Worte des ewigen Lebens sind bei dir."[955]

Aus dieser Lehre resultiert auch, „dass in einer Religion, an deren Beginn das ‚Wort' und die Botschaft stehen, es eine wichtige Rolle spielt, in welcher Sprachkultur dieser Samen gesät wird."[956] – Doch auf diesem Gebiet hat die Kirche mit ihrer Verkündigung des Wortes Gottes gründlich Schiffbruch erlitten bzw. versagt und wird es auch weiterhin, solange sie nicht fähig und willens ist, sich auf dem Wege grundlegender Änderungen bezüglich der Bedeutung und der Bedeutsamkeit nach den Bedürfnissen jener zu richten, an die sie sich wenden will. – Ich kann diese überaus kritische Meinung durch eine Vielzahl von Beispielen untermauern, was ich in meinem Buch „Glauben hat Zukunft" zum Teil bereits getan habe.[957] Hier kann ich dieses finstere Bild nur andeutungsweise skizzieren; eine ausführliche Erörterung mit entsprechend vielen Beispielen würde den gegebenen Rahmen sprengen.

Zunächst möchte ich die Meinungen eines Theologen und eines Religionssoziologen über den Sprachgebrauch bei der Verkündigung des Wortes Gottes zitieren. Gottfried Bachl, em. Professor für Dogmatik, schreibt in seiner Studie „Harmloses Geschwätz": „Zur Zeit ist Langeweile und graue Schlaffheit zu spüren, müdes Rinnen im Sprachfluss."[958] Der Soziologe Franz-Xaver Kaufmann wiederum weist auf den Verlust der *Bereitschaft zur Religion* hin, so z. B. den Umstand, dass Kinder bei ihrem Schuleintritt nicht ein einziges Gebet kennen und insbesondere – was damit zusammenhängt –, dass man den Jugendlichen überhaupt keine religiösen Tatsachen erklären kann: Das sind die schwerwiegendsten Symptome der gegenwärtigen Krise bezüglich der Tradierung des Glaubens. Wie Kaufmann weiters feststellt, greift gleichzeitig ein *religiöses Verstummen* und ein Sprachenwirrwarr um sich: Die Menschen können die Sprache der Kirche immer weniger verstehen.[959] – Wie sollte z. B. eine Hausfrau, die sich mit den Sorgen des Alltags herumschlägt, oder ein in der Welt genauester Berechnungen lebender Ingenieur die Bedeutung dessen verstehen, dass für sie bzw. ihn der Jesus von Nazareth „süß" zu sein hat, oder – als Ergebnis monastischer Betrachtungen – mit den Worten eines gleichsam in Liebe entbrannten Mystikers – er sagen soll „Jesus, dir leb ich, Jesus, dir sterb ich"? Verhält es sich mit diesem speziellen religiösen Sprachgebrauch heiligmäßig lebender Nonnen und Mönche gegenüber dem „Alltagsmenschen" nicht so wie etwa (laut einer Anekdote im kommunistischen System) mit einer falsch klingenden Reklame, wo der aufgeklärte Verbraucher nach dem „erstklassigen Tokajer-Wein zu 500 Forint" und dem „Export-Tokajer zu 600 Forint" schließlich den echten Tokajer zu 1000 Forint sucht? Wie sollte der Mensch von heute (dem es klar ist, dass der „Spieleinsatz" des Glaubens die schöne oder die verstümmelte Menschlichkeit ist) die Bedeutung jener kindischen Spielereien der Kirche verstehen, wenn diese z. B. die Führung der Glaubensgemeinschaft mit den Namen von Diözesen verbindet, die seit über tausend Jahren überhaupt nicht mehr existieren – ein Umstand, den man zu Recht als „theologische Perversität"[960] und genauso gut als einen in einer ahistorischen Brutstätte gewachsenen soziologischen Nonsens bezeichnen kann? – Und wie soll ein normal denkender Mensch, der sonst auf anderen Gebieten einen gesunden Humor oder sogar Zynismus ohne weiteres verträgt, verstehen, dass die Kirche den heiligen Laurentius, der bekanntermaßen auf dem Rost gebraten und so qualvoll getötet wurde, und zwar auf seinen, in glücklicher Erwartung der Nähe des Himmels souverän witzigen Wunsch hin gleichmäßig auf beiden Seiten, *als den Schutzpatron der Bäcker verehrt*?! Hinter der unter Theologen bekannten Unterscheidung verbirgt sich in der Tat nicht nur der Wunsch, geistreich zu sein: Die Tradition ist der (weiter)lebende Glaube der Verstorbenen, der Traditionalismus hingegen der gestorbene Glaube der Lebenden. Dieser Ausspruch sollte immer wieder gründlich überdacht, analysiert, nach seiner Sinnhaftigkeit und Bedeutung untersucht werden, damit uns sowohl die sorgsame Pflege als auch die sorgfältige Relativierung der Tradition zur ehrlichen Überzeugung werde. D. h.: Pflege und Relativierung müssen in die sich in stetem Wandel befindliche Plausibilitätsstruktur integriert, bzw. wenn dies nicht plausibel und in akzeptabler Weise verständlich gemacht werden kann, aufgegeben werden.

Ähnlicher Überlegungen bedarf es auch bezüglich *der Bedeutung, der Relevanz* der Inhalte, die die Kirche bei der Verkündigung des Wortes Gottes vermittelt. Ich möchte hier nur ein Beispiel aus der Vielzahl der Anachronismen, die die Lehre der Kirche enthält, anführen: Um die Mitte des 20. Jahrhunderts, inmitten der Wirrnisse und Schrecken des Weltkrieges, als in der Dritten Welt die Menschen zu Tausenden Hungers starben, der Kapitalismus schwerste Auswüchse zeitigte und die materialistische Weltanschauung ihren erschreckenden Siegeszug antrat, belehrt Papst Pius XII. in väterlichem Ton seine von den revolutionären Ideen bereits mehr oder weniger erfassten „Töchter" wie folgt: „Für die Ehefrau wird das Heim gewöhnlich das Feld und das Nest ihrer Haupttätigkeit bleiben. Sie wird aus diesem zurückgezogenen Ort, so arm er auch sein mag, allmählich eine Stätte frohen und stillen Zusammenlebens machen, die sie nicht mit stillosen, unpersönlichen, nichtssagenden Hotelmöbeln und Warenhausartikeln, sondern mit Andenken schmückt, die auf dem Haushaltsgerät und an den Wänden die besonderen Ereignisse des gemeinsam geführten Lebens festhalten."[961] Ich will im Zitat nicht weiter fortfahren. Was der Papst da sagt, war Mitte des 20. Jahrhunderts bereits anachronistisch – aber nicht nur das: von der Zeit praktisch unabhängig versenkt es die revolutionären Aussagen und Handlungen Jesu, die für die Menschheit von immenser Bedeutung waren, in ein Meer von Banalitäten und erreicht damit, dass die Gläubigen dagegen weitgehend immunisiert werden.

Ich erachte Leonardo Boffs und Hermann Stengers Ansicht und Ausdruck als überaus treffend, die in solchen Fällen als Begriffspaar zu „Symbolum" von „Diabolum" sprechen. Die Symbolik (symbollein) komprimiert die zusammengehörenden Gedanken, wie das Prisma die Lichtstrahlen, in ein wichtiges und verständliches Bild; die Diabolik macht das Gegenteil: Sie sprengt gleichsam das gemeinsame Verständnis auseinander, behindert das Begreifen, das Verstehen der Botschaft.[962] Solche Hindernisse treten nicht nur dann auf, wenn etwas nicht zeitgemäß ist. Es gibt eine Menge moderner Lösungen, die praktisch niemanden stören: Wenn z. B. jemand in Rom auf dem Petersplatz stehend die Betrachtungen des Papstes hören möchte, wird er sich zweifellos darüber freuen, dass man am Fenster des alten Palais zweckmäßigerweise ein Mikrofon und auf dem Platz rings um den unrechtmäßig erworbenen Obelisken Lautsprecher installiert hat. Dagegen wird das als Papamobil bezeichnete kuriose Gefährt des Papstes von vielen Menschen als das Gegenteil einer positiven Symbolik empfunden; und es würde das Gefährt auch dann nicht sympathischer erscheinen lassen, wenn man es – den Erfordernissen des Umweltschutzes bis zu einem gewissen Grade Rechnung tragend – mit einem Katalysator ausstatten würde.

Vielleicht mag uns die Feststellung eines unserer großen Theologen von heute zum Trost gereichen, gleichwohl sie eine bittere Wahrheit beinhaltet: „Letzten Endes haben Feuerbach, Marx und Freud der Theologie von heute einen nützlichen Dienst erwiesen, indem sie das Gegenteil unserer zur Tradition gewordenen menschlichen Behauptungen als zeitgemäße Antithesen formulierten und solcherart dazu beitrugen, jenes gleichsam zum Götzenbild erstarrte herkömmliche Gottesbild, das der heutigen Denkweise in keiner Weise mehr entspricht, zu zerbrechen. Der ,Wettergott', der ,Kriegsgott', der ,Ordnungshüter' oder der ,Güterspender' wird in bestimmtem kulturellem und gesellschaftlichem Zusammenhang bereits zum Götzenbild, weil er nur die Interessen und Bestrebungen einer bestimmten Gruppe von Menschen vertritt. Genauso, wie auch das Vater-Bild zum Götzenbild werden kann, wenn wir in seiner Autorität und seiner Kraft nicht die Existenzgrundlage unseres geistigen, moralischen und physischen Lebens, sondern eine Art ‚himmlische Stütze' für unsere eigene Unbeholfenheit und Hilflosigkeit suchen."[963] – Und wenn es uns zu Recht betrübt, dass nicht wenige offizielle Vertreter des kirchlichen Lehramtes mit einem Eifer, der einer besseren Sache würdig wäre, versuchen, die Durchführung dringend erforderlicher grundlegender Reformen zu hintertreiben und zu behindern, möge uns die Tatsache trösten, dass „‚Im Anfang war das Wort, und das Wort war bei Gott', – während der Vatikan am Ufer des Tiber-Flüssschens liegt.[964]

Was können wir tun?

Bevor wir uns Gedanken darüber machen, welche Aufgaben wir übernehmen könnten, möchte ich noch einmal kurz auf das bisher Gesagte zurückkommen. Vor allem möchte ich ausdrücklich darauf hinweisen und betonen, dass es mir nicht darum geht, meinen Lesern eine Liste von Klagen und Beschwerden vorzulegen; mein Ziel ist es nicht, zerstörerische Kritik zu üben. Ich bin mir dessen bewusst, dass die vorliegenden Ausführungen etliche zweitrangige, wenn nicht gar banale Fakten bzw. Beispiele enthalten. Und ich bin auch überzeugt, dass manche meiner kritischen Analysen mit Hilfe von Erklärungen oder Verteidigungen, die der Wahrheit verpflichtet sind, unter bestimmten Aspekten, bis zu einem gewissen Grade zurückgewiesen werden können.

Ich möchte mit meinen Überlegungen und dem von mir gewählten Stil lediglich die Chance vergrößern – und zu diesem Zweck meine Überzeugung auch mit Beispielen untermauern –, dass „der Groschen endlich fällt", d. h. dass endlich begriffen wird, dass *unsere Verantwortung gegenüber der Welt von heute von uns die Option grundlegender Veränderungen verlangt.* Gegen revolutionäre Lösungen sprechen viele Einsichten. Mit scharf formulierten Kritiken kann, wenn es jemand darauf anlegt, Missbrauch getrieben werden. Aber es ist unumgänglich notwendig, dass jeder seiner Berufung entsprechend abwägt und entscheidet, was seine Pflicht ist. Ich verstehe darunter eine im engen Sinne gemeinte Berufung, nämlich das Ergebnis der gegebenen Komponenten einer Person in einem bestimmten Moment oder gar während eines ganzen Lebens. Denn Gott kann von uns nichts anderes wollen, als dass wir unter den gegebenen Umständen, im Besitze unserer verschiedensten Möglichkeiten und Pflichten, an der geradlinigen, oder durch bestimmte Umstände bedingt vielleicht gerade einen Bruch erfordernden Fortführung unserer bisherigen Biographie arbeiten. Zu meiner zählt auch, dass ich – wenn ich es schon gewagt habe, mich zu der aufgeworfenen Frage zu äußern – nun auch meine Überlegungen über einen Ausweg aus der Krise anbiete, gleichwohl es mir bewusst ist, dass meine Erklärungen subjektiv und bruchstückhaft sind.

Die einzige nahezu als sicher anzunehmende Feststellung ist, dass wir mit der Prophylaxe, der vorbeugenden Verhütung schwerwiegender Sorgen, ja sogar mit der Realisierung des Prinzips des „principiis obsta" bereits zu spät dran sind.[965] Es stellt sich also die Frage, welche die wichtigsten Elemente der erforderlichen Therapie sind. Um diese Frage beantworten zu können, müsste man praktisch im Besitz aller zuverlässigen Daten und Analysen bezüglich der modernen Welt sein; nur so könnte man sich diesbezüglich eine auch nur einigermaßen ernst zu nehmende Meinung bilden. Davon sind wir noch sehr weit entfernt, und es ist keineswegs sicher, dass wir dieses Stadium überhaupt jemals erreichen werden. Aber darüber sind wir uns wahrscheinlich alle einig, dass die Verkündigung des Wortes Gottes in der Geschichte der Menschheit erstmals (auf unseren Breitengraden) in Gesellschaften erfolgen muss, für welche die Aufklärung, die uneingeschränkte Anerkennung der Würde der menschlichen Person, die Industrialisierung und die in den Industriestaaten verwirklichte enorme technische Entwicklung charakteristisch sind. In unseren Gesellschaften erfolgt die Kommunikation in einem völlig neuen Sinn; denn heute genügt es nicht mehr, auf den Zauberer oder auf den Propheten zu hören; wir müssen die Wege gemeinsam suchen. Und es erfolgt in unseren Gesellschaften die Kommunikation auch aus dem Grunde in einem völlig neuen Sinne, weil eine Kommunikation, die auf dem Monolog der Mächtigen und dem Gehorsam der Massen basiert, inakzeptabel geworden ist. „Ein Einwegmodell von Kommunikation" lautet der Titel einer Stellungnahme zum Entwurf des Weltkatechismus (HK August 1990, S. 389), diese in der Kirche gebräuchliche Quadratur des Kreises klingt so wie: „Einbahnstraße mit Gegenverkehr" (Umstellung des Rechtsverkehrs auf Linksverkehr in London – aber nur für die Autobusse). Es geht darum, dass ein echter Austausch erfolgen, eine wirkliche Kooperation gewährleistet sein muss. Und die Kommunikation in unseren Gesellschaften erfolgt auch deshalb in einem völlig neuen Sinne, weil die wirtschaftliche und technische Entwicklung für die menschlichen Beziehungen völlig neue Möglichkeiten eröffnet hat.

Was verlangt nun diese neue Situation von uns in erster Linie? Als eventuellen Ausgangspunkt für einen wünschenswerten Gedankenaustausch möchte ich im Folgenden einige Thesen aufstellen:

– *Erste These*: Papst Johannes' XXIII. Motto „aggiornamento", „auf den Tageskurs bringen", ist auch auf die Sprache der Verkündigung des Wortes Gottes anzuwenden! Die Sprache und die Gedankenwelt, die den Hintergrund der Sprache bildet, verändern sich; dieser Tatsache muss Rechnung getragen werden, und sie ist zu respektieren. Heutzutage wird kein zivilisierter Mann mehr seine Frau als „weibisches Tier" (wie in der altungarischen Sprache) oder seine Kinder als seine „kleinen Diener" bezeichnen, wie dies früher gang und gäbe war. Ebenso anachronistisch, ja sogar irreführend ist es, wenn wir Gott mit dem scholastischen Begriff als „ersten Akt" (actus primus) bezeichnen, im Zusammenhang mit der Eucharistie von „Wesensverwandlung" (transsubstantiation) sprechen, in der Lehre von der Heiligen Dreifaltigkeit und der Menschwerdung Gottes die Formulierungen der Scholastiker „ein Wesen, drei Personen und zwei Naturen" opportune importune verwenden. – Natürlich bezieht sich dies auch auf die „Sprache" im weiteren Sinne: auf die Kommunikation mittels Gesten, Riten, Strukturen. – Mit anderen Worten: Die Kirche muss das „anders"-Sein der transzendenten Wirklichkeit vertreten – aber in der Sprache jener, die sie anspricht.[966]

– *Zweite These*: Wir müssen umgehend mit der Einführung der Zweisprachigkeit beginnen. Zuvor müssen die beiden Sprachen ausgearbeitet und die Spielregeln für ihre strikte Trennung festgelegt werden. Nennen wir die eine der Einfachheit halber „Sprache für den internen Gebrauch", die zweite „Sprache für den Gebrauch gegenüber suchenden und interessierten Menschen". Verständlicherweise bin ich nicht in der Lage, mit einem Wörterverzeichnis, einer Grammatik und einer stilistischen Anweisung dieser beiden Sprachen aufzuwarten. Aber vielleicht kann ich zu der langwierigen und mühseligen Arbeit mit einigen Gedanken und Anregungen einen bescheidenen Beitrag leisten. Die „Sprache für den internen Gebrauch" ist Träger und Analytiker der Tradition, das Mitteilungssystem der Theologen und Zeichen der Zusammengehörigkeit all jener, die sich ausgiebig mit den Lehren des Christentums im Spiegel von 2000 Jahren beschäftigen können. In dieser Sprache ist es in den modernen Gesellschaften praktisch unmöglich geworden, mit den Menschen, die das Bedürfnis haben, die Bedeutung und Bedeutsamkeit der Botschaft, die man ihnen nahe bringen will, zu kommunizieren, – das heißt eine Erweiterung unseres „Kreises" ohne radikale Sprachreform bleibt eine Illusion. Es mag einem Erwachsenen von heute möglicherweise geradezu peinlich sein, wenn er an seine Kinderzeit zurückdenkt, als er z. B. als Neunjähriger Sätze formulierte wie etwa folgende: „Wenn Gott der Vater Jesu und

Maria die Mutter Gottes war, wer war dann Josef?" „Jesus ist der Sohn von drei Personen, von zwei Männern und einer Frau: von Gott, von Josef und von Maria". „Zur Zeit Jesu konnten die Frauen ihm nicht nachfolgen wie die Apostel, denn sie mussten für Jesus und die anderen kochen."[967] Diese kindlichen Beispiele zeigen, dass aus mangelnder Bildung resultierende Halbwahrheiten, Teilverständnisse und Missverständnisse es allen überaus schwer machen, das Wesentliche, das wir uns zu Eigen machen sollten, zu begreifen und der daraus abzuleitenden schweren Verantwortung gerecht zu werden. – Es gibt in dieser Richtung bereits wertvolle Versuche und Initiativen, wie etwa die Sprache einer Bibelübersetzung für junge Burschen mit dem Titel „Da Jesus und seine Hawara" oder einen für Schlosserlehrlinge geplanten Katechismus.[968]

– *Dritte These*: Bei der Verkündigung des Wortes Gottes muss man sich bezüglich der Sprache auf eine strenge Selektion umstellen, und zwar typenmäßig dem jeweiligen konzentrischen Kreis entsprechend, den man ansprechen will. An Kinder muss man sich in einer kindgerechten Sprache wenden, an Akademiker in einer gehobenen Fachsprache, an Männer und Frauen in einer Sprache, die ihrem jeweiligen Charisma entspricht, an die Mitglieder kontemplativer Ordensgemeinschaften auf monastische Art und Weise, und den in der profanen Welt Lebenden muss die Botschaft Gottes in deren jeweils eigenen Kategorien vermittelt werden. Und bei jedem Kreis ist gut abzuwägen, ob „weniger" nicht „mehr" wäre.[969] Der Eifer, eine zweifellos sehr schöne Tugend, birgt zwei Gefahren in sich: den unmenschlichen Fanatismus und die kontraproduktive Überlastung. – Diese Fragen müssen mit fachmännischer Gewissenhaftigkeit geklärt, die entsprechende Didaktik und Pädagogik ausgearbeitet und in die Ausbildung jener, die das Wort Gottes verkünden, integriert werden.

– *Vierte These*: Wenn wir im Namen der Kirche sprechen, muss unser Stil der Forderung nach maximaler und uneingeschränkter Ehrlichkeit, Glaubwürdigkeit und Authentizität gerecht werden. Dem aufgeklärten, gebildeten Menschen Humbug einreden zu wollen, ist nicht nur unnütze Zeit- und Energieverschwendung, es kann sogar beträchtlichen Schaden anrichten und zum oft festgestellten „lautlosen Auszug der Gebildeten" beitragen (vgl. Hauer / Zulehner, S. 71), wenn jemand den Eindruck erwecken will, wir könnten aus den Lehren des Jesus von Nazareth auf alle unsere Fragen präzise, erschöpfende und endgültige Antworten ableiten. Der rational denkende Mensch ist eher bereit, Heisenbergs Relation der Ungewissheit zu akzeptieren, als die Ungewissheit darüber, ob die als sicher hingestellte Behauptung tatsächlich sicher ist oder nicht. Die meisten Aussagen der Kirche müssten mit folgenden Worten beginnen: „Nach unserem heutigen Wissensstand und auf die heutige Reaktion unseres Gewissens hörend, behaupten wir, dass sich ein Christ an das und das halten muss." Warum haben wir Angst, die Grenzen unseres Wissens einzugestehen? Antwortet der Vater auf die eine oder andere Frage seines Kindes: „Mein Sohn, das weiß ich auch nicht", kann er damit rechnen, dass ein unverdorbenes Kind darauf positiv reagieren wird: „Siehst du, Vati, deswegen glaube ich dir alles, was du sagst".

– *Fünfte These*: Die oben aufgezählten vier Forderungen stehen in engem Zusammenhang zueinander. Wir können unserer Verantwortung nur dann wirklich gerecht werden, wenn keine stückweisen Reparaturen und kosmetischen Operationen allein, sondern eine umfassende, grundlegende Reform die Voraussetzungen dazu schafft.

– *Sechste These*: Die Ausarbeitung einer neuen Sprache, eines neuen Stils, einer neuen Einteilung ist ein mühsames Unterfangen. Wenn die Sache in Angriff genommen wird, rechne ich in erster Linie auf den engagierten Einsatz von vier Kategorien: Erstens auf die Kategorie der christlichen Intellektuellen. Sie sind am ehesten dafür geeignet, zwischen Kirche und profaner Welt zu vermitteln, entsprechende Sprachen auszuarbeiten, Ratschläge bezüglich der Einteilung der Wahrheiten und Lehren auf die konzentrischen Kreise zu erarbeiten. – Die zweite Kategorie sind die in soziologischem Sinne jungen Menschen, die die allgemein bekannten Schranken des Kindesalters bereits hinter sich gelassen, den durch Familiengründung und Beruf bedingten Einschränkungen aber noch nicht unterworfen sind. – Meine dritte Hoffnung setze ich auf die alten Leute, die nicht mehr viel zu verlieren haben, keine Verantwortung für die vielen Möglichkeiten eines vor ihnen stehenden langen Lebens tragen und sich infolgedessen von der Tugend der oft mit Kompromissen verbundenen Klugheit gewissermaßen entbunden fühlen können. – Die vierte Kategorie bilden die Kleingruppen. Bei ihnen sehe ich am ehesten gewährleistet, dass sie den richtigen Weg zwischen dem seelenlosen allgemeinen Gesetz und der durch persönliche Interessen verfälschten individuellen Stellungnahme finden: Dadurch, dass sie einander kennen und lieben, sind sie imstande, als relativ beste Gewissenskriterien zu dienen.[970]

Einige konkrete Beispiele sollen die obigen eher grundsätzlichen Gedankengänge illustrieren. Treffend ist die Feststellung Hugo Rahners: „Wie ich nicht sage, dass der entzückende Morgentau, der nach einer Sommernacht auf den Blumen liegt, H_2O sei (obwohl das durchaus richtig ist), so kann ich auch nicht die Menschenherzen mit der Tatsache hinreißen, dass die heiligmachende Gnade ein accidens physicum sei."[971]

Die Verkünder des Wortes sind oft versucht, eine Art „verkürzte Kommunikation" zu verwenden. Dazu ein anschauliches Beispiel aus dem kommunistischen Ungarn. Eine Anekdote erzählt, dass die Parteisekretäre im Laufe des Fünfjahresplanes den Anbau von Rüben propagieren sollten. Sie begannen die Argumentation mit dem Allgemeinen, um dann zum Konkreten zu kommen: Der Sozialismus ist gut, ... der Sozialismus braucht Fünfjahrespläne, ... die Wirtschaftspolitik verlangt die Produktion von Mangelwaren ... Jetzt ist die Rübe Mangelware... Am Ende des Propagandafeldzuges war der Vortrag diese Kette von Argumenten schon zu langweilig, und die Parteisekretäre haben die Rede verkürzt: „Genossen, ihr sollt Rübe anbauen, weil die Rübe ein politisches Gewächs ist." – Auch in der religiösen Sprache sollte man nicht mit jenen Teilen der Aussage sparsam umgehen, die das Verständnis erleichtern, z. B. „Der Priester ist bereit, für andere Zeit und Energie einzusetzen, auch wenn er dies als Opfer erlebt, in der Nachfolge des kreuztragenden Jesus" ist für breitere Kreise verständlich als die Kurzform: „Er ist bereit, das Kreuz anderer zu tragen."

Absolut vermeiden sollte man in der Kirche, solche Lieder singen zu lassen, deren Text nur durch klein gedruckte Fußnoten richtig verstanden werden kann. – „Mir nach, spricht Christus, unser Held, ‚mir nach, ihr Christen alle! Verleugnet euch, verlasst die Welt, folgt meinem Ruf und Schalle; ...' – In der Fußnote wird klargestellt, dass die Autoren (T: Angelus Silesius / Johannes Scheffler 1668, M: Bartholomäus Cäsius 1605 / Johann Hermann Schein 1628) keineswegs ein Eremitendasein propagieren wollten: „Anmerkung: ‚Welt' (Strophe 1) wird vom Dichter hier als Inbegriff des Gottwidrigen verstanden (1. Johannesbrief 2,15–17). Fern davon, Weltflucht zu predigen, ruft sein Lied gerade zur Bewährung der Nachfolge Jesu in der Welt auf."[972]

Wir verwenden viel zu oft anachronistische Ausdrücke. Wir haben die Anreden „Eminenz" und „Exzellenz" für Kardinäle und Bischöfe knapp hinter uns gelassen, verwenden aber immer noch Bezeichnungen, die für einen aufgeklärten Christen als komisch, bizarr, museal oder im Widerspruch zum Evangelium stehend erscheinen müssen: „Hochwürden" für die Amtsträger der Kirche des Gekreuzigten, „Heiliger Vater" und „Heiliger Stuhl" für die Nachfolger und für das Amt des seinen Meister dreimal verleugnenden Petrus, „Pater Magister" für die Novizenmeister, die den Novizen die bedeutungsvolle Forderung Jesu näher bringen sollen: „Nennt niemanden Meister ... Nennt niemanden Vater ..." (Mt 23,8–10).

Wer kein Priester oder Bischof in der Kirche ist, wird „Laie" genannt.[973] Obwohl das Wort im Alltagsgebrauch einen negativen Sinn beinhaltet: Nichtfachmann, Ungelernter. Die Kirchenkonstitution des II. Vatikanums gibt eine positive Definition: „... die Christgläubigen, die, durch die Taufe Christus einverleibt, zum Volke Gottes gemacht und des priesterlichen, prophetischen und königlichen Amtes Christi teilhaftig, zu ihrem Teil die Sendung des ganzen christlichen Volkes in der Kirche und in der Welt ausüben" (Abschnitt 31). Eine schöne Theologie, aber außerhalb der Theologie nicht verwendbar. – Warum reden wir nicht einfach von „Christen"? Die Kirche besteht aus „Christen", „Christen im Priesteramt" und „Christen in Ordensgemeinschaften". Für die beiden letzten Kategorien gelten ja auch im Wesentlichen die Rechte und Pflichten aller Christen. „Bundestagsabgeordnete" sind auch „Bürger", trotzdem genügt es, die beiden Ausdrücke zu verwenden, um Klarheit zu schaffen.

In unserem Credo verwenden wir ein Wort, das ohne zusätzliche Erklärung nur falsch verstanden werden kann: „Ich glaube an Gott, den allmächtigen Vater, Schöpfer des Himmels und der Erde, und an Jesus Christus, seinen *eingeborenen* Sohn, unsern Herrn ..." Nun bedeutet das Wort „der Eingeborene" für jedes Kind deutscher Muttersprache laut Duden den „Angehörigen eines Naturvolkes, den Ureinwohner" und nur im christlichen Sprachgebrauch (in anderen Fremdwörterbüchern „veraltet") den „einzigen".

An Stelle des Ausdruckes „Zölibat" sprechen wir von „Ehelosigkeit". Streng genommen würde das bedeuten, dass dem Priester alle positiven Möglichkeiten der Sexualität und der Erotik offen stehen, nur die Verpflichtungen und Belastungen der Ehe und Familie darf er nicht auf sich nehmen.

Die Kirche ist eine Institution, die den Menschen dienen soll. „Zu dieser dienenden Rolle gehört auch, dass sie versuchen muss, eine dialogische Kirche zu sein und eine Sprache zu sprechen, die der Mensch von heute versteht. Es braucht auch eine Akzentverschiebung hin zu einer kooperativen Autorität. Das hat der Apostolische Nuntius in der Schweiz, Erzbischof Rauber, gemeint, wenn er gesagt hat, dass man auf das Wort ‚Hierarchie' verzichten sollte. Es drückt nämlich das Amt der Apostel alles andere als treffend aus."[974]

Die Tradition kann ganz absonderliche Formulierungen „verewigen". Als ärgerliches Beispiel dient der Sprachgebrauch im Jesuitenorden. Die offizielle Bezeichnung der obersten Vorgesetzten aller Jesuiten heißt „praepositus generalis", auf Deutsch „allgemeiner Vorgesetzter". Fast ausnahmslos redet man über ihn und redet ihn an als „Pater General", was nicht nur eine lächerliche Formulierung ist (das Adjektiv an Stelle des Substantivs), sondern noch zusätzlich militärische Assoziationen mittragen kann.

Eine verfeinerte Analyse könnte noch viele Sprachprobleme aufdecken, wie z. B. die Dienstanweisung des Teufels: „Wir erzeugen diesen Sinn für das Eigentum nicht allein durch Hochmut, sondern auch durch Verwirrung. Wir lehren sie die unterschiedlichen Bedeutungen des besitzanzeigenden Fürwortes übersehen. (Diese so fein gearteten Unterschiede, die von ‚meine Schuhe' weiter zu ‚mein Hund', ‚mein Diener', ‚meine Frau', ‚mein Vater', ‚mein Meister', ‚mein Vaterland' bis hin zu ‚mein Gott' reichen.) ... Und am andern Ende der Skala haben wir die Menschen ‚mein Gott' sagen gelehrt, in einer nicht sehr unterschiedlichen Weise von ‚meine Schuhe'[975].

Die radikale Reform der Sprache in der Kirche kann nicht von einer Person, auch nicht von einer Gruppe von Fachleuten desselben Faches geleistet werden. Eine lange, interdisziplinäre Arbeit von Theologen, Religionssoziologen, Sprachwissenschaftlern usw. ist notwendig, die Aufgabe ist aber unaufschiebbar.

6.2. Die Bibel

Von einem Fachmann der Bibelwissenschaften hörte ich einmal: „Gott hat uns das Glauben nicht leicht gemacht." Auf die Frage, warum die wichtige Quelle unseres Glaubens so viele Unverständlichkeiten und Unmenschlichkeiten enthält, kann der Kulturhistoriker einige Antwortannäherungen anbieten. – Das Problem wird dadurch noch größer, dass die meisten Katholiken falsche Vorstellungen von der Bibel haben, wie das etwa eine österreichische Untersuchung zeigt: „In der Bevölkerung sind mehr falsche als richtige Vorstellungen von der Bibel verbreitet. Die Bibel wird unter anderem als religiöse Dichtung ohne Wahrheit, als literarische Sammlung orientalischer Weisheiten, als historisches Dokument oder als Rezeptbuch missverstanden. Die Hauptursache für falsche Vorstellungen ist nach Expertenmeinung ein zu wörtliches Auffassen der Bibel. Außerdem sind noch Ansichten, die aus der volkskirchlichen Tradition stammen, vorhanden wie: dass eine intensive Beschäftigung mit der

Bibel protestantisch sei oder dass man die Bibel ohne Auslegung eines Priesters nicht verstehen könne. Die Bibel wird zwar von einem Teil der Bevölkerung als ‚Heilige Schrift', als ein für das religiöse Leben bedeutendes Buch angesehen, aber diese Hochachtung ist besonders im ländlichen Milieu kulthaft, und der Inhalt der Bibel wird kaum zur Kenntnis genommen. Insgesamt gibt es also einen großen Nachholbedarf an Aufklärungsarbeit."[976]

Diese Aufklärung sollte allerdings nicht die völlig hoffnungslose Zielsetzung haben, den Christen eine „kleine Theologie" zu vermitteln. Man soll davon ausgehen, dass die Bibel viele, für Nichtfachleute unlösbare Probleme beinhaltet. – Ein einleuchtendes Beispiel, ausgewählt aus einer großen Menge: Jesus sprach eindeutig von seinem Heilswillen, der *für alle Menschen* gilt (Mt 28,12–20 – Mk 16,15 – Lk 24,47). Was kann dann der Durchschnittsleser mit dem Text anfangen: „Euch ist das Geheimnis des Gottesreiches gegeben: die Außenstehenden aber erhalten alles in Gleichnissen, so dass sie hinsehen und doch nicht sehen, hinhören und doch nicht verstehen, so dass sie sich nicht bekehren und Vergebung finden." (Mk 4,10) – Oder welche Bereicherung findet er aus der Lesung eines schwierigen Satzes des Apostels Paulus im Römerbrief, z. B. 5,12 (in der Fußnote der sehr gründlichen Bibel de Jérusalem: „Sens controversé."[977]).

Aber selbst der Fachmann muss sich anstrengen, einigermaßen plausible Interpretationen zu finden: „Noch abgesehen von der heteronomen Denkwelt, in der eine solche Vorstellung der Inspiration daheim ist, bringt diese für den kritischen Geist eine Menge Ungereimtheiten mit sich. Wie kann Gott sich selbst widersprechen, z. B. indem er Jesus (bei Lukas) nach der Darstellung im Tempel in aller Ruhe nach Nazareth zurückkehren lässt und ihn (bei Matthäus) nach dem Besuch der Sterndeuter in aller Eile nach Ägypten fliehen lässt? Und wie kann das Wort Gottes im Widerspruch stehen zu historisch oder wissenschaftlich sicheren Erkenntnissen, z. B. indem er die Hasen unter den Wiederkäuern ordnet; wie in Levitikus 11? Dazu erlaubt sich das ewige und unabänderliche Wort Gottes Aussagen, die so durch und durch zeit- und kulturbedingt sind, dass man sie mit dem besten Willen nicht für ewig und unabänderlich halten kann. Denkt z. B. an die Aufzählung von Strafen in Levitikus 20. Das Magisterium glaubt übrigens auch selber nicht an diese Unabänderlichkeit und Ewigkeit, denn es legt Mengen von Vorschriften aus dem Alten Testament (deren Vorlesung im so genannten Wort-gottes-dienst oft abgeschlossen wird mit dem feierlichen Ruf: ‚Wort des lebendigen Gottes‘) ohne Skrupel zu den Akten, sogar sehr heilige Vorschriften, wie die Beschneidung oder die Sabbatruhe oder das Verbot (auf dem die Todesstrafe steht, siehe Levitikus 17.14), Blut zu genießen, oder die sehr detaillierten Opferbestimmungen. Wie kann das Lehramt sich solches erlauben, wenn diese Vorschriften geradewegs von Gott kommen, und wenn sie dazu noch von Jesus in seiner Bergpredigt (Mt 5,18) für auf ewig gültig erklärt werden, und sogar bis zum letzten Häkchen und Tüpfelchen? Das Lehramt nimmt es sogar mit eigenen Worten Jesu nicht so genau, wie mit seinem Verbot, Eide zu schwören.“[978]

Bei der Bibel haben wir es mit einem ganz spezifischen Buch zu tun, unter bestimmten Aspekten allerdings vergleichbar mit vielen anderen Schriften, die vor Jahrtausenden entstanden sind. „Schon der kulturelle Unterschied zwischen Bibel und der heutigen Zeit ist so groß geworden, dass ein verantwortlicher Umgang mit der Bibel allemal äußerst schwer und anspruchsvoll geworden ist. Wenn jemand nicht völlig enthusiastisch-naiv an die Bibel herangeht, kommt er nicht um die Feststellung herum, dass ein jetzt schon tiefer und breiter und immer tiefer und breiter werdender Graben klafft zwischen dem Entstehungshorizont der Bibel und der Jetztzeit. Ihn einfach leugnen zu wollen, hilft nicht. Es bedarf da mühsamer Übersetzungs- und Erläuterungsarbeit. Wenn schon diejenigen, die vor allem im gottesdienstlichen Rahmen mit der Bibel allsonntäglich konfrontiert werden, sich hier schwer tun, um wie viel mehr gilt dies für solche, die seit langem der Sprache und Vorstellungswelt des Christentums entfremdet sind.“[979]

Um die Schwierigkeiten dieser allerwichtigsten Lektüre zu mildern, entstanden Bibelausgaben verschiedenster Art. Einige Beispiele in deutscher und ungarischer Sprache aus den verschiedenen Punkten einer sehr breiten Palette:

Lange diskutiert wurde eine Bibelübersetzung in frauengerechter Sprache.[980]
Basistext des Bibelprogramms „Wort und Leben“[981]
Da Jesus und seine Hawara. Wien-Evangelium[982]
Fiatalok Bibliája[983]
Das Neue Testament für Menschen unserer Zeit[984]
Parasztbiblia. Magyar népi biblikus történetek[985]
Glücklich, wer Lust hat an der Weisung JHWHs[986]
444 Menschen der Bibel. Das illustrierte Who is who[987]

Neukirchener Erzählbibel[988]
Die Familienbibel[989]
Hausbibel[990]
Schulbibel[991]
Die Heilige Schrift. Volksausgabe[992]
Das Neue Testament. Volksausgabe[993]
Dünndruckausgabe[994]
Großdruck-Plastikausgabe[995]
Taschenausgabe[996]
Jugendbibel Neues Testament[997]
Die Bibel aktuell[998]
Das Neue Testament leseleicht[999]

Der Versuch wird also übernommen, die Lesung der Bibel für verschiedene Kategorien von Christen zu erleichtern: für Kinder, für die, die schlechte Augen haben, für die, die kein Hochdeutsch, sondern nur den Wiener Slang beherrschen usw. Die große Frage ist, ob diese löbliche Anstrengung die richtige ist, ob die Aufteilung nach obigen Kategorien die optimale ist, ob nicht andere Kriterien eine noch wichtigere Funktion erfüllen könnten. Ich denke an eine Differenzierung nach religiösen Kenntnissen bzw. Interessen. Wie ich nämlich auch den Text der Schrift in Hinblick auf die Plausibilität obigen und ähnlichen Strukturen anpasse, grundlegende Probleme bleiben (fast) identisch: Für alle Leser beginnt das erste Kapitel des ersten Evangeliums mit der Aufzählung von mehr als 40 fremd klingenden Namen, aus denen man nur mit intensivem Theologiestudium etwas für das christliche Leben Nützliches ableiten kann.

Sollte man nicht dem Beispiel der Spielzeugindustrie folgen? Sie geben an: für 4–6 Jahre alte Kinder, für 5–10 Jahre alte Kinder usw. im Bewusstsein, dass das nicht dem Kindesalter angepasste Spiel nur Ärger verursacht: den Kindern, die damit nichts anfangen können oder das Spiel zu langweilig finden, den Eltern, die umsonst Geld ausgegeben haben, und dem Verkäufer, von dem kein zweites Spiel gekauft wird.

Ähnlich sollte die Lesung der Bibel mit aller Kraft propagiert werden, allerdings stufenweise, und nicht *die ganze Bibel allen Christen.* Selbstverständlich darf jeder lesen, was er will. Jeder Mensch hat das Recht auf die ganze Bibel.

Die Verkündigung sollte aber nicht lauten: „Lest die Bibel!", sondern: „Jeder soll *jene* Bibel lesen, die ihm seelische und geistige Bereicherung, normative Unterstützung bringt": Die Ausgabe „A" haben wir schon: die Bibel in Griechisch bzw. Hebräisch: die einzig richtige Form für die

Fachleute, die den anderen Christen mit einschlägigen Interpretationen behilflich sind. – Die Ausgabe „B" ist auch in verschiedenen Ausführungen zu finden, leider ohne deutliche Angabe, dass es dabei um eine Ausgabe „B" geht. Sie ist eine Bibel mit dem vollständigen Text einer lebenden Sprache, jeder Teil mit einer ausführlichen Einleitung versehen, und der Text mit Hilfe vieler Fußnoten verständlicher gemacht. Eine Ausgabe für religiös hochgebildete Intellektuelle, die noch dazu so viel Zeit aufbringen können, dass sie auch die erklärenden Texte lesen können. – Fast vollständig fehlt eine Ausgabe „C" (und eventuell auch noch eine Ausgabe „D"), in der die ewig schönen und allgemein verständlichen Texte der Schrift in lesbare Form gebracht werden, und die übrigen Texte nur kurz zusammenfassen, in der heutigen Sprache als Brücke zwischen den eigentlichen Schrifttexten formulieren, immer darauf verweisend, dass jeder das Recht hat, die Ausgaben „A" oder „B" zu konsultieren, wenn er daraus sich geistig-seelische Vorteile für sein Alltagsleben verspricht.[1000]

6.3. Die Eucharistie

Eine Verpflichtung für Katholiken, an jedem Sonn- und Feiertag an der Messe teilzunehmen, und deshalb, trotz sehr starker Erosionen, die beste Möglichkeit, mit den Gläubigen Kontakt zu pflegen, gemeinsam zu feiern und das Wort Gottes in Erinnerung zu rufen. Diese grobe Funktionsbeschreibung müsste allerdings radikal überlegt und die Veränderung der Veranstaltung nach den Kriterien der Funktionen eventuell genauso radikal vorgenommen werden, wobei die Funktion nicht die einzige bedeutsame Perspektive ist.

Eine radikale Funktionsänderung wurde bereits dadurch vollzogen, dass die römische Kirche auf das jahrhundertelang verwendete, hervorragende Einheitssymbol der lateinischen Sprache verzichtet hat, um die liturgischen Texte für alle verständlich zu machen. – Hier zeigt sich, wie ‚unvollendet' bzw. in die Zukunft weisend die Arbeit des II. Vatikanums war: Durch die Verwendung der Landessprache verstehen die Besucher erst recht, dass sie die Texte nicht verstehen. Man könnte sagen: Die bisherige Liturgiereform provoziert eine radikale Reform der verwendeten Texte.

Schon Luther hat die Unverständlichkeit der Liturgie gegeißelt: „Gegrüßet seistu Maria vol gnaden ... Und welcher Deutscher versteht, was gesagt sey vol Gnaden? Er mus dencken an ein fas vol bier oder beutel vol geldes ..."[1001]

Die Frage der Funktionen enthält u. a. zwei Aspekte: die *Motivation,* weshalb Leute die Messe besuchen, und die Tatsache, ob sie *bereichert* nach Hause gehen.

Die Motivation muss ein echter, eine gewisse Kategorie von Menschen existentiell angehender Anlass sein, wie Geburt, Trauung, Tod, Naturkatastrophen, Jubiläen usw. oder aber die Hoffnung, nach dem Gottesdienst die zweite Frage beantworten zu können (zwei Fragen, die miteinander oft verbunden sind). Ganz sicher keine Motivation bedeutet die Feststellung, dass heute gerade der 24. Sonntag im Jahreskreis oder der Todestag des heiligen Hilarius ist. – Ein noch schwierigeres Problem entsteht dadurch, dass die Messen im Wesentlichen einem Schema folgen, die Teilnehmer aber sich aus verschiedenen Kategorien rekrutieren. Natürlich hängt die Motivation auch davon ab, ob der Teilnehmer höhere Schulen besucht hat oder nicht, wie alt er ist, usw. Ein ganz allgemeines Problem unserer Einheitsmesse darf aber auch nicht vergessen werden: Sie verwendet eine Sprache und eine Symbolik, die ausschließlich für Personen geeignet ist, die diese esoterische Sprache verstehen.

Es ist nicht möglich, hier den gesamten Text der Messe zu analysieren, und noch weniger ist es für mich allein möglich, vernünftige Gegenvorschläge zu machen (eine langwierige interdisziplinäre Arbeit verschiedener Fachgruppen). Aber zur Klarstellung des Gemeinten einige Punkte:

Zuallererst werden die Teilnehmenden mit der altehrwürdigen und tiefsinnigen Positionierungsformel konfrontiert: „Im Namen des Vaters und des Sohnes und des Heiligen Geistes". – Ich wage zu behaupten, dass es in unserer Kultur kaum noch einen Ausdruck mit komplizierterem Gehalt gibt, wo die Kenntnis der philosophischen und theologischen Hintergründe (Begriffe der Hypostase, des einen Wesens von drei Personen, der Inkarnation usw.) den eigentlichen Sinn vermittelt und grobe Missverständnisse vermeidet. – Dann folgt die gegenseitige Begrüßung: „Der Herr sei mit Euch! – Und mit Deinem Geiste!" Sicherlich keine alltagssprachliche Formulierung. (Ruf und Antwort in einer lateinamerikanischen Kirche: „Der Herr ist mit Euch! Er ist mitten unter uns!")[1002]

Und dann folgen die weiteren Texte, die ohne theologische Deutung genauso unverständlich sind: Der Auferstandene *fährt,* und zwar fährt *hinauf,* und dann *sitzt* er *zur rechten Seite* des Vaters. Oder der Satz im Gebet des Herrn: „Und führe uns nicht in Versuchung": Selbst die Exegeten können nur Hypothesen entwickeln, wie die Interpretation lauten könnte. Die Reihe ähnlicher Probleme könnte noch lange weitergeführt werden. – Was folgt daraus?

Offenkundig entspricht grosso modo die jetzt gebräuchliche Form der Messe mit ihrer esoterischen Sprache der heiligen Tradition einer gewissen Kategorie von gläubigen Katholiken, denen nämlich, die die Messe von Zeit zu Zeit besuchen. Die Zahl dieser Teilnehmer sinkt allerdings. Wäre es nicht höchst an der Zeit, *auch andere Formen* der Eucharistie „den anderen" anzubieten, ohne die heutige Form abzuschaffen? Dies ist allerdings nicht möglich, ohne die Sonntagspflicht (mit einigen etwas fragwürdigen pädagogischen Vorteilen) zu opfern. – Die Frage ist aber unausweichlich: Sonntagspflicht mit immer weniger Teilnehmern, oder aber ein plurales Angebot, wo jeder (auch ohne Verpflichtung) motiviert genug ist, an jener Messe teilzunehmen, die seinem Kenntnisstand vor allem in religiöser Hinsicht entspricht. – Das Wenigere, aber Angepasstere und Angemessenere würde auch hier, wie in vielen anderen Bereichen menschlichen Zusammenlebens, ein Mehr an Ertrag bedeuten. – Wäre das nicht die berechtigte Anwendung der vierfachen paulinischen Aufforderung zur Anpassung? (1 Kor 9,20)

6.4. Pastorale Kriterien und Strukturen

Oft hat man den Eindruck: Wenn Theorie bedeutet, dass man alles weiß, aber nichts funktioniert, und Praxis bedeutet, dass alles funktioniert, nur niemand weiß, warum, dann gelingt in der Kirche die Synthese: Es funktioniert nichts, und niemand weiß, warum.

Eine Arbeitsgruppe sollte versuchen, jene pastoralen Konsequenzen zu erarbeiten, die aus den bisher behandelten Themen dieses Buches abgeleitet werden sollten. Der Religionssoziologe kann hier nur einige besonders wichtige formale Aspekte anführen, eine Art Plattform bauen für die eigentliche, sehr schwere und langwierige Arbeit zusammenstellen, die in einigen Generationen zur radikalen Erneuerung der Kirche führen könnten – umso wichtiger ist es, mit der Arbeit heute schon zu beginnen!

Hierarchie der Werte

Der erste Eckpunkt wäre die scharfe *Unterscheidung zwischen sehr wichtigen und weniger wichtigen Glaubenslehren* und Handlungsmuster. Etwa in dem Sinne, wie der bekannte Theologe G. Greshake auf die Frage antwortet, wie sich Schwerpunktsetzungen von Theologie auswirken müssen. „Beispielsweise dadurch, dass wir in der Theologie viel stärker als bisher mit dem Gedanken der ,Hierarchie der Wahrheiten'[1003] Ernst machen, einem der äußerst wichtigen, doch heute eher vergessenen Anstöße des Zweiten Vatikanums. Es geht letztlich nicht darum, eine Vielzahl von Glaubenswahrheiten ,in sich' zu vermitteln, sondern um ihre Bündelung auf eine Mitte hin, die sowohl das christliche Mysterium zusammenfasst, als auch den Punkt bildet, um dessentwillen der christliche Glaube als eine faszinierende ,Sache' erscheint und deshalb entgegengenommen werden kann. Man hat zwar über die innere Zuordnung der einzelnen Glaubenswahrheiten nachgedacht, dabei aber m. E. zu wenig berücksichtigt, dass der so ,geordnete', die Hierarchie der Wahrheiten berücksichtigende Glaube auch den Zeitgenossen erreichen muss. Ich kann nicht verständlich machen, warum etwa Maria, die Sakramente, das Fegefeuer oder der Papst wichtig sind, wenn ich dem Menschen von heute nicht gleichzeitig oder besser: vorher einen Schlüssel an die Hand gebe, von dem her die Vielzahl der christlichen Glaubenswahrheiten plausibel wird."[1004]

Oder in dem typischen Sprachduktus von Karl Rahner in seinen Vorschlägen, eine Kurzformel des Christentums zu formulieren: „Zu den hinsichtlich solcher Kurzformeln grundsätzlich zu stellenden Fragen gehört natürlich auch die, was eigentlich in einer solchen Grundformel ausgesagt und was weggelassen werden kann. Dass eine solche Grundformel keine Kurzfassung einer systematischen Dogmatik sein darf, ist wohl klar. Sie kann nicht gleichzeitig alles das aussagen, was das Glaubensbewusstsein der Kirche ausmacht. In keinem bisherigen Glaubensbekenntnis vor Trient war alles gesagt worden, was zum christlichen Glauben gehört. Die Lehre von der ,Hierarchie der Wahrheiten' im Zweiten Vatikanischen Konzil sagt ja, dass nicht alles, was wahr ist, deswegen auch schon gleich bedeutsam sein müsse. Eine Grundformel müsste nur das enthalten, was von fundamentaler Bedeutung ist und von dem aus an sich und grundsätzlich das Ganze des Glaubens erreicht werden kann."[1005] Es handelt sich hier um Entscheidungen von großer Tragweite, mehr oder weniger unabhängig von der Globalität des Themas. Generationen kann man falsch erziehen, wenn man sich in der Verkündigung mehr mit dem Kardinalskollegium als mit dem Sinn der Erlösung beschäftigt. Ein Exjesuit, der seine frühere Ordensgemeinschaft weiterhin als treuer Anhänger betrachtete, bringt zu diesem Problem als Beispiel den chinesischen Ritusstreit. Die Missionare haben versucht, sich in zweitrangigen Themen den Ortssitten anzupassen, um die Akzeptierung des Wesens des Christentums für die Chinesen zu ermöglichen. Die Unfähigkeit römischer

Kreise, die hier behandelte Differenzierung vorzunehmen, hat die China-mission um Jahrhunderte zurückgeworfen.[1006]

In einem eigens für Kinder redigierten Teil einer sonst bemerkenswert guten katholischen Zeitschrift können die kleinen Leserinnen und Leser Punkte sammeln (und am Ende Geschenke erhalten), wenn sie Fragen beantworten wie z. B. „Wie hat Boas die Erntearbeiter begrüßt?" „Wer war der Begleiter von Tobias und unter welchem Namen hat er sich vorgestellt?" „Was ist die Septuaginta, die Itala und die Vulgata?"[1007] – Verständlich ist die Absicht, die Kinder zu motivieren, in der Bibel zu stöbern und zu suchen. – Mit der angewendeten Methode wird die Aufmerksamkeit der Kinder allerdings in eine gefährlich falsche Richtung gelenkt.

Solange die heutigen Strukturen in der Kirche herrschen, wäre mindestens eine deutliche Arbeitsteilung zwischen den Priestern, den ständigen Diakonen und den Christen ohne Amt, allerdings auf Grund ganz neuer Rollen- und Funktionsdefinitionen, wichtig. Anders ausgedrückt: Bevor verheiratete Männer und Frauen zu Priestern geweiht werden können, sollten die hier und jetzt möglichen kosmetischen Operationen durchgeführt werden. Ein Beispiel dafür liefern Richtlinien aus Würzburg: „Wie im vergangenen Jahre der Erzbischof von Freiburg ..., so hat ... jetzt auch der Bischof von Würzburg Richtlinien zur Vereinfachung der Seelsorge herausgegeben. Sie wollen ‚auf weite Sicht' durch Ordnung der priesterlichen Tätigkeiten, Heranziehung der Laien an ihren ‚gottgegebenen Platz' und Konzentration der Seelsorge auf das Wesentliche die Wirksamkeit des Priesters erhöhen. Mehr noch als in den Freiburger Richtlinien wird die Entlastung der überbeschäftigten Seelsorger von Routinearbeit und Terminkalender angestrebt. – Die Entlastung soll durch Einschränkung der Gottesdienste und des priesterlichen Religionsunterrichts, Vereinfachung der Vereins- und Organisationsarbeit erreicht werden. – Alle Binationsvollmachten werden neu geregelt, wobei ein strengerer Maßstab an das seelsorgliche Bedürfnis angelegt wird. Die Filialgottesdienste werden eingeschränkt. Abendmessen sind nur nach sorgfältiger Prüfung gestattet; ‚sie dürfen der Entseelung des Sonntags oder der Bequemlichkeit nicht Vorschub leisten'. Die Bination an Werktagen aus Anlass von Trauungen oder Beerdigungen wird in Gemeinden unter 2000 Seelen nicht mehr gestattet. In der Urlaubszeit werden die Sonntagsgottesdienste nötigenfalls der Zahl nach eingeschränkt; an zwei bis drei Sonntagen darf die Predigt ausfallen.

Ein Seelsorgsgeistlicher darf nicht mehr als 18 Wochenstunden, im ersten Dienstjahr nicht mehr als 14 Stunden Religionsunterricht erteilen. An den Volksschulen soll ein Pfarrer höchstens sechs Stunden, ein Kurat acht, ein Kaplan nicht mehr als zwölf Unterrichtsstunden halten. Die übrigen Stunden sollen, soweit sie nicht von den planmäßigen Lehrern erteilt werden, durch haupt- oder nebenamtliche kirchliche Lehrkräfte aus dem Laienstand gegeben werden, wenn nicht Geistliche in der Nachbarschaft dafür zur Verfügung stehen. – Die Organisationsarbeit und die Vereinstätigkeit sollen vor allem der Schulung der Laien für die ihnen wesensgemäßen Aufgaben im Reich Gottes dienen. Dem Priester fällt dabei die Ausbildung und Weiterbildung der Führerschaft zu. Sie soll aber möglichst nicht dem Pfarrseelsorger aufgebürdet werden, sondern sich auf überpfarrlicher Grundlage vollziehen. Ein Sonntag im Monat soll im Interesse der Familie und der Geistlichen grundsätzlich von Veranstaltungen frei bleiben. Der Seelsorger soll sich drei Abende wöchentlich von der Vereinsarbeit freihalten. Der regelmäßige wöchentliche Besuch aller Jugendgruppen ist ihm nicht zuzumuten. Er soll sich hauptsächlich der Betreuung der Führungskräfte widmen und auch die Seelsorge an der nichtorganisierten Jugend nicht vernachlässigen. – Laien sollen herangezogen werden als Helfer im Gottesdienst und Unterricht, besonders im Einzelunterricht, in der Seelsorge, Pfarrkarteiarbeit, Rechnungsführung, Kirchensteuererhebung, Statistik, Korrespondenz und Caritasarbeit.

Die Priester sollen die ihnen persönlich bleibende Zeit auf die Pflege des geistlichen Lebens, der geistigen Fortbildung, die priesterliche Geselligkeit und Gemeinschaft sowie die nötige Erholung verwenden. Sie sollen wöchentlich einen ganzen oder wenigstens einen halben Tag frei haben und den jährlichen Urlaub ausnützen. Vertretungsschwierigkeiten sollen möglichst durch nachbarliche Aushilfe überwunden werden. Die Dekane sind dafür verantwortlich, dass alle Geistlichen ihren Urlaub erhalten."[1008]

Besonders wichtig scheint mir das *Denken in „konzentrischen Kreisen"*, wie das etwa in Zusammenhang mit der Bibel in diesem Buch behandelt wurde. „Darum noch einmal zurück zu unserer Ausgangsfrage: Wie gehen wir pastoral sinnvoll mit dem Phänomen der genannten Asymmetrie (zwischen aktiven und inaktiven Mitgliedern der Kirche) um? Zunächst eine theologische Vorüberlegung: Das Zweite Vatikanische Konzil hat in der Kirchenkonstitution (Lumen gentium 13–16) das Modell der konzentrischen Kreise benutzt, um ein offeneres, dialogisches Verhältnis zwischen der katholischen Kirche und den anderen Kirchen, Religionen und Weltanschauungen zu begründen. Dieser Ansatz hat inzwischen auch eine große innerkatholische Relevanz erhalten: Wie es nämlich – je nach ausdrücklich gelebtem Glauben – verschiedene Grade der Beziehung und der Zugehörigkeit zum Volk Gottes (im weiteren Sinn) gibt, und nicht nur ‚drinnen‘ und ‚draußen‘, ‚Heil‘ und ‚Unheil‘, so kann dies analog durchaus auch für die Kirche im engeren, institutionellen Sinn gelten: eben je nach dem Maß, in dem die grundsätzlich akzeptierte Kirchenmitgliedschaft persönlich aktiviert und die jeweilige Beziehung zur Kirche öffentlich zum Ausdruck gebracht wird; über den existentiellen Glaubens- und Gnadenstand der Einzelnen ist damit allein noch nichts ausgesagt.“[1009]

Fernstehende

Dasselbe Problem von einer anderen Seite betrachtet beinhaltet den Imperativ, Fernstehenden viel mehr Aufmerksamkeit zu widmen. Tatsache ist nämlich, dass die allermeisten Institutionen, Handlungen, Riten und Aktionen der Kirche (ausgehend aus den Strukturen, die der Klerus geplant und eingeführt hat) nur für den „innersten“ der „konzentrischen Kreise“ brauchbar bzw. nutzbringend ist. Es gibt aber noch viele weitere „Kreise“ von den Nicht-Christen, aber für das Christentum Interessierten bis zu den „Rand-Christen“, die zu uns gehören, aber nur eine ganz schwache Beziehung zu wesentlichen Elementen unserer Glaubensgemeinschaft aufweisen. Die Aufgabe der Kirche darf aber nicht allein auf eine „intensive Bewirtschaftung nach innen“ eingeengt werden.

Bemerkenswerte Ideen finden wir etwa in den Thesen, die in einer Tagung in Wien formuliert wurden: „In der Frage, was nun praktisch getan werden kann, um die Fernstehenden anzusprechen und für das kirchliche Leben wiederzugewinnen, ergaben sich in den verschiedenen Referaten und Erfahrungsberichten große Übereinstimmungen. ...

1. Sehr nachdrücklich wurde die Neugestaltung der Liturgie gefordert .... Die gegenwärtigen Formen sind dem Volk, insbesondere der Arbeiterschaft, kaum verständlich. Sie müssten vereinfacht und den heutigen Menschen angepasst werden, wobei die Einheitlichkeit der Form aufgelockert werden sollte. ... Statt einer begrenzten und jedes Jahr wiederkehrenden Anzahl der Schriftstellen im Gottesdienst wäre ein möglichst großer Teil der Heiligen Schrift zu verwenden.

2. Die Gelegenheiten, bei denen der Priester auch Fernstehende vor sich hat: Taufe, Erstkommunion, Trauung und Begräbnis, müssten viel

mehr genützt werden. Der Priester sollte sich bei der Gestaltung der Feier und in der Wahl seiner Worte immer vor Augen halten, wie dies auf die Fernstehenden wirkt.

3. Dem Wort und insbesondere der Predigt müsste größeres Gewicht zukommen. Die ‚Dimension des Wortes' müsste gleichsam neu entdeckt werden in einer volksnahen, in einfacher Sprache gehaltenen Predigt, die nicht primär Dogmatik lehrt und Moral predigt, sondern zum Menschen spricht. Von den Priesterseminarien sagte Pfarrer Michonneau, dass sie kaum bemüht oder befähigt sind, richtige Prediger auszubilden.

4. Bildung echter Gemeinschaften, in denen sich der Mensch als Person erlebt und die christliche Liebe spürbar wird. In den Großstädten Gliederung in kleine Gemeinschaften (Sprengel) mit regelmäßigem Hausbesuch des Laienhelfers und des Priesters sowie Diskussionsabende mit Familien in den Pfarrsprengeln ...

5. Ausbau von Diensten, die auch den Nichtpraktizierenden angeboten werden, wie Pfarrkindergärten, Horten, Pfarrbibliothek, Familienhilfe.

6. Ein monatliches Pfarrblatt, das modern gestaltet und mit dem Blick auf die Fernstehenden geschrieben und in alle Familien getragen wird. Dazu Mütterbriefe zur Erziehung der Kleinkinder und Briefe zum Geburtstag. Diese Bemühung der einzelnen Pfarrer müsste von einer Änderung des gesamten seelsorglichen Klimas begleitet sein: durch Präsenz der Kirche im sozialen und politischen Bereich – bei aller Neutralität in der Tages- und Parteipolitik –, in der Wissenschaft und in den Massenmedien. Ferner müsste die pfarrliche Seelsorge ergänzt werden durch eine überpfarrliche für bestimmte Berufsgruppen, an den Arbeitsstätten und durch modern gestaltete Informationszentren in den Städten.

Über die Art und Weise, mit Fernstehenden und Ungläubigen ins Gespräch zu kommen, berichtete *P. Cornélis*, beauftragt mit der Mission unter den Nichtpraktizierenden in den Vorstädten von Paris. Zunächst erinnert er daran, dass einerseits auch bei den Praktizierenden ein mehr oder minder großes Maß an Unglauben und ‚Götzendienst' vorhanden ist, womit sich der Seelsorger befassen sollte, andererseits aber bei einem Großteil der Nichtpraktizierenden ein gewisser Glaube vorhanden ist, um den man sich bemühen müsste, wenn diese Nichtpraktizierenden etwa bei der Gelegenheit der Erstkommunion ihrer Kinder in der Kirche erscheinen. Wenn man mit den eigentlich Ungläubigen ein Gespräch führen wolle, müsse man die kollektiven Ursachen ihres Unglaubens, nämlich die großen Strömungen der Gleichgültigkeit und des Atheismus und deren philosophische und politische Leitbilder, kennen. Ein solches Gespräch sei sehr schwierig; man müsse vorerst eine freundschaftliche Atmosphäre schaffen, dem Gesprächspartner in allem mit Takt und Achtung begegnen und alle kämpferische Haltung aufgeben. Man müsse viel Geduld haben und bedenken, dass die gleichen Worte bei Ungläubigen vielfach einen anderen Sinn haben. Solche Gespräche können natürlich auch eine Gefahr für den eigenen Glauben sein, sie sind aber anderseits sehr fruchtbar, weil sie uns zwingen, unseren Gedanken eine Struktur zu geben, genau zu formulieren und manche Aspekte neu zu entdecken: die besondere Lage dieser Menschen vor Gott und die Bedeutung der Gnade.

Zur Anregung für andere Länder berichtete Kan. Francis *Connan*, Pfarrer in Paris, über die Weltpriestergemeinschaft in Frankreich. Sie wird in drei Bereichen verwirklicht: als Tisch- und Wohngemeinschaft, als Gemeinschaft der Arbeit und als Gemeinschaft des Gebetes. Man ist sehr bemüht, eine gemeinsame Spiritualität zu finden. Diese Gemeinschaften haben eine starke Dynamik entwickelt, die große Breitenwirkung hat.

Am vorletzten Tag kam auch der eben aus Rom zurückgekehrte Wiener Oberhirte, Kardinal König, zur Tagung. Er teilte mit, dass der Heilige Vater, dem er über die Tagung berichtete, an dieser sehr interessiert sei und ihm seine besonderen Segenswünsche mitgab. In seinen Ausführungen betonte der Kardinal, dass Familie und Pfarre die Grundpfeiler des Christenlebens sind und dass die Pfarre heute auch die Aufgabe der sozialen Integration habe. Jeder Priester soll in einer Pfarre mitarbeiten. Der in dieser Tagung realisierte internationale Kontakt der Pfarrer möge eine Vorstufe sein zu internationalen Kontakten der Bischöfe."[1010]

Ein anderes Beispiel, das zeigt, in welche Richtung weiterzudenken ist, stammt von einem Bischof. „Ein ungewöhnlicher Hirtenbrief kommt dieses Jahr aus dem Bistum Limburg. Der bald 75-jährige Diözesanbischof *Wilhelm Kempf* wendet sich zur Fastenzeit 1981 mit einem fast 150-Seiten-Brief an die Katholiken seiner Diözese. Ausgangspunkt des Briefes ist die Sorge des Bischofs, ob die Gemeinden angesichts des Drucks, der von den säkularen Lebensverhältnissen auf sie ausgeht, noch fähig sind, ‚unseren Glauben an die nächste Generation weiterzugeben‘. Er möchte die Gemeinden ermuntern, sich möglichst allen Menschen, die in irgendeiner Weise zu ihnen gehören, zu öffnen, auch den ‚so genannten Fernstehenden‘, die in ganz besonderer Weise Adressat des Briefes sind. Ziel ist die ‚differenzierte Gemeinde‘, in die ohne Verletzung der Wesensgehalte des christlichen Glaubens alle ihre ‚Gaben‘ einbringen können, damit so Kirche neu wachse.

Diese *seelsorgliche Grundstrategie* wird in drei Schritten entwickelt. Zuerst wird in minutiöser Beschreibung versucht, anhand der verschiedenen Personenkategorien, die die Gemeinde bzw. deren Verantwortungsbereich bilden, ein Bild der Lebensbedingungen der Christen und des tatsächlichen Zustands der Gemeinden zu zeichnen. In einem zweiten Schritt wird diese Situation theologisch reflektiert und die Spannung aufgezeigt, die zwischen der Dürftigkeit der kleiner gewordenen Kern- und Gottesdienstgemeinden und dem universalen Heilswillen Gottes, dem alles Wirken der Kirche verpflichtet ist, besteht. In einem dritten Schritt schließlich werden mit dem Zielpunkt ‚differenzierte Gemeinde' Folgerungen gezogen für die Einbeziehung der Fernstehenden in das Leben der Gemeinden.

Nach dem Schema ‚Wie sehen sie sich selbst, wie stellen sich aus ihrer Sicht die übrigen Mitglieder der Gemeinde dar, wie werden sie selbst von den anderen gesehen?' werden die verschiedenen Gruppen, aus denen sich die prospektierte ‚differenzierte Gemeinde' jeweils darstellt, beschrieben. Dabei wird den einzelnen Gruppen bzw. Kategorien zur Kirche gehörender Personen als Korrektur der Selbstdarstellung jeweils der kritische Spiegel der anderen vor Augen gehalten. Nach ihrer unterschiedlichen Stellung zur Gemeinde werden fünf verschiedene Gruppen aufgeführt: die in der Pfarrgemeinde engagierten Christen, also im Wesentlichen diejenigen Katholiken, die den jeweiligen ‚Kern' der Gemeinden bilden; die volkskirchlich geprägten Christen: dazu werden sowohl die Gottesdienstbesucher gezählt, die dem übrigen Gemeindeleben eher passiv gegenüberstehen, wie die ‚distanzierten, aber nicht uninteressierten Kirchenmitglieder', die zwar Kirchensteuer zahlen, ihre Gemeindezugehörigkeit aber vorwiegend nur an Festtagen, an wichtigen Einschnitten ihrer Lebensgeschichte, wie Geburt, Hochzeit und Tod, aktivieren; die ‚traditionsorientierten Katholiken', die die durch das Zweite Vatikanische Konzil gewandelte Kirche nicht mehr recht zu verstehen vermögen und sich deshalb in eigenen traditionalistischen Gruppen zusammenschließen; die Christen mit bewusstem christlichem Engagement, aber ohne regelmäßige Teilnahme am Gottesdienst, für die das Charakteristische am Christentum weniger die durch Gebet und Gottesdienst gekennzeichnete religiöse Praxis, sondern die tätige Nächstenliebe ist; schließlich ‚neuere selbstverantwortlich engagierte Gruppen', die sich von ihrem Christsein mehr gefordert sehen, als sie in den Gemeinden an verbindlichem Engagement anzutreffen glauben, und die auf vielfältige Weise ihr Eigenleben führen."[1011]

Harte Arbeit wartet auf eine erhoffte interdisziplinäre Gruppe von Fachleuten, die die strukturellen Probleme der Kirche analysieren und Änderungsvorschläge erarbeiten werden. Man findet nämlich in der Kirche auf allen Ebenen zahlreiche, vom heutigen Standpunkt aus gesehen unsinnige Traditionen. – Für demokratisch denkende Menschen innerhalb und außerhalb unserer Glaubensgemeinschaft ist es ein Skandal, dass der Papst „kraft seines Amtes in der Kirche über höchste, volle, unmittelbare und universale ordentliche Gewalt verfügt, die er immer frei ausüben kann".[1012] Es gibt keine Institution, die kontrollierend und als Berufungsinstanz über ihm stehen würde: „Gegen ein Urteil oder ein Dekret des Papstes gibt es weder Berufung noch Beschwerde."[1013] Er kann auf sein Amt verzichten[1014], muss dies aber auch dann nicht tun, wenn Alter und Krankheit die optimale Amtsausübung unmöglich machen und auch den Rest nur heroische Anstrengungen ermöglichen. Der jetzige Bischof von Rom erscheint immer wieder auf dem Bildschirm des Fernsehers: ein Symbol der veralteten und kranken Kirche.

Nicht einmal jenes Prinzip wird in der Kirche verwirklicht, das die soeben genannte Machtstruktur etwas zähmen könnte und in den amtlichen Verlautbarungen oft anderen Gruppen und Gesellschaften empfohlen wird. „Ist das Subsidiaritätsprinzip, von mehreren Päpsten verkündet und bekräftigt als ein der Sozialnatur des Menschen entsprungenes Grundprinzip gesellschaftlicher Organisation, auch auf die Kirche anwendbar? Walter Kasper, Professor für Dogmatik in Tübingen, setzt sich mit einigen neueren Positionsbestimmungen auseinander und kommt zu dem Ergebnis: Ja, weil die Kirche, obwohl ihrer innersten Natur nach Geheimnis, auch gesellschaftliches Gebilde ist und insofern Grundprinzipien des Gesellschaftlichen auch auf sie Anwendung finden. Für das Ausmaß der Anwendung ist dabei die Verhältnisbestimmung von Kirche als Gesellschaft und Kirche als Geheimnis maßgebend."[1015]

Die harten Worte des Religionssoziologen scheinen mir voll berechtigt zu sein: „Wenn wir berücksichtigen, dass in der katholischen Kirche nahezu alle höheren Funktionäre heute Bischofsrang besitzen, ohne für eine Diözese verantwortlich zu sein, aber sich doch mit dem Titel irgendeiner seit über einem Jahrtausend ausgelöschten Diözese schmücken dürfen, so wird die theologische Perversität (man verzeihe mir dieses harte Wort) der gegenwärtigen Amtsstrukturen noch deutlicher. Weshalb brauchen päpstliche Gesandte und sonstige Verwaltungsbeamte die Bischofsweihe? Sie haben ganz andere Aufgaben. Der Grund ist wohl ein sehr profaner: Sie hätten sonst einen geringeren Status als die Ortsbischöfe, denen sie häufig als Vertreter der päpstlichen Autorität gegenübertreten sollen. Doch hierfür lassen sich keinerlei theologische Begründungen finden. Die Ekklesiologie stimmt also auch in diesem Punkt nicht mit der konkreten Struktur überein."[1016]

Auch wenn die Verwirklichung besondere Schwierigkeiten in sich schließt, müsste man über den alten Plan des „Priesterausgleiches" (auch im Sinne einer richtig verstandenen Globalisierung) nachdenken. „Eine gerechtere Verteilung der Priester innerhalb der Weltkirche, wie er sie kürzlich forderte, ist für Johannes Paul II. seit langem ein wichtiges Anliegen. In seiner Schlussansprache bei der letzten ordentlichen Vollversammlung der Bischofssynode hatte sich der Papst für dieses Anliegen stark gemacht ... Seine jüngsten Äußerungen zu diesem Thema tat er auf der ersten Vollversammlung einer im Anschluss an die genannte Bischofssynode gegründeten ‚Kommission für eine gleichmäßigere Verteilung der Priester in der Welt' unter der Leitung von Kardinal Pio Laghi. Aufgabe der Kommission sei es, so Johannes Paul II., eine ‚weltweite Strategie zur Intensivierung und Koordination des ‚Austausches von Talenten' zwischen Teilkirchen' zu entwickeln ... – Die Vorstellung, man könne in Zeiten einer sehr ungleichen Verteilung von Priestern innerhalb der Weltkirche einen organisierten Austausch von Priestern in Gang setzen, ist zunächst einmal sehr nahe liegend. Dass Gemeinden und Ortskirchen sich gegenseitig unterstützen und beistehen, ist eine Praxis, die sich bis in frühchristliche Zeiten zurückverfolgen lässt. Inwieweit man es in den Ländern des Nordens und Westens etwa im Vergleich mit Teilen der so genannten Dritten Welt wirklich mit einem Priestermangel, der diesen Namen verdient, zu tun hat, sei dahingestellt: Tatsache ist, dass in weiten Teilen der südlichen wie auch nördlichen Welthalbkugel Ortskirchen eine Entwicklung durchmachen, die sie trotz aller Unterschiedlichkeit der Lage im Einzelnen als ‚Priestermangel' beschreiben. Und da ist es nicht einzusehen, warum sich zwischenkirchliche Hilfe auf materielle Unterstützung beschränken soll. ... Priester aus noch vergleichsweise ‚volkskirchlichen' Verhältnissen beispielsweise bringen zuweilen die Erwartung an eine gesellschaftliche und kirchliche Stellung mit, die sich unter deutschen Verhältnissen nur selten realisieren lässt. Die Möglichkeiten zu Missverständnissen und Reibungsflächen sind schier unbegrenzt: vom Verhältnis zwischen Laien und Klerus bis hin zu unterschiedlichen Kirchenbildern und der gesellschaftlichen Rolle der Kirche u. v. a. Auch eine gut gemeinte, vom Papst eingeforderte ‚Großzügigkeit' kann diese Unterschiede nicht überspringen.

Selbst wenn die allgemeine kulturelle Entwicklung annehmen lässt, eine sich z. T. rasant vereinheitlichende Weltkultur würde den angestrebten internationalen Austausch von Priestern eher begünstigen, sind dem offenbar durchaus Grenzen gesetzt. Die legitime und notwendige Sorge um das Wohl der Gesamtkirche und die nicht weniger legitime Eigenprägung der Ortskirchen können insofern zu konkurrierenden Werten werden, bei denen es im Einzelnen abzuwägen gilt, welchem man den Vorrang einräumt. Modelle und Lösungen im großen Stil scheinen dabei eher ausgeschlossen. Internationale Hilfsaktionen. die Lösungsansätze, die die betroffenen Ortskirchen möglicherweise aus sich selbst heraus entwickeln könnten, obendrein torpedieren würden, wären erst recht problematisch. Gefordert sind also zuallererst die Ortskirchen selbst."[1017]

Der Status der sog. *Laien*, also der Christen ohne Amt, sollte radikal neu konzipiert werden, sie sollten nicht auf Grund des Mangels an Priesterweihe, sondern nach ihrer Qualifikation und Kompetenz an richtigen Stellen in die Struktur der Kirche eingefügt werden. Erst seit 1972 können sich in Deutschland auch Nichtpriester in allen theologischen Disziplinen habilitieren und auf Lehrstühle an Theologischen Fakultäten berufen werden[1018] – eine Verschwendung aus Gründen des Klerikalismus, trotz steigendem Anteil der Laientheologen. Auch die verlangte Professio fidei und der Treueid zeigten in Richtung von Versklavung der in der Hierarchie Abhängigen.

Viel weniger ernst genommen wird der Paragraph des Codex Iuris Canonici über die Rechte der Christen: „Canon 212, § 3: ‚Entsprechend ihrem Wissen, ihrer Zuständigkeit und ihrer hervorragenden Stellung haben die Laien das Recht und bisweilen sogar die Pflicht, ihre Meinung in dem, was das Wohl der Kirche angeht, den geistlichen Hirten mitzuteilen und sie unter Wahrung der Unversehrtheit des Glaubens und der Sitten und der Ehrfurcht gegenüber den Hirten und unter Beachtung des allgemeinen Nutzens und der Würde der Personen den übrigen Gläubigen kundzutun.' – Liegt da nicht das Gegenteil vor, wenn unbequeme Mitarbeiter oft – wie es zutiefst unchristlich heißt – ‚ohne Angabe von Gründen' ihres Postens enthoben werden und in solchen Fällen sogar um ihre Existenz bangen müssen? Wäre ein offenes Gespräch nicht nur eine rein menschliche, sondern noch viel mehr eine christliche Selbstverständlichkeit?"[1019]

Fast überflüssig ist es, am grünen Tisch viele Gedanken über die *pastoralen Methoden* zu wälzen. Hier sind konkrete Änderungen nötig, die nur eine interdisziplinär arbeitende Gruppe von Fachleuten erarbeitet. Wichtig ist nur, dass der von den wissenschaftlichen Disziplinen unterstützten Phantasie von der Tradition her keine Grenzen gesetzt werden: Der erwähnte Ritusstreit darf nicht wiederholt werden. Eindeutig ist auch, dass die Aufgabe in der Entdeckung von Methoden besteht, die pluralistische Verwirklichungen in den konzentrischen Kreisen vorbereiten. Dabei müssen auch Einflussfaktoren auf die Mentalität mitberücksichtigt werden (heute vor allem in der Priesterausbildung, später in der Ausbildung der Gemeindevorsteher ganz allgemein). Nur so kann längerfristig die radikale Reform der Seelsorge verwirklicht werden. Zuallererst müsste der tiefe Glaube Gamaliels verinnerlicht werden: „Steht ab von diesen Menschen und lasst sie; denn ist dieses Vorhaben oder dieses Werk von Menschen, so wird es zunichte werden, ist es aber von Gott, so könnt ihr sie nicht vernichten; ihr möchtet sonst gar als Widersacher Gottes erfunden werden."[1020]

Kapitel 7
Bittere Witze als Ausdrücke der Kritik

Humoristische Formulierungen sind „faits sociaux"[1021], soziale Tatsachen, quasi kollektive Modeerscheinungen, relativ stabile Teile einer Kultur, entstehen außerhalb der Tragweite der Individuen und beherrschen eine Zeit lang ein bestimmtes Milieu. Sie widerspiegeln die herrschenden Gemütslagen und dahinter liegenden soziokulturellen Zustände.

Die in diesem Kapitel beispielhaft aufgeführten Witze zeigen einen Abgrund der Kritik, der Erbitterung. Sie schonen weder die höchsten Würdenträger noch herausragendste Personen in der Kirche. Anders ausgedrückt: Wie weit sind wir gelangt, welche Tiefe haben wir erreicht, welche Staus charakterisieren unsere winterliche Kirche? Auch vor diesen Phänomenen dürfen wir unsere Augen und Ohren nicht schließen, wenn wir durch Analyse der Lage zu radikalen Konsequenzen gelangen wollen.

Ob das ironisch gemeint war oder nicht, schrieb Bellarmin[1022]: „Die Kirche bildet einen vollständigen Körper ... das Haupt ist Christus ... das Herz ist der Heilige Geist ... der Hals ist die Jungfrau Maria ... die Schulter sind die Apostel ... die Arme sind die Märtyrer ... die Brust sind die Propheten ... die Nieren sind die Sündenbekenner ... die Innereien die Jungfrauen ... die Knie die Beter ... Die Füße die Verheirateten ... der Bauch sind die Kleriker." („Ecclesia integrum corpus est ... caput Christus, cor ... Spiritus Sanctus ... collum VBM ... humeri Apostoli ... bracchia Martyres ... pectus Prophetae ... Renes poenitentes ... Viscera virgines ... genua orantes ... pedes matrimonio conjuncti ... stomachus clerici sunt."

Die nächste Formulierung verspottet die Sexuallehre der Kirche: „ „Kernlose Orangen sind für Katholiken verboten: da sie nur dem Vergnügen dienen, nicht aber der Fortpflanzung ..." – Und schmerzhaft trifft die Wirklichkeit die Definition: „Ein Priester ist ein Mann, den alle Vater anreden. Nur die eigenen Kinder sagen Onkel zu ihm."

Eine bittere Kritik des „polnischen Stils" im Vatikan verbirgt sich in der folgenden Anekdote: „Drei Fragen darf der Papst an Gott stellen. Papst: ‚Werden einmal die Priester heiraten dürfen?' Gott: ‚Solange du Papst bist, nicht.' – ‚Werden Frauen Priester werden können?' Gott: ‚Solange du Papst bist, nicht.' – ‚Wird wieder einmal ein Pole Papst werden?' ‚Solange ich Gott bin, nicht.'

Und ganz ungeschminkt zeigt sich die Unzufriedenheit vieler Christen mit ihrem Oberhaupt in Form von Fürbitten („Allgemeines Gebet der Gläubigen"): „Dass du unserem heiligen Vater die Augen entweder öffnen oder schließen mögest. – Wir bitten dich, erhöre uns."

Die Funktion des obersten Glaubenshüters der Kirche wird auch uminterpretiert. Man sagt, er habe sich ein französisches Bett gekauft, damit er sich auch während der Nacht querlegen kann.

Zahlreich sind die Anekdoten über Bischof Krenn (in Sankt Pölten). Eine davon ist mit einer besonders ätzenden Ironie versehen: „Der Vatikan hat den Bischof Haas aus der Diözese Chur entfernt, weil er sein Bistum entzweit hat. Bischof Krenn wird gehalten, weil er seine Diözese vereint: Er bringt alle gegen sich auf."

Alle diese und viele andere einschlägige Geschichten habe ich von wohlwollenden Christen und nicht von feindselig eingestellten Menschen gehört. – Traurige Kirche, die sich selbst lächerlich macht!

Zum Abschluss dieses eher ‚dunklen' Kapitels passen wohl am besten einige „fröhliche und ernste" Gedanken von Altbischof Reinhold Stecher („Fröhlich und ernst unter der Mitra", Innsbruck 1997), die er in Form von Karikaturen treffend ausgedrückt hat. Fröhlich ist die Form, aber ernst ist die Mahnung, die mit den Zeichnungen über den richtigen und unrichtigen Gebrauch des Bischofsstabes verbunden ist.

„Der ‚Stecken' hat eine gewisse Zweideutigkeit. Man muss ihn mit Vorsicht in die Hand nehmen. Das Hirtenzeichen hat auch Fehldeutungen erlebt, die alle in Richtung Macht, Würde, Befehlsgewalt, Zepter und Feldherrnstab gegangen sind. Und darum muss man aufpassen, dass diese historischen Belastungen nicht immer wieder auftauchen und der heilige Stab nicht zum nutzlosen ‚Stecken' wird. ... ich fühle mich gedrängt, Missdeutungen dieses Stabes auszuräumen und die Chancen dieses Symbols zu vertiefen. Aber derartige moralische Appelle sind meistens sehr langweilig – und je höhergestellt die Adressaten sind, umso heikler wird die Sache sowieso. Ich habe mich daher entschlossen, meine testamentarischen Ratschläge über den sinnvollen und missbräuchlichen Umgang mit dem Bischofsstab graphisch darzustellen. Vielleicht prägt sich damit die richtige Handhabung des ‚Steckens' leichter ein ..."

Falsch:
Marschallstab Gottes

Richtig:
Antenne für den
Funkverkehr mit dem
Heiligen Geist

Falsch:
Sportgerät für
Karrieresprünge

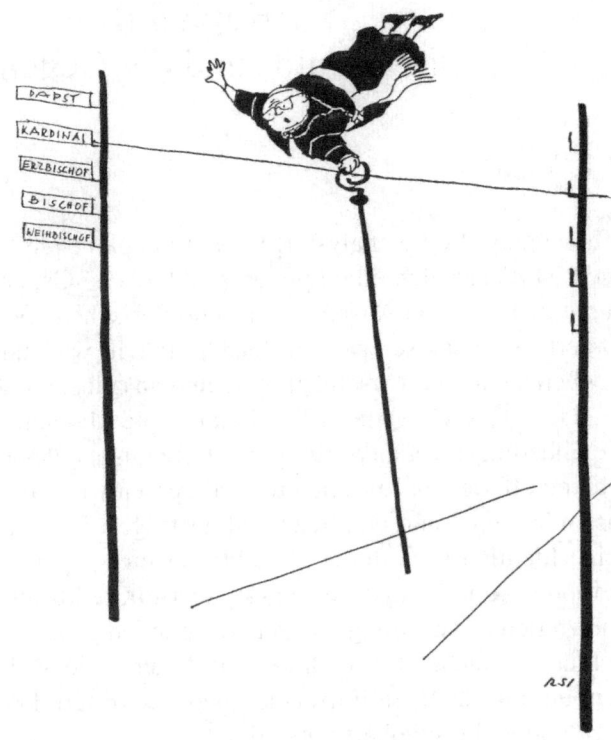

Richtig:
Stütze für
das Zelt Got-
tes unter den
Menschen

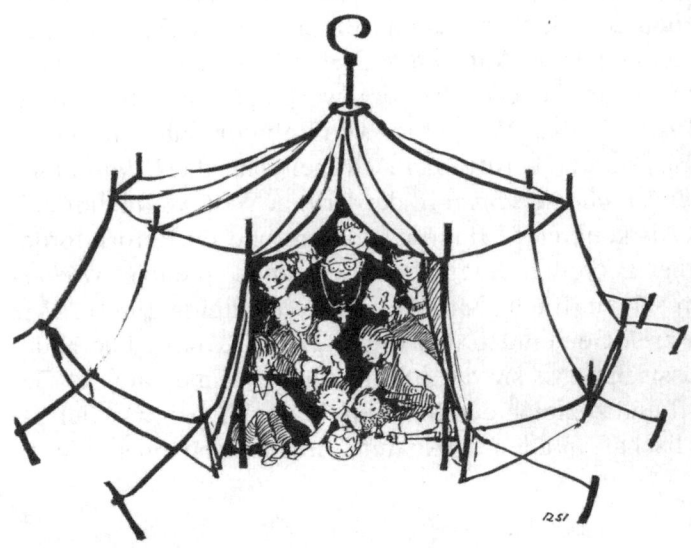

437

Kapitel 8
Die Zukunft und die Gegenwart

8.1. Visionen

Mit ätzender Ironie analysiert I. Kant die planende Vernunft: „Pläne machen ist mehrmalen eine üppige, prahlerische Geistesbeschäftigung, dadurch man sich ein Ansehen von schöpferischem Genie gibt, indem man fordert, was man selbst nicht leisten, tadelt, was man doch nicht besser machen kann, und vorschlägt, wovon man selbst nicht weiß, wo es zu finden ist."[1023] Auch wenn es sich lohnt, seine Mahnung zu beherzigen, darf die unbedingte Verantwortung des Berechnens, des Planens, der rationalen und effizienten Entscheidung vergessen werden. Zumal die Kirche in ihrem Wesen einen Doppelcharakter trägt: „Der christliche Glaube hat seine Identität stets in der Dialektik zweier gegenläufiger Bewegungen gefunden: durch Anknüpfung an bestimmte kulturelle Begebenheiten und zugleich – wo nötig – durch Widerstand gegen herrschende kulturelle Plausibilitäten."[1024] Auch deshalb braucht sie Visionen und Perspektiven, um die richtigen Entscheidungen zu treffen. Davon wollen wir hier ein Bouquet beispielhaft vorstellen.

„Man denke an *Johann Baptist Metz* und seine Forderung nach einer ‚nachbürgerlichen Basiskirche‘, die an die Stelle der ‚bürgerlichen Servicekirche‘ treten müsse. Auf evangelischer Seite hat beispielsweise *Jürgen Moltmann* der Volkskirche vorgeworfen, sie sei nur mehr eine öffentliche Institution zur Verwaltung von Religion. Für den Gegenentwurf einer Basiskirche beruft man sich meist auf die *Erfahrungen von Basisgemeinden und -gruppen* in der Dritten Welt wie in europäischen Kirchen. Als konkreter Erfahrungshintergrund für Reformforderungen kann aber auch die ‚Integrierte Gemeinde‘ dienen: *Norbert Lohfink* fragt in seinem Buch ‚Kirchenträume‘ (Freiburg 1982): ‚Wie weit lebt in unseren Gemeinden und in der ganzen Kirche überhaupt noch das Bewusstsein, dass sie die Aufgabe hätten, innerhalb der Gesamtgesellschaft und zugleich deutlich von ihr abgehoben wirklich eine eigene Gesellschaft in allen denkbaren Dimensionen einer solchen zu sein?‘

Die genannten Anfragen und Gegenentwürfe gehen damit über die Forderung nach einer ‚Freiwilligkeitskirche' oder ‚Gemeindekirche' hinaus, auch wenn Elemente aus beiden Konzeptionen eine Rolle spielen: Gefordert wird vielmehr eine Kirche, die auf Privilegien und Kompromisse verzichtet, sich nicht anpasst, sondern in deutlicher Distanz zu den gesellschaftlichen und politischen Mächten unmissverständlich und gleichzeitig zeugniskräftig nach dem Evangelium lebt."[1025] „Das Alte wird nicht völlig untergehen, es wird lang und zäh weiterleben, aber das Neue, all die Ideen, die Theologen, Priester und Laien gedacht und formuliert haben, das alles wird Gestalt annehmen und zur Wirklichkeit werden.

‚Wenn die Generation, die noch in diesem Jahrhundert für die Kirche zu entscheiden hat, nicht handelt, wenn sie nicht drängt, experimentiert, mutig und kühn bereit ist, auf einen Entwurf hin etwas existentiell auszuprobieren, dann können es die Leute im nächsten Jahrhundert nicht mehr versuchen, dann ist es zu spät', meint der Religionspädagoge *Hubertus Halbfas*. ‚Man hat nicht für alle Dinge jederzeit eine Chance. Ich meine, der Kairos, der entscheidende Augenblick, ist jetzt da, wenn wir ihn nicht schon verpasst haben. Denn unsere heutigen Studenten etwa interessiert ja diese Kirche größtenteils schon gar nicht mehr, weil man meint, sie hätte nichts mehr zu sagen. Und man kann natürlich so bedeutungslos werden, so mickrig, muffig und introvertiert, dass man wirklich nichts mehr zu sagen hat. Wenn man aber noch etwas sagen will, dann muss man es in diesen Jahrzehnten tun. Und dann dürfte man sich auf keine Angstparole verlassen, die nur die gerade noch gegebenen Grenzen hüten soll. Ich sehe nicht pessimistisch in die Zukunft, aber ich glaube auch nicht, dass die Zeit die Dinge von selbst treibt ...' – Halbfas ist überzeugt, dass viele gründliche Reformen wohl automatisch Realität werden, weil die Kirche durch die Umwelt, durch Personalmangel, neue Lebensgewohnheiten oder durch ein Anwachsen der innerkirchlichen Opposition einfach dazu gezwungen wird: eine Änderung des Zölibatsgesetzes etwa, ein neues Verständnis des Priesteramtes, eine neue Verteilung der Verantwortlichkeit.

Und wie sieht Halbfas die Kirche der Zukunft? ‚Sie wird nicht mehr diese Ordnung zeigen wie die Kirche der Gegenwart. Sie wird sich auch nicht mehr auf ein in sich logisches Rechtssystem gründen können, wie das heute noch der Fall ist. Es wird eine Kirche sein, die sehr viel bunter ist, pluralistischer, eine Kirche, die viele Katholizismen kennt, die traditionsgebundenen wie progressiven Strömungen einen legitimen Raum zubilligt. Eine Kirche – und daran würde ich ihre ganze Zukunftschance knüpfen, die es aufgibt, Interessenverband zu sein und mit den Methoden eines Interessenverbandes zu denken. Eine Kirche, die in einer gewissen Selbstvergessenheit nichts anderes will als leben und zu leben lehren, die zu leben helfen will, mit anderen zusammen und dort, wo Engagement und Hilfe notwendig sind. Ich könnte mir vorstellen, dass diese Kirche in gewisser Hinsicht ein politisches Gesicht bekommt, weil sie konkret sprechen muss. Zum Beispiel: Wenn in Spanien Priester eingesperrt werden, darf es in Zukunft nicht sein, dass die Bischöfe dazu schweigen; und wenn die spanischen Bischöfe nicht protestieren, dann sollen es die französischen, deutschen oder österreichischen tun, oder sie sollen wenigstens ihre spanischen Kollegen ihre Meinung wissen lassen. ..."[1026]

Der Theologe *Medard Kehl* will konkrete Wege aufzeigen, wie die Kirche die Probleme kreativ bewältigen soll. „Die spirituelle Dimension der Kirche zurückgewinnen mit drei Modellen geistlicher Kirchenerfahrung: a) Kirche als Identifikationsfigur (wobei das bestimmende Kirchenbild das Entscheidendste ist), b) Identifikation mit der Kirche als geistliches Leitmotiv (mit der Gefahr der Spiritualisierung der strukturellen Wirklichkeit), c) Kirche als Zufluchtsort, d) Kirche als autarke Heilsvermittlerin (mit dem Leitmotiv der Integration durch Geborgenheit und Gehorsam und mit der Gefahr der Dialogunfähigkeit gegenüber der Kultur der Moderne), e) Kirche als Hoffnungszeichen der Weggemeinschaft zum Reich Gottes (pilgerndes Volk Gottes, Gemeinschaft von Sündern, Solidarität mit den Armen), f) Kommunikation nach außen wie nach innen als geistiges Leitmotiv, g) entschiedene Option für diese Kirchenspiritualität."[1027]

„Mögliche Lösungswege" zählen *Kerkhofs und Zulehner* auf: „1. die Umverteilung der verfügbaren Priester, 2. intensive Förderung der Mitverantwortung der Laien, 3. Erhöhung der Anzahl der Diakone, 4. Neustrukturierung der Gemeinden, 5. die Aufspaltung des einen Priesteramtes in ‚geweihte' Teilbereiche, 6. die Weihe von ‚viri probati', die Weihe von Frauen. Lösung der Kernfrage: Welche Priester für welche Gemeinde?"[1028]

Auf den Text der römischen Synode bauen *Greinacher und Küng* ihre 10 „Schlüsselworte" auf, die sie für die Leitung der Kirche verpflichtend erachten: „Manche Menschen innerhalb und außerhalb der katholischen Kirche haben die Hoffnung aufgegeben, dass sich hinter den vatikanischen Mauern wirklich etwas Entscheidendes ändern wird. Ich teile diesen Pessimismus nicht, nachdem sich trotz allem doch schon so viel geändert hat und vieles offensichtlich nicht mehr rückgängig zu machen ist. Die römische Bischofssynode hat klar gemacht, dass ein bedeutender Teil des Episkopats eine konsequente Erneuerung im Geiste des Zweiten Vatikanischen Konzils befürwortet. Der Papst und seine Kurialen wären gut beraten, wenn sie die Gravamina und Postulate des Episkopats, dem sie zu dienen haben, ernst nähmen und sie dieses Mal in konkrete Taten umsetzten. Es seien hier nur zehn Schlüsselworte des Synodenberichts angeführt, die allesamt auf das II. Vatikanum zurückgehen und deshalb verbindliche Kraft auch für die römische Verwaltung und jede folgende Synode haben, die ja dieses ökumenische Konzil der katholischen Kirche nicht zu ,bestätigen' oder zu ,verifizieren', sondern schlicht in die Tat umzusetzen haben: 1. Kirche als ,Communio', 2. ,Pluralität' in Einheit, 3. ,Kollegialität' der Bischöfe mit dem Papst, 4.'Partizipation' und ,Mitverantwortung', 5. ,Berufung und Sendung der Frauen', 6. Die Jugend – ,Hoffnung der Kirche', 7. ,Basisgemeinden' und ,vorrangiges Engagement der Kirche für die Armen', 8. ,Ökumenismus', 9. ,Dialog' mit den nichtchristlichen Religionen, 10. ,Aggiornamento'"[1029].

Es gibt auch empirische Untersuchungen über die Vision der zukünftigen Kirche: „Natürlich ist es sehr kompliziert zu erahnen, welche Strömungen die Kirche der Zukunft, die Kirche im 21. Jahrhundert bestimmen werden. Es ist nicht einfach, aber dafür haben wir viele Fachleute, die verschiedene Trends klar beschreiben können. Ein solcher Fachmann, der amerikanische Theologe Andrew Greeley hat eine sehr große Untersuchung gemacht in sechs Ländern: in Spanien, Irland, USA, Italien, Polen und auf den Philippinen. Er hat gefragt: Was denken Sie, wird sich in der Kirche in der nächsten Zeit etwas verändern? Die Menschen haben mit großer Mehrheit gesagt: Der Papst wird sich in der nächsten Zeit mehr mit den Problemen der einzelnen Menschen beschäftigen müssen und nicht mit den großen Fragen der Welt. Der Papst wird sicher ermöglichen, dass die Priester heiraten können, der Papst wird sicher in Zukunft ermöglichen, dass die Diözesen ihre Bischöfe wählen und nicht vom Vatikan vorgesetzt bekommen. Es ist ganz sicher, dass der Papst immer mehr Menschen in der Kirche, auch Laien, zu Wort kommen lässt. Es ist ganz sicher, dass sehr viele Fachleute aus dem zivilen Bereich seinen Dienst unterstützen werden. Es ist auch ganz sicher, dass die Bischöfe noch autonomer ihre Diözesen leiten und viel weniger Instruktionen vom Vatikan bekommen werden. Es ist auch ganz sicher, dass auch viele Priesterinnen in der katholischen Kirche Sakramente, vor allem die Eucharistie, spenden werden. Es ist sehr wichtig, dass in der Kirche vieles anders wird in Zukunft, und dieser Meinung sind die Menschen: in Polen und auf den philippinischen Inseln jeder Zweite, in Italien und den USA sechs von zehn, in Irland und Spanien sieben von zehn Menschen. Und ich glaube, wir sind auch imstande aus unserem Glauben, die Kirche als Gemeinschaft zu entwerfen."[1030]

Ein extremes, aber dem radikalen Anliegen dieses Handbuches durchaus entsprechendes Beispiel bieten die Gedanken des Exjesuiten *Sigmund Kripp* über eine mögliche zukünftige Vision religiöser Orden: „Alle Orden zählen drei Gelübde zu ihren Wesensmerkmalen: das der Armut, das der Ehelosigkeit und das des Gehorsams. Ein starres Festhalten daran kann in gesellschaftlicher Entwicklung und politischer Veränderung dazu führen, dass die vermeintlichen Wesensmerkmale zu Hindernissen auf dem Weg der Nachfolge Christi werden, an der sich schließlich jedes Ordensmerkmal überprüfen lassen muss. Wesentlicher als das Gelübde ist die Nachfolge. Diese Priorität ist Überlebenskriterium – nicht nur der Orden, sondern der ganzen Kirche, Ich meine, dass die Orden heute neue Akzente setzen müssen: der gleiche Orden in verschiedenen Ländern vielleicht sogar unterschiedliche Akzente.
– *Die Armut*: Sie hat an symbolhafter Aktualität nichts verloren, doch ist gerade dieses Gelübde von den meisten Orden in sein Gegenteil verkehrt worden. Der gemeinsame Auszug in die Lebensunsicherheit ist zur Lebensabsicherung durch die jeweilige Ordensgemeinschaft geworden. Über den Besitz, meist ein Millionenvermögen, verfügt zwar nicht das einzelne Ordensmitglied, wohl aber die Gemeinschaft des Ordens. Aus diesem gemeinsamen Vermögen, aber auch aus anderen Faktoren, wie etwa dem gesicherten Arbeitsplatz, erwächst das Gefühl risikoloser Sicherheit für den Einzelnen. Gleichzeitig entsteht ein Eigentumsdenken, das dem von Haus- und Grundstücksbesitzern entspricht – mit allen politischen Konsequenzen, die sich daraus ergeben. So leben wir wie bescheidene Millionäre. Währenddessen leben wirklich Bedürftige von den Abfällen reicher Orden, mit der Schnauze am Boden. Das Armutsgelübde kann Orden nicht mehr zum Betteln führen. Das würde unter den heutigen Lebensumständen auch zu Recht als Schmarotzen empfunden. Armut könnte aber heißen: solidarisch mit den Ungesicherten die Unsicherheit teilen. Es könnte heißen, sich von Reserven und Vermögen trennen, um wieder von der eigenen Arbeit zu leben oder auch Mangel zu leiden, wenn Arbeit einmal fehlen sollte. Ich bin überzeugt, dass Ordenstheolo-

gen, die in dieser Solidarität mit den Ungesicherten leben, die ihre Nichtachtung und Ausnutzung teilen, auch wieder ein Gottesbild entwickeln würden, das diese Menschen erlösen kann. Es würde helfen, uns von der Komplizenschaft mit den Mächtigen, Reichen und Einflussreichen zu lösen. Es würde uns von den Bedürftigen nicht mehr abheben, sondern, uns erfahren lassen, wie gemeinsam erlebte Schwäche zur Stärke wird, zur Kraft der Veränderung. –

Es geht nicht um die Armut als Selbstzweck, sondern darum, es sich nicht auf Kosten der wirklich Armen gut gehen zu lassen. Es geht um nichts anderes als um Gerechtigkeit; um jene Gerechtigkeit, die die letzte Generalkongregation der Jesuiten und auch der jetzige Jesuitengeneral forderten und fordern – im reichen Mitteleuropa, wie mir scheint vergeblich.

Auf Gerechtigkeit, schlage ich vor, Ordensleute besonders zu verpflichten.

– *Der Gehorsam*: Dieser Begriff ist nicht zuletzt durch den Missbrauch politischer und kirchlicher Instanzen während der letzten Jahrzehnte ruiniert worden. Er sollte gestrichen werden, damit er sich inhaltlich regenerieren kann. In einer Zeit, wo Diktatoren aller Schattierungen Völker und Institutionen beherrschen, in der aber auch Demokratien schleichend zu Oligarchien werden, haben sich auch in den Kirchen Gruppen an der Basis gebildet, die sich zur Nachfolge des Evangeliums auf andere Weise verpflichtet fühlen als die Amtskirche. Zwischen ihren Wegen und dem kirchenoffiziell vorgezeichneten tut sich eine immer breitere Schlucht auf. – Der Versuch, von der Basis her Christentum zu leben, mehr an Lebenshoffnungen und Lebensnöten ausgerichtet als an bestehenden Gesetzen, die unter anderen Umständen, zu anderen Zeiten, mit anderen Zielen formuliert wurden, das ist sich konkret erneuerndes Christentum. Orden, verstanden als Gruppierungen, die von der Basis her immer neu die Nachfolge üben, werden sich in der Spannung zwischen grundsätzlicher Ordensidee, die jung bleibt, und festigender Ordenspraxis, die alt werden und absterben muss, entscheiden für die Ordensidee und gegen manches Ordensgesetz. Der Gehorsam zur Idee kann zum Ungehorsam gegen das Gesetz führen. ... An die Stelle eines unbefristeten Gehorsamsgelübdes sollte ein ganz normaler Arbeitsvertrag auf Zeit treten. Anstatt auf die Abhängigkeit der Mitarbeiter zu bauen, müsste man um sie werben. Das brächte nur eine Verbesserung des Ordensklimas mit sich. ... Aktueller als ein Gehorsamsgelübde wäre ein Gelübde der Solidarität. ...

– Die Ehelosigkeit: ... Konflikt der aus der Spannung zwischen menschlicher Zuneigung und Ordensforderung auf Liebesverzicht entsteht. Einzelne Ordensleute geraten immer wieder, unter vielen Siegeln der Verschwiegenheit in größte Gewissenskonflikte zwischen der gelobten Ehelosigkeit und einem geliebten Menschen. Jedem Ordensaustritt, ob aus Freundschafts- oder Heiratsgründen, geht ein oft jahrelanger innerer Kampf um die richtige Entscheidung voraus: aufreibend für alle Beteiligten, nicht zuletzt für die Vorgesetzten, die, je mehr sie ins Vertrauen gezogen werden, desto stärker selbst in Gewissenskonflikte geraten.

Die Ehelosigkeit kann Priestern und Ordensleuten viele Vorteile bieten. Sie erlaubt zum Beispiel in kritischen sozialen Auseinandersetzungen eine Radikalität des Einsatzes, die sich, mit Rücksicht auf Kinder und Frau, engagierte verheiratete Sozialarbeiter oft gar nicht leisten können. Auf so manchem pädagogischen Feld, wo die Forderung nach intensivem, alle Tarifvereinbarungen sprengendem Arbeitseinsatz nicht vom Arbeitgeber, sondern von den Betroffenen gestellt wird, hat Ehelosigkeit ihren Sinn – und sie wird für manchen durch sein Aufgehen in der Arbeit auch erträglich. Diese Ehelosigkeit muss aber freiwillig bleiben, sie muss aus dem Herzen kommen, wenn sie nicht zum sinnlos verzehrenden Brandopfer werden soll. Wer kann solche Ehelosigkeit heute aufrichtig für ein Leben geloben? – Viele Ordensleute leben und arbeiten außerhalb von Klöstern. Warum sollten sie keine Familien haben können? Es ist unsittlich, von jemandem lebenslange Ehelosigkeit zu fordern, solange eine Revision dieser Entscheidung, die aus sehr guten Gewissensgründen erforderlich werden kann, den Betroffenen zum Abtrünnigen stempelt. – Wenn das Mittel Ehelosigkeit an Stelle des Ordenszieles, den Einsatz für Glaube und Gerechtigkeit tritt, hat das Mittel sich verselbständigt und über das Ordensziel gesetzt – zum Schaden für den Orden, für die Kirche und für die Menschen.

Statt dem Gelübde der Ehelosigkeit möchte ich ein Gelübde auf das Engagement für Menschenrechte vorschlagen."[1031]

8.2. Die heute notwendigen Tugenden

Normalerweise befinden sich die kämpferischen, provozierenden und radikalen Einstellungen auf der Skala der sittlichen Lebenshaltungen und Gesinnungen (Tugenden) auf keiner hohen Stelle. Allerdings gibt es Zeiten und Konstellationen, wo diese Position einen höheren Rang erhält.

Erste These (die ich durch dieses Buch belegen will): Die Situation der Kirche hat einen solchen Zustand erreicht, dass die kämpferischen, provozierenden und radikalen Einstellungen notwendig sind. Deshalb bekommen bestimmte Werte und Verhaltensmuster eine außerordentliche Wichtigkeit.

Heute gilt im Sinne der Notwendigkeit radikaler Änderungen eine neue Werteskala, „Denn Rebellion ist auf jeden Fall ein kräftigeres Zeichen von Liebe als Lauheit."[1032] In vielen Fällen muss man sich auf die Tradition stützen, in besonderen Fällen aber sich gegen das Gewohnte auflehnen: „Aber es gibt sicher auch Fälle, wo man die Unausweichlichkeit einer Entwicklung, die zur Räumung bestimmter kirchlicher Positionen zwingt, nüchtern voraussehen kann, sich auf sie im Voraus einzustellen vermag, selber darum Positionen mutig aufgibt, ohne noch lange an deren Verteidigung Kräfte zu verschwenden und die Träger einer solchen geschichtlichen Entwicklung noch mehr der Kirche zu entfremden."[1033]

Ganz im Sinne von Paulus seinem Chef gegenüber („Als aber Kephas nach Antiochien kam, widerstand ich ihm ins Angesicht, weil er zu tadeln war"[1034]) äußert sich der frühere Erzbischof von Turin, *Kardinal Michele Pellegrino*, über die Gesamtausrichtung des Papstes:
„*Pellegrino:* Es gibt Dinge, die zu Besorgnis Anlass geben.
Regno: Haben Sie den Mut gehabt, das dem Papst zu sagen?
Pellegrino: Ja, ich habe sie ihm dargestellt. Mehr kann ich nicht sagen. Ich habe es Paul VI. wissen lassen und jetzt Johannes Paul II. Das ist meine Pflicht.
Regno: Glauben Sie nicht, dass das auch andere tun müssten?
Pellegrino: Gewiss! Man muss reden, man muss dem Papst ehrlich und klar sagen, wie man die Lage sieht. Als Bischöfe sind wir die Mitarbeiter des Papstes, als Kardinäle sind wir der Senat des Heiligen Stuhls. Es ist unsere Aufgabe und unsere Pflicht, und nicht bloß ein Luxus. Ich habe immer gewollt, dass man klar mit mir spricht, und so halte ich es auch für meine Pflicht, dem Papst gegenüber klar zu sprechen. Man hilft ihm damit."[1035]

Man kann die eigene Auffassung auch revidieren: „Lange Zeit ging ich davon aus, dass es viel wichtiger sei, sich den drängenden Fragen nach Frieden und sozialer Gerechtigkeit zu stellen, als sich um innerkirchliche Reformen zu kümmern. Es ist jedoch ein fataler Irrtum, sich so an der real existierenden Kirche vorbeizumogeln. Denn letztlich würde ich dann eine solche Kirchenverfassung durch meine Mitarbeit bestätigen. Eine Kirche ist der Gesellschaft gegenüber keineswegs unschuldig, wenn sie ihren Kirchenmitgliedern die Erfahrung von Freiheit, Gleichheit und Geschwisterlichkeit vorenthält. Es geht um die Frage der Glaubwürdigkeit."[1036]

Deshalb braucht die heutige Zeit Christen, die noch unter dem Motto „statt Ergebung Erhebung" einer radikalen Empörung und der „demütigen Tugend der Entrüstung" (Congar, in: Sommer, S. 91) fähig sind und aus dieser Einstellung kraftschöpfend handeln. Die Aktionen können relativ kleine, einzelne Handlungen sein. So sollte man den richtigen Weg finden, einem Priester oder Bischof klar zu machen, wie falsch oder niveaulos seine seelsorglichen Versuche sind. Aber es gibt viele Möglichkeiten größerer Reichweite, indem man sich gleichgesinnten Gruppen oder Institutionen anschließt und gemeinsam mit anderen aktiv an radikalen Änderungen arbeitet. – Die Bibel zeigt, dass auch Jesus nicht immer zimperlich handelte, wenn er eine wichtige Sache unter bestimmten Umständen durchsetzen wollte. – Vielleicht wäre es sinnvoll, miteinander bedenken, was der Römerbrief sagt: „Denn der Name Gottes wird eurethalben gelästert unter den Heiden ..." (Röm 2,24) und was der außergewöhnliche Denker Friedrich Nietzsche formuliert: „Bessere Lieder müssten sie mir singen, dass ich an ihren Erlöser glauben lerne: erlöster müssten mir seine Jünger aussehen!"[1037] – So besteht die Hoffnung, dass die neuen Schläuche für den neuen Wein hergestellt werden können.

Meine *zweite These* ist, dass man kämpferische Radikalität nicht mit blinder Irrationalität gleichsetzen darf. Im Gegenteil. Wie in diesem Buch bereits mehrmals erwähnt, eine der notwendigen radikalen Änderungen ein Denken in „konzentrischen Kreisen" voraussetzt. Eine ganze Welt verbirgt sich in dieser These. Sie bedeutet, das Wichtigere und das weniger Wichtige zu unterscheiden, und je nachdem, in welchem Kreis wir uns bewegen, zu thematisieren. Der Unterschied zwischen einem „Prälaten" und einem „Monsignore" kann die Administration der Kirche mit bunten Farben versehen, ob eine Kirche zum „Status einer Kathedrale" erhoben wird oder nicht, kann einfache Seelen entzücken. Zur wichtigsten Botschaft des Evangeliums gehören sie sicher nicht. – Im Kapitel 6.2. in diesem Buch war die Rede davon, dass selbst die Bibel je nach Kreisen in verschiedenen Versionen angeboten werden sollte, um die fruchtbare Lesung der ersten Quelle unseres Glaubens leichter zu machen. Hier öffnet sich die ganze Palette der Anpassungsmöglichkeiten, selbst auf Kosten von Kompromissen. Bischof Stecher beschreibt in seinem fast poetischen Stil in einer Rede vor einer Hospizgemeinschaft, wie ihm bei einem Sterbenden nichts Besseres einfiel als der Text des Liedes: „Jesus, dir leb ich – Jesus, dir sterb ich –Jesus, dein bin ich im Leben und im Tod." Und der Sterbende reagierte beglückt auf diese theologisch sicher nicht für alle Christen gemeinten Formulierungen. – Es ist natürlich keineswegs leicht, längerfristig und in der Tiefe radikale Lösungen anzustreben, gleichzeitig aber die Anpassung an die hic et nunc vorhandenen Bedürfnisse zu verwirklichen, ohne das Ziel vor Augen zu verlieren aber gleichzeitig an Zwischenlösungen zu arbeiten. – Hilfreich kann sein, Möglichkeiten zu suchen, die „Dauerreflexion zu institutionalisieren", die beide Aspekte lebendig erhält und ihren Erfolg im Falle der Jesuiten vielleicht bereits teilweise dokumentiert hat: „Diese Institutionalisierung der Selbstreflexion sowohl für das einzelne Ordensmitglied als auch als Dauereinrichtung, die das ganze Unternehmen erfasst, ist wohl das Geheimnis des erfolgreichen Bestehens des Ordens über mehrere Jahrhunderte hinweg."[1038]

Nach diesen kognitiven Faktoren will meine *dritte These* eher das Herz ansprechen. Das radikal Andere anzupeilen braucht starke Hoffnung. – „Denn nicht die Flucht ins Spirituelle hilft weiter, sondern nur eine geistlich tief genug verwurzelte und zugleich empirisch ‚geerdete Hoffnung'; sie hilft die Erfahrung der ‚Fremde' (sowohl im Kontext der kulturellen Entwicklung wie auch oft genug innerhalb der Kirche selbst) gut zu bestehen."[1039] Und derselbe Autor bringt in fast meditativen Formulierungen, sich auf Franz von Assisi und auf Hans Schaller stützend, ähnliche Ideen über die heute unausweichlich notwendige Geduld. „Dreimal bei den eigenen Brüdern anklopfen, von ihnen nicht erkannt und unter Beschimpfungen abgewiesen zu werden: Dies in Geduld und ohne Aufregung zu ertragen ist für Franz die wahre Freude. Wie oft klopfen wir in unserem eigenen Haus, der Kirche, an und tragen immer wieder die gleichen Anliegen vor! Und wie oft werden wir unverrichteterdinge fortgeschickt, vielleicht sogar schroff brüskiert und verletzt. Dabei nicht bitter oder hart zu werden, sondern die Geduld zu bewahren – das ist in der Tat das Geheimnis ungebrochener Freude auch in der Kirche, trotz allem, was einem in ihr widerfährt. – Allerdings ist die Geduld auch eine sehr für Missbrauch anfällige Tugend. So darf sie z. B. keineswegs anderen als vertröstende Entschuldigung für unhaltbare Zustände anempfohlen werden; sie soll auch nicht den Zorn über ärgerliche Missstände ersetzen; erst recht kann sie nicht als Alibi für unterlassenes Handeln herangezogen werden. Dazu Hans Schaller: ‚Geduld ist nicht eine Tugend der charakterlich Passiven, der Gutmütigen, die mangels eigener Kraft und Phantasie sich einfach mit der Gegebenheit einer traurigen und ausweglosen Situation abfinden und sich anpassen. Nein, Geduld zielt im Letzten darauf, sich das innere Grundvertrauen, die Heiterkeit des Herzens, nicht zerstören zu lassen. Sie dient zur Erhaltung der Zuversicht, der Daseinsfreude.

Geduldig sein heißt: Sich durch die Verwundungen, die aus der Verwirklichung des Guten erwachsen, nicht die Klarsichtigkeit der Seele rauben lassen. Geduld bedeutet nicht den Ausschluss von energisch zupackender Aktivität, sondern just und ausdrücklich und einzig den Ausschluss von Traurigkeit und Verwirrung des Herzens ... Geduld ist alles andere als ein tränenverhangener Spiegel eines zerbrochenen Lebens. Sie ist der Inbegriff einer innen geläuterten Unverwundbarkeit"[1040] – Dazu wiederum braucht man eine starke Persönlichkeit: „Wir wissen besonders durch die Forschungen von Erikson: je mehr ein Mensch identitätssicher ist, desto toleranter wird er; je unsicherer er ist bezüglich seiner eigenen Identität, desto untoleranter und unbarmherziger wird er."[1041]

Nur eine Person mit solchen Charakterzügen ist in der Lage, die vor uns stehenden Aufgaben anzugehen, begleitet durch Redlichkeit, Authentizität und Glaubwürdigkeit. – Wahrhaft kein Kinderspiel. Aber es geht um ein „göttliches Spiel", wo der Einsatz, um was es geht, unermesslich groß ist. Denkt man nämlich an Gott, den Schöpfer und den Erlöser der Menschheit, dann entdeckt man in den dramatischen Worten des Propheten das echte Drama und die eigene Verantwortung:

„So spricht der Herr,
Der durch Meere einen Weg gebahnt,
Einen Pfad durch mächtige Fluten: (...)
Denkt nicht nur daran, was früher geschah,
Beachtet nicht bloß das Vergangene!
Seht, Neues will ich vollbringen,
Schon wird es sichtbar. Erkennt ihr es nicht?"[1042]

Kapitel 9
Epilog – Start im neuen Jahrtausend

Optimistisch denkende Leute aus den sehr bedeutsamen Teilen der Menschheit, die unsere Zeitrechnung benützen, haben erwartet, dass der Übergang von 1999 auf 2000 (oder von 2000 auf 2001) eine Zäsur in der Menschheitsgeschichte bedeuten wird. Der Jahrtausendwechsel war tatsächlich eine Chance, über die Geschichtlichkeit menschlicher Existenz, über den Sinn des Lebens, über die Kürze des Lebens und über die Erfahrungen aus früheren Jahrtausenden nachzudenken, und Schlussfolgerungen zu ziehen, die dem „animal rationale" würdig sind.

Diese Optimisten wurden gründlich enttäuscht. Auch nach 2000 setzen sich die inhumanen Prozesse fort: Terror, Unterdrückung, Ausbeutung, Hunger, Todesstrafe, Krieg usw. sind auf der Tagesordnung.

Aber vielleicht die Kirche? Unsere Zeitrechnung stützt sich ja auf die Geburt Christi. Ob die Zahl stimmt oder nicht, es geht hier nicht um mathematische Richtigkeit und Genauigkeit, sondern um ein psychologisch sehr wichtiges Jubiläum, um die besonders prägnante Erinnerung an den Anfang des Christentums, an den Anfang einer begründeten Hoffnung, dass mindestens das vom Menschen seinen Mitmenschen zugefügte Leid durch die Christen und ihre Weltanschauung reduziert werde, dass durch die richtig verstandene und stetig aktualisierte Solidarität, Menschenfreundlichkeit oder Liebe eine bessere Welt für die Bevölkerung der Erde geschaffen werden kann.

Die Chance, diese, für Christen selbstverständliche Aufgabe mit neuem Elan anzugehen, hat die Kirche auch nicht genützt.

Ein Skandal sondergleichen ist die Tatsache, dass viele Gemeinschaften, die sich auf Christus berufen, keine Einheit bilden. Die geschichtliche Entstehung dieser Zerrissenheit ist ziemlich zuverlässig aufgearbeitet. Aber jene Gründe von damals sind im Wesentlichen nicht mehr vorhanden. Deshalb entstand vor vielen Jahrzehnten die *ökumenische Bewegung,* die langsam auch in der Leitung der katholischen Kirche zu einem ernsthaften Thema geworden ist. Papst Johannes Paul II. hat spektakuläre Gesten, aber praktisch keinen Schritt zur Verwirklichung gesetzt, manchmal sogar neue Hindernisse aufgebaut („Dominus Jesus") – letztlich geht es in der Ökumene um Fragen der Macht (und des Geldes) und um kulturelle Unterschiede. – Die Schweiz führt uns vor Augen, wie die „Einheit in der Vielheit" auf vielen wichtigen Ebenen möglich ist – die Kirchen sind beim Dialog stecken geblieben.

Auch in den verschiedenen Bereichen *„Kirche und Sexualität"* hat die Jahrtausendwende nichts Positives gebracht, eher im Gegenteil: Durch die aufgeklärtere Öffentlichkeit und durch die Medien sind schreckliche Fehlleistungen bekannt geworden wie zum Beispiel durch den Bericht 1995 in Afrika über die beträchtliche Zahl von Ordensfrauen, die sexuell missbraucht oder zur Abtreibung gezwungen worden sind. Das innere Elend des Menschen, eine Art Konstante, wird durch falsche Strukturen noch weiter verschärft. Dies wird u. a. durch die Tatsache belegt, dass eine Generaloberin in Malawi abgesetzt wurde, nachdem sie ihrem Erzbischof gemeldet hatte, dass 29 Schwestern ihrer Gemeinschaft von Priestern schwanger gemacht worden sind (vgl. Tablet, 24. 3. 2001, S. 403, 432).

Die *Naturwissenschaften* setzten ihren (mindestens) 200-jährigen Triumphzug fort und werfen immer schwierigere moralische Probleme auf (In-vitro-Fertilisation bis Euthanasie und Stammzellenforschung). Die Antwort der Kirche auf diese Herausforderungen ist zweifach jämmerlich: Einerseits gibt es viele, auch diametral entgegengesetzte ethische Urteile innerhalb der Kirche (logische Folge der unglückseligen Versuchung, Werturteile in konkreten weltlichen Angelegenheiten zu treffen, wie dies z. B. im Falle der Sklaverei, des Zinsenverbotes oder der Demokratie geschah), andererseits wirken unzählige Themen und Projekte der Amtskirche im Sinne der Kontrastwirkung geradezu kleinlich und lächerlich.

Auch auf den Problemfeldern *„Kirche und Frau"* kann in den letzten Jahren eher eine Verschärfung der Konflikte als ein Fortschritt beobachtet werden: Die Bekämpfung von Strafsanktionen gegen wiederverheiratete Geschiedene und der Kampf um die Aufhebung des Pflichtzölibates für Priester im lateinischen Ritus gehen fast im politischen Wahlkampfstil weiter, und sieben Frauen haben sich sogar zu Priesterinnen weihen lassen in der katholischen Kirche, die sie sofort exkommunizierte.

Die *römische Zentrale* der Kirche gibt weiterhin Verlautbarungen heraus, die nicht einmal von vielen Theologiestudenten und Priestern gelesen werden – aber die Unterschrift oder die Einverständnisklausel des *Papstes* tragen, der immer neue Rekorde der Heiligsprechungen (auch von nicht besonders verehrungswürdigen Personen) aufstellt und trotz massiver Alterserscheinungen seine Begeisterung für die Sache Jesu in seinem geschundenen Körper in viele Länder der Erde hinträgt: ein sehr kranker Papst als Symbol einer sehr kranken Kirche, ein sehr alter Papst als Symbol einer sehr veralteten Kirche.

Nach dem Winter kommt mit naturwissenschaftlicher Sicherheit der Frühling. Im Sinne des christlichen Glaubens ist es gesichert, dass auf die winterliche Kirche eine frühlingshafte Kirche folgen wird. Sobald die Christen bereit sind, radikale Erneuerungen zu finden und zu verwirklichen.

Bibliographie

Hinweis: Fettgedruckt sind kritische Bücher im Sinne des vorliegenden Handbuches.

**   **„Zeitgemäße Anpassung" der weiblichen Orden und Gemeinschaften und die Nachwuchsfrage.** In: Geist und Leben 34 (1961) S. 129–140

**   Die Kirche auf dem Weg zur einen Welt. In: Wort und Wahrheit 15 (1960) S. 245–262

**   **Erneuerung in Verkündigung und Kanonischem Recht, Anregungen und Hoffnungen für das Zweite Vatikaniscbe Konzil (III).** In: Wort und Wahrheit 15 (1960) S. 405–422

**   Kirche in neuer Zeit. Reden und Erklärungen des Österreichischen Katholikentages 1952. Innsbruck 1952

**   **Kirche Intern. Forum für eine offene Kirche, für Gesellschaft, Politik und Kultur.** Wien

**   **Kirchenvolks-Begehren – im Licht des II. Vatikanischen Konzils und der nachkonziliaren Dokumente.** Wien

**   Glaube und Leben im Zeitalter der Technik. Anregungen und Hoffnungen für das Zweite Vatikanische Konzil (II). In: Wort und Wahrheit 15 (1960) S. 325–346

**   **„Wir sind Kirche". Das Kirchenvolks-Begehren in der Diskussion.** Freiburg 1995

**   „Tretet auf für die Frohe Botschaft!" Pro Vita Nr. 2/1999

**   Zeitgänge. In: Christ in der Gegenwart 19 (1996) S. 299–340

**   Der Katholizismus in Europa. In: Orbis Catholicus 14 (1960) S. 443–485.

**   **Gruselt so schön. Der feministischen Theologin Elga Sorge wird ein Kirchenprozess gemacht.** In: Spiegel, Nr. 28/1989

**   „Kölner Erklärung". In: Kathpress Sonderpublikation 2/1988

**   Annuarium Statisticum Ecclesiae. Secretaria Status. Vatican 2000

**   Die Kirche in Ungarn. In: Pro Mundi vVta: Dossiers 1984/2

**   Codex des kanonischen Rechtes. Kevelaer 1994

**   Lexikon für Theologie und Kirche. Freiburg 1993–2001

**   Codex Iuris Canonici. Freiburg i. Br. 1918

**   Bilan du monde. Tome II. Casterman 1960

Adorno Theodor W.   **Erziehung zur Mündigkeit.** Frankfurt/M 1973

Adriány Gabriel	Das Schisma Lefèbvre. In: Forum katholische Theologie 5 (1989) S. 255
Agnoletto Attilio	La Chiesa oggi. In: Humanitas 16 (1961) S. 112–127
Aigner Josef Anton	Priesterbild und Priesterberuf. Innsbruck 1972
Alberigo Giuseppe u. a.	La chrétienté en débat. Histoire, formes et problèmes actuels. (Colloque de Bologne, 11.–15. Mai 1983). Paris 1984
Amery Carl	Die Kapitulation oder Deutscher Katholizismus heute. Reinbek bei Hamburg 1963
Amery Carl u. a.	**Sind die Kirchen am Ende?** Regensburg 1995
András Emmerich	Die Kirche in Ungarn. Pro Mundi Vita, Dossiers, 1984/2 (Sonderausgabe)
Angerer Joachim F.	**Österreich nach Krenn & Co. Wege in die Zukunft der katholischen Kirche.** Wien 2000
Aubert Roger u. a.	**Die Kirche zwischen Revolution und Restauration.** In: Jedin 1971
Auer Johann / Ratzinger Joseph	Kleine Katholische Dogmatik. Regensburg 1969–1977
Baadte Günter / Rauscher Anton (Hrsg.)	Neue Religiosität und säkulare Kultur. Graz 1988
Bachl Gottfried	**Wider die harmlose Redseligkeit. Thesen zur Sprachkultur in der heutigen Kirche.** In: Herder Korrespondenz 45 (1991) S. 325–330
Baraúna Guilherme	Die Kirche in der Welt von heute. Salzburg 1967
Bärenz Reinhold (Hrsg.)	Die Kirche und die Zukunft des Christentums. München 1982
Bauer Dolores / Horner Franz / Krön Peter	Wir sind Kirche – Sind wir Kirche? Eine Bestandsaufnahme aus Österreich. Salzburg 1988
Bauer Johannes B.	**Die heißen Eisen in der Kirche.** Graz 1997
Baumgartner Isidor u. a. (Hrsg.)	Den Himmel offen halten. Ein Plädoyer für Kirchenentwicklung in Europa. Festschrift für Paul M. Zulehner. Innsbruck 2000
Baumgartner Jakob (Hrsg.)	Wiederentdeckung der Volksreligion. Regensburg 1979
Bayer Thommie	**Die Frohe Botschaft abgestaubt.** München 1993
Becker Josef (Hrsg.)	30 Jahre Bundesrepublik – Tradition und Wandel. München 1979
Becker Matthias	Die Macht in der katholischen Kirche. Kritik der hierarchischen Praxis. München 1967
Beinert Wolfgang	Amt, Tradition, Gehorsam. Regensburg 1998
Beinert Wolfgang (Hrsg.)	„Katholischer" Fundamentalismus. Häretische Gruppen in der Kirche. Regensburg 1991
Bemmann Hans (Hrsg.)	Der klerikale Witz. Düsseldorf 1970
Berger Peter L.	**Kirche ohne Auftrag.** Stuttgart 1962
Berger Peter L. / Luckmann Thomas	Die gesellschaftliche Konstruktion der Wirklichkeit. Eine Theorie der Wissenssoziologie. Frankfurt/M 1969
Berger Peter L. u. a.	Das Unbehagen in der Modernität. Frankfurt/M 1975

Berkouwer Gerrit Cornelis Gehorsam und Aufbruch. Zur Situation der katholischen Kirche und Theologie. München 1969

Bertsch Ludwig /
Schlösser Felix (Hrsg.) Kirchliche und Nichtkirchliche Religiosität. Freiburg i. Br. 1978

Békés Gellért Istenkeresés Új utak a mai teológiában. Roma 1974

Birkenbihl Vera F. Kommunikationstraining. Zwischenmenschliche Beziehungen erfolgreich gestalten. Augsburg 1994

Bischoff Karl /
Niemeyer Max (Hrsg.) Sendbrief vom Dolmetschen. Halle 1951

Biser Eugen Glaubenswende. Welcher Zukunft geht das Christentum entgegen. Freiburg 1987

Boberski Heiner Das Engelwerk. Salzburg 1990.

Böckle Franz u. a. (Hrsg.) Christlicher Glaube in der modernen Gesellschaft, Teilband 18. Freiburg i. Br. 1982

Boff Leonardo Gott kommt früher als der Missionar. Neuevangelisierung für eine Kultur des Lebens und der Freiheit. Düsseldorf 1991

Böld Willy u. a. Kirche in der außerchristlichen Welt. Regensburg 1967

Bormann Günther **Kommunikationsprobleme in der Kirche. Theorie und Praxis kirchlicher Organisation.** Opladen 1971

Boulard Fernand L'état réelle de la déchristianisation en France. In: Le Christ au Monde 5 S. 500–505

Brantenberg Gerd **Die Töchter Egalias.** Berlin 1979

Bravin Luigi Der Papst im oder über dem Wandel der Zeit. Überlegungen zum Papsttum in kritischer Zeit. Basel 1976

Buggle Franz Denn sie wissen nicht, was sie glauben. Reinbek bei Hamburg 1992

Bürkle Horst (Hrsg.) New Age. Kritische Anfragen an eine verlockende Bewegung. Düsseldorf 1988

Cascales Josef G. **Zur Lage der Kirche.** Wien 1997

Chorherr Thomas (Hrsg.) **Heiliger Zorn. Der Streit in der Kirche.** Wien 1989

Coenen Lothar (Hrsg.) Unterwegs in Sachen Zukunft. Das Taschenbuch zum konziliaren Prozess. Stuttgart 1990

Congar Yves M.-J. **Vraie et fausse réforme dans l'Eglise.** Edition Cerf, Paris 1950

Congar Yves M.-J. L'Eglise à l'épreuve du Concile. In: Choisir, Octobre 1982 S. 5–11

Congar Yves M.-J. Entretien avec le Père Yves Congar O.P. in: Choisir, Octobre 1982 S. 7–11

Cox Harvey Stadt ohne Gott? Berlin 1968

Csanád Béla A magyar katolikus papság életkori megoszlása. In: Vigilia 35 (1970) S. 425–428

Cursillo Evangelium heute 35 (1998)

Czernin Hubertus **Das Buch Groer.** Klagenfurt 1998

Dahrendorf Ralf Homo sociologicus. Köln 1964

Daiber Karl-Fritz /
Luckmann Thomas (Hrsg.) Religion in den Gegenwartsströmungen der deutschen Soziologie. München 1983

Daim Wilfried / Heer Friedrich / Knoll August	Kirche und Zukunft. Wien-Köln-Stuttgart-Zürich 1963
Dantine Wilhelm	Glaube und Wissenschaft. In: Rahner: Intellektuelle Redlichkeit ...
Dassmann Ernst	Zeugnis des Glaubens: Familienleben in frühchristlicher Zeit. In: Hirschberg, 47 (1994) S. 672.
Davis Charles	**Eine Frage des Gewissens.** New York 1967
Davis Charles	**Katholizismus heute. Was ich meinen Kritikern zu sagen habe.** München 1969
Dellepoort Jan	Die europäische Priesterfrage. Wien 1959
Delumeau Jean	**Stirbt Christentum?** Freiburg i. Br. 1978
Denz Hermann	**Das Kirchenvolks-Begehren in Österreich** (3.–25. 6. 1995) – Eine religiöse Bewegung? Ergebnisse einer Begleitstudie. In: Krüggeler et. al. 1999 S. 229–243
Denz Hermann u. a.	Die Konfliktgesellschaft. Wertewandel in Österreich 1990–2000. Wien 2001
Denz Hermann u. a.	**Fundamentalismus: Eine Herausforderung für die Alltagspraxis der Kirche.** In: Kochanek 1991 S. 181–197
Denzinger Heinrich / Hünermann Peter	Kompendium der Glaubensbekenntnisse und kirchlichen Entscheidungen. Freiburg i. Br. 1991
Denzinger Heinrich / Schönmetzer Adolf	Enchiridion Symbolorum, Definitionum et Declarationum de rebus fidei et morum. Freiburg i. Br. 1976
Denzler Georg	Die deutsche Geschichte und der Papst aus Polen. In: Seiterich S. 174–179
Denzler Georg	Der Ketzer Rupert Lay und das Versagen der Kirche. Düsseldorf 1996
Depner-Berger Ernestine / Kastl Reinhard	Ergebnispräsentation Motivstudie bei Kirchenbeitragszahlern. Unveröffentlichter Bericht
Deschner Karlheinz	Der gefälschte Glaube. Die wahren Hintergründe der kirchlichen Lehre. 1993
Deschner Karlheinz	**Das Christentum im Urteil seiner Gegner,** Frankfurt/M 1990
Deschner Karlheinz	**Abermals krähte der Hahn. Eine kritische Kirchengeschichte.** Stuttgart 1962
Deschner Karlheinz	Kirche des Unheils. Argumente, um Konsequenzen zu ziehen. München 1974
Deschner Karlheinz	**Das Kreuz mit der Kirche. Eine Sexualgeschichte des Christentums.** München 1989
Desqueyrat André R. P.	**Zur religiösen Krise der Gegenwart.** München 1961
Dévény István	Folyóiratszemle. In: Egyházfórum 6 (1991) S. 102–105
Donnenberg Josef / Reiss Werner	Katholische Sprache zwischen Klischee, Propaganda und Prophetie. Salzburg 1991

Drewermann Eugen	Dass alle eins seien. Düsseldorf 1992
Drewermann Eugen	Dein Name ist wie der Geschmack des Lebens. Tiefenpsychologische Deutung der Kindheitsgeschichte nach dem Lukasevangelium. Freiburg 1986
Drewermann Eugen	Leben, das dem Tod entwächst. Predigten zur Passions- und Osterzeit. Düsseldorf 1991
Drewermann Eugen / Jeziorowski Jürgen	Gespräche über die Angst. Gütersloh 1991
Drewermann Eugen	**Kleriker.** Olten 1989
Dubach Alfred / Campiche Roland J. (Hrsg.)	Jeder ein Sonderfall? Religion in der Schweiz. Zürich 1992
Dülmen Richard van	Religion und Gesellschaft. Beiträge zu einer Religionsgeschichte der Neuzeit. Frankfurt/M 1989
Dunde Rudolf (Hrsg.)	**Katholisch und rebellisch. Ein Wegweiser durch die andere Kirche.** Reinbek bei Hamburg 1984
Duquesne Jacques	Die Priester. Struktur, Krise, Erneuerung. Wien 1965
Dürig Walter (Hrsg.)	Liturgiereform im Streit der Meinungen. Würzburg 1968
Ebertz Michael N.	Kirche im Gegenwind: zum Umbruch der religiösen Landschaft. Freiburg i. Br. 1997
Ebertz Michael N.	Erosion der Gnadenanstalt?: zum Wandel der Sozialgestalt von Kirche. Frankfurt/M 1998
Ebertz Michael N.	Fundamentalismus im Katholizismus – religionssoziologische Thesen und Notizen. Die Neue Gesellschaft. Frankfurter Hefte 36. 1989
Eicher Peter (Hrsg.)	Neues Handbuch theologischer Grundbegriffe. Bd. 1–5, München 1991
Eicher Peter (Hrsg.)	Der Klerikerstreit. München 1990
Eicher Peter	Neuzeitliche Theologien. A. Die katholische Theologie. In: Eicher 1991 S. 7–46
Elsas Christoph (Hrsg.)	Religion. Ein Jahrhundert theologischer, philosophischer, soziologischer und psychologischer Interpretationsansätze. München 1975
Exeler Adolf	**Muss die Kirche die Jugend verlieren?** Freiburg i. Br. 1981
Faulhaber Theo / Stillfried Bernhard	**Wenn Gott verloren geht. Die Zukunft des Glaubens in der säkularisierten Gesellschaft.** Freiburg i. Br. 1998
Fauth Dieter / Müller Daniela (Hrsg.)	Religiöse Devianz in christlich geprägten Gesellschaften vom hohen Mittelalter bis zur Frühaufklärung. Würzburg 1999
Feichtlbauer Hubert	Höchst- und Letztinstanz der Mündigen. Die Geschichte der Kirche ist auch eine Geschichte der Irrtümer. In: Chorherr: Heiliger S. 135–147
Feichtlbauer Hubert	**Zerbricht die Kirche? Antwort eines Zuversichtlichen.** Wien 1999
Feige Andreas	**Kirchenentfremdung / Kirchenaustritte.** In: Theologische Realenzyklopädie, Bd. VIII. S. 530–535

Fischer Udo	**Herr Bischof, es reicht!** Bad Sauerbrunn 1993
Forster Karl	Kirche in einer säkularisierten Gesellschaft. In: Becker, J. (Hrsg.) 1979 S. 77–100
Fries Heinrich	**Leiden an der Kirche.** Freiburg i. Br. 1989
Frisch Helga	Kirche im Abseits. Frankfurt/M 1980
Fromm Erich	Die Furcht vor der Freiheit. Zürich 1945
Fuchs Ottmar	Dabeibleiben oder Weggehen. Christen im Konflikt mit der Kirche. München 1989
Fuchs Ottmar / Greinacher Norbert / Karrer Leo / Mette Norbert / Steinkamp Hermann	**Der pastorale Notstand. Notwendige Reformen für eine zukunftsfähige Kirche.** Düsseldorf 1992
Fuchs Peter	Gefährliche Modernität. Das Zweite Vatikanische Konzil und die Veränderung des Messeritus. In: KZfSuS 44 (1992) S. 1–11
Fürstenberg Friedrich	Die Zukunft der Sozialreligion. Konstanz 1999
Fürstenberg Friedrich	Religionssoziologie (Soziologische Texte Bd. 19). Neuwied 1964
Füssel Kuno	Theologie der Befreiung. In: Eicher 1991 S. 147–158
Gabriel Karl	Religionssoziologie als „Soziologie des Christentums". In: Daiber S. 182–198
Gabriel Karl	Gesellschaftliche Bedingungen und Folgen des Zentralismus in der Kirche. In: Diakonia 20 (1989) S. 366–373
Gabriel Karl	Nachchristliche Gesellschaft heute. In: Diakonia 19 (1988) S. 27–34
Gabriel Karl	Möglichkeiten und Grenzen kirchlicher Organisation in der individualisierten Gesellschaft. In: Schweizerisches Pastoralsoziologisches Institut 1989. S. 52–67
Gabriel Karl u. a. (Hrsg.)	Die gesellschaftliche Verantwortung der Kirche. Düsseldorf 1988
Gabriel Karl	Christentum zwischen Tradition und Postmoderne. Freiburg 1992.
Gabriel Karl / Kaufmann Franz-Xaver (Hrsg.)	Zur Soziologie des Katholizismus. Mainz 1980
Gabriel Karl u. a. (Hrsg.)	Modernität und Solidarität: Konsequenzen gesellschaftlicher Modernisierung; für F.-X. Kaufmann. Wien 1997
Gallup-Institut	Einstellungsbefragung zu den Themen Priestertum und Kirche - Sexualität, im Auftrag der Zeitschrift NEWS im Jänner 1998. Wien 1998
Gannon Thomas M. (Hrsg.)	World Catholicism in Transition. New York 1988
Gaudron Matthias	**Katholischer Katechismus zur kirchlichen Krise.** Jaidhof 1997
Gauly Thomas M.	Katholiken – Machtanspruch und Machtverlust. Bonn 1991
Geerlings Wilhelm / Seckler Max (Hrsg.)	Kirche sein. Nachkonziliare Theologie im Dienst der Kirchenreform: für Hermann Josef Pottmeyer. Freiburg i. Br. 1994
Geiger Wilhelm	Zum Phänomen des Nonkonformismus. In: Hochland 53 (1961) S. 489–496

Geiselhart Helmut   Das Managementmodell der Jesuiten. Ein Erfolgskonzept für das 21. Jahrhundert. Wiesbaden 1997

Gelineau Joseph   Un visage renouvelé de l'Eglise. Quand les prêtres se font rares. In: Etudes t. 364 (1986) S. 819–832

Geser Hans   Zur Bedeutung der Kirchen in der modernen Gesellschaft. In: Schweizerische Zeitschrift für Soziologie 17 (1991) S. 569–584

Gibellini Rosino   Handbuch der Theologie im 20. Jahrhundert. Regensburg 1995

Giesecke Michael   Sinnwandel, Sprachwandel, Kulturwandel. Studien zur Vorgeschichte der Informationsgesellschaft. Frankfurt/M 1998

Giloth Peter   Kirche an der Schwelle der Zukunft. In: Hochland 53 (1960) S. 97–106

Gnilka Joachim u. Schnackenburg Rudolf (Hrsg.)   Die *Neue Echter Bibel.* Kommentar zum Neuen Testament mit der Einheitsübersetzung. Würzburg 1986

Goddijn Hans Petrus M.   The sociology of religious orders and congregations. In: Social Compass T. 7 (1960) S. 431–447

Goddijn Walter   Das Dilemma des niederländischen Katholizismus. Für oder gegen Rom? In: Greinacher / Küng S. 269–284

Greeley Andrew   Der weiße Rauch. Die Hintergründe der Papstwahl 1978. Graz 1979

Godin Henri / Daniel Yvan   **France, pays de mission?** Paris 1943

Greinacher Norbert   Befreiung von der Theologie der Befreiung? In: Greinacher / Küng S. 184–205

Greinacher Norbert   **Sie messen mit zweierlei Maß.** In: Seiterich S. 147–155

Greinacher Norbert   Umwälzungen in Europa: Herausforderungen für die christlichen Kirchen. In: Diakonia 22 (1991) S. 218–221

Greinacher Norbert / Haag Herbert   **Der Fall Küng. Eine Dokumentation.** München 1980

Greinacher Norbert / Jens Inge (Hrsg.)   **Freiheitsrechte für Christen? Warum die Kirche ein Grundgesetz braucht.** München 1980

Greinacher Norbert / Küng Hans (Hrsg.)   **Katholische Kirche – wohin? Wider den Verrat am Konzil.** München 1986

Greschat Martin   Christentum und Demokratie im 20. Jahrhundert. Stuttgart 1992

Gross Walter (Hrsg.)   Frauen Ordination. Stand der Diskussion in der Katholischen Kirche. München 1996

Gutwenger Engelbert   Bemerkung zu einer theologischen Erkenntnislehre. In: Zeitschrift für katholische Theologie 90 (1968) S. 162–176

Haag Herbert   **Nur wer sich ändert, bleibt sich treu. Für eine neue Verfassung der katholischen Kirche.** Freiburg i. Br. 2000

Haag Herbert	Kommt der Teufel wieder? In: Greinacher / Küng S. 259–265
Haerpfer C.	Psychologische und soziologische Ursachen des Wertewandels. Individuelle und gruppenspezifische Strukturen des ‚Postmaterialismus' in Österreich. Wien 1986
Hahn Alois	Religion, Säkularisierung und Kultur. In: Lehmann: Säkularisierung ...
Hahn Ferdinand u. a.	Dienst und Amt. Überlebensfrage der Kirchen. Regensburg 1973
Halbfas Hubertus	Der Religionsunterricht. Düsseldorf 1965
Halbfas Hubertus	Fundamentalkathechetik – Sprache und Erfahrung im Religionsunterricht. Düsseldorf 1973
Haller Max u. a. (Hrsg.)	Kultur und Gesellschaft. Frankfurt/M 1989
Häring Bernhard	**Meine Erfahrung mit der Kirche.** Freiburg i. Br. 1989
Harnoncourt Philipp	Gesamtkirchliche und teilkirchliche Liturgie. Freiburg i. Br. 1974
Hauer Nadine / Zulehner Paul M.	Aufbruch in den Untergang? Das II. Vatikanische Konzil und seine Auswirkungen. Wien 1991
Havel Václav	Briefe an Olga. Betrachtungen aus dem Gefängnis. Reinbek bei Hamburg 1989
Heidland Hans-Wolfgang u. a.	Die charismatische Erneuerung und die Kirchen. Regensburg 1977
Heindl Gottfried / Schambeck Herbert	Advokaten sind wie die Adler oder Juristen in Geschichten und Anekdoten. Wien 1979
Heinze Thomas / Fuchs Peter	Kulturmanagement. Hagen 1991
Hertel Peter	Glaubenswächter. Katholische Traditionalisten im deutschsprachigen Raum. Allianzen – Instanzen – Finanzen. Würzburg 2000
Hertling Ludwig	Priesterliche Umgangsformen. Innsbruck 1934
Hervieu-Léger Daniele / Champion Françoise	Vers un nouveau Christianisme? Paris 1986
Hieke Thomas	Schweigen wäre gotteslästerlich. In: Bibel und Liturgie 71 (1998) S. 287
Hilberath Bernd Jochen	Heute glauben. Zwischen Dogma, Symbol und Geschichte. Düsseldorf 1993
Hild Helmut (Hrsg.)	Wie stabil ist die Kirche? Bestand und Erneuerung. Ergebnisse einer Umfrage. Gelnhausen 1974
Hirschauer Gerd	Der Katholizismus vor dem Risiko der Freiheit. München 1966
Hiti Max J.	Leopold Ungar. Ein Porträt. Graz 1992
Hochschild Michael / Poenagen Herbert	**Die Kirche steckt im Reformstau und die religiöse Entwicklung der modernen Gesellschaft rast dahin.** 15 Thesen zur Reform und zum Aufbruch. Mainz 2000
Hofer Thomas M.	Gottes rechte Kirche. Wien 1998.

Hoffmann Paul	Priesterkirche. Düsseldorf 1987
Höhn Hans-Joachim	Gesellschaft im Übergang – Theologie im Wandel. In: Theologie der Gegenwart 32 (1989) S. 83–94
Holl Adolf	Gott im Nachrichtennetz. 1969
Holl Adolf	Wie ich ein Priester wurde, warum Jesus dagegen war, und was dabei herausgekommen ist? Reinbek bei Hamburg 1992
Holl Adolf	**Falls ich Papst werden sollte. Ein Szenario.** München 1998
Holstein Henri	**La France en état de mission.** In: Etudes, Nov. 1960 S. 247–254
Homans George Caspar	Grundfragen soziologischer Theorie. Aufsätze. Opladen 1972
Horst Ulrich (Hrsg.)	Wahrheit und Geschichtlichkeit: Ringen um einen lebendigen Glauben. Düsseldorf 1989
Houtart François	Sozialer Wandel und Katholizismus in Lateinamerika. In: Kölner Zeitschrift für Soziologie und Sozialpsychologie, Sonderheft 6. 1962 S. 166–178
Huber Joseph	Technikbilder. Weltanschauliche Weichenstellungen der Technologie- und Umweltpolitik. Opladen 1989
Hultsch Eric / Karner Peter	**Der Fall Küng. Ein ökumenisches Problem. Dokumentation.** Wien 1980
Huxley Aldous	Brave new world. London 1932
Hünermann Peter	Dogmatische Reflexionen anlässlich der Antwort der Glaubenskongregation vom 28. Oktober 1995. In: Gross (Hrsg.), Frauen Ordination
I Millenari	**Via col vento in Vaticano.** Milano 1999
IMAS	Die Meinungen zu Kirche und Kirchensteuer. Ergebnisse einer demoskopischen Positionsbestimmung. Linz 1986
Inglehart Roland	Kultureller Umbruch. Wertwandel in der westlichen Welt. Frankfurt 1989
Jaspert Bernd (Hrsg.)	Hans Küngs „Projekt Weltethos". Hofgeismar 1993
Jedin Hubert	Das Zweite Vatikanische Konzil. In: Jedin, Hubert, Repgen, Konrad (Hg.): Handbuch der Kirchengeschichte. Band VII. Freiburg i. Br. 1979. S. 97–151.
Jedin Hubert (Hrsg.)	Handbuch der Kirchengeschichte. Freiburg i. Br. 1965–1979
Joas Hans	Das Risiko der Gegenwartsdiagnose. In: Soziologische Revue 11 (1988)
Johannes Paul II.	Fides et ratio
Kaiser Robert Blair	Die Kontrolle Roms über die Geburtenkontrolle. In: Greinacher / Küng S. 307–324
Kahl Joachim	Das Elend des Christentums. Reinbek bei Hamburg 1968
Kamstra Jakob H.	Japans größte Gefahr – die Sokagakkai. In: Zeitschrift für Missionswissenschaft und Religionswissenschaft 44 (1960) S. 41
Karner Peter (Hrsg.)	Der Fall Küng. Ein ökumenisches Problem. Dokumentation. Wien 1980

Karrer Leo	**Was ist los mit der Kirche? In: Wir sind Kirche** S. 17–30
Kaspar Peter Paul	**Das Schweigen des Kardinals und das Begehren des Kirchenvolkes.** Thaur 1995
Kaufmann Franz-Xaver	Az egyházvezetési struktúrák mellékhatásai. A triumfalizmustól a hit továbbadásának válságáig. In: Mérleg 28 (1992) S. 372–390
Kaufmann Franz-Xaver	Kirche begreifen – Analysen und Thesen zur gesellschaftlichen Verfassung des Christentums. Freiburg i. Br. 1979
Kaufmann Franz-Xaver	Religion und Modernität. Sozialwissenschaftliche Perspektiven. Tübingen 1989 (a)
Kaufmann Franz-Xaver	**Unbeabsichtigte Nebenfolgen kirchlicher Leitungsstrukturen. Vom Triumphalismus zur Tradierungskrise.** In: Pottmeyer 1989 (b)
Kaufmann Franz-Xaver	**Wie überlebt das Christentum?** Freiburg i. Br. 2000
Kehl Medard	**Wohin geht die Kirche? Eine Zeitdiagnose.** Freiburg-Basel-Wien 1997
Kerkhofs Jan / Zulehner Paul M. (Hrsg.)	**Europa ohne Priester.** Düsseldorf 1995
Kern W.	Wahrheit und Freiheit: das Spannungsfeld des christlichen Glaubens. In: Horst, U. (Hrsg.) S. 125
Kienzler Klaus (Hrsg.)	Der neue Fundamentalismus. Düsseldorf 1990
Klages Helmut	Wertorientierung im Wertewandel. Rückblick, Gegenwartsanalysen, Prognosen. Frankfurt/M 1985
Kleine Erwin	Autorität im Kreuzfeuer. Aspekte des holländischen Pastoralkonzils. Essen 1968
Kleine Erwin	**Holland – Kirche contra Rom? Bericht eines Aufbruchs.** Essen-Werden 1967
Klieber Brigitta	Schwarzfahrer des Glaubens? Das kirchliche Finanzproblem begann mit Hananias und Saphira. In: Chorherr S. 60–81
Klöcker Michael	Katholisch – von der Wiege bis zur Bahre. Eine Lebensmacht im Zerfall. München 1991
Klostermann Ferdinand et al. (Hrsg.)	Kirche in Österreich 1918–1965. Wien 1966–1967
Klostermann Ferdinand	Der Papst aus dem Osten. Wien 1980
Klostermann Ferdinand	Die pastoralen Dienste heute. Linz 1980
Knoblauch Hubert	Das unsichtbare neue Zeitalter. „New Age", privatisierte Religion und kultisches Milieu. In: KZfSuS 41 (1989) S. 504–525
Knoll August M.	**Katholische Kirche und scholastisches Naturrecht. Zur Frage der Freiheit.** Wien 1962
Koch Kurt	**Aufbruch statt Resignation. Stichworte zu einem interessanten Christentum.** Zürich 1990
Koch Kurt	Kirche im Dialog. Zwischen Realität und Vision. Graz 1995
Koch Günter / Pretscher Josef (Hrsg.)	Kirche als Heimat. Würzburg 1991

461

Kochanek Hermann (Hrsg.)	Die verdrängte Freiheit. Fundamentalismus in den Kirchen. Freiburg i. Br. 1991
König Franz	Ein immerwährendes Ringen. In: Chorherr, König Franz Kardinal (Hrsg.), Zentralismus statt Kollegialität. Kirche im Spannungsfeld. Düsseldorf 1990
Koslowski Peter (Hrsg.)	Die religiöse Dimension der Gesellschaft. Tübingen 1985
Köster Fritz	**Kirche im Koma?** 1989
Krämer-Badoni Rudolf	**Revolution in der Kirche. Lefebvre und Rom.** München-Berlin 1980
Krätzl Helmut	**Im Sprung gehemmt. Was mir nach dem Konzil noch alles fehlt.** Mödling 1998. Innsbruck 2002
Krätzl Helmut	**Neue Freude an der Kirche. Ein engagiertes Bekenntnis.** Innsbruck 2001
Kripp Sigmund	**Als Jesuit gescheitert.** Wien 1986
Kroh Werner	Kirche im gesellschaftlichen Widerspruch. München 1982
Kuczogi Szilvia	Noé lúdtolla. Europa Telemagazin 1992/30
Krüggeler Michael et al. (Hrsg.)	Institution – Organisation – Bewegung. Sozialformen der Religion im Wandel. Opladen 1999
Krüggeler Michael	„Nenn's, wie du willst ...". Religiöse Semantik unter der Bedingung struktureller Individualisierung. In: Schweizerische Zeitschrift für Soziologie 17 (1991) S. 455–472
Kuckertz Beate (Hrsg.)	Gotteslohn. Die Kirche und ihre ungehorsamen Diener. Heyne Bücher 19/230
Küng Hans	Projekt Weltethos. München 1991
Küng Hans	Zur Lage der katholischen Kirche. Oder: Warum ein solches Buch nötig ist. In: Greinacher / Küng S. 11–32
Küng Hans	Wenn Rom die Ökumene blockiert. Einsichten nach einer Vortragsreise in Irland. In: Greinacher / Küng S. 94–104
Küng Hans	„Credo". Für Zeitgenossen des 21. Jahrhunderts. Publik-Forum Dossier. Oberursel 1999
Küng Hans	Kardinal Ratzinger, Papst Wojtyla und die Angst vor der Freiheit. Nach langem Schweigen ein offenes Wort. In: Greinacher / Küng S. 389–407
Küng Hans	**Unfehlbar? Eine Anfrage.** Zürich-Einsiedeln-Köln 1970
Küng Hans	Világvallások etikája. In: Egyházfórum 9 (1994)
Küng Hans	Wahrhaftigkeit. Zur Zukunft der Kirche. Freiburg 1968
Küng Hans	Was in der Kirche bleiben muß. Zürich-Einsiedeln-Köln 1975
Küng Hans	Wegzeichen in die Zukunft. Programmatisches für eine christliche Kirche. Reinbek 1980
Lambert Yves	Le devenir de la religion en Occident. Réflexion sociologique sur les croyances et les pratiques. In: Futuribles, Janvier (2001) S. 23–38
Lattmann Dieter	Mimikry der Wörter. In: Soeffner Hans-Georg: Kultur und Alltag. Soziale Welt Sonderband 6. Göttingen 1988

Laun Andreas	Der grüne Fleck. In: Chorherr, Lay Rupert: Ketzer Dogmen Denkverbote. Christ sein heute. Düsseldorf 1996
Lay Rupert	**Nachkirchliches Christentum. Der lebende Jesus und die sterbende Kirche.** Düsseldorf 1996
Lehmann Hartmut (Hrsg.)	Säkularisierung, Dechristianisierung, Rechristianisierung im neuzeitlichen Europa. Bilanz und Perspektiven der Forschung. Göttingen 1997
Lenaers Roger	**Der Traum des Königs Nebukadnezar. Das Ende einer mittelalterlichen Kirche.** Ohne Angaben (Übersetzung des Autors aus dem Niederländischen)
Lewis Clive S.	Dienstanweisungen für einen Unterteufel. Wien 1958
Lo Bello Nino	**Vatikan im Zwielicht. Die unheiligen Geschäfte des Kirchenstaates.** 1986
Lorenzer Alfred	Das Konzil der Buchhalter. Frankfurt/M 1981
Löser Werner (Hrsg.)	Die Römisch-katholische Kirche. Frankfurt/M 1986
Loth Wilfried (Hrsg.)	Deutscher Katholizismus im Umbruch zur Moderne. Stuttgart 1991
Lubkoll Hans-Georg	Wie liest man die Bibel? Eine Gebrauchsanweisung für Neugierige, Anfänger und Fortgeschrittene. München 1974
Luckmann Thomas	Die unsichtbare Religion. Frankfurt/M 1991
Lüdicke Klaus	Geltendes Recht. Der kirchenrechtliche Sachverhalt bei den Themen des Kirchen-Volks-Begehrens. In: „Wir sind Kirche" S. 62–69
Ludwig Heiner / Schroeder Wolfgang (Hrsg.)	Sozial- und Linkskatholizismus. Erinnerungen – Orientierung – Befreiung. Frankfurt/M 1990
Luhmann Niklas	Religion und Gesellschaft. In: Sociologia Internationalis 29 (1991) S. 133–139
Luthe Heinz Otto / Meulemann Heiner (Hrsg.)	Wertwandel – Faktum oder Fiktion? Frankfurt/M 1988
Luther Martin	Sendbrief vom Dolmetschen. In: Bischoff (Hrsg.)
Lütz Manfred	Der blockierte Riese. Augsburg 1999
Maier Hans (Hrsg.)	Deutscher Katholizismus nach 1945. München 1964
Mariotti Perfiorgio	**Karol Wojtyla, profilo critico del papa polacco.** Rom 1983
Marlet Michael	**Zur Situation der Kirche in den Niederlanden.** Unveröff. Manuskript (Wissenschaftliches Symposion der Kath. Akademie in Bayern 9.–16. 10. 1988 in Paris)
Martini Carlo Maria / Eco Umberto	Woran glaubt, wer nicht glaubt? Wien 1998
Máté-Tóth András	Die Zeichen der Zeit und die katholische Kirche in Ungarn. Eine pastoralgeschichtliche Skizze. Dissertation. Wien 1991
Máté-Tóth András	Freie Theologie in der freien Kirche. In: Theologie und Glaube 89 (1992) S. 329–335
Máté-Tóth András	Pfarrermangel. Fallstudie in der ungarischen Diözese Szeged-Csanád. Szeged 1991 (Manuskr.)

Máté-Tóth András	Ungarns Kirche zwischen Ultramontanismus und kreativer Autonomie. In: Pastoralblatt 43 (1991) S. 309–316
Máté-Tóth András	**Bulányi und die Bokor-Bewegung. Eine pastoraltheologische Würdigung.** Wien 1996
Máté-Tóth András	Ecclesiogenese. Pastorale Strategien für eine Kirche des 21. Jahrhunderts. In: Actio Catholica 42 (1998) S. 27–35
Matthes Joachim	**Die Emigration der Kirche aus der Gesellschaft.** Hamburg 1964
Matthes Joachim (Hrsg.)	Internationales Jahrbuch der Religionssoziologie. Band II. Theoretische Aspekte der Religionssoziologie. Opladen 1966
Matthes Joachim (Hrsg.)	Kirche und Gesellschaft. Einführung in die Religionssoziologie. Reinbek bei Hamburg 1969
May Georg	Demokratisierung der Kirche. Möglichkeiten und Grenzen. Wien-München 1971
Metz Johann Baptist	Der unpassende Gott. In: Wir sind Kirche S. 200–203
Metz Johann Baptist	Die Theologie der Befreiung: Hoffnung oder Gefahr für die Kirche? Düsseldorf 1986
Meyer Hans Bernhard	Beharrung und Wandel im Gottesdienst. In: Henrich S. 83–110
Meyer Hans Bernhard	Wandel und Verbindlichkeit liturgischer Formen. In: Concilium 5 (1969) S. 91–96
Millenari	Wir klagen an. 20 römische Prälaten über die dunklen Seiten des Vatikans
Minde van der Hans-Jürgen	**Das Nein zum Zölibat.** In: Seiterich S. 109–114
Moltmann Elisabeth	**Hoffen wir und empören wir uns.** In: Seiterich S. 99–102
Molnár Tamás	Az egyház évszázadok zarándoka. Budapest 1997
Morel Julius	Valójában mit utasít el a társadalom: a kinyilatkoztatott igazságot, vagy annak torzképétÜ (Reflexió a közösségi identitás határairól és előfeltételeiről). In: Varga (Hrsg.)
Morel Julius	Soziologie im Konzert der Berufe. Gedanken zum Berufsbild der SoziologInnen. In: SoWi-Perspektiven (1995) S. 14–15
Morel Julius	Ordnung und Freiheit. Die soziologische Perspektive. Innsbruck 1986
Morel Julius	Der Beitrag der Soziologie zur Erfassung der sozialen Wirklichkeit am Beispiel der Spannung zwischen Ordnung und Freiheit. In: Reinalter S. 65–74
Morel Julius et al.	Soziologische Theorie. Abriss der Ansätze ihrer Hauptvertreter. München 2001
Morel Julius	**Glauben hat Zukunft.** Persönliche Wege einer neuen Sinnfindung. Innsbruck-Wien 1998
Mörth Ingo	New Age – neue Religion? Theoretische Überlegungen und empirische Hinweise zur sozialen Bedeutung des Wendezeit-Syndroms. In: Haller S. 297–320
Müller Alois	Der dritte Weg zu glauben: Christsein zwischen Rückzug und Auszug. Mainz 1990

464

Müller Alois	Fundamentalismus: Die Flucht ins Radikale. Freiburg i. Br. 1991
Müller Alois	**Kirchenreform heute.** München 1968
Müller Alois	Das Problem von Befehl und Gehorsam im Leben der Kirche. Benziger 1964
Müller Alois	**Der dritte Weg zu glauben. Christsein zwischen Rückzug und Auszug.** Mainz 1990
Müller Alois	**Kereszténység getto vagy kivonulás?** Budapest 1992
Müller Bernhard	Um Himmels willen: Karikaturen zum Thema Kirche und Religion; ein Arbeitsbuch
Müller Michael (Hrsg.)	Plädoyer für die Kirche. Aachen 1992
Müller-Erb Rudolf	Über den Schwund des eucharistischen Lebens. In: Lebendige Seelsorge 12 (1961) S. 1–13
Münch Richard	Dialektiv der Kommunikationsgesellschaft. Frankfurt/M 1991
Nagy Töhötöm	Jezsuiták és szabadkömüvesek. Szeged 1990
Nagl Ludwig	Gesellschaft und Autonomie. Wien 1983
National Catholic Reporter	Der Bann über die Geburtenkontrolle – Ein erneuerter Rückblick: Die Aushöhlung der Autorität geht weiter. In: Greinacher / Küng S. 325–333
Neirynck Jacques	Die letzten Tage des Vatikan. Reinbek bei Hamburg 1999
Nell-Breuning Oswald von	Soziallehre der Kirche: Erläuterungen der lehramtlichen Dokumente. Wien 1983
Nemeshegyi Péter	A huszadik század katolikus teológiája. In: Egyházfórum 15 (2000) S. 3–8
Neumann Johannes	Menschenrechte – auch in der Kirche? Zürich-Köln 1979
Neuner Josef / Roos Heinrich	Der Glaube der Kirche in den Urkunden der Lehrverkündigung
Nientiedt Klaus	Neue geistliche Bewegungen. In: Handwörterbuch religiöser Gegenwartsfragen. Freiburg i. Br. 1986 S. 293–298
Nipperdey Thomas	Religion im Umbruch. Deutschland 1870–1918. München 1988
Noll Heidelinde	Leidenschaft „Kirche". Innsbruck 1999. Diplomarbeit
Nowottnick Georg (Hrsg.)	Humor im Gottesreich. Heidelberg 1960
Oberle Maria	Müssen Glaubenswahrheiten altmodisch klingen? Es ist das Zeitgemäße, das überzeugt. Für junge Erwachsene. Frankfurt/M 1999
Oberle Maria	**Junge Leute werden ungeduldig: Die Kirche muss sich anpassen.** Essen 1996
Oberle Maria	Glaube im Jahre 2000. Hilft uns die Kirche, zeitgemäß an Gott zu glauben? Essen 1995
Oberndörfer Dieter u. a. (Hrsg.)	Wirtschaftlicher Wandel, religiöser Wandel und Wertwandel. Berlin 1985

Onna Ben van (Hrsg.)	Kritischer Katholizismus. Frankfurt/M 1969
Örsy Ladislaus	**Gerechtigkeit in der Kirche und die Rechtskultur unserer Zeit.** In: Stimmen der Zeit 123 (1998) S. 363–374
Pannenberg Wolfhart	Christentum in einer säkularisierten Welt. Freiburg i. Br. 1988
Pfürtner Stephan	Fundamentalismus: Die Flucht ins Radikale. Freiburg i. Br. 1991
Philberth Bernhard	Christliche Philosophie und Nuklearenergie. Wuppertal 1967
Picht Georg	Theologie und Kirche im 20. Jahrhundert. Stuttgart 1972
Pirklbauer Birgit L.	Priesteridentität zwischen Kirche und Gesellschaft. Diskussionsbeiträge aus soziologischer Theorie und Empirie. Linz 1998
Plankensteiner Thomas	**Gottes entlaufende Kinder. Zum theologischen Hintergrund des Kirchenvolks-Begehrens.** Wien 1996
Plattform „Wir sind Kirche" (Hrsg.)	**Macht Kirche. Wenn Schafe und Hirten Geschwister werden.** Thaur 1998
Plattform „Wir sind Kirche" (Hrsg.)	**Liebe Eros Sexualität. Herdenbrief.** Thaur 1996
Plattform „Wir sind Kirche" (Hrsg.)	**Zölibat – so nicht! Gottes amputierte Liebe.** Wien-Klosterneuburg 2002
Plechl Pia Maria	Die Rolle der Nuntien – gestern, heute und morgen. In: Chorherr S. 37
Pol Willem Hendrik van de	Das Ende des konventionellen Christentums. Wien 1967
Pottmeyer Hermann Josef (Hrsg.)	Die Rezeption des Zweiten Vatikanischen Konzils. Düsseldorf 1986
Pottmeyer Hermann Josef	Kirche – Selbstverständnis und Strukturen. Theologische und gesellschaftliche Herausforderung zur Glaubwürdigkeit. In: Pottmeyer, Hermann J. 1989 S. 99–123
Pottmeyer Hermann Josef (Hrsg.)	Kirche im Kontext der modernen Gesellschaft. Zur Strukturfrage der römisch-katholischen Kirche. München-Zürich 1989
Prassl Friedrich	In: Jesuiten, März 1998 S. 18
Preglau Max	Postmoderne Soziologie. In: Morel 2001 S. 283–306
Rahner Hugo	Eine Theologie der Verkündigung. Darmstadt 1970
Rahner Karl	Kritik der Kritik an der Kirche. In: KSÖ 8 (1982) S. 249–253
Rahner Karl	Intellektuelle Redlichkeit und christlicher Glaube. Wien 1966
Rahner Karl	Kirche im Wandel. Nach dem Zweiten Vatikanischen Konzil. Kevelaer 1965
Rahner Karl	Die Armut im Ordensleben einer veränderten Welt. In: Geist und Leben 33 (1960) S. 262–290
Rahner Karl	In Sorge um die Kirche. Schriften zur Theologie Bd. XIV. Zürich-Einsiedeln-Köln 1980

466

Rahner Karl	Ist Gott noch gefragt? Zur Funktionslosigkeit des Gottesglaubens. Düsseldorf 1973
Rahner Karl	Kritisches Wort. Aktuelle Probleme in Kirche und Welt. Freiburg i. Br. 1970
Rahner Karl	**Strukturwandel der Kirche als Aufgabe und Chance.** Freiburg-Basel-Wien 1973
Ratzinger Josef	Die erste Sitzungsperiode des Zweiten Vatikanischen Konzils. Ein Rückblick. Köln 1963.
Ratzinger Joseph	Dogmatische Konstitution über die göttliche Offenbarung. In: LThK Das Zweite Vatikanische Konzil 2. Bd. Freiburg i. Br. 1967
Ratzinger Joseph	Theologia perennis? In: Wort und Wahrheit (1960) S. 179–188
Ratzinger Joseph	Einführung in das Christentum. München 1968
Reese Thomas J.	Im Inneren des Vatikans. Frankfurt/M 1998
Reimann Horst	(Massen-)Kommunikationsforschung in der Informationsgesellschaft. München 1992
Reinalter H. (Hrsg.)	Gespräche der Fakultäten – Interdisziplinarität. Innsbruck 1990
Reinhold Gerd (Hrsg.)	Soziologie-Lexikon. München 1991
Rice David	**Kirche ohne Priester. Der Exodus der Geistlichen aus der katholischen Kirche.** München 1990
Richter Klemens (Hrsg.)	**Das Konzil war erst der Anfang. Die Bedeutung des II. Vatikanums für Theologie und Kirche.** Mainz 1991
Rieser Herbert	Mein alter Gott, mein neuer Gott. Wien 1990
Ringel Erwin / Kirchmayr Alfred	Religionsverlust durch religiöse Erziehung: tiefen-psychologische Ursachen und Folgerungen. Wien 1986
Ritt, Hubert	Offenbarung des Johannes. Würzburg 1986 (Die Neue Echter Bibel: Kommentar zum Neuen Testament mit der Einheitsübersetzung; Bd. 21)
Roy Lucien / Ingram Forrest	Ein Modell von Kirche? Düsseldorf 1969
Ruddat Günter (Hrsg.)	Kleiner kabarettistischer Katechismus: Sketche, Satiren, Sentenzen zur Kirche und allen anderen Fragen des Glaubens. Rheinbach 1998
Ruh Ulrich (Hrsg.)	Handwörterbuch religiöser Gegenwartsfragen. Freiburg i. Br. 1986
Rusch-Thurnher	Gezeichnete Kirche: über Kirchenbilder in der Karikatur, veröffentlicht in österreichischen Printmedien 1983–1993. Wien, Dipl.-Arb. 1993
Russell Bertrand	Warum ich kein Christ bin. München 1963
Sartre Jean-Paul	Die Eingeschlossenen (Les Séquestrés d'Altona). Reinbek bei Hamburg 1974
Schanda Balázs	Az egyház mûködésének anyagi alapja. In: Vigilia 60 (1995) S. 11
Schasching Johann	Kirche und industrielle Gesellschaft. Herder Wien 1960
Schatz Klaus	Vaticanum I. 1869–1870. Paderborn 1992

467

Schauber Vera /
Schindler Hanns Michael   Bildlexikon der Heiligen, Seligen und Namenspatrone. Augsburg 1999
Schermann Rudolf   **Woran die Kirche krankt. Kritische Betrachtungen eines engagierten Priesters.** München 1993
Schieder Wolfgang (Hrsg.)   Volksreligiosität in der modernen Sozialgeschichte. Göttingen 1986
Schilling Alfred   **Was die Kirche krank macht.** 1992
Schilson Arno   Medienreligion. Zur religiösen Signatur der Gegenwart. Tübingen 1997
Schmid Werner (Hrsg.)   Das verschwiegene Konzil. Entscheidende Texte des Vaticanum II. Was das Zweite Vatikanische Konzil wirklich gelehrt hat. Kleinhain 1999
Schmidtchen Gerhard   Die befragte Nation. Frankfurt/M 1959, 1965
Schmidtchen Gerhard   Glaube und Demoskopie. 1971
Schmidtchen Gerhard   Priester in Deutschland. Freiburg-Wien 1973
Schmidtchen Gerhard   Was den Deutschen heilig ist. München 1979
Schmidtchen Gerhard   Zwischen Kirche und Gesellschaft. Freiburg i. Br. 1972
Schreer Werner /
Steins Georg   Auf neue Art Kirche zu sein: Wirklichkeiten – Herausforderungen – Wandlungen; Festschrift für Bischof Dr. Josef Homeyer
Schwager Raymund   Kirchliches Lehramt und Theologie. In: Zeitschrift für Katholische Theologie 111 (1989) S. 163–182
Schwaiger Georg   Papsttum und Päpste im 20. Jahrhundert. Von Leo XIII. zu Johannes Paul II. München 1999
Schweer Thomas (Hrsg.)   Drewermann und die Folgen. Vom Kleriker zum Ketzer? Stationen eines Konflikts. München 1992
Schweizerisches
Pastoralsoziologisches
Institut (Hrsg.)   Konfessionelle Religiosität. Chancen und Grenzen. Zürich 1989
Schwikart Georg   Zweifle dich durch! München 1994
Screech Michael A.   Laughter at the Foot of the Cross. Oxford University 1997
Segbers Franz   Wir haben von einer geschwisterlichen Kirche geträumt. In: Seiterich S. 38–43
Seibel Wigand   Verwaltete Kirchen in einer verwalteten Welt. In: Stimmen der Zeit 212 (1994) S. 721–722
Siebel Wigand   Freiheit und Herrschaftsstruktur in der Kirche. Eine soziologische Studie. Berlin 1971
Siebel Wigand   Katholisch oder konziliär. Die Krise der Kirche heute. München-Wien 1978
Seiterich Thomas (Hrsg.) **Briefe an den Papst. Beten allein genügt nicht.** Reinbek bei Hamburg 1987
Sekretariat der Deutschen
Bischofskonferenz   Statistik. Bonn + Steuerkommission des Verbandes der Diözesen Deutschlands. Münster 1990
Sölle Dorothee   Gott denken. Stuttgart 1990

Sölle Dorothee	Gegenwind. Erinnerungen. München 1999
Sommer Norbert (Hrsg)	**Zorn aus Liebe. Die zornigen alten Männer der Kirche.** Stuttgart 1983
Sorokin Pitirim A.	The Western Religion and Morality of Today. In: Matthes S. 9–49
Squicciarini Donato	Beitrag für einen Dialog über die Themen des Kirchenvolks-Begehrens. Wien 1995
Stanzel Norbert	**Die Geißel Gottes. Bischof Kurt Krenn und die Kirchenkrise.** Wien 1999
Stark Rodney / Iannaccone Laurence R.	A Supply-Side Reinterpretation of the „Secularization" of Europe. In: Journal for the Scientific Study of Religion 33 (1994) S. 230–252
Stecher Reinhold	Fröhlich und ernst unter der Mitra. Innsbruck 1997
Stecher Reinhold	Ringen um die Sprache. Referat beim Dreiländertreffen der katholischen Publizisten der Bundesrepublik Deutschland, der Schweiz und Österreich sowie deutschsprachiger Kollegen aus anderen Ländern Europas am 22. 9. 1990 in Wels
Stemberger Günter	2000 Jahre Christentum. Erlangen 1990
Stenger Hermann	Verwirklichung unter den Augen Gottes. Psyche und Gnade. Salzburg 1985
Stolz Fritz	„Alternative" Religiosität: Alternativ wozu? In: Schweizerische Zeitschrift für Soziologie 17 (1991) S. 659–666
Suhard, Kardinal von Paris	Aufstieg oder Niedergang der Kirche (Hirtenbrief)
Szabó Ferenc	Modernizmus. In: Mérleg 37 (2001) S. 211–222
Szabó Ferenc	Néhány vonás századunk szellemi körképéhez. In: Egyházfórum 15 (2000) S. 3–6
Tillich Paul	Die Frage nach dem Unbedingten. Gesammelte Werke, Bd. V. Stuttgart 1964
Tomka Miklós	Religion und Kirche in Ungarn. Ungarisches Kirchensoziologisches Institut. Wien 1990, S. 293
Trost Ernst	**Aufstand in der Kirche. Wien 1969**
Uhl Florian / Boelderl Artur (Hrsg.)	Rituale. Zugänge zu einem Phänomen. Düsseldorf 1999
Varga Károly (Hrsg.)	Vallásosság-szindróma és polgári társadalom. Szociológiai hipotézisek megvitatása a világnézeti helyzet alakulásáról. Budapest 2000
Vass George	Dürfen bloß die Guten zur Kommunion? In: Präsent 20. 10. 1994
Vogels Heinz-Jürgen	Priester dürfen heiraten: biblische, geschichtliche und rechtliche Gründe gegen den Pflichtzölibat. Bonn 1992
Vogels Heinz-Jürgen	**Pflichtzölibat: eine kritische Untersuchung.** München 1978
Vogels Heinz-Jürgen	**Auch verheiratete Priester stehen zum Dienst bereit.** In: Seiterich S. 115–121
Vorgrimler Herbert	Historische und theologische Aspekte zum Thema Sühne. In: Diakonia 25 (1994) S. 178–184
Vorgrimler Herbert	Neues theologisches Wörterbuch. Freiburg 2000

Vorgrimler Herbert	Vom „Geist des Konzils". In: Richter K. (Hrsg.) S. 25–52
Vorgrimler Herbert / Vander Gucht Robert	Bilanz der Theologie im 20. Jahrhundert. Perspektiven, Strömungen, Motive in der christlichen und nichtchristlichen Welt. 3 Bände, Freiburg 1969–70
Wachter Hubert	**Kurt Krenn. Gottes eherne Faust.** Wien 1993
Wahala Johannes / Hofer Thomas M.	**Abgesetzt von Schönborn – Österreichs Kirchenkrise und der Fall Wahala.** Wien 1999 (Kirche Intern 12 (1998) S. 30f.) Wien 1999
Walf Knut	Das neue Kirchenrecht – das alte System. Vorkonziliarer Geist in nachkonziliaren Formulierungen. In: Greinacher / Küng S. 78–93
Walf Knut	Der Abbruch der Kirche des Konzils. In: Diakonia 20 (1989) S. 374–384
Walsh Michael	Die geheime Welt des Opus Dei. Macht und Einfluß einer Organisation im Schatten der Kirche. München 1992
Weber Max	Gesammelte Aufsätze zur Wissenschaftslehre. Tübingen 1968
Weizsäcker Carl Friedrich	Die Zeit drängt
Welte Bernhard	Zum Strukturwandel der katholischen Theologie im 19. Jahrhundert. In: Welte 1965, S. 380f.
Welte Bernhard	Auf der Spur des Ewigen. Freiburg i. Br. 1965
Wiederkehr Dietrich (Hrsg.)	Wie geschieht Tradition? Überlieferung im Lebensprozess der Kirche. Quaestiones Disputatae, Bd. 133. Freiburg i. Br. 1991
Wiesnet Eugen	Säkularisierung pro und contra. Ihre Diagnose, Interpretation und Wertungsimplikationen in der heutigen Religionssoziologie. Innsbruck 1973
Wimmer Otto / Melzer Hermann	Lexikon der Namen und Heiligen. Innsbruck 1988
Wollmann Gabriele	Die ständigen Diakone. Berufswirklichkeit und Selbstverständnis. Mainz 1983
Wössner Jakob	Religion im Umbruch. Stuttgart 1972
Yallop David A.	Im Namen Gottes? Der mysteriöse Tod des 33-Tage-Papstes Johannes Paul I. Tatsachen und Hintergründe. München 1988
Yamane David	Secularization on Trial: In Defense of a Neosecularization Paradigm. In: Journal for the Scientific Study of Religion 36 (1997) S. 109–122
Zander Hans Conrad	10 Argumente für den Zölibat. 1997
Zapp Hartmut	Codex iuris canonici. Freiburg i. Br. 1918
Zerfaß Rolf	Zu den Chancen der Glaubensvermittlung in unserer Gesellschaft. In: Theologie der Gegenwart 26 (1983) S. 151–159
Zink Jörg (Hrsg.)	Das Neue Testament. Stuttgart 1965
Zsifkovits Valentin	Die Kirche, eine Demokratie eigener Art? München 1997
Zulehner Paul Michael u. a.	Kulturdiagnose siehe „Vom Untertan ..."

Zulehner Paul Michael u. a.	Kehrt die Religion wieder? Religion im Leben der Menschen 1970-2000. Bd. 1: Wahrnehmen. Ostfildern 2001
Zulehner Paul Michael	**Wider die Resignation in der Kirche. Aufruf zu kritischer Loyalität.** Wien 1989
Zulehner Paul Michael	Wie kommen wir aus der Krise? Kirchliche Statistik Österreichs 1945–1975 und ihre pastoralen Konsequenzen. Wien-Freiburg-Basel 1978
Zulehner Paul Michael	„Zur Welt kommen ..." Zur Auseinandersetzung um das Zweite Vatikanum. In: Theologie der Gegenwart 33 (1990) S. 126–133
Zulehner Paul Michael	Fehlschlagen des holländischen Pastoralkonzils. In: Schlichting College 1997, Het Pastoraal Concilie in Nederland (1965–1970) Een mislukt experiment? Punkte 17–43
Zulehner Paul Michael	Kirchen-Ent-Täuschungen. Ein Plädoyer für Freiheit, Solidarität und einen offenen Himmel. Wien 1997b
Zulehner Paul Michael (Hrsg.)	**Kirchenvolks-Begehren und Weizer Pfingstvision. Kirche auf Reformkurs.** Düsseldorf-Wien-Innsbruck 1995
Zulehner Paul Michael / Denz Hermann / Beham Martina / Friesl Christian	Vom Untertan zum Freiheitskünstler. Eine Kulturdiagnose anhand der Untersuchungen „Religion im Leben der Österreicher 1970 bis 1990" – „Europäische Wertestudie – Österreichteil". Freiburg 1990

In dieser Bibliographie werden Bücher, die nur einmal, eher als Kuriositäten im Text vorkommen, nicht angeführt. Ihre bibliographischen Angaben enthalten die zugehörigen Endnoten.

Anmerkungen

[1] Hieke, in: Bibel und Liturgie 71 (1998) Nr. 4, S. 287–304

[2] Exeler S. 6

[3] HK Juni 1969 S. 270

[4] Greinacher / Küng S. 13

[5] Vgl. Lubac Henri de, in: HK April 1953 S. 336

[6] Pfarrer André Dumas. Zitiert in: Sommer S. 91

[7] Buggle Franz, in: HK November 1992 S. 528

[8] Der Holländische Katechismus S. VIII

[9] Einige Bemerkungen zu „Herder-Korrespondenz" und „Orbis Catholicus" (Freiburg i. Br., Wien):
„Dass Orbis Catholicus nicht schon der Titel des ersten Jahrganges wurde, hing mit der Schwierigkeit zusammen, von der französischen Besatzungsbehörde eine Lizenz für ein so weitgreifendes und anspruchsvolles Unternehmen zu bekommen. Diese war vielmehr der Meinung, dass die Deutschen sich mit sehr viel bescheideneren Zielen begnügen und zunächst besser nicht an die Welt denken, sondern in ihrem engen Raum bleiben sollten. Man bot dem Verlage die Lizenz einer Kirchenblattkorrespondenz an, eines Organs also, das Nachrichten zum Gebrauch der wenigen damals erscheinenden Kirchenblätter zusammentrug und für sie aufbereitete. Dieses Angebot nahm der Verlag an, in der Hoffnung, aus diesem kleinen Objekt das größere des Orbis Catholicus entwickeln zu können. Aus dieser Situation ist der heute vielen unverständliche Titel Herder-Korrespondenz zu verstehen." HK Jänner 1966 S. 1
„In Angleichung an die im Verlag Herder in Freiburg i. Br. unter den Namen ‚Herder-Korrespondenz' erscheinende Parallelausgabe des ‚Orbis Catholicus', die mit Oktober 1956 in den 11. Jahrgang tritt, haben wir uns ... entschlossen, den Jahrgang 1956/57 auch bei unserer Ausgabe als 11. Jahrgang zu bezeichnen." Aus dem Beilagetext des Verlages:
Herder-Korrespondenz zählte bis 1965 die Jahrgänge von Oktober bis September, dann aber von Januar bis Dezember, und zwar so, dass das Jahr 1965 als 19. Jahrgang, 4. Heft (Januar) bis 19. Jahrgang 15. Heft (Dezember) lief. – In diesem Buch bedeutet die Abkürzung „HK": „Herder-Korrespondenz" bzw. „Orbis Catholicus"

[10] Sartre S. 144

[11] Vgl. Kap. 2.1.

[12] HK Soziographische Beilage Nr. 12

[13] HK Juli 1996 S. 335

[14] Statistisches Jahrbuch für die Republik Österreich. Wien 1999 S. 76

[15] Archiv der Gegenwart 1974 S. 18488

[16] Vgl. Philberth S. 25f

[17] HK Juli 1956 S. 443f

[18] Vgl. Kap. 2.2. in diesem Buch über die speziellen Ursachen der Kirchenkrise und Kap. 6.3. über falsches Argumentieren

[19] Vgl. Szabó, in: Egyházfórum S. 3–6

[20] Kathpress 7. 1. 2000 S. 8f

[21] Kaufmann 2000 S. 124

[22] Kleine Zeitung 27. 7. 1990 S. 11

[23] Tiroler Tageszeitung 20. 3. 2000 S. 30

[24] Tiroler Tageszeitung 20. 3. 2000 S. 24

[25] Vgl. Trost S. 209

[26] Denzinger 2901

[27] „Munificentissimus Deus" 1. November 1950. Denzinger 3903f, Neuner 487

[28] Siehe Kap. 3.2.

[29] Trost S. 204
[30] Siehe Kap. 4.3.
[31] Siehe Kap. 4.3.
[32] Siehe Kap. 4.2.
[33] Annuarium passim
[34] Bischof Reinhold Stecher, in: Tiroler Tageszeitung 14./15. 9. 1996 S. 10
[35] „Wir sind Kirche". Das Kirchenvolks-Begehren in der Diskussion. Freiburg i. Br. 1995 S. 17
[36] Kaufmann 2000 S. 9
[37] Oberle 1996 S. 17
[38] Kirchmayr, in: Seiterich S. 64
[39] Picht S. 31
[40] Chorherr S. 128
[41] Rahner K., in: HK Dezember 1977 S. 606
[42] Rahner K., in: HK April 1984 S. 165
[43] Rahner K., in: HK Dezember 1977 S. 607
[44] Wiesnet, Stark / Iannaccone, Yamane u.v.a.
[45] Harvey Cox. Zitiert in: Trost S. 17
[46] Trost S. 18
[47] Kehl S. 143
[48] Kaufmann, in: HK Juli 1978 S. 355
[49] Kaufmann 2000 S. 79
[50] Vgl. Kap. 2.1.
[51] Kaufmann 2000 S. 81–83
[52] Kaufmann 2000 S. 83–85
[53] Cox S. 42
[54] Havel S. 179
[55] Annuarium 1971 (1973) S. 181, 1998 (2000) S. 78
[56] Annuarium 1971 (1973) S. 183, 1998 (2000) S. 78
[57] Annuarium 1971 bis 1998 „Mutationes numeri sacerdotum ex clero dioecesano in cunctis nationibus mundi"
[58] HK Juni 1955 S. 395
[59] HK Februar 1955 S. 201, Annuarium 1998 (2000) S. 137
[60] HK August 1999 S. 403
[61] HK Mai 1996 S. 251
[62] HK Februar 1978 S. 98
[63] HK Juni 1977 S. 307
[64] András S. 22
[65] HK April 1988 S. 166
[66] HK April 1995 S. 201
[67] HK August 1991 S. 356
[68] HK März 1991 S. 356
[69] Kerkhofs / Zulehner S. 18
[70] HK Juni 1977 S. 307
[71] HK Mai 1975 S. 228
[72] Csanád S. 426
[73] András S. 22
[74] Kerkhofs / Zulehner S. 47
[75] Kirche Intern Februar 1996 S. 26
[76] HK April 1998 S. 211
[77] Annuarium 1998 (2000) S. 311
[78] HK September 1996 S. 483f
[79] HK Juni 1977 S. 307
[80] HK April 1996 S. 173

[81] HK Februar 1988 S. 89
[82] HK Dezember 1982 S. 584
[83] HK März 1974 S. 159
[84] HK Dezember 1982 S. 584
[85] HK Juli 1985 S. 311
[86] HK Februar 1978 S. 98
[87] Pirklbauer S. 86
[88] HK Dezember 1982 S. 584
[89] HK Mai 1975 S. 230
[90] HK August 1987 S. 395
[91] HK September 1973 S. 453
[92] HK September 1973 S. 453
[93] Vgl. HK September 1973 S. 453
[94] HK September 1973 S. 453
[95] HK Juni 1977 S. 307
[96] HK August 1987 S. 359
[97] HK Januar 1994 S. 15f
[98] Kerkhofs / Zulehner S. 16
[99] HK November 1987 S. 539
[100] Vgl. Supplementum Catalogorum Societatis Iesu 1950–2001
[101] Rövid hírek a provinciából März 2001
[102] Rövid hírek a provinciából April 2001
[103] Annuarium 1973 S. 101, 2000 S. 314
[104] HK Januar 1961 S. 153f
[105] HK September 1974 S. 487f
[106] HK Juli 1987 S. 344
[107] Sekretariat S. 1
[108] HK März 1979 S. 133f
[109] HK April 1989 S. 189f
[110] HK November 1976 S. 586
[111] HK August 1999 S. 403
[112] HK Januar 1961 S. 152f
[113] HK August 1999 S. 403
[114] HK Januar 1961 S. 152f
[115] HK August 1999 S. 403
[116] HK September 1974 S. 487f
[117] HK Januar 1961 S. 152f
[118] HK Dezember 1995 S. 627
[119] HK August 1999 S. 403
[120] HK Dezember 1956 S. 102
[121] KATHWeb Statistik 1995
[122] Tiroler Tageszeitung 31. 10./1. 11. 2000
[123] HK April 1989 S. 189f
[124] HK Dezember 1982 S. 584
[125] HK September 1974 S. 487f
[126] HK September 1987 S. 445
[127] HK September 1975 S. 428–430
[128] Kerkhofs / Zulehner S. 21
[129] HK September 1981 S. 444
[130] HK Juni 1996 S. 320
[131] HK Dezember 1956 S. 103
[132] HK September 1975 S. 428–430
[133] HK März 1979 S. 133f
[134] HK Juli 1987 S. 344

[135] Sekretariat S. 1
[136] HK April 1989 S. 189f
[137] HK November 1986 S. 509
[138] Acta 1964 S. 822f
[139] Codex Iuris Canonici can. 1176, § 3.
[140] HK Januar 1961 S. 156
[141] HK März 1977 S. 143
[142] Kaufmann 2000 S. 12f
[143] Tiroler Tageszeitung 11. 11. 1998 S. 14
[144] HK Januar / Februar 1951 S. 165
[145] HK September 1998 S. 442f
[146] Morel 2000
[147] HK Juli 1996 S. 335
[148] Új Ember 7. 2. 1988 S. 7
[149] 1967 und 1968: HK Oktober 1970 S. 473, die anderen Zahlen: Sekretariat S. 1
[150] HK September 1975 S. 428–430
[151] HK Oktober 1991 S. 445
[152] HK November 1993 S. 551
[153] Fritz Csoklich, in HK Oktober 1989 S. 462
[154] Tiroler Tageszeitung 4. 5. 2000 S. 3
[155] KATHWeb Statistik 1995
[156] Tiroler Tageszeitung 4. 5. 2000 S. 3
[157] Tiroler Tageszeitung 4. 5. 2000 S. 3
[158] Stanzel S. 150
[159] Depner-Berger / Kastl S. 43
[160] HK Januar 1984 S. 6
[161] IMAS-Studie, in: Depner-Berger / Kastl S. 6
[162] Stanzel S. 207
[163] Vgl. Morel 2000
[164] HK Dezember 1956 S. 102
[165] profil 21. 12. 1992 S. 17
[166] HK Dezember 1956 S. 104
[167] HK Juni 1996 S. 320
[168] HK Juli 1994 S. 336
[169] HK Mai 1992 S. 242
[170] HK Juni 1993 S. 307
[171] Trost S. 166
[172] HK August 1987 S. 370
[173] HK März 1984 S. 104f
[174] HK April 1988 S. 169
[175] HK April 1988 S. 169
[176] HK April 1988 S. 169
[177] Küng, in: Greinacher / Küng S. 17f
[178] Küng, in: Greinacher / Küng S. 100
[179] Weltbild 18. 11. 1988 S. 12–14
[180] HK Juni 1993 S. 306f
[181] HK März 1979 S. 133f
[182] Fries S. 5
[183] Tiroler Tageszeitung 13./14. 3. 1999 S. 2
[184] Hauer / Zulehner S. 63
[185] HK Oktober 1984 S. 452
[186] Zulehner 1997 S. 107f
[187] Bilan du monde S. 597
[188] Bilan du monde S. 600

[189] Goddijn W. S. 269
[190] Goddijn W. S. 272
[191] HK Februar 1969 S. 71
[192] Die Furche 14. 6. 1990 S. 10
[193] Marlet S. 3
[194] Kleine 1967 S. 27
[195] HK September 1955 S. 540
[196] HK Januar 1966 S. 24
[197] Goddijn W. S. 275
[198] Siehe auch: Roy / Ingram
[199] Goddijn W. S. 276
[200] HK März 1962/63 S. 266f
[201] Goddijn W. S. 276
[202] Goddijn W. S. 277
[203] HK Februar 1969 S. 71
[204] HK Januar 1967 S. 14
[205] HK Juni 1978 S. 316
[206] Goddijn W. S. 277–279
[207] Marlet S. 4
[208] HK Februar 1969 S. 71
[209] Goddijn W. S. 277
[210] HK Januar 1969 S. 18
[211] Goddijn W. S. 277
[212] HK März 1969 S. 108f
[213] HK September 1969 S. 444f
[214] Vgl. HK Mai 1969 S. 246
[215] Vgl. auch Kap. 4.3.
[216] Goddijn W. S. 279–283
[217] HK Februar 1971 S. 69f
[218] Goddijn S. 279–281
[219] HK März 1979 S. 116f
[220] HK März 1979 S. 116f
[221] HK März 1993 S. 145
[222.] HK Februar 1971 S. 69f
[223] HK März 1979 S. 116f
[224] Die Furche 14. 6. 1990 S. 10
[225] Goddijn W. S. 270
[226] HK Oktober 1972 S. 492
[227] HK Dezember 1972 S. 579f
[228] Goddijn W. S. 281f
[229] HK Juni 1981 S. 274
[230] Goddijn W. S. 281f
[231] HK Januar 1980 S. 37f
[232] HK Mai 1985 S. 204
[233] Siehe auch Kap. 3.4.
[234] Die Furche 14. 6. 1990 S. 10
[235] HK März 1993 S. 148
[236] HK Januar 1995 S. 7f
[237] HK Februar 2000 S. 105f
[238] HK März 1999 S. 146
[239] HK Februar 2000 S. 105f
[240] HK März 1993 S. 146
[241] HK Februar 2000 S. 105f
[242] Kerkhofs / Zulehner S. 22
[243] Kerkhofs / Zulehner S. 23

[244] Kerkhofs / Zulehner S. 24

[245] Vgl. Morel 1995

[246] Für das bessere Verständnis dieser wichtigen Beziehungen „ein anekdotisches Beispiel ....
Von einem Pfarrer des Münsterlandes wird berichtet, er habe bei seinen ersten Hausbesuchen nach der Einführung auf die bewundernde Frage, warum die Bauernfamilien denn mit so vielen Kindern gesegnet seien, die Antwort erhalten, daran sei ‚Pängel Anton‘ schuld. Das sei die Kleinbahn, die jeden Morgen um vier Uhr vorbeiführe, und dann sei es zu früh zum Aufstehen und zu spät, um noch einmal einzuschlafen. Der Pfarrer beobachtete also eine Beziehung zwischen einer vermeintlich unabhängigen (‚Pängel Anton‘) und einer scheinbar abhängigen Variablen (generatives Verhalten), während tatsächlich zwischen beiden Merkmalen das dritte, intervenierende Merkmal des Gewecktwerdens zu früher Stunde steht." (Schrader 1971 S. 209) Hier geht es um eine sehr bedeutsame Unterscheidung, vor allem in Hinblick auf die zu unternehmende Aktion: Wenn die unabhängige Variable (die Bahnfahrt) bleibt, aber die Fenster eine ausreichende Schalldichtung bekommen, verschwinden die Konsequenzen (unabhängige Variable: Gewecktwerden, abhängige Variable: generatives Verhalten). Hört die Bahnfahrt auf, aber eine Sirene in derselben Zeit heult, bleibt die intervenierende Variable (Gewecktwerden) und die abhängige Variable (generatives Verhalten). – Ein ähnliches, wenn auch kein identisches Problem beleuchtet das klassische Beispiel: Die Tatsache, dass sich in manchen Regionen die Zahl der Störche genauso schnell verringerte wie die Zahl der Neugeborenen, ist sicherlich kein Beweis für den Zusammenhang, den man Kindern erzählt, sondern beide Phänomene sind dort (unmittelbare bzw. mittelbare) Folgen der Verstädterung

[247] Die Soziologen versuchen die modernen industriellen Gesellschaften als solche Typen zu verstehen. Kennzeichnend dafür ist die lange Liste entsprechender Benennungen: Martin Albrow („Die Weltgesellschaft"), Ulrich Beck („Die Risikogesellschaft"), Daniel Bell („Die postindustrielle Gesellschaft"), Ralf Dahrendorf („Die Bürgergesellschaft"), Peter Glotz („Die beschleunigte Gesellschaft"), Peter Gross („Die Multioptionsgesellschaft"), Wilhelm Heitmeyer („Die desintegrierende Gesellschaft"), Karl-Heinz Hillmann (Die „Überlebensgesellschaft"), Joachim Kunstmann (Die „Optionsgesellschaft"), Claus Leggewie („Die multikulturelle Gesellschaft"), Armin Nassehi („Die funktional differenzierte Gesellschaft"), Claus Offe („Die Arbeitsgesellschaft"), Gerhard Schulze („Die Erlebnisgesellschaft"), Wolfgang Welsch („Die transkulturelle Gesellschaft"), Helmut Willke („Die Wissensgesellschaft").

[248] Zürich 1959 S. 68f

[249] Morel 1986, Morel 1990

[250] Punkt 92

[251] Dahrendorf S. 45

[252] Nagl S. 249

[253] Amery S. 5

[254] Kaufmann 1989 (a) S. 35f und Kaufmann 2000 S. 106

[255] Kaufmann 2000 S. 109

[256] Vgl. Preglau

[257] Gaudium et spes Art. 5, 6 und 54, in: Vorgrimler 2000

[258] Vgl. Morel 1998 S. 27

[259] Für die daraus folgende Gefahr der falschen Argumentation s. das 5.2. Kapitel

[260] Vgl. Homans S. 106–108

[261] Tillich S. 136 und passim. – Tillich verwendet diesen Ausdruck sowohl für den Glauben als auch für die Religion.

[262] Gabriel 1983 S. 188

[263] Die Möglichkeiten der Überprüfung der Gültigkeit sind in der Fachliteratur über empirische Sozialforschung leicht zu finden.

[264] Sorokin S. 12

[265] Vgl. Endnote 247

[266] Schwager S. 165

[267] U. a. Locke 1632–1704, Voltaire 1694–1778, Rousseau 1712–1778, Kant 1724–1804. – „Betrachtet man die Leitsemantiken der mit der Aufklärung beginnenden Epoche – man denke an Begriffe wie ‚Freiheit‘, ‚Fortschritt‘, ‚Innovation‘, ‚Revolution‘, ‚Evolution‘, ‚Lernen‘ oder ‚Anpassung‘ –, so beziehen sie sich alle auf eine *offene Zukunft,* die im Fortschrittsglauben der Aufklärung mit positiven Erwartungen besetzt wurde." Kaufmann 2000 S. 106

[268] Vgl. Weber M. S. 593f

[269] Übrigens nicht ohne Kontroversen und nicht erst um die Atomkraftwerke: „Modern ist diese Gesellschaft im Sinne des neuzeitlichen Weltbildes. Dieses erlangte einmal mit dem Geltung, was u. a. kartesianischer Rationalismus, Bacon'sches Ideal oder Newton'sches Paradigma genannt wurde. Die Modernisierung im engeren Sinne beginnt dann mit dem Siegeszug der industriellen Revolution und dem Siegeszug der demokratischen Staats- und Marktmodelle mit der amerikanischen Unabhängigkeit und der Französischen Revolution. Seit dieser Zeit ist die Geschichte der modernen Gesellschaft auch eine Geschichte von Modernisierungskontroversen, und die Geschichte der Technik auch eine Geschichte von Technikdebatten. Zu den wichtigsten gehören zum Beispiel die um
– Spinn-, Web- und Dampfmaschinen um 1800–1850 sowie auch zuvor schon,
– Eisenbahn etwa zwischen 1820 und 1850,
– Elektrifizierung um 1870–1890,
– Automatisierung bzw. Rationalisierung bzw. Taylorisierung bereits um die Jahrhundertwende bis zum Ersten Weltkrieg sowie in den 20er und 50er Jahren, und heute erneut,
– Automobilisierung ab 1900 bis Ende der 20er, und erneut seit Mitte der 70er Jahre,
– Atomtechnik in den 50er, erneut seit den 70er Jahren,
– Informations- und Kommunikationstechnologien (Computerisierung) seit den 70er Jahren,
– Chemisierung seit den 70er Jahren, – Gentechnik seit den 80er Jahren." Huber S. 9

[270] Die folgende Übersicht ist sicherlich diskutierbar in Hinblick auf die ausgewählten Indikatoren, in der wesentlichen Aussage trotzdem beeindruckend: „Vor einigen Milliarden Jahren gab es auf der Erde noch kein organisches Leben. Die Entwicklung der niedersten Organismen geschah in einigen letzten Milliarden Jahren; die der Wirbeltiere in einigen letzten Hundertmillionen Jahren; die der Säugetiere in einigen letzten Zehnmillionen Jahren; die der hochstehenden Affen in einigen letzten Millionen Jahren. Die Entwicklung der Urmenschen mit dem Gebrauch des Feuers geschah in den letzten Hunderttausenden von Jahren; die der Steinzeit mit den einfachsten Werkzeugen in den letzten Zehntausenden von Jahren; die der Metallkunde und der Baukunst in den letzten Jahrtausenden. Die Entwicklung der einfachen Maschinen und Feuerwaffen geschah in den letzten Jahrhunderten; die der Kraftmaschinen, der Elektrotechnik, der Flugtechnik, der militärischen Aktionstechnik in den letzten Jahrzehnten. Die Entwicklung der Nuklear- und Raketentechnik zusammen mit der Regler- und Steuertechnik, der Sinnestechnik und Kybernetik vollzieht sich nun innerhalb nur weniger Jahre." Philbert S. 25f

[271] Schasching S. 225f

[272] Heindl S. 105

[273] Chorherr S. 30f

[274] Heindl S. 190

[275] Zulehner 1997 S. 17

[276] Laut Kirchengeschichtler z. B. in Maryland

[277] Knoll S. 77f

[278] Galileo Galilei verurteilt vom Papst Paul V. im Jahre 1616, rehabilitiert in einer Ansprache des Papstes Johannes Paul II. 31. 10. 1992 (Lexikon für Theologie und Kirche Bd. 4 col. 270)

[279] HK Dezember 1959 S. 155

[280] Chorherr S. 220

[281] HK Mai 1998 S. 222f

[282] HK November 1974 S. 599. Es handelt sich um den Kodex vor 1983.

478

[283] HK August 1964 S. 516f
[284] Kehl S. 60f
[285] Exeler S. 6
[286] „Auch als Thomas von Aquin neue Gedanken verkündete, nannte ihn der Erzbischof von Paris einen Ketzer." Trost S. 49
[287] Fromm S. 183
[288] Vgl. Kapitel 3.2.
[289] Papst Paul VI. an die Teilnehmer der 13. Italienischen Woche für Pastorale Fortbildung am 6. 9. 1963. HK September 1963 S. 23
[290] Kerkhofs / Zulehner S. 8f
[291] Kehl S. 43
[292] Trost S. 44
[293] Vgl. Kapitel 3.3. und Kapitel 5.3.
[294] HK Februar 1992 S. 98
[295] Krätzl S. 16
[296] Krätzl S. 18
[297] Vgl. Kapitel 8.2.
[298] Birkenbihl S. 165
[299] Birkenbihl S. 170
[300] Metz, in: „Wir sind Kirche" S. 201
[301] Kaufmann 2000 S. 99
[302] HK April 1952 S. 308f
[303] HK Januar 1964 S. 168
[304] HK März 1973 S. 137
[305] HK November 1955 S. 96
[306] Karrer S. 17f
[307] Aigner S. 76
[308] HK Januar 1961 S. 152f
[309] Greinacher / Küng S. 22
[310] HK August 1967 S. 345
[311] Kaufmann 2000 S. 110
[312] Rahner 1973 S. 24–31
[313] HK Dezember 1977 S. 606f
[314] Greinacher / Küng S. 211
[315] Prassl S. 18
[316] Lenaers S. 12
[317] Weber S. 593f
[318] Zulehner 1997b Punkt 28
[319] Rahner 2000 S. 38
[320] Karrer S. 17
[321] Greinacher / Küng S. 392
[322] HK Januar 1982 S. 43f
[323] Vgl. Kapitel 4.3.
[324] Greinacher / Küng S. 135
[325] Schermann S. 55f
[326] Wiesnet S. 15–36
[327] Houtart S. 171
[328] Lexikon für Theologie und Kirche Bd. 2 col. 502f
[329] Vorgrimler S. 605
[330] HK September 1985 S. 428
[331] HK August 1967 S. 353
[332] Egyházfórum 14 (1999) Heft 1, S. 11
[333] Egyházfórum 14 (1999) Heft 1, S. 11
[334] HK November 1963 S. 69

[335] HK November 1963 S. 71

[336] HK Oktober 1967 S. 460

[337] HK April 1968 S. 166–169

[338] HK August 1988 S. 360

[339] Lexikon für Theologie und Kirche Bd. 8 col. 1288

[340] Lexikon für Theologie und Kirche Bd. 6 col. 249f

[341] HK Jänner 1966 S. 14f

[342] Lexikon für Theologie und Kirche Bd. 6 col. 251

[343] „EPISCOPORUM A MUNERE RENUNTIATIO (N. 21 Decr. *Christus Dominus)* 11. Ut exsecutioni mandari valeat praescriptum N. 21 Decreti *Christus Dommus,* enixe rogantur omnes dioecesani Episcopi aliique ipsis iure aequiparati ut, non ultra expletum septuagesimum quintum aetatis annum, renuntiationem ab officio sua sponte exhibeant Auctoritati competenti, quae, omnibus singulorum casuum inspectis adiunctis, providebit. – Episcopus, cuius renuntiatio ab officio accepta fuerit, habitationis sedem aliquam, si id exoptet, in ipsa dioecesi servare poterit. Ipsa ceterum dioecesis providere debet Episcopi renuntiantis congruae ac dignae sustentationi. Conferentiae Episcoporum territorii est, per modum normae generalis, determinare rationes, secundum quas dioeceses huic officio satisfacere debent." Acta Apostolicae Sedis An. et vol. LVIII 24 Octobris 1966 N. 11

[344] HK Januar 1986 S. 5

[345] HK April 2000 S. 169

[346] Jedin Bd. IV S. 110f

[347] HK Oktober 1997 S. 487

[348] HK April 2000 S. 169

[349] HK Oktober 2000 S. 538

[350] HK Januar 1984 S. 6

[351] Vgl. Kapitel 4.1.

[352] .: „In excommunicationem Sedi Apostolicae speciali modo reservatam ipso facto incurrunt … libros … nominatim prohibitos … legentes vel retinentes." Codex 1918 can. 2318 § 1.

[353] HK Juni 1966 S. 260

[354] HK Mai 1975 S. 213f

[355] Vgl. Kapitel 3.2.

[356] Codex 1918 can. 2342

[357] Wort und Wahrheit 1961 S. 571–586

[358] Holl 1998 S. 44 – Die Reformen sind in den päpstlichen Verlautbarungen „Pontificalis domus" vom 6. 4. 1967 und „Pontificalia insignia" vom 21. 6. 1968 zu finden.

[359] Yallop S. 25

[360] Archiv 18. 12. 1964 S. 11595

[361] „Qui a media nocte ieiunium naturale non servaverit, nequit ad sanctissimam Eucharistiam admitti ..." Codex 1918 can. 858 § 1

[362] HK Mai 1957 S. 352f

[363] HK Mai 1957 S. 352f

[364] HK Februar 1965 S. 199

[365] Codex 1983 can. 919 § 1

[366] Ausführlicher darüber im Kapitel 6.1.

[367] Krätzl S. 19

[368] HK März 1959 S. 272f

[369] Die Antwort von Wilfried Daim haben wir bereits im vorhergehenden Kapitel 3.1. dieses Buches behandelt.

[370] HK November 1961 S. 75–83

[371] Offenkundig erinnerten sich manche an die Absicht des Papstes, der 1959 in einer Rede über das geplante Konzil sagte: „Kommen wir zusammen, machen wir den Spaltungen ein Ende." Schwaiger S. 334

[372] HK März 1962 S. 243

[373] HK März 1962 S. 251–254

[374] Schwaiger S. 334–358 – Vgl. auch HK November 1962 S. 84

[375] Lorenzer

[376] Lorenzer S. 179

[377] Vgl. Kapitel 5.1.

[378] Jedin S. 147f. Über die Rezeption des Konzils siehe auch Pottmeyer 1986

[379] Küng 1985 S. 398f

[380] Krätzl S. 11

[381] «Le Concile est allé à michemin.» Congar S. 10

[382] Zulehner 1997a Punkt 21

[383] HK Februar 1974 S. 90

[384] Pottmeyer 1986

[385] Kleine Zeitung 10. 4. 1999 S. 4f

[386] „Unius Apostolicae Sedis est ...“ Codex Iuris Canonici 1918 can. 1257

[387] Codex Iuris Canonici 1983 can. 928

[388] Harnoncourt S. 50f

[389] HK Februar 1958 S. 213

[390] HK Oktober 1960 S. 61

[391] Sacrosanctum Concilium 36

[392] Lexikon für Theologie und Kirche Bd. 6 col. 988f

[393] Vgl. Kapitel 5.1.

[394] Lexikon für Theologie und Kirche Bd. 10 col. 219

[395] Offenbarung des Johannes 10,8–11

[396] HK November 1959 S. 54

[397.] HK Mai 1959 S. 367

[398] Oesterreicher Johannes, in: Lexikon für Theologie und Kirche, Das Zweite Vatikanische Konzil. Bd. II. S. 406–478

[399] „Seelsorgliche Richtlinien zur Erteilung der sakramentalen Generalabsolution“, in: Osservatore Romano 14. 7. 1972

[400] HK März 1974 S. 159

[401] HK Oktober 1983 S. 461

[402] HK Dezember 1983 S. 570

[403] Vgl. „Canones de sacramento poenitentiae“, in: Denzinger H. / Umberg I. B. 911–925

[404] Zitiert in: Heindl S. 196

[405] Lexikon für Theologie und Kirche Bd. 6 col. 870f

[406] Walf S. 78

[407] Walf S. 79–81

[408.] Walf S. 81–93

[409] HK Januar 1958 S. 159

[410] Lexikon für Theologie und Kirche Bd. 2 col. 1241

[411] HK März 1991 S. 136

[412] Gesetzbuch der katholischen Ostkirchen, lateinisch–deutsche Ausgabe, hg. von Gerosa L. und Krämer P. Paderborn 2000

[413] Lexikon für Theologie und Kirche Bd. 2 col. 1313f. – Für soziologisch interessierte Leser sei als Kuriosität auf den „Katechismus der Positiven Religion“ von August Comte, Leipzig, Verlag von Otto Wigand 1891 verwiesen.

[414] Lexikon für Theologie und Kirche Bd. 2 col. 1324f

[415] Katechismus nach dem Beschlusse des Konzils von Trient für die Pfarrer. Auf Befehl der Päpste Pius V. und Klemens XIII. herausgegeben. Übersetzt nach der zu Rom 1855 veröffentlichten Ausgabe mit Sachregister. Kirchen/Sieg, 1970 S. 237

[416] HK Januar 1993 S. 25f

[417] HK Dezember 1992 S. 580

[418] HK Januar 1993 S. 29

[419] Zur Debatte. Themen der Katholischen Akademie in Bayern, September/Oktober 1993 S. 3

[420] HK März 1996 S. 159

[421] Lexikon für Theologie und Kirche Bd. 10 col. 85

[422] Vgl. HK Mai (S. 237–242), Juli (S. 341–343) und August (S. 389–390) 1990

[423] HK Juli 1993 S. 329–330

[424.] Le dernier catéchisme, in: Le Monde 25. 12. 1992

[425] Nemeshegyi. – Vgl. auch Gibellini und Elsas

[426] Nemeshegyi S. 4

[427] Tillich S. 135

[428] Tillich S. 165. Vgl. auch S. 15, 40, 41,42, 44, 114, 115, 133, 135, 136, 165, 166, 167, 169, 173, 178, 212

[429] „Der unmittelbare Anlass für die Etikettierung ‚Nouvelle Théologie' sind Sätze aus einer Ansprache Pius' XII. an die General-Kongregation der Societas Jesu 1946: ‚Man hat ... von einer ‚Neuen Theologie' gesprochen, die sich im Gleichklang mit den stets veränderlichen Erdendingen selber ändern müsse ... Wenn man sich einer solchen Meinung verschreiben wollte, was würde dann aus den niemals sich ändernden katholischen Dogmen, was aus der festen Einheit des Glaubens?' ... Die Rede Pius' XII. wurde an die Öffentlichkeit gebracht, wobei ihre unbestimmten Warnungen wie das Begriffsetikett durch R. Garrigou-Lagrange konkret polemisch benutzt wurden ... Er zog sofort die Parallele zum verurteilten Modernismus, der hier angeblich wiederkehre. ... Die Auseinandersetzung betraf Fragen der Dogmenentwicklung, der Schöpfungs- und Erbsündenlehre sowie der Eucharistie. Sie spitzte sich in der Gnadenlehre besonders auf das Problem der natura pura zu. ... Die Enzyklika *Humani generis* (1950, Denzinger / Hünermann 3875–99) zu diesem Komplex bedeutete keine eigentliche Verurteilung der genannten Theologen. Doch waren die in der Societas Jesu in diesem Zusammenhang vorgenommenen Maßnahmen – wiewohl es keinerlei lehramtliche Prozesse gab und keine Rücknahmen von Lehräußerungen gefordert wurden – gravierend bis zu Publikationsverboten und zur Amtsenthebung. Zwischenzeitliche Gesten Pius' XII., vor allem aber die Berufung der Hauptautoren zu Konzilstheologen durch den seinerzeit als französischen Nuntius in dieser Frage übergangenen Johannes XXIII. können als Versuch einer Wiedergutmachung gelten. Der Einfluss der Nouvelle Théologie auf dem Vaticanum II war beträchtlich. Die kirchliche Anerkennung zeigte sich verspätet auch in den Kardinals-Ernennungen Congars, Daniélous, de Lubacs sowie von Balthasars." Lexikon für Theologie und Kirche

[430] Zeitschrift für Katholische Theologie Dezember 1975 S. 430–440 und passim

[431] HK November 1954 S. 58–60

[432] HK Oktober 1997 S. 522f

[433] Füssel S. 149f

[434] HK Dezember 1984 S. 584

[435] Greinacher, in: Greinacher / Küng S. 184f

[436] Lexikon für Theologie und Kirche Bd. 2 col. 132

[437] HK Juni 1991 S. 275f

[438] HK Juli 1999 S. 358

[439] Lexikon für Theologie und Kirche Bd. 4 col. 953f

[440] Lexikon für Theologie und Kirche Bd. 5 col. 467f

[441] HK Januar 1997 S. 14f

[442] www.vatican.va/roman_curia/congregations/cfaith/documents – Vgl. auch „Personen, Fakten, Trends – imprimatur 7/98 – Netscape 6 (16. 10. 1998)"

[443] The Tablet, 21. 11. 1998. Vgl. Auch „Jesuits in Europe. News Service of European Provincials S.J. Hot Line #31. 14. 11. 1998"

[444] Küng 1999 S. XXIf

[445] Küng 1986 S. 260

[446] Küng 1999 S. XXII

[447] Vorgrimler 2000 S. 159

[448] Denzinger / Hünermann 714

[449] HK April 1955 S. 324f – Im Brief des Hl. Offiziums an den Erzbischof von Boston, 8. 8. 1949 heißt es:

„Der Brief richtet sich gegen Mitglieder des ‚St. Benedict's Center' und des ‚Boston College', die den Satz ‚Außerhalb der Kirche kein Heil' ... rigoristisch auslegten: alle Menschen sind vom ewigen Heil ausgeschlossen, ausgenommen Katholiken und Katechumenen. Einer der Rigoristen, Leonard Feeney, wurde am 4. 2. 1953 exkommuniziert." Denzinger / Hünermann 3866

450 Lexikon für Theologie und Kirche Bd. 4 col. 13467
451 Lumen gentium 8
452 Kehl S. 71–73
453 Nemeshegyi S. 7
454 Codex Iuris Canonici 1918 can. 1258 § 1: „Haud licitum est fidelibus quovis modo active assistere seu partem habere in sacris acatholicorum"
455 Codex Iuris Canonici can. 2316
456 Codex des kanonischen Rechtes can. 755
457 Lexikon für Theologie und Kirche Bd. 7 col. 1019
458 Lexikon für Theologie und Kirche Bd. 7 col. 1019
459 HK Januar 1964 S. 200f
460 HK Januar 1966 S. 49
461 HK August 1972 S. 373
462 HK Juni 1975 S. 310
463 HK August 1997 S. 395
464 HK August 1998 S. 386
465 Gemeinsame Erklärung zur Rechtfertigungslehre des Lutherischen Weltbundes und der Katholischen Kirche, (29) und (30)
466 HK Dezember 1982 S. 611f
467 HK April 1993 S. 213
468 Lexikon für Theologie und Kirche Bd. 8 col. 395
469 Drewermann Eugen: „Was wir als Priester treiben, ist weder heilend noch heilsam." In: „Psychologie heute" Juni 1990 S. 59f
470 „Da aber, was das heilige Konzil von Trient über die Auslegung der göttlichen Schrift zur Zügelung leichtfertiger Geister heilsam beschlossen hat, von manchen Menschen verkehrt dargestellt wird, erneuern Wir ebendieses Dekret und erklären, dass dies sein Sinn ist: In Fragen des Glaubens und der Sitten, soweit sie zum Gebäude christlicher Lehre gehören, ist jener als der wahre Sinn der heiligen Schrift anzusehen, den die heilige Mutter Kirche festgehalten hat und festhält, deren Aufgabe es ist, über den wahren Sinn und die Auslegung der heiligen Schriften zu urteilen; und deshalb ist es niemandem erlaubt, die heilige Schrift gegen diesen Sinn oder auch gegen die einmütige Übereinstimmung der Väter auszulegen." 1. Vatikanisches Konzil, dogmatische Konstitution „Dei Filius" über den katholischen Glauben. Denzinger / Hünermann 3007
471 Lexikon für Theologie und Kirche Bd. 3 col. 1093–1095
472 Vorgrimler 2000 S. 93f
473 Enchiridion Biblicum. Neapel / Rom 1954, 581
474 HK Februar 1979 S. 78f
475 Trost S. 70f
476 HK Februar 1979 S. 97f
477 Vgl. die sehr große Zahl wissenssoziologischer Studien
478 Trost S. 72
479 Vorgrimler 2000 S. 579
480 HK Juni 1956 S. 401f
481 Mai 1957, S. 325
482 HK August 1957 S. 531
483 Trost S. 74f
484 Trost S. 76
485 Röm 2,14–16
486 HK März 1978 S. 105

[487] HK Oktober 1984 S. 441
[488] Trost S. 63
[489] Rahner 1980 S. 160f
[490] Vgl. Morel 1992 S. 420f
[491] Vgl. Morel 1998b S. 143f
[492] Trost S. 62
[493] Rahner 1973b S. 102
[494] Stemberger S. 47
[495] Sommer S. 21
[496] HK Oktober 1988 S. 472
[497] HK August 1988 S. 396
[498] HK Oktober 1988 S. 472
[499] Sommer S. 49
[500] Sommer S. 67
[501] HK Oktober 1999 S. 492
[502] Sommer S. 81
[503] Sommer S. 91
[504] Buchumschlag „Dass alle eins seinen" – Vgl. auch Kapitel 5.3.
[505] Internet: www.partenia.fr/ – Vgl. auch Kapitel 5.3.
[506] Lexikon für Theologie und Kirche Bd. 4 col. 1087
[507] Häring S. 15 – Vgl. auch Kapitel 5.3
[508] Sommer S. 177
[509] Lexikon für Theologie und Kirche Bd. 6 col. 158
[510] Lexikon für Theologie und Kirche Bd. 6 col. 257
[511] Internet-Homepage: Coopzeitung Online: Jahrhundert-Schweizer Hans Küng. Vgl auch Kapitel 5.3.
[512] HK September 1954 S. 582f
[513] Lexikon für Theologie und Kirche Bd. 6 col. 1044 – Vgl. auch Kapitel 5.3.
[514] Lexikon für Theologie und Kirche Bd. 6 col. 1046
[515] Lexikon für Theologie und Kirche Bd. 6 col. 1074
[516] Lexikon für Theologie und Kirche Bd. 7 col. 541
[517] Lexikon für Theologie und Kirche Bd. 7 col. 732f
[518] Lexikon für Theologie und Kirche Bd. 8 col. 805
[519] Lexikon für Theologie und Kirche Bd. 8 col. 806
[520] Lexikon für Theologie und Kirche Bd. 8 col. 1285
[521] Sommer S. 261
[522] Tiroler Tageszeitung Magazin November 2001 S. 1
[523] HK Juli 1996 S. 359f
[524] Lexikon für Theologie und Kirche Bd. 9 col. 1313f
[525] HK Oktober 1997 S. 494
[526] Lexikon für Theologie und Kirche Bd. 1 col. 120
[527] Lexikon für Theologie und Kirche Bd. 1 col. 170f
[528] Lexikon für Theologie und Kirche Bd. 1 col. 946
[529] Lexikon für Theologie und Kirche Bd. 2 col. 75 – Vgl. HK September 1974 S. 490
[530] Vgl. HK Februar 1959 S. 229
[531] Lexikon für Theologie und Kirche Bd. 2 col. 591 – Vgl. HK Dezember 1969 S. 551
[532] Vgl. HK Januar 1974 S. 48–51 – HK September 1974 S. 490 – HK August 1978 S. 420 – HK März 1980 S. 152
[533] Lexikon für Theologie und Kirche Bd. 2 col. 1102 – Vgl. auch HK November 1981 S. 552
[534] Vgl. Januar 1997 S. 50
[535] Vgl. HK April 1982 S. 200 – HK September 1986 S. 430f
[536] Lexikon für Theologie und Kirche Bd. 2 col. 1360 – Vgl. HK September 1966 S. 407 – HK September 1986 S. 430
[537] Vgl. HK Februar 1952 S. 199

[538] Vgl. HK Februar 1972 S. 103
[539] Vgl. HK September 1986 S. 430
[540] Vgl. HK November 1950 S. 52f
[541] Lexikon für Theologie und Kirche Bd. 3 col. 1242
[542] Vgl. HK Juli 1975 S. 356f – HK September 1986 S. 430
[543] Lexikon für Theologie und Kirche Bd. 3 col. 1341
[544] Lexikon für Theologie und Kirche Bd. 4 col. 432
[545] Vgl. HK Mai 1957 S. 360–362
[546] Vgl. HK Oktober 1981 S. 540
[547] Lexikon für Theologie und Kirche Bd. 5 col. 1506f
[548] Vgl. HK Juli 1975 S. 358
[549] Lexikon für Theologie und Kirche Bd. 5 col. 550
[550] Jesuiten. Jahrbuch der Gesellschaft Jesu 1987 S. 130f
[551] Vgl. HK Januar 1959 S. 174
[552] Vgl. HK Dezember 1978 S. 597 – HK März 1979 S. 147 – HK Februar 1980 S. 91f – HK Dezember 1992 S. 562 – Greinacher Norbert: Rom und die Politik. In: Greinacher / Küng S. 47–58 – Lexikon für Theologie und Kirche Bd. 2 col. 985
[553] HK September 1986 S. 430
[554] HK August 1953 S. 498f – Lexikon für Theologie und Kirche Bd. 6 col. 745
[555] HK September 1986 S. 430
[556] Lexikon für Theologie und Kirche Bd. 6 col. 1414
[557] Lexikon für Theologie und Kirche Bd. 7 col. 279f – Vgl. HK Januar 1959 S. 151f
[558] Lexikon für Theologie und Kirche Bd. 7 col. 295f
[559] HK April 1950 S. 297
[560] HK November 1957 Heft 2 S. 62 – HK Juli 1955 S. 434
[561] HK Dezember 1990 S. 589 – HK September 1986 S. 430
[562] Lexikon für Theologie und Kirche Bd. 7 col. 735
[563] Readers Digest 1 /1951 Internet
[564] HK August 1952 S. 494f – HK April 1952 S. 302f
[565] HK März 1954 S. 253
[566] Lexikon für Theologie und Kirche Bd. 9 col. 1191f
[567] HK Juli 1995 S. 349–351
[568] Lexikon für Theologie und Kirche Bd. 7 col. 1534f
[569] HK April 1955 S. 179f
[570] HK Juli 1975 S. 358 – Lexikon für Theologie und Kirche Bd. 8 col. 607f
[571] HK Dezember 1984 S. 552 – Lexikon für Theologie und Kirche Bd. 8 col. 608
[572] Vgl. HK Dezember 1994 S. 644 – Lexikon für Theologie und Kirche Bd. 8 col. 1110
[573] Lexikon für Theologie und Kirche Bd. 9 col. 213 – HK September 1986 S. 430
[574] HK März 1963 S. 271
[575] HK Juni 1985 S. 283
[576] Lexikon für Theologie und Kirche Bd. 9 col. 1244
[577] Stanzel S. 94
[578] HK April 1950 S. 297
[579] Vgl. Die Furche 14. 6. 1990 S. 10 – HK Juni 1986 S. 258 – HK Juni 1987 S. 298 – HK Juni 1993 S. 320f – HK Januar 1995 S. 7f
[580] Internet publik-forum
[581] Herbert Bartl, 1080 Wien, Buchfeldgasse 8
[582] Internet priester und ihre Frauen.htm
[583] Internet IMWAC
[584] Trost S. 123–132
[585] HK März 1996 S. 117–119
[586] HK Mai 1985 S. 204
[587] Internet IMWAC
[588] Internet IMWAC

[589] Internet IMWAC
[590] Internet IMWAC
[591] HK Dezember 1999 S. 636f
[592] HK März 1996 S. 117–119
[593] HK Januar 1969 S. 43
[594] HK März 1996 S. 117–119
[595] HK Dezember 1980 S. 638
[596] HK März 1969 S. 112
[597] Internet IMWAC
[598] HK November 1981 S. 552 – Internet publik-forum
[599] HK März 1976 S. 169
[600] Internet publik-forum
[601] Internet priester und ihre frauen.htm
[602] Internet IMWAC
[603] HK Juni 1989 S. 285
[604] Die Wahrheit. Rundbrief der Heimatmission S. 2
[605] Lexikon für Theologie und Kirche Bd. 6 col. 196
[606] Das Gespräch. Gedanken & Informationen vom Haus der Stille Nr. 1a Februar 1989 S. 6–9 – Kathpress Sonderpublikation 2/1988 – HK März 1989 S. 102f
[607] Anne Jensen: Die „kleinen" Fälle. In: Greinacher / Küng S. 451–460
[608] HK Mai 1970 S. 202f
[609] HK März 1996 S. 158
[610] HK Februar 1991 S. 66–68
[611] HK Mai 1985 S. 204
[612] Internet publik-forum
[613] Küng Hans: Kardinal Ratzinger, Papst Wojtyla und die Angst vor der Freiheit. In: Greinacher / Küng S. 406
[614] Internet IMWAC
[615] HK Januar 1992 S. 6f
[616] Demmer Klaus: Meinungsbildung in der Kirche. In: Publik 18. 10. 1968 S. 25f
[617] Internet Archiv Stecher Briefe.htm, Dokumentenarchiv. – Tiroler Tageszeitung 24./25. 1. 1998 Dokumentation S. I–IV. – Auf Initiative von P. Josef G. Cascales sind dann viele Hunderte von „Unterstützungserklärungen" für Bischof Stecher eingelangt und an alle Bischöfe im deutschsprachigen Raum eine kurze Information geschickt worden.
[618] HK Juli 1994 S. 374
[619] HK Juni 1969 S. 294
[620] Küng Hans: Ein Jahr Johannes Paul II. In: Greinacher / Küng S. 381f
[621] HK Mai 1972 S. 230
[622] „Wir sind Kirche" Freiburg i. Br. 1995 S. 31
[623] HK September 1995 S. 188 – National Catholic Reporter 28. 7. 1995 – Origins 13. 7. 1995
[624] HK Januar 1989 S. 12
[625] HK April 1990 S. 294
[626] HK August 1968 S. 357
[627] Oktober 1990 S. 450
[628] Internet „We are Church" und anderswo – „Wir sind Kirche" Freiburg i. Br. 1995 – Zulehner: Kirchenvolks-Begehren und viele andere Bücher der Literaturliste.
[629] 3. bis 25. Juni 1995
[630] Lexikon für Theologie und Kirche Bd. 11 col. 152f
[631] „Wir sind Kirche" Freiburg i. Br. 1995 S. 12–14
[632] Codex Iuris Canonici can. 212
[633] HK August 1995 S. 405f
[634] HK Oktober 1997 S. 536
[635] Kathpress-Tagesdienst Nr. 149 S. 3 vom 2. 7. 1998
[636] HK März 1996 S. 117–119

[637] HK September 1996 S. 483

[638] Internet „we-are-church"

[639] I Millenari, Yallop usw.

[640] Seiterich

[641] Vgl. u. a. Czernin, Kaspar, Plankensteiner

[642] Annuario Pontificio 2000, S. 55*

[643] HK August 1986 S. 52f

[644] HK November 1986 S. 464f

[645] 1 Kor 6,9–10

[646] profil 12. 1. 1998 S. 19

[647] profil 3. 4. 1995 S. 32

[648] Tiroler Tageszeitung 3. 3. 1998 S. 3

[649] Stanzel S. 107f

[650] HK April 1998 S. 170

[651] abgedruckt auch in Stanzel S. 57f

[652] Vgl. u. a. Angerer, Fischer, Stanzel, Wachter

[653] Kirche Intern Oktober 1991 S. 14

[654] Kirche Intern April 1997 S. 32

[655] Kirche Intern Jänner 1991 S. 16

[656] Kirche Intern September 1993 S. 10

[657] Kirche Intern April 1997 S. 32

[658] Kirche Intern Oktober 1991 S. 8

[659] Kirche Intern Mai 1994 S. 14

[660] Kirche Intern April 1993 S. 28

[661] Kirche Intern Jänner 1991 S. 10

[662] Kirche Intern April 1994 S. 11

[663] Kirche Intern Februar 1999 S. 30

[664] Kirche Intern April 1995 S. 28

[665] Kirche Intern Mai 1998 S. 32

[666] Kirche Intern August 1995 S. 35

[667] Kirche Intern August 1995 S. 39

[668] Kirche Intern Jänner 1999 S. 30

[669] Kirche Intern Februar 1990 S. 21

[670] Kirche Intern September 1992 S. 15

[671] Kirche Intern Oktober 1996 S. 18

[672] Kirche Intern September 1991 S. 10

[673] Kirche Intern August 1989 S. 11

[674] Kirche Intern April 1993 S. 28

[675] Seiterich S. 12

[676] Yallop S. 256

[677] S. 28, 29, 58, 59, 89

[678] Schermann S. 98. – Greeley Andrew: Der weiße Rauch 1979 S. 198 – „Kardinal Siri ist ein Mann, der sich gelegentlich missverstanden fühlt. Er hatte einmal in einer Predigt gegen hosentragende Frauen gewütet und sie ermahnt, zur traditionellen weiblichen Kleidung zurückzukehren, ‚damit sie ihre wahre Aufgabe auf dieser Welt nicht vergessen'". Yallop S. 96

[679] Lexikon für Theologie und Kirche 1961 Bd. 6 col. 830f. – In der Neuauflage des Lexikons (2000) kommt dieses Patronat nicht mehr vor. – „In den Flammen soll Laurentius zum Henker gesagt haben: ‚Der Braten ist schon fertig, dreh ihn um und iss.'" Wimmer / Melzer S. 507 – Vgl. auch Schauber / Schindler S. 393–396

[680] Kurier, 23. 12. 1996 S. 8

[681] Mindszenty József: Emlékirataim. Vaduz 1988 (3. Aufl.) 1988 S. 409

[682] Halfmann, in Seiterich S. 127

[683] Lexikon für Theologie und Kirche Bd. 1 col. 927f – Vgl. auch HK November 1953 S. 88–91, HK März 1954 S. 259–263, HK April 1954 S. 325–329 – HK November 1959 S. 76–81

[684] HK Juni 1985 S. 293

[685] HK Oktober 1987 S. 499

[686] Minde, in: Seiterich S. 111

[687] HK November 1980 S. 544

[688] Vorgrimler 1994 S. 179.

[689] Vorgrimler 1994 S. 178

[690] HK Februar 1967 S. 62f

[691] HK Februar 1986 S. 57 ·

[692] Osservatore Romano (deutschsprachig) 4. 12. 1998

[693] Haag, in: Greinacher / Küng S. 262 – Der letzte Hexenprozess fand 1793 in Posen statt, siehe Lexikon für Theologie und Kirche Bd. 5 col. 79f

[694] Haag, in: Greinacher / Küng S. 262–265

[695] Lexikon für Theologie und Kirche Bd. 5 col. 79f

[696] Vorgrimler 1994 S. 181

[697] HK November 1960 S. 72

[698] Vgl. u. a. die Studie von Bulst Werner in: Biblische Zeitschrift 1984/1 S. 22–42 und 1986/1 S. 70–91 und die dort zitierte Literatur

[699] HK März 1981 S. 155–159

[700] Lexikon für Theologie und Kirche Bd. 3 col. 1125–1129

[701] HK Juni 1978 S. 272–273

[702] Lexikon für Theologie und Kirche Bd. 4 col. 1328–1331

[703] Lexikon für Theologie und Kirche Bd. 4 col. 1328–1331

[704] Informationsdienst der Unbefleckten 15. 9. 1988 S. 8a

[705] Acta 1967 S. 1058

[706] HK April 1989 S. 153f

[707] HK Juni 1974 S. 296

[708] HK Oktober 2000 S. 493–495

[709] Tiroler Tageszeitung 23. 11. 2000 S. 4

[710] Greinacher / Küng S. 110f

[711] Bischöfe waren einig, dass Ketzer verbrannt werden müssten, dass kein Mensch das Recht hat, einen anderen Glauben zu bekennen, dass der Papst Anspruch auf die Verteilung und Vergabe der Macht auf der ganzen Erde hat, usw. Gutwenger S. 170

[712] „Die Glaubensgeschichte der Kirche ist eine Wahrheitsgeschichte, *und* sie ist *auch* eine Irrtumsgeschichte. Es ist ein historisches Faktum, ... dass der der Kirche verheißene Beistand des Heiligen Geistes ihr Lehramt nicht immer bewahrt hat vor ... epochalen Fehlentwicklungen, vor klar benennbaren falschen Lehrentscheidungen." Kern S. 125, Greinacher / Küng S. 110–113

[713] Kern S. 128f

[714] HK April 1991 S. 183–188

[715] HK März 1969 S. 97

[716] Pelinka, in: Salzburger Nachrichten 19./20. 1. 1974

[717] Tiroler Tageszeitung 20. 11. 2000 S. 3 nach einem Artikel der niederländischen Zeitung Trouw vom 18. 11. 2000

[718] HK März 1969 S. 98

[719] Reinhold S. 98

[720] Gnilka Joachim: Der Epheserbrief. Freiburg 1971, zu Eph 4,12–13

[721] Grässer Erich / Kertelge Karl: Ökumenischer Taschenkommentar zum Neuen Testament. Gütersloh. Bd. 10. – Mussner Franz: Der Brief an die Epheser, 1982 S. 129

[722] HK März 1969 S. 99–101

[723] Pottmeyer 1989 S. 109

[724] HK Januar 1972 S. 32

[725] HK Januar 1972 S. 32

[726] Zsifkovits S. 34

[727] Lexikon für Theologie und Kirche Bd. 10 col. 552f

[728] Greinacher / Küng S. 36
[729] Greinacher / Küng S. 47f
[730] Greinacher, in: Seiterich S. 151
[731] HK April 1989 S. 153f
[732] Küng, in: Trost S. 67
[733] HK Januar 11998 S. 7
[734] Lexikon für Theologie und Kirche Bd. 4 col. 545–548
[735] P. M. Plechl, in: Chorherr S. 37
[736] Vorgrimler 2000 S. 375–377
[737] Kathpress-Tagesdienst 27./28. 11. 2000 S. 10
[738] Tiroler Tageszeitung 21. 3. 2000 S. 32
[739] Martin Maier: Jesuiten von El Salvador im kirchlichen Kreuzfeuer. In: Rundbrief der Österreichischen Provinz SJ Dezember 1996 S. 2
[740] Küng, in: Greinacher / Küng S. 402
[741] HK Januar 1966 S. 16–17
[742] Kripp S. 96
[743] Yallop S. 217
[744] HK Januar 1983 S. 5
[745] Greinacher / Küng S. 24
[746] HK August 1987 S. 372
[747] profil 7. 8. 2000, S. 33
[748] Zwei Beispiele: Die ganze Nummer der Zur Debatte März/April 1996 und Schanda
[749] Lexikon für Theologie und Kirche Bd. 6 col. 62–67
[750] z. B. Depner-Berger Ernestine / Kastl Reinhard: Ergebnispräsentation Motivsstudie bei Kirchenbeitragszahlen. IMAS o. A. von Jahreszahl.
[751] HK November 1995 S. 609
[752] Fresacher Bernhard: Anderl von Rinn. Ritualmordkult und Neuorientierung in Judenstein 1945–1995. Innsbruck / Wien 1998 Wider die Macht der Tradition, oder warum der Abschied vom Anderl-von-Rinn-Kult so schwierig ist
[753] HK Mai 1959 S. 367
[754] HK Oktober 1998 S. 535
[755] Wir sind Kirche S. 66f
[756] HK Dezember 1981 S. 601f
[757] HK April 1985 S. 153
[758] Koch 1995 S. 30
[759] Ein gutes Beispiel neben vielen anderen: Zsifkovits
[760] Vorgrimler 2000, Stichwort „Jungfräulichkeit". – Die soziologische, psychologische oder etwa die ökonomische Perspektive des Begriffes ist sehr verschieden.
[761] Plattform 2002 S. 111
[762] Millenari S. 304f
[763] Vogels, in: Seiterich S. 115f
[764] HK Dezember 1977 S. 593
[765] Etwa Sacerdotalis coelibatus (Paul VI.) 1967 (Acta 59, 1967, S. 657–697) oder Pastores dabo vobis (Johannes Paul II.) 1992 (Acta 84, 1992, S. 657–804, vor allem S. 703ff)
[766] HK Februar 1952 S. 197
[767] HK September 1969 S. 444f
[768] Vogels, in: Seiterich S. 120
[769] HK März 1969 S. 141
[770] HK Oktober 1969 S. 493
[771] HK Januar 1995 S. 5f
[772] Kirche Intern August 1997, Sonderbeilage „Aktion statt Resignation" S. 2
[773] HK Juli 1995 S. 340f
[774] HK September 1995 S. 506
[775] HK Oktober 1990 S. 493

[776] HK Juli 1990 S. 345
[777] HK Februar 1978 S. 98f
[778] Vogels, in: Seiterich S. 117
[779] Küng, in: Greinacher / Küng S. 400
[780] Minde, in: Seiterich S. 112
[781] Vogels, in: Seiterich S. 115
[782] Kirche Intern August 1997 Sonderbeilage „Aktion statt Resignation" S. 2
[783] HK Juli 1995 S. 340f. Nicht unähnlich ist der Fall des schottischen Bischofs Roderick Wright, der auch mit dem Zölibat in Konflikt geraten ist und sein Amt aufgab, siehe HK November 1996 S. 552
[784] Kirche Intern April 2001 S. 33
[785] HK Oktober 1955 S. 22f
[786] HK Januar 1980 S. 533
[787] HK Oktober 1980 S. 533
[788] HK September 1995 S. 506
[789] HK April 1971 S. 195
[790] HK Oktober 1980 S. 534
[791] Stanzel S. 159
[792] Deutsche Tagespost, 30./32. 8. 1963, zitiert in: Kirche Intern August 1997, Sonderbeilage „Aktion statt Resignation" S. 2. Außerhalb des Kontextes klingt die Aussage zynisch.
[793] Lexikon für Theologie und Kirche, Bd. 10 col. 803
[794] Wir sind Kirche S. 62f
[795] Wir sind Kirche S. 62f
[796] Wir sind Kirche S. 62f
[797] HK August 1997 S. 414
[798] HK August 1997 S. 414f
[799] HK August 1997 S. 414f
[800] HK Dezember 1995 S. 680
[801] Wir sind Kirche S. 62f
[802] Deshalb wurde der gemaßregelte Theologe Balasuriya aufgefordert, einen erkenntnistheoretische nicht akzeptierbaren Satz zu unterschreiben, dass er nämlich weiß, dass die Motivation von Jesus, nur Männer zu seinen Aposteln einzuladen, weder eine zeitbedingte soziologische noch eine zeitbedingte kulturelle war.
[803] HK März 1977 S. 151
[804] Rahner 1973b S. 121
[805] HK August 1997 S. 414f
[806] HK November 1987 S. 539
[807] HK April 1977 S. 206
[808] Beiner, in: Groß S. 70
[809] Kathpress-Tagesdienst Nr. 292, 20. 12. 1995, S. 9
[810] Segbers S. 43
[811] HK November 1993 S. 581
[812] HK November 1993 S. 582f
[813] HK November 1993 S. 584
[814] HK November 1993 S. 584. Autor dieses Artikels ist Dirk Ansorge. – Weitere Literatur etwa: Peter Hünermann (Hrsg): Diakonat. Ein Amt für Frauen in der Kirche – ein frauengerechtes Amt? Ostfildern 1997. – Dorothea Reininger: Diakonat der Frau in der Einen Kirche. Die christliche Ökumene und ihr Beitrag zur römisch-katholischen Diskussion. Ostfildern 1999
[815] HK November 1993 S. 585
[816] HK August 1993 S. 385
[817] HK November 1999 S. 546f
[818] The Japan Times 5. 1. 1985, zitiert in: Greinacher / Küng S. 296
[819] Vgl. HK Februar 1985 S. 61

820 HK August 1980 S. 376

821 HK August 1995 S. 447f

822 Congar, in: Sommer S. 97

823 Schermann S. 78f

824 Schermann S. 80f

825 Schermann S. 83

826 Schermann S. 84f

827 HK Juli 1996 S. 223

828 HK Januar 1997 S. 7f

829 HK September 1999 S. 482f

830 Wahala J.: Abgesetzt von Schönborn. Vgl. auch Kirche Intern April 1998 S. 30–31

831 „Slyer for the Soul. Child Sexual Abuse and the Catholic Church", Mystic 1992. – A. W. Richard Sipe: „Sexualität und Zölibat", Paderborn 1992. – 2Sexual Abuse in the Church. A Quest for Understanding", Aurora 1989), – E. Burkett / F. Bruni: „Das Buch der Schande. Kinder und sexueller Missbrauch in der katholischen Kirche", Wien 1995, zitiert in HK Juli 1995 S. 363

832 HK Juli 1995 S. 362

833 Die eindringlichen Worte, zuletzt 1988 mit besonders starken und damit auch provozierenden Formulierungen des Papstes auf einem Kongress in Rom bewirkten, „dass es nicht mehr möglich war, seine Stimme einfach zu überhören und so zu tun, als ob nichts gewesen wäre. Was dieser Papst als göttliches Gebot verkünde, sei, so hielten ihm rund 170 deutsche Theologen in der sogenannten ‚Kölner Erklärung' entgegen, eine Lehre, ‚die weder aus der Heiligen Schrift noch aus den Traditionen der Kirche begründet werden kann'; mehr als ein Orientierungspunkt könne diese Privatmeinung des Papstes also nicht sein, und die Gläubigen sollten letztlich nach ihrem Gewissen entscheiden." In: Chorherr S. 192

834 „Am 22. September 1968 beschlossen die österreichischen Bischöfe in Maria Trost eine Erklärung zur ‚Pillen'-Enzyklika ‚Humanae vitae' von Papst Paul VI., die, ähnlich der ‚Königsteiner Erklärung' der deutschen Bischöfe, als Relativierung der Enzyklika verstanden wurde. Demnach sei für katholische Eheleute eine abweichende Überzeugung unter bestimmten Voraussetzungen möglich, da die Enzyklika kein unfehlbares Glaubensurteil sei." Stanzel S. 250 – Den Text siehe HK Mai 1988 S. 237f

835 Lexikon für Theologie und Kirche Bd. 5 col. 316f

836 Laun in: Chorherr S. 191

837 HK November 1968 S. 524

838 Laun, in: Chorherr S. 191f

839 Laun, in: Chorherr S. 193

840 Kaiser S. 321f

841 National Catholic Reporter S. 325

842 HK März 1984 S. 104f

843 HK Juli 1969 S. 340f

844 HK April 1969 S. 197

845 HK August 1969 S. 390

846 Vgl. Kap. 4.2. über Unfehlbarkeit

847 HK Januar 1989 S. 43

848 HK November 1967 S. 517

849 Häring: Lehramt und pastorale Verantwortung. In: Zur Debatte März / April 1989 S. 10

850 HK Mai 1987 S. 208

851 HK Juli 1999 S. 328

852 Ausdruck von Bischof Stecher, vgl. Kap. 3.4.

853 Vgl. auch HK Dezember 1994 S. 605–608, HK Juni 1995 S. 322–327

854 Wir sind Kirche S. 67–69

855 Denzler, in: Seiterich S. 178

856 Vass S. 9

857 Drewermann / Jeziorowski S. 51f

[858] Der Spiegel 52/1991 S. 71
[859] HK September 1991 S. 422f mit Zitaten aus der einschlägigen Literatur. Vgl. Beinert 1990 S. 7f
[860] Nenning, in: Chorherr S. 101
[861] Lexikon für Theologie und Kirche Bd. 7 col. 1079
[862] HK März 1983 S. 122f
[863] HK Juni 1992 S. 252–254
[864] HK Juni 1992 S. 252
[865] HK Juni 1992 S. 252f
[866] Lexikon für Theologie und Kirche Bd. 3 col. 660f
[867] HK September 1991 S. 425f – Niewiadomski S. 164f
[868] HK März 1989 S. 114
[869] HK September 1985 S. 440
[870] Stanzel S. 102
[871] HK März 1989 S. 114
[872] HK März 1989 S. 114
[873] HK Jänner 1983 S. 33, HK August 1983 S. 386, HK November 1987 S. 554
[874] HK September 1988 S. 445, über den inneren Richtungsstreit siehe HK Dezember 1999 S. 605f
[875] HK Dezember 1972 S. 625
[876] HK Dezember 1970 S. 588f
[877] HK September 1995 S. 478
[878] Siehe etwa Una Voce-Korrespondenz, Herausgeber: Una voce Deutschland e.V.
[879] Ederer / Seiterich S. 20
[880] König, in: Chorherr S. 239
[881] HK April 1977 S. 211
[882] HK September 1997 S. 484
[883] Aus der Rede von Karl Rahner am 19. 1. 1984 in Freiburg: „Wir sind in einigen Bereichen auf einem restaurativen, griesgrämigen und kümmerlichen Marsch in eine winterliche Zeit." In: Vorgrimler, in: Richter, S. 47
[884] „Metabasis, die (griechisch = Übergang), in der Logik ein Definitions- oder Beweisfehler: Abschweifung in ein fremdes Gebiet (griechisch: eis allo genos), d. h. zu Dingen, die für die gegenwärtig aufgestellte Behauptung nicht herangezogen werden dürfen, bzw. im Schlussverfahren hinüberspringen in einen Bereich, für den die Vordersätze nicht gültig sind." – Der große Herder, 8. Bd. (Freiburg 1934) col. 286
[885] Kathpress Tagesdienst 2. 7. 1998 S. 3
[886] HK Oktober 1995 S. 563f
[887] Greinacher / Küng S. 20
[888] Rede von Johannes Paul II. am 20. 11. in Rom, zitiert in: Stanzel S. 23
[889] HK Juni 1989 S. 248
[890] Chorherr S. 53
[891] HK Januar 1969 S. 48
[892] HK August S. 405f
[893] HK Februar 1991 S. 60
[894] HK August 1995 S. 405f
[895] HK April 1987 S. 157
[896] Eine Christologie, die in Jesus nur die göttliche Natur erkannte. Wurde von der offiziellen Kirche verurteilt.
[897] Morel 1992 S. 425, 420
[898] Zsifkovits S. 21
[899] Kern S. 125
[900] Gutwenger S. 170
[901] Chorherr S. 120
[902] HK August 1995 S. 405

[903] Zitiert in: Greinacher / Küng S. 434
[904] Zitiert in: Greinacher / Küng S. 442
[905] Zitiert in: Greinacher / Küng S. 447
[906] Máté-Tóth 1996 S. 10f
[907] Die ungarische Bischofskonferenz wurde zudem von der kommunistischen Regierung unter Druck gesetzt, weil mehrere Mitglieder der Bokor-Bewegung als Wehrdienstverweigerer im Gefängnis saßen.
[908] HK Juli 1982 S. 322
[909] Siehe Ki Kicsoda? Biográf Budapest 1992 S. 143
[910] HK Juli 1987 S. 344
[911] Máté-Tóth 1996 S. 14f
[912] Auszug aus dem Internet http://www.galerie-gerhard.com/cardenal_biogr.htm
[913] HK April 1987 S. 248
[914] HK September 1984 S. 401f
[915] HK Oktober 1984 S. 489
[916] Schermann S. 33f
[917] HK September 1986 S. 444
[918] Umschlagtext
[919] HK Januar 1969 S. 15
[920] Katechetische Blätter
[921] Häring S.132
[922] Häring S. 144
[923] Häring S. 156
[924] Brief von Franz Card. Seper an P. Häring, zitiert in: Häring S. 173f
[925] Häring S. 183f
[926] Häring S. 224
[927] HK August 1973 S. 422
[928] HK Oktober 1974 S. 539
[929] Publik-Forum Dossier: Küng: Credo S. VIIf
[930] HK Dezember 1977 S. 634
[931] Greinacher / Küng S. 380
[932] Kirche In Heft 11, 2002. Hans Küng: „Ich habe stets den aufrechten Gang bewahrt." S. 23
[933] HK Januar 1973 S. 5f
[934] HK Juli 1978 S. 306
[935] Greinacher / Küng S. 423
[936] Zitiert in: Greinacher / Küng S. 418
[937] Zitiert in: Greinacher / Küng S. 418
[938] Zitiert in: Greinacher / Küng S. 418f
[939] Zitiert in: Greinacher / Küng S. 421
[940] Antonio M. Arregui: Summarium Theologiae Moralis, Bilbao 1948, S. 635
[941] Lenaers: Übersetzung des Autors aus dem Niederländischen S. 38
[942] Schasching S. 64
[943] Reimann S. 1
[944] Heinze S. 21
[945] Giesecke S. 415
[946] Donnerberg S. 137
[947] Donnerberg S. 57
[948] Morel 1998a S. 24
[949] Berger / Luckmann S. 187
[950] Brantenberg passim
[951] Donnenberg S. 142
[952] „Bei seiner Predigt vor einer dicht gedrängten Menschenmenge auf dem Petersplatz am Sonntag, dem 10. September, sprach Luciani von Gott und sagte: ‚Er ist unser Vater, und mehr noch ist er unsere Mutter'. Diese Erklärung alarmierte besonders die italienischen Va-

tikanologen. In einem für seinen männlichen Chauvinismus bekannten Land das Bild eines mit weiblichen Eigenschaften ausgestatteten Gottes zu suggerieren, das war für manche so etwas wie ein Zeichen dafür, dass das Ende der Welt nahte. Es kam zu vielen aufgeregten Diskussionen über diesen Einbruch des Weiblichen in die Heilige Dreifaltigkeit – bis Luciani höflich darauf aufmerksam machte, dass er Jesaja (Jesaja 49,14–16) zitiert hatte. Die männlich dominierte Mutter Kirche atmete erleichtert auf." Yallop, S. 222

[953] Münch S. 103
[954] Lattmann S. 355
[955] Joh 6,68
[956] Schasching S. 64
[957] Ungarisch: „A jöv biztosabb, mint a múlt"
[958] Bachl S. 327
[959] Kaufmann 1992 S. 373
[960] Kaufmann, in: Pottmeyer 1989 S. 29
[961] Donnenberg S. 98
[962] Stenger S. 106
[963] Békés S. 60
[964] Donnenberg S. 102
[965] Donnenberg S. 35
[966] Kaufmann 1992 S. 383
[967] Kuczogi S. 42
[968] Donnenberg S. 84
[969] Dévény S. 102
[970] Kaufmann 1992, S. 385
[971] Rahner Hugo S. 10
[972] Gotteslob 1975, Lied Nr. 616
[973] Vgl. vor allem Codex Iuris Canonici can. 224–231 über die Pflichten und Rechte der Laien
[974] Bischof Stecher, in: Tiroler Tageszeitung 14./15. 9 1996 S. 10
[975] Lewis S. 92f
[976] Institut für kirchliche Sozialforschung: Katholiken und Bibel. Ergebnisse einer Expertenbefragung über die Bedeutung der Bibel für die österreichischen Katholiken. (Arbeitsnummer 155). Wien, März 1987 S. 49
[977] La Sainte Bible traduit en français sous la direction de l'école biblique de Jérusalem. Paris 1956
[978] Lenaers, Übersetzung des Autors aus dem Niederländischen S. 65f
[979] HK September 1992 S. 398
[980] HK August 1997 S. 428
[981] Missionszentrale der Franziskaner e.V. Bonn
[982] Teuschl Wolfgang A.
[983] Bibel der jungen Leute. Opus Mystici Verlag Wien
[984] Kevelaer
[985] Bauernbibel, Budapest 1985
[986] Freiburg 1998
[987] Stuttgart 1999
[988] Neukirchen-Vluym 1998
[989] Pattloch Augsburg
[990] Pattloch Augsburg
[991] Pattloch Augsburg
[992] Pattloch Augsburg
[993] Pattloch Augsburg
[994] Pattloch Augsburg
[995] Pattloch Augsburg
[996] Pattloch Augsburg
[997] Pattloch Augsburg

[998] Pattloch Augsburg
[999] Pattloch Augsburg
[1000] Man könnte selbstverständlich auch andere, zielführendere Kategorien schaffen für Experten, Laientheologen, intellektuell Orientierte, Interessierte, Jugendliche, Kinder usw.
[1001] Bischoff (Hg.), Sendbrief vom Dolmetschen. Halle 1951 S. 19
[1002] Orsini-Rosenberg S. 161
[1003] Ökumenismusdekret Punkt 11
[1004] HK August 1989 S. 364
[1005] Rahner Karl 1976 S. 434
[1006] Nagy S. 226
[1007] A Szív – 1994 passim
[1008] HK Juli 1956 S. 444
[1009] Kehl S. 137
[1010] HK Januar und Februar 1964 S. 168f
[1011] HK März 1981 S. 117f
[1012] Codex Iuris Canonici can. 332
[1013] Codex Iuris Canonici can. 333
[1014] Codex Iuris Canonici can. 332
[1015] HK Mai 1987 S. 232 – Eine besonders gute Behandlung des Themas in: Zsifkovits
[1016] Kaufmann, in: Pottmeyer S. 29
[1017] HK April 1993 S. 168f
[1018] HK September 1996 S. 437
[1019] Chorherr S. 117f
[1020] Apostelgeschichte 5,38
[1021] Vgl. Durkheim
[1022] Concio XLI1. De Nativ. B. M. Virginis (Opera Omnia Parisus, 1873, IX. 378–380)
[1023] Kant: Prolegomena (Reclam 8.38.) IV.262–263. – Immanuel Kant: Prolegomena zu einer jeden künftigen Metaphysik. Vorrede. (Felix Meiner Verlag 1965, S. 10)
[1024] Kehl S. 37
[1025] HK September 1982 S. 418f
[1026] Trost S. 251f
[1027] Auszugsweise aus Kehl S. 99–116
[1028] Kerkhofs / Zulehner S. 237–267
[1029] Auszugsweise aus Greinacher / Küng S. 28–31
[1030] Máté-Tóth 1998 S. 34f
[1031] Kripp S. 107–111
[1032] Hiti S. 258
[1033] Rahner 1973b S. 53
[1034] Gal 2,11
[1035] HK Juli 1981 S. 341
[1036] Segbers S. 40
[1037] Friedrich Nietzsche: Also sprach Zarathustra. 1927 S. 98
[1038] Geiselhart S. 33
[1039] Kehl S. 117
[1040] Kehl S. 126, Zitat aus Schaller Hans: Unter verhangenem Himmel. In: Pastoralblatt 47 (1995) 289f
[1041] Aus einem Interview mit Professor Erwin Ringel. HK April 1978 S. 176
[1042] Isaias 43,19